KB234290

스텝 1.

단순 암기형

CONTENTS

현대사 VII 166

고대/고려/조선 제도사 VIII 194

고대/고려/조선/근현대 문화사 IX 208

고대/고려/조선/근현대 사회 경제사 X 264

라영환 한국사

STEP 1

단순 암기형

1

선사시대

단순암기형으로, 무조건 알고 가야하는 필수 문제만 모았습니다!

STEP 1 | 단순암기형 선사시대 I

01 구석기·신석기 시대

001
2020년 국가직

(가) 시기의 생활상에 대한 설명으로 옳은 것은?

> 1935년 두만강 가의 함경북도 종성군 동관진에서 한반도 최초로 (가) 시대 유물인 석기와 골각기 등이 발견 되었다. 발견 당시 일본에서는 (가) 시대 유물이 출토되지 않은 상황이었다.

① 반달 돌칼을 이용하여 벼를 수확하였다.
② 넓적한 돌 갈판에 옥수수를 갈아서 먹었다.
③ 사냥이나 물고기잡이 등을 통해 식량을 얻었다.
④ 영혼 숭배 사상이 있어 사람이 죽으면 흙 그릇 안에 매장 하였다.

출제영역 구석기시대의 사회

1935년에 함경북도 동관진에서 구석기 유적이 발견되었지만 발견 당시 식민사관을 가진 일본인 학자들은 이를 무시하였다. 따라서 (가) 시기는 구석기를 일컫는다. ③의 사냥과 물고기잡이 역시 구석기 사회에 대한 설명으로 구석기 시대에는 동물의 뼈나 뿔로 만든 뼈 도구와 뗀석기로 사냥과 채집, 물고기잡이 등을 하면서 생활하였다.

오답풀이

① 청동기 시대에 대한 설명이다.
② 신석기 시대에 대한 설명이다. 신석기 시대 사람들은 갈돌과 갈판을 이용하여 도토리나 옥수수 등을 갈아서 먹었다.
④ 신석기 시대에 대한 설명이다. 신석기 시대에 들어와 사후에도 영혼은 없어지지 않는다고 여겨 영혼 숭배가 나타났으며, 이에 따라 죽은 사람을 흙그릇 등에 매장하는 풍습이 생겨났다.

답 ③

002
2023년 지방직

밑줄 친 '주먹도끼'가 사용된 시대에 대한 설명으로 옳은 것은?

> 이 유적은 경기도 연천군 한탄강 언저리에 넓게 위치하고 있다. 이곳에서 아슐리안 계통의 주먹도끼가 다량으로 출토되어 더욱 많은 관심이 집중되었다. 이곳에서 발견된 주먹도끼는 그 존재 유무로 유럽과 동아시아 문화가 나뉘어진다고 한 모비우스의 학설을 무너뜨리는 결정적 증거가 되었다.

① 동굴이나 바위 그늘, 강가의 막집 등에서 살았다.
② 내부에 화덕이 있는 움집이 일반적인 주거 형태였다.
③ 토기를 만들어 음식을 조리하거나 식량을 저장하였다.
④ 구릉에 마을을 형성하고 그 주변에 도랑을 파고 목책을 둘렀다.

출제영역 구석기 시대의 사회모습

연천 전곡리 주먹도끼는 구석기 시대의 유물이다. 구석기 시대에는 사냥도구로 주먹도끼나 슴베찌르개 등 뗀석기를 사용하였다. 이처럼 구석기 시대에는 사냥을 하며 옮겨다니는 이동생활을 하였기에, 동굴이나 바위 그늘, 강가의 막집 등에서 살았다.

오답풀이

② 신석기 시대에 대한 설명이다.
③ 토기를 사용한 것은 신석기 이후이다.
④ 낮은 산지, 구릉지대에 집단취락을 형성하고, 도랑이나 목책을 둘러 방어시설을 갖춘 것은 청동기 시대이다.

답 ①

003 2025년 지방직

신석기시대에 대한 설명으로 옳은 것만을 모두 고르면?

ㄱ. 갈돌과 갈판을 사용하여 곡물이나 열매를 갈았다.
ㄴ. 반달돌칼을 사용하여 농작물을 수확하였다.
ㄷ. 뼈바늘을 사용하여 옷이나 그물을 만들었다.
ㄹ. 벼농사를 널리 짓게 되었다.

① ㄱ, ㄷ　② ㄱ, ㄹ　③ ㄴ, ㄷ　④ ㄴ, ㄹ

출제영역 신석기 시대

ㄱ. 신석기 시대에는 농경이 시작되면서 곡물을 수확한 후 갈기 위해 갈돌과 갈판을 사용하였다.
ㄷ. 가락바퀴와 뼈바늘로 옷이나 그물을 만들기 시작한 것은 신석기 시대의 일이다. 가락바퀴는 실을 감는 도구인 '가락'을 끼워 사용했기 때문에 가락바퀴라고 부르며, 가락의 다른 이름인 방추를 붙여 '방추차'라고도 한다. 이로써 원시적 수공업이 행해졌음을 알 수 있다.

오답풀이

ㄴ. 반달돌칼은 청동기 시대에 사용된 벼를 수확하는 도구이다.
ㄹ. 청동기 시대에 벼농사가 일부지역(저습지)에서 시작되었고 철기 시대에 저수지가 축조되면서 벼농사 지역이 확대되었다.

답 ①

004 2021년 소방직

(가) 시대에 볼 수 있는 모습으로 가장 적절한 것은?

수행 평가 보고서

• 주제 : (가) 시대의 사회 변화
• 조사 내용 : 약 1만 년전 빙하기가 끝나면서 한반도에는 오늘날과 유사한 자연 환경과 기후가 나타나게 되었다. 당시 (가) 시대의 사람들은 강가나 바닷가에 머물면서 농경과 목축을 시작함으로써 조, 수수, 피 등 잡곡류를 생산할 수 있게 되었다. 또한 이들은 간석기 등의 정교한 도구를 제작하기 시작하였다.

① 계절제를 주관하는 천군
② 가락바퀴를 사용하는 사람
③ 부족을 지배하는 읍군과 삼로
④ 비파형 동검을 보고 있는 군장

출제영역 신석기 시대의 사회모습

(가)는 신석기 시대이다. 약 1만 년 전 시작된 것과 농경과 목축이 시작되었다는 내용을 통해 이를 알 수 있다. 신석기 시대에는 가락바퀴(방추차)와 뼈바늘을 이용해 옷이나 그물을 만들었다.

오답풀이

①, ③ 천군은 삼한의 제사장을, 읍군과 삼로는 옥저와 동예의 군장을 의미한다. 삼한과 동예, 옥저는 모두 철기 문화를 바탕으로 한 국가들이다.
④ 비파형 동검은 청동기 시대에 제작되었다.

답 ②

005 2019년 지방직 7급

㉠ 시대에 대한 설명으로 옳은 것은?

> 제주도 고산리 유적은 ㉠ 시대의 연대를 앞당길 수 있는 단서를 제공해 주고 있다. 여기에서 출토된 삼각형 모양의 돌화살촉과 '이른 민무늬토기'를 분석하여 ㉠ 시대가 기원전 8,000년경부터 시작되었음을 알게 되었다. 출토된 토기는 일명 '고산리식 토기'라고 불린다.

① 고인돌에 간돌검을 부장하였다.
② 가락바퀴를 이용하여 옷감을 만들었다.
③ 명도전, 반량전 등의 화폐를 사용하였다.
④ 반달돌칼을 사용하여 이삭을 수확하였다.

출제영역 신석기 시대의 문화

이른 민무늬토기를 통해 ㉠시대가 신석기 시대임을 알수 있다. 신석기 시대 사람들은 대체로 강가나 바닷가에 살면서 어로와 사냥을 하다가, 나중에는 농경과 목축이 시작되어 식량을 생산하는 단계에 이르렀다. 신석기 시대에는 원시적인 수공업 활동이 이루어졌다. 신석기 시대 사람들은 가락바퀴로 실을 뽑아 옷감을 만들고, 뼈바늘로 옷을 만들어 입기도 하였다.

오답풀이

① 고인돌, 간돌검은 청동기 시대에 대한 설명이다.
③ 철기 시대에 중국과의 교류가 활발해지면서 명도전, 반량전 등이 사용 되었다.
④ 반달돌칼은 청동기 시대에 대한 설명이다.

답 ②

006 2024년 지방직

신석기시대에 대한 설명으로 옳지 않은 것은?

① 가락바퀴와 뼈바늘로 옷이나 그물을 만들었다.
② 군장이 죽으면 그의 권력을 상징하는 고인돌을 만들었다.
③ 동물 뼈나 조개껍데기로 된 목걸이나 팔찌를 만들어 착용하였다.
④ 일부 지역에서는 농경이 시작되어 조, 피, 수수 등을 재배하였다.

출제영역 신석기시대

신석기 시대에 관한 문제이다.
② 군장이 죽으면 그의 권력을 상징하는 고인돌을 만든 것은 청동기 시대의 일이다. 권력을 가진 지배자는 청동기 시대에 등장하였다. 신석기 시대는 평등사회였다.

오답풀이

① 가락바퀴와 뼈바늘로 옷이나 그물을 만들기 시작한 것은 신석기 시대의 일이다. 가락바퀴는 실을 감는 도구인 '가락'을 끼워 사용했기 때문에 가락바퀴라고 부르며, 가락의 다른 이름인 방추를 붙여 '방추차'라고도 한다. 이로써 원시적 수공업이 행해졌음을 알 수 있다.
③ 동물 뼈나 조개껍데기로 된 목걸이나 팔찌를 만들어 착용한 것 역시 신석기 시대의 일이다. 동물의 뼈와 뿔, 치아, 조개껍데기 등을 소재로 만든 도구를 골각기라고 하는데, 동물의 뼈로 만든 것은 구석기 시대부터 등장하였다. 조개껍데기를 사용한 것은 신석기 시대로, 참고로 부산 동삼동 유적과 인천 옹진 소야도 등에서 조개껍데기 가면이 출토되어 신석기 시대 사람들의 예술 활동을 잘 보여준다.
④ 일부 지역에서 농경이 시작되어 조, 피, 수수 등을 재배한 것 역시 신석기 시대의 일이다. 참고로 일부 지역(저습지)에서 벼농사가 시작된 것은 청동기 시대이다.

답 ②

02 청동기·철기 시대

007

2019년 국가직

청동기시대의 유적과 유물에 대한 설명으로 옳은 것은?

① 연천 전곡리에서는 사냥도구인 주먹도끼가 출토되었다.
② 창원 다호리에서는 문자를 적는 붓이 출토되었다.
③ 강화 부근리에서는 탁자식 고인돌이 발견되었다.
④ 서울 암사동에서는 곡물을 담는 빗살무늬토기가 나왔다.

출제영역 청동기 시대 유적과 유물

강화도 부근리에서는 청동기의 무덤 양식인 탁자식 고인돌이 발견되었다. 탁자식 고인돌은 평평하고 넓은 돌을 이용하여 네모 모양의 널방을 만든 후 바닥에 시신을 두고 그 위에 덮개돌을 올린 무덤 양식으로 이를 통해 당시 지배층인 군징이 소유한 부와 권력을 짐작할 수 있다.

오답풀이

① 경기도 연천 전곡리 유적은 구석기 시대 유적지로, 동아시아 지역 최초로 아슐리안 주먹도끼가 출토되었다.
② 창원 다호리 유적은 대표적인 철기시대의 유적지로 이곳에서 출토된 붓을 통하여 한반도 남부까지 중국의 문자인 한자를 사용하였음을 알 수있다.
④ 서울 암사동은 신석기 시대의 대표적 유적지로 이곳에서 빗살무늬 토기가 출토되었다.

답 ③

008

2017년 국가직

밑줄 친 '이 시기'에 해당하는 사실로 옳은 것은?

> <u>이 시기</u>에는 반달 돌칼 등 다양한 간석기가 사용되었고 민무늬 토기를 비롯한 토기의 종류가 다양해졌으며, 고인돌과 돌널무덤이 만들어졌다.

① 농경과 목축이 시작되었다.
② 주로 동굴이나 강가의 막집에서 거주하였다.
③ 용호동 유적에서 불 땐 자리가 확인되었다.
④ 목을 길게 단 미송리식 토기가 사용되었다.

출제영역 청동기 시대의 생활모습

위 지문에서 설명하는 '이 시기'는 청동기시대이다. 청동기 시대에는 반달돌칼, 홈자귀 등의 간석기 농기구가 주로 사용되었고, 고인돌과 돌널무덤 형태의 무덤이 발달하였다. 또한, 민무늬 토기·미송리식 토기·붉은 간토기 등 다양한 종류의 토기가 사용되었다.

오답풀이

① 농경과 목축이 시작된 것은 신석기시대이다.
② 동굴이나 강가의 막집에 거주하는 형태는 구석기시대의 주거형태이다. 청동기시대에는 강가나 평야지대의 움집에서 주로 생활했으며, 청동기 움집은 직사각형에 팔자형 지붕 형태가 많다.
③ 대전광역시 대덕구 소재 용호동 유적은 중기 구석기 유적이다. 용호동 유적에서는 불 땐 자리 외에 후기 구석기의 슴베찌르개·양끝찌르개 등의 뗀석기 유물이 발굴되었다.

답 ④

009
2023년 국가직

다음 유물이 사용된 시대에 대한 설명으로 옳은 것은?

미송리식 토기, 팽이형 토기, 붉은 간 토기

① 비파형 동검이 사용되었다.
② 오수전 등의 화폐가 사용되었다.
③ 아슐리안형 주먹도끼가 사용되었다.
④ 철이 많이 생산되어 낙랑과 왜에 수출되었다.

출제영역 청동기 시대의 유물

미송리식 토기, 팽이형 토기, 붉은 간 토기 등은 청동기 시대에 사용된 토기들이다. ①의 비파형 동검은 청동기 시대에 사용된 청동유물이다.

오답풀이

② 철기시대에 대한 설명이다.
③ 구석기 시대에 대한 설명이다.
④ 철기시대에 대한 설명이다.

답 ①

010
2017년 기상직

(가), (나) 무덤이 주로 제작된 시기에 대한 설명으로 옳은 것을 〈보기〉에서 고른 것은?

(가)

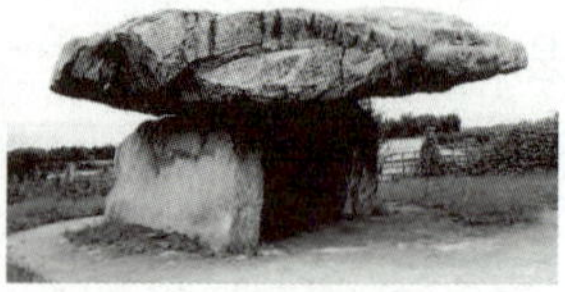
(나)

〈보기〉
ㄱ. (가) : 농경과 목축이 시작되었다.
ㄴ. (가) : 철제 농기구를 사용하였다.
ㄷ. (나) : 계급이 없는 평등 사회였다.
ㄹ. (나) : 반달 돌칼로 농작물을 수확하였다.

① ㄱ, ㄷ ② ㄱ, ㄹ ③ ㄴ, ㄷ ④ ㄴ, ㄹ

출제영역 청동기 시대와 철기 시대의 유물

(가)는 독무덤(옹관묘)으로 주로 철기 시대에 제작되었고, (나)는 고인돌로 주로 청동기 시대에 제작되었다. 농기구의 경우 청동기 시대의 경우 반달 돌칼과 같은 석기 도구가 여전히 널리 사용되다가 철기 시대로 접어들면서 철제 농기구가 보급되기 시작하였다. 따라서 맞는 설명은 ㄴ, ㄹ로 정답은 ④번이다.

오답풀이

ㄱ. 농경과 목축이 시작된 시기는 신석기 시대이다.
ㄷ. 청동기 시대에는 농경이 발달함에 따라 잉여 생산물이 발생하면서 토지와 생산물에 대한 사유 개념이 나타나 빈부의 차이가 생기고 계급이 분화되었다.

답 ④

011
2020년 국가직 7급

청동기 시대의 사회모습으로 옳은 것은?

① 계급이 발생하고 부족장이 출현하였다.
② 빗살무늬토기를 만들기 시작하였다.
③ 철제 무기로 주변 나라를 정복하였다.
④ 주로 동굴에서 사냥과 채집 생활을 영위하였다.

출제영역 청동기 시대의 생활

청동기 시대에는 벼농사가 시작되었고 이로 인해 잉여 생산물이 등장 하였는데 그 과정에서, 생산물의 분배를 둘러싸고 구성원들 사이에 갈등, 빈부 격차와 계급 분화가 촉진되었다. 특히 청동으로 만든 무기를 사용하면서 정복 활동이 활발해졌고, 그리하여 신석기 시대까지 유지되던 평등한 사회는 계급 사회로 바뀌어 갔고, 군장이라고 부르는 지배자가 나타났다.

오답풀이

② 신석기 시대에 대한 설명이다.
③ 철기 시대에 대한 설명이다.
④ 구석기 시대에 대한 설명이다.

답 ①

03 고조선

012
2024년 지방직

다음과 같은 법이 있었던 국가에 대한 설명으로 옳지 <u>않은</u> 것은?

> • 사람을 죽이면 즉시 사형에 처한다.
> • 남에게 상처를 입히면 곡식으로 배상한다.
> • 남의 물건을 훔친 자는 그 집의 노비로 삼는데, 스스로 죄를 면제받고자 하는 자는 50만을 내야 한다.

① 동맹이라는 제천 행사가 있었다.
② 상, 대부, 장군 등의 관직을 두었다.
③ 위만이 준왕을 몰아내고 왕이 되었다.
④ 중국의 한과 한반도 남부 사이에서 중계무역을 하였다.

출제영역 고조선

제시문은 고조선의 범금 8조(8조법) 중 현재 남아 있는 3개 조항이다. 이를 통해 고조선은 사유 재산을 중시하고 형벌과 노비가 존재하는 계급 사회였음을 추측할 수 있다. 고조선에 대한 설명으로 옳지 않은 것은 ①번 선지이다. 동맹이라는 제천 행사가 있었던 나라는 고구려이다.

오답풀이

② 고조선은 왕 아래에 상, 경, 대부, 장군, 박사 등의 관직을 두었다.
③ 고조선으로 망명해 온 위만이 기원전 194년에 왕검성을 공격하여 준왕을 몰아내고 왕이 되었다. 이에 준왕은 남쪽 진국으로 이주한 후 자신을 한왕(韓王)이라 칭하였다.
④ 고조선은 중국과 한반도 남부 사이에서 중계 무역을 실시하여 경제적으로 성장하였다.

답 ①

013

2022년 법원직

(가) 나라에 대한 설명으로 가장 옳은 것은?

(가)의 문화 및 세력 범위를 추정할 수 있는 유물

① 상, 대부, 장군 등의 관직을 두었다.
② 읍군, 삼로 등이 하호를 통치하였다.
③ 계루부 출신의 왕이 5부의 대가들과 함께 통치하였다.
④ 사람이 죽으면 가매장한 다음 뼈만 추려 목곽에 안치하였다.

출제영역 고조선

비파형 동검과 북방식 고인돌을 통해 세력 범위를 추정할 수 있는 나라는 고조선이다. 고조선에 대한 설명으로 옳은 것은 ①번 선지이다.
고조선이 왕을 칭하였다는 사실과 상, 대부, 장군 등의 관직을 두었다는 것을 통하여 고조선의 정치 발전 단계를 엿볼 수 있다.

오답풀이

② 옥저나 동예에 대한 설명이다.
③ 고구려에 대한 설명이다.
④ 옥저의 가족 공동 무덤(골장제)에 대한 설명이다.

답 ①

014

2021년 법원직

밑줄 친 ㉠ ~ ㉣에 대한 해석으로 적절하지 않은 것은?

옛날 ㉠ 환인의 아들 환웅이 천부인 3개와 3,000명의 무리를 이끌고 태백산 신단수 밑에 내려왔는데, 이 곳을 신시라 하였다. 그는 ㉡ 풍백, 우사, 운사로 하여금 인간의 360여 가지의 일을 주관하게 하였는데 그 중에서 곡식, 생명, 질병, 형벌, 선악 등 다섯 가지 일이 가장 중요한 것이었다. 이로써 인간 세상을 교화시키고 인간을 널리 이롭게 하였다. 이 때 ㉢ 곰과 호랑이가 사람이 되기를 원하므로 환웅은 쑥과 마늘을 주고 …… 곰은 금기를 지켜 21일 만에 여자로 태어났고 환웅과 혼인하여 아들을 낳았다. 이가 곧 ㉣ 단군왕검이었다.

① ㉠ - 천손사상으로 부족의 우월성을 과시했다.
② ㉡ - 고조선의 농경사회 모습이 반영되어 있다.
③ ㉢ - 특정 동물을 수호신으로 여기는 샤머니즘이 존재했다.
④ ㉣ - 정치적 지배자와 제사장이 일치된 사회였음을 알 수 있다.

출제영역 고조선의 건국

제시문은 고조선의 건국 설화 내용이다. ③에서 곰·호랑이 등 특정 동물을 수호신으로 여기는 원시 신앙은 샤머니즘이 아닌 토테미즘이다. 샤머니즘은 인간과 영혼, 하늘을 연결시켜 주는 존재인 무당과 그 주술을 믿는 것이다.

오답풀이

① 고조선 건국 설화에서는 환웅이 하늘의 자손임을 내세워 자기 부족의 우월성을 과시하였다.
② 환웅이 인간 세상에 내려올 때 거느렸던 풍백(風伯)·우사(雨師)·운사(雲師)는 농경과 밀접한 관련이 있는 날씨를 관장하는 존재로, 고조선의 농경사회 모습이 반영되어 있다.
④ 단군은 제사장, 왕검은 정치적 지배자를 뜻하는 말로 고조선이 제정일치(祭政一致) 사회임을 알 수 있다.

답 ③

015 2023년 법원직

밑줄 친 '법'을 시행한 나라에 대한 설명으로 가장 옳은 것은?

> 백성들에게 금하는 법 8조를 만들었다. 사람을 죽인 자는 즉시 죽이고, 남에게 상처를 입힌 자는 곡식으로 갚는다.
> 도둑질한 자는 노비로 삼는다. 용서받고자 하는 자는 한 사람 마다 50만 전을 내야 한다. …… 여자들은 모두 정숙하여 음란하고 편벽된 짓을 하지 않았다.
>
> - 『한서』 -

① 서옥제라는 혼인 풍습이 있었다.
② 해마다 영고라는 제천행사를 열었다.
③ 목지국의 지배자가 왕으로 추대되었다.
④ 한 무제가 보낸 군대의 침공으로 멸망하였다.

출제영역 고조선의 사회모습

고조선의 한과의 전쟁으로 멸망하였다. 고조선 멸망 후 한은 고조선이 있던 자리에 한사군을 설치했고, 법은 8조법에서 60여개로 늘어나면서 풍속이 각박해졌다고 한다.

오답풀이

① 고구려에 대한 설명이다.
② 부여에 대한 설명이다.
③ 마한에 대한 설명이다.

답 ④

016 2025년 법원직

다음 자료와 관련 있는 나라에 대한 설명으로 가장 옳은 것은?

> 다른 사람을 죽인 자는 즉시 죽이고, 남에게 상처를 입힌 자는 곡물로 배상하게 한다. 도둑질한 자는 재산을 몰수하고 노비로 삼으며, 용서를 받고자 하는 자는 1인당 50만 전을 내게 한다. …… 부인은 정숙하고 신의가 있어서 음란하지 않았다.
>
> - 「한서」지리지 -

① 국가의 중대사는 제가회의에서 논의되었다.
② 가축 이름을 딴 제가가 별도로 사출도를 다스렸다.
③ 읍락을 함부로 침범하면 노비와 소, 말로 배상하게 하였다.
④ 중국과 한반도 남부 사이에서 중계 무역으로 이익을 얻었다.

출제영역 고조선

제시문은 8조 법금 등 고조선의 풍속과 사회상을 설명하는 『한서지리지』의 한 대목이다. 이를 통해 고조선은 사유재산을 중시하고 형벌과 노비가 존재하는 계급 사회였음을 추측할 수 있다.
④ 고조선은 중국의 한과 한반도 남부 사이에서 중계 무역을 하였다.

오답풀이

① 고구려는 상가, 고추가 등이 제가회의를 열어 국가 대사를 결정 하였다.
② 부여에서는 왕이 중앙을 다스리고, 마가·우가·저가·구가의 4가가 사출도를 다스렸는데, 사출도는 왕이 다스리는 중앙과 함께 5부를 이루었다.
③ 동예에서는 다른 부족의 생활권을 침범하면, 책화라 하여 노비와 소, 말로 변상하게 하였다.

답 ④

017

2018년 국가직 7급

㉠ 나라에 대한 설명으로 옳은 것은?

> 주나라가 쇠약해지자 연나라가 스스로 왕을 칭하고 동쪽으로 침략하려 하였다. ㉠ 의 후(侯) 역시 스스로 왕을 칭하고 군사를 일으켜 연나라를 공격하려 하였는데, 대부인 예(禮)가 간하여 중지하였다.

① 전연의 공격을 받아 심한 타격을 받았다.
② 매년 10월 무천이라는 제천행사를 열었다.
③ 박·석·김씨가 왕위를 교대로 계승하였다.
④ 8조의 법을 제정하였는데 세 조항만 전해진다.

출제영역 고조선

고조선은 부왕, 준왕 등 강력한 왕이 등장하여 왕위 를 세습하였고, 그 밑에 상·대부·장군 등 관직도 두었다. 이러한 국가 체제를 바탕으로 고조선은 연(燕)과 대적할 만큼 강성하였으나, 연나라 장수 진개의 침략을 받아 서쪽 땅을 잃기도 했다. 한편 고조선에는 사회 질서를 유지하기 위한 8조의 법금(法禁)이 있었다.

오답풀이

① 고구려 고국원왕 당시에 대한 설명이다.
② 동예에 대한 설명이다.
③ 신라 초기에 대한 설명이다.

답 ④

04 여러 나라의 성장

018

2022년 국가직

다음 풍습이 있었던 나라에 대한 설명으로 옳은 것은?

> • 가족이 죽으면 시체를 가매장하였다가 나중에 그 뼈를 추려서 가족 공동 무덤인 커다란 목곽에 안치하였다.
> • 목곽 입구에는 죽은 자가 먹을 양식으로 쌀을 담은 항아리를 매달아 놓기도 하였다.
>
> - 『삼국지』 위서 동이전 -

① 민며느리제라는 혼인 풍습이 있었다.
② 제가가 별도로 사출도를 다스렸다.
③ 소도라는 신성 구역이 존재하였다.
④ 무천이라는 제천행사를 열었다.

출제영역 옥저

제시된 자료에서 설명하고 있는 나라는 옥저이고, 옥저에 대한 설명으로 옳은 것은 ①번 선지이다. 민며느리제는 여자의 나이가 열 살이 되면 서로 혼인을 약속하고, 신랑 집에서 그 여자를 길러서 아내로 삼는 풍속이다.

오답풀이

② 부여에 대한 설명이다.
③ 삼한에 대한 설명이다.
④ 동예에 대한 설명이다.

답 ①

019

2019년 국가직

(가), (나)의 나라에 대한 설명으로 옳은 것은?

> (가) 음력 12월에 지내는 제천행사가 있는데, 이를 영고 라고 한다. 이때에는 형옥을 중단하고 죄수를 풀어 주었다.
> (나) 해마다 10월 하늘에 제사를 지내는데, 밤낮으로 술마시며 노래부르고 춤추니 이를 무천이라고 한다.
> -『삼국지』-

① (가) - 5부가 있었으며, 계루부에서 왕위를 차지하였다.
② (가) - 정치적 지배자로 신지, 읍차 등이 있었다.
③ (나) - 죄를 지은 사람이 소도에 들어가면 잡아가지 못하였다.
④ (나) - 다른 부족의 영역을 침범하면 책화라 하여 노비나 소, 말로 변상하였다.

출제영역 부여와 동예의 사회모습

제시된 자료에서 '영고'이라는 표현을 통하여 (가)는 부여, '무천'이라는 표현을 통하여 (나)는 동예임을 알 수 있다. 동예는 씨족 사회의 전통이 남아 있어 족외혼을 엄격하게 지켰고, 산천을 중시하여 산과 내마다 구분이 있어 함부로 들어가지 않았다. 만약 다른 부족의 영역을 침범하면 노비나 소, 말로 배상하게 하는 책화의 풍습이 있었다.

오답풀이

① 고구려는 5부(계루부, 소노부, 순노부, 관노부, 절노부)가 있었다. 처음에는 소노부가 왕을 배출하였지만, 태조왕 때 왕권이 강화되면서 계루부 고씨가 왕위를 독점적으로 세습하였다.
② 삼한의 지배자 중에서 세력이 큰 것은 신지, 견지, 세력은 작은 것은 읍차, 부례 등으로 불렸다.
③ 삼한의 종교적 지배자인 천군은 하늘에 대한 제사를 주관하였고, 신성 구역인 소도를 다스렸다. 소도에는 정치적 군장의 세력이 미치지 못하였는데, 이를 통해 삼한은 정치와 종교가 분리된 사회였음을 알 수 있다.

답 ④

020

2017년 국가직

밑줄 친 '이 나라'에 대한 설명으로 옳은 것은?

> <u>이 나라</u>는 서쪽에 자리 잡고 있다. 그 민인은 토착하여 곡식을 심고 누에치기와 뽕나무를 가꿀 줄 알며 면포를 만든다. 각기 장수(將帥)가 있어 큰 세력을 지닌 이는 스스로 신지(臣智)라 하고 그 다음은 읍차(邑借)라 한다.
> -『삼국지』-

① 남의 물건을 훔친 자는 12배의 배상을 하게 하였다.
② 집집마다 부경이라는 창고를 두었다.
③ 특산물인 단궁, 과하마, 반어피 등을 수출하였다.
④ 파종한 5월과 추수한 10월에는 제의를 행하였다.

출제영역 삼한의 생활모습

밑줄 친 '이 나라'는 삼한을 이루는 국가 중 하나로 경기-충청-호남에 위치했던 마한(馬韓)을 실명하는 글이다. 마한에서는 뽕나무 가꾸기나 양잠(누에치기)이 성행하여 방직기술이 발달하고 비단옷을 입었다고 한다. 또한 마한은 넓은 평야를 바탕으로 벼농사가 널리 전파되었는데, 매년 5월과 10월에는 농사와 관련하여 신에게 제사지내는 제천행사가 있었다.

오답풀이

① 고구려·부여의 법제도인 1책 12법이다. 고구려와 부여에서는 남의 물건을 훔쳤을 때는 12배를 배상하도록 하였다.
② 부경(桴京)은 고구려에 존재한 창고이다. 『삼국지』 위지 동이전에서는 "나라에 큰 창고가 없으며, 집집마다 각기 조그만 창고를 가지고 있는데, 이를 이름하여 부경이라 한다."라 기록하였다.
③ 단궁(박달나무 활)·과하마(조랑말)·반어피(물범 가죽)는 강원도 일대에 있던 국가인 동예의 특산품이다.

답 ④

021

2024년 법원직

(가) 국가에 대한 설명으로 가장 옳은 것은?

> (가) 에는 각각 우두머리가 있어서 세력이 강대한 사람은스스로 신지라 하고, 그 다음은 읍차라 하였다. … 귀신을 믿기 때문에 국읍에 각각 한 사람씩 세워 천신의 제사를 주관하게 하는데, 이를 천군이라 부른다.
>
> -『삼국지』「위서 동이전」-

① 무천이라는 제천행사가 있었다.
② 화백회의에서 중요한 일을 결정하였다.
③ 여러 개의 소국으로 구성된 연맹체였다.
④ 사출도라 불리는 독자적인 영역이 있었다.

출제영역 삼한

제시문에서 신지, 읍차 등의 우두머리가 있었던 나라는 삼한이다. 삼한에는 또한 제사장인 천군과 신성 지역인 소도가 존재하였다. 삼한은 마한·진한·변한을 가리키며, 여러 개의 소국으로 구성된 연맹체였다.
③ 중국 사서인『후한서』에 따르면 마한에는 54국, 진한에는 12국, 변한에는 12국의 소국이 있다고 하였다.

오답풀이

① 매년 10월 무천이라는 제천 행사가 열렸던 국가는 초기 국가, 동예이다.
② 화백 회의에서 중요한 일을 결정한 국가는 신라이다. 화백 회의는 신라의 귀족회의로, 만장일치제로 운영되었다.
④ 대가들인 여러 가(加)들이 주관한 사출도라 불리는 독자적인 영역이 있었던 국가는 초기 국가, 부여이다. 대가들은 대사자, 사자, 대사 등의 관리를 두었다.

답 ③

022

2025년 지방직

(가) 나라에 대한 설명으로 옳은 것은?

> 옛 (가) 의 풍속에는 비가 오는 것이 고르지 않아 곡식이 익지 않으면, 문득 왕에게 그 잘못을 돌려 "마땅히 바꾸어야 한다." 또는 "마땅히 죽여야 한다."라고 말하였다.
>
> -「삼국지」 위서 동이전 -

① 읍락의 우두머리들이 스스로 '삼로(三老)'라고 불렀다.
② 마가(馬加)와 우가(牛加) 등 가축의 이름을 딴 관리가 있었다.
③ 사람이 질병으로 죽으면 살던 집을 버리고 다시 새 집을 지었다.
④ 다른 읍락의 산천을 침범하면 노비와 소, 말 등으로 배상하게 하였다.

출제영역 부여

제시문은『삼국지』위서 동이전에 실린 부여에 관한 내용이다.
② 부여는 군장들의 명칭을 가축의 이름을 사용해서 마가, 우가, 저가, 구가 등으로 불렀다. 부여에서는 왕이 중앙을 다스리고, 마가, 우가, 저가, 구가의 4가가 사출도를 다스렸는데, 사출도는 왕이 다스리는 중앙과 함께 5부를 이루었다.

오답풀이

① 옥저와 동예의 군장 명칭은 읍군, 삼로로서 이들은 하호를 통치하였다.
③ 동예에서는 사람이 죽으면 살던 집을 버리고 다시 새 집을 지었다.
④ 동예의 책화라는 풍속이다. 동예에서는 다른 부족의 생활권을 침범하면, 책화라 하여 노비와 소, 말로 변상하게 하였다.

답 ②

023

2022년 서울시 1차

〈보기〉의 밑줄 친 '이 나라'에 대한 설명으로 가장 옳은 것은?

〈보기〉

이 나라에서는 해마다 10월이면 하늘에 제사를 지내는데, 주야로 술을 마시며 노래를 부르고 춤추니 이를 무천이라 한다. 또 호랑이를 신으로 여겨 제사를 지낸다.

① 마가, 우가, 저가 등 관직을 두었다.
② 철이 많이 생산되어 왜, 낙랑 등에 수출하였다.
③ 소노부를 비롯한 5부가 정치적 자치력을 갖고 있었다.
④ 다른 읍락을 함부로 침범하면 노비, 소 등으로 변상하는 책화가 있었다.

출제영역 동예

밑줄 친 '이 나라'는 동예이다. 10월에 무천이라는 제천행사를 지냈으며, 호랑이를 신으로 여겨 제사를 지냈다는 점에서 알 수 있다. 동예에 대한 설명으로 옳은 것은 ④번 선지이다. 동예에는 책화라는 풍속이 있었다. 그밖에 특산물로 단궁, 과하마, 반어피 등이 유명하였고, 남녀가 모두 곡령(曲領, 목둘레를 둥글게 한 옷깃)을 입었으며, 꺼리는 것이 많아 병을 앓거나 사람이 죽으면 옛 집을 버리고 새 집을 지어 사는 풍속이 있었다.

오답풀이

① 부여에 대한 설명이다.
② 삼한(특히 변한)에 대한 설명이다.
③ 고구려에 대한 설명이다.

답 ④

024

2017년 서울시

㉠ ~ ㉣에 대한 설명이 바르게 연결된 것은?

㉠ 농경이 발달하였고, 어물과 소금 등 해산물이 풍부하였다.
㉡ 도둑질을 하면 물건 값의 12배를 변상하게 하였다.
㉢ 산과 내마다 각기 구분이 있어서 함부로 들어가지 못하였다.
㉣ 국읍에 각각 한 사람씩 세워 천신의 제사를 주관하게 하였다.

① ㉠ - 10월에 동맹이라는 제천 행사를 실시하였다.
② ㉡ - 형이 죽으면 형수를 아내로 삼는 풍습이 있었다.
③ ㉢ - 족내혼과 함께 민며느리제라는 혼인 풍속이 있었다.
④ ㉣ - 상가, 고추가 등이 제가회의를 열어 국가 대사를 결정하였다.

출제영역 여러 나라의 성장

㉠은 옥저의 설명이다. ㉡은 고구려·부여에 대한 설명이다. ㉢은 동예에 대한 설명이다. ㉣은 삼한의 제사장인 천군(天君)을 설명한 것이다. ②는 형이 죽으면 그 형수와 결혼하는 혼인제도인 형사취수제(兄死娶嫂制)에 대한 설명으로, ㉡의 1책 12법과 함께 고구려·부여의 사회풍습 중 하나이다.

오답풀이

① 동맹제는 고구려의 제천행사이다.
③ 족내혼·민며느리제는 옥저의 혼인 풍속이다.
④ 고구려에 대한 설명이다.

답 ②

025

2022년 법원직

(가) 국가에 대한 설명으로 가장 옳은 것은?

> (가) 에서는 본래 소노부에서 왕이 나왔으나 점점 미약해져서 지금은 계루부에서 왕위를 차지하고 있다. 절노부는 대대로 왕실과 혼인을 하였으므로 그 대인은 고추가(古鄒加)의 칭호를 더하였다. 모든 대가(大加)들은 스스로 사자·조의·선인을 두었는데, 그 명단을 모두 왕에게 보고하여야 한다. …… 감옥은 없고 범죄자가 있으면 제가들이 모여서 평의하여 사형에 처하고 처자는 몰수하여 노비로 삼는다.
>
> -『삼국지』 위서 동이전 -

① 혼인풍속으로 서옥제가 있었다.
② 신성 지역인 소도가 존재하였다.
③ 영고라고 하는 제천행사를 개최하였다.
④ 읍락의 경계를 중시하여 책화라는 풍습이 있었다.

출제영역 고구려

(가) 국가는 고구려이다. 소노부, 계루부, 고추가, 제가 회의 등을 통하여 고구려임을 알 수 있다. 고구려에 대한 설명으로 옳은 것은 ①번 선지이다. 서옥제는 사위가 처가 뒤편에 서옥을 짓고 처가에서 살다가 아이가 장성하면 본집으로 돌아가는 혼인 풍속이다.

오답풀이

② 삼한에 대한 설명이다.
③ 부여에 대한 설명이다. 고구려의 제천 행사로는 '동맹'이 있다. 고구려 사람들은 국동대혈에서 하늘에 제사를 지냈다.
④ 동예에 대한 설명이다.

답 ①

026

2024년 서울시

〈보기〉의 사료에 해당하는 국가에 대한 설명으로 가장 옳은 것은?

> 〈보기〉
>
> 12월에 지내는 제천행사는 국중 대회로 날마다 마시고 먹고 노래하고 춤춘다. 이름을 '영고'라 하였다. 이때는 형옥을 중단하고 죄수를 풀어주었다. 형이 죽으면 형수를 아내로 삼는다. 여름에 사람이 죽으면 모두 얼음을 넣어 장사 지낸다. 사람을 죽여서 순장하는데 많을 때는 백 명 가량이나 된다. -『삼국지』「위서」 동이전-

① 국읍에 천군을 두어 천신에 대한 제사를 주관하였다.
② 국왕을 중심으로 가장 유력한 대가인 우가, 마가, 저가, 구가 등이 주요 국가 정책을 논의하였다.
③ 혼인 풍속으로 민며느리제가 있었다.
④ 왕 아래 상가, 대로, 패자, 고추가 등의 관료 조직이 있었다.

출제영역 청동기 시대

제시문에 해당하는 국가는 초기 국가, 부여를 가리킴을 알 수 있다.
② 부여에서는 국왕을 중심으로 가장 유력한 대가인 우가, 마가, 저가, 구가 등이 주요 국가 정책을 논의하였다. 대가들은 각 사출도를 주관하였으며 대사자, 사자, 대사 등의 관리를 두었다. 사출도는 부여의 지방 관할 구역을 가리킨다. 부여는 수도를 중심으로 동서남북 방위에 따라 지방을 4개의 구역으로 나누었다.

오답풀이

① 국읍에 (제사장인) 천군을 두어 천신에 대한 제사를 주관한 국가는 초기 국가, 삼한이다. 천군은 신성 지역인 소도에서 제사를 지냈다.
③ 혼인 풍습으로 민며느리제가 있었던 국가는 초기 국가, 옥저이다. 민며느리제는 여자의 나이가 열 살이 되면 서로 혼인을 약속하고, 신랑 집에서 그 여자를 길러서 아내로 삼는 풍속이다.
④ 왕 아래 상가, 대로, 패자, 고추가 등의 관료 조직이 있었던 나라는 초기 국가, 고구려이다. 고구려에는 왕이 있고, 관리들의 신분의 높고 낮음에 따라 각각 등급을 두었다.

답 ②

027

2020년 지방직 7급

다음에 해당하는 나라에 대한 설명으로 옳은 것은?

> 큰 산과 깊은 골짜기가 많고 평원과 연못이 없다. 사람들이 계곡을 따라 사는데 골짜기 물을 식수로 마셨다. 좋은 농경 지가 없어서 부지런히 농사를 지어도 배를 채우기가 부족 하다. 사람들의 성품은 흉악하고 급하며 노략질하기를 좋아하였다. - 「삼국지」 -

① 민며느리제라는 독특한 혼인 풍습이 있었다.
② 왕 아래에 가축의 이름을 딴 마가, 우가, 저가 등의 관리가 있었다.
③ 10월에 제천행사를 성대하게 치르고, 국동대혈에 모여 제사를 지냈다.
④ 다른 부족의 생활권을 침범하면, 책화라 하여 노비와 소, 말로 변상하게 하였다.

출제영역 초기 고구려

고구려가 자리 잡은 지방은 대부분 큰 산과 깊은 계곡으로 된 산악 지대였기 때문에 농토가 부족하여 양식이 부족하였다. 이에 고구려는 주변의 다른 나라들을 정복하여 식량 문제를 해결하면서 평야 지대로 진출하였다. 고구려에서는 10월이면 동맹이라는 제천 행사를 성대하게 치러 건국 시조인 주몽과 그 어머니 유화 부인을 조상신으로 섬겨 제사를 지냈다. 아울러 국동대혈에 왕과 신하들이 모여 함께 제사를 지냈다.

오답풀이

① 옥저에 대한설명이다.
② 부여에 대한설명이다.
④ 동예에 대한설명이다.

답 ③

028

2021년 소방직

(가)나라에 대한 설명으로 옳은 것은?

> (가) 의 혼인하는 풍속은 여자의 나이가 10살이 되기 전에 혼인을 약속하고, 신랑 집에서는 (그 여자를) 맞이하 여 장성하도록 길러 아내로 삼는다. (여자가) 성인이 되면 다시 친정으로 돌아가게 한다. 여자의 친정에서는 돈을 요구하는데, (신랑 집에서) 돈을 지불한 후 다시 신랑 집으로 돌아온다.
> - 「삼국지」 위서 동이전 -

① 농경과 관련하여 동맹이라고 하는 제천행사가 있었다.
② 대가들의 호칭에 말, 소, 돼지, 개 등의 가축 이름을 붙였다.
③ 단궁, 반어피(바다표범 가죽), 과하마 등의 특산물로 중국과 교역하였다.
④ 시체를 가매장하였다가 뼈만 추려 가족 공동 무덤인 큰 나무 덧널에 넣었다.

출제영역 옥저

제시된 자료에서 여자의 나이가 열 살이 되면 서로 혼인을 약속하고 신랑 집에서 맞이하여 장성하도록 길렀다는 것을 통하여 (가)는 옥저 임을 알수있다 옥저의 장례 풍속인 골장제는 가족이 죽으면 시체를 가매장하였다가 나중에 그 뼈를 추려서 가족 공동의 무덤인 커다란 목곽에 안치하였다. 목 입구에는 죽은 자의 양식으로 쌀을 담은 항아리를 매달아 놓기도 하였다.

오답풀이

① 고구려에대한설명이다.
② 부여에 대한설명이다.
③ 동예에 대한설명이다.

답 ④

029

2019년 국가직 7급

㉠ 나라에 대한 설명으로 옳은 것은?

> ㉠ 에는 대군장이 없고, 후(侯)·읍군·삼로 등이 있어서 하호를 통치하였다. ㉠ 의 풍습은 산천을 중요시하여 산과 하천마다 구분이 있어 함부로 들어가지 못하였다.

① 영고라는 제천 행사가 있었다.
② 민며느리제라는 혼인 풍속이 있었다.
③ 단궁, 과하마, 반어피가 많이 생산되었다.
④ 중대한 범죄자는 제가(諸加) 회의를 통해 처벌하였다.

출제영역 동예

옥저와 더불어 정치적 발전이 늦었기 때문에 왕이 없고, 각 부족은 읍군, 삼로라고 불리는 군장들에 의해 통솔되었던 ㉠ 나라는 동예이다. 동예는 특히, 명주와 삼베를 짜는 등 방직 기술이 발달하였다. 단궁이라는 활과 과하마(果下馬), 반어피 등이 특산물로 유명하였다.

오답풀이

① 부여에 대한설명이다.
② 옥저에 대한설명이다.
④ 고구려에 대한설명이다.

답 ③

030

2017년 법원직

다음 자료의 나라에 대한 설명으로 가장 옳은 것은?

> 그 나라 안의 대가들은 농사를 짓지 않으며 좌식자(坐食者)가 만여 명이나 된다. 하호는 식량과 고기와 소금을 멀리서 져다 이들에게 공급하고 있다. 10월에 하늘에 제사 지내는데, 온 나라가 대회를 가지므로 이를 동맹(同盟)이라 한다.
> - 『삼국지』 위서 동이전 -

① 여러 가(加)들이 사출도를 다스렸다.
② 철이 많이 생산되어 왜에 수출하였다.
③ 집집마다 부경이라는 작은 창고가 있었다.
④ 사회 질서 유지를 위해 법금 8조를 만들었다.

출제영역 고구려의 생활모습

위의 자료는 고구려의 신분제도, 제천의식인 동맹제를 설명한 사료이다. 고구려에서는 산악지대에 자리잡아 토지가 척박하여 삭량이 부족 하였다. 그래서 고구려는 활발한 대외 정복 활동을 통하여 피정복민으로부터 공납을 받아들였고, 이와 같은 재물을 집집마다 부경(桴京)이란 작은 창고를 두어 저장하였다.

오답풀이

① 부여에 대한 설명이다.
② 변한에 대한 설명이다.
④ 사회 질서 유지를 위해 8조금법을 제정한 것은 고조선 시기이다.

답 ③

라영환 한국사

STEP 1

단순 암기형

2

고대사

단순암기형으로, 무조건 알고 가야하는 필수 문제만 모았습니다!

05 삼국의 성립과 한군현과의 투쟁

001 2023년 국가직

밑줄 친 '왕'에 대한 설명으로 옳은 것은?

> 16년 겨울 10월, 왕이 질양(質陽)으로 사냥을 갔다가 길에 앉아 우는 자를 보았다. 왕이 말하기를 "아! 내가 백성의 부모가 되어 백성들이 이 지경에 이르게 하였으니 나의 죄로다." …(중략)… 그리고 관리들에게 명하여 매년 봄 3월부터 가을 7월까지 관청의 곡식을 내어 백성들의 식구 수에 따라 차등 있게 빌려주었다가, 10월에 이르러 상환하게 하는 것을 법규로 정하였다.
> -『삼국사기』-

① 낙랑군을 축출하였다.
② 진대법을 시행하였다.
③ 백제의 침입으로 전사하였다.
④ 영락이라는 독자적인 연호를 사용하였다.

출제영역 고구려 고국천왕의 업적

제시문은 고구려 고국천왕 시기 백성들의 구휼을 위해 진대법을 실시 했다는 사료이다. 진대법은 봄에 곡식을 빌려주고 가을에 갚게하는 춘대추납의 빈민구제책으로 국상 을파소를 등용하여 시행하였다.

오답풀이

① 미천왕에 대한 설명이다.
③ 고국원왕에 대한 설명이다.
④ 광개토대왕에 대한 설명이다.

답 ②

002 2017년 국가직 7급

㉠ 왕호를 사용하던 신라 시기의 사실로 옳은 것은?

> 신라 왕으로서 거서간, 차차웅이란 이름을 쓴 이가 각기 하나요, 이사금이라 한 이가 열여섯이며, ㉠ 이/이라 한 이가 넷이다. -『삼국사기』-

① 율령이 반포되었다.
② 대가야를 병합하였다.
③ 왕위의 부자상속제가 확립되었다.
④ 건원이라는 독자적인 연호를 사용하였다.

출제영역 신라의 왕호

신라의 왕호 변천(거서간 - 차차웅 - 이사금 - 마립간 - 왕)에 대한 제시문이다. 거서간은 대군장을 의미하며 1대 '박혁거세'이며, 무당을 칭하는 차차웅은 '남해', 이후 연장자를 뜻하는 이사금과 대군장을 칭하는 마립간이 등장하였다. 마립간은 내물마립간부터 소지마립간까지 사용하였고, 이후 지증왕이 왕으로 칭호를 바꾸었다. 부자상속제를 확립한 것은 눌지마립간임으로 ③번이 정답이다.

오답풀이

① 신라의 율령 반포는 법흥왕이다.
② 진흥왕은 대가야를 병합하였다.
④ 건원은 법흥왕의 연호이다.

답 ③

003

2021년 지방직

(가) 나라에 대한 설명으로 옳은 것은?

> 북쪽 구지에서 이상한 소리로 부르는 것이 있었다. … (중략) … 구간(九干)들은 이 말을 따라 모두 기뻐하면서 노래하고 춤을 추었다. 자줏빛 줄이 하늘에서 드리워져서 땅에 닿았다. 그 줄이 내려온 곳을 따라가 붉은 보자기에 싸인 금으로 만든 상자를 발견하고 열어 보니, 해처럼 둥근 황금알 여섯 개가 있었다. 알 여섯이 모두 변하여 어린 아이가 되었다. … (중략) … 가장 큰 알에서 태어난 수로(首露)가 왕위에 올라 (가) 를/을 세웠다. - 『삼국유사』 -

① 해상 교역을 통해 우수한 철을 수출하였다.
② 박, 석, 김씨가 교대로 왕위를 계승하였다.
③ 경당을 설치하여 학문과 무예를 가르쳤다.
④ 정사암 회의를 통해 재상을 선발하였다.

출제영역 금관가야의 성장

(가)에 해당하는 나라는 금관가야이다. 수로(김수로왕)가 나라를 세웠다는 것을 통해 이를 알 수 있다. 금관가야는 낙동강 하류에 있어 해상 활동에 유리하였을 뿐만 아니라 질이 좋은 철도 생산하였다. 철은 무기나 농기구를 만드는 데 사용되었고, 덩이쇠는 화폐처럼 사용되기도 하였다.

오답풀이

② 박, 석, 김 3성이 교대로 왕위를 계승한 것은 신라의 초기모습이다.
③ 경당은 고구려 장수왕 시기에 지어진 사립 교육기관으로 평민도 입학할 수 있었다.
④ 정사암 회의는 백제의 귀족 회의이다. 정사암은 수도 사비 부근의 호암사라는 절에 있는 바위의 이름으로, 백제의 귀족들은 이곳에서 재상 선출 등 국가의 중대사를 결정하였다.

답 ①

004

2018년 기상직

다음과 같은 업적을 남긴 왕의 재위기간에 있었던 사실로 옳은 것은?

> 내신좌평을 두어 왕명 출납을, 내두좌평은 물자와 창고를, 내법좌평은 예법과 의식을, 위사좌평은 숙위 병사를, 조정좌평은 형벌과 송사를, 병관좌평은 지방의 군사에 관한 일을 각각 맡게 하였다. - 『삼국사기』 -

① 한강 유역을 장악하고 한 군현과 대립하였다.
② 동진과 국교를 맺고 요서 지방에 진출하였다.
③ 광개토대왕의 도움을 받아 가야와 왜의 연합군을 물리쳤다.
④ 낙랑군을 공격하여 중국 세력을 영토에서 완전히 쫓아냈다.

출제영역 백제 고이왕의 업적

제시된 자료는 고이왕 27년(260년) 6좌평을 두어 국가의 사무를 분장하게 하였다는 것이다. 백제는 고이왕 시기 한강 유역을 완전히 장악 하였고, 한사군 중 하나인 낙랑을 공격하였으며, 마한의 중심 세력인 목지국을 병합하기도 했다.

오답풀이

② 백제는 4세기 근초고왕 때 중국의 동진과 외교 관계를 수립하였다(372). 뿐만 아니라 근초고왕은 발전된 군사력과 경제력을 바탕으로 중국의 요서·산둥, 일본의 규슈 지역까지 진출하였다.
③ 신라는 내물 마립간 때 동해안 지역을 쳐들어온 왜로 인하여 고구려에 구원을 요청하였다. 이에 고구려의 광개토대왕은 군대를 보내 왜구를 물리쳤으며, 왜구를 격퇴하는 과정에서 광개토대왕의 고구려 군이 금관가야를 공격하여 가야 연맹의 중심지가 금관가야에서 대가야로 바뀌기도 했다.
④ 고이왕 때도 낙랑을 공격하기도 하였으나, 고구려가 낙랑군을 완전히 축출한 것은 4세기 미천왕 때이다.

답 ①

06 백제의 전성기와 고구려의 반격(4C)

005

2025년 지방직

(가) 시기에 일어난 고구려 관련 사건은?

태학 설립	⇨	(가)	⇨	평양 천도

① 동옥저를 정벌하였다.
② 전연의 침입으로 도성이 함락되었다.
③ 후연을 격파하고 요동지역을 차지하였다.
④ 백제의 수도 한성을 함락하고 개로왕을 살해하였다.

출제영역 소수림왕~장수왕 사이의 역사 사실

고구려에서 태학을 설립된 시기는 372년 소수림왕 때이며, 고구려에서 평양으로 천도한 시기는 427년으로서 장수왕 때의 사실이다. (가)는 소수림왕(372)~장수왕(427) 사이의 사건이다.
③ 광개토대왕은 후연과 거란을 격파하여 요동을 포함한 만주 지역에서 지배권을 확대하였다.

오답풀이

① 1세기 후반 태조왕은 동옥저를 정복하고 요동(랴오둥) 지역으로 진출을 꾀하였다.
② 343년 고국원왕 대에 전연의 모용황의 침입으로 수도를 함락되고 왕의 어머니와 남녀 5만명이 포로로 잡혀갔다.
④ 475년 장수왕은 대대적인 남하 정책으로 수도를 평양으로 옮겼으며, 백제 수도 한성을 공격하여 개로왕을 죽이고 한강 유역을 완전히 장악하였다.

답 ③

006

2025년 국가직

(가), (나) 사이 시기에 있었던 사실로 옳은 것은?

(가) 왕이 보병과 기병 5만 명을 보내 신라를 구원하게 하였고, 이에 왜군이 퇴각하였다.
(나) 백제 왕이 가야와 함께 관산성을 공격하였다. 신주군주 김무력이 나아가 교전을 벌였고, 비장인 도도가 백제 왕을 죽였다.

① 고구려가 낙랑군을 몰아냈다.
② 신라가 금관가야를 병합하였다.
③ 고구려가 안시성에서 당군을 물리쳤다.
④ 백제가 평양성에서 고국원왕을 전사시켰다.

출제영역 광개토대왕 ~ 관산성전투

(가) 고구려의 광개토 대왕이 신라 내물왕의 요청을 받아 신라에 침입한 왜를 격퇴한 것은 400년의 일이다. 그리고 이와 같은 고구려의 신라 구원은 곧 신라에 대한 고구려의 내정 간섭이 강화되는 계기가 됨은 물론 한반도 남부 지방 전체에까지 고구려의 영향력이 확대되는 계기가 되었다.
(나) 백제 성왕이 관산성 전투에서 전사한 것은 554년의 일이다.
② 신라를 구원하기 위해 출병한 고구려군의 공격으로 금관가야는 연맹의 주도권을 상실하였고, 신라 법흥왕에게 532년 복속되었다.

오답풀이

① 고구려가 낙랑군을 몰아낸 것은 고구려 미천왕 때의 일이다. 미천왕은 서안평을 점령하였으며, 낙랑군을 축출하여 영토를 확장하였다. 그리고 314년에는 대방군까지 정벌하였다.
③ 고구려가 안시성에서 당군을 물리친 것은 645년으로 고구려 보장왕 때의 일이다.
④ 근초고왕은 371년 평양성 전투에서 고구려의 고국원왕을 전사시켰다.

답 ②

007 2019년 지방직

(나) 시기에 발생한 사건으로 옳은 것은?

(가) 백제왕이 병력 3만 명을 거느리고 평양성을 공격해 왔다. 왕이 출병하여 막다가 날아오는 화살에 맞아 서거 하였다.

⇩

(나)

⇩

(다) 왕이 보병과 기병 5만 명을 보내 신라를 구원하게 하였다. (고구려군이) 남거성을 통해 신라성에 이르렀는데 그곳에 왜가 가득하였다. 관군이 도착하자 왜적이 퇴각하였다.

① 태학을 설립하고 율령을 반포하였다.
② 평양으로 도읍을 옮기고 한성을 함락하였다.
③ 관구검이 이끄는 위나라 군대의 침략을 받았다.
④ 왕이 직접 말갈 병사를 거느리고 요서지방을 공격하였다.

출제영역 고구려의 발전 과정

제시된 자료 (가)는 4세기 후반 고구려의 고국원왕이 백제 근초고왕의 공격을 받아 전사하는 내용이며, (다)는 5세기 초반 고구려의 광개토대왕이 신라의 요청을 받아 신라에 침입한 왜구를 격퇴하는 내용이다.
고국원왕 전사 이후 즉위한 소수림왕은 유교 교육 기관이자 국립 대학인 태학을 설립하여 인재를 양성하였으며, 율령을 반포하여 국가 조직을 정비하고, 왕 중심의 통치 원칙을 성문화하여 혼란을 수습하고자 하였다.

오답풀이

② 장수왕에 대한 설명이다.
③ 위나라 관구검의 공격을 받아 환도성이 함락된 것은 3세기 초반 고구려 동천왕 때이다.
④ 6세기 후반 고구려 영양왕은 수나라가 중국을 통일하자 말갈군 1만을 이끌고 전략적 요지인 요서 지역을 선제 공격하였다.

답 ①

008 2021년 법원직

이 시기 백제왕의 업적으로 옳은 것을 〈보기〉에서 모두 고른 것은?

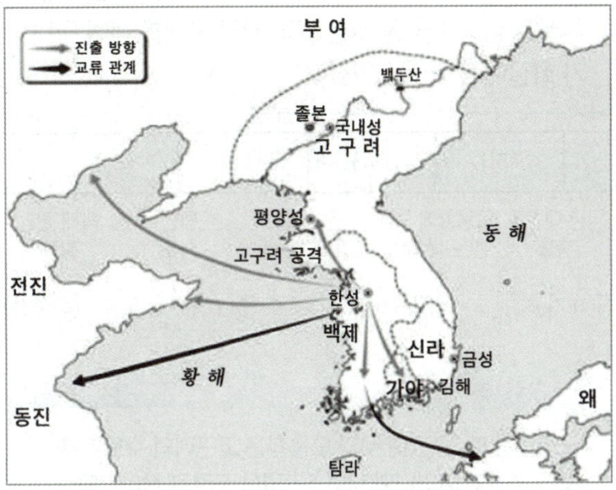

〈보기〉
ㄱ. 남으로 마한을 통합하였다.
ㄴ. 왕위의 부자 상속이 확립되었다.
ㄷ. 중앙 관청을 22부로 확대하였다.
ㄹ. 좌평 제도와 관등제를 마련하였다.

① ㄱ, ㄴ ② ㄱ, ㄹ ③ ㄴ, ㄷ ④ ㄷ, ㄹ

출제영역 백제 근초고왕의 업적

지도는 백제 근초고왕 대의 해외 진출 모습(요서·산둥·규슈 지방 진출)을 나타낸 것이다.
ㄱ. 근초고왕은 남으로는 마한을 통합하고, 북으로는 고구려 평양을 공격하여 고국원왕을 전사시켰다.
ㄴ. 백제는 4세기 근초고왕 때 왕위의 부자 상속제가 확립되었다.

오답풀이

ㄷ. 성왕에 대한 설명이다. 백제는 성왕 때 5부 5방의 지방 제도를 정비하고 22부의 중앙 관서를 설치했다.
ㄹ. 고이왕에 대한 설명이다. 백제 고이왕은 좌평 제도를 마련하고 관등제를 정비하는 등 중앙 집권 국가의 토대를 형성하였다.

답 ①

009
2019년 지방직 7급

다음 설명에 해당하는 시기는?

> 왕 41년 겨울 10월에 백제 근초고왕이 군사 3만 명을 이끌고 평양성을 공격해 왔다. 왕이 군대를 내어 막다가 화살에 맞아 돌아가셨다. - 「삼국사기」 -

	(가)	(나)	(다)	(라)	

낙랑 대방군 축출 / 모용황에 의해 환도성 함락 / 전진의 순도 불교 전래 / 평양 천도 / 백제 한성 함락

① (가) ② (나) ③ (다) ④ (라)

출제영역 평양성 전투(371년)

고국원왕 때 전연(前燕)의 모용황은 고구려의 수도를 함락하고 왕의 어머니와 남녀 5만명을 포로로 잡아갔다. 371년에는 백제 근초고왕의 평양성 공격으로 평양성이 함락당하고 고국원왕이 전사하였다. 소수림왕(371~384)은 이러한 상황을 극복하기 위해 전진의 순도를 통해 불교를 받아들이고, 태학을 설립하여 귀족 자제들에게 유학을 가르쳤다.

답 ②

07 고구려의 전성기 vs 나제동맹(5C)

010
2024년 지방직

(가) 나라에 대한 설명으로 옳은 것은?

> (가) 의 호암사에는 정사암이란 바위가 있다. 나라에서 장차 재상을 의논할 때에 뽑을 후보 서너 명의 이름을 써서 상자에 넣고 봉해서 바위 위에 두었다. 얼마 후에 열어 보고 이름 위에 도장이 찍힌 자국이 있는 사람을 재상으로 삼았다. 이런 까닭에 정사암이라 했다. - 『삼국유사』 -

① 6좌평과 16관등제를 마련하였다.
② 태학이라는 교육기관을 설립하였다.
③ 인안이라는 독자적인 연호를 사용하였다.
④ 골품에 따라 관등이나 관직 승진에 제한이 있었다.

출제영역 백제(정사암)

제시문은 정사암 회의에 대한 내용을 담고 있으므로, (가) 국가는 백제이다. 백제에 대한 설명으로 옳은 것은 ①번 선지이다. 삼국사기에 따르면 고이왕 27년(260)에 6좌평(내신좌평, 내두좌평, 내법좌평, 위사좌평, 조정좌평, 병관좌평)과 16관등제를 마련하였다.

오답풀이

② 고구려 소수림왕이 태학을 설립하였다(372).
③ 발해 무왕(대무예)이 인안이라는 독자적인 연호를 사용하였다.
④ 신라에 대한 설명이다. 신라는 골품제라는 지배층의 폐쇄적인 신분제를 운영하였다.

답 ①

011 2022년 국가직

밑줄 친 '이 왕'에 대한 설명으로 옳은 것은?

> 백제 개로왕은 장기와 바둑을 좋아하였는데, 도림이 고하기를 "제가 젊어서부터 바둑을 배워 꽤 묘한 수를 알게 되었으니 개로왕께 알려드리기를 원합니다."라고 하였다.
> (중략) 개로왕이 (도림의 말을 듣고) 나라 사람을 징발하여 흙을 쪄서 성(城)을 쌓고 그 안에는 궁실, 누각, 정자를 지으니 모두가 웅장하고 화려하였다. 이로 말미암아 창고가 비고 백성이 곤궁하니, 나라의 위태로움이 알을 쌓아 놓은 것보다 더 심하게 되었다. 그제야 도림이 도망을 쳐와서 그 실정을 고하니 이 왕이 기뻐하여 백제를 치려고 장수에게 군사를 나누어 주었다. - 삼국사기 -

① 평양으로 도읍을 천도하였다.
② 진대법을 처음으로 시행하였다.
③ 낙랑군을 점령하고 한 군현 세력을 몰아내었다.
④ 신라에 침입한 왜군을 낙동강 유역에서 물리쳤다.

출제영역 장수왕의 업적

제시된 자료는 장수왕이 한성을 침공하기 전에 승려 도림을 첩자로 보내 백제의 국력을 약화시켰다는 내용이다. 밑줄 친 '이 왕'은 장수왕으로 장수왕에 대한 설명으로 옳은 것은 평양으로 천도한 것이다. 장수왕은 427년에 평양으로 천도하는 등 남진 정책을 추진하여 475년에 백제의 한성을 함락하고 개로왕을 죽였다.

오답풀이

② 고국천왕은 을파소를 등용하고 진대법을 처음 시행하였다.
③ 미천왕에 대한 설명이다. 낙랑군과 대방군이 한반도에서 축출됨에 따라 고구려와 백제는 접경하였다.
④ 내물왕이 청병하여 광개토 대왕이 신라를 구원하였다.

답 ①

012 2018년 국가직

밑줄 친 ㉠의 결과에 해당하는 사실로 옳은 것은?

> (영락) 6년 병신(丙申)에 왕이 직접 수군을 이끌고 백제를 토벌하였다. (백제왕이) 우리 왕에게 항복하면서 "지금 이후로는 영원히 노객(老客)이 되겠습니다."라고 맹세하였다. … (중략) … ㉠ 10년 경자(庚子)에 왕이 보병과 기병 5만 명을 보내어 신라를 구원하게 하였다.

① 고구려가 신라 내정간섭을 강화하였다.
② 백제가 고구려의 평양성을 공격하였다.
③ 신라가 관산성 전투에서 백제 성왕을 살해하였다.
④ 금관가야가 가야 지역의 중심 세력으로 대두하였다.

출제영역 광개토대왕릉비

'영락'이라는 표현을 통해 제시된 자료가 광개토대왕릉비문이라는 것을 손쉽게 알 수 있다. 제시된 글은 신라 땅에 왜구가 쳐들어와 이를 스스로 지켜낼 수 없었던 내물왕이 광개토대왕에게 구원을 청하였고, 광개토대왕이 보기(步騎) 5만을 보내어 신라를 구원한 사실을 말하고 있다. 이후 고구려는 신라 구원 및 수호를 명분으로 삼아 신라 영토 안에 자국 군대를 주둔시키고, 신라에 대한 내정간섭을 더욱 강화하였다.

오답풀이

② 백제 근초고왕 대 고구려의 평양성(황해도 남평양)을 공격하여 고국원왕이 전사하게 되었다(371).
③ 백제 성왕은 신라와 연합하여 한강 하류 유역을 확보하였으나 진흥왕의 배신으로 다시 한강 하류 유역을 빼앗겼다. 이에 반발하여 554년에 관산성에서 신라와 전투를 벌였으나, 이 과정에서 성왕이 전사하였다.
④ 400년 광개토 대왕의 신라 구원으로 인해 큰 타격을 받은 금관가야의 세력은 위축되고 대가야 중심의 후기 가야 연맹이 출범하였다.

답 ①

013

2018년 법원직

다음 자료의 시기에 해당하는 상황으로 옳은 것을 〈보기〉에서 모두 고른 것은?

> 고려대왕 상왕공과 신라 매금은 세세토록 형제같이 지내기를 원하며 수천(守天)하기 위해 동으로 …… 동이 매금의 옷을 내려 주었다.
>
> 〈보기〉
>
> ㄱ. 중국에서 남북조가 대립하였다.
> ㄴ. 고구려는 남하정책을 추진하였다.
> ㄷ. 백제는 수도를 사비로 천도하였다.
> ㄹ. 신라는 왕호를 중국식으로 바꾸었다.

① ㄱ, ㄴ ② ㄴ, ㄷ ③ ㄷ, ㄹ ④ ㄱ, ㄷ

출제영역 고구려 장수왕의 업적

제시문은 장수왕 때 건립된 충주(중원) 고구려비의 비문 내용 중 일부이다. 장수왕의 재위 기간은 413~491년이었다.

ㄱ. 장수왕 시기 중국은 남조와 북조가 대립하는 남북조 시대였다. 장수왕은 두 세력을 조종하는 외교 정책(동시 다면 외교)으로 중국을 견제하였다.
ㄴ. 장수왕은 국내성에서 평양으로 도읍을 옮기고(427) 적극적인 남하정책을 추진하였다.

오답풀이

ㄷ. 사비 천도는 백제 중흥을 꾀한 성왕 대의 일이다.(538)
ㄹ. 신라가 왕호를 중국식으로 바꾼 것은 지증왕 시기이다.

답 ①

014

2023년 법원직

(가), (나) 시기 사이에 있었던 사실로 가장 옳은 것은?

> (가) 영락 5년 왕은 패려(稗麗)가 …… 하지 않는다고 생각 하고 친히 군사를 이끌고 가서 토벌하였다. 부산(富山)·부산(負山)을 지나 염수(鹽水) 가에 이르렀다. 600~700영(營)을 격파하니, 노획한 소·말·양의 수가 헤 아릴 수 없이 많았다.
> (나) 고구려왕 거련(巨璉)이 병사 3만 명을 거느리고 한성을 포위하였다. 고구려 사람들이 병사를 네 방면의 길로 나누어 협공하고 또 바람을 이용해서 불을 질러 성 문을 태우니, 성 밖으로 나가 항복하려는 자도 있었다. 임금은 기병 수십 명을 거느리고 성문을 나가 서쪽으로 달아났는데, 고구려 병사에게 살해되었다.

① 신라에 병부가 설치되었다.
② 고구려가 평양으로 천도하였다.
③ 고이왕이 좌평과 관등제의 기본 골격을 마련하였다.
④ 백제군의 공격으로 고국원왕이 전사하였다.

출제영역 5세기의 국제정세

제시문 (가)의 '영락'이라는 명칭을 통해 광개토대왕 시기 영토확장에 대한 내용임을, 제시문 (나)는 고구려가 백제 한성을 공격하는 내용이므로 장수왕 때의 한성함락에 대한 내용임을 알 수 있다. 즉 5세기 광개토대왕의 영토확장과 장수왕의 한성함락 사이 시기의 사건을 고르는 문제다. ②의 평양천도는 장수왕이 남하정책을 시작하면서 추진한 정책이므로 (가), (나) 사이의 사건으로 적절하다.

오답풀이

① 신라에 병부가 설치된 것은 6세기 법흥왕 때이다.
③ 고이왕이 6좌평제 등 관등제를 정비한 것은 3세기의 사건이다.
④ 고국원왕이 근초고왕의 침입으로 사망한 것은 4세기의 사건이다.

답 ②

015

2022년 계리직

밑줄 친 (   )의 재위 기간에 있었던 사실로 옳은 것은?

> (   ) 9년 3월에 사방(四方)의 우역(郵驛)을 비로소 설치하고, 담당 관리에게 명하여 관도(官道)를 수리하게 하였다.
>
> -『삼국사기』-

① 처음으로 수도에 시장을 열어 사방의 물자를 유통시켰다.

② 중앙관서를 22부로 정비하고 수도를 5부로 편제하였다.

③ 우산국으로 불리던 울릉도를 정복하여 영토로 편입하였다.

④ 9주와 5소경을 설치하여 지방행정을 새롭게 정비하였다.

출제영역 소지왕의 업적

제시된 자료는 소지왕(479~500 재위) 대의 기사로 우역(郵驛)을 설치하였다는 내용을 담고 있다. 소지왕은 수도에 시장을 개설하였고, 신라의 시장은 소지왕 대에 처음 개설된 기록이 있고, 지증왕 대에 동시전이 설치되었다는 것과, 효소왕 대에 서시와 남시가 증설되었다는 기록이 있다.

오답풀이

② 백제 성왕에 대한 설명이다.

③ 신라 지증왕은 이사부로 하여금 우산국을 정벌하게 하였다.

④ 신라 신문왕에 대한 설명이다. 신라는 삼국통일 후 영토가 확대되어 지방 행정을 정비할 필요가 있었다.

답 ①

016

2017년 서울시 7급

다음 삼국시대 대외 관계와 관련된 사료를 순서대로 바르게 나열한 것은?

> ㄱ. 10월 왕(백제)이 정병 3만 명을 거느리고 고구려 평양성을 침공하였다.
>
> ㄴ. 왕(고구려) 10년 보병과 기병 5만 명을 파견하여 신라를 구원하게 하였다.
>
> ㄷ. 9월 왕(고구려)이 군사 3만 명을 이끌고 백제에 침략하여 한성을 함락시켰다.
>
> ㄹ. 백제왕 모대가 사신을 보내 혼인을 청하매, 신라왕은 이찬 비지의 딸을 보냈다.

① ㄱ - ㄴ - ㄷ - ㄹ ② ㄱ - ㄴ - ㄹ - ㄷ

③ ㄴ - ㄱ - ㄷ - ㄹ ④ ㄴ - ㄱ - ㄹ - ㄷ

출제영역 삼국의 항쟁

ㄱ. 371년 백제 근초고왕의 평양성 공격

ㄴ. 400년 광개토대왕이 원병을 보내 신라에 침입한 왜군을 격퇴

ㄷ. 475년 고구려 장수왕이 한성을 함락시키고 개로왕을 전사

ㄹ. 493년 백제 동성왕이 신라의 이찬 비지의 딸과 혼인 동맹

답 ①

08 백제·신라의 경쟁과 신라의 전성기(6C)

017 2025년 지방직

밑줄 친 '국왕'의 업적으로 옳지 않은 것은?

> 이차돈이 국왕에게 아뢰기를 "신이 거짓으로 왕명을 전하였다고 문책하여 신의 머리를 베시면 만민이 모두 굴복하고 감히 왕명을 어기지 못할 것입니다."라고 하였다. …(중략)… 옥리(獄吏)가 이차돈의 머리를 베니 하얀 젖이 한 길이나 솟았다.

① 율령을 반포하고 상대등을 설치하였다.
② 병부를 설치하고 금관가야를 병합하였다.
③ '건원'이라는 독자적인 연호를 사용하였다.
④ 국호를 '신라'로 정하고 우산국을 정벌하였다.

출제영역 법흥왕

제시문은 법흥왕 대에 이차돈의 순교를 통해서 불교가 공인된 내용이다.
④ 지증왕 대에 국호를 '신라'로 정하고 6세기 우산국을 정벌하였다. 신라는 지증왕 대에 주·군을 정비하고 현재의 강원도 삼척지역에 실직주(군주로 이사부 파견)를 두었다.

오답풀이

① 법흥왕은 율령을 반포하고 공복을 제정하여 관직을 체계화하였다. 531년에는 상대등을 설치하였다.
② 법흥왕은 병부를 설치하고 군사권을 장악하였으며, 532년 금관가야를 병합하였다.
③ 법흥왕은 불교식 왕명을 사용하여 왕의 권위를 높이고, '건원'이라는 연호를 사용하였다.

답 ④

018 2022년 지방직

다음 사건이 있었던 시기의 신라 국왕에 대한 설명으로 옳은 것은?

> 이찬 이사부가 하슬라주 군주가 되어, '우산국 사람이 우매하고 사나워서 위엄으로 복종시키기는 어려우니 계책을 써서 굴복시키는 것이 좋겠다.'라고 생각하였다. 이에 나무로 사자 모형을 많이 만들어 배에 나누어 싣고 우산국 해안에 이르러, 속임수로 통고하기를 "만약에 너희가 항복하지 않는다면 곧바로 이 맹수들을 풀어 너희를 짓밟아 죽이겠다."라고 하였다. 그 나라 사람이 두려워 즉시 항복하였다.

① 독서삼품과를 실시하였다.
② 국호를 '신라'로 확정하였다.
③ 관료전을 지급하고 녹읍을 폐지하였다.
④ 장문휴를 보내 당의 등주를 공격하였다.

출제영역 지증왕의 업적

제시된 자료는 이사부가 우산국을 정벌한 사실에 관한 것이다. 이사부로 하여금 우산국을 정벌하게 한 것은 지증왕이다. 지증왕은 친히 주와 군과 현을 정하여 지방을 정비하였으며, 나라 이름을 '신라'로 확정하고, 마립간에서 '왕'으로 왕호를 개칭하였다. 또한 우경을 실시하고, 동시전을 설치하여 시장을 감독하게 하였다.

오답풀이

① 원성왕에 대한 설명이다.
③ 신문왕은 관료전을 지급하고 녹읍을 폐지하여 신라 중대 왕권을 강화하였다고 평가받는다.
④ 발해 무왕에 대한 설명이다. 흑수말갈이 당과 연결되는 것에 위협을 느낀 발해 무왕은 흑수말갈을 정벌하려 하였고 이 과정에서 당의 등주를 공격하게 되었다.

답 ②

019 2022년 지방직

다음 사건을 시기 순으로 바르게 나열한 것은?

(가) 신라의 한강 유역 확보
(나) 관산성 전투
(다) 백제의 웅진 천도
(라) 고구려의 평양 천도

① (가) → (라) → (나) → (다)
② (나) → (다) → (가) → (라)
③ (다) → (나) → (가) → (라)
④ (라) → (다) → (가) → (나)

출제영역 삼국의 항쟁

제시된 사건을 일어난 순으로 나열하면 다음과 같다.
(라) 고구려 평양 천도(427년): 평양으로 천도한 왕은 장수왕이다. 국내성 귀족 세력의 권한을 누르고 남진 정책을 추진하기 위한 천도였다는 평가를 받는다.
(다) 백제의 웅진 천도(475년): 장수왕이 백제의 한성을 함락하고 개로왕을 죽이자, 그 아들 문주왕이 웅진으로 천도하였다.
(가) 신라의 한강 유역 확보(553년): 551년 백제와 신라가 연합하여 한강 유역을 고구려부터 빼앗은 후, 진흥왕은 553년 백제가 차지했던 한강 하류마저 점령한 뒤 그곳이 신주(新州)를 설치하였다.
(나) 관산성 전투(554년): 진흥왕에게 한강 유역을 빼앗기자 이에 대한 보복으로 성왕은 군사를 일으켰으나, 관산성에서 전사하였다.

답 ④

020 2023년 계리직

〈보기〉의 사건들을 시간순으로 옳게 나열한 것은?

〈보기〉
ㄱ. 이사부가 이끄는 신라군이 대가야를 멸망시켰다.
ㄴ. 백제군의 평양성 공격으로 고국원왕이 전사하였다.
ㄷ. 고구려군이 백제 한성을 함락하고 개로왕을 죽였다.
ㄹ. 신라를 침탈하던 왜병이 고구려군에게 격멸당하였다

① ㄴ-ㄷ-ㄹ-ㄱ ② ㄴ-ㄹ-ㄷ-ㄱ
③ ㄹ-ㄴ-ㄱ-ㄷ ④ ㄹ-ㄷ-ㄴ-ㄱ

출제영역 삼국의 교류와 항쟁

ㄴ. 근초고왕의 평양성 공격으로 고국원왕이 사망한 것은 4세기(371)의 사건이다.
ㄹ. 신라를 침탈한 왜구를 고구려 광개토대왕이 격퇴한 것은 4세기(400)의 사건이다.
ㄷ. 고구려 장수왕이 백제 한성을 함락한 것은 5세기(475)의 사건이다.
ㄱ. 신라가 대가야를 멸망시킨 것은 진흥왕 시기인 6세기(562)의 사건이다.

답 ②

021

2020년 지방직

밑줄 친 '왕'의 재위 기간에 있었던 사실로 옳은 것은?

> 이찬 이사부가 왕에게 "국사라는 것은 임금과 신하들의 선악을 기록하여, 좋고 나쁜 것을 만대 후손들에게 보여주는 것입니다. 이를 책으로 편찬해 놓지 않는다면 후손들이 무엇을 보고 알겠습니까?"라고 아뢰었다. 왕이 깊이 동감하고 대아찬 거칠부 등에게 명하여 선비들을 널리 모아 그들로 하여금 역사를 편찬하게 하였다. - 『삼국사기』 -

① 정전 지급　② 국학 설치
③ 첨성대 건립　④ 북한산 순수비 건립

출제영역 신라 진흥왕의 업적

거칠부에게 『국사』를 편찬하게 하였다는 제시문을 통해 진흥왕 대의 사실을 묻는다는 것을 알 수 있다. 진흥왕은 화랑도를 정비하였으며, 이러한 체제정비를 통해 대가야를 정복하고 한강·함경도 지역까지 진출하는 등 활발한 영토확장전쟁을 벌였다. 영토확장 후 진흥왕은 자신이 정복한 땅을 순수(巡狩, 왕이 나라 안을 살피며 돌아다님)하면서 북한산비, 창녕비, 황초령비, 마운령비 등 4개의 순수비를 건립하였다.

오답풀이

① 성덕왕 21년(722) 처음으로 정전을 지급하였다. 이는 왕토사상 재확인을 통한 왕권 강화의 의도가 담겨 있으며, 이로써 국가의 역역파악이 강화되었다.
② 국학은 신문왕 2년(682)에 설치되었다. 신문왕은 유교 정치 이념을 확립하기 위해 유학을 장려하고 교육 기관인 국학을 설립하여 왕권을 보좌할 실무 관료를 양성 하였다.
③ 『삼국유사』 기록에 따르면 선덕여왕 대에 647년 첨성대가 건립되었다. 첨성대는 동양 최고(最古)의 천문 기상대로, 고대 사회에서 농경과 밀접한 관련이 있는 천체와 천문 현상에 큰 관심을 기울였음을 알 수 있다.

답 ④

022

2023년 지방직

(가), (나)에 들어갈 왕의 업적으로 옳은 것은?

> 삼국의 역사서로는 고구려에 『유기』가 있었는데, 영양왕 때 이문진이 이를 간추려 『신집』 5권을 편찬하였다. 백제에서는 (가) 시기에 고흥이 『서기』를, 신라에서는 (나) 시기에 거칠부가 『국사』를 편찬하였다.

① (가) - 국호를 남부여로 바꾸었다.
② (가) - 동진으로부터 불교를 받아들여 공인하였다.
③ (나) - 화랑도를 국가적 조직으로 개편하였다.
④ (나) - 병부를 처음으로 설치하여 군권을 장악하였다.

출제영역 백제 근초고왕·신라 진흥왕의 업적

제시문의 고흥의 '서기'를 통해 (가)는 백제 근초고왕, 거칠부의 '국사'를 통해 (나)는 신라 진흥왕임을 알 수 있다. ③의 진흥왕은 영토를 확장하기 위해 화랑도를 국가조직으로 개편하였다.

오답풀이

① 백제 성왕의 업적이다.
② 백제 침류왕의 업적이다.
④ 신라 법흥왕의 업적이다.

답 ③

023
2019년 서울시 2차

〈보기〉에서 백제의 발전 과정을 순서대로 바르게 나열한 것은?

〈보기〉

ㄱ. 6좌평제와 16관등제 및 백관의 공복을 제정하였다.
ㄴ. 고구려의 평양성을 공격하였다.
ㄷ. 지방에 22담로를 설치하였다.
ㄹ. 불교를 받아들여 통치이념을 정비하였다.

① ㄱ → ㄴ → ㄷ → ㄹ
② ㄱ → ㄴ → ㄹ → ㄷ
③ ㄴ → ㄹ → ㄷ → ㄱ
④ ㄹ → ㄴ → ㄷ → ㄱ

출제영역 백제의 발전 과정

제시문은 백제의 발전과정을 나열한 것이다. 이를 순서대로 배열하면,
ㄱ. 3세기에 고이왕은 관등제 정비(6좌평 16관등제)·관복제 도입·율령 반포 등 지배 체제를 정비하여 중앙 집권 국가의 토대를 형성하였다.
ㄴ. 4세기에 근초고왕은 평양성을 공격하여 고구려의 고국원왕을 전사 시켰다.(371)
ㄹ. 백제는 4세기 침류왕 때 동진에서 온 마라난타에 의해 불교가 전래되어 공인되었다.(384)
ㄷ. 6세기 무령왕 때에는 지방에 22담로에 왕족을 파견하여 지방에 대한 통제를 강화하였다.

답 ②

024
2017년 기상직

(가), (나) 비석을 세운 국왕에 대한 설명으로 옳은 것은?

① (가) : 백제의 수도 한성을 공격하여 함락시켰다.
② (가) : 5만의 군대를 보내 신라를 침략한 왜군을 물리쳤다.
③ (나) : 금관가야를 정복하여 영토를 확장하였다.
④ (나) : 김흠돌의 모역을 진압하고 진골 귀족을 숙청하였다.

출제영역 광개토대왕릉비와 황초령비

(가)는 고구려의 광개토대왕릉비로 장수왕(413 ~ 491) 때 세워졌고, (나)는 황초령비로 진흥왕(540 ~ 576) 때 세워졌다. 장수왕은 적극적인 남진 정책을 실시하여 평양으로 천도(427)한 후, 백제를 밀어내며 한강 유역을 장악하였다(475).

오답풀이

② 광개토대왕에 대한 설명이다. 광개토대왕은 백제를 압박하고 신라에 침입한 왜를 격퇴하였다.
③ 금관가야 병합(532)은 신라 법흥왕 시기의 사건이다.
④ 김흠돌 모반사건은 신라 신문왕 시기에 일어났다. 신문왕은 김흠돌의 난을 진압하고 왕권에 도전하는 진골 귀족을 대거 숙청함으로써, 삼국통일 후 신라의 왕권을 확립할 수 있었다.

답 ①

025

2022년 소방직

(가)와 (나) 사건 사이에 있었던 사실로 옳은 것은?

(가) 고구려 왕 거련이 군사 3만 명을 이끌고 와서 왕도인 한성을 포위하였다. 고구려 군대가 군사를 네 방향으로 나누어 협공하였고, 바람을 타고 불을 놓아 성문을 불태웠다. -『삼국사기』-

(나) 왕이 신라를 습격하기 위하여 직접 보병과 기병 50명을 거느리고 밤에 구천에 이르렀는데, 신라의 복병이 나타나 그들과 싸우다가 난병들에게 살해 되었다. 시호를 성(聖)이라 하였다. -『삼국사기』-

① 신라가 대가야를 병합하였다.
② 백제가 22담로에 왕족을 파견하였다.
③ 고구려가 국내성으로 수도를 옮겼다.
④ 백제가 마한의 잔여 세력을 복속하였다.

출제영역 5~6세기의 국제정세

제시문 (가)는 고구려 장수왕의 한성 함락(475), (나)는 백제 성왕이 사망했던 관산성 전투(554)를 나타낸 자료이다. 따라서 5C 장수왕과 6C 성왕 사이의 사건을 골라야 한다. ②의 백제 무령왕은 성왕 직전에 재위했던 왕이므로 (가), (나) 사이의 사건에 해당한다.

오답풀이

① 대가야 정복(562)은 관산성 전투(554년) 이후인 562년의 일이다.
③ 고구려의 국내성 천도는 1세기 유리왕 때의 사건이다.
④ 백제의 마한 병합은 4세기 근초고왕 시기의 사건이다.

답 ②

026

2020년 지방직 7급

밑줄 친 왕'의 재위 기간에 있었던 사실로 옳은 것은?

영동대장군인 백제 사마왕은 나이가 62세 되는 계묘년 5월 임진일인 7일에 돌아가셨다. 을사년 8월 갑신일인 12일에 안장하여 대묘에 올려 모시며, 기록하기를 이처럼 한다.

① 16등급의 관등을 마련하고, 공복을 제정하였다.
② 수도는 5부, 지방은 5방으로 나누어 정비하였다.
③ 왕족을 파견하여 지방에 대한 통제를 강화하였다.
④ 남으로 마한을 통합하고, 북으로 고구려 평양성을 공격하였다.

출제영역 무령왕

밑줄친 사마왕은 무령왕으로서 제시된 자료는 무령왕릉의 지석에 새겨진 글이다. 무령왕릉 지석에는 무령왕을 생전에 사용하던 명칭인 영동대장군 백제 사마왕'으로 기록하고 있으며, 무령왕은 즉위 후 동성왕을 살해하고 왕권의 안정과 국력 부흥에 힘썼다. 그리고 지방의 22담로에 왕족을 파견하여 지방에 대한 통제를 강화하였다.

오답풀이

① 고이왕에 대한 설명이다.
② 성왕에 대한 설명이다.
④ 근초고왕에 대한 설명이다.

답 ③

027

2020년 법원직

(가)왕 재위 시기 업적으로 가장 옳은 것은?

> (가) 왕이 관산성을 공격하였다. 각간 우덕과 이찬 탐지 등이 맞서 싸웠으나 전세가 불리하였다. 신주의 김무력 이 주의 군사를 이끌고 나가서 교전하였는데, 비장인 산년 산군(충북 보은)의 고간 도도가 급히 쳐서 (가) 왕을 죽였다. - 삼국사기 신라본기 -

① 나·제 동맹을 체결하였다.
② 22담로에 왕족을 파견하였다.
③ 화랑도를 국가적 조직으로 개편하였다.
④ 국호를 남부여로 바꾸었다.

출제영역 성왕

성왕은 신라와 연합하여 551년에 일시적으로 한강 하류 지역을 수복 하였지만 553년에 신라에 빼 앗겼다. 이에 성왕은 신라에 복수하기 위해 관산성을 공격하다 전사하였다(554). 성왕은 웅진(공주)에서 사비(부여)로 도읍을 옮기고(538), 남부여로 국호를 고치면서 중흥을 꾀하였다. 중앙 관청인 22부를 정비하였으며, 수도를 5부, 지방을 5방 체제로 하는 등 지방 제도를 정비하였다.

오답풀이

① 433년에 백제 비유왕과 신라 눌지마립간이 나제동맹을 체결하였다.
② 백제 무령왕에 대한 설명이다.
③ 신라 진흥왕에 대한 설명이다.

답 ④

028

2022년 법원직

(가), (나)시기 사이에 있었던 사실로 가장 옳은 것은?

> (가) 왕 41년 겨울 10월, 백제왕이 군사 3만 명을 거느리고 평양성을 공격하였다. 왕이 군사를 이끌고 방어하다 가 화살에 맞았다. 23일에 왕이 죽었다. 고국 언덕에 장사지냈다. - 「삼국사기」 고구려본기 -
> (나) 왕 32년 가을 7월, 왕이 신라를 습격하기 위하여 직접 보병과 기병 50명을 거느리고 밤에 구천에 이르렀는데, 신라의 복병이 나타나 그들과 싸우다가 왕이 난병 들에게 살해되었다. 시호를 성이라 하였다. - 「삼국사기」 백제본기 -

① 수가 고구려를 침입하였다.
② 고구려가 평양으로 천도하였다.
③ 백제가 나당 연합군의 공격을 받았다.
④ 당이 매소성 전투에서 신라에 패하였다.

출제영역 삼국의 항쟁

(가)는 371년 백제 근초고왕의 공격으로 고구려 고국원왕이 평양성에서 전사한 사건
(나)는 554년에 백제 성왕이 관산성을 공격하다 전사한 사건이다. 고구려는 장수왕(413~491) 때 분열된 중국의 남북조와 각각 수교하여 배후를 안정시킨 후 본격적인 남진정책으로 추진하여 수도를 평양으로 천도하였다. 고구려의 남진정책 은 백제와 신라에 위협을 주었으며, 신라(눌지왕)와 백제(비유왕)는 동맹 을 맺어 대응하였다(433, 나제동맹).

오답풀이

① 598년 고구려가 요서 지방을 선제공격하자 수 문제와 수 양제가 여러 차례 고구려를 침입하였다.
③ 660년 나당 연합군이 백제를 공격하여 멸망시켰다.
④ 675년 신라는 매소성 전투에서 승리하여 나당전쟁의 주도권을 잡았다.

답 ②

029

2022년 법원직

밑줄 친 '왕'에 대한 설명으로 가장 옳은 것은?

> 이때에 이르러 왕 또한 불교를 일으키려고 하였으나, 여러 신하들이 믿지 않고 이런저런 불평을 많이 하였으므로 왕이 근심하였다. 이차돈이 왕에게 아뢰기를, "바라건 대하찮은 신의 목을 베어 여러 사람들의 논의를 진정시키십시오."라고 하였다. -「삼국사기」-

① 이사부를 파견하여 우산국을 복속시켰다.
② 광개토 대왕의 지원으로 왜군을 격파하였다.
③ 대가야를 정복하여 가야 연맹을 해체시켰다.
④ 상대등을 설치하여 정치 조직을 강화하였다.

출제영역 법흥왕

제시된 자료는 이차돈이 불교 공인과정에서 순교하는 상황을 보여주고있다 법흥왕이 불교를 공인하려고 하자 귀족들이 반발하였고, 527년 이차돈의 순교를 계기로 법흥왕은 불교를 공인하였다. 법흥왕은 531년에 상대등을 설치하여 관직체계를 정비하였다.

오답풀이

① 지증왕에 대한 설명이다.
② 내물마립간에 대한 설명이다.
③ 진흥왕에 대한 설명이다.

답 ④

09 삼국의 항쟁과 신라의 삼국통일 (7C)

030

2023년 국가직

다음 전투 이후에 일어난 사건으로 옳은 것만을 모두 고르면?

> 이근행이 군사 20만 명의 대군을 이끌고 매소성(買肖城)에 머물렀다. 우리 군사가 공격하여 달아나게 하고 전마 30,380필을 얻었는데, 남겨놓은 병장기도 그 정도 되었다. -『삼국사기』-

ㄱ. 웅진도독부가 설치되었다.
ㄴ. 김흠돌이 반란을 일으켰다.
ㄷ. 교육 기관인 국학이 설립되었다.
ㄹ. 복신과 도침이 부여풍과 함께 백제 부흥 운동을 일으켰다.

① ㄱ, ㄴ　② ㄱ, ㄹ　③ ㄴ, ㄷ　④ ㄷ, ㄹ

출제영역 매소성 전투 이후의 사건

매소성 전투(675)는 기벌포 전투(676)와 함께 신라 문무왕 때 한반도에서 당나라를 몰아내는 나당전쟁의 마지막을 장식한 사건으로, 매소성전투 이후의 사건으로는 통일신라 시기의 사건을 골라야 한다.
ㄴ. 김흠돌 모반사건은 통일신라 신문왕 시기에 발생한 사건이다(681).
ㄷ. 국학은 통일신라 신문왕 시기 설치된 국립교육기관이다(682).

오답풀이

ㄱ. 웅진도독부는 무열왕 시기 백제 멸망 이후 당이 백제 웅진 지역에 설치한 지방 관청이다(660).
ㄹ. 백제 부흥운동은 매소성 전투 이전의 사건이다(660 ~ 663).

답 ③

031

2023년 국가직

다음 사건을 시기순으로 바르게 나열한 것은?

(가) 신라의 우산국 복속
(나) 고구려의 서안평 점령
(다) 백제의 대야성 점령
(라) 신라의 금관가야 병합

① (가) → (나) → (다) → (라)
② (가) → (라) → (나) → (다)
③ (나) → (가) → (라) → (다)
④ (나) → (다) → (가) → (라)

출제영역 삼국의 교류와 항쟁

(나) 고구려의 서안평 점령은 4세기 미천왕 때의 일이다.
(가) 신라의 우산국 복속은 6세기 지증왕 때의 일이다.
(라) 신라의 금관가야 병합(532)은 6세기 법흥왕 시기의 사건이다.
(다) 백제의 대야성 점령(642)은 7세기 의자왕 시기의 사건이다.

답 ③

032

2023년 법원직

(가), (나) 시기 사이에 있었던 사실로 가장 옳은 것은?

(가) 진흥왕이 이사부에게 토벌을 명하고 사다함에 보좌하게 하였다. …… 이사부가 군사를 이끌고 다다르자, 대가야가 모두 항복하였다. -『삼국사기』-
(나) 백제군 한 사람이 1,000명을 당해냈다. 신라군은 이에 퇴각하였다. 이와 같이 진격하고 퇴각하길 네 차례에 이르러, 계백은 힘이 다하여 죽었다. -『삼국사기』-

① 백제가 웅진으로 천도하였다.
② 소수림왕이 불교를 수용하였다.
③ 신라가 기벌포에서 당군을 물리쳤다.
④ 고구려가 수나라 군대를 살수에서 격퇴하였다.

출제영역 6~7세기의 국제정세

(가)의 신라의 대가야 정복(562)은 6세기 진흥왕 시기, (나)의 계백의 황산벌 전투(660)는 7세기 신라 무열왕 시기의 사건이다. ④의 살수대첩(612)은 7세기 초 고구려 영양왕 시기의 사건으로 (가),(나) 사이의 사건에 해당한다.

오답풀이

① 5세기 문주왕 시기의 사건이다.
② 4세기 소수림왕 시기의 사건이다.
③ 7세기 문무왕 시기 있었던 나당전쟁의 내용이다.

답 ④

033

2018년 지방직

(가) 시기에 해당되는 사실로 옳은 것만을 <보기>에서 모두 고르면?

문무왕이 왕위에 올랐다.
⇩
(가)
⇩
신라가 기벌포에서 당의 수군을 격파하였다.

<보기>

ㄱ. 신라가 안승을 고구려왕에 봉했다.
ㄴ. 당나라가 신라를 계림대도독부로 삼았다.
ㄷ. 신라가 황산벌 전투에서 백제군을 무찔렀다.
ㄹ. 보장왕이 요동 지역에서 고구려 부흥을 꾀했다.

① ㄱ, ㄴ ② ㄱ, ㄷ ③ ㄴ, ㄹ ④ ㄷ, ㄹ

출제영역 신라의 삼국통일 과정

문무왕 즉위(661)와 기벌포 전투(676) 사이의 사건을 고르는 문제이다. 당은 백제 멸망 이후 공주에 웅진도독부(660), 경주에 계림도독부(663)을 설치하여 한반도 지배 야욕을 드러내었다. 이에 신라는 웅진도독부를 탈환(670)하고, 사비를 공략하여 소부리주를 설치(671)함으로써 백제 땅에 지배권을 확보하였고, 금마저(익산)에 보덕국을 세우고 안승을 보덕국 왕으로 임명하여 고구려 부흥 운동을 후원하였다(674). 결국 매소성(675)·기벌포(676) 전투에서 신라가 승리함으로써 한반도에서 당을 몰아내고 삼국통일을 완수하게 되었다.

오답풀이

ㄷ. 황산벌 전투는 660년 문무왕 즉위 이전의 사건이다.
ㄹ. 677년에 당은 보장왕을 안동도호부로 부임하게 하여 고구려 유민을 무마하고자 하였다. 그러나 보장왕은 그 지역의 말갈족과 손을 잡고 고구려 부흥을 도모하려 하였고, 결국 681년 당에 의해 익주(사천성)로 유배되었다.

답 ①

034

2019년 서울시 7급

㉠에 들어갈 인물에 대한 설명으로 가장 옳은 것은?

> 이때 [㉠]이/가 군사를 출동시켜 사면에서 들이치니 수 병사들은 살수를 건너지도 못하고 허물어졌다. 처음 수의 군대가 쳐들어올 때는 무릇 30만 5천명이었는데, 요동성으로 돌아갈 때는 겨우 2천 7백 명뿐이었다.

① 그는 스스로 최고 관직인 대막리지에 올라 권력을 장악하였다.
② 그는 요하 하류에 있는 안시성에서 공방전 끝에 승리하였다.
③ 그가 적장 우중문에게 보낸 5언시가 전해진다.
④ 그는 5천의 결사대를 조직해 황산벌에서 싸웠으나 패하였다.

출제영역 고구려 - 수 전쟁

㉠에 들어갈 인물은 을지문덕이고 사건은 살수대첩이다. 7C 영양왕은 요서를 선제공격하였고 수나라의 4차례 침입이 시작되었다. 이 중 두번째 침입이 을지문덕 장군의 살수대첩이다. 살수대첩은 청천강 유역에서 일어났으며 이때 을지문덕 장군이 수나라 장수 우중문에게로 『여수장우중문시』를 지어 보내었다.

오답풀이

① 최고 관직인 대막리지에 오른 것은 연개소문이며 영류왕 때의 일이다.
② 양만춘은 당과의 전투였던 안시성싸움(645)에서 승리하였다.
④ 5천 결사대를 이끌고 황산벌(660)에서 백제 계백장군이 신라 김유신과 싸웠으나 패배하였고 결국 백제는 멸망하였다.

답 ③

035

2020년 법원직

밑줄 친 '왕'의 활동으로 가장 옳은 것은?

> 대야성의 패전에서 도독 품석의 아내도 죽었는데, 그녀는 춘추의 딸이었다. … 왕에게 나아가 아뢰기를, "신이 고구려에 가서 군사를 청해 원수를 갚고 싶습니다."라고 하니 왕이 허락했다. - 『삼국사기』 -

① 단양 적성비를 세웠다.
② 황룡사 9층 목탑을 건립하였다.
③ 고구려 부흥 운동을 지원하였다.
④ 이차돈의 순교를 계기로 불교를 공인하였다.

출제영역 신라 선덕여왕의 업적

제시된 사료는 642년 대야성 전투 이후의 내용으로, 밑줄 친 '왕'은 선덕 여왕이다. 선덕여왕은 외환을 극복하기 위하여 승려 자장의 건의에 따라 황룡사 9층 목탑을 건립하고, 이를 통해 국가와 왕실의 권위를 높이려 하였다.

오답풀이

① 신라 진흥왕에 대한 설명이다. 진흥왕은 고구려 지역이었던 단양의 적성을 빼앗은 후, 공을 세운 야이차 포함 13명의 장군을 포상하고 적성 지방민들을 위무할 목적으로 단양 적성비를 세웠다.
③ 신라 문무왕에 대한 설명이다. 문무왕은 나·당 전쟁을 수행하는 과정에서 고구려 부흥 운동을 지원하였다.
④ 신라 법흥왕에 대한 설명이다. 법흥왕은 527년 이차돈의 순교를 통하여 불교를 수용하였다.

답 ②

036

2019년 서울시 7급

다음 시와 관련 전쟁에 대한 설명으로 가장 옳은 것은?

> 귀신같은 전술은 천문을 꿰뚫었고 묘한 전략은 지리를 통달했구나. 전쟁에서 이겨 공이 이미 높아졌으니, 만족함을 알고 그만함이 어떠하겠는가.

① 동천왕 때 일어난 전쟁이다.
② 살수에서 고구려군이 크게 승리하였다.
③ 당 태종이 직접 군대를 이끌고 침략을 감행하였다.
④ 왜군 3만 명이 원군으로 참전하였으나 백강 전투에서 크게 패배하였다.

출제영역 고구려와 수의 전쟁

제시된 시는 고구려 장수 을지문덕이 수나라 장수 우중문에게 보낸 시이다. 612년(영양왕) 수나라는 제2차 고구려 침공을 감행하였는데, 우중문이 이끄는 30민 5천명의 별동대를 고구려의 평양성으로 진격해 대세를 결정지으려 하였다. 을지문덕은 수나라 별동대를 깊숙이 유인해 그들을 지치게한후 퇴각하는 수나라 군대에 일대 추격전을 전개하였다. 특히, 퇴각하는 수군이 살수를 건너고 있을 때 이들을 배후에서 공격해 대군을 섬멸하였다.

오답풀이

① 고구려와 수나라의 전쟁은 영양왕에 대한 설명이다.
③ 안시성 전투에 대한 설명이다.
④ 663년 8월에 신라의 백강(현재의 금강 하구 부근)에서 벌어진 백제·일본의 연합군과 당·신라의 연합군이 벌인 전투로서 당·신라 연합군의 승리로 끝났다.

답 ②

037

2018년 교육행정직

(가)시기에 있었던 사실로 옳은 것은?

신라와 당이 군사동맹을 체결하였다.
⇩
(가)
⇩
신라가 기벌포 전투에서 당군을 물리쳤다.

① 진덕 여왕이 신라 고유 연호의 사용을 중단하였다.
② 법흥왕이 율령을 반포하여 백관의 공복을 제정하였다.
③ 의자왕의 군사가 김품석이 성주로 있던 대야성을 함락하였다.
④ 신문왕이 보덕국의 고구려 유민들이 일으킨 반란을 진압하였다.

출제영역 나당동맹과 삼국 통일

진덕여왕 시기 고구려·백제의 협공에 힘들어하던 신라는 김춘추를 당나라에 보내어 당시 고구려 공격에 실패했던 당나 라와 외교관계를 공고히 하는 나·당 동맹을 648년 체결하였다. 이후 김춘추 일파의 주도하에 당나라의 정치 제도와 문화를 모방한 대규모 개혁이 단행되어 신라의 독자적인 연호를 중단하고 당나라의 연호를 사용하기 시작하였다.

오답풀이

② 520년 율령을 반포하고 백관의 공복을 제정 하였다.
③ 642년 백제 의자왕의 군사가 대야성을 함락하였다.
④ 683년 금마저에서 대문이 일으킨 반란을 진압하였다.

답 ①

10 통일신라의 전성기와 발해의 성립

038

2022년 국가직

(가) 왕에 대한 설명으로 옳은 것은?

> 당 현종 개원 7년에 대조영이 죽으니, 그 나라에서 사사로이 시호를 올려 고왕(高王)이라 하였다. 아들 (가) 이/가 뒤이어 왕위에 올라 영토를 크게 개척하니, 동북의 모든 오랑캐가 겁을 먹고 그를 섬겼으며, 또 연호를 인안(仁安)으로 고쳤다. - 신당서 -

① 수도를 상경성으로 옮겼다.
② '해동성국'이라고 불릴 만큼 전성기를 이루었다.
③ 장문휴를 시켜 당의 등주(산둥성)를 공격하였다.
④ 고구려 유민과 말갈족을 이끌고 동모산에 도읍을 정하였다.

출제영역 발해 무왕

(가) 왕은 발해 무왕이다. 대조영(고왕)의 뒤를 이어 왕위에 올랐고, 연호를 인안으로 고쳤다는 것에서 무왕임을 알 수 있다. 제2대 왕인 무왕 대까지도 당과의 관계가 그리 안정을 찾지 못하였으며, 무왕(대무예)에 대한 설명으로 옳은 것은 ③번 선지이다. 건국 과정에서 발해는 당과 갈등을 겪었으며, 흑수 말갈이 당에 접근하여 발해에게 위협이 되자 무왕은 흑수 말갈 정벌을 추진하였고, 이 과정에서 장문휴를 시켜 당의 등주를 공격하게 하였다.

오답풀이

① 문왕(대흠무)이 수도를 중경에서 상경으로, 다시 상경에서 동경으로 옮겼으며, 성왕이 다시 동경에서 상경으로 천도하였다.
② 발해 선왕시기에 국가적 전성기를 맞으며 '해동성국'이라고 불리기 시작했다.
④ 대조영(고왕)은 698년에 동모산에서 진국(발해)를 건국하였다.

답 ③

039 2025년 법원직

다음 제도를 시행한 왕에 대한 설명으로 가장 옳은 것은?

- 5월에 교서를 내려 문무 관료들에게 토지를 차등 있게 하사하였다.
- 봄 정월에 중앙과 지방 관리들의 녹읍을 폐지하고 해마다 조를 차등 있게 주고 이를 일정한 법으로 삼았다.

① 삼국 통일을 완성하였다.
② 김흠돌의 난을 진압하였다.
③ 단양 신라 적성비를 세웠다.
④ 국정을 총괄하는 상대등을 두었다.

출제영역 신문왕

관료전 지급과 녹읍의 폐지는 신문왕 대의 일이다. 관료전 지급은 신문왕 때인 687년이며, 녹읍의 폐지는 신문왕 때인 689년이다. 신문왕은 관료전을 먼저 지급하여, 관료들의 경제 기빈을 보장해준 뒤 녹읍을 폐지하였다.
② 신문왕은 즉위년에 일어난 김흠돌의 난을 계기로 귀족 세력을 숙청하여 전제 왕권의 확립을 꾀하였다.

오답풀이

① 신라는 문무왕 때에 매소성(675) · 기벌포(676) 전투에서 승리함으로써 한반도에서 당을 몰아내고 삼국 통일을 완수하게 되었다.
③ 진흥왕은 고구려 지역이었던 단양의 적성을 빼앗은 후, 공을 세운 야이차 포함 13명의 장군을 포상하고 적성 지방민들을 위무할 목적으로 단양 적성비를 세웠다.
④ 상대등을 설치(531년)한 왕은 법흥왕이다. 법흥왕은 상대등과 병부의 설치, 율령 반포, 17관등제 완비, 공복의 제정 등을 통하여 통치 질서를 확립하였다.

답 ②

040 2025년 국가직

다음 사실이 있었던 왕대의 설명으로 옳은 것은?

- 김흠돌의 난을 계기로 진골 귀족 세력 등을 숙청하였다.
- 녹읍을 폐지하여 귀족의 경제적 기반을 약화하고자 하였다.

① 국학을 설립하였다.
② 불교를 공인하였다.
③ 독서삼품과를 시행하였다.
④ 이사부를 보내 우산국을 정벌하였다.

출제영역 신문왕

신라 신문왕은 장인인 김흠돌의 난을 진압하고 귀족들을 숙청하였다. 또한 신문왕이 녹읍을 폐지한 것은 689년의 일이며 2년 전인 687년에는 관료전을 지급하였다.
① 교육기관인 국학을 설립한 것은 신문왕 2년인 682년의 일이다. 신문왕은 유교 정치 이념을 확립하기 위해 교육기관인 국학을 설립하여 왕권을 보좌할 실무 관료를 양성하였다.

오답풀이

② 이차돈의 순교를 계기로 불교를 공인한 것은 법흥왕 대의 일이다.
③ 인재 등용을 위해 독서삼품과를 시행한 것은 788년 신라 원성왕 대의 일이다. 독서삼품과는 국학의 학생들을 독서 능력에 따라 상·중·하로 구분하였으며, 이를 관리 임용에 참고한 제도이다.
④ 장군 이사부를 보내 우산국을 정벌한 것은 지증왕 대의 일이다.

답 ①

041

2019년 지방직 7급

밑줄 친 '왕'의 재위 기간에 있었던 일로 옳은 것은?

> 왕은 사벌주를 상주로 바꾸는 등 9주의 명칭을 개정하고, 군현의 이름도 한자식으로 고쳤다. 또한, 중앙 관서의 관직명도 중국의 예에 맞추어 한자식으로 바꾸었다. - 『삼국사기』 -

① 국학이 설치되었다.
② 녹읍이 부활되었다.
③ 독서삼품과가 시행되었다.
④ 처음으로 정전이 지급되었다.

출제영역 신라 경덕왕의 업적

경덕왕(8C)은 집사부의 중시를 시중으로 고치는 등 중앙 관서의 관직명을 한자식으로 바꾸었고 9주의 명칭과 군현의 이름도 한자식으로 변경하였으며 국학을 태학감으로 바꾸고 박사와 조교를 두어 유학교육을 전문화시켰다. 하지만 왕권강화를 위해 신문왕이 폐지한 녹읍을 다시 부활시켜 귀족 권력을 강화시켜주기도 하였다.

오답풀이

① 왕권강화를 위해 신문왕(7C)은 국학을 설치하고 관료전을 지급하고 녹읍을 폐지하여 귀족의 권력을 약화시키려 하였다.
③ 독서삼품과는 원성왕(8C)이 시행한 국학졸업생 관리등용시험이다.
④ 처음 정전을 지급한 것은 성덕왕(8C)이다.

답 ②

042

2018년 서울시 2차

통일신라에 대한 설명으로 가장 옳은 것은?

① 통일 후에는 주로 진골귀족으로 구성된 9서당을 국왕이 장악함으로써 왕실이 주도하는 교육제도를 구축하였다.
② 불교가 크게 융성한 통일신라의 수도인 경주에서는 주로 천태종이 권력과 밀착하며 득세하였다.
③ 신라 중대 때는 주로 원성왕의 후손들이 즉위하면서 비교적 강력한 왕권을 행사하였다.
④ 넓어진 영토를 관리하기 위해 지방행정을 구획하였는데, 5소경도 이에 해당한다.

출제영역 통일신라에 대한 이해

통일 후 신라는 지방 행정을 9주 5소경으로 편제하였다. 5소경을 설치한 것은 수도 금성(경주)이 동남쪽에 치우친 점을 보완하기 위한 것으로 추정된다.

오답풀이

① 9서당은 통일신라의 중앙군으로 교육제도와는 관계가 없다. 9서당에는 진골귀족은 포함되지 않았으며 백제와 고구려 유민 및 말갈인이 포함되어 민족통합을 진전시켰다.
② 천태종이 권력과 밀착하여 득세한 것은 고려 문종의 넷째 아들이었던 의천에 의해 해동 천태종이 만들어진 이후이다.
③ 신라 중대(무열왕~혜공왕)는 원성왕이 아닌 무열계 직계 후손들이 즉위하였던 시기로, 비교적 왕권이 강력했던 때이다. 또한 원성왕은 신라 하대의 왕으로 내물계이다.

답 ④

043

2018년 서울시 1차

〈보기〉의 왕에 대한 설명으로 가장 옳은 것은?

> 〈보기〉
> 왕은 당이 내분으로 어지러워진 틈을 타서 영토를 넓히고, 수도를 중경에서 상경으로, 다시 동경으로 옮겼다. 또한 대흥, 보력 등 독자적인 연호를 사용하였다.

① 산동지방에 수군을 보내 당을 공격하였다.
② 당으로부터 해동성국이라 불렸다.
③ 전륜성왕을 자처하고 황상이라는 칭호를 사용하였다.
④ 동모산에 나라를 세웠다.

출제영역 발해 문왕의 업적

수도를 옮긴 것(중경-상경-동경)과 대흥, 보력 등의 연호를 사용한 것을 통해 발해 문왕을 말하고 있는 것을 알 수 있다. 문왕은 불교의 진륜성왕 이념을 받아들였으며, 황상이라는 칭호를 사용하여 황제 국가의 면모를 과시하였다.

오답풀이

① 발해 무왕에 대한 설명이다. 무왕의 동생인 대문예가 흑수 말갈을 공격하는 것에 반대하여 당나라로 망명하였는데, 이에 무왕은 장문휴를 보내 중국 산둥반도의 국제 무역항인 등주를 공격하였다.
② 발해 선왕에 대한 설명이다. 선왕은 영토를 넓히고 지방제도를 완비하여 국가적 전성기를 맞이하였다. 이에 중국에서는 발해를 '바다 동쪽의 융성한 나라'라는 뜻에서 '해동성국'이라 불렀다.
④ 발해 고왕(대조영)에 대한 설명이다. 고구려의 장군 출신이던 대조영은 고구려 유민들과 말갈 부족들을 규합하여 당나라에서 탈출하였다. 이후 대조영은 만주 동부지역으로 이동하여 지금의 길림성 돈화시 부근의 동모산에서 나라를 세우고 국호를 진(震)이라 하였다.

답 ③

044

2022년 서울시 기술직

다음 정책이 실시된 왕대에 대한 설명으로 가장 옳은 것은?

> 재위 9년 봄 정월에 교를 내려 내외 관료의 녹읍을 폐지하고, 1년 단위로 조(租)를 차등 있게 하사하는 것을 항식(恒式)으로 삼았다.

① 독서삼품과를 실시하였다.
② 유교 교육을 강화하기 위해 국학을 설치하였다.
③ 국학을 태학감으로 고치고 박사와 조교 등을 두었다.
④ 국학에 공자와 10철 등의 화상을 안치하여 유교 교육을 강화 하였다.

출제영역 신문왕

관료전 지급과 녹읍혁파를 통해 밑줄 친 '왕'이 신문왕임을 알 수 있다. 세조(歲租)란 일정한 양의 곡식을 지칭하는 것으로 6두품 이하에게 지급한 녹봉을 말하는 것이다. 신문왕은 국학을 설립하여 유교 정치 이념에 입각해 인재를 교육하고 양성하려 하였다.

오답풀이

① 원성왕 때 유교 경전의 이해 수준을 시험하여 관리를 채용하는 독서삼품과를 마련하였다.
③ 경덕왕 때 국학을 태학감으로 고치고 박사와 조교를 두어 유교 경전을 가르쳤다.
④ 성덕왕 때 당나라에서 공자와 72제자의 화상(畵像)을 들여와 국학에 안치하였다.

답 ②

045 2019년 국가직 7급

밑줄 친 '왕'의 재위 기간에 있었던 일로 옳은 것은?

> 왕의 국서에 이르기를, "열국(列國)을 거느리고 여러 번(蕃)을 총괄하면서, 고려의 옛 땅을 회복하고 부여의 유풍을 지니고 있습니다. 너무 멀어 길이 막히고 바다 역시 아득하여 소식이 통하지 않고 길흉을 물음이 끊어졌는데, 우호를 맺고 옛날의 예에 맞추어 사신을 보내어 이웃을 찾는 것이 오늘에야 비롯하게 되었습니다." 라고 하였다.

① 당과 신라를 견제하기 위해 돌궐과 손을 잡았다.
② 당으로부터 발해군왕의 책봉호를 처음으로 받았다.
③ 당에서 안녹산의 난이 일어나자 중경에서 상경으로 천도하였다.
④ 요동 지역까지 영토를 확장하고 5경 15부 62주의 행정 구역을 완비하였다.

출제영역 발해 무왕

무왕(대무예)은 727년에 일본에 사신을 보내어 통교했는데, 일본에 보낸 국서에서 고구려를 계승하고 부여의 풍속을 지녔음을 밝혔다. 이렇게 발해는 무왕 때 돌궐, 일본 등과 연결하면서 당과 신라를 견제하여 동북아시아에서 세력 균형을 유지할 수 있었다.

오답풀이

② 고왕(대조영)에 대한 설명이다.
③ 문왕(대흠무)에 대한 설명이다.
④ 선왕(대인수, 818~830) 때 요동 지역으로 진출하고, 5경 15부 62주의 지방 행정 체제도 완비하였다.

답 ①

046 2025년 국가직

밑줄 친 '이 나라'에 대한 설명으로 옳은 것은?

> 이 나라는 고구려의 옛 땅이다. …(중략)… 곳곳에 촌락이 있는데 모두 말갈의 부락이다. 그 백성은 말갈이 많고 토인(土人)이 적은데, 모두 토인을 촌장으로 삼는다.
> -「유취국사」-

① 골품제를 실시하였다.
② 군사조직으로 9서당 10정을 두었다.
③ 영락이라는 독자적인 연호를 사용하였다.
④ 지방 행정 구역을 5경 15부 62주로 나누었다.

출제영역 발해

제시문의 '이 나라'는 발해를 가리킴을 알 수 있다. 참고로 출처로 제시된 『유취국사』는 헤이안 시대인 892년에 편찬된 일본의 역사서이다.
④ 지방 행정 구역을 5경 15부 62주로 나눈 것은 발해 선왕 대의 일로서 발해의 전성기였으며, 당으로부터 '해동성국'으로 불렸다.

오답풀이

① 골품제를 실시한 나라는 신라이다.
② 군사 조직으로 9서당 10정을 두었던 나라는 신라이다.
③ 영락이라는 독자적인 연호를 사용한 나라는 고구려 광개토대왕 대의 일이다. 영락은 우리나라 최초의 연호이기도 하다. 원칙적으로 연호는 황제만이 사용하고, 제후왕은 독자적 연호를 사용하지 못하였다. 따라서 연호가 있다는 것은 그 나라의 독자성을 보여준다고 할 수 있다.

답 ④

11 발해의 전성기와 후삼국 통일전쟁

047 2024년 국가직

밑줄 친 '반란'에 대한 설명으로 옳은 것만을 모두 고르면?

> 웅천주 도독 헌창이 반란을 일으켜, 무진주·완산주·청주·사벌주 네 주의 도독과 국원경·서원경 . 금관경의 사신 및 여러 군현의 수령들을 위협하여 자신의 아래에 예속시키려 하였다.

ㄱ. 천민이 중심이 된 신분 해방 운동 성격을 가졌다.
ㄴ. 반란 세력은 국호를 '장안', 연호를 '경운'이라 하였다.
ㄷ. 주동자의 아버지가 왕이 되지 못한 것에 대한 불만으로 일어났다.
ㄹ. 무열왕 직계가 단절되고 내물왕계가 다시 왕위를 차지하는 결과를 가져왔다.

① ㄱ, ㄴ ② ㄱ, ㄹ ③ ㄴ, ㄷ ④ ㄷ, ㄹ

출제영역 김헌창의 난

주어진 자료 는 신라 헌덕왕 14년인 822년 웅천주(지금의 충남 공주) 에서 김헌창이 일으킨 '김헌창의 난'을 가리킴을 알 수 있다.
ㄴ. 반란 세력은 국호를 . '장안(長安)', 연호를 '경운(慶雲)'이라 하였다. 옳은 설명이다.
ㄷ. 난의 주동자 김헌창은 아버지인 (상대등) 김주원이 왕위에 오르지 못함에 불만을 품고 있었다. 옳은 설명이다.

오답풀이

ㄱ. 천민이 중심이 된 신분 해방 운동의 성격을 가진 것은 고려 신종 원년인 1198년에 일어난 만적의 난을 들 수 있다.
ㄹ. 김헌창은 태종 무열왕계 후손이다. 따라서 이 난 이후 무열왕계 후손들은 왕위권 다툼에서 멀어지게 되었다. 하지만 무열왕 직계가 단절된 것은 그 이전인 제 36대 혜공왕이다.

답 ③

048 2017년 지방직

다음 밑줄 친 '대사'에 대한 내용으로 옳지 않은 것은?

> 이 엔닌은 대사의 어진 덕을 입었기에 삼가 우러러 뵙지 않을 수 없습니다. 저는 이미 뜻한 바를 이루기 위해 당나라에 머물러 왔습니다. 부족한 이 사람은 다행히도 대사께서 발원하신 적산원(赤山院)에 머물 수 있었던 것에 대해 감경(感慶)한 마음을 달리 비교해 말씀드리기가 어렵습니다. -『입당구법순례행기』-

① 법화원을 건립하고 이를 지원하였다.
② 당나라에 가서 서주 무령군 소장이 되었다.
③ 회역사, 견당매물사 등의 교역 사절을 파견하였다.
④ 웅주를 근거지로 반란을 일으켜 장안(長安)이라는 나라를 세웠다.

출제영역 장보고의 활동

위에서 언급하는 '대사'는 장보고이다. 장보고는 청해진(오늘날 전남 완도)을 근거지로 활동하던 인물로, 당나라에서 서주 무령군 소장을 역임하였다. ④의 장안국은 신라 하대 권력투쟁에서 원성왕에 밀린 김주원의 아들 김헌창이 세운 국가로 장보고와는 관련이 없다.

오답풀이

① 장보고는 일본의 승려 엔닌을 지원하여 산동반도 일대(오늘날 산동성 연태시)에 법화원을 세우고 이를 지원하였다.
② 장보고는 젊은 시절 지방 출신으로서의 한계를 느끼고 친구 정연과 함께 당나라로 건너가 서주 무령군 소장을 역임하여 군사 면에서 활약한 바 있다.
③ 장보고는 청해진을 중심으로 중개무역을 주관하였으며, 일본에 회역사, 당에 견당매물사 등의 교역사절을 파견하였다.

답 ④

049 2024년 법원직

밑줄 친 '왕'이 다스리던 시기에 있었던 사실로 가장 옳은것을 〈보기〉에서 모두 고른 것은?

왕 3년(889) 나라 안의 여러 주(州)·군(郡)에서 공물과 조세를 보내지 않아 나라의 창고가 텅 비어 나라의 씀씀이가 궁핍하게 되었으므로 왕이 사자를 보내 독촉하였다. 이로 말미암아 도적들이 곳곳에서 벌떼처럼 일어났다.

〈보기〉

ㄱ. 적고적의 난이 발생하였다.
ㄴ. 김헌창의 반란이 진압되었다.
ㄷ. 만적이 신분 해방을 주창하였다.
ㄹ. 원종과 애노가 사벌주에서 봉기하였다.

① ㄱ, ㄷ ② ㄱ, ㄹ ③ ㄴ, ㄷ ④ ㄴ, ㄹ

출제영역 진성여왕 대 농민반란

제시문의 '왕'은 신라 말 진성여왕이다.
ㄱ. 붉은색 바지를 입어 적고적이라고 불린 난이 발생한 때는 신라 진성여왕 대인 896년이다.
ㄹ. 원종과 애노가 사벌주(지금의 경북 상주)에서 봉기한 것은 신라 진성여왕 대인 889년의 일이다. 진성여왕 재위 시기 지역의 세금이 중앙으로 수납되지 않아 국고가 고갈되었고, 중앙에서는 지방에 관리를 파견하여 세금을 독촉하였다. 이에 사벌주를 근거로 원종 · 애노 등이 889년에 난을 일으켰다.

오답풀이

ㄴ. 김헌창의 반란이 진압된 것은 신라 헌덕왕 대인 822년의 일이다. 김헌창은 태종 무열왕의 후손이자 김주원의 아들로, 부친이 왕이 되지 못한 것을 이유로 웅천주(지금의 충남 공주)에서 난을 일으켰다.
ㄷ. 최충헌의 노비 만적이 개경에서 노비를 모아 신분 해방을 주창한 것은 고려 신종 대인 1198년의 일이다. 만적의 난은 일종의 신분 해방 운동이었다.

답 ②

050 2024년 서울시

〈보기〉의 사건을 시간 순으로 바르게 나열한 것은?

〈보기〉

ㄱ. 장문휴의 수군으로 당의 산둥지방을 공격하였다.
ㄴ. 정혜공주묘, 정효공주묘를 만들었다.
ㄷ. 전성기를 맞이하여 중국인들이 해동성국이라 불렀다.

① ㄱ - ㄴ - ㄷ ② ㄱ - ㄷ - ㄴ
③ ㄴ - ㄱ - ㄷ ④ ㄷ - ㄱ - ㄴ

출제영역 발해

ㄱ. 무왕의 동생인 대문예가 흑수말갈을 공격하는 것에 반대하여 당나라로 망명하였는데, 이에 무왕은 732년 장문휴를 보내 중국 산둥반도의 국제 무역항인 등주를 공격하였다.
ㄴ. 정혜공주는 발해 문왕의 둘째 딸이고, 정효공주는 문왕의 넷째 딸이다.
ㄷ. 전성기를 맞이하여 중국인들이 발해를 해동성국이라 부른 것은 발해의 제10대 왕인 선왕 대의 일이다. 발해는 선왕 때 요동 지역으로 진출하고, 5경 15부 62주의 지방 행정 체제도 완비하였다.

답 ①

051 2018년 서울시 7급

〈보기〉에서 설명하는 사건 이후에 일어난 일로 가장 옳은 것은?

〈보기〉

도적들이 나라 서남쪽에서 봉기하였다. 그들은 바지를 붉게 물들여 스스로 남들과 다르게 하였기 때문에 사람들은 적고 적(赤袴賊)이라고 불렀다. 그들은 주와 현을 도륙하고 서울의 서부 모량리까지 와서 사람들을 위협하고 노략질하고 돌아갔다.

① 대구화상이 「삼대목」을 편찬하였다.
② 원종과 애노가 난을 일으켰다.
③ 최치원이 시무 10여조를 바쳤다.
④ 궁예가 후고구려를 건국하였다.

출제영역 진성여왕(적고적의 난)

적고적의 난은 진성여왕 말년에 일어났다. 진성여왕은 9세기 마지막 임금이었고, 혼란기를 극복하고자 최치원은 시무책 10여조를 올리기도 하였다. 진성여왕 때 대구화상과 각간 위홍이 향가집 「삼대목(三代目)」을 편찬하였다 진성여왕 때 재정이 궁핍하게 되자 중앙 정부는 조세를 독촉하였다. 이를 계기로 원종·애노의 난(889) 등 농민의 봉기로 이어졌다. 진성여왕 이후 효공왕때 궁예가 송악을 수도로 하고 후고구려를 건국하였다.

오답풀이

①, ②, ③ 모두 진성여왕 재위기간에 일어난 사건이다. 그러나 모두 적고적의 난 이전 사실이다.

답 ④

052 2018년 법원직

다음 (가), (나)사이의 시기에 있었던 사실로 옳지 않은 것은?

(가) 대왕을 도와 조그마한 공을 이루어 삼한을 한 집으로 만들었으며, 백성들은 두 마음이 없게 되었습니다(三韓爲一家百姓無二心). 비록 아직 태평한 세상에 이르지는 못하였으나 조금 편안한 상태는 되었습니다.
(나) 원종과 애노 등이 사벌주에서 반란을 일으키니 왕이 나마(관직명) 영기에게 명하여 잡게 하였으나 영기가 적진을 쳐다보고는 두려워하여 나아가지 못하였다.

① 발해의 장문휴가 산둥 반도를 공격하였다.
② 장보고의 도움을 받아 신무왕이 즉위하였다.
③ 궁예가 개성을 수도로 삼고 후고구려를 건국하였다.
④ 발해 문왕이 상경 용천부에서 동경 용원부로 수도를 옮겼다.

출제영역 발해와 통일신라의 발전

(가)는 '삼한을 한 집으로 만들었다'는 표현을 통해 삼국통일(676)을 다룬 기사임을 알수 있고, (나)는 신라 말 농민 반란인 원종·애노의 난(889)에 대한 기사이다. ① 발해 무왕 때 장문휴는 수군을 동원하여 산둥반도를 공격하였으며(732), ④ 발해 문왕 때에는 일본과의 교통이 편리한 동경 용원부로 천도 하였다(785). ② 9세기 전반에 장보고는 김우징이 신무왕으로 즉위하는 데 크게 기여하였다(839).

오답풀이

③ 효공왕 때 궁예가 901년 송악을 수도로 하고 후고구려를 건국하였다.

답 ③

MEMO

라영환 한국사

STEP 1

단순 암기형

3

고려사

단순암기형으로, 무조건 알고 가야하는 필수 문제만 모았습니다!

STEP 1 | 단순암기형 고려사 III

12 고려의 시기 구분

13 국가 기틀 확립(10C)과 거란과의 전쟁(11C)

001
2024년 국가직

(가)의 재위 기간에 있었던 사실로 옳은 것은?

> 강조의 군사들이 궁문으로 마구 들어오자, 목종이 모면할 수 없음을 깨닫고 태후와 함께 목 놓아 울며 법왕사로 옮겼다. 잠시 후 황보유의 등이 (가) 을/를 받들어 왕위에 올렸다. 강조가 목종을 폐위하여 양국공으로 삼고, 군사를 보내 김치양 부자와 유행간 등 7인을 죽였다.

① 윤관이 별무반 편성을 건의하였다.
② 외적이 침입하여 국왕이 복주(안동)로 피난하였다.
③ 서희의 외교 담판으로 강동 6주 지역을 획득하였다.
④ 불교 경전을 집대성한 초조대장경 조판이 시작되었다.

출제영역 고려 현종 대의 사실(초조대장경 조판)

고려 목종 때 있었던 강조의 정변으로, 주어진 자료 속 (가)는 현종이다. 강조의 정변은 이후 거란의 제2차 침입의 빌미가 되었다. 거란의 침입을 물리치고자 하는 목적에서 불교 경전을 집대성 한 초조대장경 조판이 시작된 것은 고려 현종 때인 1011년부터 이다.

오답풀이

① 윤관이 별무반 편성을 건의한 것은 고려 숙종 9년인 1104년의 일이다. 별무반은 신기군, 신보군, 항마군(승병)으로 편성되었다(여진족의 침입 대비).
② 외적, 즉 홍건적이 침입하여 국왕이 복주(안동)로 피난한 것은 고려 공민왕 10년인 1361년의 일이다(홍건적의 제2차 침입 시).
③ 문신 서희의 외교 담판으로 강동 6주 지역 을 획득한 것은 고려 성종 12년인 993년의 일이다(거란의 제1차 침입 시).

답 ④

002
2024년 법원직

다음 정책과 같은 목적으로 시행된 것은?

> 신라 왕 김부가 항복해 오니 그를 경주의 사심관으로 임명하여 부호장 이하의 관직 등에 관한 일을 맡게 하였다. 이에 여러 공신들 역시 이를 본받아 각각 자기 주의 사심관이 되게 하였다.

① 기인제도
② 북진정책
③ 정혜쌍수
④ 독서삼품과

출제영역 호족 통합

제시문은 고려 태조가 경순왕 김부를 경주 지역의 사심(관)으로 임명한 것을 담고 있다. 사심관은 고려 시대 지방에 연고가 있는 고관에게 자기의 고장을 일정 부분 다스리도록 한 특수 관직으로, 경순왕 김부를 사심으로 임명한 데서 비롯되었다. 이 제도는 지방관을 파견하기 어려웠던 고려 초기에 기인 제도와 함께 지방 세력에 대한 중앙 통제의 중요한 수단이 되었으므로 정답은 ①번 선지이다. 고려 태조는 지방 호족 세력을 통합(견제하고 포용)하기 위하여 호족의 자제를 중앙에 머무르게 하는 기인 제도 등을 마련하였다.

오답풀이

② 고려 태조 왕건은 평양을 서경으로 삼아 중시하였고, 서경을 북진 정책의 전지 기지로 삼았다.
③ 정혜쌍수(定慧雙修)란 선정의 상태인 '정'과 사물의 본질을 파악하는 지혜인 '혜'를 함께 닦아 수행해야 한다는 불일보조국사 지눌이 주장한 개념이다.
④ 원성왕 4년(788) 독서삼품과를 시행하여 한학적 소양을 갖춘 인물을 관리로 선발하려고 하였다.

답 ①

003 2024년 지방직

다음 상소문이 올라간 국왕 대에 있었던 사실로 옳은 것은?

> 불교는 몸을 닦는 근본이며 유교는 나라를 다스리는 근원입니다. 몸을 닦는 것은 내생을 위한 것이며 나라를 다스리는 일은 곧 오늘의 할 일입니다. 오늘은 극히 가깝고 내생은 지극히 먼 것이니, 가까운 것을 버리고 먼 것을 구하는 일이 그릇된 일이 아니겠습니까.

① 개경에 나성을 쌓았다.
② 전시과 제도를 처음 실시하였다.
③ 전국의 주요 지역에 12목을 설치하였다.
④「노비안검법」을 실시하여 호족 세력을 약화시켰다.

출제영역 고려 성종

제시문은 최승로가 고려 성종에게 올린 상소문인 시무 28조이다. 최승로는 시무 28소에서 유교는 국가를 다스리는 이념인 반면, 불교는 수신의 근본이며 내생을 위한 것임을 말하였다. 또 이와 관련해 연등회를 축소하고 팔관회를 폐지하였다.
③ 전국의 주요 지역에 12목을 설치하고 지방관을 파견한 것은 성종 대인 983년의 일이다.

오답풀이

① 거란의 침입에 대비하여 개경에 나성을 쌓은 것은 고려 현종 대의 일이다. 강감찬이 개경을 방어하기 위한 목적으로 건의한 것을 수용한 것이다.
② 전시과 제도를 처음 실시한 것은 고려 경종 원년인 976년의 일이다.
④ 노비안검법을 실시한 왕은 고려 광종이다. 광종은 노비안검법을 시행하여 호족 세력의 경제적 기반을 약화시키고 국가 재정을 확충하여 왕권의 위상을 높이고자 하였다.

답 ③

004 2022년 지방직

밑줄 친 '왕'의 재위 기간에 있었던 일로 옳은 것은?

> • 평농서사 권신(權信)이 대상(大相) 준홍(俊弘)과 좌승(佐丞) 왕동(王同) 등이 반역을 꾀한다고 참소하자 왕이 이들을 내쫓았다.
> • 왕이 쌍기의 건의를 받아 처음으로 과거를 실시하였다. 시(詩)·부(賦)·송(頌) 및 시무책을 시험하여 진사를 뽑았으며, 더불어 명경업·의업·복업 등도 뽑았다.

① 노비안검법을 제정하였다.
② 전민변정도감을 설치하였다.
③ 토지제도로서 전시과를 시행하였다.
④ 12목을 설치하고 지방관을 파견하였다.

출제영역 광종의 정책

밑줄 친 '왕'은 고려 광종이다. 권신을 숙청하고, 쌍기의 건의를 받아 처음 과거를 실시하였다는 점에서 광종임을 알 수 있다. 고려 제4대 왕인 광종은 호족 연합적인 성격을 지녔던 고려 초기 사회를 왕권 중심으로 재편하려고 많은 노력을 기울인 왕이다. 광종 재위 시기에 있었던 사실로 옳은 것은 ①번 선지이다. 광종은 노비안검법을 통하여, 호족 세력을 누르고 왕권을 강화하고자 하였다.

오답풀이

② 전민변정도감은 원종, 충렬왕, 공민왕, 우왕 재위 기간에 설치된 임시기구이다.
③ 전시과를 처음 시행한 것은 경종이다.
④ 12목을 처음 설치하고 지방관을 파견한 것은 성종이다.

답 ①

005

2025년 지방직

다음 대화가 오고 간 시기는?

> 소손녕 : 그대 나라는 신라 땅에서 일어났고, 고구려 땅은 우리 땅인데 너희들이 쳐들어와 차지하였다.
> 서 희 : 우리는 고구려를 계승하여 나라 이름을 고려라하 였다. 땅의 경계를 논한다면 그대 나라의 동경도 다 우리 땅이다.

	(가)	(나)	(다)	(라)	

고려 건국 / 귀주대첩 / 무신정변 / 개경 환도 / 위화도 회군

① (가) ② (나) ③ (다) ④ (라)

출제영역 거란 침입

제시문은 거란의 1차 침입(993) 당시 서희의 외교 담판 내용이다. 문신 서희는 외교 담판으로 강동 6주 지역을 획득했다.

① 제시된 연표에서 거란을 격퇴한 귀주대첩은 현종 10년(1019) 3차 거란 침입 때이므로 1차 거란 침입 당시 서희 외교 담판은 (가)시기이다.

오답풀이

② 문벌귀족 집권 말기 무신에 대한 차별이 심해지면서 1170년 무신정변이 발발하였다.
③ 개경 환도가 이루어진 때는 고려 원종 대인 1270년의 일이다.
④ 1388년 이성계가 위화도에서 회군하여 정치권력을 장악하고, 우왕을 폐하고 창왕을 세웠다.

답 ①

006

2022년 서울시 1차

〈보기〉의 밑줄 친 인물이 왕으로 즉위하여 활동하던 기간에 있었던 사실로 가장 옳은 것은?

> 〈보기〉
> 개경으로 돌아온·강조(康兆)는 김치양 일파를 제거함과 동시에 국왕마저 폐한 후 살해하였다. 이 같은 소용돌이 속에서 대량원군이 임금으로 즉위하였다.

① 부모의 명복을 빌기 위해 현화사(玄化寺)를 창건했다.
② 거란의 침입에 대비하기 위하여 광군 30만을 조직했다.
③ 강동 6주의 땅을 고려 영토로 편입시켰다.
④ 재조대장경의 각판사업에 착수했다.

출제영역 고려 현종의 업적

제시문은 강조의 정변에 대한 내용으로, 강조의 정변으로 즉위한 왕은 8대 현종이다. 현종 시기에는 2차,3차 거란 전쟁을 발생하였고, 전쟁 이후 5도 양계 등 고려의 지방제도가 완성되었다. 한편 현종 시기에는 불교가 융성하여 사찰이 많이 건립되었는데, 현종은 죽은 부모의 명복을 빌기 위해 현화사를 건립하기도 하였다.

오답풀이

② 고려 정종에 대한 설명이다.
③ 고려 성종에 대한 설명이다.
④ 최우 집권기에 대한 설명이다.

답 ①

007

2025년 지방직

(가) 국왕의 업적으로 옳지 않은 것은?

> (가) 은/는 김부(金傅)를 경주의 사심관으로 임명하여 부호장(副戶長) 이하의 관직 등에 관한 일을 맡게 하였다. 이에 여러 공신들 역시 이를 본받아 자기 주(州)의 사심이 되었으니, 사심관이 이로부터 비롯되었다.

① 기인제도를 시행하였다.
② 발해 유민을 받아들였다.
③ 개경을 '황도'라고 불렀다.
④ 훈요10조를 남겼다.

출제영역 태조 왕건

제시문은 태조(왕건)가 신라 마지막 왕인 김부(경순왕)를 사심관으로 임명하는 내용이다. 사심관 제도는 중앙의 고관들로 하여금 자기 출신지의 사심관으로 임명하여 지방을 통제하도록 한 제도로 사심관은 부호장 이하의 향리를 임명할 수 있었으며, 향리 감독, 풍속 교정 등의 임무 뿐만 아니라, 그 지방 치안에 대한 연대 책임을 지도록 하였다.
③ 광종은 국왕의 권위를 높이기 위해 황제를 칭하고 개성을 황도(皇都), 서경을 서도(西都)로 격상시켰으며, 광덕, 준풍 등 독자적인 연호를 사용하였다.

오답풀이

① 태조는 호족의 자제를 개경에 인질로 잡아놓는 기인제도를 시행하였다. 사심관 제도와 더불어 호족 세력을 통제하는 제도였다.
② 발해가 926년 거란에 멸망당한 뒤 발해 왕자 대광현이 934년 무리 수만명을 이끌고 고려로 귀순하였다. 태조는 이에 대광현을 우대하여 왕계라는 이름을 하사하고 그 조상의 제사를 받들 수 있게 하였다.
④ 태조는 후대 국왕에게 훈요 10조를 남겼다.

답 ③

008

2020년 법원직

(가)의 업적으로 옳은 것을 〈보기〉에서 모두 고른 것은?

> (가) 7년(956)에 노비를 조사해서 옳고 그름을 분명히 밝히도록 명령하였다. 이 때문에 주인을 배반하는 노비들 을 도저히 억누를 수 없었으므로, 주인을 업신여기는 풍속 크게 유행하였다. - 고려사 -
>
> 〈보기〉
>
> ㄱ. 과거제를 시행하였다.
> ㄴ. 개경을 황도로 칭하였다.
> ㄷ. 의창과 상평창을 설립하였다.
> ㄹ. 전국을 5도 양계로 나누었다.

① ㄱ, ㄴ ② ㄱ, ㄷ ③ ㄴ, ㄷ ④ ㄴ, ㄹ

출제영역 광종

'노비를 조사하여 풀어주었다'는 것 등에서 광종임을 추측해야 한다. 광종은 쌍기의 건의로 과거제를 시행하고, 960년에는 관리의 공복을 제정 하여 관료의 위계질시를 확립하였다. 광종은 국왕의 권위를 높이기 위해 황제를 칭하고 개성을 황도(皇都), 서경을 서도(西都)로 격상시켰으며, 광덕·준풍 등 독자적인 연호를 사용하였다.

오답풀이

ㄷ. 성종에 대한 설명이다.
ㄹ. 현종에 대한 설명이다.

답 ①

009

2019년 서울시 9급

<보기>의 (가), (나)와 같은 건의를 받은 국왕에 대한 설명으로 가장 옳은 것은?

〈보기〉

(가) 우리 태조께서는 나라를 통일한 뒤에 외관을 두고자 하였으나, 대개 초창기이므로 일이 번거로워 겨를이 없었습니다. 이제 가만히 보건대, 향호가 매양 공무를 빙자하여 백성을 침해하여 횡포를 부리어 백성이 견디지 못하니, 청컨대 외관을 두도록 하십시오.

(나) 겸손한 마음을 가지고 항상 조심하고 두려워하며 신하 를 예로써 대우할 때 신하는 충성으로써 임금을 섬기는 것입니다.

① 호족과의 혼인정책을 적극적으로 추진하였다.
② 노비안검법을 실시하여 호족의 경제력을 약화시켰다.
③ 양현고를 설치하고 보문각과 청연각을 세워 유학을 진흥시켰다.
④ 연등회를 축소하고 팔관회를 폐지하여 국가적인 불교 행사를 억제하였다.

출제영역 성종

제시문은 최승로가 고려 성종에게 건의한 시무 28조의 일부이다. 최승로는 시무28조에서 중앙집권 체제를 강조하여 지방에 외관을 파견할 것을 주장하는한편 귀족 관료의 권위와 특권을 옹호하고 예우해야 한다고 하였다.

④ 최승로는 시무28조에서 유교는 국가를 다스리는 이념인 반면 불교는 수신의 근본이며 내생 (來生)을 위한 것임을 말하였다. 또 이와 관련해 연등회를 축소하고 팔관회를 폐지하였다.

오답풀이

① 고려 태조에 대한 설명이다.
② 광종에 대한 설명이다.
③ 예종에 대한 설명이다. 예종때 양현고라는 장학 재단을 두어 관학의 경제 기반을 강화하였으 며, 궁중에 청연각·보문각 등의 도서관 겸 학문 연구소를 두어 유학을 진흥 시켰다.

답 ④

14 문벌귀족 사회의 성립과 여진 정벌(12C)

010

2020년 지방직

밑줄 친 '이 부대'에 대한 설명으로 옳은 것은?

윤관이 아뢰기를, "신이 적의 기세를 보건대 예측하기 어려울 정도로 굳세니, 마땅히 군사를 쉬게 하고 군관을 길러서 후일을 기다려야 할 것입니다. 또 신이 싸움에서 진것은 적은 기병(騎兵)인데 우리는 보병(步兵)이라 대적할 수가 없었기 때문입니다."라 하였다. 이에 그가 건의하여 처음으로 이 부대를 만들었다.

① 정종 2년에 설치되었다.
② 귀주대첩에서 큰 활약을 하였다.
③ 여진족에 대처하기 위해 조직되었다.
④ 응양군, 용호군, 신호위 등의 2군과 6위로 편성되었다.

출제영역 별무반

'윤관'의 건의, '기병에 대적할 수 없다.' 등을 통해 '이 부대'는 별무반이라는 것을 알 수 있다. 고려 숙종 9년(1104)에 편성된 별무반은 여진족에 대처하기 위해 조직되었다. 그 다음 왕인 예종 대에는 이를 통해 여진을 정벌하여 동북 9성을 축조하였다가 곧 반환한다.

오답풀이

① 거란의 침입에 대비하여 조직한 광군을 설명하고 있다.
② 거란을 격퇴한 귀주대첩은 현종 10년(1019)의 일이다.
④ 2군 6위는 고려의 중앙군으로, 6위는 성종 대에, 2군은 그 연대가 명확하지는 않으나 적어도 현종 이후에 설치된 것으로 추정된다.

답 ③

011

2025년 법원직

다음 (가), (나) 시기의 사이에 일어난 사실로 가장 옳은 것은?

(가) 7조 국왕이 백성을 다스림은 집집마다 가서 돌보고 날마다 이를 살피는 것이 아닙니다. 그러므로 수령을 나누어 보내어 가서 백성의 이익과 손해를 살피게 하는 것입니다. …… 이제 제가 보건대 향리의 토호들이 늘 공무를 빙자해 백성들을 침해하고 학대하므로 백성들이 명령을 감당하지 못하니, 청컨대 외관을 두소서.

(나) 서경 임원역의 땅은 음양가들이 말하는 대화세(명당)에 해당합니다. 이곳에 궁궐을 짓고 옮기면 천하를 다스릴 수 있습니다. 또한 금이 예물을 가져와 스스로 항복할 것이요, 주변 서른여섯 나라가 모두 머리를 조아릴 것입니다.

① 만적이 신분 해방 운동을 시도하였다.
② 강감찬이 귀주에서 거란군을 물리쳤다.
③ 노비안검법이 실시되어 양민의 수가 늘어났다.
④ 도평의사사는 중앙의 최고 권력 기구로 기능하였다.

출제영역 성종 ~ 묘청의 난 사이 시기의 역사적 사실

(가) 최승로는 성종에게 올린 시무 28조에서 중앙집권 체제를 강조하여 지방에 외관을 파견할 것을 주장하였다.
(나) 제시문은 인종 대 일어난 묘청의 서경천도운동 관련 자료이다. 묘청·정지상 등의 서경파가 풍수지리설을 내세워 서경 천도론, 금국 정벌론을 주장하였다. 그러나 김부식 등의 보수 세력에 의해 좌절되자 국호를 대위국, 연호를 천개라 하여 난을 일으켰다.
② 현종 때 거란이 3차 침입하였고, 거란을 격퇴한 강감찬의 귀주대첩은 현종 10년(1019)의 일이다.

오답풀이

① 만적의 난(1198)은 최충헌 집권 시기에 개경에서 일어났다.
③ 광종은 노비안검법을 시행하여 호족 세력의 경제적 기반을 약화시키고, 국가 재정을 확충하여 왕권의 위상을 높이고자 하였다.
④ 원 간섭기에 새로운 지배층으로 성장한 권문세족은 도평의사사를 장악하고, 정계의 요직을 차지하였으며, 경제적으로 농장을 확대하고 부를 축적하였다.

답 ②

012

2020년 법원직

다음 자료와 관련된 고려 정부의 대응으로 가장 옳은 것은?

최충이 후진들을 모아 열심히 교육하니, 유생과 평민이 그의 집과 마을에 차고 넘치게 되었다. 마침내 9재로 나누었다. …… 이를 시중 최공의 도라고 불렀다. 의관자제로서 과거에 응시하려는 자들은 반드시 먼저 이 도에 속하여 공부하였다. …… 세상에서 12도라고 일컬었는데, 최충의 도가 가장 성하였다.

① 원으로부터 성리학을 수용하였다.
② 주자가례와 소학을 널리 보급하였다.
③ 국학에 처음으로 양현고를 설치하였다.
④ 만권당을 짓고 유명한 학자들을 초청하였다.

출제영역 고려 중기 관학 진흥책

제시된 사료는 문종 때 최충의 9재 학당에 대한 내용으로 사학 12도의 유행에 대한 내용이다. 고려 정부는 사학 12도의 융성에 대항하여 관학을 진흥시키기 위한 정책을 추진하였는데, 예종 때는 관학을 진흥시키기 위해 전문 강좌인 7재를 설치하고, 장학 기금인 양현고를 설치하였다.

오답풀이

① 원으로부터 성리학이 수용된 것은 13세기인 충렬왕 때의 사실이며, 관학 진흥책과는 관련이 없다.
② 소학과 함께 주자가례가 전래된 것은 원으로부터 성리학이 수용된 이후였으나, 널리 보급된 것은 조선시대인 16세기 사림들이 성리학적 사회 질서를 보급하기 위해서였다. 시기상 고려 중기의 관학 진흥책과는 관련이 없다.
④ 만권당의 설치는 고려 후기 충선왕 시기의 일이다. 충선왕은 원나라 연경에 독서당으로서 만권당을 설치하여 조맹부, 염복, 원명선 등과 고려의 이제현 등이 상호 교류하는 데 영향을 주었다.

답 ③

013

2020년 법원직

(가), (나)에 대한 다음 설명으로 가장 옳은 것은?

> 이 싸움은 낭가 및 불교 대 유교의 싸움이며, 국풍파 대한 학파의 싸움이다. 또 독립당 대 사대당의 싸움이고, 진취 사상 대 보수 사상의 싸움이다. (가) 은/는 전자의 대표요, (나) 은/는 후자의 대표였다. 이 싸움에서 (가) 이/가 패하고 (나) 이/가 승리하였으므로, 조선의 역사가 사대적이고 보수적인 유교에 정복되고 말았다.

① (가)는 금을 정벌할 것을 주장하였다.
② (가)는 전민변정도감 설치를 건의하였다.
③ (나)는 당시 대표적인 성리학자였다.
④ (나)는 「삼국유사」를 편찬하였다.

출제영역 묘청의 서경 천도 운동

제시문은 신채호가 「조선사연구초」에서 묘청의 서경 천도 운동(1135)을 '조선 역사상 일천년래 제일대사건'으로 평가한 부분을 발췌한 것이고, (가)는 묘청, (나)는 김부식이다. 이에 대한 설명으로 옳은 것은 ①번 선지이다. 묘청·정지상 등 서경파는 칭제건원(황제를 칭하고 연호를 세울 것)과 금국 정벌 등을 주장하였다.

오답풀이

② 신돈에 대한 설명이다. 전민변정도감은 원종 10년(1269), 충렬왕 14년(1288), 충렬왕 27년(1301), 공민왕 1년(1352), 공민왕 15년(1366), 우왕 7년(1381), 우왕 14년(1388)에 설치된 기록이 있다.
③ 김부식을 성리학자로 보기는 어렵다. 성리학이 고려에 본격적으로 도입된 것은 충렬왕 때 안향에 의해서다.
④ 「삼국유사」를 편찬한 것은 일연이고, 김부식은 인종의 명으로 「삼국사기」를 편찬하였다.

답 ①

014

2022년 법원직

밑줄 친 '왕'의 재위 기간에 있었던 사실로 가장 옳은 것은?

> <u>왕</u>은 윤관이 이끄는 별무반을 파견하여 여진을 정벌한 후 동북쪽에 9개의 성을 쌓아 방어하도록 하였다.

① 광덕, 준풍이라는 연호를 사용하였다.
② 최승로가 시무 28조의 개혁안을 제시하였다.
③ 양현고를 설치하여 관학을 진흥시키고자 하였다.
④ 의천 등의 건의를 받아들여 주전도감을 설치하였다.

출제영역 고려 예종

고려 숙종 9년(1104)에 편성된 별무반은 여진족에 대처하기 위해 조직 되었다. 그 다음 왕인 예종 대에는 이를 통해 여진을 정벌하여 동북 9성을 축조하였다가 곧 반환하였다. 고려 중기에는 최충의 문헌공도(9재 학당)를 비롯한 사학 12도가 융성하여 국자감의 관학 교육이 위축 되었다. 이에 예종은 국자감에 7재라는 전문 강좌를 설치하여 유학 교육을 전문화시켰고, 양현고라는 장학 재단을 두어 관학의 경제 기반을 강화하였다.

오답풀이

① 광종에 대한 설명이다.
② 성종에 대한 설명이다.
④ 숙종 때에 대한 설명이다.

답 ③

15 무신정권의 성립과 여몽항쟁(13C)

015 2024년 법원직

밑줄 친 '㉠, ㉡'에 대한 설명으로 가장 옳은 것은?

> 이지영이 장군이 되었다. 그가 최충수 집의 비둘기를 빼앗 았는데, 최충수가 화가 나서 그 형인 ㉠ 최충헌에게 그 사실을 아뢰고 ㉡ 이의민 부자를 죽이자고 하니, 최충헌이 그렇게 하자고 하였다. 이의민이 미타산 별장에 갔을 때, 최충헌등이 가서 그를 죽이고 머리를 저자에 내걸었다. 당시 이지순은 대장군이었고, 이지광은 장군이었는데, 변란의 소식을 듣고 가동을 이끌고 길에서 싸웠다. -「고려사」-

① ㉠ - 하층민 출신의 권력자였다.
② ㉠ - 교정도감을 설치하여 국정을 장악하였다.
③ ㉡ - 개혁안 봉사 10조를 올렸다.
④ ㉡ - 정방을 통해 인사권을 장악하였다.

출제영역 최충헌과 이의민

제시문은 최충헌, 최충수 형제가 당시 집권자인 이의민을 제거하는 과정이 드러나 있다. 제시문의 이지영, 이지순, 이지광은 이의민의 아들들이다. 최충헌과 이의민에 대한 설명으로 옳은 것은 ②번 선지이다. 최충헌은 희종 5년(1209) 교정도감을 설치하여 국정을 장악하였다.

오답풀이

① 이의민에 대한 설명이다. 이의민의 아버지는 소금 장수, 어머니는 옥령사의 노비였다.
③ 최충헌에 대한 설명이다. 최충헌은 이의민을 축출하고 집권한 직후 명종에게 봉사 10조를 올려 시정 개혁을 건의하였다(명종 26년, 1196).
④ 최충헌의 아들인 최우에 대한 설명이다. 정방은 충선왕과 충목왕, 공민왕 대에 치폐를 거듭하다가 창왕 즉위년인 1388년에 혁파되었다.

답 ②

016 2025년 법원직

다음 (가) 인물이 집권한 시기에 있었던 사실로 가장 옳은 것은?

> (가) 이/가 정방(政房)을 자기 집에 설치하고 학문하는 선비들을 선발하여 여기에 소속시켰다. 그가 벼슬자리에 올릴 사람을 결정하여 의견을 달아 올리면, 왕은 그 명단에 다만 점을 찍어 임명할 뿐이었다.

① 명종이 즉위하였다.
② 교정도감이 처음 설치되었다.
③ 도방이 처음 조직되었다.
④ 이연년 형제가 난을 일으켰다.

출제영역 최우

제시문은 최우가 만든 정방에 대한 내용이다. 정방은 최우 집권기때 설치된 기구로서 최우는 이 정방을 통해 인사권을 장악하였다. 충선왕과 충목왕, 공민왕 대에 치폐를 거듭하다가 창왕 즉위년인 1388년에 혁파되었다.
④ 이연년의 난은 최우 집권기에 발생한 백제 부흥 운동이었다.

오답풀이

① 명종은 1170년 의종을 몰아낸 정중부 등의 추대로 즉위하였으며, 재위 기간 중 무신들을 제거하려 노력하였으나 실패하고, 1197년 최충헌에 의하여 폐위되었다.
② 최충헌은 1209년에 교정도감을 설치하여 국정을 장악하였다. 최충헌은 최고 권력기관인 교정도감을 설치하고 자신이 교정도감의 수장인 교정별감이 되어 권력을 행사하였다.
③ 정중부를 제거하고 실권을 장악한 경대승은 자신의 신변 보호를 위해 사병 집단인 도방을 최초로 설치하였다. 이후 최충헌은 경대승이 처음 설치하였던 도방을 부활시켰다.

답 ④

017

2023년 법원직

(가) ~ (다) 사건을 일어난 순서대로 가장 바르게 나열한 것은?

> (가) 이고 등이 임종식, 이복기, 한뢰를 비롯하여 왕을 모시던 문관 및 대소 신료들을 살해하였다. 정중부 등이 왕 을 모시고 궁으로 돌아왔다.
> (나) 김부식이 군대를 모아서 서경을 공격하였다. 서경이 함락되자 조광은 스스로 불에 뛰어들어 죽었다.
> (다) 최사전의 회유에 따라 척준경은 마음을 돌려 계책을 정하고 이자겸을 제거하였다.

① (나) - (가) - (다) ② (나) - (다) - (가)
③ (다) - (가) - (나) ④ (다) - (나) - (가)

출제영역 고려 문벌귀족 사회의 모순과 무신정변

(다) 이자겸의 난(1126) 당시 척준경의 변심으로 이자겸이 실각하는 내용이다. 이자겸의 난은 문벌귀족 집권기인 고려 인종 시기의 사건이다.
(나) 묘청의 난(1135) 당시 김부식이 반란군을 진압하는 내용이다. 묘청의 난 또한 고려 인종 시기의 사건이나 이자겸의 난 이후에 일어났다.
(가) 무신정변(1170)에 대한 내용으로, 문벌귀족 집권 말기 무신에 대한 차별이 심해지면서 무신들이 난을 일으킨 사건이다.

답 ④

018

2019년 기상직

다음 밑줄 친 '그'가 집권한 시기에 있었던 사실로 옳은 것은?

> 무관 중 일부가 공공연히 말하기를 "정시중이 문관들을 억눌러 우리들의 울분을 씻어 주고 무관의 위세를 펼쳤는데 시해당하다니, 누가 공을 시해한 그를 토벌할 것인가"라고 하였다. <u>그</u>는 두려워 결사대 1백 수십 명을 불러 모아 자기 집에 머물게 하고 도방이라 불렀다.

① 전주 관노의 난이 진압되었다.
② 명학소가 충순현으로 승격되었다.
③ 이의방 등이 보현원 사건을 일으켰다.
④ 교정도감이 설치되어 국정을 총괄하였다.

출제영역 무신집권기의 정치

자료는 경대승의 도방 설치에 대한 사료이다. 정중부를 제거하고 실권을 장악한 경대승은 자신의 신변 보호를 위해 사병 집단인 도방을 설치하였다. 전주 관노의 난 또는 죽동의 난은 경대승 집권기인 1182년에 전주에서 관노와 군사들이 일으킨 난이다.

오답풀이

② 명학소의 충순현 승격은 정중부 집권기인 1176년에 일어난 공주 명학소 망이·망소이의 난과 관련된 내용이다.
③ 보현원 사건은 1170년(의종 24) 정중부, 이의방 등의 무신들이 보현원에서 문신들을 살해한 사건으로 무신정변과 관련된 내용이다.
④ 교정도감을 설치하였던 것은 경대승이 아닌 최충헌이다. 최충헌은 최고 집정부의 구실을 하는 교정도감을 설치하고 자신이 교정도감의 수장인 교정별감이 되어 권력을 행사하였다.

답 ①

019 2025년 국가직

다음 사건 발생 이후에 있었던 사실로 옳은 것은?

> 노비 만적 등 6인이 개경의 북산에서 나무하다가 공노비와 사노비들을 불러 모의하기를, "정중부의 반란과 김보당의 반란 이후로 고관이 천민과 노비에서 많이 나왔다. 장상(將相)의 씨가 따로 있으랴!"라고 하였다.

① 정방 설치　② 동북 9성 축조
③ 노비안검법 실시　④ 상수리 제도 시행

출제영역 만적의 난 이후 역사적 사실

제시문의 사건은 최충헌 집권기인 고려 신종 대에 일어난 만적의 난이다. 당시 무신 집권자인 최충헌의 노비 만적이 개경에서 노비를 모아 신분 해방을 주창하다 사전에 발각되어 실패하였다. 만적의 난은 일종의 신분 해방 운동이었다.

① 최씨 무신 정권의 제2대 집권자인 최우는 정방을 설치하여 인사권을 장악하였다.

오답풀이

② 윤관이 예종 때 별무반을 이끌고 여진을 정벌해 동북 9성을 축조했다(1107). 이후 조공을 약속한 여진의 간청과 수성의 어려움으로 동북 9성을 반환하였다.
③ 노비안검법을 실시하여 호족 세력을 약화시킨 것은 고려 광종 때의 일이다. 광종은 노비안검법을 시행하여 호족 세력의 경제적 기반을 약화시키고 국가 재정을 확충하여 왕권의 위상을 높이고자 하였다.
④ 상수리 제도는 신라의 중앙 정부가 지방 세력을 통제하고 왕권을 강화하려는 목적에서 지방 호족의 자제를 수도에 유학하게 하고 이들을 일종의 인질로 잡아두던 제도이다. 5세기 이전부터 실시된 것으로 추정되며 고려의 기인 제도, 조선의 경저리 제도로 이어졌다.

답 ①

020 2023년 지방직

(가) 군사 조직에 대한 설명으로 옳은 것은?

> 고려 정부는 몽골과 강화를 맺고 개경으로 환도하였다. 대몽 항전에 적극적이었던 (가) 은/는 개경 환도를 반대하고 반란을 일으켰다. 이어 진도로 근거지를 옮기면서 항쟁을 전개하였다.

① 포수, 사수, 살수의 삼수병으로 편제되었다.
② 윤관의 건의로 편성된 기병 중심의 부대였다.
③ 도적을 잡기 위해 설치한 야별초에서 시작되었다.
④ 양계 지방에서 국경 지역 방어를 맡았던 상비적인 전투부대였다.

출제영역 삼별초

(가) 군사 조직은 삼별초이다. 삼별초는 최우 집권기 치안과 순찰을 담당하던 최씨 정권의 사병집단인 야별초로 시작되었고, 몽골 포로병 출신의 신의군이 합해져 삼별초로 재편되었다. 이들은 개경환도를 반대하고 끝까지 몽골에 저항하여 진도, 제주도로 근거지를 옮기며 항쟁을 지속하였다.

오답풀이

① 훈련도감에 대한 설명이다.
② 신기군(기병), 신보군(보병), 항마군(승병)으로 구성되었던 별무반에 대한 설명이다.
④ 주진군에 대한 설명이다.

답 ③

021

2025년 법원직

다음 자료의 사건이 일어났을 당시의 무신 집권자에 대한 설명으로 가장 옳지 않은 것은?

> 김윤후는 일찍이 승려가 되어 백현원에 살았는데 몽골병이 오자 처인성으로 난을 피하였다. 몽골의 원수 살리타이가 쳐들어와서 처인성을 공격하자 김윤후가 그를 활로 쏴 죽였다. 왕이 그 공을 가상히 여겨 상장군을 제수하였으나, 김윤후는 공을 다른 사람에게 양보하여 말하기를, "싸울 때를 당하여 나는 활과 화살이 없었는데 어찌 감히 헛되이 무거운 상을 받으리오" 하고 굳이 사양하고 받지 않았다. 이에 (훨씬 낮은 계급인) 섭낭장으로 고쳐 제수하였다.

① 사병 조직인 도방을 확대하였다.
② 정방을 설치하여 인사권을 장악하였다.
③ 수도를 강화도로 옮겨 몽골에 항전하였다.
④ 서방을 두어 능력 있는 문신들에게 자문하였다.

출제영역 최우

처인성의 승려 김윤후가 처인 부곡민들과 함께 살리타를 사살한 때는 1232년으로 몽골의 제2차 침입 시기이다. 당시 무신정권의 실권자는 최우였다.

① 도방은 정중부를 제거하고 실권을 장악한 경대승이 자신의 신변 보호를 위해 만든 사병 집단이다. 이후 최충헌은 경대승이 처음 설치하였던 도방을 부활시켰다.

오답풀이

② 최씨 무신 정권의 제2대 집권자인 최우는 정방을 설치하여 인사권을 장악하였다. 이후 정방은 충선왕과 충목왕, 공민왕 때 폐지되었다가 다시 설치되는 등 우여곡절을 겪다가 최종적으로 고려 창왕 때 폐지되었다.
③ 몽골의 제1차 침입은 1231년 12월 양국 간의 화친으로 종결되었으나, 당시 집권자 최우는 1232년 6월 강화도로 천도하여 장기 항전에 나섰다.
④ 서방이 설치되어 행정 실무 능력을 갖춘 문신들이 등용된 것은 최우 집권기의 일이다. 서방은 일종의 문인들의 숙위 기구로서 최우는 문인들을 숙위하게 하고 문한작성 등 국정에 대해 자문을 받았다.

답 ①

022

2019년 서울시 7급

〈보기〉의 대외관계에 관한 사실을 일어난 순서대로 바르게 나열한 것은?

> 〈보기〉
> ㄱ. 강감찬이 거란군을 맞아 귀주에서 크게 승리했다.
> ㄴ. 윤관이 별무반을 편성하여 여진을 물리치고 동북 9성을 개척했다.
> ㄷ. 서희가 소손녕과 담판하여 강동 6주를 영토로 편입시켰다.
> ㄹ. 몽골과 강화를 맺고 개경으로 환도했다.

① ㄱ - ㄴ - ㄷ - ㄹ ② ㄴ - ㄷ - ㄹ - ㄱ
③ ㄷ - ㄱ - ㄴ - ㄹ ④ ㄹ - ㄴ - ㄷ - ㄱ

출제영역 고려의 대외관계

ⓒ 성종 때 거란이 침입하였고, 서희가 소손녕과 담판하여 강동 6주를 영토로 편입시켰다.
㉠ 현종 때 거란이 3차 침입하였고, 강감찬이 거란군을 맞아 귀주에서 크게 승리했다.
Ⓛ 예종 때 윤관이 별무반을 편성하여 여진을 물리치고 동북9성을 개척했다.
ⓔ 원종 때인 고려 왕실은 몽골과 강화를 맺고 개경으로 환도하였다.

답 ③

023 2020년 국가직 7급

(가). (나) 사건 사이에 있었던 사실로 옳은 것만을 모두 고르면?

(가) 윤관이 여진을 공격하여 동북지방의 여러 지역을 점령 하고 9성을 쌓아 군사를 주둔시켰다.
(나) 최충헌이 정권을 장악한 이후 교정도감을 설치하였다.

ㄱ. 강화로 천도하였다.
ㄴ. 이자겸의 난이 발생하였다.
ㄷ. 묘청 등이 서경 천도 운동을 일으켰다.
ㄹ. 강감찬이 퇴각하는 거란군을 귀주에서 격파하였다.

① ㄱ, ㄴ ② ㄱ, ㄹ ③ ㄴ, ㄷ ④ ㄷ, ㄹ

출제영역 12세기 정시 발전

(가) 예종 대에는 별무반을 통해 여진을 정벌하여 동북 9성을 축조하였다가 곧 반환하였다.
(나) 1196년 최충헌은 이의민을 제거하고 권력을 장악하였다.
(가)와 (나)사이를 고르는 문제는 (나)를 보지않고 (가)이후의 사건에서 시기적으로 가장 빠른 것을 고르면된다.
ㄴ. 예종이 죽자 이자겸은 자신의 두 딸을 인종의 비로 들이는 한편, 한안인 등 측근 세력을 제거하면서 자신의 권세를 강화하였다. 이자겸은 스스로 왕이 되려고 시도하다 실패하고 영광으로 유배되었다(이자겸의 난, 1126).
ㄷ. 묘청·정지상 등의 서경파가 풍수지리설을 내세워 서경 천도론과 금국정벌론을 주장하였다, 그러나 김부식 등의 보수 세력에 의해 좌절되자 묘청과 정지상 등 서경파는 국호를 대위국, 연호를 천개라 하여 난을 일으켰다(묘청의 난, 1135).

오답풀이

ㄱ. 최우 집권기에 대한 설명이다.
ㄹ. 현종 때에 대한 설명이다.

답 ③

024 2024년 서울시

<보기>에서 무신정변 이후 나타난 사건을 옳게 짝지은 것은?

〈보기〉

ㄱ. 최충헌이 교열도감을 설치하여 권력 기관으로 삼았다.
ㄴ. 일부 무신들은 왕실과 혼인을 시도하였다.
ㄷ. 서방이 설치되어 행정 실무 능력을 갖춘 문신들이 등용되었다.
ㄹ. 정변을 축하하기 위해 연산에 개태사를 세웠다.

① ㄱ, ㄴ ② ㄱ, ㄷ ③ ㄴ, ㄷ ④ ㄴ, ㄹ

출제영역 무신정변 이후 역사적 사실

ㄴ. 정중부와 같은 일부 무신은 왕실과의 혼인을 시도한 바 있으며, 최씨 집권자들은 통혼을 통해 왕실과 밀착하였다. 참고로 최씨 집권자들을 포함한 무신들은 문벌 귀족 가문들과도 폭넓은 혼인 관계를 맺었고, 이들은 원 간섭기에 권문세족으로 변화하였다.
ㄷ. 서방이 설치되어 행정 실무 능력을 갖춘 문신들이 등용된 것은 최우 집권기의 일이다. 서방은 일종의 문인들의 숙위 기구로서 최우는 문인들을 숙위하게 하고 문한작성 등 국정에 대해 자문을 받았다.

오답풀이

ㄱ. 무신 집권자인 최충헌은 국정 총괄 기구인 교열도감이 아니라 교정도감을 설치하여 권력 기관으로 삼았다. 역사에 교열도감이란 기구는 없다.
ㄹ. 충남 논산 개태사는 고려 태조 왕건이 일리천 전투에서 신검의 후백제를 제압한 후 이를 기념하기 위하여 936년에 세운 사찰이다.

답 ③

025

2019 서울시 7급

〈보기〉의 사건이 일어난 시간순으로 바르게 나열한 것은?

〈보기〉

ㄱ. 박서의 지휘 아래 귀주에서 완강히 저항했다.
ㄴ. 배중손이 왕족 승화후 온을 왕으로 추대했다.
ㄷ. 기병부대인 신기군, 보병부대인 신보군이 조직되었다.
ㄹ. 서북면도순검사 강조가 통주에서 패하여 포로가 되었다.

① ㄱ - ㄴ - ㄹ - ㄷ　② ㄴ - ㄹ - ㄱ - ㄷ
③ ㄷ - ㄴ - ㄹ - ㄱ　④ ㄹ - ㄷ - ㄱ - ㄴ

출제영역 고려의 대외 항쟁

ㄹ. 거란은 강조가 목종을 시해한 죄를 묻겠다는 이유를 내세워 쳐들어왔다. 강조는 거란군을 여러 차례 물리치기도 하였지만 끝내 포로가 되어 처형당하였다.
ㄷ. 고려 숙종 대에 윤관의 주장에 따라 기병부대인 신기군중심으로 구성된 별무반을 설치 하였다.
ㄱ. 몽골군은 귀주성에서 박서의 완강한 저항에 부딪쳤다.
ㄴ. 개경환도 이후 삼별초는 배중손의 지휘 아래 왕족인 승화후 온을 왕으로 옹립하고 몽골에 저항하였다

답 ④

16 원 간섭기의 사회와 홍건적 왜구의 침입(14C)

026

2024년 국가직

위화도 회군 이후에 있었던 사실로 옳지 <u>않은</u> 것은?

① 과전법이 실시되었다.
② 정몽주가 살해되었다.
③ 한양으로 도읍을 이전하였다.
④ 황산 대첩에서 왜구를 토벌하였다.

출제영역 위화도 회군 이후의 사실

이성계가 위화도 회군을 단행한 것은 고려 우왕 14년인 1388년 5월의 일이다. (전라도 지리산 근방인) 황산에서 이성계가 왜구를 물리친 것은 그 전인 1380년 (우왕 6) 9월의 일이다. 황산 대첩은 이성계가 신흥 무인 세력으로 성장하는 계기가 되었다.

오답풀이

① 조준 등의 건의로 과전법이 실시된 것은 고려 공양왕 3년인 1391년 5월의 일이다. 과전법에서는 경기 지역의 토지만 지급하였다.
② 고려 말의 대표적인 온건 개혁파인 포은 정몽주가 개경의 선죽교에서 이성계의 다섯 째 아들인 이방원(이후 태종) 세력에게 피살된 것은 공양왕 4년인 1392년 3월의 일이다.
③ 한양으로 도읍을 이전한 것은 조선 태조 2년인 1394년 10월의 일이다(한양 천도).

답 ④

027 2024년 지방직

(가)에 해당하는 기구로 옳은 것은?

> 비로소 (가) 을 설치했다. 판사 최무선의 말을 따른 것이다. 이때에 원나라의 염초 장인 이원이 최무선과 같은 동네 사람이었다. 최무선이 몰래 그 기술을 물어서 집의 하인들에게 은밀하게 배워서 시험하게 하고 조정에 건의했다. -『고려사절요』-

① 교정도감 ② 대장도감
③ 식목도감 ④ 화통도감

출제영역 화통도감

화약의 핵심 원료인 염초, 판사 최무선의 건의 등을 통하여 (가) 기구는 화통도감임을 알 수 있다. 우왕 3년(1377) 최무선의 건의에 따라 화통도감이 설치되었다. 화통도감에서 20여 종에 달하는 화기가 제조되었으며, 이를 활용하여 진포 대첩 등에서 왜구를 물리쳤다.

오답풀이

① 교정도감은 최충헌이 설치하여 국정을 장악했던 기구이다.
② 대장도감은 재조대장경(팔만대장경)의 판각 업무를 위해 설치된 관청이다(1236). 강화도에 본사(本司)가 있었고, 경남 진주 관내인 남해현에 분사(分司)가 있었다.
③ 식목도감은 대내적인 법제와 격식을 관장하는 기구로, 도병마사와 같이 재추(宰樞, 중서문하성의 재신과 중추원의 추밀) 회의 기구이다.

답 ④

028 2022년 국가직

(가) 시기의 사실로 옳지 않은 것은?

무신정권 몰락 ⇨ (가) ⇨ 공민왕 즉위

① 만권당이 만들어졌다.
② 정동행성이 설치되었다.
③ 쌍성총관부가 수복되었다.
④『제왕운기』가 저술되었다.

출제영역 원 간섭기

개경 환도(1270년)와 공민왕 즉위(1352년) 시기(대체로 원간섭기)의 사실이 아닌 것을 고르면 되는 문항이다. 고려의 원종이 태자 시절에 쿠빌라이(훗날 원 세조)를 찾아가 항복함에 따라 몽골에 의하여 고려의 집권 세력은 뒤바뀔 수밖에 없었다. 무신정권은 개경 환도 및 삼별초 항쟁 진압과 함께 몰락하게 되었으며, 원을 등에 업은 세력이 권력을 장악하게 되었고, 원이 쇠퇴하고 명이 성하던 시기에 즉위한 공민왕은 이러한 국제 상황을 활용해 반원 자주 개혁을 시도하였다. 정답은 ③번 선지로, 쌍성총관부는 공민왕 5년(1356년)에 수복하였다.

오답풀이

① 만권당은 충선왕이 원의 연경에 세운 서재로, 충선왕은 아들 충숙왕에게 왕위를 물려주고, 이를 건립하였다[충숙왕 1년(1314년)].
② 원이 일본 원정을 위하여 설치했던 기구로, 정동행성은 1280년(충렬왕 6년)에 처음 설치되었다.
④ 제왕운기는 이승휴에 의해 1287년(충렬왕 13년)에 저술되었다.

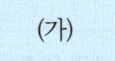

답 ③

029
2017년 국가직

밑줄 친 '이 기구'가 설치된 왕 대에 있었던 사실로 옳은 것은?

> 조정은 중국의 화약 제조 기술을 터득하여 이 기구를 두고, 대장군포를 비롯한 20여 종의 화기를 생산하였으며, 화약과 화포를 제작하였다.

① 복원궁을 건립하여 도교를 부흥시켰다.
② 흥덕사에서 직지심체요절을 간행하였다.
③ 교장도감을 설치하여 속장경을 간행하였다.
④ 시무 28조를 수용하여 유교정치를 구현하였다.

출제영역 고려 우왕 시기의 사건

최무선이 원나라 상인 이원에게 염초 만드는 제조술을 배워 화약과 화포를 제작하기 위해 화통도감을 설치(1377)한 것은 고려 우왕 시기이다. 최무선은 이후 각종 화약무기와 화약을 제작하여 진포싸움에서 왜구를 격파하였다. ②의 직지심체요절은 우왕 시기 청주 흥덕사에서 제작(1377)한 것으로, 현존 세계 최고의 금속활자로 공인 받고 있는 문화재이다.

오답풀이

① 도교 사원인 복원궁(福源宮)은 예종 때(12세기) 건립되었다.
③ 교장도감은 선종 3년(1086)에 설치되었으며, 의천은 선종 8년(1091)부터 숙종 6년(1101)에 이르기까지 교장도감에서 교장(속장경)을 편찬하였다.
④ 최승로의 시무 28조를 수용하여 유교 정치를 구현한 것은 고려 성종 때이다.

답 ②

030
2022년 지방직

밑줄 친 '왕'의 재위 기간에 있었던 일로 옳은 것은?

> 왕의 어릴 때 이름은 모니노이며, 신돈의 여종 반야의 소생이었다. 어떤 사람은 "반야가 낳은 아이가 죽어서 다른 아이를 훔쳐서 길렀는데, 공민왕이 자신의 아들이라고 칭하였다."라고 하였다. 왕은 공민왕이 죽은 뒤 이인임의 추대로 왕위에 올랐다. 이후 이인임, 염흥방, 임견미 등이 권력을 잡아 극심하게 횡포를 부렸다.

① 이종무가 왜구의 소굴인 대마도를 정벌하였다.
② 삼별초가 반란을 일으켜 대몽 항쟁을 계속하였다.
③ 쌍성총관부를 공격해 철령 이북 지역을 수복하였다.
④ 요동 정벌을 위해 출병한 이성계가 위화도에서 회군하였다.

출제영역 우왕

공민왕이 죽은 뒤 이인임의 추대로 왕위에 오른 것은 우왕(1374~1388)이다. 우왕 재위 시기의 사실로 옳은 것은 ④번 선지이다. 그 밖에도, 우왕 대에 직지심체요절 간행, 화통도감이 설치된 것 등을 기억할만하다.

오답풀이

① 이종무의 대마도 정벌은 조선 세종 시기의 일이다. 고려 창왕 시기에는 박위가 대마도를 정벌하였다.
② 삼별초의 항쟁은 원종의 개경환도(1270) 이후 강화도에서 시작하여 진도와 제주도로 근거지를 옮기며 계속 항쟁하였다.
③ 쌍성총관부의 설치는 1258년 강화천도 시기이며, 수복한 것은 공민왕 시기이다.

답 ④

031

2020년 지방직

다음 사건 이후에 일어난 일로 옳은 것은?

> 개경을 떠나 피난 중인 왕이 안성현을 안성군으로 승격시켰다. 홍건적이 양광도를 침입하자 수원은 항복하였는데, 작은 고을인 안성만이 홀로 싸워 승리함으로써 홍건적이 남쪽으로 내려오지 못하게 하였기 때문이다.

① 화약 무기를 사용해 진포해전에서 승리하였다.
② 처인성 전투에서 적의 장수 살리타를 사살하였다.
③ 기철 일파를 제거하고 쌍성총관부의 관할 지역을 수복하였다.
④ 적의 침략을 물리치기 위한 염원에서 팔만대장경을 만들었다.

출제영역 고려 말 홍건적 및 왜구의 침입

1361년 홍건적이 침입하여 왕이 남쪽으로 피난하였고, 그 이듬해에 안성현을 안성군으로 승격시켰다. 이 시기 이후의 일로 옳은 것은 화포를 사용한 진포해전이다. 진포해전은 1380년(우왕 6년)에 일어났다.

오답풀이

② 몽골의 2차 침입(1232년, 고종 19년)을 설명하고 있다.
③ 쌍성총관부 수복은 1356년(공민왕 5년)에 있었던 일로 제시문의 사료보다 조금 앞선 시기의 일이다.
④ 팔만대장경은 고종 23년(1236)부터 38년(1251)까지 16년에 걸쳐 만들어졌다. 몽골과의 항쟁 시기이므로, 고려 중기의 일이다.

답 ①

032

2023년 국가직

(가)에 대한 설명으로 옳은 것은?

> 신돈이 (가) 을/를 설치하자고 요청하자, …(중략) … 이제 도감이 설치되었다. …(중략) … 명령이 나가자 권세가 중에 전민을 빼앗은 자들이 그 주인에게 많이 돌려주었으며, 전국에서 기뻐하였다. -『고려사』-

① 시전의 물가를 감독하는 임무를 담당하였다.
② 국가재정의 출납과 회계 업무를 총괄하였다.
③ 불법적으로 점유된 토지와 노비를 조사하였다.
④ 부족한 녹봉을 보충하고자 관료에게 녹과전을 지급하였다.

출제영역 공민왕 시기 개혁정치

신돈은 공민왕 시기 등용된 승려로 노국공주 사후 공민왕을 대리하여 개혁을 진행하였다. (가)는 신돈이 설치한 전민변정도감으로 권문세족이 불법적으로 점유한 토지와 노비를 조사하여 토지를 회수하고 노비를 해방하는 역할을 담당한 개혁기구였다. 전민변정도감은 고려 원종 시기 처음 설치된 이후, 이후 충렬왕, 공민왕, 우왕 대까지 여러 차례 다시 설치되었으나 공민왕 시기 설치된 전민변정도감이 가장 유명하다.

오답풀이

① 고려 문종 시기 설치된 경시서에 대한 설명이다.
② 삼사에 대한 설명이다.
④ 녹과전은 고려 원종 대에 실시한 토지제도로 몽골 침입으로 국고가 탕진되자 경기 8현의 땅의 수조권을 녹봉 대신 나눠주었다.

답 ③

033

2025년 국가직

밑줄 친 '왕'의 재위 기간에 있었던 사실로 옳은 것은?

> 왕이 신돈에게 국정을 맡겼다. 신돈은 힘있는 자들이 나라의 토지와 약한 자들의 토지를 모두 빼앗고 양민을 자신들의 노비로 삼고 있는 현실을 지적하였다. 그리고 관청을 만들어 그 문제를 개혁하려고 했다.

① 사심관 제도를 실시하였다.
② 정동행성 이문소를 폐지하였다.
③ 광덕, 준풍 등의 연호를 사용하였다.
④ 최승로의 시무 28조 건의를 수용하였다.

출제영역 공민왕

제시문의 '왕'은 고려 공민왕이다. 전변정도감은 권세가에게 점탈된 토지나 농민을 되찾아 바로잡기 위하여 설치된 임시 개혁 기관이었다. 전민변정도감을 설치한 것은 부원파(친원파)를 비롯한 권문세족의 힘을 약화시키고, 더불어 국가 재정 수입의 기반을 확대하고자 한 데 있었다.
② 원 간섭기인 1280년에 처음 설치되었던 정동행성의 이문소를 폐지하여 친원파를 숙청한 것은 고려 공민왕 대의 일이다. 정동행성은 동쪽(일본)을 정벌하기 위한 행중서성으로 설치되었는데, 일본 원정에 실패한 뒤에 내정 간섭 기구로 작동하였다. 특히 이문소는 대원관계의 범죄 행위를 다스리는 업무를 맡았다.

오답풀이

① 사심관 제도를 실시한 것은 고려 태조 대의 일이다. 신라의 마지막 왕인 경순왕 김부가 고려에 귀부하여 경주의 사심관으로 임명된 것이 시초이다. 사심관 제도는 중앙의 고관들로 하여금 자기 출신지의 사심관으로 임명하여 지방을 통제하도록 한 제도이다.
③ 광덕, 준풍 등의 독자적인 연호를 사용한 왕은 고려 광종이다. 광종은 즉위년에 광덕이라는 연호를 처음 사용하였고, 960년에 이르러 다시 준풍이라는 독자적인 연호를 사용하였다.
④ 최승로의 시무 28조 건의를 수용한 것은 고려 성종 대의 일이다.

답 ②

034

2022년 법원직

(가) 시기에 있었던 사실로 가장 옳은 것은?

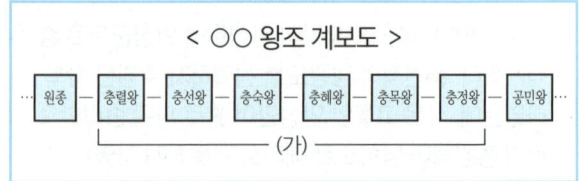

> < ○○ 왕조 계보도 >
>
> … 원종 ─ 충렬왕 ─ 충선왕 ─ 충숙왕 ─ 충혜왕 ─ 충목왕 ─ 충정왕 ─ 공민왕 …
>
> (충렬왕 ~ 충정왕: (가))

① 서경 유수 조위총이 난을 일으켰다.
② 정동행성 이문소가 내정을 간섭하였다.
③ 홍건적의 침입으로 왕이 복주로 피신하였다.
④ 삼별초가 진도와 제주도에서 항쟁을 전개하였다.

출제영역 원 간섭기

충렬왕이 1274년에 즉위하였고, 공민왕이 1352년에 즉위하였으니, 이 두 시기 사이에 있었던 사실을 고르면 된다. 정답은 ②번 선지이다. 정동행성은 1280년(충렬왕 6년)에 설치되어, 고려의 내정을 간섭하였다.
동쪽(일본)을 정벌하기 위한 행중서성으로 설치되었는데, 일본 원정에 실패한 뒤에 내정 간섭 기구로 작동하였다. 특히 이문소는 대원관계의 범죄 행위를 다스리는 업무를 맡았는데, 부원세력의 불법과 전횡을 옹호해주고, 전민(田民)의 탈점을 방조해주는 역할을 하였다.

오답풀이

① 명종 4년(1174년)에 정중부 등 집권 세력에 대항해서 일어난 것이 조위총의 난이다.
③ 공민왕 10년(1361년), 홍건적의 침입으로 왕이 복주(안동)로 피란하였다.
④ 원종 14년(1273년), 삼별초는 여몽연합군에 의해 진압되었다.

답 ②

035 2022년 간호직

(가), (나) 인물에 대한 설명으로 옳은 것은?

> 위화도 회군 후 신진 사대부는 사회 개혁을 둘러싸고 급진 개혁파와 온건 개혁파로 나뉘었다. 훗날 '동방이학의 조'라고 불린 (가) 을/를 중심으로 한 다수의 온건 개혁파는 고려 왕조를 유지하려 하였다. 반면 급진 개혁파인 (나) 은/는 『불씨잡변』을 통해 불교를 비판하고 성리학을 새로운 통치이념으로 제시하였다

① (가)는 『조선경국전』을 편찬하였다.
② (가)는 과전법 실시를 주장하였다.
③ (나)는 『고려국사』를 편찬하였다.
④ (나)는 만권당에서 원의 학자들과 교류하였다.

출제영역 정도전

온건개혁파의 중심, "동방이학의 조'라는 표현을 통해 (가)가 정몽주임 을, 급진개혁피, 『불씨잡변』등의 표현을 통해 (나)가 정도전임을 알 수 있다. ③의 고려국사는 정도전에 의해 편찬된 고려시대사로 고려 멸망 의 당위성과 조선건국의 정당성을 밝히기 위해 저술되었다.

오답풀이

① 정도전은 조선 개국의 기본 정책을 규정한 법전인 『조선경국전』을 편찬하였다.
② 정몽주 등의 온건파 신진 사대부는 과전법과 같은 토지 개혁 추진에 반대하였다.
④ 만권당에서 원의 학자들과 교류한 인물은 이제현이다.

답 ③

036 2018년 국가직 7급

다음과 같은 시기에 재위하였던 국왕대의 사실로 옳은 것은?

> 성균관을 다시 짓고 이색을 판개성부사 겸 성균관 대사성으로 삼았다. …(중략)… 이색이 다시 학칙을 정하고 매일 명륜당에 앉아서 경전을 나누어 수업하였는데, 강의를 마치면 함께 논쟁하느라 지루함을 잊었다. 이에 학자들이 모여 들기 시작하였고 서로 함께 눈으로 보고 느끼게 되니, 정주 성리학이 비로소 흥기하게 되었다.
> - 「고려사」 -

① 정동행성을 설치하였다.
② 정치도감을 설치하였다.
③ 전민변정도감을 설치하였다.
④ 각염제를 처음으로 시행하였다.

출제영역 공민왕

성균관을 중영하고, 이색을 성균관 대사성으로 삼은 것은 공민왕이다. 고려의 국자감이 유학 뿐만 아니라 율·시·산학까지 다룬 것에 비해, 개편된 성균관은 유학(성리학)만을 전담하는 교육기관으로 발전한다.

③ 공민왕은 원·명 교체기를 이용하여 권문세족을 누르고 왕권과 민생을 동시에 안정시키는 정책을 추진했다. 이를 위해 신돈을 등용하고 전민변정도감을 설치하여 권문세족이 불법적으로 빼앗은 토지와 불법적으로 노비가 된 자를 양인으로 해방시켰다.

오답풀이

① 충렬왕에 대한 설명이다.
② 충목왕에 대한 설명이다.
④ 충선왕에 대한 설명이다.

답 ③

037

2020년 지방직 7급

다음 문화유산이 간행된 왕대에 대한 설명으로 옳은 것은?

「직지심체요절」은 백운화상이 저술한 책을 청주 홍덕사에서 1377년 7월에 금속활자로 인쇄한 것이다. 1972년 '세계 도서의 해'에 출품되어 세계 최고의 금속 활자본으로 공인 되었다. 이 책은 이러한 가치를 인정받아 2001년 9월에 유네스코 세계 기록유산으로 등재되었다.

① 원 황실은 북쪽으로 도망가고 명이 건국되었다.
② 기존의 토지 문서를 불태워 버리고 과전법을 시행하였다.
③ 원에 만권당을 설치하여 고려와 원의 지식인들이 교류하였다.
④ 명은 철령위를 설치한다고 고려에 통보하였다.

출제영역 우왕(직지심체요절)

세계 최고의 금속 활자본으로 공인된 「직지심체요절」은 고려 우왕 때 청주 흥덕사에서 금속활자로 인쇄되었다. 우왕 때 명나라가 철령위를 설치하여 철령 이북의 땅을 명의 직속령으로 삼겠다고 통고하자, 고려는 요동 출병을 단행하였다.

오답풀이

① 공민왕 시기에 대한 설명이다.
② 공양왕 시기에 대한 설명이다.
③ 충선왕 시기에 대한 설명이다.

답 ④

038

2017년 서울시 7급

다음 여말선초기에 일어난 역사적 사건을 순서대로 바르게 나열한 것은?

ㄱ. 이성계의 위화도 회군
ㄴ. 이방원에 의한 정몽주 암살
ㄷ. 공양왕의 폐위
ㄹ. 이성계 및 정도전 주도로 과전법 실시

① ㄱ - ㄴ - ㄷ - ㄹ ② ㄱ - ㄴ - ㄹ - ㄷ
③ ㄱ - ㄹ - ㄴ - ㄷ ④ ㄱ - ㄹ - ㄷ - ㄴ

출제영역 고려의 멸망

ㄱ. 1388년 이성계는 위화도에서 회군하여 우왕을 폐하고 창왕을 세웠다.
ㄹ. 1391년 이성계 및 정도전의 주도로 과전법이 실시되었다.
ㄴ. 1392년 이방원은 새 왕조의 개창을 반대하는 정몽주를 선죽교에서 격살하였다.
ㄷ. 1392년 정도전·남은 등이 이성계를 왕으로 추대하고 공양 왕을 폐위하였다.

답 ③

라영환 한국사

STEP 1

단순 암기형

4

조선사

단순암기형으로, 무조건 알고 가야하는 필수 문제만 모았습니다!

17 조선의 건국과 조선 초기 정치 (15C)

001 2021년 국가직

밑줄 친 '왕'에 대한 설명으로 옳은 것은?

> 1919년 3월 1일 탑골 공원에서 민족대표 33인이 서명한 독립 선언서가 낭독되었다. 이 공원에 있는 탑은 왕이 세운 것으로 경천사 10층 석탑의 영향을 받았다.

① 우리나라 전쟁사를 정리한 『동국병감』을 편찬하였다.
② 우리나라 역대 문장의 정수를 모은 『동문선』을 편찬하였다.
③ 6조 직계제를 실시하여 국왕 중심의 정치체제를 구축하였다.
④ 한양으로 다시 천도하면서 이궁인 창덕궁을 창건하였다.

출제영역 조선 세조의 업적

밑줄 친 왕은 조선 세조이다. 세조 때 현재의 탑골공원 자리에 원각사가 세워졌으며, 경천사 10층탑의 영향을 받은 원각사지 10층 석탑이 세워졌다. 세조는 강력한 왕권을 행사하기 위해 통치 체제를 다시 6조 직계제로 고치고, 언관의 활동을 억제하기 위해 집현전을 폐지하였다.

오답풀이

① 『동국병감』은 문종 때 편찬한 이민족과의 전쟁·전란사이다.
② 『동문선』은 성종 때(1478) 서거정이 삼국시대부터 조선 초기까지의 시와 산문 중에서 뛰어난 것만을 골라 편찬한 시문집이다.
④ 경복궁의 이궁인 창덕궁은 태종 때 건립되었다.

답 ③

002 2017년 국가직

밑줄 친 '그'에 대한 설명으로 옳은 것은?

> 그는 이성계를 추대하여 조선 왕조를 개창한 공으로 개국 1등 공신이 되었으며, 의정부를 중심으로 하는 재상 중심의 관료정치를 주장하였다. 그리고 『불씨잡변』을 저술하여 불교의 사회적 폐단을 비판하였다.

① 왜구의 소굴인 쓰시마 섬을 정벌하였다.
② 백성들의 윤리서인 『삼강행실도』를 편찬하였다.
③ 여진족을 두만강 밖으로 몰아내고 6진을 개척하였다.
④ 『조선경국전』을 편찬하여 왕조의 통치 규범을 마련하였다.

출제영역 정도전

이성계를 추대한 개국 1등 공신, 『불씨잡변』 등의 내용을 보아 제시된 자료가 정도전에 대한 내용임을 알 수 있다. 정도전은 왕도 정치를 바탕으로 재상 중심의 정치를 주장하면서 조선경국전, 경제문감 등을 저술하여 민본적 통치 규범을 제시하였다.

오답풀이

① 쓰시마 섬(대마도) 정벌은 고려 창왕 때 박위, 태조 때 김사형, 조선 세종 때 이종무가 주도하였다.
② 『삼강행실도』는 세종 때 설순이 편찬하였다.
③ 두만강 지역에 6진을 개척한 것은 세종 때의 김종서이다. 참고로 압록강의 4군은 최윤덕이 개척하였다.

답 ④

003

2019년 국가직

밑줄 친 '성상(聖上)'대에 편찬된 서적에 대한 설명으로 옳은 것은?

> 세조가 신하들에게 말씀하시기를, "법의 과목(科目)이 너무 번잡하고 앞뒤가 맞지 않았기 때문에 상세히 살펴 다듬어 자손만대의 성법(成法)을 만들고자 한다."라고 하셨다. 『형전(刑典)』과 『호전(戶典)』은 이미 반포되어 시행하고 있으나 나머지 네 법전은 미처 교정을 마치지 못했다. 이에 성상(聖上)께서 세조의 뜻을 받들어 여섯권의 법전을 완성하게 하여 중외에 반포하셨다.

① 『동국병감』은 고조선에서 고려말까지의 전쟁을 정리한 병서이다.
② 『동몽선습』은 중국과 우리나라의 역사를 담은 아동교육서이다.
③ 『삼강행실도』는 모범적인 효자·충신·열녀를 다룬 윤리서이다.
④ 『국조오례의』는 국가의 여러 행사에 필요한 의례를 정비한 의례서이다.

출제영역 조선 성종 시기의 편찬 서적

제시된 자료에서 '성상께서 세조의 뜻을 받들어 여섯 권의 법전을 완성하게 하여 중외에 반포' 등의 내용을 통하여 밑줄 친 '성상(聖上)'은 조선 성종임을 알 수 있다. 성종은 조선 왕조의 기본 법전인 경국대전을 완성하여 반포함으로써 유교적 법치 국가의 토대를 마련하고 통치 체제를 완성하였다. 국조오례의는 국가의 주요 행사인 길례·가례·빈례·군례·흉례의'오례'에 관하여 정리한 책으로 조선 성종 때 편찬 되었다.

오답풀이

① 문종 때 편찬된 『동국병감』은 고조선부터 고려 말까지 이민족과의 전쟁사를 체계적으로 정리한 병서이다.
② 중종 때 박세무는 중국과 우리나라의 역사를 담은 아동 교육서인 『동몽선습』을 저술하였다.
③ 세종 때 편찬된 『삼강행실도』는 우리나라와 중국의 서적에서 모범이 될 만한 충신·효자·열녀를 각각 35명씩 모두 105명을 뽑아 그 행적을 그림과 글로 정리하였다.

답 ④

004

2016년 지방직

밑줄 친 '왕'의 재위 기간에 있었던 사실로 옳지 않은 것은?

> 왕이 이순지, 김담 등에게 명하여 중국의 선명력, 수시력 등의 역법을 참조하여 새로운 역법을 만들게 하였다. 이역법은 내편과 외편으로 구성되었다. 내편은 수시력의 원리와 방법을 해설한 것이며, 외편은 회회력(이슬람력)을 해설, 편찬한 것이다.

① 천체 관측 기구인 혼의, 간의 등을 제작하였다.
② 경기 지역의 농사 경험을 토대로 금양잡록을 편찬하였다.
③ 경자자(庚子字), 갑인자(甲寅字) 등 금속 활자를 주조하였다.
④ 우리 풍토에 맞는 약재와 치료법을 정리한 향약집성방을 편찬하였다.

출제영역 조선 세종의 업적

제시된 내용은 '칠정산'에 관한 것이므로 밑줄 친 '왕'은 세종이다. 세종 때에 만든 칠정산은 중국의 수시력과 아라비아의 회회력을 참고로 하여 만든 역법서로, 우리나라 역사상 최초로 서울을 기준으로 천체 운동을 정확하게 계산한 것이다. ②의 "금양잡록"은 강희맹이 금양(현재의 경기도 시흥 및 과천 지역)에 은거하며 농사법을 저술한 것으로, 조선 성종 때 편찬되었다.

오답풀이

① 세종 때에는 천체 관측 기구인 혼의, 간의, 강우량을 측정할 수 있는 측우기, 자격루, 앙부일구 등이 발명되어 과학 기술이 한층 발달하였다.
③ 세종 때 경자자(庚子字, 1420), 갑인자(甲寅字, 1434), 병진자(丙辰字, 1436) 등을 주조하였다.
④ 『향약집성방』은 세종 15년(1433)에 유효통, 노중례 등이 편찬한 의서이다. 세종 대에는 『향약집성방』을 통해 우리 풍토에 알맞은 약재와 치료 방법을 개발·정리하였다.

답 ②

005

2019년 지방직

다음 정책을 추진한 국왕 대에 있었던 사실로 옳은 것은?

> 옛적에 관가의 노비는 아이를 낳은 지 7일 후에 입역(立役)하였는데, 아이를 두고 입역하면 어린 아이에게 해로울 것이라 걱정하여 100일간의 휴가를 더 주게 하였다. 그러나 출산에 임박하여 일하다가 몸이 지치면 미처 집에 도착하기 전에 아이를 낳는 경우가 있다. 만일 산기에 임하여 1개월간의 일을 면제하여 주면 어떻겠는가. 가령 저들이 속인다 할지라도 1개월까지야 넘길 수 있겠는가. 상정소(詳定所)로 하여금 이에 대한 법을 제정하게 하라.

① 사형의 판결에는 삼복법을 적용하였다.
② 주자소를 설치하여 계미자를 주조하였다.
③ 국방력 강화를 위해 진관체제를 실시하였다.
④ 도평의사사를 개편하여 의정부를 설치하였다.

출제영역 조선 세종의 업적

제시문은 세종이 실시한 노비의 출산 휴가와 관련된 사료 내용이다.
출산 휴가는 세종 8년에 처음 실시되었으며, 세종 16년에는 출산한 비의 간호를 위하여 그녀의 남편이 공노(公奴)인 경우 그에게도 30일의 휴가를 주어 부부가 서로 도울 수 있도록 하였다. 또한 세종 시기에는 사형수에 대하여 3차례의 재판을 거치게 함으로써 억울하게 죽는 일이 없도록 하는 금부삼복법이 실시되기도 하였다.

오답풀이

② 주자소를 설치하고 계미자를 주조한 것은 태종의 정책이다. 세종대에는 경자자, 갑인자 등을 주조하였다.
③ 지역 중심의 방어 체제를 구축하는 진관 체제는 세조 때 실시되었다.
④ 도평의사사가 의정부로 개편되어 정무와 군무가 분리된 시기는 정종 즉위 이후이다.

답 ①

006

2025년 지방직

밑줄 친 '국왕'에 대한 설명으로 옳은 것은?

> 이달에 <u>국왕</u>이 친히 언문 28자를 지었는데, 그 글자는 옛 글자를 모방하였고, 초성·중성·종성으로 조합해야 한 음절이 이루어졌다. 무릇 문자로 기록한 것과 말로만 전해지는 것을 모두 쓸 수 있으며, 글자는 비록 쉽고 간단하지만 무궁무진한 표현이 가능하니, 이를 '훈민정음'이라고 한다.

①「경국대전」을 반포하였다.
②「삼강행실도」를 편찬하였다.
③「국조오례의」를 간행하였다.
④「동국여지승람」을 편찬하였다.

출제영역 세종대왕

제시문은 세종의 훈민정음 창제와 관련된 내용이다.
②『삼강행실도』는 세종 때 편찬되었다.『삼강행실도』는 우리나라와 중국의 서적에서 모범이 될 만한 충신·효자·열녀를 각각 35명씩 모두 105명을 뽑아 그 행적을 그림과 글로 정리하였다.

오답풀이

① 성종은 조선 왕조의 기본 법전인『경국대전』을 완성하여 반포함으로써 유교적 법치 국가의 토대를 마련하고 통치 체제를 완성하였다.
③『국조오례의』는 국가의 기본 예식인 오례, 즉 길례(吉禮)·가례(嘉禮)·빈례(賓禮)·군례(軍禮)·흉례(凶禮)에 대해 규정한 예법서이다. 행사의 유교적 의례를 정리한 책으로 성종 때 신숙주, 정척 등에 의해 편찬되었다.
④『동국여지승람』은 성종 12년 편찬되었으며, 군현의 연혁, 지세, 인물, 풍속, 산물, 교통 등이 수록되었다.

답 ②

007 2023년 지방직

조선 세종 대에 있었던 사실로 옳지 <u>않은</u> 것은?

① 갑인자를 주조하였다.
② 화통도감을 설치하였다.
③ 역법서인 『칠정산』을 편찬하였다.
④ 간의를 만들어 천체를 관측하였다.

출제영역 조선 세종의 업적

화통도감은 우왕 시기 왜구 격퇴를 목적으로 최무선이 설치하여 화약을 제작한 관청이다. 화통도감을 통해 고려 말 왜구를 격퇴하였다.

오답풀이

① 세종 때 정교한 활자인 경자자, 갑인자를 주조하였다.
③ 세종 때 한양을 기준으로 하는 자주적 역법인 「칠정산」을 편찬하였다.
④ 세종은 천체 관측을 위해 혼의, 간의 등을 제작하였다.

답 ②

008 2025년 국가직

다음 업적이 있는 왕의 재위 기간에 볼 수 있는 모습은?

- 우리 풍토에 맞는 농서인 「농사직설」을 편찬하였다.
- 최윤덕과 김종서를 파견하여 4군 6진을 개척하였다.

① 송파장에 담배를 사려고 나온 농민
② 금난전권 폐지에 항의하는 시전 상인
③ 전분6등법을 처음 시행하기 위해 찬반 의견을 묻는 관료
④ 천주교 신자가 되어 어머니 제사를 거부하는 유생

출제영역 세종

삼남 지방의 농법을 소개한 『농사직설』이 편찬되어 보급된 것은 조선 세종 대의 일이다. 『농사직설』은 문신 정초와 변효문 등이 왕명을 받아 우리 풍토에 맞는 농법을 종합하여 편찬한 농업 서적이다.
4군 6진을 개척한 것은 조선 세종 대의 일이다. 4군은 최윤덕, 6진은 김종서에 의해 개척되기 시작하였는데, 완성하기까지 대략 10여 년이 걸렸다.
③ 전분 6등법과 연분 9등법으로 구성된 새로운 전세 제도인 공법이 시행된 것은 세종 대의 일이다. 전분 6등법은 전국의 토지를 비옥도를 기준으로 6개 등급으로 나눈 것이고, 연분 9등법은 풍흉에 따라 차등 부과하는 것이다. 참고로 공법은 성종 대에 가서야 전국에 걸쳐 실시되었다.

오답풀이

① 송파장은 한성 송파, 지금의 석촌호수 부근에 개설된 시장이다. 처음에는 5일장이었으나 점차 거래가 늘어나면서 상설 시장으로 발전하였다. 담배가 상품 작물로 재배된 것도 조선 후기의 일이다.
② 육의전을 제외한 시전 상인의 특권(금난전권)을 폐지하는 신해통공이 단행된 것은 조선 정조 대의 일이다.
④ 천주교 신자가 되어 어머니 제사를 거부하는 유생이 있었던 것은 조선 후기의 일이다. 천주교를 믿는 전라도 진산의 두 선비 권상연, 윤지충이 부모의 제사를 거부하고 위패를 불태워 처형된 신해박해가 발생한 것은 정조 대의 일이다.

답 ③

009

2017년 소방직

다음 제시된 사실로 옳은 것은?

> (가) 의정부의 서사(署事)를 나누어 6조에 귀속시켰다. … 처음에 왕은 의정부의 권한이 막중함을 염려하여 이를 혁파할 생각이 있었지만, 신중하게 여겨서 두르지 않다가 이때에 이르러 단행하였다. 의정부가 관장한 것은 사대문서와 중죄수 심의 뿐 이었다.
> (나) … 6조는 각기 모든 직무를 먼저 의정부에 품의하고, 의정부는 가부를 헤아린 뒤에 왕에게 아뢰어 (왕의) 전지를 받아 6조에 내려 보내어 시행한다.

① (가) 호패법을 실시하여 중앙집권을 강화하였다.
② (가) 고구려 천문도를 바탕으로 『천상열차분야지도』를 돌에 새겼다.
③ (나) 적극적인 불교 진흥 정책으로 원각사지 10층 석탑을 건립하였다.
④ (나) 서거정은 역대 우리나라의 시와 산문 중에 빼어난 것을 골라 『동문선』을 편찬하였다.

출제영역 조선 초기 국왕 업적(태종과 세종)

(가)는 태종 시기의 6조 직계제, (나)는 세종 시기의 의정부 서사제에 대한 설명이므로, 태종과 세종의 업적에 대해 고르는 문제이다. ①의 호패법은 태종 시기에 실시되었으므로 (가)로 적절한 내용이다.

오답풀이

② 『천상열차분야지도』는 태조 시기에 제작되었다.
③ 원각사지 10층 석탑은 세조 때 건립되었다.
④ 서거정의 『동문선』은 성종 시기에 편찬되었다.

답 ①

010

2017년 서울시

밑줄 친 '왕'에 대한 설명으로 옳은 것은?

> 왕은 왕권 강화를 위해 중앙집권체제를 강화하고, 변방 중심에서 전국적인 지역 중심 방어체제로 바꾸는 등 국방을 강화하였다. 또 국가재정을 안정시키기 위해 과전을 현직 관료에게만 지급하기 시작하였다.

① 『경국대전』의 편찬을 마무리하여 반포하였다.
② 간경도감을 두어 『월인석보』를 언해하여 간행하였다.
③ 6조 직계제를 채택하고 사간원을 독립시켜 대신을 견제하였다.
④ 대마도주와 계해약조를 맺어 무역선을 1년에 50척으로 제한하였다.

출제영역 조선 세조의 업적

밑줄 친 왕은 세조이다. 세조는 왕권 강화 차원에서 중앙집권체제를 강화시키고 6조 직계제를 채택하였으며 집현전을 해체하였다. 또한, 군사 체제를 전국적 지역 중심 방어체제인 진관체제로 재편하였다. 그리고 국가 재정을 안정시키기 위하여 과전법 적용 대상을 현직 관료로 제한하였다. 이외에도 불교계를 적극 지원하여 간경도감을 설치하고 불경 간행 사업을 전개하였으며, 석가모니의 일대기를 담은 『월인석보』를 간행하였다.

오답풀이

① 세조는 『경국대전』의 편찬을 시작하였으나, 이를 마무리한 것은 성종 때이다.
③ 삼사 중 하나인 사간원은 대간·간관으로 구성되어 간쟁·봉박 등을 담당하며 본래 왕권을 견제하는 역할이었다. 사간원을 독립된 부서로서 개편하여 대신을 견제하도록 한 것은 태종 때이다.
④ 대마도와의 교류에서 무역선의 연간 50척 제한, 3포로의 항구 제한 등을 골자로 한 계해약조가 맺어지게 된 것은 세종 때이다.

답 ②

011 2022년 간호직 8급

밑줄 친 '왕'의 업적으로 옳은 것은?

> 왕은 6조 직계제를 시행하여 6조에서 의정부를 거치지 않고 곧바로 왕에게 재가를 받도록 함으로써 의정부의 힘을 약화시켰다. 또한 사간원을 독립시켜 대신들을 견제하였으며, 사병을 없애고 사원이 소유한 토지를 몰수하였다.

① 「정간보」를 창안하였다.
② 계미자를 주조하였다.
③ 「동국병감」을 간행하였다.
④ 「천상열차분야지도」를 돌에 새겼다.

출제영역 태종의 업적

밑줄 친 '왕'은 태종이다. 태종은 6조 직계제 시행, 사간원 독립, 사병 혁파, 사원 토지 몰수하였다 옳은 것은 ②번 선지이다. 태종은 주자소를 설치하고 금속활자인 계미자(1403)를 주조하였다.

오답풀이

① 세종은 소리의 높낮이를 표현할 수 있는 악보인 「정간보」를 창안하였다.
③ 고조선에서 고려 말까지의 전쟁사를 정리한 「동국병감」은 문종 대에 편찬된 것으로 추정되고, 선조 41년(1608)에 간행된 기록이 있다.
④ 태조는 고구려의 천문도를 바탕으로 「천상열차분야지도」를 돌에 새겼다.

답 ②

012 2020년 국가직 7급

(가)를 편찬한 왕대에 일어난 사실로 옳은 것은?

> S#15. 어전회의
> 국왕 : 짐이 오랫동안 농사에 관심을 두고 있어 옛글의 농사짓는 방법에도 관심이 있었소. 그런데, 옛글에 있는 방법으로 농사를 지으니 지방에 따라 농사가 잘되는 곳과 안 되는 곳이 있다는 보고가 있었소. 짐의 생각으로는 지방마다 풍토가 달라 곡식을 심고 가꾸 는 데 각기 맞는 방법이 있을 것 같은데, 이를 알아 낼 방도를 말해 보시오.
> 신하 1 : 여러 도의 감사에게 명하여 고을의 나이 많은 농부에게 물어 이미 그 효과가 입증된 것을 아뢰도록 하는 것이 어떨까 합니다.
> 국왕 : 아주 좋은 생각이오. 그렇게 수집된 것 중 중요한 것을 추려서 편찬하고 책의 제목을 (가) (이)라고 하는 것이 어떻겠소?
> 신하 2 : 어명을 받들어 책을 편찬하도록 하겠습니다.

① 대보단을 설치하였다.
② 구리로 만든 계미자를 주조하였다.
③ 여민락 등을 짓고 정간보를 창안하였다.
④ 기유약조를 맺고 일본과의 무역을 허용하였다.

출제영역 세종

농사직설을 편찬한 왕은 세종이다. 고을의 경험 많은 농부 등의 단어를 통해 농사직설임을 알아낼 수 있어야 한다. 세종의 업적으로 옳은 것은 ③ 번 선지이다. 세종 때 스스로 '여민락' 등의 악곡을 짓고 소리의 장단과 높낮이를 표현할 수 있는 정간보를 창안하였다.

오답풀이

① 숙종 때 창덕궁에 대보단을 세워 명나라 신종황제를 제사 지냈다.
② 태종 때 주자소를 설치하고 금속활자인 계미자를 주조하였다.
④ 광해군 때 기유약조(1609)를 맺고 일본과의 무역을 허용하였다.

답 ③

013

2019년 경찰간부

밑줄 친 '왕'의 업적으로 옳은 것은?

> 왕의 명으로 예부터 지금까지 우리나라 시문을 모아 책을 만들어 「동문선」이라 하고, 지리지를 편찬하여 「동국여지승람」이라 하였으며, 또 「삼국사절요」를 편찬하였다.

① 대마도주와 계해약조를 맺어 무역선을 1년에 50척으로 제한하였다.
② 국가가 직접 조세를 거두어들인 다음 관리들에게 나누어 주는 관수관급제를 실시하였다.
③ 초계문신제를 실시하였다.
④ 토지 측량 기구로 인지의와 규형을 제작하였다.

출제영역 성종

「동문선」, 「동국여지승람」, 「삼국사절요」는 조선 성종 때 편찬되었다. 성종 때에는 관수관급제를 실시하여 국가가 수조를 대행하고 관리에게 나누어 주어 관리들의 수조권 남용을 방지하려 하였다.

오답풀이

① 세종 시기에 대한 설명이다.
③ 정조 시기에 대한 설명이다.
④ 세조 시기에 대한 설명이다.

답 ②

18 사림의 성장과 붕당의 형성 (16C)

014

2021년 경찰직 1차

(가) ~ (라) 시기에 있었던 사실로 옳은 것만을 〈보기〉에서 고른 것은?

	(가)	(나)	(다)	(라)	
세종 즉위		문종 즉위	성종 즉위	중종 즉위	명종 즉위

〈보기〉

㉠ (가) - 계미자 주조
㉡ (나) - 『고려사절요』 편찬
㉢ (다) - 도첩제 폐지
㉣ (라) - 소수서원 사액

① ㉠, ㉡　② ㉠, ㉣　③ ㉡, ㉢　④ ㉢, ㉣

출제영역 조선 초기 왕들의 업적

(가)는 세종, (나)는 문종, (다)는 성종, (라)는 중종의 업적을 고르는 문제이다.
㉡ 문종 때에는 기전체의 『고려사』와 편년체의 『고려사절요』가 편찬되었다.
㉢ 성종 때에는 강력한 억불책을 실시하여 도첩제마저도 폐지하고 출가를 금지하였다.

오답풀이

㉠ 계미자 주조는 태종의 업적이다. 태종 때 주자소를 설치하고 구리로 계미자를 주조하였다. 세종 시기에는 경자자와 갑인자의 주조가 이루어졌다.
㉣ 소수소원이 최초의 사액서원이 된 것은 명종 시기이다. 중종 때 풍기 군수 주세붕이 세운 백운동 서원은 명종 때 이황의 건의로 소수서원이라는 현판을 하사받고 최초의 사액 서원이 되었다.

답 ③

015 2023년 국가직

(나) 시기에 일어난 사실로 옳은 것은?

(가) 삼포왜란이 발발하였다.

⇩

(나)

⇩

(다) 임진왜란이 발발하였다.

① 을사사화가 일어났다.
② 『경국대전』이 반포되었다.
③ 『향약집성방』이 편찬되었다.
④ 금속활자인 갑인자가 주조되었다.

출제영역 조선 중종~선조 시기의 사건

삼포왜란은 중종 때인 1510년, 임진왜란은 선조 때인 1592년에 일어났으므로, 중종 ~ 선조 사이의 사건을 고르는 문제이다. ①의 을사사화는 명종 시기 명종의 외척인 윤원형(소윤파) 일파가 인종의 외척 윤임(대윤파) 일파를 제거하면서, 윤임을 지원했던 사림들이 화를 입은 사건으로 (나) 시기로 적절한 사건이다.

오답풀이

② 경국대전 반포는 성종 시기의 사건이므로 (가) 이전에 해당한다.
③, ④『향약집성방』 편찬, 갑인자 주조는 세종 시기의 사건이므로 (가) 이전에 해당한다.

답 ①

016 2018년 국가직

밑줄 친 '국왕'의 재위 기간에 있었던 일로 옳은 것은?

> 지금 국왕께서 풍속을 바꾸려는 데에 뜻이 있으므로 신은 지극하신 뜻을 받아드려 완악한 풍속을 고치고자 합니다. … (중략) … 『이륜행실(二倫行實)』로 말하면 신이 전에 승지가 되었을 때에 간행할 것을 청했습니다. 삼강이 중한 것은 아무리 어리석은 부부라도 모두 알고 있으나, 붕우·형제의 이륜에 이르러서는 평범한 사람들이 제대로 모르는 경우가 있습니다.

① 주세붕이 백운동 서원을 세웠다.
② 김시습이 『금오신화』를 저술하였다.
③ 『국조오례의』가 편찬되고 『동국여지승람』이 만들어졌다.
④ 문화와 제도를 유교식으로 갖추기 위해 집현전을 창설하였다.

출제영역 조선 중종 대의 사건

『이륜행실도』는 1518년(중종 13) 조신(曺伸)이 왕명에 의해 장유(長幼)와 붕우(朋友)의 윤리를 진작하기 위하여 만든 책이다. 따라서 중종 대에 발생한 사건을 고르는 문제이다. 중종 37년(1542년) 풍기 군수 주세붕은 고려 말 성리학을 전래한 안향을 제사 지내기 위해 백운동 서원을 만들었다. 이후 백운동 서원은 명종시기인 1550년 이황이 풍기 군수로 재직 당시 이황의 건의로 사액 서원이 되었다.

오답풀이

②『금오신화』는 김시습(1435~1493)이 평양·개성·경주 등 옛 도읍지를 배경으로 남녀 간의 사랑과 불의에 대한 비판 등 민중의 생활 감정과 역사의식에 대해 쓴 작품으로, 15세기 후반(저술연대 불명)에 저술되었으므로 중종 시기와는 차이가 있다.
③『국조오례의』는 성종 시기 편찬된 의례서, 『동국여지승람』은 성종 시기 편찬된 백과사전식 지리서를 말한다.
④ 문화와 제도를 유교식으로 갖추기 위해 집현전을 창설한 것은 세종이다.
※ 집현전이라는 명칭은 고려 때부터 써 왔으나, 집현전을 확대하여 실제적인 연구 기관으로 개편한 것이 세종 때이므로 '세종 때 집현전이 설치되었다.'라는 표현을 일반적으로 쓰고 있다.

답 ①

017

2020년 지방직

다음 사건이 일어난 왕의 재위 기간에 대한 설명으로 옳은 것은?

> 임꺽정은 양주 백정으로, 성품이 교활하고 날래고 용맹스러웠다. 그 무리 수십 명이 함께 다 날래고 빨랐는데, 도적이 되어 민가를 불사르고 소와 말을 빼앗고, 만약 항거하면 몹시 잔혹하게 사람을 죽였다. 경기도와 황해도의 아전과 백성들이 임꺽정 무리와 은밀히 결탁하여, 관에서 잡으려 하면 번번이 먼저 알려 주었다.

① 동인과 서인의 붕당이 형성되었다.
② 문정왕후가 수렴청정하며 불교를 옹호하였다.
③ 삼포에서 4 ~ 5천 명의 일본인이 난을 일으켰다.
④ 조광조가 내수사 장리의 폐지, 소격서 폐지 등을 주장하였다.

출제영역 조선 명종 시기의 사건

제시된 자료는 명종 때 일어난 임꺽정의 난에 대한 내용이므로 명종 시기의 사건으로 알맞은 것을 고르는 문제이다. 명종 대에는 명종의 어머니인 문정 왕후가 수렴청정을 실시했으며, 외척들이 정국을 주도하였다. 또한 이 시기에는 문정 왕후의 지원 아래 보우가 중용되고 승과가 부활하는 등 일시적으로 불교가 중흥하기도 했다.

오답풀이

① 이조전랑의 임명 문제 등을 둘러싸고 동인과 서인의 붕당이 형성된 것은 조선 선조 때이다.
③ 삼포왜란(1510)은 중종 시기 부산포·내이포·염포 등 삼포에서 거주하고 있던 왜인들이 대마도의 지원을 받아 난을 일으킨 사건이다. 명종 때는 왜구가 전라남도 강진·진도 일대에 침입해 노략질을 한 을묘왜변(1555)이 발생했다.
④ 중종 때의 일이다. 중종 때 조광조는 도교 기관인 소격서의 폐지, 왕실의 고리대 역할을 한 내수사 장리의 폐지 등을 주장하였다.

답 ②

018

2019년 서울시 7급

㉠에 들어갈 인물과 관련된 서술로 가장 옳지 <u>않은</u> 것은?

> 반정에 의해 왕위에 오른 중종은 한동안 공신들의 그늘에서 벗어나지 못하였다. 중종은 재위 8년 무렵 반정 3인방이 모두 사망하면서, 기존의 훈구 세력을 대체할 수 있는 새로운 정치 파트너를 구했다. 그때 중종의 눈에 들어온 [㉠] 은(는) 사림파의 선두 주자였다. 그는 1510년 과거에 장원으로 합격하고, 1515년 별시에 급제하여 국왕인 중종의 마음을 사로잡았다. 이후 왕을 측근에서 보필하는 핵심 요직을 두루 거쳤고, 1518년 대사헌에 오르는 파격적인 승진을 거듭하였다.

① 「소학」과 향약(鄕約)의 보급을 위해 노력하였다.
② 사초 문제가 발단이 된 무오사화로 인해 목숨을 잃었다.
③ 방납의 폐단을 시정할 것을 주장하였다.
④ 위훈삭제로 구세력을 제거하고 신진세력 중심으로 정치판을 재편하려 하였다.

출제영역 조광조

㉠은 중종 때 중용된 사림의 대표인 조광조이다. 조광조는 3사의 언관직을 독점하고 소학과 향약보급, 소격서 폐지, 방납의 폐단 시정, 위훈삭제(僞勳削除) 등의 급진적 개혁을 추진하였다. 그러나 위훈 삭제에 대해 공신들이 강력히 반발하고 중종도 신진 사류들의 급진적 태도에 반감을 갖게 되어 조광조를 비롯한 사림세력은 제거되었다(기묘사화, 1519).

오답풀이

② 무오사화 때 사형에 처해진 인물은 김종직의 제자 김일손이다.

답 ②

19 양란과 예송논쟁

019
2018년 서울시 2차

조선시대의 대외관계에 대한 설명으로 가장 옳은 것은?

① 태조는 북방의 여진족을 몰아내고 4군 6진을 개척하였다.
② 왜란이 끝난 후 조선은 일본에 통신사를 파견하여 국교 재개를 요청하였다.
③ 조선후기 북학운동의 한계를 느낀 지식인들은 북벌운동을 전개하였다.
④ 조선후기 중국과의 외교와 무역에 은이 대거 소비되면서 은광이 활발하게 개발되었다.

출제영역 조선시대 대외관계

조선 후기에는 유통경제의 발전으로 인해, 광업경영이 관영에서 민영으로 많이 넘어가게 되었는데, 특히 대중국 무역에서 은이 필요하게 됨(당시 중국은 조세를 은으로 납부)에 따라 은광이 많이 개발되기도 하였다.

오답풀이

① 여진을 정벌하고 압록강~두만강 일대에 4군 6진이 개척된 시기는 세종 대이다.
② 일본 에도막부에서 먼저 국교 재개를 요청해왔으며, 이에 조선은 선조 시기인 1607년부터 순조 대인 1811년까지 총 12회에 걸쳐 통신사를 파견하였다.
③ 북벌운동의 한계를 느낀 지식인들이 북학운동을 전개하였다고 하는 것이 더 자연스럽다.

답 ④

020
2024년 법원직

(가)와 (나) 사이에 있었던 사실로 가장 옳은 것은?

> (가) 명군 도독 이여송이 대병력의 관군을 거느리고 곧바로 평양성 밖에 다다라 제장에게 부서를 나누어 본성을 포위하였습니다. … 조선의 장군들이 군사를 거느리고 가서 매복하고 함께 대로로 나아가니 왜적들은 사방으로 도망가다가 복병의 요격을 입었습니다.
> (나) 화의가 나라를 망친 것은 어제 오늘의 일이 아니고 옛날부터 그러하였으나 오늘날처럼 심한 적은 없었습니다. 명은 우리나라에는 부모의 나라이고 노적은 우리나라에는 부모의 원수입니다. … 어찌 차마 이런 시기에 다시 화의를 제창할 수 있겠습니까?

① 강홍립이 이끄는 조선군은 후금에 항복하였다.
② 신립 장군은 충주에서 일본군에게 패배하였다.
③ 인조는 삼전도에 나가 굴욕적인 항복을 하였다.
④ 조선은 왜구의 약탈을 근절하고자 대마도를 정벌하였다.

출제영역 임진왜란과 병자호란 사이의 사실

(가)는 임진왜란 중에 있었던 '조·명 연합군의 평양성 탈환(1593. 1.)'을 다루고 있는 기사이고, (나)는 병자호란 직전 척화론자인 윤집이 화친 논의(최명길 등)를 비판하고 명에 대한 의리를 강조하는 기사(1636.11.)의 일부를 발췌한 것이다. 두 사건 사이에 있었던 사실로 옳은 것은 ①번 선지이다. 강홍립이 이끄는 조선군이 후금에 항복한 것은 광해군 11년(1619)의 일이다. 광해군은 도원수 강홍립에게 상황에 맞게 대처할 것을 명하였고, 강홍립은 사르후 전투에서 후금에 항복하였다.

오답풀이

② 신립이 배수의 진을 친 탄금대 전투는 선조 25년(1592) 4월의 일로, 임진왜란 초기에 해당한다.
③ 인조가 삼전도에 나가 청 태종(재위 1626-1643, 제2대, 홍타이지)에게 굴욕적인 항복을 한 것은 인조 15년(1637) 1월의 일로 병자호란의 결과로 볼 수 있다.
④ 이종무는 세종 원년(1419) 6월에 대마도를 정벌하였다. 쓰시마섬은 고려 창왕 때 박위가, 조선 태조 때 김사형이 토벌한 적이 있다.

답 ①

021

2025년 법원직

다음 (가) ~ (라)를 시기순으로 바르게 나열한 것은?

> (가) 신립이 충주에 이르러 여러 장수의 의견을 따르지 않고 들판에서 싸우려고 하였다. 적의 복병이 아군의 후방을 포위하여 아군이 대패하였다.
> (나) 아군이 왜적을 유인하여 한산 앞바다로 끌어냈다. 아군이 학익진을 쳐 일시에 나란히 진격하며 …… 왜적들을 무찌르고 적선 63척을 불살라버렸다.
> (다) 적이 수만 명의 대군을 출동시켜 새벽에 행주산성을 포위하였다. 요새 안이 두려움에 사로잡혔는데, 권율이 거듭 영을 내려 진정시켰다. …… 적이 결국 패해 후퇴하였다.
> (라) 국왕의 행차가 서울로 돌아왔으나 성안은 타다 남은 건물 잔해와 시체로 가득하였고, 밖에서는 곳곳에서 도적들이 일어났다.

① (가) - (나) - (다) - (라)
② (나) - (다) - (가) - (라)
③ (다) - (나) - (라) - (가)
④ (라) - (가) - (다) - (나)

출제영역 임진왜란

(가) 신립이 배수의 진을 친 탄금대 전투는 1592년 4월의 일로 임진왜란 초기에 해당한다.
(나) 학익진이 등장한 한산도 대첩은 1592년 7월 임진왜란 중 조선 수군이 일본 수군을 크게 무찌른 해전으로, 진주대첩, 행주대첩과 함께 임진왜란 3대 대첩 중 하나로 손꼽힌다.
(다) 조명 연합군은 벽제관 전투에서 명군이 참패하며 일시적으로 위기에 빠졌으나, 1593년 2월 권율이 행주산성에서 큰 승리를 거두면서, 왜군을 서울에서 몰아내게 된다.
(라) 선조는 임진왜란 당시 의주로 피난을 갔으며, 명나라의 원군과 조선군이 왜군을 몰아낸 후 1593년 2월 한양으로 환궁했다.
시기적으로 볼 때 (가) - (나) - (다) - (라) 가 맞다.

답 ①

022

2025년 국가직

밑줄 친 '왕'의 재위 기간에 있었던 사실로 옳은 것은?

> 영의정 이원익은 공물 제도가 방납인에 의한 폐단이 크며, 경기도가 특히 심하다고 생각하였다. 그래서 별도의 관청을 만들어 경기 지역 백성들에게 봄과 가을에 토지 1결마다 8두씩 쌀로 거두고, 이것을 방납인에게 주어 수시로 물품을 구입하여 납부하게 하자고 <u>왕</u>에게 건의하였다. <u>왕</u>은 그 의견을 받아들였다.

① 삼수병으로 구성된 훈련도감을 설치하였다.
② 조광조 등 사림을 등용하여 훈구세력을 견제하였다.
③ 유능한 관료를 재교육하는 초계문신 제도를 시행하였다.
④ 일본과 제한된 범위의 무역을 허용하는 기유약조를 맺었다.

출제영역 광해군

제시문의 '왕'은 광해군이다. 그리고 광해군이 받아들인 이원익의 의견은 1608년에 처음 시행된 대동법이다.
④ 일본과 제한된 범위의 무역을 허용하는 기유약조를 맺은 것은 광해군 때인 1609년의 일이다.

오답풀이

① 삼수병(포수, 살수, 사수)으로 구성된 훈련도감을 설치한 것은 선조 때의 일이다. 훈련도감은 수도인 한성부의 방위를 위해 설립된 중앙군이었다.
② 조광조 등 사림을 등용하여 훈구 세력을 견제한 왕은 성종이다. 조광조는 3사의 언관직을 독점하고 소학과 향약 보급, 소격서 폐지, 방납의 폐단 시정, 위훈 삭제 등의 급진적 개혁을 추진하였다.
③ 유능한 관료를 재교육하는 초계문신 제도를 시행한 왕은 정조이다. 초계문신제는 젊고 재능있는 문신들을 의정부에서 선발하여 규장각에 위탁 교육을 시키고, 40세가 되면 졸업시키는 인재 양성의 장치였다.

답 ④

023

2024년 국가직

다음 사건 이후에 있었던 사실로 옳은 것은?

> 홍서봉 등이 한(汗)의 글을 받아 되돌아왔는데, 그 글에, "대청국의 황제는 조선의 관리와 백성들에게 알린다. 짐이 이번에 정벌하러 온 것은 원래 죽이기를 좋아하고 얻기를 탐해서가 아니다. 본래는 늘 서로 화친하려고 했는데, 그대 나라의 군신이 먼저 불화의 단서를 야기시켰다."라고 하였다.

① 삼전도비가 세워졌다.
② 이괄이 난을 일으켰다.
③ 인조가 강화도로 피난하였다.
④ 정봉수가 용골산성에서 항전하였다.

출제영역 병자호란 직후의 사실

홍서봉는 병자호란 때 최명길과 함께 화의를 주장한 인물이다. 주어진 자료는 당시 좌의정이었던 홍서봉 등이 인조의 항복 의식을 협의하기 위해 청군 진영으로 갔다가 돌아왔을 때의 일이다. 남한산성으로 피신한 인조는 45일간 항전하였으나 1637년 1월 30일 결국 청 태종에게 굴복하여 삼전도((三田渡, 오늘날의 서울 송파)에서 항복하였다.

답풀이

② 이괄의 난이 일어난 것은 조선 인조 2년인 1624년의 일이다. 평안도 병마절도사 겸 부원수 이괄은 인조반정에서 논공행상에 불만을 품고 반란을 일으켰다.
③ 인조가 강화도로 피란한 것은 재위 5년(1627)에 일어난 정묘호란 때이다. 그리고 1636년(인조 14) 12월에 발 생한 병자호란 때도 강화도로 피란하여 하였으나 청군의 진격 속도가 빨라 강화도로 가지 못하고 남한산성으로 피신하였다.
④ 무신 정봉수가 용골산성에서 항전한 것은 정묘호란 때인 인조 5년(1627)의 일이다. 평안북도 철산에서 의병을 일으켜 용골산성에서 후금의 군대를 물리치고, 포로로 붙잡혔던 수천 명의 동포도 구출하였다.

답 ①

024

2019년 서울시 7급

(가)와 (나) 사이의 시기에 있었던 일로 가장 옳은 것은?

> (가) 왜인들이 세견선이 줄어든 것에 불만을 품고 을묘왜변을 일으켰다.
> (나) 일본을 통일한 도요토미 히데요시가 20만의 대군을 보내 조선을 침략하였다.

① 정여립 모반사건이 일어나 많은 동인이 처형당했다.
② 4~5천 명의 왜인들이 삼포왜란을 일으켰다.
③ 도원수 강홍립이 거느리는 원군을 명에 파견하였다.
④ 최세진이 『훈몽자회』를 편찬하였다.

출제영역 을묘왜변과 임진왜란

(가)는 1555년 명종 때 일어난 을묘왜변, (나)는 1592년 선조 때 일어난 임진왜란이다. 선조 때 정여립 모반사건(기축옥사, 1589)으로 다수의 동인이 처형되었다.

오답풀이

② 삼포왜란은 중종 때 일본인들이 불만을 갖고 일으킨 난동이다. 이 사건으로 비변사가 설치되었으며 임신약조가 체결되었다.
③ 광해군 때 명의 요청으로 강홍립이 이끄는 원군을 파견하였다.
④ 1527년 중종 때 최세진이 한자 학습서로 『훈몽자회』를 지었다.

답 ①

025

2017년 국가직 7급

밑줄 친 '왕'의 재위 기간 중에 있었던 사실로 옳은 것은?

> 최명길이 마침내 국서를 가지고 비변사에서 다시 수정하였다. 예조판서 김상헌이 밖에서 들어와 그 글을 보고는 통곡하면서 찢어 버리고, 왕께 아뢰기를 "명분이 일단 정해진 뒤에는 적이 반드시 우리에게 군신의 의리를 요구할 것이니 성을 나가는 일을 면하지 못할 것입니다. …(중략)…깊이 생각하소서."라고 하였다.

① 수도 외곽의 방어를 위하여 총융청을 설치하였다.
② 훈련도감을 신설하고 포수, 사수, 살수 등 삼수병을 두었다.
③ 북벌 계획에 따라 어영청을 정비하여 화포병과 기병을 늘렸다.
④ 도성을 수비하기 위해 기병과 훈련도감군의 일부를 주축으로 금위영을 설치하였다.

출제영역 인조 재위 시기

최명길의 국서, 김상헌의 반대, 군신의 의리를 요구 등을 통하여 밑줄 친 '왕'은 인조임을 알 수 있다. 인조 재위 기간에 있었던 사실로 옳은 것은 ①번 선지이다. 이괄의 난 등을 계기로 인조 2년(1624) 수도 외곽(경기 북부)을 방어하기 위해 총융청을 설치하였다. 조선 후기 5군영 중 3개의 군영이 인조 대에 설치되었는데, 어영청은 인조 1년(1623) 후 금을 대비하기 위해 설치되었고, 이는 효종 대에 북벌의 본영으로 확대 개편되었다. 수어청은 정묘호란 이후인 인조 5년(1627) 남한산성 및 경기 남부를 방어하기 위하여 설치되었다.

오답풀이

② 훈련도감은 임진왜란 중인 1593년(선조 26년)에 설치되었다.
③ 효종은 송시열, 이완, 임경업 등 서인을 중용하여 북벌을 준비하였고, 이를 위한 본영으로 어영청을 확대 강화하였다.
④ 금위영은 국왕 호위와 수도 방어를 위해 중앙에 설치되었던 군영으로 숙종 8년(1682)에 설치되었다.

답 ①

026

2022년 간호직

다음 사건을 시기순으로 바르게 나열한 것은?

(가) 임진왜란	(나) 병자호란
(다) 삼포왜란	(라) 정묘호란

① (가) → (다) → (나) → (라)
② (가) → (다) → (라) → (나)
③ (다) → (가) → (나) → (라)
④ (다) → (가) → (라) → (나)

출제영역 조선시기 대외관계

(다) 부산포, 제포. 염포 등 삼포에서 거주하고 있던 왜인들이 대마도의 지원을 받아 일으킨 삼포왜란은 중종 5년(1510) 때 일어났다.
(가) 일본의 대규모 침략으로 일어난 임진왜란은 선조 25년(1592)에 일어났다.
(라) 후금의 침입으로 일어난 정묘호란은 인조 5년(1627)의 사실이다.
(나) 청의 조선 침입으로 일어난 병자호란은 인조 14년(1636)의 사실이다.

답 ④

027

2022년 소방직

밑줄 친 '왕'의 재위 기간에 있었던 사실로 옳지 않은 것은?

후금이 명에 대하여 전쟁을 포고하자, 명은 조선에 원군을 요청하였다. 왕은 강홍립을 도원수로 삼아 군대를 이끌고 명을 지원하게 하되, 적극적으로 나서지 말고 상황에 따라 대처하도록 명령하였다. 조·명 연합군이 후금군에 패하자 강홍립은 후금에 항복하였다. 이후에도 명의 원군 요청은 계속되었지만, 왕은 이를 적절히 거절하면서 후금과 친선을 꾀하는 중립적인 정책을 취하였다.

① 허준이 『동의보감』을 완성하였다.
② 경기도에 한하여 대동법을 실시하였다.
③ 국방력 강화를 위해 5군영 체제를 완비하였다.
④ 기유약조를 체결하여 제한된 범위의 교섭을 허용하였다.

출제영역 광해군

밑줄 친 '왕'은 광해군이다. 강홍립으로 하여금 상황에 따라 대처하게 했던 광해군은 명과 후금 사이에서 중립 외교를 펼쳤다. 광해군 재위 시기에 있었던 사실로 옳지 않은 것은 ③번 선지이다. 훈련도감이 1593년(선조 26년), 어영청이 1623년(인조 1년), 총융청이 1624년(인조 4년), 금위영이 1682년(숙종 8년)에 설치되었다. 곧, 5군영 체제를 완비한 것은 숙종 대이다.

오답풀이

① 광해군 2년(1610년)에 동의보감이 완성되었다.
② 광해군 즉위년(1608년)에 경기도에 한하여 대동법이 실시되었다.
④ 광해군 1년(1609년), 에도막부와 맺은 강화조약으로 임진왜란 이후 국교를 정상화하였으며, 무역의 규모를 제한하였다.

답 ③

028

2022년 서울시 1차

<보기>의 글에 대한 설명으로 가장 옳지 않은 것은?

<보기>

우리나라는 실로 신종 황제의 은혜를 입어 임진왜란 때 나라가 폐허가 되었다가 다시 존재하게 되었고 백성은 거의 죽었다가 다시 소생하였으니, 우리나라의 나무 한 그루와 풀 한 포기와 백성의 터럭 하나하나에도 황제의 은혜가 미치지 않은 것이 없습니다. 그런즉 오늘날 크게 원통해 하는 것이 온 천하에 그 누가 우리와 같겠습니까?

① 송시열이 제출하였다.
② 효종에게 올린 글이다.
③ 북벌 정책에 대해 논하였다.
④ 청의 문물 수용을 건의하였다.

출제영역 북벌론

제시문은 송시열의 문집인『송자대전』에 실려 있는 글로, 명의 황제인 신종의 은혜(임진왜란에서 조선을 구원)를 강조하고, 명이 멸망하는 상황을 원통해 하고 있는데, 곧, 명에 대한 의리를 강조한 북벌론 계통으로 이해할 수 있다. 이에 대한 설명으로 가장 옳지 않은 것은 ④번 선지이다. 제시된 글은 청의 국력이 강대한 현실을 인정하고 청의 발달된 문물을 수용하자는 북학론과는 거리가 멀다.

오답풀이

① 송시열이 제출한 글이다.
② 효종에게 올린 글이다.
③ 북벌 정책에 대해 논하였다.

답 ④

029

2021년 법원직

(가), (나) 사이의 시기에 있었던 사실로 가장 옳은 것은?

> (가) 기묘사화가 일어나 사림이 피해를 입었다.
> (나) 서인이 반정을 일으켜 정권을 장악하였다.

① 동인이 남인과 북인으로 분화하였다.
② 환국을 거치며 노론과 소론이 갈라섰다.
③ 1차 예송에서 승리한 서인이 집권하였다.
④ 조광조가 훈구 세력의 위훈 삭제를 주장하였다.

출제영역 붕당 정치의 전개

(가)는 기묘사화(1519, 중종 때 조광조 일파가 제거)와 (나)는 인조반정(1623, 서인 주도, 광해군 폐위) 시기 사이에 있었던 사실로 옳은 것은 ①번 선지이다. 선조 20년(1587)을 전후한 시기에 동인이 남인과 북인으로 분화하였다. 정철에 대한 처벌 문제에 있어 보다 강경한 입장을 취하고 조식과 서경덕의 학맥을 이은 경우가 북인이 되고, 대체로 서인에 대한 온건한 입장을 취하고 이황의 학맥을 이은 경우 남인이 되었다.

오답풀이

② 숙종 시기에 대한 설명이다. 경신환국(1680) 이후 남인의 처벌에 대한 대립으로 노론과 소론으로 분리되었다. 노론은 주로 노장층이었고 강경한 입장을 취했으며, 소론은 소장층이고 온건한 입장을 취하였다.
③ 현종 시기에 대한 설명이다.
④ (가) 기묘사화보다 먼저 일어난 사건이다.

답 ①

030

2019년 지방직 7급

조선 전기 대외관계에 대한 설명으로 옳지 <u>않은</u> 것은?

① 유구와 교류하여 불경·유교 경전·범종 등을 전해 주었다.
② 대마도주와 계해약조를 맺어 제한된 범위 내에서 교역을 허락하였다.
③ 태조 때 명으로부터 1년에 세 차례 이상의 정례적 사신 파견을 요청받았다.
④ 여진이나 일본과는 교린 관계를 유지하였고, 토벌과 회유의 양면정책을 추진하였다.

출제영역 조선 전기 대외관계

조선 전기 대외 관계에 대한 설명으로 옳지 않은 것은 ③번 선지이다. 명은 3년에 한 번 정례적 사신 파견을 요청하였으나, 조선은 1년에 세차례 이상 정례적 사신 파견을 허락할 것을 요청하였다. 조선은 정례적 사신 파견으로 얻을 수 있는 경제적, 문화적 실리에 주목하였다.

오답풀이

① 조선 전기에는 유구(류큐, 오키나와)와 교류하여 불경·유교 경전·범종 등을 전해 주었다.
② 세종 25년(1443) 쓰시마 도주(島主)와 계해약조를 체결하여, 세견선 50척, 세사미두 200석의 제한된 범위 내에서 교역을 허락하였다.
④ 조선은 여진과 일본과의 관계에 있어, 무역소나 왜관을 설치하여 교역을 허용해주는 회유책과 4군 6진의 개척이나 쓰시마섬 정벌과 같은 토벌책을 동시에 추진하였다.

답 ③

031

2020년 지방직 7급

임진왜란의 주요 사건을 시기 순으로 바르게 나열한 것은?

(가) 김시민이 진주성에서 일본군을 저지하였다.
(나) 조선 수군이 명량 해전에서 크게 승리하였다.
(다) 이순신이 옥포 해전에서 승리하였다.
(라) 조명 연합 수군이 노량 해전에서 승리하였다.
(마) 조명 연합군이 평양성을 탈환하였다.

① (가) →(다) →(마) →(라) →(나)
② (가) →(마) →(다) →(나) →(라)
③ (다) →(가) →(나) →(마) →(라)
④ (다) →(가) →(마) →(나) →(라)

출제영역 임진왜란의 전개

(다) 1592년 이순신의 조선 수군은 옥포에서 일본 함대에 승리하는 첫 승리를 거두었다.
(가) 1592년 김시민은 의병 곽재우 부대를 이끌고 진주성을 공격하는 왜군을 물리쳤다.
(마) 1593년 1월 조·명 연합군이 평양성 탈환에 성공하였다.
(나) 1597년 이순신은 명량(울돌목)에서 13척의 배로 일본을 대파하였다.
(라) 1598년 이순신은 노량 해전에서 일본을 격파하고 순국하였다.

답 ④

032

2023년 계리직

(가)의 행적에 대한 설명으로 옳은 것은?

(가) 은/는 본국에 돌아온 지 얼마 되지 않아 병을 얻었고, 병이 난 지 수일 만에 죽었다. 온몸이 전부 검은 빛이 었고, 이목구비의 일곱 구멍에서는 모두 선혈이 흘러나왔 다. 검은 천으로 그 얼굴 반쪽만 덮어놓았으나, 곁에 있는 사람도 그 얼굴빛을 분변할 수 없어서 약물에 중독되어 죽 은 사람과 같았다.

- 「조선왕조실록」 -

① 청에 복수하고 치욕을 갚기 위해 북벌을 주장하였다.
② 청을 왕래하며 얻은 경험으로 「의산문답」 등을 저술하였다.
③ 서양인 신부 아담 샬과 교류하면서 서양 문물을 들여왔다.
④ 에도 막부에게서 울릉도와 독도가 조선 영도임을 확인하는 문서를 받아왔다.

출제영역 소현세자

(가)는 소현세자이다. 제시문은 심양에서 조선으로 돌아온 지 두 달 만에 갑작스럽게 사망한 소현 세자의 독살설과 관련된 내용을 담고 있다. 소현세자의 행적에 대한 설명으로 옳은 것은 ③번 선지이다. 병자호란 이후 청에 인질로 끌려갔던 소현세자는 심양의 관소(館所)에 머무르며 조선과 청의 연락을 담당하고 외교 업무도 수행하며 조선인 포로의 속환 문제, 청나라의 조선에 대한 병력 지원 요구 등 여러 정치·경제적 현안을 맡아 처리했다. 청에서 조선으로 돌아오기 전, 그는 북경에서 독일인 신부 아담 샬을 만나 교류하면서 서양 문물을 접하게 되었다.

오답풀이

① 효종과 송시열, 송준길 등에 대한 설명이다.
② 홍대용이 청을 왕래하며 얻은 경험으로 「의산문답」 등을 저술하였다.
④ 조선 숙종 대 활약한 안용복에 대한 설명이다.

답 ③

033

2018년 국가직 7급

㉠ ~ ㉣에 대한 설명으로 옳지 않은 것은?

예조가 아뢰기를, "㉠ 자의 왕대비께서 선왕의 상에 입어야 할 복제를 결정해야 하는데, ㉡ 어떤 사람은 삼년복을 입어야 한다고 하고 ㉢ 어떤 사람은 기년복(期年服)을 입어야 한 다고 하니 어떻게 결정해야 할지 모르겠습니다."라고 하였 다. 이에 국왕은 여러 대신에게 의견을 물은 다음 ㉣ 기년복으로 결정하였다.

-「조선왕조실록」-

① ㄱ - 인조의 계비 조대비를 가리킨다.
② ㄴ - 윤휴는 왕통을 이었으면 적장자로 보아야 하므로 3년복을 입어야 한다고 주장하였다.
③ ㄷ - 송시열은 '체이부정(體而不正)'을 내세워 기년복을 입어야 한다고 주장하였다.
④ ㄹ - 「국조오례의」의 상복 규정에 따라 기년복으로 결정되었다.

출제영역 예송

제시문은 기해예송에 관한 내용을 담고 있고, ㄱ ~ ㄹ에 대한 설명 중 옳지 않은 것은 ④번 선지이다. 기해예송에서 기년복으로 결정된 것은 「국조오례의」의 규정이 아니라, 「주자가례」의 예법에 따른 것이다. 송시열, 송준길 등 서인은 왕실도 사대부와 같이 주자가례의 예법대로, 기년복을 입어야 한다고 주장하였다.

오답풀이

① 현종 대 2차례의 예송은 효종 사후, 효종비 사후에 자의대비(인조의 계비였던 조대비)의 복상 문제를 둘러싸고 서인과 남인이 대립한 것이다.
② 윤휴를 비롯한 남인은 효종이 왕통을 이었으므로 적장자로 보아 3년복을 입어야 한다고 주장하였다. 이들은 「국조오례의」를 근거로 왕실의 예는 사대부의 예와 다르다는 입장이었다.
③ 송시열은 효종은 체이부정[體而不正, 적자(體)이나 장자(正)가 아닌 경우]에 해당되므로 기년복을 입어야 한다고 주장하였다.

답 ④

034

2023년 국가직 9급

다음과 같이 상소한 인물이 속한 붕당에 대한 설명으로 옳은 것만을 모두 고르면?

상소하여 아뢰기를, "신이 좌참찬 송준길이 올린 차자를 보았는데, 상복(喪服) 절차에 대하여 논한 것이 신과는 큰 차이가 있었습니다. 장자를 위하여 3년을 입는 까닭은 위로 '정체(正體)'가 되기 때문이고 또 전중(傳重 : 조상의 제사나 가문의 법통을 전함)하기 때문입니다. …(중략)… 무엇보다 중요한 것은 할아버지와 아버지의 뒤를 이은 '정체'이지, 꼭 첫째이기 때문에 참최 3년복을 입는 것은 아닙니다."라고 하였다.

-「현종실록」-

ㄱ. 기사환국으로 정권을 장악하였다.
ㄴ. 인조반정을 주도하여 집권 세력이 되었다.
ㄷ. 정조 시기에 탕평정치의 한 축을 이루었다.
ㄹ. 이이와 성혼의 문인을 중심으로 형성되었다.

① ㄱ, ㄴ ② ㄱ, ㄷ ③ ㄴ, ㄹ ④ ㄷ, ㄹ

출제영역 예송논쟁(남인)

남인은 왕권 확립을 주장하며 효종을 왕의 예법에 따라 모셔야 한다고 주장했다 서인 송준길이 올린 상소문을 비판하며, 3년복을 주장한 붕당은 남인이다. 효종 사망 후 벌어진 1차 예송(기해예송, 1659) 때 서인은 기년복(1년)을 주장하였고, 남인은 3년복을 주장하였다. 숙종 때 희빈 장씨가 낳은 왕자를 원자로 책봉하는 것에 반대하다 기사환국으로 송시열, 김수항이 죽임을 당하고 정권에서 밀려난 이후 남인이 집권 세력이 되었다. 영조의 뒤를 이어 즉위한 정조는 영조 때에 세력을 키워 온 척신(홍인한)과 환관 등을 제거하고 그동안 권력에서 배제되었던 소론과 남인 계열 인사들을 중용하였다.

오답풀이

ㄴ. 1623년 인조반정을 주도하며 집권세력이 된 붕당은 서인이다.
ㄹ. 이이와 성혼의 문인을 중심으로 형성된 붕당은 서인이다.

답 ②

035

2017년 법원직

다음 자료는 예송의 전개 과정을 정리한 것이다. (가), (나) 세력에 대한 설명으로 가장 옳은 것은?

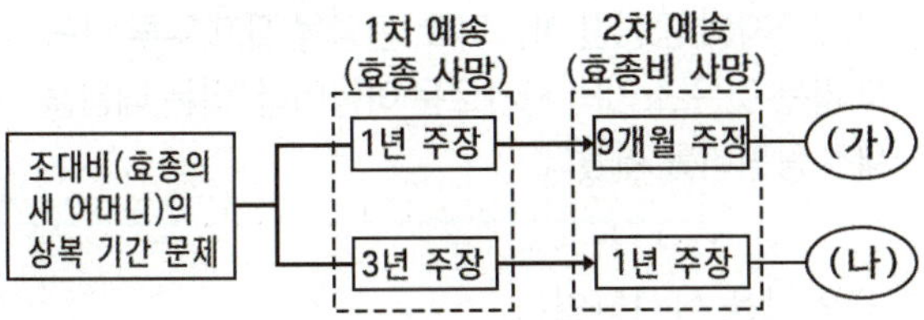

① (가)는 명과 후금 사이에서 중립 외교를 폈다.
② (가)는 숙종 때 노론과 소론으로 분화되었다.
③ (나)의 주장은 1차, 2차 예송에서 모두 채택되었다.
④ 이 논쟁 직후 (나)에 의해 사화가 발생하여 정국이 혼란해 졌다.

출제영역 붕당정치의 전개와 예송논쟁

위 자료에서 (가)는 서인, (나)는 남인으로 서인은 예송논쟁에서 성리학적 원칙에 따라 효종을 적장자가 아니라 보았던 반면, 남인은 왕권 확립을 주장하며 효종을 왕의 예법에 따라 모셔야 한다고 주장했다. 예송논쟁 이후, 숙종 대의 경신환국을 거치면서 서인은 남인 처벌문제로 노론과 소론으로 분화되었다.

오답풀이

① 중립외교 노선을 천명한 것은 광해군 대의 북인이다. 서인은 주전론과 북벌론을 주도했다.
③ 1차 예송 논쟁에서는 서인의 주장이 받아들여졌고, 2차 예송논쟁에서는 남인의 주장이 받아들여졌다.
④ 예송논쟁 직후 발생한 것은 사화가 아닌 환국이다. 사화는 예송 논쟁 이전인 연산군·중종·명종 시기에 발생하였다.

답 ②

20 환국과 탕평정치

036

2022년 국가직

(가) ~ (라) 국왕 대에 있었던 사실로 옳지 않은 것은?

> 조선 시대 국가를 운영하는 핵심 법전인 '경국대전'은 세조 대에 그 편찬이 시작되어 (가) 대에 완성되었다. 이후 여러 차례의 전쟁으로 혼란에 빠진 국가 체제를 수습하고 새로운 정치 사회적 변화에 대응하기 위해 법전 정비가 필요하게 되었다. 이에 따라 (나) 대에 '속대전'을 편찬하였으며, (다) 대에 '대전통편'을, 그리고 (라) 대에는 '대전회통'을 편찬하였다.

① (가) - 홍문관을 두어 집현전을 계승하였다.
② (나) - 서원을 붕당의 근거지로 인식하여 대폭 정리하였다.
③ (다) - 사도세자의 무덤을 옮기고 화성을 축조하였다.
④ (라) - 삼정의 문란을 바로잡기 위해 삼정이정청을 설치했다.

출제영역 조선의 법전을 편찬한 국왕

(가)는 성종, (나)는 영조, (다)는 정조, (라)는 고종이다. (가)~(라) 국왕 재위 시기 있었던 사실로 옳지 않은 것은 ④번 선지이다. 삼정이정청은 철종 13년(1862년)에 임술 농민 봉기와 관련하여 그 수습 방안을 마련하고자 설치한 관청이다. 조종성헌 존중주의에 따라 대전회통에서는 경국대전을 비롯한 속대전, 대전통편의 내용을 함께 수록하였다.

오답풀이

① 성종 9년(1478년), 옛 집현전의 직제를 예문관에서 분리하여 홍문관에 이양함으로써 홍문관은 학술, 언론 기관의 위상을 갖추게 되었다.
② 영조는 붕당의 폐해를 없애기 위해 서원을 대폭 정리하였다.
③ 정조는 사도세자의 무덤을 옮기고 현륭원으로 개칭하였으며, 화성을 축조하였다.

답 ④

037

2024년 지방직

(가) ~ (라)의 사건을 시기 순으로 바르게 나열한 것은?

(가) 남쪽 지방에서 반란군이 봉기하였다. 가장 심한 자들은 운문을 거점으로 한 김사미와 초전의 효심이었다. 이들은 유랑민을 불러 모아 주현을 습격하여 노략질 하였다.
(나) 진주의 난민들이 소동을 일으킨 것은 오로지 전 우병사 백낙신이 탐욕을 부려 수탈하였기 때문입니다. …(중략)… 이에 민심이 들끓고 노여움이 일제히 폭발해서 전에 듣지 못하던 변란으로 나타난 것입니다.
(다) 여러 주·군에서 공물과 조세를 보내지 않아 나라의 씀씀이가 궁핍하게 되었으므로 왕이 사자를 보내 독촉하였다. 이로 인해 도적들이 곳곳에서 벌떼처럼 일어났다. 원종과 애노 등이 사벌주를 근거지로 반란을 일으켰다.
(라) 평서 대원수는 급히 격문을 띄우노라. …(중략)… 조정에서는 서쪽 땅을 더러운 흙처럼 버렸다. 심지어 권세 있는 집의 노비들도 서쪽 사람을 보면 반드시 평안도 놈이라 일컫는다. 서쪽 땅에 있는 자로서 어찌 억울하고 원통하지 않겠는가.

① (가) → (다) → (나) → (라)
② (가) → (다) → (라) → (나)
③ (다) → (가) → (나) → (라)
④ (다) → (가) → (라) → (나)

출제영역 각 시대별 난

우리 역사에 있었던 여러 반란들인 (가)~(라)를 시기순으로 바르게 나열한 것은 ④번 선지이다.
(다) 원종과 애노의 난(진성여왕 3년, 889)에 대한 설명이다.
(가) 김사미와 효심의 난(명종 23년, 1193): 『고려사』에는 이의민이 왕이 되기 위해 김사미와 효심 등과 내통하여 신라 부흥 운동을 지원하였다는 기록이 있다.
(라) 홍경래의 난(순조 11년, 1811): 세도 정권의 수탈과 서북 지방에 대한 차별에 맞서 홍경래, 우군칙 등이 평안도 가산에서 봉기하였다.
(나) 진주 농민 봉기(철종 13년, 1862): 1862년 백낙신의 수탈에 저항하여 일어났으며 전국으로 확대되었다..

답 ④

038

2025년 지방직

밑줄 친 '국왕'의 정책으로 옳은 것은?

<u>국왕</u>은 성균관 앞에 "두루 사귀되 편당을 짓지 않는 것이 군자의 공정한 마음이요, 편당을 짓고 두루 사귀지 않는 것은 소인의 사사로운 마음이다."라는 내용을 새긴 탕평비를 세웠다.

① 균역법을 실시하였다.
② 수원 화성을 건설하였다.
③ 초계문신제를 시행하였다.
④ 「대전회통」을 편찬하였다.

출제영역 영조

제시문은 영조 대에 탕평비를 건립한 내용이다. 영조는 탕평 정책에 동의하는 온건하고 타협적인 탕평파를 적극적으로 육성했으며, 성균관에 탕평비를 세워 탕평책에 대한 왕의 의지를 나타냈다.
① 영조는 백성들의 군역 부담을 완화하기 위해 균역법을 시행하여 백성들의 군포를 1필로 줄였다. 줄어든 군포 수입은 지주에게 결작을 부과하고, 일부 양인 상류층에게 선무군관포를 내게 하는 방법 등으로 보충하였다.

오답풀이

② 정조는 자신의 정치적 이상을 실현하기 위한 개혁정치의 중심지로서 수원 화성을 건설하였다.
③ 정조 대에 초계문신제를 시행하여 중·하급 관리 중 선별하여 국왕이 재교육하였다. 초계문신제는 젊고 재능 있는 문신들을 의정부에서 선발하여 규장각에 위탁 교육을 시키고, 40세가 되면 졸업시키는 인재양성 장치였다.
④ 고종 대에 흥선 대원군이 『대전회통』을 편찬하였다. 흥선 대원군은 『대전회통』이나, 『육전조례』와 같은 법전을 편찬하여 통치 체제를 재정비하고자 하였다. 대전회통에서는 경국대전을 비롯한 속대전, 대전통편의 내용을 함께 수록하였다.

답 ①

039 2021년 지방직

밑줄 친 '왕'의 재위 기간에 있었던 사실로 옳은 것은?

> 왕은 노론과 소론, 남인을 두루 등용하였으며 젊은 관료들을 재교육하기 위해 초계문신제를 시행하였다. 또 서얼 출신의 유능한 인사를 규장각 검서관으로 등용하였다.

① 동학이 창시되었다.
② 『대전회통』이 편찬되었다.
③ 신해통공이 시행되었다.
④ 홍경래의 난이 발생하였다.

출제영역 조선 정조의 업적

초계문신제 시행, 서울 출신의 유능한 인사를 규장각 검서관으로 등용하였다는 내용을 통해 밑줄 친 '왕'이 조선 후기의 임금인 정조임을 알 수 있다. 정조 때에는 당시 좌의정이었던 채제공의 건의로 육의전을 제외한 시전 상인의 금난전권을 폐지(신해통공, 1791)하여 자유로운 상업 행위를 진작시켰다.

오답풀이

① 동학은 철종 때인 1860년에 경주 출신의 몰락 양반 최제우가 창시하였다.
② 정조 때에는 『대전회통』이 아니라 『대전통편』이 편찬되었다. 『대전회통』 편찬은 흥선 대원군 집권기의 사실이다.
④ 홍경래의 난은 1811년 순조 시기, 지역차별과 조정의 부패에 항거하여 일어났다.

답 ③

040 2025년 법원직

다음 밑줄 친 '대책'에 해당하는 내용으로 옳은 것을 〈보기〉에서 모두 고른 것은?

> 양역(良役)의 절반을 감하라고 명하였다. 임금이 명정전에 나아가 말하기를, "결포(結布)는 이미 정해진 세율이 있으니 결코 더 부과하기가 어렵고, 호포(戶布)가 조금 나을 것 같아 1필을 감하고 호전(戶錢)을 걷기로 하였으나 마음은 매우 불쾌하다. …… 호포나 결포나 모두 문제가 있기 마련이다. 이제는 1필은 감하는 정사로 온전히 돌아가야 할 것이니, 1필을 감한 대책을 경들은 잘 강구하라."
>
> 〈보기〉
>
> ㄱ. 원납전을 징수하였다.
> ㄴ. 선무군관포를 거두었다.
> ㄷ. 삼정이정청을 설치하였다.
> ㄹ. 어염선세를 국고로 전환하였다.

① ㄱ, ㄴ ② ㄱ, ㄷ ③ ㄴ, ㄹ ④ ㄷ, ㄹ

출제영역 균역법

영조는 백성들의 군역 부담을 완화하기 위해 균역법을 시행하여 백성들의 군포를 1필로 줄였다. 균역법의 시행으로 감소된 재정을 보충하기 위해 결작제를 신설하여 지주에게 토지 1결당 미곡 2두를 추가로 부담시켰다.
ㄴ, ㄹ. 균역법의 시행으로 감소된 재정을 보충하기 위해 일부 양인 상류층에게 선무군관포를 내게 하고 어장세, 염세, 선박세를 징수하는 방법으로 보충하였다.

오답풀이

ㄱ. 흥선대원군은 임진왜란 때 불탄 후 방치되어 있던 경복궁을 중건하였으며, 이때 원납전이라는 기부금을 징수하여 재정에 충당하였다.
ㄷ. 삼정이정청은 철종 대인 1862년 임술농민봉기(진주 민란)를 진압한 직후인 5월에 삼정의 문란을 바로잡기 위해 설치한 것으로 삼정이정절목을 반포 하기도 했지만 별 효과를 거두지 못하였다.

답 ③

041 2019년 기상직

다음 밑줄 친 '왕'의 재위 기간에 있었던 사실로 옳은 것은?

> 오랫동안 세자가 없다가 무진년에 귀인 장씨가 아들을 낳자 왕께서 아주 사랑하여 세자 탄생의 예로써 높이려 하였다. 그러나 송시열과 김수항이 불만의 말을 하자 왕께서 아주 싫어하셨다. 사람들은 김수항과 송시열이 당할 재앙이 이에서 싹텄다고 하였다.

① 나선 정벌에 조총 부대가 파견되었다.
② 효장세자의 후사(後嗣)로서 왕위에 올랐다.
③ 청과의 경계를 정한 백두산정계비가 세워졌다.
④ 후금의 침입에 대비하여 어영청을 설치하였다.

출제영역 조선 숙종 대의 사건

밑줄 친 왕은 조선의 숙종이고, 자료는 숙종 때 기사환국의 배경이 된 내용을 보여준다. 숙종은 오래도록 왕자를 가지지 못하다가 장씨(장희빈)가 아들을 낳자 서둘러 이를 원자로 임명하고 장씨를 희빈에 책봉 하고자 했으나, 당시 서인의 영수이던 송시열은 이를 강하게 비판하였고, 결국 숙종은 송시열을 유배시켰다가 사약을 내린다(기사환국, 1689). 한편 조선 숙종 때에는 조선과 청의 두 나라 대표가 백두산 일대를 답사하고 국경을 확정하여 백두산정계비를 세우기도 했다(1712).

오답풀이

① 나선정벌은 효종 때의 일이다. 러시아 세력의 남하로 청이 조선에 원병을 요청하자 조선은 변급(1654), 신유(1658) 등 두 차례에 걸쳐 조총 부대를 보내 러시아군과 교전하여 큰 전과를 올렸다.
② 효장세자의 후사로서 왕위에 오른 왕은 정조이다. 효장세자는 영조의 맏아들로, 정조의 아버지인 사도세자의 형이다. 1762년 사도세자가 죽음을 당하자 요절한 영조의 맏아들 효장세자의 후사(後嗣)가 되어 왕통을 이었다.
④ 후금과의 항쟁 과정에서 국방력 강화를 명분으로 인조 때 어영청·총융청·수어청이 설치되었다.

답 ③

042 2022년 소방직

(가)와 (나) 사이의 시기에 있었던 사실로 옳은 것은?

> (가) 허적과 허견의 사가(私家)의 부가 왕실보다 많은 것은 백성의 피땀을 뽑아낸 물건이 아닌 것이 없으며, 복선군 이남은 집 재물이 허적과 허견보다 많으니, 지금 적몰한 뒤에는 모두 백성을 구호해 주는 비용으로 돌리면 어찌 조정의 아름다운 뜻이 아니겠습니까.
> (나) 송시열은 산림의 영수로서 나라의 형세가 고단하고 약하여 인심이 물결처럼 험난한 때에 감히 송의 철종을 끌어대어 오늘날 원자의 명호를 정한 것이 너무 이르다고 하였으니, 이런 것을 그대로 두면 무도한 무리들이 장차 연달아 일어날 것이니 당연히 멀리 내쫓아야 할 것이다.

① 서인이 정국을 주도하였다.
② 정여립 모반 사건이 발생하였다.
③ 노론이 연잉군의 세제 책봉을 주장하였다.
④ 자의 대비의 복상 문제로 붕당 간 대립이 발생하였다.

출제영역 환국

(가)는 경신환국(숙종 6년, 1680년), (나)는 기사환국(숙종 15년, 1689년)으로 두 환국 사이 시기에 있었던 사실로 옳은 것은 ①번 선지이다. '허적의 유악 사건' 등을 통해 남인의 방자함을 목도한 숙종은 경신환국으로 남인을 대거 실각시키고 서인을 기용하였다. 기사환국은 희빈장씨의 소생인 원자의 정호를 정하는 문제로 서인(송시열 등)을 대거 축출하고 남인을 기용한 사건이다.

오답풀이

② 정여립 모반 사건(기축옥사)은 1589년(선조 22년)에 일어났다.
③ 노론이 연잉군의 세제 책봉을 주장한 것은 1721년(경종 1년)의 일로 다음 해까지 노론과 소론이 왕세제 책봉 문제로 대립한 사건을 신임사화(신축년과 임인년의 사화)라고도 한다.
④ 기해예송(1659년), 갑인예송(1674년)은 경신환국보다 앞선 시기에 일어났다.

답 ①

043

2019년 법원직

밑줄 친 왕의 재위시기에 있었던 사실로 가장 옳은 것은?

> 왕은 서얼과 노비에 대한 차별을 완화하였으며, 민생의 안정과 문화 부흥에도 힘썼다. 또, 전통 문화를 계승하면서 중국과 서양의 과학 기술을 받아들였다. 그 밖에, 외교문서를 정리한 동문휘고, 병법서인 무예도보통지 등을 편찬하여 문물제도를 재정비하였다.

① 북벌운동이 전개되었다.
② 산림의 존재를 부정했다.
③ 3사의 관리 추천권을 없앴다.
④ 수령이 향약을 주관하여 권한이 강화되었다.

출제영역 조선 정조의 업적

동문휘고, 무예도보통지 편찬 등의 내용으로 보아 밑줄 친 왕이 정조 임을 알수 있다. 정조 대에 이르러 사림의 영향력을 줄이고자 수령이 향약을 주관하게 함으로써 수령의 권한이 강화되었다.

오답풀이

① 효종은 청에 반대하는 입장을 강하게 내세웠던 송시열, 송준길, 이완 등을 높이 등용하여 군대를 양성하고 성곽을 수리하는 등 북벌을 준비하였다.
② 영조는 붕당의 뿌리를 제거하기 위해서 공론의 주재자로서 인식되던 산림의 존재를 인정하지 않았고, 그들의 본거지인 서원을 대폭 정리하였다.
③ 영조는 이조 전랑의 권한을 약화시키기 위하여 그들이 자신의 후임자를 천거하고, 3사의 관리를 선발할 수 있게 해 주던 관행을 없앴다. 그러나 이조 전랑의 후임자 천거권은 이후 정조 대에 가서야 완전히 폐지되었다.

답 ④

044

2020년 경찰간부

(가) ~ (라)에 들어갈 내용으로 가장 옳은 것은?

경신환국 (가)	⇨	기사환국 (나)	⇨	신임사화 (다)	⇨	임오화변 (라)

① (가) - 대리청정 문제로 노·소론의 대립이 격화된 가운데 노론이 큰 피해를 입었다.
② (나) - 서인의 몰락과 남인의 집권으로 이어졌다.
③ (다) - 이 사건을 계기로 벽파와 시파로 분열되었다.
④ (라) - 허적·윤휴 등 남인의 중심 인물들을 몰아내고 서인이 집권하였다.

출제영역 붕당정치의 변질(숙종~영조)

숙종 즉위 초에는 갑인예송에서 승리한 남인이 집권하였다. '허적의 유악 사건' 등을 통해 남인의 방자함을 목도한 숙종은 경신환국으로 남인을 대거 실각시키고 서인을 기용하였다. 기사환국은 희빈 장씨의 소생인 원자의 정호를 정하는 문제로 서인(송시열 등)을 대거 축출하고 남인을 기용한 사건이다. 경종 재위기에 노론의 4대신이 왕권 교체를 기도했다는 이유와 노론 일파가 왕을 시해하려 모의했다는 이유로 노론 4대신을 비롯한 관련자 50여 인이 처단되었다, 이 신임사화로 노론은 큰 타격을 받았고 소 론의 정권 장악이 강화되었다.이후 집권한 영조는 대리청정 중인 사도세자를 폐위하고 뒤주에 가두어 죽게 하였다(임오화변).

오답풀이

① 신임사화에 대한 설명이다.
③ 벽파와 시파로 분열된 계기가 된 사건은 임오화변이다.
④ 경신환국에 대한 설명이다.

답 ②

045

2020년 경찰직 1차

다음과 같은 내용의 교서를 발표한 왕에 대한 설명으로 가장 적절한 것은?

> 우리나라는 원래 땅이 협소하여 인재 등용의 문도 넓지 못하였다. 그런데 근래에 와서 인재 임용이 당에 들어 있는 사람만으로 이루어지고, 조정의 대신들이 서로 공격하여 공론이 막히고 서로를 반역자라 지목하니 선악을 분별할 수 없게 되었다. 지금 새로 일으켜야 할 시기를 맞아 과거의 허물을 고치고 새로운 정치를 펴려 하니, 유배된 사람은 경중을 헤아려 다시 등용하되 탕평의 정신으로 하라. 지금 나의 이 말은 위로는 종사를 위하고 아래로 조정을 진정하 려는 것이니, 이를 어기면 종신토록 가두어 내가 그들과는 나라를 함께 할 뜻이 없음을 보이겠다.

① 문물제도의 정비를 반영한 「탁지지」등을 편찬하였다.
② 초계문신제를 신설하여 인재 재교육 정책을 추진하였다.
③ 통공 정책을 실시하여 자유로운 상업 활동의 범위를 확대하였다.
④ 신문고 제도를 부활시키고 「동국문헌비고」등을 편찬하여 문물과 제도를 정비하였다.

출제영역 영조의 탕평교서

제시된 자료는 탕평교서이다. 탕평교서를 발표한 왕은 영조다. 영조는 탕평정책에 동의하는 온건하고 타협적인 탕평파를 적극적으로 육성했으며, 성균관에 탕평비를 세워 탕평책에 대한 왕의 의지를 나타냈다. 그리고 붕당의 뿌리를 제거하기 위하여 당쟁의 소굴인 서원을 정리하였으며, 당쟁을 주도하던 산림을 정치권에서 배제하였다. 또한 신문고 제도를 부활시키고 「동국문헌비고」등을 편찬하여 문물과 제도를 정비하였다.

오답풀이

① 정조는 호조의 판례집인 「탁지지」를 편찬하였다.
② 정조에 대한 설명이다.
③ 정조 때 신해통공(1791)을 발표하여 육의전을 제외한 나머지 시전의 금난전권을 폐지하였다.

답 ④

046

2022년 법원직

(가), (나) 국왕에 대한 설명으로 가장 옳은 것은?

> • (가) 은/는 붕당의 이익을 대변하던 이조 전랑의 후임자 천거권과 3사 관리 선발 관행을 혁파하고, 탕평의 지를 내세우기 위해 성균관 앞에 탕평비를 세웠다.
> • (나) 은/는 초계문신제를 실시하여 개혁 세력을 육성하였으며, 통공 정책을 실시하여 육의전을 제외한 시전의 금난전권을 폐지하였다.

① (가) 장용영을 설치하여 군사권을 장악하였다.
② (가) 조선과 청의 국경을 정하는 백두산정계비를 세웠다.
③ (나) 대전통편을 편찬하여 법령을 정비하였다.
④ (나) 삼정의 문란을 개혁하기 위해 삼정이정청을 설치하였다.

출제영역 영조와 정조

(가)는 영조, (나)는 정조이다. 노론과 소론이 자신을 놓고 대립하는 것을 지켜 보며 당쟁의 폐단을 느낀 왕이 영조다. 그래서 영조는 탕평정책에 동의하는 온건하고 타협적인 탕평파를 적극적으로 육성했으며, 성균관에 탕평비를 세워 탕평책에 대한 왕의 의지를 나타냈다. 정조는 영조 때에 세력을 키워 온 척신(홍인한)과 환관 등을 제거하고 그동안 권력에서 배제되었던 소론과 남인 계열 인사들을 중용하였다. 시간이 지남에 따라 법령이 증가하였고, 법전과 법령 간에 상호 모순이 되는 것이 많은 문제점을 해결하기 위해 「경국대전」과 「속대전」을 비교 정리하여 「대전통편」을 편찬하였다.

오답풀이

① 정조에 대한 설명이다.
② 숙종시기에 대한 설명이다.
④ 철종시기에 대한 설명이다.

답 ③

라영환 한국사

STEP 1

단순 암기형

5

근대사

단순암기형으로, 무조건 알고 가야하는 필수 문제만 모았습니다!

STEP 1 | 단순암기형 근대사 V

21 대원군의 대내외적 통치

001

2023년 국가직

(가) 인물이 추진한 정책으로 옳지 않은 것은?

> 선비들 수만 명이 대궐 앞에 모여 만동묘와 서원을 다시 설립할 것을 청하니, (가) 이/가 크게 노하여 한성부의 조례(皂隸)와 병졸로 하여금 한강 밖으로 몰아내게 하고 드디어 천여 곳의 서원을 철폐하고 그 토지를 몰수하여 관에 속하게 하였다. -『대한계년사』-

① 사창제를 실시하였다.
②『대전회통』을 편찬하였다.
③ 비변사의 기능을 강화하였다.
④ 통상 수교 거부 정책을 추진하였다.

출제영역 흥선대원군의 개혁정책

천여 곳의 서원을 철폐했다는 사실을 통해 (가)에 해당하는 인물이 흥선 대원군임을 알 수 있다. 흥선 대원군은 전국의 서원을 47개소만 남기고 철폐하였는데, 당시 서원은 지방 양반들의 세력 기반이 되어 각종 면세와 면역의 특권을 누렸고, 지역 농민을 가혹하게 수탈하여 원성을 사기도 하였다. ③에서 흥선대원군은 비변사를 강화시키는 것이 아니라 폐지하였다.

오답풀이

① 흥선 대원군은 삼정 중 가장 문제가 많았던 환곡을 개혁하고자 사창제를 실시하여 지역민들이 자치적으로 운영하도록 하였다.
② 흥선 대원군은『대전회통』,『육전조례』의 법전을 편찬하여 통치 체제를 재정비하였다.
④ 흥선 대원군은 대외적으로 통상 수교 거부 정책을 추진하였다.

답 ③

002

2021년 국가직

밑줄 친 '그'에 대한 설명으로 옳은 것은?

> 군역에 뽑힌 장정에게 군포를 거두었는데, 그 폐단이 많아서 백성들이 뼈를 깎는 원한을 가졌다. 그런데 사족들은 한평생 한가하게 놀며 신역(身役)이 없었다. … (중략)… 그러나 유속(流俗)에 끌려 이행되지 못하였으나 갑자년 초에 그가 강력히 나서서 귀천이 동일하게 장정한 사람마다 세납전(歲納錢) 2민(緡)을 바치게 하니, 이를 동포전(洞布錢)이라고 하였다.
> -『매천야록』-

① 만동묘 건립을 주도하였다.
② 군국기무처 총재를 역임하였다.
③ 통리기무아문을 폐지하고 5군영을 부활하였다.
④ 탕평 정치를 정리한『만기요람』을 편찬하였다.

출제영역 흥선대원군의 대내외적 통치

자료는 호포제와 관련된 내용이므로, 밑줄 친 '그'는 흥선 대원군이다. 1882년 임오군란으로 일시 재집권한 흥선 대원군은 통리기무아문을 폐지하고 5군영을 부활시켰다.

오답풀이

① 흥선 대원군은 만동묘를 철폐시켰다. 만동묘는 임진왜란 때 도움을 준 명나라의 신종을 제사지내기 위해 숙종 시기 세운 사당을 말한다.
② 군국기무처 총재를 역임한 인물은 김홍집이다.
④『만기요람』은 순조 대 왕명에 의해 국가 재정과 군정(軍政)에 관련된 사항을 총망라하여 편찬한 책이다.

답 ③

003 2020년 국가직

다음 사건이 일어난 왕의 재위 기간에 있었던 사실로 옳은 것은?

> 그들 조선군은 비상한 용기를 가지고 응전하면서 성벽에 올라 미군에게 돌을 던졌다. 창칼로 상대하는데 창칼이 없는 병사들은 맨손으로 흙을 쥐어 적군 눈에 뿌렸다. 모든 것을 각오하고 한 걸음 한 걸음 다가드는 적군에게 죽기로 싸우다 마침내 총에 맞아 죽거나 물에 빠져 죽었다.

① 군포에 대한 양반들의 면세특권이 폐지되었다.
② 금난전권을 제한하려는 통공정책이 시작되었다.
③ 결작세가 신설되면서 지주들의 부담이 증가하였다.
④ 영정법이 제정되어 복잡한 전세 방식이 일원화되었다.

출제영역 고종 시기에 발생한 사건

제시된 자료는 1871년 신미양요에 대한 내용으로, 신미양요는 고종 재위시기에 일어난 사건이다. 한편 고종 시기에는 군포를 개인이 아닌 호(집) 단위로 부과하여 평민에게만 받아오던 군포를 동포(洞布) 또는 호포(戶布)로 바꾸어 양반에게도 징수하였다(1필). 이에 따라 군포에 대한 양반들의 특권이 사라지게 되었다.

오답풀이

② 통공 정책이 시작된 시기는 조선 후기의 정조 때이다. 정조 때 재정 수입을 늘리고 상공업을 진흥시키기 위하여 육의전을 제외한 시전상인의 금난전권을 폐지하는 통공 정책을 실시하였다.
③ 영조 때의 일이다. 균역법의 시행으로 감소된 재정을 보충하기 위해 결작제를 신설하여 지주에게 토지 1결당 미곡 2두를 추가로 부담시켰다.
④ 영정법은 인조 때 제정되었다.

답 ①

004 2021년 지방직

(가) 인물에 대한 설명으로 옳은 것은?

> 철종이 죽고 고종이 어린 나이로 왕이 되자, 고종의 아버지인 (가) 가/이 실권을 장악하였다. (가) 는/은 임진왜란 때 불탄 후 방치되어 있던 경복궁을 중건하였다. 이때 원납전이라는 기부금을 징수하는 일이 벌어졌으며 당백전이라는 화폐도 발행되었다.

① 『대한국국제』를 만들어 공포하였다.
② 서원을 대폭 줄이는 정책을 추진하였다.
③ 우정총국 개국 축하연을 이용해 정변을 일으켰다.
④ 황쭌셴의 『조선책략』을 가져와 널리 유포하였다.

출제영역 대원군의 대내외적 통치

고종의 아버지라는 내용과 경복궁 중건 등의 내용을 통해 (가)에 해당하는 인물이 흥선 대원군이라는 사실을 알 수 있다. 흥선 대원군은 전국의 서원을 47개소만 남기고 철폐하였는데, 당시 서원은 지방 양반들의 세력 기반이 되어 각종 면세와 면역의 특권을 누렸고, 지역 농민을 가혹하게 수탈하여 원성을 샀기 때문이었다. 서원 철폐로 국가 재정이 늘고 민생이 안정되자 백성은 이를 크게 환영하였다.

오답풀이

① 대한국국제는 흥선 대원군 하야 후인 1899년 광무개혁기에 반포되었다.
③ 급진개화파에 대한 설명이다. 1884년 김옥균을 중심으로 한 급진 개화파는 우정총국의 개국 축하연을 이용하여 민씨 세력 중 핵심 인물들을 제거하고 개화당 정부를 구성하였다(갑신정변).
④ 김홍집에 대한 설명이다. 1880년 2차 수신사로 파견된 김홍집은 일본에서 청의 외교관 황쭌셴(황준헌)이 쓴 『조선책략』을 가져와 조·미 수호통상 조약 체결에 영향을 주었으며, 고종에게 일본의 발달된 모습을 보고하였다.

답 ②

005 2025년 지방직

(가) ~ (라)를 시기가 이른 것부터 바르게 나열한 것은?

> (가) 어재연의 부대가 광성보에서 미국군에게 패하였다.
> (나) 양헌수의 부대가 정족산성에서 프랑스군을 물리쳤다.
> (다) 독일인 오페르트가 남연군의 묘를 도굴하려다 실패하였다.
> (라) 미국 상선 제너럴셔먼호가 평양 부근까지 들어와 통상을 요구하였다.

① (가)→(나)→(다)→(라)
② (나)→(라)→(가)→(다)
③ (다)→(나)→(가)→(라)
④ (라)→(나)→(다)→(가)

출제영역 통상 수교 거부 정책과 양요

(라) 제너럴셔먼호 사건(1866.7.)이다. 미국 상선 제너럴셔먼호가 평양까지 들어와 통상을 요구하며 조선의 관리를 감금하고 이 과정에서 조선인 사상자가 발생하였다. 결국 분노한 평양 관군과 주민들이 제너럴셔먼호를 불태워 침몰시켰다.
(나) 병인양요(1866.9.)이다. 병인양요의 배경이 되었던 것은 천주교도 박해(병인박해)였으며 한성근이 문수산성에서, 양헌수가 정족산성 등지에서 활약하였다. 프랑스군은 퇴각하면서 강화도의 주요 시설을 파괴하고 외규장각에 보관하고 있던 의궤를 비롯한 각종 문화유산을 약탈해 갔다.
(다) 오페르트 도굴 사건(1868)이다. 1868년 독일 상인이었던 오페르트가 통상을 요구하다 거절당하자, 충남 덕산에 있는 남연군(대원군 아버지)의 묘를 도굴하여 유해를 미끼로 통상을 요구하려 하였던 사건으로, 이 사건으로 반외세 감정이 고조되고 흥선 대원군의 통상 수교 거부 의지가 강화되었다.
(가) 신미양요이다. 신미양요는 제너럴셔먼호 사건이 원인이 되어 1871년에 발생하였다.
(라) 제너럴셔먼호 사건(1866. 7.) → (나) 병인양요(1866. 9.) → (다) 오페르트 도굴 사건(1868) → (가) 신미양요(1871) 순으로 발생하였다.

답 ④

006 2023년 국가직

밑줄 친 '이곳'에 대한 설명으로 옳은 것은?

> • 장수왕은 남진정책의 일환으로 수도를 이곳으로 천도 하였다.
> • 묘청은 이곳으로 수도를 옮길 것을 주장하였다.

① 쌍성총관부가 설치되었다.
② 망이·망소이가 반란을 일으켰다.
③ 제너럴 셔먼호 사건이 발생하였다.
④ 1923년 조선 형평사가 결성되었다.

출제영역 지역사(평양)

장수왕의 천도, 묘청이 수도를 옮길 것을 주장한 곳은 평양 지역이다. 흥선대원군 시기 대부분의 국제적 사건은 강화도에서 발생(병인양요, 신미양요, 운요호 사건 등)하였으나, 신미양요의 원인이 된 제너럴 샤먼호 사건은 강화도가 아닌 평양에서 발생하였다는 것에 주의한다.

오답풀이

① 함경도 화주에 대한 설명이다.
② 충남 공주에 대한 설명이다.
④ 경남 진주에 대한 설명이다.

답 ③

007 2017년 지방직

다음 사건에 대한 설명으로 옳은 것은?

> 미군이 제너럴셔먼호 사건을 구실로 광성보를 침공하였다. 어재연이 이끄는 조선군은 격렬히 항전했지만, 미군에 패하고 말았다. 그러나 조선 정부는 굴복하지 않았고, 결국 미군은 물러갔다.

① 『조선책략』에 대한 반발로 발생한 사건이었다.
② 전국 여러 곳에 척화비가 세워지는 계기가 되었다.
③ 오페르트가 남연군묘 도굴 사건을 일으킨 원인이 되었다.
④ 이 사건 당시 정족산성에서 양헌수 부대가 승리를 거두었다.

출제영역 신미양요

제시된 자료에서 미군이 제너럴셔먼호 사건을 구실로 광성보를 침공 했다는 내용을 통해 1871년의 신미양요라는 것을 알 수 있다. ② 신미양요 이후, 흥선 대원군은 전국 여러 곳에 척화비를 세워 통상수교 거부 정책을 강화하였다.

오답풀이

① 제2차 수신사 김홍집이 가져온 『조선책략』은 '친중국, 결일본, 연미국'을 서술하여 미국과의 통상의 필요성을 언급하였다. 이에 반발하여 반발로 발생한 사건은 이만손을 중심으로 한 영남만인소 사건이다.
③ 독일이 여러차례 통상을 요구하였으나, 조선 정부가 이를 거부하자 독일 상인 오페르트가 남연군묘를 도굴하고자 하였다. 그러나 당시 도굴은 실패하였고, 이를 계기로 흥선 대원군의 통상 수교 거부 정책은 더욱 강화되었다.
④ 병인양요에 대한 설명이다. 병인양요는 1866년 병인박해를 계기로 프랑스 군이 강화도를 침공한 사건으로, 당시 정족산성에서 양헌수 부대가 프랑스 군을 몰아냈다.

답 ②

008 2024년 지방직

병인양요에 대한 설명으로 옳지 않은 것은?

① 프랑스 함대가 강화부를 점령하였다.
② 외규장각이 소실되었고 의궤 등을 약탈당했다.
③ 어재연이 강화도 광성보 전투에서 전사하였다.
④ 프랑스 선교사와 천주교도가 처형당한 것이 원인이 되었다.

출제영역 병인양요

병인양요(1866.9.)에 관한 문제이다. 병인양요의 배경이 되었던 것은 프랑스 선교사와 천주교도 박해(병인박해)였으며 한성근이 문수산성에서, 양헌수가 정족산성 등지에서 활약하였다. 프랑스군은 퇴각하면서 강화도의 주요 시설을 파괴하고 외규장각에 보관하고 있던 의궤를 비롯한 각종 문화유산을 약탈해 갔다.
③ 어재연이 강화도 광성보 전투에서 로저스 제독이 이끄는 미군에 맞서 항전하다 전사한 것은 신미양요(1871) 때의 일이다.

오답풀이

① 프랑스 극동 함대 사령관 로즈 제독이 이끄는 프랑스군은 1866년 10월 강화도 갑곶진에 상륙하였고, 강화성을 공격하여 함락시켰다.
② 강화성을 점령한 프랑스군은 그 일대를 수색하여 은괴와 각종 서적(외규장각 의궤), 귀중품, 무기 등을 약탈하였다.
④ 프랑스군 침략의 빌미가 된 것은 병인박해 때문이었다. 이때 프랑스 주교 2명과 선교사 9명, 많은 천주교 신자가 적발되어 처형되었다. 이때 탈출에 성공한 리델 신부가 톈진에 있던 프랑스 극동함대 사령관 로즈 제독에게 이 사실을 알렸고, 로즈 제독은 이를 빌미로 조선을 침략한 것이다.

답 ③

22 1870~1880년대 개화정책의 추진(개항과 사절파견)

009 2022년 국가직

(가) 시기에 있었던 일로 옳은 것은?

	(가)	

신미양요 갑오개혁

① 을사늑약 체결
② 정미 의병 발생
③ 오페르트 도굴 미수 사건
④ 조·미 수호 통상 조약 체결

출제영역 개항이후의 주요 사건

신미양요가 1871년, 갑오개혁이 1894년, 이 두 사건 사이의 일로 옳은 것은 ④번 선지이다. 조미 수호 통상 조약은 1882년 체결되었다. 조미수호 통상 조약에서 기억할 만한 것은 상대국이 서로 어려운 상황에 처했을 때 도와준다는 의미의 '거중조정' 조항과 수출입 상품에 대한 관세를 설정한 것, 그리고 최혜국 대우를 규정한 것 등이다.

오답풀이

① 을사늑약은 1905년에 체결되었다.
② 정미의병은 1907년에 발생하였다.
③ 오페르트 도굴 미수사건은 1868년에 일어났다.

답 ④

010 2023년 지방직

다음과 같은 주장을 한 인물은?

> 일단 강화를 맺고 나면 저 적들의 욕심은 물화를 교역하는 데 있습니다. …(중략)… 저들이 비록 왜인이라고 하나 실은 양적(洋賊)입니다. 강화의 일이 한번 이루어지면 사학(邪學)의 서적과 천주의 상(像)이 교역하는 가운데 섞여 들어갈 것입니다.

① 박규수 ② 최익현 ③ 김홍집 ④ 김윤식

출제영역 위정척사파(최익현)

제시문은 1870년대 위정척사가 최익현이 개항을 반대하며 주장한 5불가론 중 '왜양일체론'이다. 최익현은 강화도 조약 직전 일본과 개항하는 것은 서양 오랑캐들과 교류하는 것과 같은 것이라는 논리로 일본과의 교류를 반대하는 입장을 밝혔다.

오답풀이

① 제너럴셔먼호 사건 당시 평양감사였던 박규수는 화공으로 미국상선 제너럴셔먼호를 침몰시켰다.
③ 2차 수신사(1880) 김홍집은 일본에서 「조선책략」을 가져와 유포시켰다.
④ 김윤식은 근대 무기 제조기술을 배우기 위해 영선사(1881)로 청에 파견되었다.

답 ②

011 2020년 국가직

다음 자료에 나타난 사상에 대한 설명으로 옳은 것은?

> 군신, 부자, 부부, 붕우, 장유의 윤리는 인간의 본성에 부여된 것으로서 천지를 통하는 만고불변의 이치이고, 위에 존재하는 것으로서 도(道)가 됩니다. 이에 대해 배, 수레, 군사, 농사, 기계가 국민에게 편리하고 나라에 이롭게 하는 것은 외형적인 것으로서 기(器)가 됩니다. 신이 변혁을 꾀하고자 하는 것은 기(器)이지 도(道)가 아닙니다.

① 왜양일체론(倭洋一體論)을 주장하였다.
② 근대 문물 수용의 사상적 기반이 되었다.
③ 갑신정변 주도 세력의 견해를 대변하였다.
④ 우등한 사회가 열등한 사회를 지배하는 것이 당연하다고 보았다.

출제영역 동도서기론

제시된 자료는 1882년 윤선학이 올린 '동도서기(東道西器)'에 대한 상소문이다. 동도서기론은 조선의 전통적 가치관과 윤리관을 고수하면서 서구의 기술만을 받아들여 부국강병을 이룩해야 한다고 주장하여 정부의 초기 개화 정책을 사상적으로 뒷받침하였다. 특히 김홍집, 어윤중, 김윤식 등이 중심이 된 온건 개화파는 동도서기론을 사상적 기반으로 삼아, 근대 문물을 수용할 것을 주장하였다.

오답풀이

① 위정척사파에 대한 내용이다. '왜양일체론'은 위정척사 운동을 주도한 최익현이 주장하였다.
③ 갑신정변을 주도한 세력은 온건 개화파가 아니라 김옥균 등 급진 개화파이다. 이들은 문명 개화론에 입각하여 서양 과학과 기술뿐만 아니라 사상과 제도까지 적극적으로 받아들이자고 주장하였다.
④ 사회진화론에 대한 설명이다. 사회진화론은 다윈의 생물학적 진화론을 인간 사회와 국제 관계에 적용한 이론으로, 약육강식과 적자생존 이론이 국제 사회에서 제국주의 열강의 약소국 지배를 정당화하는 논리로 이용되었다.

답 ②

012 2022년 법원직

다음 군대가 창설된 시기를 연표에서 옳게 고른 것은?

> 개항 후 국방을 강화하고 근대화하기 위하여 윤웅렬이 중심이 되어 5군영으로부터 80명을 선발하여 별기군을 창설하였다. 또한 서울의 일본 공사관에 근무하는 공병소위 호리모토를 교관으로 초빙하였다.

	(가)		(나)		(다)		(라)	
통리기무아문 설치		기기창 설치		군국기무처 설치		원수부 설치		통감부 설치

① (가) ② (나) ③ (다) ④ (라)

출제영역 별기군

별기군이 창설된 것은 1881년의 일로, 통리기무아문을 설치하고 조정이 일련의 개화 정책을 추진하는 과정에서 신식 군대를 창설한 것으로 이해하면 된다. 기존의 5군영은 무위영과 장어영으로 축소되었고, 별기군(일본인 교관)과의 차별과 급료가 밀리는 상황때문에 그들의 분노가 폭발한 것이 임오군란(1882년)이다. 기기창이 설치된 것은 1883년의 일로, 영선사(1881~1882년)가 청의 양무운동 성과를 시찰하고 온 경험에 힘입은 것이었다.

오답풀이

- 군국기무처는 제1차 갑오개혁(1894) 때 설치된 기구로 200여 건의 개혁안을 의결하였다.
- 원수부는 대한제국 수립 후인 1899년에 설치되었다. 황제가 군권을 장악하기 위하여 설치한 기구이다.
- 통감부는 을사늑약(1905)에 따라 외교를 전담하는 기구로 1906년에 설치되었다.

답 ①

013

2022년 법원직

(가) ~ (라) 사건이 일어난 순서대로 바르게 나열된 것은?

(가) 운요호가 강화도의 초지진을 포격하고 군대를 영종도에 상륙시켜 살인과 약탈을 자행하였다.
(나) 독일 상인 오페르트가 덕산군에 상륙하여 남연군의 무덤을 도굴하다가 실패하고 돌아갔다.
(다) 미군이 강화도의 초지진을 함락하고 광성보를 공격 하였다.
(라) 프랑스군이 강화도의 주요 시설을 불태우고 외규장각 도서를 약탈하였다.

① (가) - (나) - (라) - (다)
② (나) - (라) - (가) - (다)
③ (다) - (나) - (가) - (라)
④ (라) - (나) - (다) - (가)

출제영역 통상 수교 거부 정책

통상 수교 거부 정책의 추이를 볼 수 있는 (가)~(라) 사건을 일어난 순서대로 옳게 나열한 것은 ④번 선지이다.
(라) 병인양요(1866년): 병인박해를 구실로 침입해온 프랑스군은 강화도를 점령한 뒤 물러나면서 외규장각 도서를 약탈하였다.
(나) 오페르트 도굴 미수 사건(1868년): 독일 상인 오페르트가 두 차례에 걸쳐 통상을 요구하다 거절당하자 흥선 대원군의 아버지인 남연군 묘를 도굴하려다 실패하였다.
(다) 신미양요(1871년): 제너럴셔먼호 사건을 구실로 침입해 온 미군은 강화도의 초지진을 함락하고 광성보를 공격하였다(어재연 전사).
(가) 운요호 사건(1875년): 일본의 운요호가 강화도의 초지진을 포격하고 군대를 영종도에 상륙시켜 관아와 민가를 노략질하며 문호 개방을 요구하였다. 이 사건 이후 강화도 조약이 체결되었다(1876).

답 ④

014

2018년 법원직

(가)시기에 발생한 사건으로 옳은 것은?

너희 나라와 우리나라의 사이에는 애당초 소통이 없었고, 또 서로 은혜를 입거나 원수진 일도 없었다. 그런데 이번 덕산묘소에서 저지른 변고야말로 어찌 인간의 도리상 차마 할 수 있는 일이겠는가?

⇩

(가)

⇩

조약 체결 이후 조선국 항구에 거주하는 일본인은 쌀과 잡곡을 수출, 수입할 수 있게 되었으며, 일본국 소속의 선박 은항세를 납부하지 않게 되었다.

① 영남 유생들은 “조선책략”의 내용을 비판하였다.
② 원산과 인천이 개항되어 일본과의 무역이 시작되었다.
③ 정부는 통리기무아문을 새로 설치하여 정국을 운영하였다.
④ 어재연이 이끄는 부대가 전력의 열세로 결국 함락당하였다.

출제영역 두 차례의 양요

‘덕산묘소에서 저지른 변고’는 충남 덕산에 있는 남연군(대원군 아버지)의 묘를 도굴하여 유해를 미끼로 통상을 요구하려 하였던 오페르트 도굴 미수사건(1868년)이며, 아래의 글은 강화도 조약의 부속조약인 조일 무역 규칙(1876년)의 내용으로 일본정부 소속의 선박은 항세를 면제하였다. 1871년 미군이 강화도의 초지진을 함락하고 광성보를 공격한 신미양요가 오페르트 도굴 사건(1868) 직후의 사건이다.

오답풀이

① 1881년 영남 유생들이 “조선책략”의 내용을 비판하며 만인소를 올렸다.
② 1880년 원산, 1883년 인천이 개항되었다.
③ 1880년에 정부는 통리기무아문을 새로 설치하여 정국을 운영하였다

답 ④

015

2021년 법원직

(ㄱ), (ㄴ) 조약이 체결된 시기로 옳은 것은?

(ㄱ) 제7관 일본국 인민은 본국의 현행 여러 화폐를 사용해 조선국 인민이 소유한 물품과 교환할 수 있다. 조선국 인민은 그 교환한 일본국의 여러 화폐로 일본국에서 생산한 여러 가지 화물을 구매할 수 있다.
(ㄴ) 제6칙 이후 조선국 항구에 거주하는 일본 인민은 양미와 잡곡을 수출입 할 수 있다.

1866	1871	1875	1880	1883
(가)	(나)	(다)	(라)	
병인양요	신미양요	운요호 사건	원산 개항	인천 개항

① (가) ② (나) ③ (다) ④ (라)

출제영역 조일무역규칙, 조일수호조규부록

(ㄱ)은 조·일 수호조규 부록, (ㄴ)은 조일 무역규칙이다. 운요호 사건이 있은 지 석 달 뒤 일본은 강화도에 나타나 개항을 강요하였다. 결국 조선 정부는 일본의 군사적 압력에 굴복하여 1876년 2월 강화도조약(조·일 수호조규)을 체결하였다. 강화도조약의 후속 조치로 1876년 7월에는 '조·일 무역규칙'과 조·일 수호조규 부록'이 체결되었다. 이후 조선은 일본의 압력으로 1880년 원산, 1883년 인천을 개항하였다.

답 ③

016

2016년 국가직 7급

㉠ ~ ㉢ 에 대한 설명으로 옳은 것은?

운요호 사건으로 조선은 일본과 ㉠ 조·일수호조규를 체결 하였고, 몇 달 후에는 부속으로 ㉡ 조·일수호조규 부록과 ㉢ 조·일무역규칙을 약정하였다.

① ㉠ 개항장에서 일본화폐의 유통을 허용하였다.
② ㉡ 일본국 항해자가 조선의 연해를 자유롭게 측량하도록 허가하였다.
③ ㉢ 일본정부 소속의 선박에는 항세를 면제하였다.
④ ㉠, ㉡, ㉢ - 일본인 범죄자에 대한 영사재판을 허용하는 조항이 모두 들어 있다.

출제영역 조일 수호 조규

조·일 수호 조규(강화도조약)와 그 후속 조치로 체결된 조·일 수호조규 부록과 조·일 무역 규칙에 대한 설명으로 옳은 것은 ③번 선시이나. 소·일 부역 규칙 제7칙에서 상선을 제외한 일본 정부 소속 선박에 항세를 부과하지 않는다는 내용을 규정하고 있다. 조·일 무역 규칙에는 양곡의 수출입량에 대한 제한 및 관세에 대한 규정이 없어서 일본의 경제적 침략을 허용하는 계기가 되었다.

오답풀이

① 개항장에서 일본 화폐의 유통을 허용한 것은 조·일 수호 조규 부록이다. 여기에는 개항장 내의 거류지 설정, 일본 화폐의 유통, 일본 외교관의 내지 자유 통행권 등이 규정되어 있다.
②, ④ 조선 연해의 해안 측량권, 영사재판권 허용 등은 조·일 수호 조규(강화도 조약)에 규정되어 있다.

답 ③

017

2025년 법원직

다음 밑줄 친 '이 나라'에 대한 설명으로 가장 옳은 것은?

> 정부가 이 나라와 통상 조약을 체결하려 하자 위정 척사 운동이 절정에 이르렀다. 전국의 유생들은 정부가 황쭌셴의 『조선책략』에 따라 서양과 통교하려 한다고 여겨 이를 반대하는 상소를 올렸다.

① 운요호 사건을 일으켰다.
② 삼국 간섭에 참여하였다.
③ 외규장각 도서를 약탈하였다.
④ 포츠머스 조약을 중재하였다.

출제영역 미국과의 수교

제시문은 미국과의 수교와 관련된 내용이다. 1880년 2차 수신사로 파견된 김홍집은 일본에서 청나라 외교관 황 준헌의 『조선책략』을 가져와 조·미 수호 통상 조약 체결에 영향을 주었다. 『조선책략』은 친중국, 결일본, 연미국을 서술하여 미국과의 통상의 필요성을 언급하였으며, 이에 반발하여 반발로 발생한 사건은 이만손을 중심으로 한 영남만인소 사건(1881)이다.

④ 일본은 미국의 중재로 러·일 전쟁을 종결하는 포츠머스 강화 조약(1905.9)을 체결하여 한반도에서 러시아의 영향력을 배제한 후, 을사늑약을 체결하여 대한제국의 외교권을 박탈하고, 대한제국을 보호국화하였다.

오답풀이

① 일본은 흥선 대원군이 물러난 뒤, 무력으로 조선의 문호를 개방시키기 위하여 1875년 군함 운요호를 동원하여 강화 해역 깊이 들어와 조선 수비군의 발포를 유도하고, 초지진과 영종도를 포격하여 파괴하였다.
② 청일 전쟁에서 승리한 일본이 시모노세키 조약을 맺어 랴오둥 반도를 할양받자, 러시아가 프랑스, 독일을 끌어들여 이를 저지한 사건이 삼국 간섭(1895)이다.
③ 병인양요(1866) 때 강화도에 침입한 프랑스군에 의해 의궤를 비롯한 외규장각의 도서를 약탈당했다. 프랑스군이 약탈해 간 의궤는 프랑스 국립도서관에 소장되어 있다가 2011년에 임대 형식으로 한국에 반환되었다.

답 ④

23 임오군란과 갑신정변

018

2024년 지방직

(가), (나)사이에 있었던 사실로 옳지 않은 것은?

> (가) 조선은 오랫동안 제후국으로서 중국에 대해 정해진 전례가 있다는 것은 다시 의논할 여지가 없다. …(중략)… 이번에 제정한 수륙 무역 장정은 중국이 속방을 우대하는 뜻이니만큼, 다른 조약 체결국들이 모두 똑같은 이익을 균점하도록 하는 데 있지 않다.
> (나) 제1조 청국은 조선국이 완전무결한 독립 자주국임을 확인한다. 아울러 조선의 청에 대한 공물 헌납 등은 장래에 완전히 폐지한다.
> 제4조 청국은 군비 배상금으로 은 2억 냥을 일본국에 지불할 것을 약정한다.

① 영국이 거문도를 점령하였다.
② 한·청 통상조약이 체결되었다.
③ 김옥균 등이 갑신정변을 일으켰다.
④ 청과 일본 사이에 전쟁이 발발하였다.

출제영역 조청 상민 수륙 무역 장정과 시모노세키 조약 사이의 사실

(가)는 조청 상민 수륙 무역 장정(1882. 8. 23.), (나)는 시모노세키 조약(1895. 4. 17.)이다. (가)에서 '수륙 무역 장정', '중국이 속방을 우대하는 뜻' 등이 키워드가 될 것이고, (나)에서는 조선의 독립 자주국임을 확인한 것과 청이 일본에 은 2억 냥의 배상금을 지불한다는 것 등을 통하여 시모노세키 조약임을 파악할 수 있을 것이다. (가), (나) 사이에 있었던 사실로 옳지 않은 것은 ②번 선지이다. 한·청 통상조약이 체결된 것은 1899년 9월의 일로 (나) 조약이 체결된 이후의 사실이다. 조선이 대한 제국 수립을 선포한 뒤 청에게 대등한 관계에서 조약을 체결할 것을 요구하였고, 청은 조선과 대등한 관계의 한·청 통상조약을 체결하였다.

오답풀이

① 거문도 사건은 고종 22년(1885)에 발생하였다. 영국은 러시아를 견제하기 위해 거문도를 불법 점령하였다.
③ 갑신정변은 고종 21년(1884)에 일어났다.
④ 청일 전쟁이 발발한 것은 고종 31년(1894)이다.

답 ②

019 2025년 국가직

다음 글을 쓴 인물에 대한 설명으로 옳은 것은?

> 대저 우리나라가 아시아의 중립국이 된다면 러시아를 방어하는 큰 기틀이 될 것이고, 또 아시아의 여러 대국이 서로 보전하는 정략도 될 것이다. …(중략)… 이는 비단 우리나라만을 위한 것이 아니라 중국의 이익도 될 것이고, 여러 나라가 서로 보전하는 계책도 될 것이니 무엇이 괴로워서 하지 않겠는가.

① 영남 만인소 사건을 주도하였다.
② 미국에 파견된 보빙사의 일원이었다.
③ 제2차 수신사로 「조선책략」을 조선에 가지고 왔다.
④ 왜양일체론을 내세우며 개항반대운동을 전개하였다.

출제영역 유길준

제시문의 인물은 유길준이다. 1885년 영국군이 무단으로 거문도를 점령하는 거문도 사건이 발생하자 유길준은 조선을 중립화하자는 한반도 중립론을 제시하였다.
② 미국에 대한 기대가 컸던 고종이 1883년 보빙사를 미국에 파견하였는데 이때 유길준도 수행원으로 발탁되었다. 그리고 민영익의 권유로 유길준은 국비 유학생으로 미국 보스턴에 남아 유학하다가 갑신정변 무렵에 돌아왔다.

오답풀이

① 영남만인소 사건을 주도한 인물은 이만손이다. 고종이 『조선책략』을 전국에 유포시키자 이황의 후손인 이만손 등 1만여 명의 영남 유생들이 『조선책략』의 유포에 반대하는 영남만인소를 올렸다.
③ 제2차 수신사로 일본에 파견되었다가 청의 외교관인 황준헌으로부터 『조선책략』을 얻었고, 이를 조선에 가지고 와서 고종에게 바친 인물은 김홍집이다.
④ 왜양일체론을 내세우며 개항 반대 운동을 전개한 인물은 최익현이다. 최익현은 강화도조약 직전 일본과 개항하는 것은 서양 오랑캐들과 교류하는 것과 같다는 논리로 일본과의 교류를 반대하는 입장을 밝혔다.

답 ②

020 2022년 소방직

(가)와 (나) 사건 사이에 있었던 사실로 옳은 것은?

> (가) 임금은 변이 일어났다는 소식을 듣고 급히 대원군을 불렀으며 대원군은 난병들을 따라 들어갔다. …(중략)… 민겸호가 황급히 대원군을 쳐다보고 호소하되, "대감, 날 좀 살려 주시오!" 하였다. 대원군은 쓴웃음을 지으며, "내 어찌 대감을 살릴 수 있겠소." 하였다. -『매천야록』-
>
> (나) 청나라 제독군문 원세개가 대궐에 들어와 호위했다. 일본 군대는 퇴각했으며 임금은 북관묘에 행차하셨다. 홍영식과 박영교는 죽임을 당했다. 박영효, 김옥균, 서광범, 서재필 등은 일본군을 끼고 도망쳤다. 임금이 환궁할 때에 원세개는 하도감에 주둔하고 있었다. -『매천야록』-

① 군국기무처가 설치되었다.
② 이만손 등이 영남만인소를 올렸다.
③ 영국이 거문도를 불법으로 점령하였다.
④ 조선은 일본과 제물포 조약을 체결하였다.

출제영역 임오군란과 갑신정변

(가)는 임오군란(1882년), (나)는 갑신정변(1884년)이다. 변란을 해결하기 위해 대원군을 불렀다는 것에서 임오군란임을 추측할 수 있고, 홍영식의 죽음 일본 군대의 퇴각 등을 통해 갑신정변임을 추측할 수 있다. 두 사건 사이 시기에 있었던 일로 옳은 것은 ④번 선지이다. 조선과 일본 사이에 체결된 제물포조약은 임오군란으로 맺어진 양군 사이의 문제를 처리하기 위한 것이었다. 일본이 입은 피해에 대한 배상책임과 관련자 처벌 등을 약속하고, 공사관에 경비병을 주둔할 수 있는 규정이 들어 있는 조약이다.

오답풀이

① 군국기무처는 제1차 갑오개혁 시기에 만들어진 기구이다(1894년).
② 영남만인소는 1881년에 올린 집단 상소로, 제2차 수신사로 갔던 김홍집이 가져온 『조선 책략』의 유포와 조정의 개화정책에 반발한 것으로 볼 수 있다.
③ 영국이 거문도를 불법 점령한 것은 1885년의 일이다.

답 ④

021

2023년 지역인재

밑줄 친 '정변' 중에 있었던 사실로 옳은 것은?

> 10월 17일 : 우정총국 개국 축하연을 계기로 김옥균 등이 정변을 일으키고, 임금을 경우궁으로 옮겼다.
> 10월 18일 : 일본군은 궁궐 외곽 경비를 맡았다. 김옥균 등은 신정부를 구성하였다.
> 10월 19일 : 청군이 개입하자 일본군은 후퇴하였고, 김옥균 등은 도피하였다.

① 지계를 발급하였다.
② 홍범 14조를 반포하였다.
③ 통리기무아문을 설치하였다.
④ 혜상공국 혁파를 주장하였다.

출제영역 갑신정변

우정총국 개국 축하연을 계기로 김옥균 등이 난을 일으켰다는 데서 제시문이 갑신정변에 대한 내용임을 알 수 있다. ④의 혜상공국 혁파는 갑신정변 주동세력이 제시한 14개조 개혁정강에 포함된 내용으로 갑신정변 중에 있었던 사건으로 적절하다.

오답풀이

① 지계 발급은 광무개혁 시기의 내용이다.
② 홍범 14조는 2차 갑오개혁 초기에 발표된 개혁정강이다.
③ 통리기무아문은 갑신정변 이전인 1880년에 설치된 근대식 개혁추진기구이다.

답 ④

022

2021년 경찰직 1차

(가), (나) 조약 체결 사이에 있었던 사실로 옳은 것은?

> (가) 제1조 지금으로부터 20일 이내에 조선국은 흉도들을 잡고 그 수괴를 엄히 징계한다. 제5조 일본 공사관에 약간의 군사를 두어 경비하게 한다.
> (나) 제1조 조선국은 국서를 일본국에 보내 사의를 표명한다.
> 제4조 일본 공관을 새로운 곳으로 옮겨 신축하는 것은 마땅히 조선국에서 기지와 방옥을 교부해 공관 및 영사관으로 사용할 수 있도록 한다. 수축 중건에는 조선국이 다시 2만 원을 지불해 공사비를 충당한다.

① 통리기무아문이 철폐되었다.
② 묄렌도르프가 고문으로 파견되었다.
③ 청과 일본 사이에 톈진 조약이 체결되었다.
④ 부들러가 조선의 영세 중립 선언을 권고하였다.

출제영역 개항과 불평등조약

(가)는 일본 공사관에 약간의 군사를 두어 경비하게 한다는 내용으로 보아 임오군란의 결과로 체결된 제물포 조약(1882)임을 알 수 있다.
(나)는 갑신정변의 결과로 체결된 한성 조약(1884)의 내용이다. ②의 묄렌도르프 고문 파견은 임오군란을 진압한 청이 추진한 일로 임오군란 직후의 사건이므로 (가)와 (나) 사이의 시기에 해당한다.

오답풀이

① 통리기무아문은 임오군란 때 대원군이 일시 재집권하면서 폐지되었으므로 (가) 이전 시기에 해당한다.
③ 청과 일본 사이에 톈진 조약이 체결된 것은 (나) 이후인 1885년의 일이다.
④ 부들러가 조선의 영세 중립 선언을 권고한 것은 (나) 이후인 1885년의 일이다.

답 ②

023

2018년 교행직

다음 사건의 결과로 옳은 것은?

> 대원군에게 군국사무를 처리하라는 명이 내려지자 대원군은 궐내에서 거처하며 기무아문과 무위·장어영을 폐지하고 5영의 군제를 복구하라는 명령을 내려 군량을 지급하도록 하였다. 그리고 난병(亂兵)은 물러가라는 명을 내렸다. …(중략)… 이때 별안간 마건충 등은 호통을 치면서 대원군을 포박하여 교자(轎子) 안으로 밀어 넣어 그 교자를 들고 후문으로 나가 마산포로 가서 배를 타고 훌쩍 떠나버렸다. -『매천야록』-

① 청에 영선사가 파견되었다.
② 외규장각의 도서가 약탈당하였다.
③ 스티븐스가 외교 고문에 임명되었다.
④ 조·청 상민 수륙 무역 장정이 체결되었다.

출제영역 임오군란의 결과

임오군란은 구식군인들이 차별 대우에 대한 불만이 그 직접적인 배경이 되고, 좀 더 넓게 보면, 개항 및 개화정책 추진 후, 생활이 더욱 곤궁해졌던 하층민(개화 비용 및 쌀값 폭등)들이 함께하였던 반봉건·반외세 민중항쟁으로 볼 수 있다. 군란 세력들은 흥선대원군을 일시적으로 재집권하게 만들고, 흥선대원군은 개화정책을 폐기하려 하였으나, 청군에 의해 군란 세력은 진압되었고, 흥선대원군은 청으로 끌려가게 된다. 당연히 이후 정치적, 경제적으로 조선은 청에 의해 간섭을 많이 받게 된다. 특히 조·청 상민 수륙 무역 장정(1882)으로 청 상인들은 조선의 내륙으로 진출할 수 있게 되었으며, 청은 조선을 '속방'으로 규정하려 하였다.

오답풀이

① 청에 영선사가 파견된 것은 개화정책을 추진하기 위해서이다.
② 외규장각(外奎章閣)의 도서가 프랑스군에 약탈당한 것은 병인양요(1866) 당시의 일이다.
③ 친일 외교관 더럼 스티븐스(Durham W. Stevens)가 외교 고문에 임명되어 대한제국에 내정간섭을 자행한 것은 제1차 한일협약(1904)에 대한 설명이다.

답 ④

024

2018년 지방직 7급

다음 정강을 발표했던 사건의 결과로 옳은 것은?

> 1. 홍선 대원군을 빨리 귀국시키고 종래 청에 대해 행하던 조공의 허례를 폐지한다.
> 2. 문벌을 폐지하고 인민 평등권을 제정하여 능력에 따라 관리를 임명한다.
> 3. 지조법을 개혁하여 관리의 부정을 막고 백성을 보호하며 재정을 넉넉히 한다.
> …(중략)…
> 12. 모든 재정은 호조에서 관할한다.
> 13. 대신과 참찬은 의정부에 모여 정령을 의결하고 반포한다.
> …(후략)…

① 청의 내정 간섭이 강화되었다.
② 박문국과 전환국이 설립되었다.
③ 개혁 추진 기관으로 통리기무아문이 설치되었다.
④ 일본은 배상금 지급 등을 내용으로 하는 제물포조약의 체결을 강요하였다.

출제영역 갑신정변

제시문은 「갑신일록」에 수록된 갑신정변 개혁 정강 14개조이다. 흥선대원군 귀국, 지조법 개혁, 재정을 호조에서 관할할 것 등을 통해 특정 할 수 있을 것이다. 갑신정변의 결과로 옳은 것은 ①번 선지이다. 1884년 10월 우정총국 개국 축하연에서 일어난 정변은 청군의 개입으로 3일 만에 진압되었고, 이로 인하여 청의 내정 간섭이 심화되었다.

오답풀이

② 박문국과 전환국은 갑신정변 이전인 1883년에 설립되었다.
③ 군국 기무 및 개화 정책을 총괄하는 통리기무아문은 1880년에 설립되었다.
④ 제물포 조약은 임오군란 직후인 1882년에 체결되었다.

답 ①

025

2018년 서울시 7급(2차)

〈보기〉의 정강을 내세운 개혁 운동의 결과로 가장 옳은 것은?

〈보기〉

- 대원군을 돌아오게 하고 청에 대한 조공을 폐지한다.
- 문벌을 폐지하여 인민 평등의 권리를 제정한다.
- 재정은 모두 호조에서 관할하게 한다.
- 대신들은 의정부에 모여서 법령을 의결한다

① 조·청 상민 수륙 무역 장정이 체결되었다.
② 일본에 수신사와 조사시찰단을 파견하였다.
③ 이만손을 필두로 한 영남 유생들이 만인소를 올렸다.
④ 청·일 양국은 군대 파견시, 상호 통보키로 합의하였다.

출제영역 갑신정변

제시문은 '조공의 허례 폐지', '문벌 폐지', 흥선 대원군의 귀국, 등을 담은 14개조 정강이다 갑신정변 과정에서, 청과 일본은 서로의 충돌사태의 재발을 막기 위해 1885년 텐진조약을 체결하였다. 텐진조약의 3조는 (조선에서 변란이나 중대한 사건이 있어 청일 양국이 파병할 때는 먼저 문서로 연락하여 알리기로 합의하였다.

오답풀이

① 임오군란 직후 체결되었다.
② 강화도 조약 체결 이후 파견하였다.
③ 2차 수신사 김홍집이 「조선책략」을 유포한 이후의 사건이다.

답 ④

24 동학농민운동

25 갑오·을미개혁

026

2024년 지방직

다음 결의 사항을 실현하기 위해 일어난 사건에 대한 설명으로 옳은 것은?

1. 고부성을 격파하고 군수 조병갑의 목을 베어 매달 것
1. 군기창과 화약고를 점령할 것
1. 군수에게 아첨하여 백성을 침탈한 탐욕스러운 아전을 쳐서 징벌할 것
1. 전주 감영을 함락하고 서울로 곧바로 향할 것

① 혜상공국 폐지 등의 정강을 발표하였다.
② 집강소를 설치하고 폐정개혁을 시도하였다.
③ 별기군에 비해 차별을 받던 구식 군인들이 일으켰다.
④ 13도 창의군을 조직하고 서울 진공 작전을 추진하였다.

출제영역 동학 농민 운동

제시문은 전봉준 등 20여 명이 고부 관아를 습격할 것을 결의한 후 각 마을의 집강들에게 보낸 사발통문의 일부를 발췌한 것이다. 고부 농민 봉기로 촉발된 동학 농민 운동에 대한 설명으로 옳은 것은 ②번 선지이다. 전주 화약 체결(1894. 5. 8.) 이후, 전라도 각지에는 일종의 농민 자치 기구이자 민정 기구인 집강소가 설치되어 폐정 개혁이 추진되었다.

오답풀이

① 갑신정변에 대한 설명이다. 개혁 정강 14개조에는 청에 대한 사대·조공을 폐지할 것, 문벌을 폐지할 것, 지조법을 개혁할 것, 혜상공국을 폐지할 것, 규장각을 폐지할 것, 호조에서 재정을 일원화할 것 등이 담겨 있다.
③ 임오군란(1882)에 대한 설명이다.
④ 정미 의병에 대한 설명이다. 고종의 강제 퇴위와 군대 해산을 계기로 전국에서 일어난 의병들이 1907년 13도 창의군을 조직하였으며, 이듬해 1월 서울 진공 작전을 추진하였다.

답 ②

027 2024년 법원직

(가) ~ (다)를 일어난 순서대로 가장 옳게 나열한 것은?

(가) 전라도 각지에 집강소가 설치되었다.
(나) 고부에서 만석보가 허물어졌다.
(다) 청과 일본이 시모노세키 조약을 체결하였다.

① (가) - (나) - (다)
② (가) - (다) - (나)
③ (나) - (다) - (가)
④ (나) - (가) - (다)

출제영역 동학 농민 운동과 청일 전쟁

동학 농민 운동의 전개 과정 및 그 영향으로 사건을 순서대로 나열한 것은 ④번 선지이다.

(나) 고부 농민 봉기(1894. 1.): 고부 군수 조병갑의 가렴주구로 인하여 고부 농민들이 봉기하였다. 이에 대해 조정은 이용태를 안핵사로 임명하여 사태를 수습하려 하였으나, 이용태가 사후 처리 과정에서 동학교도를 탄압하고 악행을 자행하여 대규모 농민 봉기로 이어졌다.

(가) 전라도 각지에 집강소 설치(1894. 6.): 전주 화약 체결(1894. 5. 8.) 이후, 전라도 각지에는 일종의 농민 자치 기구이자 민정 기구인 집강소가 설치되어 폐정 개혁이 추진되었다.

(다) 시모노세키 조약 체결(1895. 4.): 농민군에 의해 전주가 함락되었다는 보고를 받은 정부는 청에 원병을 요청하였고, 톈진 조약에 의거하여 청군뿐만 아니라 일본군도 조선에 파병하였고, 청과 일본 사이에 조선의 주도권을 둘러싸고 청일전쟁이 발발하였다. 청일 전쟁의 강화 조약인 시모노세키 조약이 체결된 것은 1895년 4월의 일이다.

답 ④

028 2019년 국가직

(가)의 체결 이후에 일어난 사실로 옳은 것은?

청군과 일본군의 개입으로 사태가 악화되자 농민군은 폐정개혁을 제시하며 정부와 (가) 을/를 맺었다. 이에 따라 농민군은 해산하였다.

① 농민군이 황토현에서 감영군을 격파하였다.
② 고부군수 조병갑이 만석보를 쌓아 수세를 강제로 거두었다.
③ 안핵사 이용태가 농민을 동학도로 몰아 처벌하였다.
④ 남접군과 북접군이 논산에서 합류하여 연합군을 형성하였다.

출제영역 동학농민운동과 전주화약

제시된 자료에서 '농민군', '폐정개혁' 등의 내용을 통하여 (가)는 1894년 5월에 체결된 전주 화약임을 알 수 있다. 조선 정부는 전주 화약을 체결한 후 청나라와 일본 군대의 철수를 요구하였으니, 일본은 경복궁을 기습 점령한 후 조선의 내정을 간섭하였다. 이에 위기의식을 느낀 농민군은 일본군 타도라는 반침략 기치를 내걸고 1894년 9월 삼례에서 봉기하였고, 이후 논산에서 남북접의 동학군이 집결하여 연합군을 형성하였다.

오답풀이

① 황토현 전투는 1894년 4월에 전개되었다. 황토현 전투에서 승리한 농민군은 장성의 황룡촌 전투에서도 관군을 상대로 승리하였고, 이후 전주성을 점령하였다.
② 고부 군수 조병갑은 농민을 동원하여 기존의 보 밑에 새로이 만석보를 세워 강제로 물세를 거두는 등 농민을 수탈하였다. 이에 1894년 1월에 농민군은 조병갑의 학정에 반발하여 고부 농민 봉기를 일으켰다.
③ 고부 농민 봉기가 발생하자 조정에서는 이를 수습하기 위하여 안핵사로 이용태를 파견하였다. 그러나 이용태가 고부 농민 봉기 관련자들을 역적죄로 모아 혹독하게 탄압하자 전봉준, 김개남 등은 무장에서 농민군을 재조직하고, 백산에서 4대 강령과 격문을 발표하여 무장·백산 봉기를 전개하였다.

답 ④

029

2023년 국가직

밑줄 친 '14개 조목'에 해당하는 것만을 모두 고르면?

> 이제부터는 다른 나라를 의지하지 않으며 융성하도록 나라의 발걸음을 넓히고 백성의 복리를 증진하여 자주독립의 터전을 공고하게 할 것입니다. …(중략) … 이에 저 소자는 14개 조목의 홍범(洪範)을 하늘에 계신 우리 조종의 신령 앞에 맹세하노니, 우러러 조종이 남긴 업적을 잘이어서 감히 어기지 않을 것입니다.

> ㄱ. 탁지아문에서 조세 부과
> ㄴ. 왕실과 국정 사무의 분리
> ㄷ. 지계 발급을 위한 지계아문 설치
> ㄹ. 대한 천일 은행 등 금융기관 설립

① ㄱ, ㄴ ② ㄱ, ㄹ ③ ㄴ, ㄷ ④ ㄷ, ㄹ

출제영역 갑오개혁

제시문의 '홍범'이라는 키워드를 통해 자료의 밑줄 친 '14개 조목'이 2차 갑오개혁 시기의 홍범 14조임을 알 수 있다. 2차 갑오개혁 직후 고종은 종묘에 나아가 청과의 관계를 끊고 자주독립하겠다는 독립 서고문을 바친 후 국정 개혁의 기본 강령이라 할 수 있는 「홍범 14조」를 선포하였다.

ㄱ. 홍범 14조에서는 탁지아문으로 조세를 일원화할 것을 주장하였다.

ㄴ. 홍범 14조에서는 왕실 사무와 국정 사무를 분리하여 서로 혼동하지 않을 것을 주장하였다.

오답풀이

ㄷ. 지계아문은 광무개혁 시기인 1901년 대한제국 정부가 토지소유자의 권리를 법적으로 증명하는 지계(地契)를 발급할 목적으로 설립한 관청이다.

ㄹ. 대한천일은행은 광무개혁 시기인 1899년에 설립된 민족계 은행이다.

답 ①

030

2015년 지방직

동학농민운동에 관한 설명으로 옳지 않은 것은?

① 전주화약 이후 조선 정부는 청·일 군대의 철수를 요청하였다.

② 조선 정부는 농민들의 요구에 대응하여 삼정이정청을 설치하였다.

③ 청·일전쟁 발발 직후에도 전라도 지역을 중심으로 집강소가 운영되었다.

④ 일본군이 경복궁을 점령한 후 전라도와 충청도 지역의 농민군이 연합하였다.

출제영역 동학농민운동

삼정이정청은 1862년 임술농민봉기(진주민란)를 진압한 직후인 5월에 삼정의 개혁을 위해 설치한 것이다. 동학농민군과의 전주화약 이후 정부가 설치한 것은 교정청이다.

오답풀이

① 1894년 5월 전주화약으로 농민군과 외국군의 철수를 합의한 조선 정부는 청·일 군대의 철수를 요청하였으나 일본 측은 이를 거부하고 6월 21일에 경복궁을 점령하였다.

③ 동학농민군이 전라도 53개 지역에 설치한 자율적 개혁기구인 집강소는 5월 전주화약 직후에 설치되었기 때문에, 6월 23일 청일전쟁시기에도 여전히 운영되고 있었다.

④ 일본의 경복궁 점령, 청일전쟁, 군국기무처의 설치와 1차 갑오개혁의 추진은 농민군에 큰 충격을 주어, 1894년 9월 삼례지역에서 2차 봉기가 일어나는 원인이 되었다. 2차 봉기에는 전라도 지역의 남접과 충청도 지역의 북접 세력이 연합하여, 10월 논산에 집결하게 된다.

답 ②

031 2022년 법원직

(가), (나) 격문이 발표된 사이의 시기에 있었던 사실로 옳은 것을 <보기>에서 모두 고른 것은?

(가) 우리가 의로운 깃발을 들어 이곳에 이름은 그 뜻이 결코 다른 데 있지 아니하고 창생을 도탄 속에서 건지고 국가를 반석 위에 두고자 함이다. 안으로는 양반과 탐학한 관리의 목을 베고 밖으로 횡포한 강적의 무리를 내몰고자 함이다.

(나) 일본 오랑캐가 분란을 야기하고 군대를 출동하여 우리 임금님을 핍박하고 우리 백성들을 뒤흔들어 놓았으니 어찌 차마 말할 수 있겠습니까. …… 지금 조정의 대신들은 망령되이 자신의 몸만 보전하고자 위로는 임금님을 협박하고 아래로는 백성들을 속이며 일본 오랑캐와 내통하여 삼남 백성들의 원망을 샀습니다.

〈보기〉

ㄱ. 조선 정부가 개혁 기구인 교정청을 설치하였다.
ㄴ. 동학 농민군과 관군이 전주 화약을 체결하였다.
ㄷ. 조선 정부가 조병갑을 파면하고 박원명을 고부 군수로 임명하였다.
ㄹ. 동학교도들이 전라도 삼례에서 교조 신원을 요구하는 집회를 벌였다.

① ㄱ, ㄴ　② ㄱ, ㄹ　③ ㄴ, ㄷ　④ ㄷ, ㄹ

출제영역 동학농민운동

(가)는 1894년 3월 백산에서 발표한 창의문이고, (나)는 공주 공격을 앞둔 전봉준이 남북접 농민군이 합세한 직후인 10월에 관군의 동참을 촉구하는 글을 충청감사 박제순에게 보낸 것 중 일부를 발췌한 것이다. 1차 봉기와 2차 봉기 사이 시기에 있었던 사실을 묻는 것이다. 옳은 것은 ㄱ, ㄴ이다. 1894년 5월 8일에 전주 화약이 체결되었고, 이에 따라 개혁 기구인 교정청이 설치되었다.

오답풀이

ㄷ. 박원명이 고부 군수로 임명된 것은 백산봉기 이전의 일이다.
ㄹ. 삼례 집회는 1892년 10월과 11월에 걸쳐 일어난 것으로 동학 농민운동 이전 시기의 일이다.

답 ①

032 2025년 국가직

다음 설명에 해당하는 기구는?

개항 이후 정세 변화에 대응하여 개혁을 추진하기 위해 설립된 기구로 외교, 군사 등 개화와 관련된 정책을 총괄하였다. 또한 그 아래 12사를 두어 실무를 담당하게 하였다.

① 교정청　② 삼정이정청
③ 군국기무처　④ 통리기무아문

출제영역 통리기무아문

제시문이 설명하는 기구는 1880년에 설치된 군국 기무 및 개화 정책을 총괄하는 통리기무아문이다. 통리기무아문은 '사대 · 교린 · 군무 · 변정 문제를 관장하는 새로운 아문을 설치할 것을 원한 고종의 명에 따라 설치되었다. 통리기무아문은 임오군란 때 대원군이 일시 재집권하면서 폐지되었다.

오답풀이

① 교정청은 1894년 발생한 제1차 동학농민운동의 결과로 관군과 농민군 사이에 체결된 전주화약 이후 내정 개혁에 관한 정책을 담당하였던 임시기구이다. 같은 해 6월 25일에 군국기무처가 설치됨에 따라 폐지되었다.
② 삼정이정청은 철종 대인 1862년 임술농민봉기(진주 민란)를 진압한 직후인 5월에 삼정의 문란을 바로잡기 위해 설치한 것으로 삼정이정절목을 반포하기도 했지만 별 효과를 거두지 못하였다.
③ 군국기무처는 제1차 갑오개혁을 이끈 최고 정책 결정 기구로, 1894년 6월 25일 임시로 설치되었다.

답 ④

033

2025년 국가직

밑줄 친 '이 개혁'의 내용으로 옳은 것은?

> <u>이 개혁</u>에 따라 의정부를 내각으로, 8아문을 7부로 고쳤다. 또한 지방 8도는 23부로 개편하였다.

① 외국어 통역관 양성을 위한 동문학을 세웠다.
② 미국인 교사를 초빙한 육영공원을 창립하였다.
③ 교원양성을 위해 한성사범학교 관제를 발표하였다.
④ 상공학교와 광무학교 등의 실업학교를 설립하였다.

출제영역 제2차 갑오개혁

제시문의 개혁은 제2차 갑오개혁이다.
③ 1895년 2월 교육입국 조서(교육에 관한 특별 조서)가 반포되었다. 당시 정부는 갑오개혁의 교육 정책에 따라 소학교를 널리 보급시킬 계획이었으므로 교원 양성을 위한 사범학교가 필요하였다. 이에, 한성사범학교 관제를 발표하고 1895년 4월 한성사범학교가 설립되었다.

오답풀이

① 외국어 통역관 양성을 위한 동문학을 세운 것은 1883년의 일이다. 동문학이 설립된 근본 목적은 영어 통역관을 양성하는 일이었다. 따라서 학교라기보다는 통역관 양성소의 성격을 갖는다. 1886년 우리나라 최초의 근대식 학교인 육영 공원이 세워지자 문을 닫았다.
② 미국인 교사를 초빙한 육영 공원을 창립한 것은 1886년의 일이다. 육영 공원은 근대적 공립 학교로 선발 인원은 35명이었으며, 미국인 헐버트, 길모어, 벙커 3인을 교사로 초빙하였다.
④ 관립 상공 학교를 설립하여 상업과 공업에 필요한 실업 교육을 실시한 것은 1899년의 일이다. 상공학교 관제에 따라 설립되었으며 명동에 위치하였다. 그리고 관립 광무학교는 광업 계통의 실업교육을 실시하기 위해 이듬해인 1900년에 설립되었다.

답 ③

034

2022년 경찰간부

'가', '나' 사이 시기에 있었던 사실로 가장 적절한 것은?

> 가. 김홍집 중심의 새 정권은 군국기무처를 설치하고, 갑신정변의 정강과 동학 농민군의 요구를 반영하여 개혁을 추진하였다.
> 나. 고종은 비로소 머리를 깎고 내외 신민에게 명하여 모두 깎도록 하였다.

① 경인선이 개통되었다.
② 원산학사가 설립되었다.
③ 거문도 사건이 일어났다.
④ 홍범 14조를 반포하였다.

출제영역 갑오개혁~을미개혁 시기의 사건

제시된 자료 (가)는 1894년 6월에 실시된 제1차 갑오개혁, (나)는 1895년 을미개혁 시기 단발령 시행에 대한 내용이다. ④의 홍범 14조는 1894년 12월의 제2차 갑오개혁 시기에 발표되었던 개혁정강이므로, (가), (나) 사이의 사실로 적절하다.

오답풀이

① 우리나라 최초의 철도인 경인선은 1899년 개통되었다.
② 1883년에 설립된 원산학사는 우리나라 최초의 근대 사립학교로 함경도 덕원 주민들과 개화파 인사들의 합자로 설립되었다.
③ 영국의 거문도 점령은 1885년의 사실이다.

답 ④

035 2018년 경찰직 2차

(가)의 내용으로 가장 적절한 것은?

고종은 문무백관을 거느리고 종묘에 나가 내정 개혁 및 자주독립을 선포하는 독립 서고문을 바치면서 국정 개혁의 기본 강령이라고 할 수 있는 (가) 을(를) 1894년 12월 반포하였다.

① 문벌에 구애받지 않고 인재 등용의 길을 넓힌다.
② 의정부와 6조 외의 불필요한 관청은 모두 없앤다.
③ 무명잡세는 거두지 않는다.
④ 칙임관은 황제가 정부에 자문하여 그 과반수 의견에 따라 임명한다.

출제영역 홍범 14조의 발표와 2차 갑오개혁

위의 지문은 1894년 12월에 발표된 홍범 14조의 내용이다. 홍범 14조에서는 조선이 자주독립국임을 선포하고 왕권을 제한했으며, 지방 제도로 8도를 23부로 개편, 사법 제도에서는 근대적 재판소를 설치, 군사 제도에서는 징병제를 실시하고 훈련대를 설치하였으며, 예산 회계제도 도입, 인권 존중 등 근대적 개혁을 지속적으로 추진할 것을 천명하였다. 홍범 14조에 따라 1895년에 제2차 갑오개혁이 전개되었고, 제2차 갑오개혁에서의 인사 개혁에서는 붕당·문벌에 구애받지 않고 인재 등용의 길을 넓히고자 하였다.

오답풀이

② 의정부와 6조 외에 불필요한 관청을 없애고자 한 것은 갑신정변(1884) 당시 개화파가 제시한 14개조의 개혁안에 명시된 내용이다.
③ 무명잡세의 폐지는 동학농민군이 제시한 폐정 개혁안에 명시된 내용이다.
④ 칙임관의 선출은 1898년 관민공동회에서 제시한 헌의 6조에 명시된 내용이다.

답 ①

036 2017년 지방직 7급

다음 자료와 관련된 단체의 설명으로 옳지 않은 것은?

- 시장에 외국 상인의 출입을 엄금할 것
- 다른 나라에 철도부설권을 허용하지 말 것
- 시급히 방곡령을 실시하고 구민법을 채용할 것
- 금광의 채굴을 금지하고 인민의 방책을 꾀할 것

① 정치적·경제적 각성을 촉진하고 단결을 공고히 함을 강조하였다.
② 1900년 전후 충청과 경기, 낙동강 동쪽의 경상도 등지에서 활동하였다.
③ '가난한 사람을 살려내는 무리'라는 뜻으로 『홍길동전』에서 이름을 따왔다.
④ 을사늑약 이후에 이들 가운데 일부는 의병운동에 참여하였다.

출제영역 활빈당

제시된 자료는 활빈당(1898~1904)의 강령이라 할 수 있는 '대한사민논설 13조목'이다. 반봉건과 반외세를 주장하였던 활빈당은 금광채굴을 금지하고 철도부설권을 허용하지 말며 토지의 균전을 주장하였다.
①번 선지는 신간회(1927)에 대한 설명으로 정치적·경제적 각성, 기회주의 배척, 민족단결을 행동강령으로 삼았다.

오답풀이

② 활빈당은 1900년 충청도를 중심으로 경기, 강원, 영남, 호남 등 전국 각지로 세력이 파급되었다.
③ 허균의 『홍길동전』처럼 가난한 자를 살린다는 조직명을 토대로 부호, 탐관오리, 친일파관리 등의 부정 축재한 사람들의 재산을 가난한 자에게 나누어 주었다.
④ 활빈당에는 동학농민 잔여세력과 화적출신들이 많이 가담하였고 1904년까지 치열한 투쟁을 전개하였으며 일부는 1905년 을사늑약 이후의 의병활동에도 합류하였다.

답 ①

037

2017년 국가직 7급

다음 상황이 일어난 이후의 사실을 <보기>에서 모두 고른 것은?

일본군이 경복궁을 습격하자 이에 전봉준은 삼례에 대도소를 설치하여 농민군의 삼례 집결을 도모하였고, 기병을 촉구하는 통문을 돌렸다. 통문에는 "이번 거사에 호응하지 아니하는 자는 불충무도(不忠無道)한 자이다."라는 내용이 담겨 있었다.

<보기>

ㄱ. 농민군은 황토현에서 관군을 격파하였다.
ㄴ. 정부와 농민군은 전주에서 화약을 맺었다.
ㄷ. 북접군과 남접군이 논산에서 합류하여 집결하였다.
ㄹ. 농민군은 공주 우금치에서 관군과 일본군 연합부대를 맞아 격돌하였다.

① ㄱ, ㄴ　② ㄱ, ㄷ　③ ㄴ, ㄹ　④ ㄷ, ㄹ

출제영역 동학 농민 운동

일본군이 경복궁을 습격한 것이 1894년 6월, 전봉준이 9월 중순 전주에서 봉기하여, 10월 말 정도에 삼례에 농민군이 11만여명 가까이 모였다. 이자료를 통해 동학 농민군의 2차 봉기와 관련된 상황임을 알 수 있다. 농민군은 북접군과 남접군이 논산에서 합류하여 북상하였고, 공주 우금치에서 관군과 일본군 연합부대를 맞아 전투를 벌였으나 크게 패하였다.

오답풀이

ㄱ, ㄴ 제1차 동학농민운동 봉기와 관련된 사실이다.

답 ④

038

2018년 국가직 7급

군국기무처가 폐지되고 시행된 제2차 갑오개혁의 내용으로 옳은 것은?

① 교육입국조서를 반포하였다.
② 종래의 6조를 8아문으로 개편하였다.
③ 경무청을 신설하여 경찰제도를 도입하였다.
④ 궁내부를 신설하여 왕실과 정부 사무를 분리하였다.

출제영역 제2차 갑오개혁

청일 전쟁에서 승기를 잡은 일본은 흥선 대원군을 물러나게 하고 군국기무처를 폐지한 후 일본에서 돌아온 박영효와 서광범을 정부에 참여 시켰고, 김홍집·박영효 연립 내각이 구성되어 개혁을 단행하였다(제2차 갑오개혁). 이의 내용으로 옳은 것은 ①번 선지이다. 고종은 교육 입국 조서를 반포하고 한성 사범 학교 관제, 외국어 학교 관제, 소학교 규칙 등을 제정하여 근대적 교육 제도를 마련하였다. 이밖에도 제2차 갑오개혁의 내용으로는 의정부를 내각으로 바꾸고 8아문을 7부로 개편한 것, 8도를 23부로 개편한 것, 지방관의 사법권과 군사권을 배제하고 재판소를 설치한 것, 훈련대를 창설한 것 등이 있다.

오답풀이

② 제1차 갑오개혁 때 6조를 8아문으로 개편하였다.
③ 제1차 갑오개혁 때 내무아문 산하에 경무청을 신설하였다.
④ 제1차 갑오개혁 때 궁내부를 신설하여 왕실과 정부 사무를 분리하였다.

답 ①

039

2018년 지방직 7급

갑오개혁 때 시행된 내용으로 옳지 않은 것은?

① 사법권을 행정부에서 독립시켰다.
② 내장원에서 광산, 홍삼 전매 등을 관장하였다.
③ 군현제와 8도제를 폐지하여 전국을 23부 337군으로 재편하였다.
④ 신식화폐발행장정을 반포하여 일본 화폐의 유통을 허용하였다.

출제영역 갑오개혁

제1차 갑오개혁은 1894년 군국기무처의 주도로 실시되었다. 1차 개혁에서는 탁지아문으로의 재정 일원화, 신식화폐발행장정'을 반포하여 은본위 화폐제도를 채택하고 일본 화폐의 유통을 허용하였다. 1895년 실시된 제2차 갑오개혁에서는 의정부와 8개 아문을 내각과 7부로 바꾸고, 지방제도는 전국을 23부 337군으로 개편하였으며, 재판소를 설치하여 사법권을 행정부로부터 독립시켰다.

오답풀이

② 황실의 재정을 담당하는 내장원에서 광산, 홍삼 전매 등을 관장했던 것은 1899년 대한제국 시기였다.

답 ②

26 독립협회와 대한제국

040

2024년 지방직

다음 법령이 반포된 시기는?

> 제1조 대한국은 세계 만국에 공인된 자주 독립한 제국이다.
> 제2조 대한 제국의 정치는 이전으로부터 500년이 내려왔고 이후로도 만세에 걸쳐 변치 않을 전제 정치이다.
> 제3조 대한국 대황제는 무한한 군권을 향유하니 공법에서 말한바 자립 정체이다.
> 제4조 대한국 신민이 대황제가 향유하는 군권을 침해할 행위가 있으면 신민의 도리를 잃은 자로 인정할 것이다.

	(가)	(나)	(다)	(라)	

갑신정변 발생 — 갑오개혁 실시 — 독립협회 해산 — 러일전쟁 발발 — 을사늑약 체결

① (가) ② (나) ③ (다) ④ (라)

출제영역 대한국 국제

대한 제국이 자주 독립 국가임을 밝히고, 황제권을 무한히 강조하는 제시문의 내용을 통하여, 자료는 1899년 8월에 반포된 '대한국 국제'임을 알 수 있다. 대한국 국제가 반포된 시기는 독립협회 해산(1898. 12.)부터 러·일 전쟁 발발(1904. 2.) 사이 시기인 ③번 선지이다. 러시아 공사관에서 환궁한 고종이 1897년 대한 제국 수립을 선포한 후 황제권을 강화하는 상황에서, 1898년 독립협회와 만민공동회의 대대적인 민권 운동에 직면했던 고종은 독립협회를 해산한 후 1899년에 대한국 국제를 공포하였다.

답 ③

041

2024년 서울시

〈보기〉의 내용을 주도한 세력이 취한 정책으로 가장 옳지 않은 것은?

〈보기〉

1. 외국인에게 의지하지 말고 관민이 합심하여 황제권을 공고히 할 것.
2. 외국과의 이권에 관한 계약과 조약은 해당 부처의 대신과 중추원 의장이 함께 날인하여 시행할 것.
3. 재정은 탁지부에서 전담하여 맡고 예산과 결산을 국민에게 공포할 것.

① 「독립신문」을 발간하고 독립문을 건설하였다.
② 태양력과 '건양' 연호를 사용하고 단발령을 실시하였다.
③ 중대한 범죄는 공판하되 피고의 인권을 존중할 것을 주장하였다.
④ 만민공동회를 열어 러시아의 내정 간섭을 규탄하였다.

출제영역 독립협회

제시문은 독립협회 주도로 열린 관민 공동회에서 결의된 6개항의 국정 개혁안인 『헌의 6조』이며, <보기>의 내용을 주도한 세력은 독립협회이다. 독립협회는 자주 국권, 자유 민권, 자강 개혁을 내세웠으며, 독립신문을 발행하고, 토론회, 강연회 등을 개최하였으며, 관민 공동회에서 이 『헌의 6조』를 결의하였다.

② 태양력과 건양 연호를 사용하고 단발령을 실시한 것은 을미개혁(이른바 '제3차 갑오개혁') 때의 일이다. 1895년 음력 11월 17일을 양력 1896년 1월 1일로 정하면서 연호를 건양으로 정하였다. 이때 단발령도 시행되었다.

오답풀이

① 독립협회는 우리나라 최초의 민간 신문인 『독립신문』을 발간(1896.4.)하고 독립문을 건립(1897.11.) 하였다. 왕실과 국민의 성금을 모아 중국 사신을 맞이하던 영은문 자리 부근에 세웠다.
③ 중대한 범죄는 공판하되 피고의 인권을 존중할 것이라는 주장은 독립협회의 『헌의 6조』에 규정된 내용이다.
④ 독립협회는 1898년 3월에 처음으로 만민 공동회를 개최하여 열강의 내정 간섭과 이권 침탈을 규탄하였다. 절영도 조차 요구 반대, 러시아 재정·군사고문 철수, 한러 은행 반대 등 반러시아 활동이 주축을 이루었다.

답 ②

042

2023년 계리직

밑줄 친 (　　)를 간행한 인물의 활동으로 옳은 것은?

우리가 (____)을/를 오늘 처음으로 출판하는데, 조선에 있는 내외국 인민에게 우리 주의를 미리 말하여 아시게 하노라. …(중략)… 우리가 이 신문 출판하기는 취리(取利)하려는 것이 아닌 고로 값을 헐하도록 하였고, 모두 언문으로 쓰기는 남녀 상하 귀천이 모두 보게 함이요, 또 구절을 띄어 쓰는 것은 알아보기 쉽도록 함이다.

\- 창간호 논설 -

① 아관파천을 주도하였다.
② 독립협회를 설립하였다.
③ 헌정연구회를 조직하였다.
④ 국채보상운동을 전개하였다.

출제영역 서재필

'남녀 귀천이 모두 보도록 언문으로 편찬', '알아보기 쉽도록 띄어쓰기 사용' 등의 내용을 통해, 순한글과 영문을 사용하고, 띄어쓰기를 최초로 도입한 독립신문에 대한 내용임을 알 수 있다. 독립신문을 간행한 인물은 서재필이며, 서재필은 독립문을 건설하기 위한 단체로 독립협회를 설립하였다.

오답풀이

① 아관파천을 주도한 것은 정동구락부 내 친러파 세력이다.
③ 헌정연구회는 이준, 양한묵, 윤효정 등이 1905년에 창설한 단체이다.
④ 국채보상운동은 1907년 대구에서 서상돈이 시작하였다.

답 ②

043 2023년 지방직

다음에서 설명하는 신문은?

- 서재필이 정부 지원을 받아 창간하였다.
- 한글판을 발행하여 서양의 문물과 제도를 소개하였다.
- 영문판을 발행하여 국내 사정을 외국인에게도 전달하였다.

① 제국신문　　② 독립신문
③ 한성순보　　④ 황성신문

출제영역 근대 언론기구

제시문의 근대언론은 독립신문(1896~1899)이다. 순한글과 영문으로 발간된 독립신문은 최초 민간신문이면서 최초 순한글 신문으로 격일로 발행되다가 일간으로 발간되었다.

오답풀이

① 제국신문(1898~1910)은 순한글 신문으로 주로 서민과 부녀사들을 내상으로 발간되었다.
③ 한성순보(1883~1884)는 순한문으로 발행된 최초 근대적 언론으로 박문국에서 10일 마다 발행된 관보이다.
④ 남궁억, 유근 등이 중심이 되어 국한문으로 발행된 황성신문(1898~1910)은 양반유생 대상의 언론으로 을사늑약(1905)에 반발한 장지연의 '시일야방성대곡'을 처음으로 게재하였다.

답 ②

044 2023년 법원직

밑줄 친 '이 단체'의 활동으로 옳은 것을 〈보기〉에서 모두 고른 것은?

정부의 지원을 받아 설립된 이 단체는 고종에게 아래의 문서를 재가 받았어요.
1. 외국인에게 의지하지 말고 관민이 합심하여 황제권을 공고히 할 것.
2. 외국과의 이권에 관한 계약과 조약은 해당 부처의 대신과 중추원 의장이 함께 날인하여 시행할 것.
……

〈보기〉

ㄱ. '구국 운동 상소문'을 지었다.
ㄴ. 고종 강제 퇴위 반대 운동에 앞장섰다.
ㄷ. 일제의 황무지 개간권 요구에 반대하였다.
ㄹ. 러시아의 내정 간섭과 이권요구에 반대하였다.

① ㄱ, ㄴ　② ㄱ, ㄹ　③ ㄴ, ㄷ　④ ㄷ, ㄹ

출제영역 독립협회

고종에게 재가받았다는 제시문은 헌의 6조이므로, 문제의 '이 단체'는 독립협회임을 알 수 있다.
ㄱ. 독립협회는 1982년 2월의 구국선언 상소문 발표 이후 만민공동회, 관민공동회 등 본격적인 정치활동에 나섰다.
ㄹ. 만민공동회 시기 독립협회의 주요활동은 절영도 조차 요구 반대, 러시아 재정·군사고문 철수, 한러 은행 반대 등 반러활동이 주축을 이루었다.

오답풀이

ㄴ. 대한자강회(1906)에 대한 설명이다.
ㄷ. 보안회(1904)에 대한 설명이다.

답 ②

045
2025년 지방직

(가) 국가에 대한 설명으로 옳지 <u>않은</u> 것은?

> 제 1조 지계아문은 한성부와 13도 각 부·군의 산림, 토지, 전답, 가옥의 계권(契券)을 바로잡기 위해 임시로 설치할 것.
>
> 제10조 산림, 토지, 전답, 가옥은 [㉠] 인(人) 이외에는 소유주가 될 수 없을 것임. 단, 각 개항장 내에서는 이러한 제한이 없을 것임.

① '광무'라는 연호를 사용하였다.
② 교육 입국의 조서를 반포하였다.
③ 구본신참의 원칙하에 개혁을 추진하였다.
④ 서대문과 청량리 사이에 전차를 부설하였다.

출제영역 대한제국

제시문의 (가) 국가는 대한제국(1897~1910)이다.
② 교육입국조서는 대한제국 설립 이전인 1895년 2월 2차 갑오개혁 과정에서 반포하였다. 당시 정부는 갑오개혁의 교육 정책에 따라 소학교를 널리 보급시킬 계획이었으므로 교원 양성을 위한 사범학교가 필요하였다. 이에, 한성사범학교 관제를 발표하고 1895년 4월 한성사범학교가 설립되었다. 각 지역에 소학교, 외국어학교 등 관립학교가 세워졌다.

오답풀이

① 대한제국은 '광무'라는 연호를 사용하였다. 광무라는 연호를 사용한 것은 대한제국 선포 직전으로 이때 추진된 개혁을 광무개혁이라고 한다.
③ 대한제국에서 추진한 광무개혁은 구본신참의 원칙을 내세웠다. 구본신참은 '옛 것을 근본으로 하고, 새로운 것을 참작한다'라는 의미이다.
④ 대한제국 시기인 1899년 5월에 서대문에서 청량리까지 최초로 전차가 부설되었다.

답 ②

046
2018년 지방직

대한제국 정부가 시행한 정책으로 옳은 것은?

① 별기군을 폐지하고 5군영을 복구하였다.
② 양전 사업을 시행하고자 양지아문을 설치하였다.
③ 통리기무아문을 설치하여 개화 정책을 추진하였다.
④ 화폐 제도를 은본위제로 개혁하고자 신식화폐발행장정을 공포하였다.

출제영역 광무개혁

러시아와 일본이 갈등하는 속에서, 고종은 환궁한 후 원구단에서 황제 즉위식을 거행하고 대한 제국을 선포하였다. 대한제국은 원수부를 설치(1899.6)하고, 황제 호위 부대를 증강하는 등 군사력을 강화하고, 상공업 진흥에 주력하였으며, 조세 수입을 늘리고 근대적 토지소유권제도를 확립하기 위해 양전·지계 사업을 시행하였다.

오답풀이

① 별기군을 폐지하고 5군영 체제로 환원한 것은 임오군란 당시 흥선대원군이 일시적으로 집권하였을 때의 일이다.
③ 통리기무아문은 1880년에 설치되었으므로, 대한제국 시기(1897 ~ 1910)와는 관련이 없다.
④ 화폐 제도를 은본위제로 개혁하고자 신식화폐발행장정(新式貨幣發行章程)을 공포한 것은 1차 갑오개혁(1894) 때의 일이다.

답 ②

047 2022년 소방직

(가) 시기의 역사적 사실로 옳지 않은 것은?

> 어려운 때를 만났으나 하늘이 도와 위기를 모면하고 안정되었으며 독립의 터전을 세우고 자주의 권리를 행사하게 되었다. 이에 여러 신하들과 백성들이 글을 올려 황제의 칭호를 올리라고 제의하였다. 여러 차례 사양하다가 끝내 사양할 수 없어서 하늘과 땅에 제사를 지내고 황제의 자리에 올라 국호를 (가) 로/으로 정하였다. - 『승정원일기』 -

① 『대한제국 국제』를 반포하였다.
② 토지 소유자에게 지계를 발급하였다.
③ 근대식 교육 기관인 육영공원을 설립하였다.
④ 청과 대등한 입장에서 통상조약을 체결하였다.

출제영역 대한제국

(가)에 들어갈 시기는 대한제국이다. 고종은 아관파천 후 1897년 경운궁으로 돌아와 연호를 '광무'로 정하고 원구단에서 황제즉위식을 하였다. 이후 원수부를 설치(1899.6)하고 입법기구인 교정소를 만들어 '대한국 국제'를 선포(1899.8)하며 황제권을 강화하였다.
③번 선지의 육영공원은 1886년 설립된 최초의 근대식 공립학교로 관리양성을 목적으로 양반자제만을 대상으로 하였으며 1894년 1차 갑오개혁으로 법적 신분제가 철폐되면서 사라지게 되었다.

오답풀이

① 대한국 국제의 선포는 1899년 8월이므로 대한제국 시기이다.
② 양지아문과 지계아문은 광무개혁의 일환으로 근대적 토지 소유권 제도를 확립하기 위해 실시되었다.
④ 청과 양국 황제의 대등한 입장에서 1899년 한청통상조약을 체결하였다.

답 ③

048 2020년 법원직

(가) ~ (다)가 반포된 순서대로 바르게 나열한 것은?

> (가) 2. 모든 정부와 외국과의 조약에 관한 일은 각부 대신과 중추원 의장이 합동으로 서명, 날인하여 시행할 것.
> 4. 중대 범죄는 공개 재판을 시행하되, 피고가 죄를 자백한 후에 시행할 것.
> (나) 1. 이후 국내외 공사(公私)문서에 개국 기원을 사용한다.
> 6. 남자 20세, 여자 16세 이하의 조혼을 금지한다.
> 8. 공사 노비법을 혁파하고 인신 매매를 금지한다.
> (다) 1. 흥선 대원군을 빨리 귀국시키고 종래 청에 행하던 조공의 허례를 폐지한다.
> 9. 혜상공국을 혁파한다.
> 12. 모든 재정은 호조에서 관할한다.

① (가) - (다) - (나)　② (나) - (다) - (가)
③ (다) - (가) - (나)　④ (다) - (나) - (가)

출제영역 근대의 사건(독립협회, 갑오개혁, 갑신정변)

(가)는 중추원 등으로 보아 1898년 독립 협회가 관민공동회에서 의결한 '헌의 6조'의 내용
(나)는 개국 기원의 사용, 조혼의 금지, 공사 노비법의 혁파, 인신 매매의 금지 등으로 보아 1894년 제1차 갑오개혁 때 발표된 법령의 내용
(다)는 흥선 대원군의 귀국, 청에 행하던 조공의 허례를 폐지, 혜상공국의 혁파, 모든 재정의 호조 관할 등으로 보아 1884년 갑신정변을 일으킨 개화당 정권이 발표한 14개조 개혁 정강의 내용이므로 (다), (나), (가)의 순서이다.

답 ④

049

2025년 법원직

다음 밑줄 친 '단체'와 관련된 내용으로 가장 옳은 것은?

> 백정 박성춘이 "이 사람은 바로 대한에서 가장 천한 사람이고 무식합니다. 그러나 임금께 충성하고 나라를 사랑하는 뜻은 대강 알고 있습니다. …… 관리와 백성이 힘을 합하여 우리 대황제의 훌륭한 덕에 보답하고 국운이 영원토록 무궁하게 합시다."라고 연설하니 사람들이 박수갈채를 보내고 단체 회원들이 각자 자신의 의견을 말한 후 …… 먼저 6개 조항을 만민에게 돌려 찬성을 받고 대신들도 모두 가(可)자 아래 서명하였다.

① 러시아의 절영도 조차 요구를 저지하였다.
② 일제의 황무지 개간권 요구를 저지하였다.
③ 을사오적을 처단하기 위한 목표를 지녔다.
④ 고종의 강제 퇴위를 반대하는 시위를 주도하였다.

출제영역 독립협회

제시문은 1898년 백정 출신 박성춘이 관민공동회에서 한 연설문이다.
① 만민공동회 시기 독립협회의 주요 활동은 절영도 조차 요구 반대, 러시아 재정·군사고문 철수, 한러 은행 반대 등 반러 활동이 주축을 이루었다.

오답풀이

② 일제의 황무지 개간권 요구를 저지한 애국 계몽 단체는 보안회이다. 보안회는 1904년 7월 원세성, 송수만 등이 서울에서 조직하였으며, 일본의 황무지 개간권 요구에 반대 운동을 전개하여 이를 저지하는 데 성공하였다.
③ 나철, 오기호 등은 자신회라는 5적 암살단을 조직해 을사늑약에 적극 협조한 매국노와 일본 침략자를 직접 응징하고자 하였다.
④ 고종의 강제 퇴위를 반대하는 시위를 주도한 단체는 대한 자강회이다. 대한 자강회는 1906년 서울에서 조직된 애국 계몽 단체이다. 이들은 대한 자강회 월보를 간행하였으며 전국 각지에 지회를 설치하였다. 1907년 8월 고종 황제의 강제 퇴위 반대 운동을 전개하다 보안법에 의해 강제 해산되었다.

답 ①

050

2020년 지방직 7급

밑줄 친 '대한국'에 대한 설명으로 옳지 않은 것은?

> 제1조 대한국은 세계만국에 공인된 자주독립한 제국이다.
>
> …(중략)…
>
> 제9조 대한국 대황제는 각 조약국에 사신을 파송(派送) 주재하게 하고 선전(宣戰), 강화 및 제반 약조를 체결한다. 공법에 이른바 사신을 자체로 파견하는 것이다.
>
> -「대한국 국제」-

① 양전 사업을 실시하고 지계(地契)를 발급하였다.
② 국가재정은 탁지아문으로 일원화하였다.
③ 서북철도국을 설치하여 경의철도 부설을 시도하였다.
④ 원수부를 설치하여 황제가 군의 통수권을 장악하였다.

출제영역 대한제국

밑줄 친 '대한국'은 대한제국으로 황제 중심의 광무개혁을 추진하였다. 원수부를 설치하여 황제가 군대의 통수권을 장악하고 시위대를 다시 창설하고 지방의 진위대를 확충하여 군사력을 증강하였다, 식산흥업 정책의 일환으로 경의선을 부설 하기 위해 궁내부에 서북철도국을 설치하였다. 대한제국은 근대적인 토지 소유권 제도를 확립하기 위해 1899년 미국인 측량 기사를 초빙해 양전사업을 실시하였다. 1901년에는 지계아문을 설립하여 근대적 토지 증서인 지계를 발급하였다.

오답풀이

② 1차 갑오개혁에 대한 설명이다.

답 ②

051

2017년 사복직

1898년 관민공동회에서 채택된 헌의 6조에 해당하지 않는 것은?

① 외국인에게 기대지 아니하고 관민이 동심 협력하여 전제 황권을 견고케 할 것
② 전국의 재정은 궁내부 내장원으로 이속하고 예산과 결산은 중추원의 승인을 거칠 것
③ 모든 중대 범죄는 공개 재판을 시행하되, 피고가 끝까지 설명하여 마침내 자복(自服)한 후에 시행할 것
④ 칙임관은 황제가 정부에 자문을 구하여 그 과반수에 따라 임명할 것

출제영역 헌의 6조

궁내부 내장원이 아닌 탁지부에 대한 설명으로, 독립협회는 헌의 6조에서 국가 재정을 탁지부에서 전담케 하여 재정을 일원화할 것을 주장하였다. 내장원을 통해 황실 재정을 강화한 것은 광무개혁기에 대한 내용이다.

오답풀이

①, ③, ④ 각각 헌의 6조의 1조, 4조, 5조에 해당하는 내용이다.

답 ②

27 애국계몽운동과 항일의병운동

052

2024년 국가직

다음의 논설을 작성한 인물에 대한 설명으로 옳은 것은?

> 이 날을 목 놓아 우노라[是日也放聲大哭], …(중략)… 천하만사가 예측하기 어려운 것도 많지만, 천만 뜻밖에 5개 조가 어떻게 제출되었는가. 이 조건은 비단 우리 한국뿐 아니라 동양 삼국이 분열할 조짐을 점차 만들어 낼 것이니 이토[伊藤] 후작의 본의는 어디에 있는가?

① 「한성순보」를 창간하였다.
② 「한국통사」를 저술하였다.
③ 「독사신론」을 발표하였다.
④ 「황성신문」의 주필을 역임하였다.

출제영역 위암 장지연

주어진 자료를 작성한 인물은 1905년 11월 을사늑약이 강요 당시 황성신문의 주필이었던 위암 장지연을 가리킴을 알 수 있다('시일야방성대곡'을 발표한 날은 1905년 11월 20일). 참고로 황성신문은 한서 남궁억이 국한문 혼용체로 발행하였으며 주 독자층이 양반 유생들이었다(1898~1910).

오답풀이

① 한성순보는 우리나라 최초의 신문으로(근대적 신문의 효시), 박문국에서 관보로 10일에 한 번 한문으로 발행되었다[1883년(고종 20) 10월]. 갑신정변 때 사옥과 활자·인쇄 시설 등이 모두 불에 타버려 부득이 1년 만에 종간되었다. 이후 1886년(고종 23) 1월 에 한성주보로 제호를 바꾸어 주간 신문으로 다시 발간되었다.
② 「한국통사」를 저술한 인물은 박은식이다(1915.6).
③ 단재 신채호가 대한매일신보에 「독사신론」을 연재한 것은 1908년 8월의 일이다(1908.8~12)(「독사신론」은 미완성 논설). 신채호는 민족을 역사 서술의 중심에 둔 민족주의 사학자이다.

답 ④

053

2024년 국가직

(가) ~ (라)를 시기순으로 바르게 나열한 것은?

(가) 13도 창의군이 결성되었다.
(나) 지방군은 10정으로 조직하였다.
(다) 친위 부대인 장용영을 설치하였다.
(라) 중앙군은 2군 6위제로 운영하였다.

① (나) → (라) → (가) → (다)
② (나) → (라) → (다) → (가)
③ (라) → (나) → (가) → (다)
④ (라) → (나) → (다) → (가)

출제영역 시기별 군사 조직

(나) 지방군이 10정으로 조직된 것은 통일 신라이다 (685, 신문왕 5). 참고로 중앙군은 9서당으로 편성 되었다 (687, 신라 신문왕 7).
(라) 중앙군이 2군 6위제로 운영된 것은 고려 시대 이다. 2군은 국왕의 친위 부대로 응양군과 용호군으로 구성되었다.
(다) 왕의 친위 부대인 장용영이 설치된 것은 조선 정조 17년인 1793년의 일이다.
(가) 13도 창의군이 (경기도 양주에서) 결성된 것은 1907년 12월의 일이다(1907.12.6)(정미의병).
이상을 시기 순으로 나열하면, '(나)-(라)-(다)-(가)' 가 된다.

답 ②

054

2017년 국가직

국권이 침탈되기까지의 과정을 시기 순으로 바르게 나열한 것은?

ㄱ. 헤이그 특사 파견을 문제 삼아 고종 황제를 강제로 퇴위시켰다.
ㄴ. 일본인 메가타를 재정 고문으로, 미국인 스티븐스를 외교 고문으로 임명하도록 하였다.
ㄷ. 대한제국의 사법권을 빼앗고 감옥 사무를 장악하였다.
ㄹ. 통감이 추천한 일본인을 대한제국의 관리로 임명하도록 하였다.

① ㄱ → ㄴ → ㄷ → ㄹ
② ㄴ → ㄱ → ㄹ → ㄷ
③ ㄴ → ㄷ → ㄱ → ㄹ
④ ㄹ → ㄴ → ㄱ → ㄷ

출제영역 일제의 국권 침탈 과정

제시문은 일제의 국권 침탈 과정을 나타낸 것이다. 이를 순서대로 배열하면,
ㄴ. 일제는 1904년 8월에 22일에 체결된 제1차 한일 협약을 통해서 재정 고문으로 메가타를, 외교 고문으로 스티븐스를 초빙하여 고문 정치를 시작하였다.
ㄱ. 1907년 7월 20일에 통감 이토 히로부미는 헤이그 특사 파견을 구실로 고종을 협박하여 순종에 대한 양위의 형식을 빌어 고종을 폐위하였다.
ㄹ. 고종을 강제 퇴위 시킨 후 1907년 7월 24일에 정미 7조약(한일 신 협약)을 체결하여 통감의 권한을 확대하고 고등 관리 임용 시에는 반드시 통감의 동의를 얻도록 하였고 일본인을 한국관리로 임명할 수 있도록 하였다.
ㄷ. 1909년 7월 12일에 기유각서를 체결하여 사법권을 박탈하고 감옥 사무 관할도 일본으로 넘어갔다.

답 ②

055 2023년 간호직

(가) 시기에 있었던 사실로 옳은 것은?

을사늑약이 체결되었다
⇩
(가)
⇩
고종이 강제로 퇴위되었다

① 러일 전쟁이 발발하였다.
② 한일 의정서가 체결되었다.
③ 안중근이 이토 히로부미를 사살하였다.
④ 이준이 헤이그 만국 평화회의에 파견되었다.

출제영역 을사늑약~고종 퇴위 사이의 사건

을사늑약 체결은 1905년 11월, 고종의 강제 퇴위는 1907년 7월의 사실이다. ④의 헤이그 특사는 을사늑약의 부당함을 알리기 위해 고종이 1907년 6월 만국 평화 회의에 파견한 사절단이다. 일제는 헤이그 특사 파견을 명분으로 1907년 7월 19일 고종을 강제 퇴위시켰다.

오답풀이

① 1904년 2월의 사건이다.
② 1904년 2월의 사건이다.
③ 1909년 10월의 사건이다.

답 ④

056 2018년 서울시 1차

〈보기〉의 사건을 시간순으로 바르게 나열한 것은?

〈보기〉
ㄱ. 일본군이 인천항에 정박한 러시아군함 2척을 공격
ㄴ. 대한제국정부의 국외중립 선언
ㄷ. 일본군이 러시아에 선전포고
ㄹ. 한일의정서 체결

① ㄱ-ㄹ-ㄴ-ㄷ
② ㄴ-ㄱ-ㄷ-ㄹ
③ ㄱ-ㄷ-ㄹ-ㄴ
④ ㄴ-ㄹ-ㄷ-ㄱ

출제영역 근대의 사건

제시문은 1904년도에 일어난 사건들을 나열한 것이다. 이를 순서대로 배열하면,
ㄴ. 러시아와 일본 간의 긴장이 높아지자 대한 제국은 중립을 선언하였다.(1904. 1. 23.)
ㄱ. 일본은 뤼순항에 정박해 있던 러시아 함대를 어뢰로 공격하여 전함 2척과 순양함 1척을 침몰시켰으며(1904. 2. 8.), 인천항에 정박한 러시아군함 2척을 공격하였다(1904. 2. 9.)
ㄷ. 일본은 선제공격을 감행한 후에 러시아에 선전포고하였다.(1904. 2. 10.)
ㄹ. 일본은 러일전쟁 중에 한일의정서를 체결(1904. 2. 23.)하여 한반도에서 군사상 필요한 곳을 마음대로 사용하였다.

답 ②

057

2018년 경찰직 2차

다음은 항일의병에 대한 설명이다. 이를 일어난 순서대로 바르게 나열한 것은?

> ㉠ 그들은 국모 시해와 단발령에 반발하여 일어났다.
> ㉡ 평민 출신 의병장인 신돌석이 항일의병 활동을 시작했다.
> ㉢ 일본군의 '남한대토벌작전' 이후 많은 의병들은 간도와 연해주 등으로 근거지를 옮겨 일제에 항전을 계속했다.
> ㉣ '한·일신협약'으로 해산된 군인들이 의병에 합류하기 시작했다.

① ㉠-㉡-㉢-㉣　② ㉠-㉡-㉣-㉢
③ ㉠-㉣-㉡-㉢　④ ㉠-㉣-㉢-㉡

출제영역 한말 항일 의병투쟁의 전개

㉠ 을미의병(1895)는 명성황후 시해사건(을미사변)과 단발령(斷髮令) 조치에 반발하여 유림 의병장들을 중심으로 전개되었다.
㉡ 을사늑약의 강제 체결에 항거한 을사의병(1905)은 기존의 유림 출신 의병장 외에도 신돌석과 같은 평민 출신 의병장들도 참여하였다.
㉣ 이른바 한일 신협약, 즉 정미7조약(1907)으로 대한제국의 군대와 경찰이 강제해산 되면서 해산된 군대가 항일의병투쟁에 대거 합류하였다.
㉢ 1908~1909년 일제의 남한 대토벌 작전으로 국내에서의 항일 의병 투쟁을 지속하기 어려워지면서, 의병장들은 간도(間島)·연해주(沿海州) 등 해외로 이주하여 독립군 기지를 설립하고 항일무장투쟁을 준비하였다.

답 ②

058

2017년 국가직

다음 자료 내용이 시행되기 전에 있었던 사실에 대한 설명으로 옳은 것은?

> 제1조 일본국 정부는 동경의 외무성을 경유하여 금후 한국의 외국과의 관계 및 사무를 감리, 지휘할 수 있고, 일본국의 외교 대표자와 영사는 외국에 있는 한국의 신민 및 이익을 보호할 수 있다.

① 유생 출신 의병장을 중심으로 13도 연합의병부대가 결성 되었다.
② 유생과 전직 관료, 평민 출신 등 다양한 계층에서 의병을 일으켰다.
③ 명성 황후 시해사건과 단발령으로 의병 운동이 확산하였다.
④ 의병 부대들은 간도와 연해주로 이동하여 의병 기지를 건설하였다.

출제영역 을사늑약과 항일 의병투쟁의 전개

위의 자료는 1905년에 체결된 을사늑약으로, 일제가 대한제국의 외교권을 강탈한 조약이다. 을사늑약을 기준으로 봤을 때, 명성황후 시해(을미사변)와 단발령(斷髮令)에 대한 반발로 전개된 의병 투쟁(을미의병)은 그 이전인 1895년의 일이다. 따라서 정답은 ③번이다.

오답풀이

① 13도 창의군은 1907년의 정미의병과 관련된 내용이다. 1907년 고종 퇴위와 군대해산을 골자로 한 정미 7조약이 체결되자 정미의병이 일어나게 되는데, 이들은 해산된 군인들을 흡수하고 1907년 12월 양주에 집결하여 이인영을 총대장으로 13도 창의군을 결성하게 된다.
② 을사의병에서는 전직관리 출신인 민종식은 충청도 홍주성에서, 최익현은 전라도 태인에서 제자들과 의병을 일으켰고 신돌석과 같은 평민의병장도 등장하는 등 다양한 계층에서 의병을 일으켰다.
④ 1909년 일제의 남한 대토벌 작전으로 국내에서 의병 투쟁이 어려워지자, 홍범도를 비롯한 의병 부대들은 간도(間島)와 연해주(沿海州)로 건너가 13도 의군을 조직하게 된다.

답 ③

059 2018년 지방직

밑줄 친 '이 협약'에 대한 설명으로 옳은 것은?

일제는 군대를 증강해 강압적 분위기를 조성한 다음 친일내각과 이 협약을 체결했다. 이 협약을 체결할 때, 일제는 대한제국 군대의 해산을 요구해 관철시켰다. 이때 해산된 군인의 상당수는 일본군과 격전을 벌인 후 의병 부대에 합류하였다.

① 고종이 헤이그에 특사를 파견하는 계기가 되었다.
② 최익현이 의병 운동을 처음 시작한 원인이 되었다.
③ 재정고문 메가타가 화폐정리사업을 실시하는 근거가 되었다.
④ 통감이 추천하는 일본인을 한국 관리에 임명한다는 내용을 담고 있다.

출제영역 정미 7조약과 정미의병

한일 신협약(1907, 정미 7조약)의 부속 각서에서 대한제국의 군대 해산(1907)을 다루었다. 한일 신협약에서 중요한 부분은 한국 정부의 각 부의 차관(次官)을 일본인으로 임명하여 내정 간섭을 심화시킨 것이다.

오답풀이

① 고종이 헤이그에 이상설·이위종·이준을 특사로 파견한 계기가 된 협약은 을사늑약(1905)이다.
② 최익현이 의병 운동을 시작한 원인이 된 것 역시 을사늑약이다.
③ 화폐정리사업은 제1차 한일협약의 결과 재정 고문으로 파견된 메가타에 의해 실시되었다.

답 ④

060 2018년 경찰직 1차

다음은 어느 애국계몽단체와 관련된 자료이다. 이 단체보다 먼저 결성되어 활동했던 단체로 바르게 짝지어진 것은?

무릇 우리나라의 독립은 자강에 있음이라. 오늘날 우리 한국은 3천리 강토와 2천만 동포가 있으니 힘써 자강하여 단체가 합하면 앞으로 부강한 전도를 바랄 수 있고 국권을 능히 회복할 수 있을 것이다. 자강의 방법으로는 교육을 진작하고 산업을 일으켜 흥하게 하면 되는 것이다. 무릇 교육이 일지 못하면 민지(民智)가 열리지 못하고 산업이 늘지 못하면 국부가 부강할 수 없다. 그런즉 민지를 개발하고 국력을 기르는 길은 무엇보다도 교육과 산업을 발달시키는 데 있지 않겠는가?

〈보기〉

㉠ 헌정연구회　　㉡ 대한협회
㉢ 보안회　　㉣ 내한사강회

① ㉠, ㉣　② ㉡, ㉣　③ ㉠, ㉢　④ ㉡, ㉢

출제영역 대한자강회

제시된 자료에서 '우리나라의 독립은 자강에 있음이라.', '자강하여 단체가 합하면', '자강의 방법으로는' 등을 통해 제시된 자료는 대한 자강회 취지문임을 알 수 있다. 대한 자강회는 1906년에 조직되었고 1907년 고종 황제 강제 퇴위 반대 운동을 전개하다가 일제의 탄압으로 해산되었다.

㉠ 헌정연구회는 입헌 정치 체제(입헌 군주제)의 수립을 목적으로 1905년 5월에 조직되었으며, 1906년 대한 자강회로 계승되었다.
㉢ 보안회는 1904년 7월 원세성, 송수만 등이 서울에서 조직하였으며 일본의 황무지 개간권 요구에 반대 운동을 전개하여 이를 저지하는 데 성공하였다.

오답풀이

㉡ 대한 자강회의 후신인 대한협회는 대한자강회 간부들과 천도교 지도자들을 중심으로 1907년에 결성되었다.

답 ③

061

2025년 지방직

다음 조약이 체결된 이후에 있었던 사실이 아닌 것은?

> 제1조 한국 정부는 시정개선(施政改善)에 관하여 통감의 지도를 받을 것.
> 제4조 한국 고등관리의 임면(任免)은 통감의 동의를 받아 이를 집행할 것.
> 제5조 한국 정부는 통감이 추천한 일본인을 한국 관리로 임명할 것.

① 고종이 강제 퇴위당하였다.
② 대한제국의 군대가 해산되었다.
③ 안중근이 이토 히로부미를 저격하였다.
④ 이른바 '남한 대토벌 작전'이 전개되었다.

출제영역 한·일 신협약

제시문은 1907년 7월 24일 체결된 한·일 신협약(정미 7조약)이다. 일본은 헤이그 특사 파견을 빌미로 고종을 강제 퇴위시키고, 순종을 즉위시킨 후 한·일 신협약 체결을 강요하였다.

① 고종의 강제 퇴위(1907.7.20.)는 한·일 신협약 체결 이전의 사실이다. 고종을 강제 퇴위시킨 일본은 순종의 재가도 받지않고 한·일 신협약을 체결하였다.

오답풀이

② 한·일 신협약의 부수 각서에 대한제국의 군대 해산을 명시하였다. 한·일 신협약이 체결된 이후 대한제국의 군대는 해산당하였다. 대한제국의 군대가 강제로 해산되자 당시 시위대 제1대대장이었던 박승환이 그에 항거하여 자결하였다.
③ 안중근의 하얼빈 의거는 1909년에 발생하였다.
④ 남한 대토벌 작전은 1909년의 일이다. 1908~1909년 일제의 남한 대토벌 작전으로 국내에서의 항일 의병 투쟁을 지속하기 어려워지면서, 홍범도를 비롯한 의병 부대들은 간도·연해주 등 해외로 이주하여 독립군 기지를 설립하고 항일 무장 투쟁을 준비하였다.

답 ①

062

2021 지방직 9급

다음과 같은 내용이 담긴 조약에 대한 설명으로 옳은 것은?

> 일본 정부는 그 대표자로 한국 황제 밑에 1명의 통감을 두되, 통감은 전적으로 외교에 관한 사항을 관리하기 위하여 경성에 주재하고 친히 한국 황제를 만날 수 있는 권리를 가진다. 또한, 일본 정부는 한국의 개항장 및 일본 정부가 필요하다고 인정하는 지역에 이사관을 설치할 권리를 가지며, 이사관은 통감의 지휘하에 종래 재(在)한국 일본 영사에게 속하였던 모든 권리를 집행한다.

① 조선총독부를 설치한다는 조항이 포함되어 있다.
② 헤이그 특사 사건 직후 일제의 강요로 체결되었다.
③ 방곡령 시행 전에 미리 통보해야 한다는 합의가 실려 있다.
④ 일본의 중재 없이 국제적 성격을 가진 조약을 체결할 수 없다는 내용이 담겨 있다.

출제영역 을사늑약

을사늑약(1905) 에 따라 한국은 외교권을 일본에 박탈당하고 이듬해인 1906년 통감부가 설치되고, 조약 체결의 원흉인 이토가 초대통감으로 취임하였다. 이 조약에는 일본의 중재 없이 국제적 성격을 가진 조약을 체결할 수 없다는 내용이 담겨 있다.

오답풀이

① 한일강제병합(1910)에 관한 설명이다.
② 한·일 신협약(정미7조약)에 관한 설명이다.
③ 1883년에 개정된 조·일 통상장정에 관한 설명이다.

답 ④

063 2024년 법원직

(가) ~ (다)에 대한 설명으로 가장 옳지 않은 것은?

> (가) 대한 정부는 일본 정부가 추천한 일본인 1명을 재정고문으로 삼아 대한 정부에 용빙하여 재무에 관한사항은 일체 그의 의견을 물어서 시행해야 한다.
> (나) 한국 정부는 금후 일본국 정부의 중개를 거치지 않고서는 국제적 성질을 가진 어떠한 조약이나 약속을하지 않을 것을 약속한다.
> (다) 러시아는 일본이 한국에서 정치상 군사상 및 경제상의특수한 이익을 갖는다는 것을 승인하고 일본 정부가한국에서 필요하다고 인정하는지도, 보호 및 감리의 조치에 대해 방해하거나 간섭하지 않을 것을 약속한다.

① (가) 조약 체결로 메가타는 화폐 정리 사업을 실시하였다.
② (나) 조약 체결로 청과 일본간의 간도협약이 체결되었다.
③ (다) 조약 이후 일본은 독도를 불법 점령하였다.
④ (가) - (다) - (나) 순서로 조약이 체결되었다.

출제영역 대한제국기 국권피탈

(가) 1904년 8월 일제의 강요에 의해 맺은 제1차 한일 협약이다.
(나) 제2차 한일 협약, 즉 을사늑약으로 일제가 대한제국의 외교권을 강탈한 조약이다.
(다) 러일 전쟁 결과 러시아가 일제에 대한 제국에서의 독점적 우위권을 인정한 포츠머스 조약이다.
③ 일본이 독도를 불법 점령하고 자국 영토로 편입한 것은 러일 전쟁 중이던 1905년 1월의 일이다. 일본은 같은 해 2월에 독도를 무인도로 규정하고, 독도를 시마네현에 무단 편입시켰다(시마네 현 고시 제40호).

오답풀이

① 제1차 한일 협약의 체결로 일본인 메가타가 대한 제국의 재정 고문으로 초빙되었다. 그리고 이듬해인 1905년 7월부터 메가타는 화폐 정리 사업을 실시하였다.
② 청과 일본 간의 간도 협약이 체결된 것은 1909년 9월의 일이다. 일본이 남만주의 철도 부설권과 광산 채굴권을 얻는 대신 간도를 청의 영토로 인정하였다.
④ (가) - (다) - (나) 순서로 조약이 체결되었다.

답 ③

064 2018년 국가직 7급

다음과 같이 주장한 인물에 대한 설명으로 옳은 것만을 〈보기〉에서 모두 고르면?

> 오호라. 작년 10월에 저들이 한 행위는 만고에 일찍이 없던 일로서, 한 조각의 종이에 강제로 조인하게 하여 5백년 전해오던 종묘사직이 마침내 하룻밤 사이에 망했으니 …(중략)… 우리 의병군사의 올바름을 믿고, 적의 강대함을 두려워하지 말자. 이에 격문을 돌리니 다 함께 일어나라.
>
> 〈보기〉
>
> ㄱ. 의병을 이끌고 홍주성을 점령하였다.
> ㄴ. 대마도(쓰시마)로 압송된 후 순국하였다.
> ㄷ. 왜양일체론을 주장하며 개항에 반대하였다.
> ㄹ. 13도 창의군을 이끌고 서울진공작전을 지휘하였다.

① ㄱ, ㄴ ② ㄱ, ㄹ ③ ㄴ, ㄷ ④ ㄷ, ㄹ

출제영역 최익현

제시된 자료는 을사늑약이 체결된 후 최익현이 지은 「포고팔도사민」의 일부이다.최익현은 1876년 조선 정부가 일본의 압력에 굴복해서 강화도 조약을 체결하려고 하자 '5불가소를 올려 왜양일체론을 주장하며 개항에 반대하였다. 1905년 을사늑약이 체결되자 제자 임병찬과 함께 의병을 일으켜 태인을 점령하였다. 그러나 순창에서 정부의 군대와 대치하자 임금의 군대와 싸울 수 없다며 대마도에 끌려가 순국하였다.

오답풀이

ㄱ. 민종식에 대한 설명이다.
ㄹ. 이인영에 대한 설명이다.

답 ③

065

2017년 교육행정직

다음 칙령이 계기가 되어 전개된 의병 활동으로 옳은 것은?

> 현재 우리나라 군대는 용병으로 만들어진 까닭에, 상하가 일치하여 국가를 지키는 데 충분하지 못하다. 짐은 지금부터 군제 쇄신을 꾀하여 사관 양성에 전력하고 이후 징병법을 발포하여 공고한 병력을 구비하려 한다. 이에 짐은 유사 (有司)에게 명하여 황실 시위에 필요한 자를 일부 남기고 기타는 해산하노라.

① 평민 출신 의병장이 처음 등장하였다.
② 고종의 해산 명령에 따라 해산하였다.
③ 민종식 의병 부대가 홍주성을 점령하였다.
④ 13도 연합 의병이 결성되어 서울 진공 작전을 전개하였다.

출제영역 정미의병

제시된 자료는 1907년 순종이 내린 군대 해산 조칙으로. 대한제국의 군대와 경찰이 강제해산 되면서 해산된 군대가 항일의병투쟁에 대거 합류하였다. 의병장 이인영은 '전국의 의병장들에게 경기도 양주로 집결할 것을 호소하였고, 이인영을 총대장, 허위를 군사장으로 하는 13도 창의군을 결성하여 서울 진공 작전을 전개하였다.

오답풀이

① 을사의병(1905)에 관한 설명이다.
② 을미의병(1895) 에 관한 설명이다.
③ 을사의병(1905)에 관한 설명이다.

답 ④

066

2020년 소방직

(가), (나)자료에 나타난 사건 사이에 있었던 사실로 옳지 않은 것은?

> (가) 우리 국모의 원수를 생각하며 이미 이를 갈았는데, 참혹한 일이 더하여 우리 부모에게서 받은 머리털을 풀 베듯이 베어 버리니 이 무슨 변고란 말인가.
> (나) 군사장 허위는 미리 군비를 신속히 정돈하여 철통과 같이 함에 한 방울의 물도 샐 틈이 없는지라. 이에 전군에 전령하여 일제히 진군을 재촉하여 동대문 밖으로 진격하였다.

① 외교권이 박탈되고 통감부가 설치되었다.
② 고종이 강제로 퇴위되고 군대가 해산되었다.
③ 안중근이 하얼빈에서 이토 히로부미를 저격하였다.
④ 헤이그에 이상설, 이준, 이위종을 특사로 파견하였다.

출제영역 항일의병

(가)는 명성황후 시해사건(을미사변)과 단발령(斷髮令) 조치에 반발하여 유림 의병장들을 중심으로 발표된 격문이고, (나)는 고종 황제 퇴위와 군대 해산(1907)을 계기로 일어난 정미의병의 서울진공작전에 대한 기사이다.
(가)와 (나)사이를 고르는 문제는 (나)를 보지않고 (가)이후의 사건에서 시기적으로 가장빠른 것을 고르면되고 (가)와 (나)사이로 적절하지 않는 것을 고르는 문제는 시기적으로 제일 늦은 사건이 정답이다.
① 1906년에 외교권이 박탈되고 통감부가 설치되었다.
②④ 1907년 고종은 을사늑약이 무효임을 전 세계에 알리기 위해 이상설, 이준, 이위종을 헤이그 만국평화회의에 특사로 파견하였다. 일본은 이를 빌미로 친일파 대신들을 동원하여 고종 황제를 강제로 퇴위시키고, 1907년 8월에 군대를 해산시켰다.

오답풀이

③ 1909년 안중근이 하얼빈에서 이토 히로부미를 저격하였다.

답 ③

067 2025년 국가직

다음 자료를 통해 알 수 있는 단체에 대한 설명으로 옳은 것은?

> 남만주로 집단 이주하려고 기도하고, 조선에서 상당한 재력이 있는 사람들을 그곳에 이주시켜 토지를 사들이고 촌락을 세워, …(중략)… 학교를 세워 민족 교육을 실시하고, 무관학교를 설립하여 문무를 겸하는 교육을 실시하면서, 기회를 엿보아 독립 전쟁을 일으켜 구한국의 국권을 회복하려고 하였다.
>
> -「105인 사건 판결문」-

① 만민공동회를 개최하였다.
② 민립대학 설립 운동을 추진하였다.
③ 비밀결사의 형태로 활동을 전개하였다.
④ 광주학생항일운동이 일어나자 진상조사단을 파견하였다.

출제영역 신민회

제시문에서 설명하는 단체는 안창호, 양기탁, 이승훈 등이 중심이 되어 조직한 신민회이다.

③ 신민회는 비밀 결사의 형태로 활동을 전개하였으며, 국권을 회복한 뒤 공화정체의 국가를 수립하고자 하였다. 하지만 일제가 조작한 105인 사건으로 1911년 9월 와해되고 말았다.

오답풀이

① 만민 공동회를 개최한 단체는 독립 협회이다. 만민 공동회는 1898년 3월에 처음 개최되었다.
② 민립 대학 설립 운동을 추진한 단체는 조선 민립대학 설립 기성회이다. 하지만 대홍수를 비롯한 자연재해, 총독부의 교묘한 방해, 조선인 자산가층의 동요 등으로 민립 대학 설립 운동은 성공하지 못하였다.
④ 1929년 11월 광주 학생 항일 운동이 일어나자 진상 조사단을 파견한 단체는 신간회이다. 신간회는 광주학생항일운동을 계기로 삼아 언론 및 종교 세력, 청년 및 노동 단체 등과 함께 대규모의 민중 대회를 준비하였으나 일제 경찰에 발각되어 실패하였다.

답 ③

068 2021년 법원직

자료의 의병에 대한 설명으로 옳은 것을 〈보기〉에서 모두 고른 것은?

> 군사장은 미리 군비를 신속히 정돈하여 철통과 같이 함에 한 방울의 물도 샐 틈이 없는지라. 이에 전군에 명령을 전하여 일제히 진군을 재촉하여 동대문 밖으로 진격할 때, 대군은 긴 뱀의 형세로 천천히 전진하게 하고, …… 전군이 모이는 시기가 어긋나고 일본군이 갑자기 진격해 오는지라. 여러 시간을 격렬히 사격하다가 후원군이 이르지 않아 할 수 없이 퇴진하였다.
>
> 〈보기〉
>
> ㄱ. 고종이 해산 권고 조칙을 내리자 대부분 해산하였다.
> ㄴ. 13도 창의군을 결성하여 서울 진공 작전을 시도하였다.
> ㄷ. 각국 영사관에 교전 단체로 인정해 줄 것을 요구하였다.
> ㄹ. 의병 잔여 세력이 활빈당 등의 무장 결사를 조직하였다.

① ㄱ, ㄴ ② ㄱ, ㄹ ③ ㄴ, ㄷ ④ ㄷ, ㄹ

출제영역 정미의병

'군사장', '3백 명을 인솔하고 선두에 서서 동대문 밖 삼십 리 되는 곳에 나 아가' 등의 단서를 통해 13도 창의군의 서울진공작전에 대한 자료임을 알 수 있다. 1907년 9월 관동 의병장 이인영은 전국의 의병장들에게 경기도 양주로 집결할 것을 호소하였고, 각국 영사관에 통문을 보내 의병을 국제법상의 교전 단체로 인정해 줄 것을 요구하였다. 11월에 유생 의병장들과 1만여 의병은 양주에 집결하여 이인영을 총대장, 허위를 군사장으로 하는 13도 창의군을 결성하여 서울 진공 작전을 전개하였다.

오답풀이

ㄱ. 을미의병에 대한 설명이다.
ㄹ. 을미의병에 참여했던 의병 잔여 세력이 활빈당 등의 무장 결사를 조직하였다.

답 ③

069

2020년 법원직

(가)에 대한 설명으로 가장 옳은 것은?

> (가) 의 목적은 한국의 부패한 사상과 습관을 혁신하여 국민을 유신케 하며, 쇠퇴한 발육과 산업을 개량하여 사업을 유신케 하며, 유신한 국민이 통일 연합하여 유신한 자유 문명국을 성립케 한다고 말하는 것으로서, 그 깊은 뜻은 열 국 보호하에 공화정체의 독립국으로 함에 목적이 있다고 함.
>
> - 일본 헌병대 기밀 보고(1908) -

① 해외 독립 운동 기지 건설에 앞장섰다.
② 고종이 퇴위 당하자 의병 투쟁에 앞장섰다.
③ 입헌 군주제 수립을 목표로 활동하였다.
④ 5적 암살단을 조직하였다.

출제영역 신민회

'유신한 국민이 통일 연합하여 유신한 자유 문명국을 성립'한다는 목적 아래 공화정체의 독립국 수립을 지향한 (가)는 신민회이다. 1910년 국권을 상실할 위기에 처하자 신민회 일부 인사들은 만주로 망명하여 국경 지대에 자리잡은 밀산부에 한흥동 등의 독립 운동 기지를 개척하며 무장 투쟁을 준비하였다. 이들은 또한 남만주 지역의 삼원보에 경학사를 조직하고 신흥 강습소를 설립하였다.

오답풀이

② 해산 군인들에 대한 설명이다.
③ 헌정 연구회에 대한 설명이다.
④ 나철과 오기호가 5적 암살단을 조직하였다.

답 ①

28 간도 · 독도와 근대의 사회모습

070

2022년 서울시 1차

〈보기〉내용의 발표에 대한 설명으로 가장 옳은 것은?

> 〈보기〉
>
> 우리보다 먼저 문명개화한 나라들을 보면 남녀평등권이 있는지라. 어려서부터 각각 학교에 다니며, 각종 학문을 다 배워 이목을 넓히고, 장성한 후에 사나이와 부부의 의를 맺어 평생을 살더라도 그 사나이에게 조금도 압제를 받지 아니한다. 이처럼 대접을 받는 것은 다름 아니라 그 학문과 지식이 사나이 못지않은 까닭에 그 권리도 일반과 같으니 어찌 아름답지 않으리오.

① 평양의 양반 부인들이 발표하였다.
② 발표를 계기로 찬양회가 조직되었다.
③ 교육입국조서 발표의 배경이 되었다.
④ 이 발표에 따라 한성사범학교가 설립되었다.

출제영역 여권통문

제시문은 여권통문으로, 1898년에 발표되었으며 한국 최초의 여성 인권 선언서로 평가받는다. 이 발표를 계기로 찬양회가 조직되었는데, 찬양회는 우리나라 최초의 근대적 여성 단체로서, 여학교 설립과 여성 계몽사업 두 가지를 목표로 하였다. 찬양회에서는 관립여학교 설립을 추진하였으나 이루지 못하고, 1899년 2월에 30명 정원의 순성학교를 개교하였다. 이는 한국 여성에 의해 설립된 최초의 여학교로 초등학교에 해당하였다.

오답풀이

① 서울 북촌 양반 여성들이 중심이 되었다.
③ 교육입국조서가 먼저 발표되었다(1895년).
④ 한성사범학교 관제에 따라 1895년 4월 한성사범학교가 설립되었다.

답 ②

071 2017년 국가직

독도가 우리나라 영토임을 입증하는 근거로만 옳게 짝지어진 것은?

① 이범윤의 보고문 - 은주시청합기
② 대한제국 칙령 제41호 - 삼국접양지도
③ 미쓰야 협정 - 시마네 현 고시 제40호
④ 조선국교제시말내탐서 - 어윤중의 서북경략사 임명장

출제영역 독도

②의 대한제국의 칙령 41호는 울릉도를 울릉군으로 승격시킨 후 독도 등을 관할케 한 조치이며, 일본 지리학자 하야시가 제작한 삼국접양지도에는 울릉도와 독도가 조선 영토와 같은 색으로 표기되어 있어 독도가 일본 영토가 아니라 우리나라의 영토임이 드러난다.

오답풀이

① 이범윤은 1903년 간도관리사로 파견되어 간도를 함경도 행정 구역에 편입시켰다. 간도에 관련된 내용으로 독도와는 관련이 없다. 은주시청합기는 일본 기록으로 독도를 고려(조선) 영토로 기록하고 있다.
③ 미쓰야 협정은 1925년 만주지역의 독립운동을 탄압하기 위해서 총독부 경부국장 미쓰야가 만주 군벌인 장작림(장쭤린)과 체결한 조약으로 독도와는 관련이 없다. 시마네 현 고시 제40호는 1905년 일본이 우리 정부와 어떠한 논의도 없이 발표한, 독도를 시마네현에 불편 편입 시키는 내용의 문건이다.
④ 메이지 정부의 조선국교제시말내탐서(1870년)에서는 독도가 한국의 영토임을 인정하고 있다. 어윤중의 서북경략사 파견(1882)은 간도와 관련된 것이므로 독도와는 무관하다.

답 ②

072 2017년 기상직

다음을 일어난 순서대로 나열한 것으로 옳은 것은?

(가) 경인선 개통	(나) 원각사설립
(다) 독립문완공	(라) 한성사범학교 개교

① (가) - (나) - (라) - (다)
② (가) - (다) - (나) - (라)
③ (라) - (가) - (나) - (다)
④ (라) - (다) - (가) - (나)

출제영역 근대 문물의 수용

제시문은 개화기 근대문물의 수용 과정을 나열한 것이다. 이를 순서대로 배열하면,
(라) 한성사범학교가 개교한 것은 1895년이다. 당시 정부는 갑오개혁의 교육 정책에 따라 소학교를 널리 보급시킬 계획이었으므로 교원 양성을 위한 사범학교가 필요하였다. 이에 교원 양성 교육을 위해 한성사범학교를 설립하였다.
(다) 독립문이 완공된 것은 1897년이다. 독립협회가 주도하여 청의 사신을 맞이하던 영은문을 헐고 그 자리에 세웠다.
(가) 우리나라 최초의 철도인 경인선은 1899년 노량진 ~ 인천 구간이 개통되었고, 그 다음해 한강철교가 완성되어 경성역까지 이어졌다.
(나) 원각사는 1908년 설립된 사설 극장으로 이인직의 『은세계』를 공연하기도 하였다.

답 ④

MEMO

라영환 한국사

STEP 1

단순 암기형

6

독립운동사

단순암기형으로, 무조건 알고 가야하는 필수 문제만 모았습니다!

STEP 1 | 단순암기형 독립운동사 VI

29 일제의 식민지 지배정책

30 국내외 민족 독립운동 개관

001 2024년 국가직

(가) 시기에 있었던 사실로 옳은 것은?

	(가)	

제1차 조선교육령 발표 　　 제2차 조선교육령 발표

① 경성제국대학이 설립되었다.
② 근대 교육기관인 육영공원이 설립되었다.
③ 일본에서 2·8 독립선언서가 발표되었다.
④ 보안회의 주도로 일본의 황무지 개간권 반대 운동이 일어났다.

출제영역 2·8 독립 선언

제1차 조선 교육령이 발표된 때는 1911년 8월의 일이다. 보통학교 수업 연한을 4년으로 정하였다. (3·1 운동의 영향으로) 개정된 제2차 조선 교육령이 발표된 때는 1922년 2월의 일이다. 보통학교의 학제연한을 일제 본국과 동일하게 6년으로 늘렸다.
③ 일본 도쿄에서 유학생들을 중심으로 2·8 독립 선언서가 발표된 것은 1919년 2월의 일이다(1919. 2.8). 최팔용, 서춘, 백관수 등 재일 도쿄 유학생들 이 조직한(재일본 동경) 조선 청년 독립단이 이를 주도하였다(1918.12). 2·8 독립 선언은 3·1 운동을 촉발시킨 배경 중 하나이다.

오답풀이

① 경성 제국 대학이 설립된 것은 1924년의 일이다.
② 근대 교육 기관인 육영 공원이 설립된 것은 1886년 9월의 일이다. 문·무관, 유생 중에 어리고 총명한 자 40명을 뽑아 입학시키고 벙커와 길모어 등을 교사로 초빙하여 서양 문자를 가르쳤다.
④ 보안회의 주도로 일본의 황무지 개간권 반대 운동이 일어난 것은 1904년 7 월의 일이다.

답 ③

002 2022년 국가직

(가) 시기에 있었던 사실로 옳은 것은?

> 한국을 식민지로 삼은 일제는 헌병에게 경찰업무를 부여한 헌병 경찰제를 시행했다. 헌병경찰은 정식 재판 없이 한국인에게 벌금 등의 처벌을 가하거나 태형에 처할 수도 있었다. 한국인은 이처럼 강압적인 지배에 저항해 3·1 운동을 일으켰으며, 일제는 이를 계기로 지배 정책을 전환했다. 일제가 한국을 병합한 직후부터 3·1 운동이 벌어진 때까지를 (가) 시기라고 부른다.

① 토지 조사령이 공포되었다.
② 창씨개명 조치가 시행되었다.
③ 초등 교육 기관의 명칭이 국민학교로 변경되었다.
④ 전쟁 물자 동원을 내용으로 한 국가총동원법이 적용되었다.

출제영역 1910년대 무단통치

헌병 경찰제, 태형령 등을 통하여 (가) 시기는 1910년대 무단통치 시기임을 알 수 있다. 3·1 운동 이후 일제는 이른바 문화통치로 지배 정책을 전환하였다. (가) 시기에 있었던 사실로 옳은 것은 토지 조사령이 공포된 것이다. 일제는 1910년 토지조사국을 설치하였고, 1912년 토지조사령을 발표하고 토지조사사업을 본격화하였다.

오답풀이

② 1939년 조선민사령을 개정하여 일본식 씨명제를 강제하였다.
③ 1941년 국민학교령에 의해 명칭이 변경되었다.
④ 1938년에 있었던 일이다. 이 법을 모법으로 하는 각종 통제법령이 칙령의 형식으로 공포되면서 인적, 물적 자원의 수탈이 심화되었다.

답 ①

003 2021년 국가직

다음 법령에 따라 시행된 사업에 대한 설명으로 옳은 것은?

> 제 1조 토지의 조사 및 측량은 본령에 따른다.
> 제 2조 토지 소유자는 조선 총독이 정한 기간 내에 주소, 성명 또는 명칭 및 소유지의 소재, 지목, 자번호, 사표, 등급, 지적, 결수를 임시토지조사국장에게 신고해야 한다. 단 국유지는 보관 관청이 임시토지조사국장에게 통지해야 한다.

① 농상공부를 주무 기관으로 하였다.
② 역둔토, 궁장토를 총독부 소유로 만들었다.
③ 토지약탈을 위해 동양척식회사를 설립하였다.
④ 춘궁 퇴치, 농가 부채 근절을 목표로 내세웠다.

출제영역 일제강점기 토지조사사업

자료는 1912년에 공포된 토지 조사령으로 이 법령에 따라 시행된 사업은 토지 조사 사업이다. 조선 총독부는 토지조사사업을 통해 조선 왕조와 관청이 가지고 있던 각종 관전(官田)과 왕실토지 등을 조사·정리 후 무단으로 조선 총독부 소유지로 이전하여 점유하였다.

오답풀이

① 토지조사사업의 주무기관은 농상공부가 아닌 임시토지조사국이다. 일제는 1910년에 임시토지조사국을 설치하고 난 후 1912년에 토지 조사령을 공포하여 본격적으로 토지 조사 사업을 실시하였다.
③ 동양 척식 주식회사는 토지 조사 사업 시행 전인 1908년에 설립되었다.
④ 춘궁 퇴치, 농가 부채 근절을 목표로 내세운 것은 1932년부터 1940년까지 시행된 농촌 진흥 운동이다.

답 ②

004 2024년 법원직

다음 법령이 시행되던 시기의 모습으로 가장 옳은 것은?

> 제1조 회사의 설립은 조선 총독의 허가를 받아야 한다.
> 제2조 조선 밖에서 설립된 회사가 한국에 본점 또는 지점을 설치하고자 하는 경우, 조선 총독의 허가를 받아야 한다.
> 제3조 조선 밖에서 설립되어 조선에서 사업을 운영하는 것을 목적으로 하는 회사가 그 사업을 경영하는 경우,조선에 본점 또는 지점을 설립하여야 한다.

① 국민학교에 등교하는 학생의 모습
② 대한 광복회를 체포하려는 헌병 경찰의 모습
③ 치안유지법에 의해 구금되는 독립운동가의 모습
④ 농촌 진흥 운동을 홍보하는 조선 총독부 직원의 모습

출제영역 무단통치기 모습

일제는 1910년 회사 설립 시 총독의 허가를 받도록 하는 회사령을 제정·공포하였다.
② 대한 광복회는 1915년 7월 대구에서 풍기 광복단과 조선 국권 회복단의 일부 인사가 통합하여 비밀리에 결성되었다. 박상진을 총사령으로 하는 대한 광복회는 공화정체를 지향하면서 군대식 조직을 갖추고 독립군 양성을 목표로 하였다. 이를 위해 군자금을 모집하고 친일 부호를 처단하는 등의 활동을 전개하였다.

오답풀이

① 소학교가 국민학교라는 명칭으로 바뀐 것은 1941년 3월의 일이다.(제3차 조선 교육령 일부 개정)
③ 일제가 치안 유지법을 공포한 것은 1925년 4월이다. 치안유지법으로 사회주의 계열 독립운동이 큰 타격을 받으면서 민족주의 계열과의 연합을 모색하게 되어 국내에서 좌우합작 운동이 일어나는 계기가 되기도 하였다.
④ 농촌 진흥 운동이 전개된 것은 1932년이다. 조선 총독부 주도로 이루어진 관제 농민운동으로서 춘궁 퇴치, 농가 부채 근절을 목표로 1932년부터 1940년까지 시행되었다.

답 ②

005

2017년 국가직(하)

다음 법령에 대한 설명으로 옳지 않은 것은?

> (가) 제5조 회사가 본령이나 본령에 의거하여 발하는 명령과 허가 조건에 위반하거나 공공질서와 선량한 풍속에 반하는 행위를 할 때 조선총독은 사업의 정지와 금지, 지점의 폐쇄, 또는 회사의 해산을 명할 수 있다.
> (나) 제1조 국가총동원이란 전시에 국방 목적을 달성하기 위해 국가의 전력을 가장 유효하게 발휘하도록 인적 및 물적 자원을 운용하는 것이다.
> 제4조 정부는 전시에 국가 총동원상 필요할 때에는 칙령이 정하는 바에 따라 제국 신민을 징용하여 총동원 업무에 종사하게 할 수 있다.

① (가) - 『회사령』이다.
② (가) - 1920년대에 폐지되었다.
③ (나) - 『국가총동원법』이다.
④ (나) - 일제가 태평양전쟁을 일으킨 이후 제정하였다.

출제영역 일제강점기 조선총독부의 통치와 수탈

(가)는 총독부에서 1910년 제정된 『회사령』으로 조선에서의 회사 설립에 허가제로 적용한 것을 골자로 했다. 이후 1920년에 회사 설립은 신고제로 바뀌었다.
(나)는 일제가 전시체제 하에서 식민지의 인적·물적 자원을 전쟁에 동원하고자 1938년 5월 5일에 발표한 『국가총동원법』이다.
④ 태평양전쟁은 1941년 12월 7일 일제가 미국 하와이의 진주만을 기습하면서 시작되었으므로 『국가총동원법』 제정 이후이다. 따라서 정답은 ④번이다.

오답풀이

① 『회사령』은 조선에서의 회사 설립에 허가제로 적용한 것을 골자로 했다.
② 『회사령』은 1920년에 문화 통치를 표방하여 폐지되었고 회사 설립은 신고제로 바뀌었다.
③ 전시체제 하에서 인적·물적 자원을 동원하고자 일제는 1938년 5월 5일에 『국가총동원법』을 발표하였다.

답 ④

006

2024년 지역인재

다음 법령이 시행되던 시기에 있었던 사실로 옳은 것은?

> 제1조 본 법에서 국가 총동원이란 전시에 국방 목적 달성을 위해 국가의 모든 힘을 가장 유효하게 발휘하도록 인적 자원과 물적 자원을 통제 운용하는 것을 가리킨다.
> 제4조 정부는 전시에 국가 총동원상 필요한 경우에는 칙령이 정하는 바에 의해 제국 신민을 징용하여 총동원 업무에 종사시킬 수 있다.

① 동아일보사에서 브나로드 운동을 전개하였다.
② 일제가 조선어 학회 회원들을 검거하고 투옥하였다.
③ 육영공원에서 양반 자제에게 서양 학문을 교육하였다.
④ 대한 자강회가 지회를 설립하고 계몽 활동을 전개하였다.

출제영역 국가 총동원령

일제는 전시체제 하에서 식민지의 인적·물적 자원을 전쟁에 동원하고자 1938년 『국가총동원법』을 제정, 발표하였다.
② 조선어학회 사건은 1942년 조선어학회가 민족 의식을 고양시켰다는 죄목으로 치안유지법을 적용하여 검거하여 재판에 회부한 사건이다.

오답풀이

① 브나로드 운동은 1931년부터 동아일보의 주도하에 전개된 문맹 퇴치 운동이다. 각 지방의 마을마다 야학을 만들어 한글을 가르치고 미신 타파 · 구습 제거 · 근검 절약 등을 강조하며 계몽 활동을 펼쳤다.
③ 육영공원은 1886년에 만들어진 최초의 근대적 공립 교육 기관이다. 육영공원은 영재를 육성하는 공립 학교라는 의미로, 관리 양성을 목표로 양반 자제를 대상으로 근대식 교육과 외국어 교육을 실시하였다.
④ 대한 자강회는 1906년 3월에 조직된 단체로서 헌정연구회를 계승하여 전국에 30여 개의 지회와 2,000여 명의 회원을 두고 대한자강회 월보 를 간행하여 교육·언론 활동 및 식산흥업에 주력하였다.

답 ②

007

2018년 경찰직 1차

1910년대 일제의 식민통치에 대한 설명으로 가장 적절하지 않은 것은?

① 일본은 국권침탈 이후 본격적으로 토지침탈정책을 추진하기 위하여 '토지조사사업'을 실시하였다.
② 중추원은 총독부 자문기구로서 1919년 3·1 운동이 일어나기 전까지는 수시로 개최되어 식민 행정에 간여하였다.
③ 우리 민족 기업을 탄압하고 조선인의 회사 설립을 통제하기 위하여 '회사령'을 공포하여 회사를 설립할 경우 총독부의 허가를 받도록 하였다.
④ 일본은 광산·어장·산림 등 자원에 대해서도 수탈을 강화하였다.

출제영역 1910년대 일제의 식민통치

1910년에는 일제의 자문기관으로 개편되었으나, 3·1 운동 전까지 한 번도 회의가 소집되지 않는, 친일파 회유를 목적으로 한 명목상의 기구가 되었다. 중추원 의장은 일본인 정무총감이 겸임하였으며, 이들이 조선의 풍속과 법령에 어두웠기 때문에 1915년 이후로는 우리 옛 관습과 제도를 연구하는 기관으로 변모되었다.

오답풀이

① 1910년대에 일제는 식민지 지배를 위한 안정적 조세 확보를 위해 토지 조사 사업을 실시하여 많은 토지를 약탈하였다.
③ 일제는 조선인의 기업 활동을 억제할 목적으로 1910년 회사령을 제정하여, 국내에서의 회사 설립을 총독의 사전허가를 받도록 하고 허가 조건 위반 시에는 총독이 기업의 해산까지도 명할 수 있게 하였다.
④ 일제는 1910년대에 삼림령(1911), 임야조사령(1918), 어업령(1911), 광업령(1915) 등을 제정·공포하여 광산·어장·산림 등 자원에 대해서도 수탈을 강화하였다.

답 ②

008

2017년 교행직

밑줄 친 '새로운 정책'에 대한 설명으로 옳은 것은?

> 신임 총독은 전임 총독이 시행한 정책에 대신해 <u>새로운 정책</u>을 실시한다고 말한다. … (중략) … 신임 총독의 정책 중에서 그나마 주목할 만한 것이 있다면 지방 제도를 개정해 일정 금액 이상의 세금을 내는 조선인들에게 선거권을 주고 부 협의회 선거를 처음으로 실시한 것 정도이다. 하지만 그것도 자문 기구에 불과하다

① 여자 정신 근로령을 발표하였다.
② 동아일보, 조선일보의 발행을 허용하였다.
③ 초등 교육 기관의 명칭을 국민학교로 바꾸었다.
④ 식민 통치 비용을 확보하고자 토지 조사 사업에 착수하였다.

출제영역 일제강점기 조선총독부의 문화 통치

위에서 언급하는 새로운 정책은 사이토 마코토 총독이 표방한 이른바 '문화 통치'이다. 사이토 총독은 기존의 무단통치 대신 문화 통치를 표방하여 조선인에 대해서 유화 정책을 펼치는 한편, 친일매국노를 크게 양산시켜 민족 분열을 꾀하였다. 문화 통치의 일환으로 실시된 것으로, 『조선일보』·『동아일보』 등의 한글신문의 발행 허용, 회사령 철폐, '문관 총독' 부임 허용, 헌병제에서 보통 경찰제로의 전환 등을 들 수 있다.

오답풀이

① 여자 정신 근로령은 전시체제 하 국가총동원령(1938)이 발령된 이후인 1944년에 발표되었다.
③ 초등 교육 기관 명칭을 소학교에서 국민학교로 바꾼 초등학교령은 1941년에 제정되었다.
④ 조선 전역의 토지를 조사한 토지 조사 사업은 일제강점기 초반인 데라우치 마사타케 총독 시기인 1910~1918년에 진행되었다.

답 ②

009

2022년 계리직

다음 정책의 결과로 옳지 않은 것은?

> 총독부는 15년 동안 토지개량과 농사개량을 통해 식량 생산을 대폭 늘려 일본으로 더 많은 쌀을 가져가고 조선의 농민생활도 안정시킨다는 계획을 세웠다. 이를 위해 논의 비중을 높이고 저수지와 같은 수리시설을 개선·확충하며, 다수확 품종과 비료 개발을 진행했다.

① 조선인 자작농이 감소하고 소작농이 급증하였다.
② 미(米) 단작화로 경제구조의 파행성이 심화되었다.
③ 전국 토지의 토지대장, 지적도, 등기부가 작성되었다.
④ 식량 부족분을 해결하기 위해 만주산 좁쌀 등이 수입되었다.

출제영역 산미 증식 계획

산미 증식 계획은 1921년부터 1925년까지 제1차 5개년 계획, 1926년부터 1935년까지의 제2차 10개년 계획이었는데, 1934년에 중단되었다. 조선 쌀의 일본 이출량이 증대됨에 따라 일본 농업이 위기에 처했기 때문이었다. 또한 증산량에 비하여 반출량이 더 많은 경우가 일반적이어서 이 계획은 식민지 조선인을 위한 것이라고 말하기 어렵다. 이 정책의 결과로 옳지 않은 것은 ③번 선지이다. 이는 1910년대 토지 조사사업의 결과라고 볼 수 있다.

오답풀이

① 일제의 산미 증식 계획은 식민지 지주 체제를 강화하여 자작농이 감소하는 결과를 가져왔다. 규모가 큰 지주들은 일본으로 쌀을 판매하는 과정에서 부를 축적할 수 있었으나, 영세한 규모의 자작농들은 수리조합비, 비료 사용에 따른 비용 등을 부담에 시달리면서 소작농으로 전환하는 경우도 있었다.
② 일본을 위한 산미 증식 계획이었기에, 쌀의 단작화로 농업 생산이 기형적으로 바뀌었다.
④ 증산량에 비하여 반출량이 많았기에, 조선인의 1인당 쌀 소비량은 감소하였고, 이를 대체하기 위하여 만주산 잡곡이 수입되었다.

답 ③

010

2021년 경찰직 1차

다음 법령이 시행되던 시기에 있었던 사실로 옳은 것은?

> 제2조 국어를 상용하는 자의 보통 교육은 소학교령, 중학교령 및 고등여학교령에 의한다.
> 제3조 국어를 상용하지 않는 자에게 보통 교육을 하는 학교는 보통학교, 고등보통학교 및 여자고등보통학교로 한다.
> 제5조 보통학교의 수업 연한은 6년으로 한다. 단, 지역의 정황에 따라 5년 또는 4년으로 할 수 있다.

① 사립학교령이 공포되었다.
② 조선어가 선택 과목이 되었다.
③ 경성 제국 대학이 설립되었다.
④ 소학교가 국민학교로 개칭되었다.

출제영역 일제강점기의 교육

자료에서 보통학교의 수업 연한을 6년으로 했다는 사실 등을 통해 1922년에 제정된 제2차 조선 교육령임을 알 수 있다. 제 2차 조선 교육령은 1938년 제3차 조선 교육령이 제정되기 전까지 시행되었다. 따라서 1922~1938년까지의 시기에 있었던 사실을 찾아야 한다. ③의 경성제국대학은 1924년에 설립되었으므로 2차 조선교육령이 시행되던 시기에 해당한다. 일제는 경성 제국 대학을 세워 한국에 거주하는 일본인의 고등 교육 수요를 충족하고, 한국인의 고등 교육에 대한 열기와 불만을 잠재우려고 하였다.

오답풀이

① 사립학교령이 공포된 시기는 1908년의 일이다.
② 조선어가 선택 과목(수의 과목)이 된 것은 1938년 제3차 조선 교육령 선포 시기이다.
④ 일제는 1941년에 소학교를 '황국 신민 학교'라는 뜻을 가진 국민학교로 바꾸었다.

답 ③

011 2022년 간호직

(가) 정책의 결과로 옳은 것은?

> 조선 총독부는 1920년부터 일본본토의 긴급한 쌀 부족 문제를 해결하고자 비료 사용, 경지 정리, 개간, 간척,품종 개량 등을 내용으로 한 (가) 을/를 시행하였고 1934년에 중단하였다.

① 삼백 산업이 발달하였다.
② 원산 총파업이 발생하였다.
③ 조선인의 1인당 쌀 소비량이 감소하였다.
④ 총독의 허가를 받아야 회사 설립이 가능하였다.

출제영역 산미증산계획

제시문의 (가) 정책은 산미 증식 계획이다. 산미 증식 계획으로 미곡 생산량은 시간이 지나면서 꾸준히 증가하였으나 반출량 또한 증가하였다. 결과적으로 조선에 남는 미곡량이 점점 줄어 1인당 소비량이 급격히 줄고 있었고, 부족해진 미곡은 값싼 만주산 잡곡으로 대신 충당하였다.

오답풀이

① 1950년대 원조 경제의 상황이다.
② 1929년 원산의 노동자 1만여 명이 동맹 파업을 감행하였다.
④ 1910년 일제는 회사 설립 시 총독부의 허가를 받아야 하는 회사령을 제정하였다.

답 ③

012 2019년 국가직 7급

다음 법령이 시행되던 시기에 있었던 사실은?

> 제1조 회사의 설립은 조선 총독의 허가를 받아야 한다.
> …(중략)…
> 제5조 회사가 본령이나 본령에 의거하여 발하는 명령과 허가 조건에 위반하거나 또는 공공질서와 선량한 풍속에 반하는 행위를 할 때, 조선 총독은 사업의 정지, 지점의 폐쇄 또는 회사의 해산을 명할 수 있다.

① 경성 제국 대학이 설립되었다.
② 경찰범 처벌 규칙이 제정되었다.
③ 학교에서 조선어 사용이 금지되었다.
④ 일본 상품에 대한 관세가 철폐되었다.

출제영역 회사령

회사의 설립은 조선 총독의 허가를 받아야 한다는 점 등을 통해 제시문은 회사령임을 알 수 있다. 회사령이 시행되던 시기(1910~1920)에 있었던 사실은 ②번 선지이다. 무단 통치 시기조선 총독부는 범죄즉결례를 제정하여(1910), 경찰서장 또는 각 지방 헌병대장에게 재판 없이 즉결로 집행할 수 있는 권한을 부여하였고, 경찰범 처벌 규칙을 제정하여(1912) 위생 등 일상 생활을 엄격하게 통제하였다.

오답풀이

① 1924년(문화통치기) 경성 제국 대학이 설립되었다.
③ 민족 말살 통치 시기에 있었던 사실이다. 1938년 학교에서 조선어 교육을 모두 폐지하고 일본어를 상용케 하였다.
④ 1923년 일본 상품에 대한 관세가 철폐되었다.

답 ②

013

2021년 국가직 9급

중일전쟁 이후 조선총독부가 시행한 민족 말살 정책이 아닌 것은?

① 아침마다 궁성요배를 강요하였다.
② 일본에 충성하자는 황국 신민 서사를 암송하게 하였다.
③ 공업 자원의 확보를 위하여 남면북양 정책을 시행하였다.
④ 황국 신민 의식을 강화하고자 소학교를 국민학교로 개칭하였다.

출제영역 민족 말살 정책

중일 전쟁(1937년 7월) 이후 조선 총독부가 시행한 민족 말살 정책이 아닌 것은 ③번 선지이다. 나머지 선지들이 조선인의 민족성을 말살하고 황국신민화에 초점을 둔 정책들인 반면, 남면 북양 정책은 민족 말살 정책이라기보다는 한반도의 공업화, 병참기지화 개념에 부합하는 정책이다. 일제는 1930년대 자국의 공업 원료로 이용하기 위해 한반도 남쪽에서는 목화 재배를, 북쪽에서는 양 사육을 강요하였다. 이러한 남면 북양 정책은 중일 전쟁이 발발하기 이전부터 시행되었다. 1932년 9월부터 일본은 한반도 남부 지역의 농촌에 면화 재배를 강요하였다.

오답풀이

①, ② 중일 전쟁이 발발하자 미나미 총독은 내선일체를 내세우며 조선인의 황국 신민화 정책을 추진하였다. 1937년부터 황국 신민 서사를 암송하게 하였으며, 아침마다 일본 궁성을 향해 허리 숙여 절하도록 하였다(궁성요배).
④ 일제는 1941년 소학교를 '국민학교'로 개칭하였다.

답 ③

014

2023년 서울시

<보기>의 내용이 발표된 이후의 일제 정책으로 가장 옳은 것은?

〈보기〉

1. 우리는 황국 신민이다. 충성으로써 군국(君國)에 보답한다.
2. 우리들 황국 신민은 서로 믿고 아끼고 협력하여 단결을 공고히 한다.
3. 우리들 황국 신민은 괴로움을 참고 몸과 마음을 굳세게 하는 힘을 길러 황도(皇道)를 선양한다.

① 토지조사사업을 실시하였다.
② 치안유지법을 제정하였다.
③ 조선 사상범 예방 구금령을 제정하였다.
④ 공업화로 인한 일본 내 식량 부족 문제 해결을 위한 산미증식 계획을 실시하였다.

출제영역 민족말살통치 시기의 사회모습

제시문은 1937년 제정된 황국 신민 서사의 내용이므로, 민족말살통치 시기의 사건을 골라야 하는 문제이다. ③의 조선 사상범 예방 구금령은 독립운동가들을 재판 없이 구금하기 위한 제도로 1941년 선포되었다.

오답풀이

① 토지조사사업은 1912년부터 1918년까지 실시되었다.
② 치안유지법은 1925년 제정되었다.
④ 산미증식계획은 1920년에 시작되어 1934년에 폐지되었다가 중일전쟁(1937)을 거치며 군량미가 부족해지자 1940년에 재개되었다. 군량미 문제가 아니라 공업화로 인한 식량 부족 문제가 원인이므로 1920년대의 산미증산계획에 해당한다.

답 ③

31 1910년대 국내외 저항 (결사·기지)

015 2023년 지방직

1910년대에 있었던 사실로 옳은 것은?

① 중국 화북 지방에서 조선 독립 동맹이 결성되었다.
② 만주에서 참의부, 정의부, 신민부 등 3부가 조직되었다.
③ 임병찬이 주도한 독립 의군부는 항일 운동을 전개하였다.
④ 조선 혁명군이 양세봉의 지휘 아래 영릉가에서 일본군을 격파 하였다.

출제영역 1910년대 독립운동

③의 독립의군부는 1912년 고종의 밀지를 받아 임병찬이 조직한 국내 비밀결사조직이다. 독립의군부는 전국적 의병봉기를 통해 복벽주의를 목표로 총독부에 '국권반환요구서'를 제출하기도 하였다.

오답풀이

① 1940년대의 사건이다. 조선독립동맹은 1942년 조선의용대에서 이탈한 조선의용대 화북지대가 김두봉을 중심으로 새로이 출범한 조직이다.
② 1920년대의 사건이다. 자유시 참변(1921) 이후 만주 지역에 자치 정부인 3부가 수립(1923~1925)되었다.
④ 1930년대의 사건이다. 만주사변(1931)의 결과 한중연합전이 전개되어 남만주에서 조선혁명군(양세봉)과 중국 의용군이 연합하여 영릉가 전투(1932), 흥경성 전투(1933)에서 승리하였다.

답 ③

016 2022년 서울시 1차

〈보기〉의 밑줄 친 '이 단체'에 대한 설명으로 가장 옳은 것은?

〈보기〉

이 단체는 조선국권회복단의 박상진이 풍기광복단과 제휴하여 조직하였다. 무력 투쟁을 통한 독립을 목표로 하였고, 군자금 모집, 독립군 양성, 무기구입, 친일 부호 처단 등 활동을 전개하였다.

① 독립군 양성을 위한 신흥강습소를 설치하였다.
② 블라디보스토크에 최초의 임시정부를 수립하였다.
③ 무력 항쟁의 의지를 담은 대한독립선언서를 발표하였다.
④ 공화주의 이념에 따라 공화정치를 실현하는 것을 목표로 하였다.

출제영역 대한광복회

밑줄 친 '이 단체'는 대한광복회이다. 박상진을 총사령으로 하는 대한 광복회는 군대식 조직을 갖추고 독립군 양성을 목표로 하였다. 이를 위해 군자금을 모집하고 친일 부호를 처단하는 등의 활동을 전개하였다. 1910년대 국내 비밀결사 중 가장 대표적인 두 단체가 독립의군부와 대한광복회인데, 독립의군부가 복벽주의를 표방한 반면, 대한광복회는 공화정체를 지향한 것이 눈길을 끈다.

오답풀이

① 경학사에 대한 설명이다.
② 권업회가 설립을 주도한 대한광복군 정부에 대한 설명이다.
③ 대한독립선언서는 1918년 11월 만주, 노령을 중심으로 당시 해외에 나가 있던 저명인사 39명이 한국의 독립을 선포한 선언서이다.

답 ④

017

2020년 지방직 9급

밑줄 친 '그'의 활동으로 옳은 것은?

> 경술년(1910)에 여러 형제들이 모여서 같이 만주로 갈 준비를 하였다. <u>그</u>(1867~1932)는 1만여 석의 재산과 가옥을 모두 팔고 큰집, 작은 집이 함께 압록강을 건너 떠났다. 그는 만주에서 독립군 양성 기관인 신흥 강습소를 설립하였다.

① 조선어학회 사건으로 옥고를 치렀다.
② 독립운동 단체인 경학사를 조직하였다.
③ 3·1 운동 민족대표 33인 중 한 명이었다.
④ '삼균주의'에 입각한 한국국민당을 결성하였다.

출제영역 이회영

일제 강점 이후 만주로 망명하여 신흥강습소를 설립한 '그'는 이회영(1867~1932)이다.
자료의 내용은 이시영, 이회영 형제 가문의 독립운동에 관련한 것이다. 이들은 신민회 계열의 인사로 서간도 삼원보에 신흥강습소를 만들어 민족 교육과 독립군 양성에 매진하였다. 신흥강습소는 1919년 신흥무관학교로 발전하였다.

오답풀이

① 조선어학회 사건(1942)으로 체포된 회원들은 이윤재, 이극로·최현배·이희승·정인승 등이다.
③ 이회영은 3·1 운동 당시 중국에서 활동하고 있었기 때문에 민족대표 33인에 포함되지 않았다.
④ 1935년에 김구가 한국국민당을 결성하였다.

답 ②

018

2020년 지방직 7급

다음 설명에 해당하는 인물에 대한 설명으로 옳은 것은?

> • 항일 민족 교육의 요람인 서전서숙을 설립하였다.
> • 만국평화회의가 열린 헤이그에 특사로 파견되었다.

① 경학사를 조직하였다.
② 독립의군부를 조직하였다.
③ 대한인국민회를 조직하였다.
④ 대한광복군정부를 조직하였다.

출제영역 이상설

헤이그 특사(이상설, 이준, 이위종) 중 서전서숙의 설립(1906, 북간도)에 참여한 인물은 이상설이다. 이상설에 대한 설명으로 옳은 것은 ④번 선지이다. 헤이그 특사 이후 미국에 머무르던 이상설은 1909년 연해주로 가서 독립운동 기지인 한흥동을 건설하고, 13도의군(1910)을 편성하였으며, 권업회(1911)를 조직하였다. 이후 1914년에는 이동휘, 이동녕 등과 대한광복군정부를 세워 정통령에 선임되었다.

오답풀이

① 이회영, 이시영, 이상룡 등 신민회 계열의 인사들이 서간도 지역인 삼원보에 경학사를 조직하였다.
② 고종의 밀지를 받아 독립의군부를 조직한 인물은 임병찬이다.
③ 박용만, 이승만, 안창호 등에 대한 설명이다.

답 ④

019 2018년 지방직 7급

밑줄 친 '강습소'에 대한 설명으로 옳은 것은?

> 1911년 만주 유하현 삼원보에 독립군 양성을 목적으로 하는 강습소가 설립되었다. 이 강습소는 이듬해에 통화현으로 근거지를 옮겼으며, 나중에 학교로 개편되었다. 이 학교에는 4년제 중학 과정의 본과가 있었고, 3개월 또는 6개월의 무관 양성을 위한 속성과인 특별과가 있었다.

① 일제가 만주 군벌과 체결한 미쓰야 협정으로 폐교되었다.
② 이회영 등이 독립운동기지 건설 운동의 일환으로 설립하였다.
③ 대한민국 임시정부가 출범함에 따라 상해로 근거지를 옮겼다.
④ 중·일전쟁 이후에 조선민족전선연맹의 산하 조직으로 편입 되었다.

출제영역 신흥강습소

자료의 내용은 이시영, 이회영 형제 가문이 조직한 신흥강습소이다.
다. 신민회 계열의 인사들이 서간도 삼원보에 신흥강습소를 만들어 민족 교육과 독립군 양성에 매진하였다. 신흥강습소는 1919년 신흥무관학교로 발전하였다.

오답풀이

①, ③, ④ 1920년 일본이 탄압에 나서며 학교의 정상적인 운영이 어려워졌고, 봉오동 전투의 승리 이후 일본군의 보복을 피해 교관과 학생들이 피신하며 신흥무관학교는 폐교되었다.

답 ②

020 2025년 국가직

밑줄 친 '이 지역'에 대한 설명으로 옳은 것은?

> 이 지역에서 권업회라는 독립운동 단체가 조직되었고, 권업회는 국외 무장 독립 단체들을 모아 대한 광복군 정부라는 독립군 조직을 만들었다.

① 동제사가 창립되었다.
② 경학사가 조직되었다.
③ 한인촌인 신한촌이 형성되었다.
④ 대조선 국민 군단이 창설되었다.

출제영역 연해주

제시문의 '이 지역'은 러시아 연해주 지역이다. 연해주에서는 1911년 이범윤, 홍범도, 유인석, 이상설, 신채호 등이 권업회라는 독립운동 단체를 조직하여 기관지로 『권업신문』을 발행하였다. 권업회는 1914년 대한광복군 정부를 창설했다.
③ 러시아 연해주는 1905년 이후 민족 운동가들이 독립운동을 위한 정치적 망명을 시작해 여러 곳에 한인 집단촌이 형성되고 많은 민족 단체와 학교가 설립되었으며, 항일 의병 및 독립운동이 활발히 전개되었다. 특히 1911년 봄부터 연해주 블라디보스토크에서는 한인촌인 신한촌이 건설되기 시작하였고, 같은 해 12월에는 한인 자치 단체인 권업회가 창립되었다.

오답풀이

① 1912년 국권 회복을 위해 신규식, 박은식을 중심으로 한 동제사가 창립된 곳은 중국 상하이이다.
② 민족의 독립을 목표로 이회영 등을 중심으로 한 자치 기관인 경학사가 조직된 곳은 서간도의 유하현 삼원보이다. 이상룡의 주도로 1912년 부민단으로 계승되었으며, 1919년 3·1 운동 직후 주변 단체를 통합해 한족회로 확대·개편되었다.
④ 독립군 양성을 위해 1914년 박용만의 주도로 대조선 국민 군단이 창설된 곳은 미주 지역인 하와이이다.

답 ③

021

2025년 국가직

다음 강령을 발표한 단체에 대한 설명으로 옳은 것은?

> 1. 부호의 의연금 및 일본인이 불법 징수하는 세금을 압수하여 무장을 준비한다.
> 6. 일본인 고관 및 한국인 반역자를 수시 수처에서 처단하는 행형부를 둔다.
> 7. 무력이 완비되는 대로 일본인 섬멸전을 단행하여 최후 목적의 달성을 기한다.

① 「조선 혁명 선언」을 활동 지침으로 삼았다.
② 일본에 국권 반환 요구서를 보내려 하였다.
③ 박상진을 총사령으로 하여 공화정체를 지향하였다.
④ 대한민국 임시정부의 김구가 중심이 되어 창설하였다.

출제영역 대한광복회

제시문이 설명하는 단체는 1915년 박상진 주도로 결성된 대한 광복회이다.

③ 대한 광복회는 1915년 7월 대구에서 풍기 광복단과 조선 국권 회복단의 일부 인사가 통합하여 비밀리에 결성되었다. 박상진을 총사령으로 하는 대한 광복회는 공화정체를 지향하면서 군대식 조직을 갖추고 독립군 양성을 목표로 하였다. 이를 위해 군자금을 모집하고 친일 부호를 처단하는 등의 활동을 전개하였다. 1918년 1월에 전국의 조직망이 발각되어 해산되었다.

오답풀이

① 『조선 혁명 선언』을 활동 지침으로 삼은 단체는 1919년 11월 중국 만주 지린성에서 조직된 의열단이다. 단재 신채호는 의열단장 김원봉의 부탁을 받고 중국 상하이에서 『조선 혁명 선언』을 작성하였다.
② 조선 총독부에 국권 반환 요구서를 보내려 한 단체는 임병찬이 고종의 밀지를 받아 조직한 독립 의군부이다. 독립 의군부는 복벽주의를 표방하였다.
④ 대한민국 임시 정부의 김구가 중심이 되어 창설한 단체는 의열 단체인 한인 애국단이다.

답 ③

022

2017년 국가직

밑줄 친 '이곳'에서 전개된 민족운동으로 옳은 것은?

> 1903년에 우리나라 공식 이민단이 <u>이곳</u>에 도착하였다. 이주 노동자들은 사탕수수 농장, 개간 사업장, 철도공사장 등에서 일하며 한인 사회를 형성하여갔다. 노동 이민과 함께 사진결혼에 의한 부녀자들의 이민도 이루어졌다. 또한 한인합성협회 등과 같은 한인 단체가 결성되었다

① 독립운동 기지인 한흥동이 결성되었다.
② 독립운동 단체인 권업회가 조직되었다.
③ 자치 기관인 경학사와 부민단이 만들어졌다.
④ 군사 양성 기관인 대조선 국민군단이 창설되었다.

출제영역 해외 독립운동

제시된 자료의 밑줄 친 '이곳'은 미국 하와이에 대한 설명이다. 대한제국 정부는 1902년 이민업무를 담당하는 수민원을 설치하여 그 다음 해부터 하와이에 공식 이민단을 보냈다. 당시 미국하와이 농장주들이 노동자를 구하기 어렵게 되자 대한제국 정부에 한국 농민의 이민을 요청하였는데, 우리 농민은 정부의 해외 취업 알선을 받아 하와이로 이주한 것이다. ④의 '대조선 국민군단'은 독립 전쟁을 위한 군인 양성을 위해 1914년 박용만이 하와이에 세운 군사 양설 기관이므로 하와이에서 전개된 민족운동의 사례로 적절하다.

오답풀이

① 한흥동은 1909년 북만주 밀산부에서 이상설 등이 중심이 되어 건설하였다.
② 권업회는 1911년에 이상설을 중심으로 러시아 연해주 블라디보스토크에서 조직되었다.
③ 경학사(1911)와 부민단(1912)은 망명 한인의 생활을 총체적으로 관여할 수 있는 자치 기관으로 남만주 서간도의 삼원보 지역에 설립되었다.

답 ④

32 3·1 운동과 대한민국임시정부

023 2024년 국가직

(가) ~ (라)는 대한민국 임시정부와 관련한 사실이다. 이를 시기순으로 바르게 나열한 것은?

> (가) 한인애국단 창설
> (나) 한국광복군 창설
> (다) 국민대표회의 개최
> (라) 주석·부주석제로 개헌

① (가) → (다) → (나) → (라)
② (가) → (라) → (다) → (나)
③ (다) → (가) → (나) → (라)
④ (다) → (나) → (가) → (라)

출제영역 대한민국 임시 정부

(가) 한인 애국단이 백범 김구 주도로 창설된 것은 1931년 10월의 일이다.
(나) 한국 광복군(총사령부)이 중국의 충칭에서 창설 된 것은 1940년 9월의 일이다. 1945년에 이르러 한국 광복군은 국내 정진군을 통한 국내 진입 작전을 추진하였다[미국 전략 정보군(OSS)과 합작].
(다) 국민 대표 회의가 중국 상하이에서 개최된 것은 1923년 2월의 일이다(~같은 해 5월까지 진행). 회의에서 개조파와 창조파가 대립하다 끝내 결렬되었다.
(라) 대한민국 임시 정부가 주석·부주석제로 개헌한 것은 1944년 4월의 일이다(제5차 개헌). 백범 김구가 주석, 김규식이 부주석으로 임명되었다.
이상을 시기 순으로 나열하면 '(다) - (가) - (나) - (라)'가 된다.

답 ③

024 2024년 지방직

다음 주장을 내세운 민족 운동은?

> 1. 오늘날 우리의 이 행동은 정의와 인도 그리고 생존과 존엄함을 지키기 위한 민족적 요구에서 나온 것이니, 오직 자유로운 정신을 발휘할 것이며 결코 배타적 감정으로 치닫지 말라.
> 1. 마지막 한 사람까지 마지막 한순간까지 민족의 정당한 의사를 마음껏 발표하라.
> 1. 일체의 행동은 무엇보다 질서를 존중하며, 우리의 주장과 태도를 어디까지나 떳떳하고 정당하게 하라.

① 3·1 운동　② 6·10 만세 운동
③ 물산 장려 운동　④ 민립 대학 설립 운동

출제영역 3·1운동

제시문은 기미독립선언서(3·1 독립선언서) 중 공약 3장 부분을 발췌한 것이다. 기미독립선언서의 본문은 최남선이 작성하였으며, 이 공약 3장은 한용운이 추가한 것이다. 이 독립선언서는 천도교측 15명, 기독교측 16명, 불교측 2명, 총 33명이 민족 대표로 서명하였고, 천도교에서 경영하는 보성사 인쇄소에서 인쇄되어 전국 각지로 배포되었다. 정답은 ①번 3·1 운동이다.

답풀이

② 6·10 만세 운동은 1926년 6월 10일 순종의 인산일(장례일)을 계기로 일어났다. 조선 공산당, 천도교 등이 시위를 계획하였으나 사전에 발각되어 검거되는 바람에 조선 학생 과학 연구회 등 학생 단체가 만세 시위를 주도하였다.
③ 물산 장려 운동은 1920년 8월 평양에서 조만식 등의 주도로 시작되어 자작회(自作會), 토산 애용 부인회 등 전국 각지의 단체들이 호응하였다.
④ 민립 대학 설립 운동은 1922년 11월 이상재 등의 주도로 민립 대학 설립 기성 준비회가 조직되면서 본격화되었다.

답 ①

025

2022년 국가직

(가)에 대한 설명으로 옳은 것은?

> 3·1 운동 직후에 만들어진 (가) 은/는 연통제라는 비밀 행정 조직을 만들었으며, 국내 인사와의 연락과 이동을 위해 교통국을 두었다. 또 외교 선전물을 간행하여 일제 침략의 부당성을 널리 알리고자 하였다. 그러나 이러한 활동은 뚜렷한 성과를 내지 못하였다. 그러한 가운데 (가) 의 활동 방향을 두고 외교 운동 노선과 무장투쟁 노선 사이에서 갈등이 빚어지기도 하였다.

① 외교 운동을 위해 미국에 구미 위원부를 설치하였다.
② 비밀결사 운동을 추진하고자 독립 의군부를 만들었다.
③ 이인영, 허위 등을 중심으로 서울진공작전을 추진하였다.
④ 영국인 베델을 발행인으로 한 대한매일신보 를 창간하였다.

출제영역 대한민국 임시 정부

(가)는 대한민국 임시 정부이다. 연통제, 교통국, 외교 선전물, 외교 운동 노선과 무장 투쟁 노선의 갈등 등을 통해 알 수 있다. 대한민국 임시 정부에 대한 설명으로 옳은 것은 ①번 선지이다. 외교 활동에 열중했던 초기의 대한민국 임시 정부는 파리 강화회의에 김규식을 전권대사로 파견하였고, 미국에 구미 위원부를 두고 외교 활동을 전개하였다.

오답풀이

② 1912년 임병찬이 고종의 밀지를 받아 조직했던 독립 의군부는 일본의 내각 총리대신과 조선 총독 및 주요 관리들에게 국권 반환 요구서를 보냈다.
③ 정미의병 당시 13도 창의군이 결성되어 서울 진공 작전을 추진하였다.
④ 대한매일신보는 1904년 창간된 신문으로, 그 창간은 임시 정부와 관련이 없다.

답 ①

026

2021년 국가직

밑줄 친 '회의'에서 있었던 사실은?

> 본 회의는 2천만 민중의 공정한 뜻에 바탕을 둔 국민적대화합으로 최고의 권위를 가지고 국민의 완전한 통일을 공고하게 하며, 광복 대업의 근본 방침을 수립하여 우리 민족의 자유를 만회하며 독립을 완성하기를 기도하고 이에 선언하노라. … (중략) … 본 대표 등은 국민이 위탁한 사명을 받들어 국민적 대단결에 힘쓰며 독립운동이 나아갈 방향을 확립하여 통일적 기관 아래에서 대업을 완성하고자 하노라.

① 대한민국 건국 강령이 상정되었다.
② 박은식이 임시대통령으로 선출되었다.
③ 민족유일당운동 차원에서 조선혁명당이 참가하였다.
④ 임시정부를 대체할 새로운 조직을 만들자는 주장이 나왔다.

출제영역 국민대표회의

자료는 1923년 발표된 국민대표회의 선언서 내용의 일부이므로, 밑줄 친 '회의'는 국민 대표 회의이다. 국민대표회의는 1923년 독립 운동의 방향을 논의하기 위하여 개최되었으나, 참여인원이 창조파와 개조파 등으로 나뉘어 대립하며 분열되었다. 신채호 등 창조파는 ④와 같이 임시정부를 해체하고 새로운 정부를 세우자고 주장하였고, 안창호 등의 개조파는 임시정부를 해체하기보다는 개편하자는 주장을 펼쳤다.

오답풀이

① 대한민국 건국 강령은 충칭 임시 정부 시기인 1941년 11월에 발표된 것으로 국민대표회의와는 관련이 없다.
② 대한민국 임시 정부는 이승만을 탄핵, 파면하고 박은식을 2대 대통령으로 추대한 것은 1925년의 일로 국민대표회의가 결렬된 후의 일이다.
③ 한국 독립당(조소앙), 신한독립당(지청천), 의열단(김원봉) 등 여러 단체들의 인사들이 민족 독립 운동의 단일 정당을 목표로 민족 혁명당을 창건한 것은 1935년의 일로 역시 국민대표회의와는 관련이 없다.

답 ④

027 2025년 지방직

다음 선언으로 시작된 운동에 대한 설명으로 옳은 것은?

> 우리는 지금 우리 조선이 독립국이고 조선인이 자주민임을 선언하노라. 이를 세계 여러 나라에 알려 인류 평등의 대의를 분명히 밝히고, 이를 후손에게 대대로 전하여 민족 자존의 정당한 권리를 영원히 누릴 수 있도록 하노라.

① 형평 운동과 같은 연도에 발생하였다.
② 신간회에서 진상 조사단을 파견하였다.
③ 이 운동 이후 일제는 이른바 '문화 통치'로 통치 방식을 바꾸었다.
④ 운동 준비 과정에서 민족주의 세력과 사회주의 세력이 연대하였다.

출제영역 기미 독립 선언문

제시된 사료는 3·1 운동(1919) 당시의 기미 독립 선언문이다.
③ 3·1 운동 이후 일본은 무단통치를 이른바 문화통치로 변경하였다.

오답풀이

① 조선 형평사가 경남 진주에서 창립된 것은 1923년 4월이다. 형평사를 창립하여 형평 운동을 펼친 이들은 80여 명의 백정 출신들과 사회 운동가들이었다.
② 신간회에서 진상 조사단을 파견한 사건은 1929년의 광주 학생 항일 운동이다. 그러나 광주학생항일운동을 계기로 간부들이 일제에 의해 대거 검거되고, 이후 좌-우 간의 노선 차이로 갈등을 빚어 결국 신간회는 1931년에 해소된다.
④ 운동 준비 과정에서 민족주의 세력과 사회주의 세력이 연대한 사건은 1926년에 일어난 6·10 만세 운동이다. 6·10 만세 운동은 일제의 식민지 수탈 정책과 식민지 교육에 대한 반발이 깔려 있었고, 사회주의 계열과 민족주의 계열이 학생 단체와 힘을 합쳐 준비하였다.

답 ③

028 2021년 지방직

(가) 단체의 활동에 대한 설명으로 옳은 것은?

> 탑골공원에 모인 수많은 학생과 시민이 독립 선언식을 거행하고 만세를 부르며 거리를 행진하였다. 이후 만세 시위는 전국으로 확산하였다. 이 운동을 계기로 독립운동가 사이에는 독립운동을 더욱 조직적으로 전개하자는 공감대가 형성되어 (가) 가 / 이 만들어졌다. (가) 는/은 구미 위원부를 설치하는 등 적극적으로 독립운동을 펼쳐 나갔다.

① 『대동단결선언』을 발표하였다.
② 국내외의 연락을 위해 교통국을 두었다.
③ 독립군을 양성하기 위해 신흥무관학교를 설립하였다.
④ 『조선혁명선언』을 강령으로 삼아 의열투쟁을 전개하였다.

출제영역 대한민국 임시 정부

(가) 단체는 대한민국 임시 정부이고, 사료는 3·1 운동을 계기로 대한민국 임시 정부가 수립되었음을 보여주는 내용이다. 대한민국 임시 정부는 독립운동 자금을 안정적으로 확보하고 국내외의 항일 세력과 연락하기 위해 연통제와 교통국을 조직하였다.

오답풀이

① 대동단결선언은 대한민국 임시 정부 수립(1919) 전인 1917년 중국 상하이에서 신채호, 조소앙, 신규식, 박은식 등 14인의 명의로 발표된 선언으로 임시 정부 수립의 당위성을 밝히고, 대한 제국의 영토·인민·주권을 계승한 새로운 민주주의 국가 건설의 신호탄을 쏘아올린 점에서 큰 의미가 있다.
③ 신민회에 대한 설명이다. 신민회의 이회영, 이상룡 등은 남만주 삼원보에 신한민촌을 건설하였고, 이곳에서 경학사를 조직하고 신흥 강습소를 세웠다(1911). 신흥 강습소는 군사 교육을 실시하여 독립군을 양성하였고, 이후 신흥 무관 학교로 발전하였다(1919).
④ 신채호가 작성한 『조선 혁명 선언』을 강령으로 삼아 의열 투쟁을 전개한 단체는 의열단이다.

답 ②

029 2017년 서울시

대한민국 임시 정부에 대한 설명으로 옳지 않은 것은?

① 국내 항일 세력들과 연락하기 위해 연통제를 운영하였다.
② 국외 거주 동포에게 독립 공채를 발행하였다.
③ 만주 지역의 무장 투쟁 세력들도 참여하였다.
④ 임시 정부 수립 직후 임시 의정원을 구성하였다.

출제영역 대한민국 임시정부의 활동

임시의정원은 대한민국 임시정부의 입법기관으로, 대한민국 임시정부 수립을 위한 사전 조직으로 1919년 4월 조직되었다. 임시의정원을 기반으로 대한민국 임시정부가 탄생하였으므로, 임시정부 수립 직후 임시 의정원이 구성되었다는 ④번이 잘못된 내용이다.

오답풀이

① 임시정부는 국내 항일세력과 연락하고자 한양에 연락 사무소를 두는 연통제를 운영하였다.
② 임시정부는 군자금을 조달하기 위해 독립공채(애국공채)를 발행하였다. 독립공채는 국내에 거주하는 국민들뿐만이 아니라, 해외 동포나 외국인에게도 발행되었다.
③ 1919년 서간도의 서로군정서와 북간도의 북로군정서 등 '만주 지역의 무장 투쟁 세력들'도 임시정부 직속을 표방하며, 독립운동에 함께 참여하였다.

답 ④

030 2021년 법원직

밑줄 친 ㉠ ~ ㉣에 대한 설명으로 옳은 것을 〈보기〉에서 모두 고른 것은?

대한민국 임시 정부는 1921년을 고비로 ㉠ 위기 상태에 빠졌다. 임시 정부 내에서 ㉡ 독립운동의 노선을 둘러싼 갈등도 나타났다. 각계의 독립운동 지도자들은 이 국면을 타개하고자 국민 대표 회의를 열어 독립운동의 새로운 방향을 모색하였다. 하지만 임시 정부의 진로 문제를 놓고 ㉢ 개조파와 창조파가 대립하여 회의는 결렬되었다. 이후 ㉣ 지도 체제가 개편되었지만 대한민국 임시정부는 한동안 침체 상태에 빠졌다.

〈보기〉

ㄱ. ㉠ - 교통국과 연통제 조직이 일제에 발각되었다.
ㄴ. ㉡ - 외교 활동에 대한 무장 투쟁론자의 비판이 거세졌다.
ㄷ. ㉢ - 주로 외교론을 비판하는 무장 투쟁론자들로 구성되었다.
ㄹ. ㉣ - 헌법을 고쳐 대통령 중심의 집단 지도 체제로 전환하였다.

① ㄱ, ㄴ　② ㄱ, ㄹ　③ ㄴ, ㄷ　④ ㄷ, ㄹ

출제영역 대한민국 임시정부

제시문은 국민 대표 회의(1923) 개최 전후 시기 임시 정부의 모습을 나타낸 것이다.
ㄱ. 대한민국 임시 정부는 교통국과 연통제 조직이 일제에 발각되어 와해된 후 자금 조달에 어려움을 겪었다.
ㄴ. 외교 활동에 대한 무장 투쟁론자의 비판이 거세지면서 독립 운동 방향을 둘러싼 임시 정부 내부의 갈등이 심화되었다.

오답풀이

ㄷ. 창조파에 대한 설명이다. 개조파는 주로 실력 양성론자들로 구성 되었다.
ㄹ. 국민 대표 회의 이후 임시 정부는 1925년 2차 개헌을 통해 국무령 중심의 내각 책임제를 갖추었다.

답 ①

33 1920~30년대 국외 무장독립 투쟁(만주)

34 1930~40년대 국외 무장독립 투쟁(중국 관내)

031

2024년 지방직

밑줄 친 '이 의거'를 일으킨 단체에 대한 설명으로 옳은 것은?

김구는 상하이 각 신문사에 편지를 보내 자신이 이 의거의 주모자임을 스스로 밝혔다. 이 편지에서 김구는 윤봉길이 휴대한 폭탄 두 개는 자신이 특수 제작하여 직접 건넨 것이며, 일본 민간인을 포함하여 다른 나라 사람이 무고한 피해를 입지 않도록 신중을 기하라고 당부하였음을 강조하였다.

① 이봉창이 단원으로 활동하였다.
② 고종의 밀명을 받아 결성되었다.
③ 조선 혁명 선언을 활동 지침으로 삼았다.
④ 일제가 날조한 105인 사건으로 와해되었다.

출제영역 한인 애국단

밑줄 친 '이 의거'는 '윤봉길 의거'이고, 이를 일으킨 단체는 한인 애국단이다. 제시문의 김구, 상하이, 윤봉길 등을 통해 추정할 수 있다. 한인 애국단의 윤봉길은 상하이 홍커우 공원에서 열린 천장절 및 전승 축하식에서 폭탄을 던져 일본군 장성과 고관들을 살상하였다(1932.4.). 백범 김구의 주도로 1931년 10월 창설된 한인 애국단에 대한 설명으로 옳은 것은 ①번 선지이다. 한인 애국단원이었던 이봉창은 도쿄에서 일왕 히로히토를 향해 수류탄을 던졌으나 성공하지는 못하였다.

오답풀이

② 독립 의군부에 대한 설명이다. 이 단체는 임병찬이 고종의 밀명을 받아 만든 비밀 결사로, 복벽주의를 추구하였으며, 일본에 국권 반환 요구서를 제출하려 하였다.
③ 의열단에 대한 설명이다. 이 단체는 1919년 11월 중국 만주 지린성에서 조직되었으며, 이를 주도한 김원봉의 부탁을 받은 신채호가 조선혁명 선언을 작성하였다.
④ 신민회에 대한 설명이다. 이 단체는 1907년 국내에서 결성된 항일 비밀 결사로, '105인 사건'으로 와해되었다.

답 ①

032

2024년 법원직

(가)에 대한 설명으로 가장 옳지 않은 것은?

(가) 건국강령

1. 우리나라는 우리 민족이 반만년 이래로 같은 말과 글과 국토와 주권과 경제와 문화를 가지고 공동한 민족 정기를 길러온, 우리끼리 형성하고 단결한 고정적 집단의 최고 조직임.
2. 우리나라의 건국 정신은 삼균제도의 역사적 근거를 두었으니 … 이는 사회 각 계급·계층이 지력과 권력과 부력의 향유를 균평하게 하여 국가를 진흥하며 태평을 보전 유지하라고 한 것이니, 홍익인간과 이화세계하자는, 우리 민족의 지켜야 할 최고의 공리임.

① 충칭에서 정규군인 한국광복군을 창설하였다.
② 1941년 일제에 대일 선전 성명서를 발표하였다.
③ 조선의용대 화북지대를 조선의용군으로 개편하였다.
④ 민족혁명당과 사회주의 계열 단체 인사가 합류하였다.

출제영역 대한민국 임시 정부

(가)는 대한민국 임시 정부이다. 대한민국 임시 정부는 1941년 11월 민주 국가 건설을 위한 건국 강령을 발표하였다. 대한민국 임시 정부에 대한 설명으로 옳지 않은 것은 ③번 선지이다. 1942년 5월 충칭에서 조선 의용대 본대가 대한민국 임시 정부의 광복군 제1지대로 편입된 후, 1942년 7월 10일, 화북조선청년연합회 제2차 대회에서 조선 의용대 화북지대는 조선의용군으로 개편되었다.

오답풀이

① 대한민국 임시 정부는 지청천을 총사령으로 하는 한국광복군 총사령부를 설립하였다(1940. 9. 17.).
② 대한민국 임시 정부는 태평양 전쟁이 일어난 직후, 대한민국 임시정부 대일선전성명서를 발표하였다(1941. 12. 10.). 이 선전 포고는 연합국의 일원으로 참전하여 전후 처리에서 연합국의 지위를 인정받기 위한 조치였다.
④ 민족 혁명당과 사회주의 계열 단체 인사가 합류한 것은 1942년 10월 무렵의 일이다.

답 ③

033

2023년 서울시

'가'에 들어갈 내용으로 가장 적절한 것은?

자유시 참변이 일어났다.
⇩
(가)
⇩
국민부와 혁신 의회가 조직되었다.

① 한국광복군이 창설되었다.
② 봉오동에서 승리를 거두었다.
③ 대조선 국민군단이 조직되었다.
④ 참의부·정의부·신민부가 성립되었다.

출제영역 1920년대의 독립운동

자유시 참변은 1921년 6월, 국민부와 혁신의회 조직은 1928~1929년의 사실이다. ④의 참의부(1923) 정의부(1924) 신민부(1925)는 자유시 참변 이후 러시아에서 물러난 독립군들이 만주에서 재정비하며 설립 된 단체들이므로 (가) 시기에 적절하다.

오답풀이

① 1940년 9월의 사건이다.
② 1920년 6월의 사건이다.
③ 1914년 미주 지역에서 박용만을 중심으로 조직되었다.

답 ④

034

2019년 국가직

다음 전투를 이끈 한국인부대에 대한 설명으로 옳은 것은?

> 아군은 사도하자에 주둔 병력을 증강시키면서 훈련에 여념이 없었다. 새벽에 적군은 황가둔에서 이도하 방면을 거쳐 사도하로 진격하여 왔다. 그런데 적군은 아군이 세운 작전대로 함정에 들어왔고, 이에 일제히 포문을 열어 급습함으로써 적군은 응전할 사이도 없이 격파되었다.

① 양세봉이 총사령관이었다.
② 미쓰야 협정이 체결되기 직전까지 활약하였다.
③ 한국독립당의 산하부대로 동경성 전투도 수행하였다.
④ 조선민족전선연맹이 중국 국민당의 지원을 받아 창설하였다.

출제영역 지청천의 한국독립군

제시된 자료에서 '사도하자', '적군 격파' 등의 내용을 통하여 한국 독립군에 대한 설명임을 알 수 있다. 한국 독립당 산하 부대인 한국 독립군은 지청천을 총사령관으로 하였다. 한국 독립군은 중국호로군과 연합하여 쌍성보 전투(1932), 사도하자 전투(1933), 동경성 전투(1933), 대전자령 전투(1933)에서 일·만 연합군을 크게 격파하였다.

오답풀이

① 양세봉을 총사령관으로 하였던 곳은 조선 혁명군이다. 조선 혁명군은 중국 의용군과 연합하여 영릉가, 흥경성 전투 등에서 일본군을 격파하였다.
② 미쓰야 협정은 1925년 일본이 3부(참의부, 정의부, 신민부)를 탄압하기 위하여 1925년에 만주 군벌 장쭤린과 체결한 협정이다. 한국 독립군은 미쓰야 협정 체결 이후인 1930년에 결성되었다.
④ 조선민족전선연맹은 1937년에 김원봉이 주도하여 창설되었다. 중국 국민당 정부의 지원을 받은 조선민족전선연맹 산하 군사조직은 조선의용대로 1938년 중국 관내 최초의 한인 무장 부대로 창설되었다.

답 ③

035

2022년 지방직

다음 글은 (가)의 부탁을 받고 (나)가 지은 것이다. (가)와 (나)에 대한 설명으로 옳은 것은?

> 우리는 '외교', '준비' 등의 미련한 꿈을 버리고 민중 직접 혁명의 수단을 취함을 선언하노라. 조선 민족의 생존을 유지하자면 강도 일본을 쫓아내야 하고, 강도 일본을 쫓아내려면 오직 혁명으로써만 가능하니, 혁명이 아니고는 강도 일본을 쫓아낼 방법이 없는 바이다.

① (가)는 조선의용대를 결성하였고, (나)는 국혼을 강조하였다.
② (가)는 신흥무관학교를 세웠고, (나)는 형평사를 창립하였다.
③ (가)는 조선건국동맹을 조직하였고, (나)는 식민 사학의 한국사 정체성론을 반박하였다.
④ (가)는 황포군관학교에서 훈련받았고, (나)는 민족주의 역사 서술의 기본 틀을 제시하였다.

출제영역 조선 혁명 선언

제시문은 조선 혁명 선언으로, 신채호가 김원봉의 부탁을 받고 의열단의 활동 지침으로 지어준 글이다. '강도 일본을 구축하고', '민중이 직접 혁명의 수단' 등을 통하여 짐작할 수 있다. 곧 (가)는 약산 김원봉, (나)는 단재 신채호이다. 이들에 대한 설명으로 옳은 것은 ④번 선지이다. 의열 투쟁의 한계를 인식한 김원봉은 연합, 조직 투쟁의 필요성을 인식하고 1926년 황푸군관학교 훈련생으로 입소하여 훈련을 받았고, 1932년에는 난징에 조선혁명간부학교를 설립하였다. 신채호는 역사를 아(我)와 비아(非我)와의 투쟁의 기록으로서 파악하는 한편, 실증을 강조한 민족주의 사학자이다.

오답풀이

① 김원봉이 조선 의용대를 결성한 것은 옳은 진술이지만, 국혼을 강조한 것은 박은식이다.
② 신흥무관학교를 설립한 사람은 이동녕, 이회영 등이다. 형평사를 설립한 사람은 이학찬 등이다.
③ 여운형이 조선 건국 동맹을 조직하였고, 백남운이 식민 사학의 정체성론을 반박하였다.

답 ④

036

2019년 지방직

다음 선언문의 강령에 따라 활동한 단체에 대한 설명으로 옳은 것은?

> 민중은 우리 혁명의 대본영(大本營)이다. 폭력은 우리 혁명의 유일한 무기이다. 우리는 민중 속으로 가서 민중과 손을 맞잡아 끊임없는 폭력 - 암살, 파괴, 폭동 - 으로써 강도 일본의 통치를 타도하고 우리 생활에 불합리한 일체의 제도를 개조하여 인류로써 인류를 압박하지 못하며, 사회로써 사회를 박탈하지 못하는 이상적 조선을 건설할지니라.

① 임시정부 활동에 활기를 불어넣고자 결성하였다.
② 청산리 지역에서 일본군과 접전을 벌여 대승을 거두었다.
③ 한국독립당, 조선혁명당 등과 함께 민족혁명당을 결성하였다.
④ 원산에서 일본인이 한국인 노동자를 구타한 사건을 계기로 총파업을 일으켰다.

출제영역 일제강점기의 정치사

제시된 자료에서 폭력, 암살, 파괴, 폭동으로써 강도 일본에 대응한다는 것을 통하여, 1923년 신채호가 작성한 의열단의 행동강령인 『조선혁명 선언』임을 알 수 있다. 의열단은 1935년 한국 독립당, 조선 혁명당, 신한 독립당, 미주 대한인 독립당 등의 대표 등과 함께 난징에서 민족 혁명당을 결성하였다.

오답풀이

① 침체된 임시 정부의 활동에 활기를 불어넣고자 결성된 단체는 1931년에 김구가 조직한 한인 애국단이다.
② 청산리에서 일본군을 상대로 대승을 거둔 독립군 부대는 김좌진의 북로 군정서와 홍범도의 대한 독립군 등이다.
④ 원산에 있던 라이징 선 제유 회사에서 일본인이 조선인 노동자를 구타하자 원산 노동자 총파업(1929)이 일어났다. 원산 노동자 총파업과 의열단은 관련이 없다.

답 ③

037

2017년 지방직

밑줄 친 '단체'의 활동에 대한 설명으로 옳은 것은?

> 1919년 김원봉, 윤세주 등이 만주 지린성에서 조직한 이 단체는 일제(日帝)의 요인 암살과 식민 지배 기관 파괴를 목표로 삼았다. 이 단체는 신채호가 작성한 조선혁명선언을 이념적 지표로 내세웠다.

① 이 단체에 속한 김익상이 조선총독부에 폭탄을 투척하였다.
② 중국 의용군과 힘을 합쳐 영릉가 전투에서 일본군을 물리쳤다.
③ 대한민국 임시 정부를 주도한 한국 독립당을 결성하였다.
④ 중국 충칭에서 한국광복군을 조직하였다.

출제영역 의열단

제시된 자료에서 김원봉, 윤세주 등이 활약하였으며, 신채호가 조선혁명선언을 이념적 지표로 내세웠다는 내용을 통해 1920년대 활약한 의열단이라는 것을 알 수 있다. 의열단원인 김익상은 1921년에 조선총독부에 폭탄을 투척하는 의거 활동을 하였다.

오답풀이

② 중국 의용군과 함께 영릉가 전투에서 일본군을 물리친 것은 양세봉의 조선 혁명군이다.
③ 1940년에 한국 독립당을 결성한 연합단체로는, 한국 독립당(조소앙), 조선 혁명당(지청천), 한국 국민당(김구) 등이 있다.
④ 1940년 충칭에서 산하 부대로 한국 광복군이 창설한 것은 대한민국 임시 정부이다.

답 ①

038

2021년 법원직

(가) ~ (라)를 일어난 순서대로 바르게 나열한 것은?

> (가) 서일을 총재로 조직된 대한 독립군단은 일본군을 피해 러시아 영토인 자유시로 집결하였다.
> (나) 김좌진이 이끄는 북로 군정서군이 백운평 전투와 천수평, 어랑촌 전투에서 대승을 거두었다.
> (다) 일본군이 청산리 대첩 패전에 대한 보복으로 간도 동포를 무차별로 학살하였다.
> (라) 참의부, 정의부, 신민부의 3부가 혁신의회와 국민부로 재편되었다.

① (가) - (나) - (다) - (라)
② (나) - (다) - (가) - (라)
③ (나) - (라) - (가) - (다)
④ (라) - (다) - (나) - (가)

출제영역 1920년대 독립운동

제시문은 1920년대 국외 독립운동 과정을 나열한 것이다. 이를 순서대로 배열하면,

(나) 1920년 10월 일어난 청산리 대첩에 대한 설명이다. 북로군정서와 대한 독립군 등의 독립군 부대는 청산리 부근으로 집결하여 일본군과 일전을 계획하고, 전투에 유리한 백운평, 완루구, 어랑촌, 고동하 등지에서 일본군과 맞섰다. 그 결과 많은 일본군을 사살하였으며, 독립 전쟁사에서 가장 큰 승리로 기록되었다.
(다) 청산리 대첩 직후 있었던 간도 참변에 대한 설명이다. 봉오동 전투와 청산리 대첩에서 독립군에 대패한 일본군은 독립군의 지지 기반을 무너뜨리려는 목적으로 간도 지역의 한인 마을을 습격하여 가옥, 학교 등을 불태우고 우리 동포를 무차별 학살하는 만행을 저질렀다.
(가) 청산리 대첩 이후 일본군의 계속되는 공세를 피하고, 일본군에 장기 항전을 펼치기 위해 북만주의 밀산에 집결한 독립군 부대는 서일을 총재로 하는 대한 독립군단을 결성하였다(1920.12).
(라) 1920년대 후반 3부 통합 운동을 통해 참의부, 정의부, 신민부가 북만주의 혁신의회(1928)와 남만주의 국민부(1929)로 통합되었다.

답 ②

039 2018년 법원직

다음 합의문을 작성한 독립군에 관한 설명으로 옳은 것은?

> 중국(의용군)과 한국 양국의 군민은 한마음 한뜻으로 일제에 대항하여 싸우고, 인력과 물자는 서로 나누어 쓰며, 합작의 원칙하에 국적에 관계없이 그 능력에 따라 항일 공작을 나누어 맡는다.

① 양세봉을 중심으로 활동하였다.
② 1940년대에 옌안으로 이동하였다.
③ 북만주 지역에서 주로 활동하였다.
④ 쌍성보 전투에서 일본군을 격파하였다.

출제영역 조선혁명군

위 합의문은 조선혁명군 - 중국 의용군 간에 맺어진 조 - 중 항일 연합전선 합의문이다. 조선혁명군은 조선혁명당 휘하의 독립군 부대로, 양세봉이 이들을 지휘하였고 조 - 중 합작을 통하여 항일무장투쟁을 전개하였다. 조선혁명군은 남만주를 중심으로 활동하며 흥경성 전투, 영릉가 전투를 승리로 이끈 바 있다.

오답풀이

② 조선의용군에 대한 설명이다. 조선독립동맹 산하의 조선의용군은 일본군의 지속된 공격과 중국 공산당의 결정으로 1943 ~ 1944년에 후방 지역인 옌안으로 이동하였고, 첩보 활동과 항일 선정 활동 등을 전개하였다.
③ 조선혁명군은 남만주 지역에서 주로 활동하였다. 북만주 지역에서 활동한 세력은 지청천을 중심으로 한 한국독립군이다.
④ 쌍성보 전투에서 일본군을 격파한 것은 지청천이 이끈 한국독립군이다. 이외에도 지청천은 동경성 전투, 대전자령 전투 등에서 일본군을 격파한 바 있다.

답 ①

040 2022년 간호직 8급

다음 선언을 지침으로 활동한 단체에 대한 설명으로 옳지 않은 것은?

> 민중은 우리 혁명의 대본영이다. 폭력은 우리 혁명의 유일한 무기이다. 우리는 민중 속으로 가서 민중과 손을 맞잡아 끊임없는 폭력 - 암살, 파괴, 폭동으로써 강도 일본의 통치를 타도하고, 우리 생활에 불합리한 일체의 제도를 개조하여, 인류로써 인류를 압박하지 못하며, 사회로써 사회를 박탈하지 못하는 이상적 조선을 건설할지니라.

① 만주에서 김원봉이 주도하여 결성하였다.
② 경성역에서 사이토 총독에게 폭탄을 던졌다.
③ 김상옥을 보내서 종로 경찰서를 폭파하고자 하였다.
④ 일제 요인 암살과 식민 통치기관 파괴에 주력하였다.

출제영역 의열단

제시문은 조선 혁명 선언으로, 신채호가 김원봉의 부탁을 받고 의열단의 활동 지침으로 지어준 글이다. '강도 일본을 구축하고', '민중이 직접 혁명의 수단' 등을 통하여 짐작할 수 있다. 1919년 만주 지린성에서 김원봉, 윤세주 등이 의열단을 결성하였다. 의열단은 결성 직후 상하이로 근거지로 옮기고 일제 요인 암살과 식민 통치기관 파괴에 주력하였다. 박재혁의 부산 경찰서 폭탄 투척(1920),김익상의 조선총독부 폭탄 투척(1921), 김상옥의 종로 경찰서 폭탄 투척(1923), 김지섭의 일본 궁성 폭탄 투척(1924), 나석주의 식산은행과 동양척식주식회사 폭탄 투척(1926) 등이 대표적인 의열 활동이다.

오답풀이

② 1919년 9월에 대한국민노인동맹단의 강우규에 대한 설명이다.

답 ②

041

2021년 경찰 2차

밑줄 친 '본단'에 대한 설명으로 옳은 것은?

> 본단(本團)은 일찍부터 실행을 중하게 여기고 발언을 피하여 왔다. 그런 까닭으로 이번 최흥식, 유상근 두 의사의 다렌[大蓮] 사건에 대해서도 일체 침묵을 지켰으나, 놈들 간 악한 적은 여러 가지로 요언(謠言)을 만들어내고, 또 다렌 폭탄 사건은 국제 연맹 조사단원을 암살하려는 음모라고 선전하고 있으나 이는 우리가 승인할 수 없는 바이다. 본단은 왜적 이외에는 어느 나라 사람이나 다 같이 친우로 대하려 하며 절대로 해치지 않으니, 이것은 홍커우공원 사건이 증명하고 있는 바이다.

① 박상진을 총사령으로 하여 군대식 조직을 갖추었다.
② 대종교 교인들이 결성하였고 북로군정서에 합류하였다.
③ 대한민국 임시 정부 국무위원인 김구에 의해 결성되었다.
④ 조선 혁명 간부 학교를 설립하여 군사력 양성을 꾀하였다.

출제영역 한인애국단

밑줄 친 '본단'은 한인 애국단이다. 제시문의 나머지 내용은 어려우나, '홍커우 공원 사건'이 결정적 힌트가 될 것이다. 한인 애국단에 대한 설명으로 옳은 것은 ③번 선지이다. 대한민국 임시 정부 국무령이던 김구는 1931년 한인 애국단을 조직하여 독립 운동의 새 활로를 열었다. 1932년 한인 애국단의 이봉창은 도쿄에서 일왕의 마차를 향해 폭탄을 던졌으나 암살에는 실패하였고, 윤봉길은 상하이 홍커우 공원에서 일왕의 생일과 승전을 축하하는 기념식 행사에서 폭탄을 던져 다수의 일본군 장성과 고관을 처단하였다.

오답풀이

① 1915년 대구에서 결성된 대한 광복회에 대한 설명이다.
② 1911년 만주에서 조직된 중광단에 대한 설명이다.
④ 1932년 의열단 단장 김원봉이 중국 장제스의 지원을 받아 조선 혁명 간부 학교를 설립하였다.

답 ③

042

2017년 법원직

다음 (가) 에 들어갈 내용으로 가장 옳은 것은?

구분	홍범도 (1868~1943)	김좌진 (1889~1930)
출신	출신 가난한 농민의 아들, 포수	홍성 지주의 아들
1907년 전후	의병 항쟁에 가담	애국 계몽 운동 (교육 운동) 전개
1910년 대	연해주와 만주에서 활동	국내 비밀 결사에 가입하여 활동
3·1 운동 이후	대한 독립군 조직	북로 군정서 조직
1920년	(가)	
1921년 이후	연해주에서 후진 양성	만주에서 독립군 활동, 신민부 간부

① 한·중 연합 작전을 전개함
② 의열단 단원으로 의거를 벌임
③ 대한민국 임시 정부에 참여함
④ 청산리 전투에서 일본군을 크게 물리침

출제영역 홍범도와 김좌진

(가)는 1920년에 홍범도와 김좌진이 함께 참여한 청산리 전투다. 청산리 전투는 홍범도의 대한독립군 등의 독립군 연합부대가 일본군을 상대로 청산리 인근에서 벌어진 전투이다.

오답풀이

① 1930년대 초반의 사실이다.
② 홍범도, 김좌진은 의열단에는 가입하지 않았다.
③ 김좌진은 임시 정부와 관련이 있지만, 홍범도는 임시 정부와 관련 인물로 보기 어렵다.

답 ④

043 2017년 국가직 7급

다음 사건을 일어난 순서대로 바르게 나열한 것은?

ㄱ. 일제는 중국 마적단을 매수하여 훈춘의 일본영사관을 공격하게 하는 조작 사건을 일으켰다.
ㄴ. 서일을 총재로 하는 대한독립군단은 소비에트 러시아의 자유시로 이동하였다.
ㄷ. 일제는 무장 독립 세력을 진압하기 위해 만주 군벌과 미쓰야 협정을 맺었다.
ㄹ. 한국독립당의 산하에 지청천을 총사령관으로 하는 한국독립군이 조직되었다.

① ㄱ → ㄴ → ㄷ → ㄹ
② ㄴ → ㄱ → ㄹ → ㄷ
③ ㄷ → ㄹ → ㄴ → ㄱ
④ ㄹ → ㄷ → ㄱ → ㄴ

출제영역 1920년대 무장 독립 운동

ㄱ. 1920년 봉오동 전투 이후 일제는 중국 마적단을 매수하여 훈춘의 일본영사관을 공격하게 하는 조작 사건을 일으켰다. 일제는 이사건을 계기로 대규모 군대 의 만주 출병 명분으로 삼았다.
ㄴ. 간도참변 이후 독립군은 북쪽으로 이동하였다. 북만주의 밀산(密山)에 집결한 독립군은 서일을 총재로 하는 대한독립군단을 조직하고 소비에트 러시아의 자유시로 이동하였다.
ㄷ. 1925년 일제는 무장 독립 세력을 진압하기 위해 만주 군벌과 미쓰야 협정을 맺었다.
ㄹ. 북만주의 혁신의회는 한국 독립당을 결성하고 한국독립당의 산하에 지청천을 총사령관으로 하는 한국독립군을 조직하였다.

답 ①

044 2022년 소방직

다음 전투에 대한 설명으로 옳은 것은?

6월 30일 오후 1시경 일본군의 전초 부대가 지나간 뒤, 화물자동차를 앞세우고 본대가 대전자령으로 들어오기 시작했다. (중략) 한국독립군은 사격과 함께 바위를 굴려 일본군을 살상하고 자동차와 우마차를 파괴해 적을 완전히 고립시켰다. (중략) 4~5시간에 걸쳐 치열하게 전개되었는데, 일본군은 130여 명 이상이 살상되었고 일부 부대가 빠져나가는데 그쳤다.

① 한 중 연합 작전으로 전개되었다.
② 양세봉이 이끄는 부대가 일본군을 격퇴하였다.
③ 독립군 통합 부대가 자유시로 이동하게 되었다.
④ 봉오동에서 패배한 일본군의 반격으로 시작되었다.

출제영역 한국 독립군

제시문의 대전자령, 한국 독립군 등의 키워드를 통하여 묻고자 하는 전투가 대전자령 전두임을 일 수 있다. 대진자령 전투에 대한 설명으로 옳은 것은 ①번 선지이다. 만주 사변(1931. 9.) 이후 한중 연합 전선의 필요성이 증대되었고, 북만주 지역에서는 지청천이 이끄는 한국 독립군이 중국 호로군과 연합하였고, 남만주 일대에서는 양세봉이 이끄는 조선 혁명군이 중국 의용군과 연합하였다. 한국 독립군은 쌍성보 전투, 사도하자 전투, 동경성 전투, 대전자령 전투 등에서 활약하였다.

오답풀이

② 조선 혁명군에 대한 설명이다. 조선 혁명군은 영릉가 전투, 흥경성 전투 등에서 활약하였다.
③ 일본군의 공세(간도 참변)를 피해 러시아 국경에 가까운 북만주 밀산에 집결한 독립군 부대는 서일을 총재로 하여 대한 독립 군단을 결성하였다.
④ 봉오동 전투에서 패배한 일본은 1920년 10월 훈춘 사건을 구실로 약 2만의 병력을 동원하여 만주의 독립군 근거지를 공격하였다.

답 ①

045

2021년 계리직

다음 (가)의 활동에 대한 설명으로 옳은 것은?

> 1920년대 후반 민족유일당운동의 결과, 만주 지역 민족해방운동의 중심 단체이던 정의·신민·참의 3부가 국민부와 혁신의회로 재편되었다. 이후 1930년대에 국민부 계통은 (가) 을/를 조직하여 남만주 일대를 중심으로 활약했다.

① 영릉가 전투와 흥경성 전투에서 일본군을 격파하였다.
② 혜산진 보천보를 습격하여 일제의 경찰주재소와 면사무소를 파괴하였다.
③ 쌍성보 전투, 대전자령 전투 등에서 일본군을 상대로 대승을 거두었다.
④ 일본군과 6일 동안 10여 회의 전투를 벌여 대승을 거둔 청산리 대첩을 이끌었다.

출제영역 조선 혁명군

(가)는 조선 혁명군이다. 조선 혁명군은 1929년 5월 국민부의 정규군으로 조직되었으며, 남만주 일대를 중심으로 활약하였다. 조선 혁명군에 대한 설명으로 옳은 것은 ① 번 선지이다. 양세봉이 이끈 조선 혁명군은 중국 의용군과 연합하여 영릉가 전투와 흥경성 전투에서 일본군을 격파하였다.

오답풀이

② 동북 항일 연군에 대한 설명이다.
③ 지청천이 지휘한 한국 독립군에 대한 설명이다.
④ 북로 군정서(김좌진), 대한 독립군(홍범도) 등을 비롯한 독립군 연합 부대에 대한 설명이다.

답 ①

046

2019년 국가직 7급

1930년대 전개된 항일 독립운동에 해당하지 않는 것은?

① 한국 독립군이 쌍성보 전투에 참전하였다.
② 조선 의용대 화북 지대가 조선 의용군으로 재편되었다.
③ 의열단, 조선 혁명당 등이 결집하여 민족 혁명당을 창당하였다.
④ 양세봉이 이끄는 조선 혁명군이 흥경성 전투에서 일본군을 물리쳤다.

출제영역 1930년대 항일 독립운동

1930년대 전개된 항일 독립운동에 해당하지 않는 것은 ②번 선지이다. 조선 의용대 화북 지대가 조선 의용군(조선 독립 동맹의 당군)으로 재편된 것은 1942년 7월의 일이다. 1942년 5월 충칭에 있던 조선 의용대 본부가 임시정부의 광복군 제1지대로 편입하자 조선 의용대 화북 지대는 본부 없는 지대가 되고 말았고, 조선 의용군으로 개편되었다.

오답풀이

① 북만주 지역에서 지청천이 이끄는 한국 독립군은 쌍성보 전투(1932년)에 참전하였다.
③ 1935년 난징(南京)에서 의열단, 한국 독립당, 조선 혁명당 등의 대표가 모여 민족 혁명당을 창당하였다.
④ 1930년대 전반 남만주 일대에서는 양세봉의 조선 혁명군이 중국 의용군과 연합하여 흥경성 전투(1933) 등에서 일본군을 물리쳤다.

답 ②

047 2017년 국가직 7급

다음 대한민국 임시정부에 대한 설명을 시기순으로 바르게 나열한 것은?

ㄱ. 중국 국민당 정부를 따라 충칭으로 이동하였다.
ㄴ. 부주석제를 신설하여 김규식을 부주석으로 하였다.
ㄷ. 김원봉이 이끄는 조선의용대를 한국광복군에 편입하였다.
ㄹ. 조소앙의 삼균주의를 기초로 하는 대한민국 건국 강령을 발표하였다.

① ㄱ → ㄹ → ㄷ → ㄴ
③ ㄷ → ㄴ → ㄱ → ㄹ
② ㄴ → ㄱ → ㄹ → ㄷ
④ ㄹ → ㄷ → ㄴ → ㄱ

출제영역 대한민국 임시 정부

ㄱ. 1937년 중일 전쟁이 일어나자 중국 국민당 정부를 따라 1940년 4월 충칭으로 이동하였다.
ㄹ. 1941년 임시정부는 조소앙이 제창한 삼균주의를 대한민국 건국강령으로 반포하였다.
ㄷ. 1942년 5월에 김원봉이 이끄는 조선의용대의 병력이 광복군에 편입되었다.
ㄴ. 임시정부는 1944년 제5차 개헌을 통해 주석·부주석제를 채택하고 주석으로 김구, 부주석으로 김규식을 선출하였다.

답 ①

048 2018년 국가직 7급

1940년대 대한민국 임시정부에 대한 설명으로 옳은 것만을 모두 고르면?

ㄱ. 의열 활동을 위해 한인 애국단을 결성하였다.
ㄴ. 삼균주의를 바탕으로 한 건국 강령을 발표하였다.
ㄷ. 대일 선전 포고를 하고 연합군과 합동 작전을 전개하였다.
ㄹ. 정부의 형태가 대통령제에서 국무령 중심의 의원 내각제로 바뀌었다.

① ㄱ, ㄴ ② ㄱ, ㄹ ③ ㄴ, ㄷ ④ ㄷ, ㄹ

출제영역 대한민국 임시 정부

1940년대 대한민국 임시 정부에 대한 설명으로 옳은 것은 ㄴ, ㄷ이다.
ㄴ. 대한민국 임시 정부는 1941년 11월 조소앙의 삼균주의를 바탕으로 한 건국 강령을 발표하였다. 여기에는 보통 선거에 기초한 민주 공화국 건설, 토지와 중요 산업 국유화, 무상 교육 실시 등이 담겨 있다.
ㄷ. 1941년 12월 일본이 태평양 전쟁을 일으키자, 대한민국 임시 정부는 정식으로 대일 선전 포고를 하고, 연합군과 합동 작전을 전개하였다. 1943년 영국군의 요청에 따라 미얀마·인도 전선에 병력을 파견하였다.

오답풀이

ㄱ. 1931년 김구는 한인 애국단을 결성하여 침체에 빠진 대한민국 임시 정부에 활기를 불어넣었다.
ㄹ. 대한민국 임시 정부가 제2차 개헌을 통해 대통령제에서 국무령 중심의 의원 내각제로 정부형태를 바꾼것은 1925년의 일이다.

답 ③

049

2025년 지방직

(가)에 대한 설명으로 옳지 않은 것은?

> 대한민국 임시 정부는 대한민국 원년에 정부가 공포한 군사 조직법에 의거하여 …(중략)… (가) 을/를 조직하고 …(중략)… 공동의 적인 일본 제국주의자들을 타도하기 위해 연합군의 일원으로 항전을 계속한다.

① 중국군과 연합하여 쌍성보 전투에서 승리했다.
② 조선 의용대가 합류하여 군사력이 한층 더 강화되었다.
③ 중국 충칭에서 국민당 정부의 지원을 받아 창설되었다.
④ 영국군의 협조 요청으로 미얀마, 인도 전선에 파견되었다.

출제영역 한국광복군 창설

제시문의 (가)는 대한민국 임시정부의 직할부대인 한국 광복군이다. 한국 광복군은 1940년 지청천을 총사령으로 하여 창설되었으며, 조선 의용대 일부도 여기에 합류하였다. 한국 광복군은 영국군 요청에 따라 인도·미얀마 전선에 파견되어, 일본군 포로 신문, 전단 살포와 같은 선전 활동 등을 담당하였고, 미국 전략 첩보국(OSS)의 특수 훈련을 마친 요원을 중심으로 국내 진공을 계획하였으나, 일본이 항복함으로써 실행하지 못하였다.

① 1930년 혁신의회의 당군으로 조직된 한국 독립군은 1931년 9월 만주사변이 일어나 만주국이 수립되자 중국의 호로군과 한·중 연합군을 결성, 지청천의 지휘 아래 쌍성보·대전자령 등지에서 일본군을 물리쳤다.

오답풀이

② 1942년 김원봉의 조선 의용대가 한국 광복군에 합류하여 한국 광복군의 군사력이 강화되었다.
③ 한국 광복군은 충칭에서 중국 국민당의 지원을 받아 1940년에 창설되었다.
④ 한국 광복군은 2차 세계대전 중이던 1943년에 영국군의 요청으로 미얀마, 인도 전선에 파견되었다.

답 ①

35 1920~30년대 국내 저항(경제·사회운동과 신간회)

050

2024년 국가직

(가)와 (나) 사이의 시기에 있었던 사실로 옳은 것은?

> (가) 순종의 인산일을 기하여 '동양 척식 주식회사를 철폐하라!', '일본인 지주에게 소작료를 바치지 말자!' 등의 격문을 내건 운동이 일어났다.
> (나) 광주에서 한국인 학생과 일본인 학생 사이에 일어난 충돌을 계기로 학생들이 총궐기하는 운동이 일어났다.

① 신간회가 창설되었다.
② 진단학회가 설립되었다.
③ 진주에서 조선 형평사가 창립되었다.
④ 대구에서 국채보상운동이 시작되었다.

출제영역 신간회 창설

(가) 주어진 자료는 1926년 6·10 만세 운동이다. 천도교와 사회주의 (조선 공산당) 계열, 그리고 학생 단체가 사전에 계획하였지만 중간에 천도교와 사회주의 계열의 지도부가 일제에 발각되어 검거되는 바람에 학생 단체(조선 학생 과학 연구회 등)가 만세 운동을 실행하였다.
(나) 1929년 11월 발생한 광주 학생 항일 운동이다. 신간회가 서울(경성)에서 '민족 유일당 민족 협동 전선'의 표어 아래 창설된 것은 1927년 2월의 일이다.

오답풀이

② (청구 학회의 한국사 왜곡에 맞서) 진단 학회가 설립된 것은 1934년 5월이다. 이후 진단 학회는 문헌 고증을 중시하는 실증주의 사학을 정립하는데 기여하였다. 같은 해 11월에는 진단 학보를 발간 하였다. ③ 조선 형평사가 경남 진주[진주 청년 회관]에서 창립된 것은 1923년 4월의 일이다(조선 형평사 발기 총회). 형평사를 창립하여 형평 운동을 펼친 이들은 80여 명의 백정 출신들과 사회 운동가들이었다.
④ 대구에서 국채 보상 운동이 시작된 것은 1907년 2 월의 일이다(국채 보상 운동 기성회 조직). 대한매일신보, 황성신문, 제국신문 등의 언론이 적극적으로 도왔다.

답 ①

051

2017년 국가직

다음 선언으로 결성된 단체에 대한 설명으로 옳은 것은?

> 민족주의적 세력에 대하여는 그 부르주아 민주주의적 성질을 분명이 인식함과 동시에 과정상의 동맹자적 성질도 충분히 승인하며, 그것이 타락하지 않는 한 적극적으로 제휴하여 대중의 이익을 위해서도 종래의 소극적인 태도를 버리고 싸워야 할 것이다.

① 조선인 본위의 교육제도 실시를 주장하였고, 원산 노동자 총파업을 지원하였다.
② 민중의 직접폭력혁명으로 강도 일본을 무너뜨리는 목표를 설정하였다.
③ 언론을 통한 국민 계몽과 문맹퇴치운동, 민립대학 설립운동 등을 추진하였다.
④ 민족자본의 육성을 위해 자급자족, 토산품 애용 등을 주장하며 물산장려운동을 벌였다.

출제영역 좌우합작운동과 신간회

위의 선언은 사회주의 계열에서 좌우합작 노선을 천명한 정우회 선언(1926)이다. 이에 따라 독립운동 진영에서 민족주의-사회주의 간의 좌우합작이 활발히 일어나 1927년에 신간회(新幹會)가 결성되었다. 신간회는 '조선인 본위의 교육제 실시'를 천명한 광주학생항일운동(1929~1930)에 대한 지지를 보냈으며, 원산총파업(1929)과 같은 노동 운동에도 적극적으로 지원하였다.

오답풀이

② 이는 김원봉이 주도한 의열단(義烈團)과 관련한 설명이다. 의열단은 직접폭력투쟁을 통한 일제 타도와 민족혁명을 천명하여 적극적인 의거 활동을 전개하였다.
③ 1920~30년대 『조선일보』, 『동아일보』 계열을 중심으로 한 민족주의 세력의, 교육을 통한 실력양성운동과 관련된 설명이다. 대표적인 사례로 『동아일보』를 중심으로 전개된 브나로드운동을 들 수 있다.
④ 물산장려운동은 1920년대 초~중반 민족주의 계열에 의해 전개된 운동으로, 1920년 조만식에 의해 평양에서 시작된 이후, 1923년 서울에서 조선물산장려회가 조직되며 널리 확산되었다.

답 ①

052

2022년 지방직

다음과 관련된 운동에 대한 설명으로 옳은 것은?

① 가뭄과 홍수로 인해 중단되었다.
② 조선총독부의 「회사령」에 맞서기 위해 전개되었다.
③ 일부 사회주의자는 자본가 계급을 위한 운동이라고 비판하였다.
④ 조선에 사는 일본인이 일본 자본에 대항하기 위해 일으켰다.

출제영역 물산 장려 운동

제시된 자료는 노골적으로 물산 장려 운동임을 밝히고 있다. 물산 장려 운동에 대한 설명으로 옳은 것은 ③번 선지이다. 일본 상품에 비하여 질이 조악하고 값도 싸지 않은 조선 상품을 구매할 것을 말하면서, 상품을 충분하게 공급조차 하지 못하는 상황에서 사회주의자들의 이러한 주장은 일견 타당한 면이 있다. 민족 갈등보다는 계급 갈등이 더 중요하다는 입장이라 볼 수 있다.

오답풀이

① 민립 대학 설립 운동에 대한 설명이다. 식민지 체제 하에서 피폐해진 조선인들을 대상으로 모금 활동을 하는 것 자체가 어렵거니와 가뭄과 홍수로 인하여 더 어려운 상황이 되었다.
② 물산 장려 운동이 시기적으로 후에 일어난 일이거니와, 회사령 폐지로 인하여 일본 자본이 한반도로 진출하기 좋은 환경 아래에서 물산 장려 운동이 일어난 것이다.
④ 일본인이 조선 물산을 쓰자는 것은 좀 이상한 비역사적 진술인 듯 하다.

답 ③

053 2021년 지방직

밑줄 친 '이 단체'에 대한 설명으로 옳은 것은?

> 1920년대 국내에서는 일본과 타협해 실익을 찾자는 자치 운동이 대두하였다. 비타협적인 민족주의자들은 이를 경계하면서 사회주의 세력과 연대하고자 하였다. 사회주의 세력도 정우회 선언을 발표해 비타협적 민족주의 세력과 제휴를 주장하였다. 그 결과 비타협적 민족주의 세력과 사회주의 세력은 1927년 2월에 이 단체를 창립하고 이상재를 회장으로 추대하였다.

① 조선물산장려회를 조직해 물산장려운동을 펼쳤다.
② 고등 교육 기관을 설립하기 위해 민립대학설립운동을 시작하였다.
③ 문맹 퇴치와 미신 타파를 목적으로 브나로드 운동을 전개하였다.
④ 광주학생항일운동의 진상을 조사하고 이를 알리는 대회를 개최하고자 하였다.

출제영역 신간회

밑줄 친 '이 단체'는 신간회이다. 사회주의자들은 정우회 선언을 발표하여 비타협적 민족주의 세력과의 협력을 주장하였다. 그 결과 1927년 비타협적 민족주의자들과 사회주의자들이 연대하여 신간회를 창립하였다. 신간회는 1929년 11월 광주 학생 항일 운동이 일어나자 광주에 조사단을 파견하고 사건의 진상 보고를 위한 민중 대회를 열어 이를 전국적인 항일 운동으로 확산 시키려고 하였다.

오답풀이

① 1920년 조만식 등이 평양에서 조직한 조선물산장려회에 대한 설명이다. 1923년 경성에서도 조선 물산 장려회가 만들어지는 등 물산 장려 운동은 전국적으로 퍼져 나갔다.
② 민립대학설립운동을 전개한 단체는 조선민립대학기성회이다. 이상재 등이 중심이 된 조선 교육회의 제안으로 경성에서 조선 민립 대학 기성 준비회가 만들어졌으며, '한민족 1천만이 한 사람이 1원씩'이라는 구호를 내걸고 전국적인 모금 운동을 벌였다.
③ 동아일보에 대한 설명이다. 동아일보는 1931년부터 학생 계몽대를 만들어 브나로드 운동을 전개하였다.

답 ④

054 2020년 지방직

(가) 단체로 옳은 것은?

> (가) 발기취지(發起趣旨)
> 인간 사회는 많은 불합리를 산출한 동시에 그 해결을 우리에게 요구하고 있다. 여성 문제는 그중의 하나이다. …… 과거의 조선 여성운동은 분산되어 있었다. 그것에는 통일된 조직이 없었고 통일된 지도 정신도 없었고 통일된 항쟁이 없었다. …… 우리는 우선 조선 자매 전체의 역량을 공고히 단결하여 운동을 전반적으로 전개하지 아니하면 아니 된다.
> - 『동아일보』 1927. 5. 11. -

① 근우회 ② 신간회 ③ 신민회 ④ 정우회

출제영역 근우회

'여성 문제', '여성 운동의 통일', '단결', '1927년' 등의 내용을 통해, 근우회에 대한 설명임을 알 수 있다. 근우회는 신간회 조직 직후인 1927년 5월 신간회의 자매단체로 조직된 항일여성 운동 단체로, 신간회와 동일하게 좌우합작의 성격으로 설립되었다.

오답풀이

② 1927년 2월 '민족 유일당 민족협동전선'이라는 표어 아래, 사회주의 진영과 비타협적 민족주의 세력이 만든 항일 단체이다.
③ 1907년 국내에서 결성된 항일 비밀 결사 단체로 공화정을 지향했다.
④ 1926년 서울에서 조직되었던 사회주의 단체로, 4개의 사회주의 단체(화요회, 북풍회, 조선노동당, 무산자동맹회)가 합쳐져 설립되었다. 1926년 말, 신간회 설립의 계기가 된 '정우회 선언'을 발표하였다.

답 ①

055 2018년 지방직

밑줄 친 '운동'에 대한 설명으로 옳은 것은?

> 조선 사람은 조선 사람이 만든 물건만 쓰고 살자고 하는 운동이 일어나고 있다. 그렇게 하면 조선인 자본가의 공업이 일어난다고 한다. …(중략)… 이 운동이 잘 되면 조선인 공업이 발전해야 하지만 아직 그렇지 않다. …(중략)… 이 운동을 위해 곧 발행된다는 잡지에 회사를 만들라고 호소하지만 말고 기업을 하는 방법 같은 것을 소개해야 한다. - 개벽 -

① 조선총독부가 회사령을 폐지하는 계기가 되었다.
② 원산총파업을 계기로 조직적으로 전개될 수 있었다.
③ 조만식 등에 의해 평양에서 시작되어 전국으로 확산되었다.
④ 조선노농총동맹의 적극적 참여로 대중적인 기반이 확충되었다.

출제영역 물산장려운동

물산장려운동은 1920년 7월 조만식 등이 평양에서 조선물산장려회 발기인대회를 가진 데서 비롯되었다. 그러나 실제 조선 물산은 공급량이 충분하지 못하였고, 값도 비싸고 질도 조악하였기 때문에 사회주의 세력들은 이를 자본가만을 위한 이기적 운동이라 비판하기도 했다.

오답풀이

① 물산장려운동은 회사령 폐지(1920) 이후에 전개된 운동이다.
② 원산총파업은 1929년에 일어난 사회주의 계열의 운동이지만, 물산장려운동은 1920년 초에 일어난 민족운동이기에 시기적으로 맞지 않다.
④ 1920년대 사회주의 사상이 유행하고, 소작쟁의와 노동쟁의가 활발해지자 조선 노농 총동맹(1924)이 결성되었고, 1927년 조선 노동 총동맹과 조선 농민 총동맹으로 분리되었다.

답 ③

056 2023년 지방직

다음과 같은 강령을 발표한 단체의 활동으로 옳은 것은?

> • 우리는 정치적, 경제적 각성을 촉진함
> • 우리는 단결을 공고히 함
> • 우리는 기회주의를 일체 부인함

① 조선 민립 대학 기성회를 창립하였다.
② 파리 강화 회의에 대표를 파견하였다.
③ 6·10 만세 운동을 사전에 계획하였다.
④ 광주 학생 항일 운동이 일어나자 조사단을 파견하였다.

출제영역 신간회

제시문은 신간회(1927~1931)의 3대 강령이다. 신간회는 치안유지법(1925), 민족주의 노선의 분열 등으로 약화된 국내 독립운동 세력을 규합하고자 1927년에 좌우합작이념을 표방하며 결성되었던 국내 최대 규모의 합법단체였다. 신간회는 ④에서와 같이 광주학생항일운동(1929)에 진상규명을 위한 조사단을 파견하는 등 독립운동에 대한 각종 지원활동을 전개하기도 하였다.

오답풀이

① 이상재, 이승훈 등은 민립대학기성회(1923)를 창립하며 민립대학설립운동을 전개하였다.
② 파리강화회의에 김규식을 대표로 파견한 단체는 신한청년당이다.
③ 6·10 만세운동(1926)의 결과 신간회(1927)가 창설되었으므로, 신간회가 6·10만세운동을 계획하는 것은 불가능하다

답 ④

057

2022년 소방직

다음 자료에 나타난 민족 운동이 전개된 시기에 있었던 사실로 옳은 것은?

> 민중의 보편적인 지식은 보통 교육으로 가능하지만, 심오한 지식과 학문적 이치는 고등 교육이 아니면 불가하며 …(중략)… 오늘날 우리 조선인도 세계 문화 민족의 일원으로 남과 어깨를 나란히 하고 우리의 생존을 유지하며 문화의 창조와 향상을 기도하려면, 대학의 설립이 아니고는 다른 방도가 없도다.

① 조선인이 발행한 신문을 검열하였다.
② 공출제를 실시하여 미곡을 강제로 거두었다.
③ 조선 태형령을 제정하여 조선인을 탄압하였다.
④ 노동력 동원을 위해 국민 징용령을 시행하였다.

출제영역 민립 대학 설립 운동

제시문은 민립 대학 설립 운동을 나타내는 글이다. 1920년 6월부터 시작된 민립 대학 설립 운동은 총독부의 방해 등으로 실패하였다. 총독부는 제2차 조선교육령(1922년)을 제12조에 근거해 1924년 경성 제국 대학 관제를 발표하고 1926년 법문학부와 의학부를 열어 학생을 모집 하였다. 1920년대 전반에 있었던 사실로 옳은 것은 ① 번 선지이다. 1920년대 이른바 문화통치 시기가 들어서면서 동아일보, 조선일보 등의 신문이 발행되었지만, 혹독한 일제의 신문 검열을 받아야만 했다.

오답풀이

② 1939년 미곡배급통제법을 제정하여 미곡의 시장 유통을 금지하고 농민의 자가 소비분 대부분까지도 헐값으로 강제 공출시켰다.
③ 조선 태형령은 1912년 4월부터 1920년 3월까지 시행되었다.
④ 국민징용령은 1939년에 시행되었다.

답 ①

058

2022년 법원직

자료에 나타난 운동에 대한 설명으로 가장 옳은 것은?

> 진주성 내 동포들이 궐기하여 형평사라는 단체를 조직하여 계급 타파 운동을 개시할 것이라고 한다. …… 어떤 자는 고기를 먹으면서 존귀한 대우를 받고, 어떤 자는 고기를 제공하면서 비천한 대우를 받는다. 이는 공정한 천리(天理)에 따를 수 없는 일이다.

① 백정에 대한 차별 철폐를 요구하였다.
② 공사 노비 제도가 폐지되는 결과를 가져왔다.
③ 향·부곡·소를 일반 군현으로 승격할 것을 주장하였다.
④ 평안도 지역에 대한 차별과 지배층의 수탈에 항거하였다.

출제영역 형평운동

진주, 형평사, 고기 제공 등을 통해 형평운동임을 알 수 있다. 갑오개혁 이후 법제적으로 신분제가 폐지되었으나 백정에 대한 사회적 차별이 여전히 존재하였고, 또한 일제가 입학원서나 관공서에 제출하는 이력서 등에 백정의 신분을 표기하도록 강요하였기에 이러한 신분 해방 운동이 1923년에 경남 진주 지역 이학찬 등을 중심으로 일어났다. 형평운동은 계급적인 해방 투쟁의 성격과 민족적인 해방 투쟁의 두 가지 성격을 가지고 있었으며, 1930년대에는 일제의 탄압으로 해체되고 말았다.

오답풀이

② 신분제는 1차 갑오개혁 때 폐지되었다.
③ 고려시대에 망이·망소이의 난과 같이 특수 행정 구역에 대한 차별 철폐에 대한 요구가 많았다.
④ 홍경래의 난에 대한 설명이다.

답 ①

059

2019년 법원직

다음 종교와 관련 있는 것을 〈보기〉에서 고른 것은?

> 사람이 곧 하늘이라, 그러므로 사람은 평등하며 차별이 없나니, 사람이 마음대로 귀천을 나눔은 하늘을 거스르는 것이다. 우리 도인은 차별을 없애고 선사의 뜻을 받들어 생활하기를 바라노라.
>
> 〈보기〉
>
> ㄱ. 중광단을 결성하였다.
> ㄴ. 임술 농민 봉기를 주도했다.
> ㄷ. 양반과 상민을 차별하지 않는다.
> ㄹ. 잡지 '신여성'과 '어린이'를 발간하였다.

① ㄱ, ㄴ ② ㄱ, ㄷ ③ ㄴ, ㄷ ④ ㄷ, ㄹ

출제영역 동학에 대한 이해

제시된 자료의 사람이 곧 하늘(인내천), 사람은 평등하며 차별이 없나니 등으로 보아 동학임을 알 수 있다. 동학은 최제우가 만든 것(1860)으로, 2대 교주 최시형에 이르러 동경대전과 용담유사의 경전들이 정비되었으며, 동학 농민 운동(1894)을 거쳐 3대 교주 손병희에 이르러서는 천도교로 이름을 바꾸었다(1905). 천도교는 양반과 상민을 차별하지 않았으며, 1920년대 개벽과 더불어 잡지 '신여성'과 '어린이'를 발간하여 소년 운동에도 영향을 미쳤다.

오답풀이

ㄱ. 중광단은 북간도에서 대종교 신도들을 중심으로 결성된 단체(1911)이다. 대종교는 중광단(1911) → 대한 정의단(1919) → 북로 군정서(1919)를 조직해 항일 무장 투쟁을 전개하였다.
ㄴ. 동학은 1862년 임술 농민 봉기가 아니라 1894년 동학 농민운동을 주도했다.

답 ④

060

2018년 법원직

다음 주장이 발표된 시기로 옳은 것은?

> 지금의 조선 민족에게는 왜 정치적 생활이 없는가? ……일본이 조선을 병합한 이래로 조선인에게는 모든 정치 활동을 금지한 것이 첫째 원인이다. …… 지금까지 해 온 정치적 운동은 모두 일본을 적대시하는 운동뿐이었다. 이런 종류의 정치 운동은 해외에서나 할 수 있는 일이고, 조선 내에서는 허용되는 범위 내에서 일대 정치적 결사를 조직해야 한다는 것이 우리의 주장이다.
>
> - 이광수, 동아일보 -

1912년		1919년		1923년		1927년		1929년
	(가)		(나)		(다)		(라)	
조선태형령 제정		3·1운동 발생		민립대학 설립기성회 조직		신간회 설립		광주학생 항일운동 발생

① (가) ② (나) ③ (다) ④ (라)

출제영역 일제강점기 국내의 상황

위 제시문은 이광수의 자치론을 설명하고 있으며, 해당 지문은 1924년에 『동아일보』를 통하여 발표한 『민족적 경륜』의 일부이다. 이광수의 자치론을 위시한 민족주의 진영 내 타협론의 대두는 민족주의 진영에 큰 논란이 되었고, 여기에 반발한 비타협적 민족주의자들은 좌우합작 운동을 전개하여 사회주의 세력과 신간회를 구성하였다. 자치론이 발표된 시기로 옳은 것은 1923년과 1927년 사이인 (다)의 ③번이다.

답 ③

061

2018년 서울시 1차

〈보기〉의 단체가 존속한 기간에 발생한 사건이 아닌 것은?

〈보기〉

- 사회주의계열과 비타협적 민족주의계열의 합작으로 구성되었다.
- 설립 당시 회장은 이상재, 부회장은 홍명희가 맡았다.
- 전국에 140여 개소의 지회를 두고, 약 4만 명의 회원을 확보하였다.

① 광주 학생독립운동
② 원산 총파업
③ 단천 산림조합시행령 반대운동
④ 암태도 소작쟁의

출제영역 신간회

보기가 설명하고 있는 단체가 신간회라는 것은 쉽게 알 수 있을 것이다. 신간회는 1927년 2월 15일 조직되어서 1931년 5월 16일에 해체되었다. ④의 암태도 소작쟁의는 1923년 8월부터 1924년 8월까지 전라남도 신안군 암태도의 소작인들이 소작료 인하 등을 요구하며 일으킨 농민운동으로 신간회와는 관련이 없다.

오답풀이

① 광주학생항일운동은 1929년에 일어났으며, 신간회는 광주학생항일운동 당시 진상 조사단을 파견하였다.
② 원산총파업은 1929년에 발생하였으며, 신간회에 의해 지원을 받았다.
③ 단천산림조합시행령 반대운동은 1930년에 일어난 사건으로, 함경남도 단천(端川)의 농민들이 일제의 산림조합 설치에 반대하여 일으킨 대규모 저항운동을 말한다. 신간회에서는 단천에 사람을 파견하여 사건을 조사하도록 하고, 농민들을 지원하는 활동을 벌이도록 하였다.

답 ④

062

2021년 법원직

다음 격문과 관련이 깊은 역사적 사건에 대한 설명으로 가장 옳은 것은?

> 검거자를 즉시 우리의 힘으로 구출하자. 교내에 경찰관 침입을 절대 반대하자. 조선인 본위의 교육제도를 확립하자. 민족문화와 사회과학 연구의 자유를 획득하자. 전국 학생대표자회의를 개최하라.

① 원산에서 일제 강점기 최대 규모의 노동 쟁의를 일으켰다.
② 전국으로 확대되어 이듬해까지 동맹 휴학 투쟁이 계속되었다.
③ 민족 산업의 보호와 육성을 위해 국산품 애용 등을 주장하였다.
④ 순종의 국장일에 학생들이 만세 시위를 벌이고 시민들이 가세하였다.

출제영역 광주 학생항일운동

제시문은 1929년에 일어난 광주 학생 항일 운동 당시의 격문이다. 광주 학생 항일 운동은 전국으로 확대되어 3·1 운동 이후 최대 규모의 민족 운동으로 발전하였다. 또한 1930년 들어서도 보성전문학교를 비롯한 고등보통학교·여자고등보통학교 학생 등 서울 학생들이 광주학생 지원과 일제의 살인 정책을 규탄하며 동맹 휴학을 단행하기도 했다.

오답풀이

① 원산에서 일어난 일제 강점기 최대 규모의 노동 쟁의는 1929년 일어난 원산 노동자 총파업이다.
③ 민족 산업의 보호 등을 위해 국산품 애용을 주장한 운동은 1920년대 전개된 물산 장려 운동이다.
④ 순종의 국장일에 일어난 만세 시위는 6·10 만세 운동(1926)이다.

답 ②

063 2019년 지방직 7급

밑줄 친 '이 운동'에 대한 설명으로 옳은 것은?

1929년에 통학 열차를 이용하던 한 일본인 학생이 한국인 여학생을 희롱한 사건이 일어났다. 이에 분노한 한국인 학생은 일본인 학생에 맞서 싸웠다. 이때 일제 경찰은 일본인 학생만 두둔하고 나섰다. 광주의 학생들은 이에 대응해 시위를 벌였다. 일제의 차별 정책에 맞서 일어난 이 운동은 전국으로 퍼졌고 곳곳에서 동맹 휴학 투쟁이 연이어 벌어졌다.

① 진주에서 조선 형평사가 창설되는 결과로 이어졌다.
② 조선 민립 대학 설립 운동이 시작되는 배경이 되었다.
③ 신간회가 그 진상을 규명하고자 조사단을 현지에 파견하였다.
④ 비타협적 민족주의자들이 조선 민흥회를 만들게 된 계기가 되었다.

출제영역 광주 학생 항일 운동

1919년, 통학 열차, 한국인 여학생 희롱, 광주 등을 통하여 밑줄 친 '이 운동'은 광주 학생 항일 운동임을 알 수 있다. 이 운동에 대한 설명으로 옳은 것은 ③번 선지이다. 광주 학생 항일 운동 당시 신간회는 광주에 조사단을 파견하여 진상을 파악하기 위해 노력하였다. 광주 지역의 학생 비밀 결사인 성진회와 여러 독서회가 시위를 주도하였던 이 운동은 전국으로 확산되었고, 3·1 운동 이후 최대 규모의 항일 민족 운동으로 평가받는다.

오답풀이

① 1923년 진주에서 조선 형평사가 창설되어, 백정들의 사회적 신분 해방 운동이 전개되었다.
② 1923년 조선 민립 대학 기성회가 설립되어 민립 대학 설립을 위한 전국적인 모금 운동을 전개하였다.
④ 1926년 6·10 만세 운동 이후 비타협적 민족주의자들은 서울청년회 등의 일부 사회주의자들과 함께 조선 민흥회를 결성하였다.

답 ③

064 2018년 교육행정직

다음 운동에 대한 설명으로 옳은 것을 〈보기〉에서 고른 것은?

우리에게 가장 긴급한 문제는 의식주, 즉 산업 문제이니 그러면 오늘날 우리 조선 사람의 이 문제에 대한 관계가 어떠한가 …(중략)… 우리는 이와 같은 견지에서 조선 사람의 물산을 장려하기 위하여 조선 사람이 물건을 스스로 제작하여 공급하기를 목적하노라.

〈보기〉

ㄱ. 자본가의 이익을 위한 운동이라고 비판받기도 하였다.
ㄴ. 1만여 명의 대중이 모여 만민 공동회를 개최하였다.
ㄷ. 한민족 1천만이 한 사람이 1원씩'이라는 구호를 내세웠다.
ㄹ. 조만식 등을 중심으로 평양에서 시작되어 전국으로 확산되었다.

① ㄱ, ㄷ ② ㄱ, ㄹ ③ ㄴ, ㄷ ④ ㄴ, ㄹ

출제영역 물산 장려 운동

'조선 사람의 물산을 장려' 등 제시문의 표현이 노골적으로 물산 장려 운동임을 드러내고 있다. 물산 장려 운동에 대한 설명으로 옳은 것은 ㄱ, ㄹ이다.

ㄱ. 수요를 뒷받침할만한 생산력 증대가 이루어지지 않아 물건값이 오르는 등의 문제가 발생하자 일부 사회주의자들은 이 운동이 자본가와 상인의 이익만을 위한 운동이라고 비판하였다.
ㄹ. 회사령 폐지(1920. 4.), 조선으로 유입되는 일본 상품의 관세 폐지 움직임 등이 전해지자 1920년 8월 조만식 등이 평양에서 물산 장려 운동을 시작하였다.

오답풀이

ㄴ. 독립협회가 개최한 만민 공동회에 대한 설명이다.
ㄷ. 민립 대학 기성회가 모금 운동을 할 때 내걸었던 구호이다.

답 ②

MEMO

라영환 한국사

STEP 1

단순암기형

7

현대사

단순암기형으로, 무조건 알고 가야하는 필수 문제만 모았습니다!

STEP 1 | 단순암기형 현대사 VII

36 8·15 광복과 분단

37 좌·우 합작운동과 대한민국 정부의 수립관

001

2021년 법원직

다음 강령을 발표한 단체에 대한 설명으로 가장 옳은 것은?

> • 우리는 완전한 독립 국가 건설을 기함.
> • 우리는 전 민족의 정치적, 경제적, 사회적 기본 요구를 실현할 수 있는 민주주의 정권 수립을 기함.
> • 우리는 일시적 과도기에 있어서 국내 질서를 자주적으로 유지하며 대중 생활의 확보를 기함.

① 자유당을 창당하였다.
② 조선 인민 공화국의 수립을 선포하였다.
③ 독립 촉성 중앙 협의회의 결성을 주도하였다.
④ 38도선을 넘어 북한지도부와 남북 협상을 가졌다.

출제영역 조선건국 준비위원회

제시문은 조선 건국 준비 위원회의 강령 내용이다. 조선 건국 준비 위원회는 미군과의 협상에서 유리한 입장을 차지하기 위해 1945년 9월 조선 인민 공화국 수립을 선포하였다.

오답풀이

① 자유당은 1951년 12월에 창당된 이승만 계열의 보수 정당으로, 조선 건국 준비 위원회와는 관련이 없다.
③ 독립 촉성 중앙 협의회는 1945년 10월 이승만을 중심으로 조직된 단체이다.
④ 남북 협상을 주도한 것은 김구, 김규식 등 남북 협상파의 인물들이다.

답 ②

002

2016년 국가직

다음 결정문에 근거하여 실행된 사실로 옳은 것은?

> 조선을 독립시키고 민주국가로 발전시키는 동시에, 가혹한 일본의 조선 통치 잔재를 빨리 청산하기 위해 조선에 임시 민주주의 정부를 수립한다.

① 미·소 공동위원회가 개최되었다.
② 서울에서 건국준비위원회가 조직되었다.
③ 유엔 감시 하에 남한에서 총선거가 실시되었다.
④ 한반도에서 미군과 소련군의 군정이 시작되었다.

출제영역 모스크바 3상회의

제시된 결정문은 모스크바 3상회의의 결정이다. 전후 한국의 독립 문제를 처리하기 위해 1945년 12월 미국, 영국, 소련의 외무장관들이 모스크바에 모여 논의 한 결과 '한국 문제에 관한 4개항 결의서'가 결정 되었다. 4개항은 '민주주의 원칙 아래 독립 국가를 건설하기 위해 임시 민주 정부를 수립 할 것', '임시 정부 수립을 원조하기 위해 미·소 공동위원회를 설치할 것', '미·영·소·중은 한국을 최고 5년간 공동 관리(신탁 통치)할 것', '2주일 이내에 미·소 사령부의 대표 회의를 개최할 것'이다.

오답풀이

② 일제하에 여운형의 주도로 비밀리에 조직되었던 조선건국동맹(1944)이 1945년 8월 15일 광복과 함께 건국준비위원회(건준위)로 개편되어 치안을 유지하였으므로, 모스크바 3상 회의 개최 전의 사실이다.
③ 유엔 감시하의 남한에서 실시된 총 선거는 1948년 5월 10일에 실시된 5·10 총선거이며 모스크바 3상 회의가 아닌 UN소총회의 결의(1948.2.26.)에 의거해 실시되었다.
④ 한반도에서 미군과 소련군의 군정이 시작된 것은 해방 이후 38도선 남·북 지역에 두 나라 군대가 주둔한 직후로, 모스크바 3상 회의 개최 이전의 일이다.

답 ①

003

2022년 국가직

밑줄 친 '그'에 대한 설명으로 옳은 것은?

> 한국 국민당을 이끌던 그는 독립운동 세력을 통합하고자 한국 독립당을 결성해 항일 운동을 주도하였다. 광복 직후 귀국한 그는 정부 수립을 위한 활동을 이어나갔으며, 남한 단독 선거가 결정되자 김규식과 더불어 남북 협상을 위해 평양을 방문하기도 하였다.

① 좌우 합작 위원회를 구성해 좌우 합작 7원칙을 발표하였다.
② 광복 직후 안재홍 등과 함께 조선 건국 준비 위원회를 만들었다.
③ 무장 항일투쟁을 위해 하와이로 건너가 대조선 국민 군단을 결성하였다.
④ 모스크바 3국 외상 회의의 결정 사항이 알려지자 신탁통치 반대 운동을 펼쳤다.

출제영역 김구

밑술 친 '그'는 김구이다. 조소앙, 지정전 등이 민속혁명당으로 갔을 때도 임정 고수파였던 김구는 한국 국민당을 이끌었고, 그들이 다시 임정으로 왔을 때 한국 독립당을 결성하여 항일 운동을 주도하였다. 1948년 4월에는 김규식과 북행을 결심하여 평양에서 김일성, 김두봉과 4김 회담을 열어 통일 정부 수립을 위한 노력을 다하였다. 그에 대한 설명으로 옳은 것은 ④번 선지이다. 김구는 신탁통치 반대 운동에 적극 앞장섰으며, 자주 독립의 통일 정부 수립을 위해 헌신하였다.

오답풀이

① 좌우 합작 운동은 중도 좌파 여운형, 중도 우파 김규식 등이 주도하였다.
② 여운형 등에 대한 설명이다. 건국동맹을 모체로 한 건국준비위원회는 조선 인민 공화국 수립을 선포하였으나, 미 군정이 이를 인정하지 않았다.
③ 박용만에 대한 설명이다.

답 ④

004

2018년 국가직

(가)와 (나)를 주장한 각 인물에 대한 설명으로 옳은 것은?

> (가) 우리는 남방만이라도 임시 정부 혹은 위원회 같은 것을 조직하여 38도선 이북에서 소련이 철퇴하도록 세계 공론에 호소해야 할 것이다.
> (나) 나는 통일된 조국을 달성하려다 38도선을 베고 쓰러질지언정 일신의 구차한 안일을 위하여 단독 정부를 세우는 데는 협력하지 아니하겠다.

① (가) - 5·10 총선거에 불참하였다.
② (가) - 좌우 합작 7원칙을 지지하였다.
③ (나) - 탁치 반대 국민 총동원 위원회를 조직하였다.
④ (나) - 남조선 과도 입법 의원의 의장을 역임하였다.

출제영역 이승만과 김구

(가)는 이승만, (나)는 김구가 주장한 내용으로 볼 수 있다. 모스크바 3국 외상 회의에서 최고 5년을 기한으로 한국에 대한 4개국의 신탁 통치안이 결정되었다는 내용이 국내에 전해지자 김구 등 대한민국 임시정부 요인들이 중심이 되어 '신탁 통치 반대 국민 총동원 위원회'가 결성되었으며, 김구를 비롯한 이들 위원회는 '탁치(신탁 통치) 반대 국민 총동원 시위 대회'를 개최하는 등 신탁 통치를 적극 반대하였다.

오답풀이

① 이승만은 5·10 총선거에서 동대문구 갑 지역에서 단독출마하여 국회의원으로 당선되었고, 제헌의회 의장을 겸하였으며, 결국 초대 대통령으로 선출되었다.
② 좌우합작 7원칙의 내용 중, "3상 회의 결정에 의하여 남북을 통한 좌우합작으로 민주주의 임시정부를 수립할 것"이라는 부분은 이승만의 정읍 발언과 배치된다. 이승만은 '합작조건 중에 민주정책과 모순되는 조건이 있으므로 불만족하게 생각한다.'고 말하며 좌우합작에 불만을 표시하였다.
④ 김구는 남조선 과도입법의원의 의장을 역임하지 않았다. 남조선 과도입법의원의 의장은 김규식이었다.

답 ③

005

2025년 국가직

밑줄 친 '이 헌법' 공포 이후에 있었던 사실로 옳은 것은?

> 제헌 국회는 "유구한 역사와 전통에 빛나는 우리들 대한국민은 기미 삼일운동으로 대한민국을 건립하여 세계에 선포한 위대한 독립정신을 계승하여 이제 민주독립국가를 재건함에 있어서"라고 명시한 이 헌법을 공포하였다.

① 미군정청이 설치되었다.
② 5·10 총선거가 실시되었다.
③ 반민족 행위 처벌법이 공포되었다.
④ 한국의 독립을 언급한 카이로 회담이 개최되었다.

출제영역 제헌헌법 공포 이후 사실

제시문의 '이 헌법'은 1948년 7월 12일 제헌 국회에서 통과된 제헌 헌법이다. 제헌 헌법은 같은 해 7월 17일(제헌절) 서명·공포되어 그날로 발효되었다.

③ 반민족 행위 처벌법이 제정·공포된 것은 대한민국 정부 수립 직후인 1948년 9월이다. 그리고 1948년 10월에 친일 청산을 위해 반민족 행위 특별 조사 위원회, 이른바 '반민특위'가 설치되었다.

오답풀이

① 미 군정청이 설치된 것은 해방 직후인 1945년 9월의 일이다.
② 유엔 소총회 의결에 따라 5·10 총선거가 실시된 것은 1948년 5월이다.
④ 한국의 독립을 언급한 카이로 회담이 개최된 것은 1943년 11월의 일이다. 카이로 선언이 발표된 것은 1943년12월 1일의 일이다. 조선 인민의 노예 상태에 유의하여 '적당한 시기에(in due course)' 독립시킨다는 내용을 담았다.

답 ③

006

2018년 서울시 1차

〈보기〉의 선언에 대한 설명으로 가장 옳은 것은?

> 〈보기〉
>
> 각 군사 사절단은 일본국에 대한 장래의 군사행동을 협정하였다. … (중략) … 앞의 3대국은 조선인민의 노예상태에 유의하여 적당한 시기에 맹세코 조선을 자주 독립시킬 결의를 한다.

① 이 선언에서 연합국은 일본에 무조건 항복을 요구하였다.
② 미국, 영국, 중국의 정상이 모여 회담을 한 후 나온 선언이다.
③ 소련은 일본과의 전쟁에 참전할 것을 결정했다.
④ 미국의 루즈벨트 대통령이 20~30년간의 신탁통치안을 처음으로 제안하였다.

출제영역 카이로 선언

제시된 자료는 카이로 선언 중 일부를 발췌한 것이다. 카이로 선언은 1943년 11월 미국, 영국, 중국의 정상들이 카이로에서 만나 전후처리 문제를 논의하여 발표한 것으로, 처음으로 한국의 독립이 국제적으로 보장받은 선언이라는 데 의의가 있다.

오답풀이

① 연합국이 일본에 무조건 항복을 요구한 것은 1945년 7월의 포츠담 선언에 대한 설명이다.
③ 소련의 대일참전이 결정된 것은 1945년 2월의 얄타회담 이후이다.
④ 얄타회담에 대한 내용이다. 얄타회담 당시 전개된 스탈린과의 회담에서 루스벨트는 미국, 중국, 그리고 소련이 참여하는 한반도 신탁통치안을 처음으로 제안했다. 이후 모스크바 3국 외상회의에서는 미·영·중·소 4개국의 5년간 신탁통치 안이 결의되었다.

답 ②

007 2025년 법원직

다음 밑줄 친 '이 선거'에 대한 설명으로 가장 옳은 것은?

이 우표는 1948년에 실시된 선거를 기념하여 만들어진 것입니다. 이 선거는 우리 역사상 최초로 실시된 보통 선거라는 의미가 있습니다.
조선우표
총선거기념
KOREA
오십원 50W

① 임기 4년의 국회의원을 선출하였다.
② 김구, 김규식은 선거 불참을 선언하였다.
③ 이 선거로 이승만이 대통령에 선출되었다.
④ 18세 이상 모든 국민에게 투표권이 부여되었다.

출제영역 5·10 총선거

제시문은 1948년 5월 10일에 실시된 우리 역사상 최초로 실시된 민주적인 국회의원 선거인 5·10 총선거를 말한다. 유엔 감시하의 남한에서만 실시된 총 선거로서 UN소총회의 결의에 의거 실시되었다.
② 김구, 김규식 등 남북 협상에 참여하였던 인사들과 좌익 세력 등은 남한만의 단독 선거에 반대하며 선거에 불참하였다.

오답풀이

① 5·10 총선거 결과 제주도의 2곳을 제외한 선거구에서 임기 2년의 국회의원 198명이 선출되었다.
③ 이승만은 헌법에 명시된 간선제 규정에 따라 선출되었다. 이승만은 행정부를 구성하고 미군정 종식과 함께 대한민국 정부 수립을 국내·외에 선포하였다.
④ 만 21세 이상 모든 남녀에 선거권을 부여하고, 만 25세 이상 국민에게 피선거권을 부여한 직접·비밀·평등·자유 원칙에 입각한 민주 선거였다.

답 ②

008 2024년 서울시

〈보기〉의 자료가 공포된 이후에 일어난 일로 가장 옳지 않은 것은?

〈보기〉

유구한 역사와 전통에 빛나는 우리들 대한 국민은 기미 3·1운동으로 대한민국을 건립하여 세계에 선포한 위대한 독립 정신을 계승하여 이제 민주 독립 국가를 재건함에 있어서 정의, 인도와 동포애로써 민족의 단결을 공고히 하며 모든 사회적 폐습을 타파하고 민주주의 제제도를 수립하여 정치, 경제, 사회, 문화의 모든 영역에 있어서 각인의 기회를 균등히 하고 능력을 최고도로 발휘케 하며 각인의 책임과 의무를 완수케 하여…

① 제주 4·3사건이 발생했다.
② 친일청산을 위해 '반민특위'가 설치되었다.
③ 북한에 조선민주주의인민공화국이 수립되었다.
④ '유상매수, 유상분배'의 원칙에 따라 농지개혁이 실시되었다.

출제영역 제헌헌법 공포 이후 사실

제시문은 1948년 제헌 국회에서 통과된 제헌 헌법 전문이다.
① 1947년 제주도에서 3·1절 기념행사가 끝나고 가두시위 중 경찰의 발포로 사상자가 발생하자, 주민들은 항의 시위와 총파업을 벌였다. 미군정에 대한 반감이 높아진 가운데 제주도의 좌익 세력 등이 '단독 선거 반대', '통일 정부 수립'을 주장하며 무장봉기를 일으켰다(1948.4.3.). 이후 수립된 이승만 정부는 제주도에 계엄령을 선포하여 강경한 진압을 이어갔다. 이 과정에서 민간인이 집단 사살되기도 하였다.

오답풀이

② 친일 청산을 위해 반민족 행위 특별 조사 위원회, 이른바 '반민특위'가 설치된 것은 대한민국 정부 수립 직후인 1948년 10월의 일이다.
③ 북한에 조선 민주주의 인민 공화국이 수립된 것은 1948년 9월 9일이다.
④ '유산 매수, 유상 분배' 원칙에 따라 농지 개혁이 실시된 것은 1950년 3월(제정, 공포는 1949년6월) 대한민국의 농지 개혁은 유상 매입, 유상 분배를 원칙으로 하였으며, 농지만을 대상으로 하였고, 최대 면적 3정보를 기준으로 하였다.

답 ①

009

2021년 경찰직 2차

밑줄 친 '본 위원회'에 대한 설명으로 옳은 것은?

> 조선 전(全) 민족의 총의를 대표하며 이익을 보호할 만한 완전한 새 정권이 나와야 하며, 이러한 새 정권이 확립되기까지의 일시적 과도기에 있어서 본 위원회는 조선의 치안을 자주적으로 유지하며 한 걸음 더 나아가 조선의 완전한 독립 국가 조직을 실현하기 위하여 새 정권을 수립하는 한 개의 잠정적 임무를 다하려고 한다.

① 미 군정 선포 직후 결성되었다.
② '기회주의 일체 부인'을 강령으로 내세웠다.
③ 김규식과 여운형이 교대로 위원장을 맡았다.
④ 이승만을 주석으로 하는 정부 수립을 선포하였다.

출제영역 조선건국 준비위원회

제시문의 밑줄 친 '본 위원회'에 해당하는 단체는 조선건국 준비 위원회이다. 조선 건국 준비 위원회는 미군의 남한 지역 진주에 대비하여 미군과의 협상에서 유리한 입장을 차지하기 위해 국가의 모습을 갖출 필요가 있었으며, 이에 이승만을 주석으로 하는 조선 인민 공화국을 선포하였다. 그러나 조선 인민 공화국은 조선 공산당이 실권을 장악하여 좌익 정부의 색채를 강하게 띠었으며, 결국 미 군정의 인정을 받지 못하였다.

오답풀이

① 조선 건국 준비 위원회는 미 군정 선포(1945.9) 이전인 1945년 8월에 조직되었다.
② 기회주의의 일체 부인을 강령으로 내세운 단체는 신간회(1927)이다. 조선 건국 준비 위원회는 완전한 자주 독립 국가의 건설과 민주주의 정권의 수립, 국내 질서의 자주적 유지를 통한 대중 생활의 확보 등을 강령으로 내세웠다.
③ 조선건국 준비위원회의 중심인물은 여운형과 안재홍이었다. 여운형과 김규식을 중심으로 한 조직은 좌우 합작위원회이다.

답 ④

010

2019년 서울시 1차

〈보기〉의 사실들을 시간순으로 나열했을 때 세 번째에 해당하는 것은?

> 〈보기〉
> ㄱ. 제2차 미·소 공동위원회 결렬
> ㄴ. 좌·우 합작 위원회, '좌·우 합작 7원칙'에 합의
> ㄷ. 이승만, 정읍 발언에서 남한만의 정부 수립 주장
> ㄹ. 유엔 소총회, 가능한 지역에서만 총선거 실시 결의

① ㄱ ② ㄴ ③ ㄷ ④ ㄹ

출제영역 대한민국 정부 수립 과정

제시문은 대한민국의 정부 수립과정을 나열한 것이다. 이를 순서대로 배열하면,
ㄷ. 1946년 5월에 제 1차 미·소 공동 위원회가 결렬되자 다음 달인 6월에 이승만 전라북도 정읍에서 행한 연설에서 남한만이라도 임시 정부 또는 위원회 같은 것을 조직하여야 한다고 주장하였는데, 이를 정읍 발언이라 한다.
ㄴ. 제1차 미·소 공동 위원회의 결렬되고, 이승만의 정읍 발언으로 남한만의 단독 정부 수립론이 제기되자 1946년 7월에 김규식·여운형 등의 중도 세력 등이 좌우 합작 위원회를 결성하였으며, 이들이 1946년 10월에 좌우 합작 7원칙을 발표하였다.
ㄱ. 1947년 5월에 제2차 미·소 공동 위원회가 개최되었으나 1차 때와 마찬가지로 임시 정부 수립에 참여할 단체 문제로 미·소 양국이 대립하였다. 결국 1947년 8월에 제2차 미·소 공동 위원회도 결렬되어 미국은 한반도 문제를 국제 연합(UN)에 상정(1947.9)하기로 하였다.
ㄹ. 1947년 11월에 유엔 총회에서 인구 비례에 따른 총선거를 실시할 것이 결정되었으나 소련의 반대로 유엔 총회의 결의안이 시행되지 못하여 1948년 2월에 유엔 소총회를 열어 선거가 가능한 지역(남한)이라도 총선거를 실시하도록 결의하였다.
따라서 세 번째 순서인 ㄱ의 ①이 정답이다.

답 ①

011 2022년 경찰간부

'가', '나' 사이 시기에 있었던 사실로 가장 적절한 것은?

가. 4월 3일 새벽 2시를 전후하여 남로당 제주도당을 중심으로 한 무장대가 제주 도내의 12개 지서를 일제히 공격하고, 경찰과 서북 청년회 숙소, 독립 촉성 국민회와 대동 청년단 등 우익 단체 요인의 집을 습격하였다.
나. 여수 주둔 국방 경비대 제14연대 소속의 일부 병사가 제주 4·3 사건 진압 출동을 거부하면서 '통일 정부 수립, 제주 출동 반대' 등의 구호를 내세우며 무장봉기하였다.

① 6·25 전쟁이 일어났다.
② 장면 내각이 구성되었다.
③ 발췌 개헌이 통과되었다.
④ 5·10 총선거가 실시되었다.

출제영역 4·3 사건~여순 사건 사이의 시건

제시된 자료 (가)는 1948년 4월 3일에 발발한 제주 4·3 사건, (나)는 1948년 10월 19일에 발발한 여수·순천 10·19 사건이다. ④의 5·10 총선거는 1948년 5월 10일에 실시된 우리나라 최초의 국회의원 선거이므로, (가)와 (나) 사이의 사건으로 적절하다.

오답풀이

① 6·25 전쟁은 1950년 6월의 사건이다.
② 장면 내각 구성은 1960년 8월의 사건이다.
③ 발췌 개헌 통과는 1952년 7월의 사건이다.

답 ④

012 2017년 서울시 9급

(가), (나) 문서에 대한 설명으로 옳은 것은?

(가) 조선 인민의 노예 상태에 유의하여 적당한 시기에 맹세코 조선을 자주 독립시킬 것을 결의한다.
(나) 조선 임시 정부의 구성을 원조할 목적으로 먼저 그 적절한 방안을 마련하기 위하여 남조선 합중국 관구와 북조선 소련 관구의 대표자들로 공동위원회가 설치될 것이다.

① (가)는 포츠담 회담에서 발표되었다.
② (나)의 결정에는 미국, 영국, 소련이 참여하였다.
③ (나)의 결정에 따라 좌우합작위원회가 만들어졌다.
④ (가), (나) 는 8·15 해방 직전에 발표되었다.

출제영역 카이로 회담과 모스크바 3국 외상 회의

(가)는 연합국의 루즈벨트(미)·처칠(영)·장제스(중)가 카이로 회담(1943)을 통해 채택한 키이로 선언이다. 조선 인민의 노예 상태, 적당한 시기(in due course) 등을 통하여 특정할 수 있으며, 이 선언은 최초로 국제사회에서 한국의 독립을 보장하였다. (나)는 모스크바 3국 외상 회의(1945년 12월)의 결정 내용이다. 조선 임시 정부 구성을 위한 공동위원회 설치 등을 통하여 추측할 수 있다. (가), (나) 문서에 대한 설명으로 옳은 것은 ②번 선지이다. 모스크바 3국 외상 회의는 미국, 소련, 영국 3국의 외무장관이 모여서 논의한 것이다.

오답풀이

① 포츠담 회담(1945년 7월)은 독일 포츠담에서 미·영·소 대표가 모여 개최한 것으로, 독일·일본에 대한 처리 문제가 논의되었고, 한국의 독립이 재차 확인되었다.
③ (나)의 결정에 따라 만들어진 것은 미·소 공동위원회이다. 좌우합작위원회는 1946년 1차 미·소 공동위원회가 결렬된 이후 여운형, 김규식 등이 조직하였다.
④ 모스크바 3국 외상 회의는 8·15 해방 이후인 1945년 12월에 개최되었다.

답 ②

013

2018년 서울시 7급

〈보기〉의 결정을 내린 회의에 대한 설명으로 가장 옳지 않은 것은?

〈보기〉

- 첫째, 한국을 독립국가로 재건하기 위해 민주주의 임시 정부를 수립한다.
- 둘째, 한국 임시정부 수립을 위해 미·소공동위원회를 설치한다.
- 셋째, 미국, 영국, 중국, 소련의 4개국이 공동 관리하는 최고 5년 기한의 신탁통치를 시행한다.

① 1945년 12월 모스크바에서 개최하였다.
② 미국, 영국, 소련 세 나라의 외무장관이 참석하였다.
③ 한국의 신탁통치에 대하여 처음 국제적으로 논의하였다.
④ 이 회의의 결정 소식은 국내 좌우익의 극심한 분열을 일으켰다.

출제영역 모스크바 3상 회의

제시문의 내용은 모스크바 3국 외상 회의(1945년 12월)의 결정 사항을 발췌한 것이다. 모스크바 3국 외상 회의에 대한 설명으로 옳지 않은 것은 ③번 선지이다. 한국의 신탁 통치에 대한 국제적 논의가 처음 이루어진 것은 워싱턴 회담(1943년, 영국 외상 이든과 미국대통령 루스벨트)에서였다.

오답풀이

① 모스크바 3국 외상 회의는 광복 이후인 1945년 12월 개최되었다.
② 미국, 영국, 소련 세 국가의 외무장관이 참석하여 모스크바 3국 외상 회의를 진행하였다.
④ 모스크바 3국 외상 회의 결정 사항의 핵심은 '민주 임시 정부 수립', '미·소 공동 위원회 설치', '최고 5년 신탁 통치 시행 가능'이다. 동아일보가 '소련이 신탁통치 주장, 미국은 즉시 독립 주장'의 제목으로 신탁 통치안을 보도함에 국내에서는 반탁 운동이 일어났으며, 좌우익의 극심한 분열로 이어졌다. 처음에는 좌익과 우익 모두 신탁 통치안에 대하여 반발하였으나, 모스크바 3국 외상 회의의 결과가 공식적으로 발표되자 좌익은 모스크바 3국 외상 회의 결정을 지지한다는 입장을 취하였다.

답 ③

014

2019년 지방직 7급

㉠에 들어갈 명칭으로 옳은 것은?

[㉠]에서 소련 대표는 미국·소련·영국 외무장관이 합의한 사항에 동의하는 사회단체와 정당을 한국 민주주의 임시정부 수립 문제를 논의할 협의 대상으로 하자고 했다. 또 합의한 사항에 반대하는 세력을 협의 대상에서 배제해야 한다고 주장하였다. 미국은 소련이 '의사 표현의 자유'를 보장하지 않는다며 비판했다. 양측은 이 문제로 대립하였고, 결국 [㉠]는 특별한 성과를 거두지 못한 채 휴회에 들어갔다.

① 미·소 공동 위원회
② 모스크바 3상 회의
③ 좌·우 합작 위원회
④ 조선 건국 준비 위원회

출제영역 미·소 공동 위원회

㉠은 미·소 공동위원회이다. 1945년 12월 모스크바 3국 외상 회의의 결정에 따라 민주주의 임시 정부를 수립하기 위해 미·소 공동위원회가 열렸다(1946년 3월). 이 위원회는 임시 정부 수립 문제를 논의할 협의 대상에 대한 이견으로 큰 난관에 부딪혔다. 소련은 모스크바 3국 외상 회의 결정을 반대하는 정당과 사회단체는 임시 정부 구성에 참여 시킬 수 없다고 주장하였고, 미국은 의사표시의 자유 원칙에 입각하여 모스크바 3국 외상 회의 결의안을 반대한다고 해서 그 단체들을 임시 정부 수립에서 제외할 수 없다고 하였다. 결국 회담은 두 달여 만에 휴회에 들어가고 말았다. 그 뒤 1947년 5월 제2차 미소공동위원회가 개최되었으나 이 또한 큰 성과 없이 결렬되었다.

답 ①

015 2021년 지방직 9급

(가)에 대한 설명으로 옳은 것은?

> 1945년 12월 모스크바에서 미국, 소련, 영국의 외무 장관들은 한국 문제를 논의하였다. 이 회의에서 미국, 소련, 영국, 중국이 최장 5년간 신탁통치를 시행한다는 합의가 이루어졌다. 또 미국과 소련이 (가) 를/을 개최해 민주주의 임시정부 수립 문제에 대해 논의하기로 했다. 이 합의에 따라 1946년 3월 서울에서 (가) 가/이 시작되었다.

① 미·소 양측의 의견 차이로 결렬되었다.
② 조선건국준비위원회를 조직하는 성과를 냈다.
③ 민주 공화제를 핵심으로 한 제헌헌법을 만들었다.
④ 유엔 감시하의 총선거로 정부를 수립한다는 결정을 내렸다.

출제영역 미·소 공동 위원회

(가)는 미·소 공동위원회이다. 모스크바 3국 외상 회의의 결징에 따라 1946년 3월에 시작되었다는 점 등을 통해 특정할 수 있다. 이에 대한 설명으로 옳은 것은 ①번 선지이다. 1946년 3월 덕수궁 석조전에서 개최된 미·소 공동위원회의 본 회담은 곧 난관에 봉착하였다. 소련은 모스크바 3국 외상 회의 결정을 반대하는 정당과 사회단체는 임시 정부 구성에 참여시킬 수 없다고 주장하였고, 미국은 의사표시의 자유 원칙에 입각하여 모스크바 3국 외상 회의 결의안을 반대한다고 해서 그 단체들을 임시 정부 수립에서 제외할 수 없다고 하였다. 결국 회담은 두 달여 만에 휴회에 들어가고 말았다. 그 뒤 1947년 5월 제2차 미·소 공동위원회가 개최되었으나 이 또한 이견을 좁히지 못하고 결렬되었다. 이후 미국은 한반도 문제를 UN(국제연합)으로 이관하였다.

오답풀이

② 조선건국동맹을 모체로 한 조선건국준비위원회는 여운형의 주도로 1945년 8월 15일 조직되었다.
③ 제헌헌법을 제정한 것은 1948년 5월 10일 총선거를 통해 구성된 제헌국회이다.
④ 1947년 11월에 열린 유엔 총회에서 유엔 감시하의 총선거로 정부를 수립한다는 결정을 내렸다.

답 ①

016 2019년 법원직

밑줄 친 '위원회'에 대한 설명으로 가장 옳은 것은?

> 본 위원회의 목적을 달성하기 위하여 기본 원칙을 아래와 같이 의정함.
> 1. 조선의 민주 독립을 보장한 삼상 결정에 의하여 남북을 통한 좌우합작으로 민주주의 임시정부를 수립할 것.
> 2. 미소공동위원회 속개를 요청하는 공동성명을 발표할 것.
> 3. 토지개혁에 있어 몰수, 유조건 몰수, 체감 매상 등으로 토지를 농민에게 무상으로 분여하여 적정 처리하고, 중요 산업을 국유화하여……
> 4. 친일파 민족 반역자를 처리할 조례를 본 합작 위원회에서 입법 기구에 제안하여 실시하게 할 것

① 이승만의 정읍발언을 지지하였다.
② 여운형과 김규식 등이 주도하였다.
③ 조선 공산당과 한민당이 참여하였다.
④ 모스크바 3국 외상 회의 결정에 반대하였다.

출제영역 좌우합작 위원회

제시문은 좌우합작 위원회가 1946년 10월 발표한 좌우합작 7원칙 중 일부를 발췌한 것이다. 좌우합작 위원회에 대한 설명으로 옳은 것은 ②번 선지이다. 좌우합작 위원회는 중도 좌파 여운형과 중도 우파 김규식 등이 주도하였으며, 미군정도 신탁 통치 문제를 둘러싼 좌우 대립과 혼란을 막기 위해 좌우 합작 운동을 지원하였다. 좌익이 제안한 5원칙과 우익이 제한한 8원칙을 절충하여 7원칙을 발표하였으나, 양측으로부터 비판을 받았다.

오답풀이

① 1946년 제1차 미·소 공동위원회가 결렬된 직후, 이승만은 정읍에서 남한만이라도 먼저 임시 정부를 수립하자고 제의하였다(1946년 6월).
③ 중도파 세력이 중심이 되어 조직된 좌우합작위원회에 극좌와 극우에 각각 해당하는 조선 공산당(좌익)과 한민당(우익)은 참여하지 않았다.
④ 좌우합작 7원칙 제 1항(제시문의 첫 번째 내용)에서 좌우합작 위원회는 모스크바 3국 외상 회의의 결정을 따를 것을 천명하였다.

답 ②

017

2022년 간호직 8급

밑줄 친 '나'에 대한 설명으로 옳은 것은?

> 미군정 아래에서 육성된 그들은 경찰을 시켜 선거를 독점하도록 배치하고 인민의 자유를 유린하고 있다. …(중략)… 나는 통일된 조국을 건설하려다 38선을 베고 쓰러질지언정, 일신의 구차한 안일을 위하여 단독정부를 세우는 데는 협력하지 않겠다.

① 한인 애국단을 조직하였다.
② 민족 혁명당 창당을 주도하였다.
③ 대한민국 임시 정부의 대통령을 역임하였다.
④ 좌우합작위원회에서 임시 정부 수립을 합의하였다.

출제영역 김구

제시문은 김구가 발표한 '3천만 동포에게 읍고함'의 일부를 발췌한 것이다. '통일된 조국을 건설하려다 38선을 베고 쓰러질지언정'과 같은 유명한 구절을 통하여 쉽게 추측할 수 있을 것이다. 김구는 1948년 2월 UN 소총회에서 남한만의 단독선거를 논의하자 단독 정부 수립에 반대하며 제시문과 같은 글을 발표한 것이다. 김구에 대한 설명으로 옳은 것은 ①번 선지이다. 김구는 1931년에 한인 애국단을 조직하였다.

오답풀이

② 의열단을 주도했던 김원봉에 대한 설명이다.
③ 이승만, 박은식이 대한민국 임시 정부의 대통령을 역임하였다. 김구는 대한민국 임시 정부에서 국무령, 주석 등을 역임하였다.
④ 중도 좌파 여운형, 중도 우파 김규식 등이 좌우합작 위원회를 주도하였다.

답 ①

018

2020년 소방직

(가) ~ (라) 시기에 해당하는 사실로 옳은 것은?

(가)	(나)	(다)	(라)

조선건국 준비위원회 결성 / 제1차 미·소 공동위원회 개최 / 5·10 총선거 실시

① (가) 모스크바 3국 외상 회의가 개최되었다.
② (나) 반민족행위특별조사위원회가 설치되었다.
③ (다) 김구와 김규식이 남북 협상을 제안하여 평양에서 회의가 개최되었다.
④ (라) 좌우합작 7원칙이 발표되었다.

출제영역 대한민국 정부 수립

(가)~(라) 시기에 해당하는 사실로 옳은 것은 ③ 번 선지이다. 제1차 미·소 공동위원회가 1946년 3월에 개최되었고, 1948년 5월 10일에 총선거가 실시되었으므로, 이들 사이 시기에 남북 협상 회의가 평양에서 개최된 것(1948년 4월)은 옳은 사실이다. 정확한 연대를 파악하지 못한다고 하더라도, 사건의 맥락을 고려하면 충분히 문제를 해결할 수 있다. 미·소 공동위원회가 결렬되고, 한반도 문제가 유엔으로 이관되었으며, 유엔 소총회에서 선거가 가능한 지역인 남한 지역에서의 단독 선거가 결정되자, 통일 정부 수립을 위하여 남북 협상에 나섰고, 남북 협상이 큰 성과를 거두지 못하고 5·10 총선거를 거치며 남북한이 분단되었다는 것이다.

오답풀이

① 조선 건국 준비 위원회가 결성된 것은 1945년 8 월 15 일이므로, 1945년 12월에 열린 모스크바 3국 외상 회의는 (가) 시기에 해당하지 않는다.
② 제헌국회에서 1948년 10월 반민족행위특별조사위원회(반민특위)가 설치되었으므로, (나) 시기에 해당하지 않는다.
④ 1946년 10월에 좌우합작 7원칙이 발표되었으므로 (라) 시기에 해당하지 않는다.

답 ③

019

2019년 국가직 9급

(가) ~ (라)를 시기순으로 바르게 나열한 것은?

(가) 좌우합작 7원칙이 발표되었다.
(나) 조선 건국 준비 위원회가 결성되었다.
(다) 모스크바 3국 외상 회의가 개최되었다.
(라) 김구와 김규식이 남북협상을 제의하였다.

① (나) → (가) → (라) → (다)
② (나) → (다) → (가) → (라)
③ (다) → (가) → (나) → (라)
④ (다) → (나) → (가) → (라)

출제영역 대한민국 정부 수립

대한민국 정부 수립 과정에 있었던 주요 사건인 (가)~(라)를 시기순으로 바르게 나열한 것은 ②번 선지이다.

(나) 조선 건국 준비 위원회 결성(1945년 8월 15일): 조선건국동맹(1944년 설립)을 모체로 한 조선 건국 준비 위원회가 광복 직후 출범하였다.

(다) 모스크바 3국 외상 회의 개최(1945년 12월): 모스크바에서 미국, 영국, 소련의 외무장관이 한반도 문제를 논의하여, '민주주의 임시 정부 수립', '미·소 공동 위원회 개최', '최대 5년간 신탁 통치 가능' 등의 사항을 의결하였다.

(가) 좌우합작 7원칙 발표(1946년 10월): 중도 좌파 여운형, 중도 우파 김규식 등이 주도한 좌우합작 위원회가 좌우합작 7원칙을 발표하였다.

(라) 김구와 김규식의 남북 협상 제의(1948년 2월): 유엔 소총회 결의에 따라 남한 단독 정부 수립 가능성이 생겼고, 김구와 김규식은 통일 정부 수립을 위해 남북 협상을 제의하였다.

답 ②

020

2018년 서울시 7급

1948년 남북 협상에 대한 설명으로 옳은 것을 〈보기〉에서 모두 고른 것은?

〈보기〉

ㄱ. 제1차 미·소공동위원회와 2차 미·소공동위원회 사이에 추진되었다.
ㄴ. 좌·우 정치세력의 합작을 위한 7원칙을 발표하였다.
ㄷ. 김구, 김규식 등이 평양에서 열린 회의에 참여하였다.
ㄹ. 회의 결과, 미 . 소 양군의 철수를 요구하는 결의문을 채택하였다.

① ㄱ, ㄴ ② ㄱ, ㄹ ③ ㄴ, ㄷ ④ ㄷ, ㄹ

출제영역 남북 협상

1948년 남북 협상에 대한 설명으로 옳은 것은 ㄷ, ㄹ이다. 1947년 11월 유엔 총회는 유엔 감시하의 남북 총선거를 실시하여 한국 정부를 수립할 것을 결정하였고, 이에 따라 유엔 한국 임시 위원단이 한국에 파견 되었지만, 소련이 위원단의 입북을 거부하였다. 1948년 2월 유엔 소총회에서 선거가 가능한 지역(38도선 이남)만의 총선거를 결정됨에 따라 김구와 김규식 등은 통일 정부 수립을 위한 남북 협상을 추진하였다.

ㄷ. 민족자주연맹은 북한의 김일성과 김두봉에게 남북 요인 회담의 개최를 요청하는 서한을 보냈고, 1948년 4월 김구와 김규식 등은 평양에서 열린 열린 전조선정당사회단체대표자 연석회의에 참가하였다.
ㄹ. 남북협상에서 미·소 양군의 철수를 요구하는 결의문이 채택되었고, 남북 통일정부 수립방안이 작성되었으나 실질적인 성과는 거두지 못하였다.

오답풀이

ㄱ. 남북협상은 제2차 미·소 공동위원회가 결렬된 후인 1948년 4월에 이루어졌다.
ㄴ. 좌우합작 위원회에서 좌우합작 7원칙을 발표하였다(1946년 10월).

답 ④

38 친일파 청산과 농지개혁, 6·25 전쟁

021 2023년 지방직

6·25 전쟁 중 있었던 사실로 옳지 않은 것은?

① 국군과 유엔군이 인천 상륙 작전을 감행하였다.
② 대통령 직선제를 포함한 발췌 개헌안이 국회에서 통과되었다.
③ 이승만 정부가 북한 송환을 거부하는 반공 포로를 석방하였다.
④ 미국이 한반도를 미국의 태평양 지역 방위선에서 제외한다는 애치슨 선언을 발표하였다.

출제영역 6·25 전쟁

6·25 전쟁은 1950년 6월 25일 북한의 전면 남침으로 시작되어 1953년 7월 27일 휴전이 체결되었다. 따라서 1950년 6월~1953년 7월 사이의 사건이 아닌 것을 골라야 한다. ④의 에치슨 선언은 1950년 1월 미 국무장관 애치슨이 태평양 방위선에서 한국과 타이완을 제외한 일로, 6·25 전쟁의 배경 중 하나이므로 6·25 전쟁 중의 사실로는 옳지 않다.

오답풀이

① 인천상륙작전은 1950년 9월의 사건으로 UN군이 반격하는 계기가 되었다.
② 발췌개헌은 1952년 7월의 사건이다. 휴전 협정 도중 임시수도 부산에서 이루어진 대통령 직선제 개헌으로, 이를 통해 이승만 대통령이 재선에 성공할 수 있었다.
③ 반공포로 석방사건은 1953년 6월의 발생한 일로, 이승만 정부가 남한 거제도에 수용 중인 반공포로를 석방한 사건이다.

답 ④

022 2022년 지방직

다음 조항을 포함한 법률에 대한 설명으로 옳지 않은 것은?

> 제1조 일본 정부와 동모하여 한일 합병에 적극 협력한자, 한국의 주권을 침해하는 조약 또는 문서에 조인한 자와 이를 모의한 자는 사형 또는 무기 징역에 처하고, 그 재산과 유산의 전부 혹은 2분의 1 이상을 몰수한다.

① 제헌국회에서 제정되었다.
② 이 법률은 농지개혁법이 제정된 후 제정되었다.
③ 이 법률에 의해 반민특위와 특별 재판부가 구성되었다.
④ 이 법률에 의해 친일 경력을 지닌 고위 경찰 간부가 체포되었다.

출제영역 제헌 국회

제시된 법률은 1948년 9월에 제정되고, 12월에 시행된 반민족행위처벌법이다. 이에 대한 설명으로 옳지 않은 것은 ②번 선지이다. 농지개혁법이 1949년 6월에 제정되었으므로, 반민족행위처벌법이 이보다 앞서 제정된 것이다. 이 법률에 따라 조직된 반민특위의 활동은 친일파 처단을 주장하던 국회의원을 간첩 협의로 체포한 국회 프락치 사건, 친일 경찰이 반민 특위를 습격한 사건, 이승만 정부의 미온적 태도와 활동 기간을 2년에서 1년으로 단축하는 것 등으로 인하여 큰 성과를 거두기 어려웠다.

오답풀이

① 제헌국회가 제정한 가장 대표적인 법률이 반민족행위처벌법과 농지개혁법이라 볼 수 있다.
③ 동법 제9조에 근거하여 반민특위가 구성되고, 동법 제19조에 의거하여 특별 재판부가 설치되었다.
④ 수도경찰청 수사과장을 지냈던 친일파 노덕술 같은 이가 대표적이다.

답 ②

023

2017년 지방직

다음의 법령에 대한 설명으로 옳지 않은 것은?

> 제1조 일본정부와 동모하여 한·일 합방에 적극 협력한 자, 한국의 주권을 침해하는 조약 또는 문서에 조인한 자와 모의한 자는 사형 또는 무기징역에 처하고, 그 재산과 유산의 전부 혹은 2분의 1 이상을 몰수한다.
>
> 제2조 일본 정부로부터 작위를 받은 자 또는 일본 제국 의회의 의원이 되었던 자는 무기 또는 5년 이상의 징역에 처하고 그 재산과 유산의 전부 혹은 2분의 1 이상을 몰수한다.
>
> 제3조 일본 치하 독립운동자나 그 가족을 악의로 살상·박해한 자 또는 이를 지휘한 자는 사형, 무기 또는 5년 이상의 징역에 처하고 그 재산의 전부 혹은 일부를 몰수한다.

① 이 법령에 따라 특별 재판부가 설치되었다.
② 이 법령의 제정은 제헌헌법에 명시된 사항이었다.
③ 이 명령에 따라 반민족행위자들이 실형을 선고받았다.
④ 이 법령은 여수·순천 10·19 사건 직후에 국회에서 통과되었다.

출제영역 반민특위의 설치와 친일청산의 좌절

위의 지문은〈반민족행위자처벌법〉의 조항이다. 1948년 9월 22일 제헌의회에서 제헌헌법 101조에 의거하여 통과되었고, 이에 따라 1948년 10월에 반민족행위특별조사위원회(반민특위)와 특별재판소가 들어서서 일제강점기 친일반민족행위자에 대한 조사와 처벌을 맡았다. ④의 지문은〈국가보안법〉을 설명하는 여순사건을 진압한 뒤인 1948년 12월에 국회에서 통과되었다.

오답풀이

① 〈반민족행위자처벌법〉에 따라 특별재판소가 들어서서 일제강점기 친일반민족행위자에 대한 재판과 처벌을 담당하였다.
② 〈반민족행위자처벌법〉은 1948년 9월 22일 제헌의회에서 제헌헌법 101조에 의거하여 통과되었다.
③ 실질적으로 기소되어 처벌된 친일반민족행위자는 30명에 불과했으며(실형선고는 7인), 그 마저도 항소심과 재심청구 등의 방법으로 풀려나게 되어 실제로 처벌받은 친일반민족행위자는 전무하다고 볼 수 있다.

답 ④

024

2020년 지방직 7급

6·25 전쟁 발발 이후부터 정전협정 체결 이전까지 발생한 일로 옳지 않은 것은?

① 이승만 정부는 반공 포로를 석방하였다.
② 유엔군 측은 자유의사에 따른, 포로 송환 방침을 제안하였다.
③ 초대 대통령에 한하여 중임제한을 철폐하는 개헌안이 관철되었다.
④ 대통령 간선제를 직선제로 바꾸는 '발췌 개헌안'이 통과되었다.

출제영역 6·25 전쟁

6·25 전쟁은 1950년 6월 25일에 발발하여 1953년 7월 27일 정전 협정이 체결될 때까지 계속되었다. 이 사이 시기에 발생한 일로 옳지 않은 것은 ③번 선지이다. 초대 대통령에 한하여 중임 제한을 철폐하는 결과를 가져온 개헌안이 통과된 것(사사오입 개헌)은 1954년의 일이다.

오답풀이

① 이승만 정부는 휴전에 반대하여 정전 회단에 참여하지 않았고, 1953년 6월 18일~19일 당시 부산, 광주, 논산 등 전국의 포로 수용소에서 반공 포로를 석방하였다.
② 1951년 7월에 소련의 유엔 대표인 말리크의 제안을 미국이 수용함으로써 시작된 휴전회담에서 유엔군 측은 포로 개개인의 자유의사에 따른 자유 송환을, 공산군 측은 제네바 협정에 따른 출신 국가로의 자동 송환을 주장하였다.
④ '발췌 개헌안'은 6·25 전쟁 중인 1952년 부산에서 통과되었다. 계엄령이 선포되고 야당 국회의원이 헌병대에 강제 연행되는 등 험악한 분위기 속에서 국회는 기립 표결로 대통령 직선제와 양원제를 골자로 한 개헌안을 통과시켰다.

답 ③

39 4·19 혁명과 장면 정부의 수립

025 2022년 지방직

다음 글은 어떤 사건이 일어났을 때 발표되었는가?

> 1. 마산, 서울 기타 각지의 데모는 주권을 빼앗긴 국민의 울분을 대신하여 궐기한 학생들의 순수한 정의감의 발로이며 부정과 불의에는 언제나 항거하는 민족정기의 표현이다. … (중략) …
> 3. 합법적이고 평화적인 데모 학생에게 총탄과 폭력을 거리낌 없이 남용하여 참극을 빚어낸 경찰은 자유와 민주를 기본으로 한 대한민국의 국립 경찰이 아니라 불법과 폭력으로 권력을 유지하려는 일부 정부 집단의 사병이다. - 대학 교수단 4·25 선언문 -

① 4·19 혁명　② 5·18 민주화 운동
③ 6·3 시위　④ 6·29 민주화 선언

출제영역 4.19 혁명

제시문은 4·19 혁명이 일어났을 때 발표된 글이다. '마산', '대학 교수단 4·25 선언문' 등을 통하여 추측할 수 있을 것이다. 3·15 부정선거 이후 전국에서 부정선거를 규탄하는 여론이 비등하고 있을 때, 마산의 해변가에서 16세 김주열의 시신이 떠올랐다. 시위에 가담했다 최루탄을 눈에 맞아 버려진 것으로 보인 김주열의 시신으로 인하여 시민들과 학생들은 거리로 쏟아져 나왔고, 이러한 시위는 전국으로 확산되었다. 결국 이승만 대통령은 하야하였고, 허정 과도 정부가 수립되었다.

오답풀이

② 신군부의 계엄령 철폐와 그들의 퇴진 등을 요구한 광주 시민의 항쟁이다.
③ (굴욕적인) 한일 국교 정상화에 반대하여 1964년 대학생 및 시민들이 항쟁한 것이다.
④ 1987년 6월 항쟁 결과, 민정당 대통령 후보였던 노태우가 국민들의 직선제 개헌 요구를 받아들여 발표한 선언이다.

답 ①

026 2021년 경찰직 2차

(가), (나) 발표 시기 사이에 있었던 사실로 옳은 것은?

> (가) 우리 진보당은 오늘 국민 대중의 절대적 기대와 촉망을 받으면서 우렁찬 고고(呱呱)의 소리를 울렸습니다. 우리 진보당은 광범한 근로 민중의 이익 실현을 위하여 노력하고 투쟁하는 근로 대중 자신의 민주적 혁신적 정당입니다.
> (나) 상아의 진리탑을 박차고 거리에 나선 우리는 질풍과 같은 역사의 조류에 자신을 참여시킴으로써, 지성과 진리, 그리고 자유의 대학 정신을 현실의 참담한 박토에 뿌리려 하는 바이다.

① 6·3 시위가 전개되었다.
② 사사오입 개헌이 이루어졌다.
③ 신국가보안법이 국회에서 통과되었다.
④ 민주당이 분화되어 신민당이 창당되었다.

출제영역 이승만 정부 시기의 사건

(가)는 1956년 진보당 창당 선언문, (나)는 1960년 서울대학교 문리대학생의 4·19 선언문의 내용이다. ③의 신국가보안법(국가보안법 개정안)은 1958년 이승만의 자유당이 반공 투쟁 위원회를 구성해 자유당 단독으로 통과시킨 법으로, 야당 및 각계 반대층을 탄압하는 수단으로 사용되었다.

오답풀이

① 6·3시위는 박정희 정부 시기인 1964년 일본과의 굴욕적인 한일회담에 대해 대학생들을 중심으로 일어난 항의 시위이다.
② 사사오입 개헌은 1954년의 사건이다. 자유당은 이승만 대통령의 장기 집권을 위해 초대 대통령에 한하여 3선 제한을 철폐하는 헌법 개정안을 국회에 제출하였는데, 투표결과 당시 의결 정족수인 135.33명에 못미치는 135명이 찬성하여 법안이 부결되었으나, 자유당은 '사사오입' 즉, 135.33명을 반올림하면 136명이 된다는 논리를 내세워 법안 통과를 강행하였다.
④ 장면 내각 시기인 1960년에는 민주당 내부의 구파와 신파 간의 갈등이 지속되어 구파가 분당하여 신민당을 창당하였다.

답 ③

027

2022년 국가직

제헌 국회에 대한 설명으로 옳은 것은?

① 반민족 행위 특별 조사 위원회를 구성하였다.

② 한·일 기본 조약 체결에 반대하는 성명을 내놓았다.

③ 통일 3대 원칙이 언급된 7·4 남북 공동 성명을 발표하였다.

④ 통일 주체 국민 회의에서 대통령을 뽑는다는 내용의 개헌안을 통과시켰다.

출제영역 제헌 국회

제헌 국회에 대한 설명으로 옳은 것은 ①번 선지이다. 헌법을 제정하였던 제헌 국회는 1948년 5·10 총선에 의해 임기 2년의 의원들로 구성되었고, 이승만과 이시영을 각각 대통령과 부통령으로 선출하였다. 제헌 국회의 활동으로 특기할만한 것은 반민족 행위 처벌법 제정, 농지개혁법 제정, 귀속 재산 처리법 제정, 국가보안법 제정 등이 있다. 반민족 행위 처벌법에 근거하여 반민족 행위 특별 조사 위원회와 특별 재판부가 설치되었다(1948년 10월).

오답풀이

② 한일 기본 조약은 1965년 6월에 체결되었다.

③ 10월 유신(1972년)이 선포되기 직전 박정희 정부에서 7·4 남북 공동성명을 발표하였다.

④ 1972년 통과된 소위 유신헌법을 설명하고 있다.

답 ①

028

2019년 서울시 7급

㉠과 ㉡에 들어갈 인물들의 이름을 옳게 짝지은 것은?

1956년의 제3대 정·부통령 선거에서는 평화 통일과 혁신 노선을 내세운 (㉠) 후보가 대통령 선거에 출마하여 전체 유효표의 30%를 차지하였고, 부통령 선거에서는 민주당의 (㉡) 후보가 자유당의 이기붕 후보를 누르고 당선되었다.

	㉠	㉡
①	조봉암	장면
②	신익희	장면
③	조봉암	김성수
④	신익희	김성수

출제영역 제3대 정부통령 선거

㉠은 조봉암, ㉡은 장면이다. 1956년 5월에 실시된 정·부통령 선거에서 야당인 민주당의 신익희 후보가 '못살겠다, 갈아보자'는 구호를 내걸고 신진하였으나 대통령 유세 중 갑자기 타계하고 이승만이 3대 대통령으로 당선되었으나, 민주적 평화통일을 공약으로 내세웠던 무소속 혁신계 후보 조봉암이 약 216만 표(자유당 이승만 약 504만표)를 얻어 이승만 정부에 큰 충격을 주었다. 부통령 선거에서는 민주당의 장면 후보가 자유당의 이기붕 후보를 누르고 당선되었다. 혁신계 조봉암의 약진에 놀랐던 이승만 정부는 1958년 1월 '진보당 사건'을 발표하고 간부들을 구속하고 정당등록을 취소하였으며, 1959년 7월 조봉암의 사형이 집행되었다.

답 ①

029

2019년 지방직 7급

밑줄 친 '개헌안'에 대한 설명으로 옳은 것은?

> 1954년에 실시된 선거로 국회 내 다수 세력이 된 자유당은 새 개헌안을 국회에 상정하였다. 이 개헌안이 국회를 통과 하기 위해서는 그 재적 의원 203명의 3분의 2 이상이 찬성해야 했다. 그러나 표결 결과 135표를 얻는 데 그쳐 부결되었다. 그럼에도 자유당은 이른바 '사사오입'이라는 논리로 부결을 번복하고 가결을 선언하였다. 이는 절차적 민주주의 원칙이 크게 훼손된 사건이었다.

① 대통령이 국회의원의 3분의 1을 직접 지명하도록 규정하였다.
② 국가보위비상대책위원회가 언론을 통제한다는 규정이 포함되어 있었다.
③ 대통령선거인단에 의한 간접선거로 대통령을 선출한다는 조항을 두었다.
④ 당시 재임 중인 대통령에 대해서는 중임 제한 규정을 적용하지 않는다는 내용이 있었다.

출제영역 제2차 개헌(사사오입 개헌)

밑줄 친 '개헌안'은 제2차 개헌안이다. 1954년, 사사오입의 논리 등을 통하여 특정할 수 있다. 이 개헌안에 대한 설명으로 옳은 것은 ④번 선지이다. 제2차 개정헌법 부칙에서 '이 헌법 공포 당시의 대통령에 대해서는 제55조 제1항 단서의 제한을 적용하지 아니한다.'는 규정을 두어, 이 헌법 공포 당시 대통령인 이승만 대통령이 4년 중임 제한을 적용받지 않게 하여 종신 집권 가능성이 열렸다.

오답풀이

① 유신 헌법(1972. 12. 27. 시행)에서 대통령이 국회의원의 1/3을 지명할 수 있게 하였다.
② 국가보위비상대책위원회(국보위)는 1980년 5월 31일 정치 권력을 사유화하기 위한 대통령의 자문, 보좌를 위해 설치된 임시 행정기구이다.
③ 제8차 개정헌법(1980. 10. 27. 시행) 제39조에서 대통령선거인단에 의한 간접 선거로 대통령(임기 7년)을 선출한다고 규정하고 있다.

답 ④

030

2021년 법원직

다음 개헌이 이루어진 정부 시기에 있었던 사실로 가장 옳은 것은?

> 제55조 대통령과 부통령의 임기는 4년으로 한다. 단, 재선에 의하여 1차 중임할 수 있다. 대통령이 궐위된 때에는 부통령이 대통령이 되고 잔임기간 중 재임한다. 부칙 이 헌법 공포 당시의 대통령에 대하여는 제55조 제 1항 단서의 제한을 적용하지 아니한다.
>
> \- 대한민국 관보 제1228호 -

① 소련, 중국과 교류를 확대하였다.
② 일본과 국교 정상화를 추진하였다.
③ 진보당 사건으로 조봉암을 처형하였다.
④ 지방 자치제를 전면적으로 실시하였다.

출제영역 제2차 개헌(사사오입개헌)

제시문은 제2차 개정헌법(1954)의 일부를 발췌한 것이다. 제55조의 대통령의 중임 제한 규정이 부칙에서 헌법 공포 당시 대통령에게는 적용되지 않는다는 내용을 통해 특정할 수 있다. 이승만 정부 시기에 있었던 사실로 옳은 것은 ③번 선지이다. 1956년 실시된 정·부통령 선거에서 혁신계의 조봉암이 약진하고 민주당의 장면이 부통령에 당선된 뒤 위기를 느낀 이승만 정부는 반공주의를 내세워 반대 세력을 탄압하였다. 1958년 1월 이승만 정부는 북한 간첩에게 조종을 받아 평화 통일 방안을 추진했다는 이유로 진보당의 당수 조봉암과 간부들을 체포하고, 정당 등록을 취소하였다(진보당 사건). 이후 1959년 7월 조봉암이 처형되었다.

오답풀이

① 노태우 정부 시기에 북방 정책을 추진하여 소련, 중국과 수교하였다.
② 박정희 정부 시기에 한·일 기본 조약(1965)을 체결하여 일본과 국교를 정상화하였다.
④ 김영삼 정부 시기에 자치단체장 선거를 실시하여 지방자치제를 전면적으로 실시하였다.

답 ③

40 5·16 군사정변과 박정희 정부

031 2021년 국가직

밑줄 친 '헌법'이 시행 중인 시기에 일어난 사건은?

> 이 헌법은 한 사람의 집권자가 긴급조치라는 형식적인 법절차와 권력 남용으로 양보할 수 없는 국민의 기본인권과 존엄성을 억압하였다. 그리고 이러한 권력 남용에 형식적인 합법성을 부여하고자 … (중략) … 입법, 사법, 행정 3권을 한 사람의 집권자에게 집중시키고 있다.

① 부·마 민주 항쟁이 일어났다.
② 국민교육헌장을 선포하였다.
③ 7·4 남북공동성명이 발표되었다.
④ 한·일 협정 체결을 반대하는 6·3 시위가 있었다.

출제영역 유신체제 하의 시대상황

긴급조치라는 키워드를 통해 밑줄 친 '헌법'이 유신 헌법이라는 것을 알 수 있다. 유신헌법이 시행된 시기는 1972년 12월부터 8차 개헌이 이루어진 1980년 10월까지의 기간으로, ①의 1979년 10월에 발생한 부마항쟁이 유신 치하의 사건에 해당한다. 부·마 민주 항쟁은 YH 사건, 김영삼 총재 국회 제명 등으로 그 동안 쌓여 왔던 유신 체제에 대한 국민들의 불만이 폭발한 것으로, 박정희 정부는 부마 항쟁을 진압하기 위하여 부산에는 계엄령을, 마산에는 위수령을 발동하였다.

오답풀이

② 국민교육헌장은 박정희 정부(3공화국) 때인 1968년에 선포되었다.
③ 7·4 남북 공동 성명이 발표된 시기는 박정희 정부(3공화국) 때인 1972년의 일이다.
④ 6·3 시위는 박정희 정부(3공화국) 때인 1964년의 일이다.

답 ①

032 2022년 지방직

다음과 같은 대통령 선출 방식이 포함된 헌법의 내용으로 옳지 않은 것은?

> 제39조
> ① 대통령은 통일주체국민회의에서 토론없이 무기명 투표로 선거한다.
> ② 통일주체국민회의에서 재적 대의원 과반수의 찬성을 얻은 자를 대통령 당선자로 한다.

① 대통령은 국회를 해산할 수 있다.
② 대통령의 임기는 7년으로 하며, 중임할 수 없다.
③ 대법원장은 대통령이 국회의 동의를 얻어 임명한다.
④ 대통령은 국정 전반에 걸쳐 필요한 긴급조치를 할 수 있다.

출제영역 유신헌법(제7차 개정 헌법)

통일주체국민회의에서 대통령을 선출할 것을 규정한 것은 유신헌법(제7차 개정 헌법)이다. 이에 대한 설명으로 옳지 않은 것은 ②번 선지이다. 유신헌법에서 대통령의 중임 제한은 없었고 임기는 6년으로 하였다. 대통령의 임기를 7년 단임으로 정한 것은 전두환 정부에서 추진한 제8차 개정 헌법이다.

오답풀이

①, ③, ④는 모두 유신헌법에 대한 설명으로 옳은 것이다. 유신헌법은 대통령을 삼권분립을 초월한 존재로 규정하였다. 대통령이 국회의원 3분의 1을 추천할 수 있는 권한을 가져 헌법 개정을 원천적으로 봉쇄하였고, 대통령은 중임 제한이 없는 6년 임기로 통일주체국민회의에서 선출하였으며, 긴급조치권과 국회 해산권을 가졌다.

답 ②

033 2021년 지방직

(가) 시기에 있었던 사실로 옳은 것은?

	(가)	

4·19 혁명이 일어나다 — 유신헌법이 공포되다

① 『반민족행위처벌법』이 제정되다.
② 7·4 남북 공동 성명이 발표되다.
③ 남북한이 유엔에 동시 가입하다.
④ 5·18 민주화 운동이 일어나다.

출제영역 박정희 정부 시기의 사건

연표의 4·19 혁명은 이승만 정부 말기인 1960년 4월, 유신헌법 공포는 박정희 정부 때인 1972년 12월의 일이므로, 유신 선포 이전 박정희 정부 시기의 사건을 고르는 문제이다. ②의 7·4 남북 공동은 1972년 7월의 사건으로 (가) 시기에 해당한다. 박정희 대통령은 중앙 정보 부장을 비밀리에 북한에 보내 김일성을 만나게 하였고, 이러한 남북 간의 비밀 접촉으로 '7·4 남북 공동 성명'이 서울과 평양에서 동시에 발표될 수 있었다.

오답풀이

① 제헌 국회 시기의 사건이다. 제헌국회에서는 제헌 헌법에 근거하여 1948년 9월 '반민족 행위 처벌법'을 제정하였다.
③ 남북한 유엔 동시가입은 노태우 정부 시기인 때인 1991년의 사건이다.
④ 5·18 민주화 운동은 1980년 5월, 신군부 세력의 정권 장악에 대한 반발로 전남 광주에서 발생하였다.

답 ②

034 2019년 지방직

다음은 1960년대 어느 일간지에 실린 사설이다. 밑줄 친 '파병'에 대한 설명으로 옳은 것만을 모두 고르면?

> 우리는 원했든 원하지 않았든 이미 이 전쟁에 직접적인 관계를 맺었고 <u>파병</u>을 찬반(贊反)하던 국민이 이젠 다힘과 마음을 합해서 <u>파병</u>된 용사들을 성원하고 있거니와 근대 전쟁이 전투하는 사람만의 전쟁이 아니라 온 국민이 참가하는 '총력전'이라는 것을 알고 이 전쟁의 승리를 위해 모든 국민의 단합을 호소하는 바이다.
>
> 〈보기〉
>
> ㄱ. 발췌개헌안 통과에 영향을 주었다.
> ㄴ. 브라운 각서를 체결하는 이유가 되었다.
> ㄷ. 1960년대 경제개발계획의 추진에 기여하였다.
> ㄹ. 한·미 상호방위원조협정을 체결하는 계기가 되었다.

① ㄱ, ㄴ ② ㄱ, ㄷ ③ ㄴ, ㄷ ④ ㄷ, ㄹ

출제영역 베트남 파병

제시문은 1960년대 이루어진 베트남 파병에 대한 글이다. 미국의 요청을 받아들인 박정희 정부는 1964년부터 비전투병을, 1965년부터 전투병을 베트남으로 파견하기 시작하였는데, 미국은 브라운 각서(1966)를 통해 베트남 파병의 대가로 우리나라에 군사적·경제적 지원을 해 주겠다고 약속하였다. 또한 한국 기업이 베트남의 건설 사업에 참여할 수 있게 됨으로써 이른바 베트남 특수가 나타났고 이는 1960년대 경제개발계획의 추진에 기여하였다.

오답풀이

ㄱ. 발췌개헌안 통과는 베트남 파병 이전인 1952년의 사건으로 베트남 파병과는 직접적인 관련이 없다.
ㄹ. 한·미 상호 방위 원조 협정은 1950년 1월 26일 체결된 조약이다.
대한민국 정부 수립 직후 미국은 전쟁을 방지하도록 한국의 안보군의 훈련과 장비를 지원하며 경제지원을 확대한다는 계획을 세우고 이 조약을 체결하였다.

답 ③

035

2020년 법원직

(가)에 들어갈 내용으로 가장 옳은 것은?

3차 개헌(1960.6.) - 의원 내각제, 양원제 채택
5차 개헌(1962.12.) - 대통령 직선제
6차 개헌(1969.10.) - (가)
7차 개헌(1972.12.) - 대통령 권한 강화

① 대통령 간선제
② 중임 제한 철폐
③ 국회 양원제 규정
④ 대통령의 3선 허용

출제영역 대한민국의 개헌과정

6차 개헌은 박정희 정권의 정권연장을 목적으로 추진되었던 것으로, 주요 내용은 대통령의 3선 연임을 허용하고, 대통령에 대한 탄핵 소추결의 요건을 강화하며, 국회의원이 장·차관 겸직을 허용하는 것이었다.

오답풀이

① 7차 개헌인 유신헌법에 대한 설명이다. 박정희 군정 시기, 5차 개헌(1962)으로 4·19 이전의 대통령 중심의 단원제로 돌아가는 것의 일환으로 대통령 직선제로 변경 한 뒤, 1963년 5대 대선에 당선되었으나 이후 1972년 12월, 7차 개헌 시기 간선제로 다시 변경하였다.

② 초대 대통령에 한해 중임 제한을 철폐한다는 것은 1954년 이승만 정부의 2차개헌(사사오입 개헌)이다.

③ 국회 양원제 규정은 1차 개헌(발췌개헌, 이승만 정부)과 3차 개헌(4·19 이후, 장면 정부)에 해당한다.

답 ④

036

2018년 법원직

(가) ~ (마)를 일어난 순서대로 바르게 나열한 것은?

〈보기〉

(가) 브라운 각서 체결
(나) 한·일 기본 조약 조인
(다) 전태일 분신자살 사건
(라) 7·4 남북 공동 성명 발표
(마) 김대중의 제7대 대통령 선거 출마

① (가) - (나) - (다) - (라) - (마)
② (가) - (다) - (나) - (마) - (라)
③ (나) - (가) - (다) - (라) - (마)
④ (나) - (가) - (다) - (마) - (라)

출제영역 한국 현대사의 전개(박정희 정권기의 전개과정)

위 지문의 사건들은 박정희 정권기(1963~1979)에 벌어진 일들이다. 이를 순서대로 배열하면,

(나) 한·일 기본 조약 조인을 통해 한일 국교 정상화가 마련된 것은 1965년 6월 22일이다. 이 과정에서 시민사회 및 학생운동권을 중심으로 한일협정 반대 투쟁(1964.6.3)이 전개되었다.

(가) 브라운 각서(Brown Memorandum)는 베트남 전쟁 참전의 대가로 미국이 한국군 근대화·한국 기술원조·차관 지원 등을 약속한 문서로, 1966년 3월 4일 한국과 미국 사이에 체결되었다.

(다) 전태일이 청계천 평화시장에서 근로기준법 준수·노동 조건 개선을 촉구하며 분신 항거한 사건은 1970년 11월 13일이다. 전태일의 분신은 한국 현대 노동운동의 효시로 평가받는다.

(마) 김대중이 제7대 대통령 선거(1971.4.27)에 출마한 것은 1971년 1월 24일의 일이다.

(라) 북한 김일성-남한 이후락 간에 '자주·평화·민족대단결' 원칙의 통일을 천명한 7·4 공동선언이 발표된 것은 1972년 7월 4일이다.

답 ④

037

2018년 서울시 7급

<보기>의 내용이 추구되었던 제4공화국 시기의 정치 상황으로 가장 옳지 않은 것은?

〈보기〉

ㄱ. 10월 유신　ㄴ. 100억 불 수출　ㄷ. 1000불 소득

① 통일주체국민회의 대의원들의 간접선거로 대통령이 선출되었다.
② 비상계엄하에서 제정되어 국민투표로 확정된 헌법이 시행되었다.
③ 정권에 반대하는 교수, 종교인 등이 긴급조치로 투옥 혹은 해직되었다.
④ 학생, 지식인, 언론, 종교단체, 야당 등의 반대 속에서 한일협정이 조인되었다.

출제영역 유신 체제(제4 공화국)

<보기>에서 10월 유신, 100억불 수출, 1000불 개인 소득 등을 제시하고 있을 뿐만 아니라 발문에서 제4 공화국(1972. 12. 27.~1981. 2. 24.)을 언급하고 있다. 제4 공화국 시기의 정치 상황으로 옳지 않은 것은 ④번 선지이다. 한·일 기본 조약(1965)이 체결된 것은 제3 공화국 시기(이른바 유신 헌법으로 개정되기 전)의 사실이다.

오답풀이

① 1972년 12월 27일부터 시행한 유신 헌법(제7차 개정 헌법)에는 통일 주체국민회의 대의원들이 간접선거로 임기 6년의 대통령을 선출하는 것이 규정되어 있다.
② 1972년 10월 17일 박정희 대통령은 비상계엄을 선포하여 국회를 해산시키고 정치 활동을 금지하는 동시에 헌법 개정안을 작성하여 국민 투표를 시행할 것을 지시하였다. 비상 국무회의를 통해 헌법 개정안이 의결 및 공고되었고, 11월 21일 국민투표를 통해 헌법이 개정되었으며, 12월 27일부터 개정된 헌법이 시행되었다.
③ 유신 헌법(제7차 개정 헌법)에는 대통령에게 긴급조치권이라는 초헌법적 권한이 부여되었는데, 정권에 반대하는 교수, 종교인 등이 긴급조치로 투옥 혹은 해직되었다.

답 ④

038

2022년 소방간부

(가) 시기에 대한 설명으로 옳은 것은?

재야인사들이 명동 성당에 모여 (가) 체제를 비판하며 '3·1 민주 구국 선언'을 아래와 같이 발표 하였다.
1. 이 나라는 민주주의 기반 위에 서야 한다.
2. 경제 입국의 구상과 자세가 근본적으로 재검토 되어야 한다.
3. 민족 통일은 오늘 이 겨레가 짊어진 지상의 과업이다.

① 발췌 개헌안이 통과되었다.
② 국민 교육 헌장이 선포되었다.
③ 4·13 호헌 조치가 발표되었다.
④ 긴급 조치가 잇달아 공포되었다.

출제영역 4공화국 시기의 정치상황

3·1 민주 구국선언이 비판한 정치체제에 대한 내용이므로, 제시된 (가)가 유신체제에 대한 내용임을 알 수 있다. 유신체제는 유신헌법(7차 개헌)이 선포된 1972년부터 8차 개헌이 이루어지는 1980년까지의 시기를 말한다. ④의 긴급조치는, 유신정부 시기 정부가 실시한 강압적 제재 수단이다.

오답풀이

① 이승만 정부 시기의 사건이다.
② 국민교육헌장 제정은 3공화국 시기인 1968년의 사실이다.
③ 전두환 정권 시기에 대한 설명이다.

답 ④

41 민주주의 시련과 민주회복

039 2025년 법원직

다음 두 민주화 운동의 공통점으로 가장 옳은 것은?

- 3·15 부정 선거와 김주열 사망으로 인해 이승만 정부에 대한 항의 시위가 전국적으로 확산되었다.
- 전두환 정부의 독재에 반대하고 호헌 철폐를 요구하는 전국적 시위의 결과 6·29 선언이 발표되었다.

① 비상계엄이 선포되었다.
② 유신 체제에 저항하였다.
③ 헌법 개정으로 이어졌다.
④ 대통령이 하야하는 결과를 가져왔다.

출제영역 4·19 혁명과 6월 민주항쟁

이승만 정부는 시위대를 향해 총격을 가하며 진압하였고 이승만 하야 요구와 교수들의 시국 선언으로 이어져 결국 4월 26일 하야하게 되었다. 6월 민주 항쟁의 결과 정부는 국민들의 민주화와 직선제 개헌 요구를 받아들여 당시 대통령 후보였던 노태우 민주정의당 대표위원이 6·29 민주 선언을 발표하였다.

③ 4·19 혁명 이후 허정 과도 정부가 출범하여 3·15 부정 선거를 무효로 하고 개헌을 추진하였다. 그 결과 내각 책임제와 양원제 국회를 주요 내용으로 하는 개헌이 단행되었다. 6·29 민주 선언 이후 1987년 10월 12일 제9차 개헌을 통해 국민의 기본권을 강화하고 대통령 직선제를 도입하였으며, 이 헌법에 의거하여 1987년 12월 16일 제13대 대통령 선거가 치러졌다.

오답풀이

① 6월 민주항쟁 때에는 비상계엄이 선포되지 않았다.
② 4·19 혁명과 6월 민주항쟁은 유신체제와 관계가 없다.
④ 4·19 혁명의 결과 이승만은 4월 26일 하야하였으나, 6월 민주항쟁 결과 대통령 직선제가 도입되어 13대 대통령이 선출되었다.

답 ③

040 2022년 해양간부

다음 자료가 발표된 민주화 운동은?

> 우리는 왜 총을 들 수밖에 없었는가? (중략) 정부 당국에 서는17일야간에계엄령을확대선포하고일부학생과 민주 인사, 정치인을 도무지 믿을 수 없는 구실로 불법 연행하였습니다. (중략) 계엄 당국은 18일 오후부터 공수부대를 대량투입하여시내곳곳에서학생,젊은이들에게 무차별 살상을 자행하였으니, (중략) 협상이 올바른 방향으로 진행되면 즉각 총을 놓겠습니다.

① 4·19 혁명
② 부·마 민주 항쟁
③ 5·18 민주화 운동
④ 6월 민주 항쟁

출제영역 5·18 광주민주화운동

세시문은 5·18 광주민주화운동에 대한 내용이다. 신군부가 다시 집권화면서 이에 대한 불만이 지속되게 되었고, 견국 서울의 봄 등 민주화에 대한 요구가 계속되다가 광주에서 5·18 광주 민주화운동이라는 대규모 시위가 발생하게 되었다(1980.5).

오답풀이

① 4·19 혁명은 이승만 정권의 3·15 부정선거(1960)로 인해 발생한 대규모 시위로, 이승만 대통령이 하야하고 제 2공화국이 수립되는 계기가 된 사건이다.
② 부·마 민주항쟁은 유신 체제에 대한 불만과 김영삼 의원의 국회 제명에 대한 반발로 김영삼 대통령의 정치적 고향이던 부산·마산 지역에서 일어난 대규모 반정부 민주화운동을 말한다.
④ 6월 민주항쟁은 박종철 고문치사 사건(1987.1), 간선제 유지를 선언 한 4·13 호헌조치(1987.4) 등에 대한 반발로 직선제 개헌과 호헌철폐를 요구하며 발생한 대규모 민주화운동이다.

답 ③

041 2022년 소방직

(가) ~ (라)의 민주화 운동을 일어난 순서대로 옳게 나열한 것은?

(가) 부·마 민주 항쟁
(나) 3·1 민주 구국 선언
(다) 6월 민주 항쟁
(라) 5 - 18 민주화 운동

① (가) → (나) → (라) → (다)
② (가) → (라) → (다) → (나)
③ (나) → (가) → (라) → (다)
④ (나) → (라) → (가) → (다)

출제영역 민주화 운동

(가)~(라)의 민주화 운동을 일어난 순서대로 옳게 나열한 것은 ③번 선지이다.

(나) 3·1 민주 구국 선언(1976): 재야와 종교계 인사들이 명동 성당에서 긴급조치의 철회와 박정희 대통령의 퇴진을 요구하는 3·1 민주 구국 선언을 발표하였다.

(가) 부·마 민주 항쟁(1979): 유신 체제가 한계에 이르른 1979년, YH무역 사건을 계기로 김영삼 신민당 총재가 의원직에서 제명되었으며, 이것이 불씨가 되어 10월 중순 부산, 마산 지역에서 대규모 민주 항쟁이 일어났다.

(라) 5·18 민주화 운동(1980): 1980년 신군부의 비상계엄 확대에 저항하며 광주 지역에서 5·18 민주화 운동이 전개되었다.

(다) 6월 민주 항쟁(1987): 1987년 4·13 호헌 조치에 반발하여 대통령 직선제 개헌 등 민주화를 요구한 6월 민주 항쟁이 전개되었다.

답 ③

042 2019년 법원직

(가) ~ (라)에 해당하는 구호와 관련된 설명이 잘못된 것은?

(가) 3·15 부정선거 다시 하라!
(나) 계엄령 해제하고 신군부 퇴진하라!
(다) 굴욕적인 대일 외교 결사 반대한다!
(라) 호헌 철폐, 대통령 직선제 개헌 쟁취하자!

① (가) - 이승만이 하야하는 계기가 되었다.
② (나) - 종신집권이 가능한 대통령제로 개헌했다.
③ (다) - 한일회담에 반대하고 정권의 퇴진을 요구했다.
④ (라) - 이한열 등의 희생을 통해 직선제 개헌에 성공했다.

출제영역 민주화 운동

(가)는 4·19 혁명(1960), (나)는 5·18 민주화 운동(1980), (다)는 6·3시위(1964), (라)는 6월 민주 항쟁(1987) 시기의 구호이다. 이와 관련된 설명으로 잘못된 것은 ②번 선지이다. 종신 집권이 가능한 대통령제로 개헌한 것은 유신 헌법(제7차 개정헌법, 1972. 12. 27. 시행)을 말하는 것으로 보이는데, 12·12 군사 반란(1979)으로 정권을 장악한 신군부가 제정한 것이 아니다.

오답풀이

① 3·15 부정 선거에서 촉발된 4·19 혁명(1960)으로 이승만 대통령이 하야하고 허정 과도 정부가 수립되었다.
③ 박정희 정부 출범 직후 중앙정보부장 김종필과 일본 외무장관 오히라 사이에 한일 협정을 위한 비밀 교섭이 추진되었다. 이에 1964년 대학생들을 중심으로 굴욕적인 한일 회담에 반대하는 시위가 격화되었고, 박정희 정부는 비상 계엄을 선포하여 시위를 진압하였다(6·3시위).
④ 6월 9일 연세대학교 학생 이한열이 최루탄에 맞아 의식 불명 상태가 되었고, 6월 10일 민정당은 노태우를 차기 대통령 후보로 추대하였다. 같은 날 전국 18개 도시에서 시위가 전개되었고, 20여 일간 계속되었다. 결국 6월 29일 정부와 여당인 민정당은 대통령 직선제 수용을 주요 내용으로 하는 시국 수습 방안을 발표하였다(6·29 선언).

답 ②

043 2025년 법원직

다음 헌법이 적용된 시기에 있었던 사실로 가장 옳은 것은?

> 제39조 ① 대통령은 대통령선거인단에서 무기명 투표로 선거한다.
> 제40조 ① 대통령선거인단은 국민의 보통·평등·직접·비밀 선거에 의하여 선출된 대통령 선거인으로 구성한다.

① 10월 유신이 단행되었다.
② 베트남 파병이 이루어졌다.
③ 지방자치제가 전면 실시되었다.
④ 언론사에 보도지침이 하달되었다.

출제영역 8차 개정 헌법

제시문은 1980년 10월 27일 시행된 제8차 개정 헌법이다. 8차 개정 헌법은 대통령의 임기를 7년 단임으로 하였으며, 대통령 선거인단에서 간접 선거로 대통령을 선출하도록 하였다. 이 헌법에 따라 실시된 선거에서 전두환은 다시 대통령에 당선되었다(1981)

④ 전두환 정부는 보도 지침을 통해 언론을 통제하는 등 시민의 자유와 민주주의를 억압하였다.

오답풀이

① 박정희 정부는 안보 위기와 평화 통일에 대비한다는 구실로 1972년 유신헌법을 제정하고 10월 유신을 단행하였다. 전국에 비상계엄을 선포하고 국회를 해산한 뒤, 비상 국무 회의에서 제정한 유신 헌법을 국민 투표로 확정하였다.
② 박정희 정부는 베트남 전쟁에 본격적으로 개입한 미국의 요청에 따라 베트남에 국군을 파병하였다. 파병 규모는 1964년부터 1973년까지 32만여 명에 달하였다.
③ 지방자치제는 노태우 정부에서 지방의회 선거를 통해 부분 실시를 했으며, 김영삼 정부에서는 지방단체장 선거를 시행하여 지방자치제를 전면 실시하였다.

답 ④

044 2025년 법원직

다음 자료가 발표된 정부의 시기에 있었던 사실로 가장 옳은 것은?

> 최근 한국 경제는 대기업 연쇄 부도에 따른 대외 신인도 하락으로 국제 금융 시장에서 단기 자금 만기 연장의 어려움 등 외화 차입의 곤란으로 일시적인 유동성 부족 사태에 직면하게 되었습니다. … 정부는 금융 시장의 안정이 확고히 정착되게 하기 위해 … 국제 통화 기금 자금 지원을 요청하기로 하였습니다.

① 전태일 분신 사건이 일어났다.
② 다문화 가족 지원법이 제정되었다.
③ 경제 협력 개발 기구에 가입하였다.
④ 국민 기초 생활 보장법을 제정하였다.

출제영역 문민정부(김영삼 정부)

제시문은 1997년 김영삼 정부가 국제 통화 기금(IMF)에 긴급 구제 금융을 요청한다는 내용의 글이다.

③ 당시 김영삼 정부는 세계화를 표방하며 신자유주의 정책을 펼쳤다. 공기업을 민영화하고 금융업에 대한 규제를 완화했으며, 쌀을 제외한 대부분의 농산물 수입도 점차 개방하였다. 1996년에는 선진국 클럽으로 불리는 경제 협력 개발 기구(OECD)에 가입하였다.

오답풀이

① 전태일이 청계천 평화시장에서 근로기준법 준수·노동조건 개선을 촉구하며 분신 항거한 사건은 1970년 11월 13일이다. 전태일의 분신은 한국 현대 노동운동의 효시로 평가받는다.
② 다문화 가족 지원법은 2008년 3월 이명박 정부 때 제정되었다.
④ 1997년 IMF 위기로 단순 생계 지원이 아닌 수급자의 자립 자활을 촉진하는 생산적 복지 지향의 종합적 빈곤 대책이 필요하여 김대중 정부 때인 1999년 국민 기초생활 보장법을 공포하고, 2000년 10월 1일부터 실시하였다.

답 ③

42 통일정책과 남북대화

045

2017년 국가직

남북관계에 대한 역대 정부의 합의로 옳지 않은 것은?

① 박정희 정부 – 7·4 남북 공동선언
② 김영삼 정부 – 남북 기본 합의서
③ 김대중 정부 – 6·15 남북 공동 선언
④ 노무현 정부 – 10·4 남북 공동 선언

출제영역 통일을 위한 노력

남북 기본 합의서의 채택은 노태우 정권 시기인 1991년 12월 13일이다. 남북 기본 합의서에서는 남북한 상호 체제인정과 상호불가침, 남북한 교류 및 협력 확대를 골자로 하였다.

오답풀이

① 7·4 공동선언은 박정희 정권 시기인 1972년 7월 4일에 특사 이후락이 방북하여 김일성과 합의·발표한 남북 간의 첫 공동선언(비공식)이다. 7·4 공동선언에서는 민족통일에 있어서 자주·평화·민족대단결 3대 원칙을 천명하였다.
③ 6·15 공동선언은 국민의 정부(김대중 정부) 시기인 2000년 6월 15일에 김대중 – 김정일 남북의 두 정상이 합의·발표한 공동선언이다. 6·15 공동선언에서, 남북 정상은 남측의 연합제 방안과 북측의 낮은 단계의 연방제 방안 간의 공통점을 확인하고 민족통일을 위하여 남북이 협력해 나갈 것을 천명하였다. 6·15 공동선언의 결과 개성공단 착수, 경의선 복구, 이산가족 상봉(서신교환), 금강산 육로관광(노무현 정부 시기 추진), 비전향 장기수 송환 등의 사업이 진행되었다.
④ 10·4 공동선언은 참여정부(노무현 정부) 시기인 2007년 10월 4일 노무현 – 김정일 남북의 두 정상이 합의·발표한 공동선언이다. 10·4공동선언은 6·15 공동선언의 계승과 발전을 천명하였고, 실천 과제로 한반도 평화체제 구축, 경제협력 강화, 서해 평화수역 조성 등이 제시되었다.

답 ②

046

2018년 지방직

다음 합의문에 대한 설명으로 옳은 것은?

> 쌍방은 오랫동안 서로 만나보지 못한 결과로 생긴 남북 사이의 오해와 불신을 풀고 긴장의 고조를 완화시키며 나아가서 조국 통일을 촉진시키기 위하여 다음과 같은 문제들에 완전한 견해의 일치를 보았다.
> 1. 쌍방은 다음과 같은 조국 통일 원칙들에 합의를 보았다.
> 첫째, 통일은 외세에 의존하거나 외세의 간섭을 받음이 없이 자주적으로 해결하여야 한다.
> 둘째, 통일은 서로 상대방을 반대하는 무력행사에 의거하지 않고 평화적 방법으로 실현하여야 한다.
> … (중략) …
> 4. 쌍방은 지금 온 민족의 거대한 기대 속에 진행되고 있는 남북적십자회담이 하루빨리 성사되도록 적극 협조하는 데 합의하였다.
> … (후략) …

① 남북기본합의서와 동시에 작성된 문서이다.
② 남북조절위원회를 구성하기로 합의한 내용이 담겨 있다.
③ 분단 후 최초로 열린 남북정상회담의 결과로 발표된 성명서이다.
④ 금강산 관광사업을 추진하기로 결정했다는 내용이 수록되어 있다.

출제영역 7·4 남북공동성명

제시문은 7.4 남북공동성명에서 발췌한 내용이다. 7.4 남북공동성명은 1972년 7월 4일 발표한 남북 당사자 간의 최초의 합의문서로서 자주·평화·민족 대단결이라는 통일의 3대 원칙을 천명하였으며, 7차례의 본 회담을 개최하는 과정에서 남북조절위원회가 만들어지기도 했다.

오답풀이

① 남북기본합의서(1991. 12.)와 함께 작성된 것은 '한반도 비핵화 공동선언'이다.
③ 분단 이후 남북 정상 간 최초로 열린 정상회담의 결과로 나온 선언은 2000년 6·15 남북공동선언이다.
④ 현대 아산에서 1998년부터 추진된 금강산 관광사업은 정주영이 방북하여 개발 의정서를 체결하였고, 1998년 11월 '금강호'가 첫 출항을 했다.

답 ②

047 2024년 서울시

〈보기〉의 사건을 시간 순으로 나열할 때 세 번째에 해당하는 사건은?

〈보기〉

ㄱ. 남북 기본 합의서 채택
ㄴ. 6·15 남북 공동 선언
ㄷ. 남북 동시 유엔 가입
ㄹ. 남북조절위원회 설치

① ㄱ ② ㄴ
③ ㄷ ④ ㄹ

출제영역 통일을 위한 노력

ㄱ. 남북 사이의 화해와 불가침 및 교류·협력에 관한 합의서, 즉 '남북 기본 합의서'를 채택한 것은 노태우 정부 시기인 1991년 12월이다. 남북기본합의서의 본문 25개 조항은 남북 화해, 남북 불가침, 남북교류·협력 등 3개 범주로 구성되어 있다.
ㄴ. 6·15 남북 공동 선언이 채택한 것은 김대중 정부 시기인 2000년 6월의 일이다. 당시 김대중 대통령은 2000년 6월 13일에 평양을 방문하여 북한의 김정일 국방위원장과 여러 차례 회담하였고, 그 결과 6월 15일에 남북 공동 선언을 채택하여 발표하였다.
ㄷ. 남북한이 유엔(UN)에 동시 가입한 것은 노태우 정부 시기인 1991년 9월이다.
ㄹ. 박정희 정부 시기인 1972년 발표된 7·4 남북공동성명에서는 자주·평화·민족 대단결이라는 통일의 3대 원칙을 천명하였으며, 7차례의 본 회담을 개최하는 과정에서 남북조절위원회가 만들어졌다.
이상의 사건을 시간 순으로 나열하면, 'ㄹ - ㄷ - ㄱ - ㄴ'이 된다.

답 ①

048 2025년 법원직

다음 연설문을 발표한 정부의 통일 노력으로 가장 옳은 것은?

> 오늘은 이 땅에서 처음으로 민주적 정권교체가 실현되는 자랑스러운 날입니다. 또한 민주주의와 경제를 동시에 발전시키려는 정부가 마침내 탄생하는 역사적인 날이기도 합니다. …… 민주주의와 시장경제가 조화를 이루면서 함께 발전하게 되면 정경 유착이나 관치금융, 그리고 부정부패는 일어날 수 없습니다.

① 개성 공업 지구가 조성되었다.
② 7·4 남북 공동 성명을 합의하였다.
③ 6·15 남북 공동 선언이 채택되었다.
④ 남북한이 동시에 유엔에 가입하였다.

출제영역 김대중 정부

제시문은 1998년 김대중 대통령의 취임 연설문이다.
③ 6·15 공동선언은 국민의 정부(김대중 정부) 시기인 2000년 6월 15일에 김대중 - 김정일 남북의 두 정상이 합의·발표한 공동선언이다. 6·15 공동선언에서 남북 정상은 남측의 연합제 방안과 북측의 낮은 단계의 연방제 방안 간의 공통점을 확인하고 민족 통일을 위하여 남북이 협력해 나갈 것을 천명하였다. 6·15 공동선언의 결과 개성공단 착수, 경의선 복구, 이산가족 상봉(서신 교환), 금강산 육로관광(노무현 정부 시기 추진), 비전향 장기수 송환 등의 사업이 진행되었다.

오답풀이

① 6·15 남북 공동 성명이 발표된 이후인 2003년 6월부터 개성공단 건설 사업이 시작되어 개성 공업 지구가 조성된 것은 노무현 정부 시절이다.
② 7·4 공동선언은 박정희 정권 시기인 1972년 7월 4일에 특사 이후락이 방북하여 김일성과 합의·발표한 남북 간의 첫 공동선언(비공식)이다. 7·4 공동선언에서는 민족 통일에 있어서 자주·평화·민족 대단결 3대 원칙을 천명하였다.
④ 노태우 정부 때인 1991년 9월 17일에 열린 제46차 UN총회에서 대한민국과 조선 민주주의 인민 공화국은 각각 독립된 국가 자격으로 UN회원국이 되었다.

답 ③

049

2022년 서울시 기술직

다음 선언문을 발표한 정부 시기에 있었던 사실을 〈보기〉에서 모두 고른 것은?

> 남과 북은 … 쌍방 사이의 관계가 나라와 나라 사이의 관계가 아닌 통일을 지향하는 과정에서 잠정적으로 형성되는 특수 관계라는 것을 인정하고, … 제1조 남과 북은 서로 상대방의 체제를 인정하고 존중한다. 제4조 남과 북은 상대방을 파괴·전복하려는 일체 행위를 하지 아니한다.
>
> 〈보기〉
>
> ㄱ. 남북한 동시 유엔(UN) 가입
> ㄴ. 서울올림픽 개최
> ㄷ. 금융실명제 실시
> ㄹ. 6·29 선언

① ㄱ, ㄴ ② ㄴ, ㄷ ③ ㄴ, ㄹ ④ ㄷ, ㄹ

출제영역 노태우 정부의 통일 노력

제시문은 노태우 정부 시기인 1991년 12월에 채택된 '남북 사이의 화해와 불가침 및 교류·협력에 관한 합의서(약칭, 남북 기본 합의서)'의 내용 일부를 발췌한 것이다. 노태우 정부 시기에 있었던 사실을 보기에서 고른 것은 ㄱ, ㄴ이다.

ㄱ. 노태우 정부는 북방 외교를 추진하여 헝가리(1989), 구 소련(1990), 중국(1992) 등과 수교하였으며, 7·7 특별 선언(1988), 한민족공동체 통일 방안(1989)을 통해 북한에 대화를 제안했다. 1990년에는 남북한 총리 회담과 함께 다섯 차례의 남북 고위급 회담이 개최되었고, 그 연장선에서 남북은 유엔에 동시 가입하였고(1991), 남북기본합의서를 채택하였다.
ㄴ. 노태우 정부 시기에 서울 올림픽(1988)을 개최하였다.

오답풀이

ㄷ. 김영삼 정부 시기인 1993년 대통령 긴급명령으로 금융 실명제가 실시되었다.
ㄹ. 1987년에 6 월 민주 항쟁이 일어나자 전두환 정부는 민주정의당의 대통령 후보인 노태우를 통해 대통령 직선제 개헌 등을 포함하는 6·29 선언을 발표하였다.

답 ①

050

2020년 법원직

(가)에 들어갈 사실로 가장 옳은 것은?

7·4 남북공동선언 → (가) → 남북 기본 합의서

① 개성 공업 지구가 조성되었다.
② 최초로 금강산 관광이 시작되었다.
③ 남북한이 동시에 유엔에 가입하였다.
④ 남북한이 비핵화공동선언을 체결하였다.

출제영역 남북 대화

7·4 남북 공동 선언은 1972년 7월 4일에 발표되었고, 남북 기본 합의서(남북 사이의 화해와 불가침 및 교류·협력에 관한 합의) 채택은 1991년 12월 13일에 이루어졌다. 이들 사이 시기에 들어갈 사실로 옳은 것은 ③번 선지이다. 남북 기본 합의서 채택 직전인 1991년 8월 남북한이 동시에 유엔에 가입하였다.

오답풀이

① 6·15 공동 선언(2000년)에서 개성 공업 지구 조성이 합의되었다.
② 김대중 정부 출범 이후인 1998년 금강산 해로 관광이 시작되었다.
④ 남북 기본 합의서 채택 직후인 1991년 12월 31일에 남북한이 한반도 비핵화 공동 선언을 발표하였고, 이 선언은 1992년 2월 발효되었다.

답 ③

051 2022년 소방직

다음 연설을 한 정부의 통일 노력으로 옳은 것은?

> 의장, 사무총장, 그리고 존경하는 각국 대표 여러분. 나는 3년 전 바로 이 자리에서 온 세계의 젊은이들이 인종과 종교, 이념과 체제의 벽을 넘어 화합의 한마당을 이룬 서울 올림픽의 신선한 감명을 전했습니다. …(중략)… 이제 남북한의 유엔 가입으로 한반도는 평화 공존의 시대를 맞았습니다. 남북한은 이를 바탕으로 평화를 정착시키고 통일을 앞당기는 적극적인 관계를 이루어 나가야 합니다.

① 남북 기본 합의서를 채택하였다.
② 7·4 남북 공동 성명을 발표하였다.
③ 6·15 남북 공동 선언을 발표하였다.
④ 제2차 남북 정상 회담을 개최하였다.

출제영역 노태우 정부의 통일 노력

3년 전에 개최된 서울 올림픽(1988), 남북한의 유엔 가입(1991. 8.) 등을 통하여 다음 연설을 한 정부는 노태우 정부임을 특정할 수 있다. 노태우 정부의 통일 노력으로 옳은 것은 ①번 선지이다. 1988년 출범한 노태우 정부는 북방 외교를 추진하여 헝가리(1989), 구 소련(1990), 중국(1992) 등과 수교하였으며, 7·7 특별 선언(1988), 한민족 공동체 통일 방안(1989)을 통해 북한에 대화를 제안했다. 1990부터는 남북한 총리회담과 함께 다섯 차례의 남북 고위급 회담을 개최하였고, 그 연장선에서 남북은 유엔에 동시 가입하였고(1991), 남북기본합의서를 채택하였다. 남북 기본 합의서 채택 직후인 1991년 12월 31일에 남북한은 한반도 비핵화에 관한 공동 선언에 합의하였다.

오답풀이

② 박정희 정부 시기에 있었던 사실이다.
③ 김대중 정부 시기에 있었던 사실이다.
④ 노무현 정부 시기에 있었던 사실이다.

답 ①

052 2018년 법원직

다음 (가), (나)의 선언문 사이의 시기에 있었던 사실로 가장 옳은 것은?

> (가) 남과 북은 쌍방의 관계가 나라와 나라 사이의 관계가 아닌 통일을 지향하는 과정에서 잠정적으로 형성 되는 특수 관계라는 것을 제1조 남과 북은 서로 상대방의 체제를 인정하고 존중 한다. 제9조 남과 북은 상대방에 대해 무력을 사용하지 않으며 상대방을 무력으로 침략하지 아니한다.
> (나) 1. 나라의 통일 문제를 우리 민족끼리 서로 힘을 합쳐 자주적으로 해결해 나가기로 하였다.
> 2. 나라의 통일을 위한 남측의 연합제안과 북측의 낮은 단계의 연방제안이 서로 공통성이 있다고 인정하고, 이 방향에서 통일을 지향하기로 하였다.

① 금강산 관광이 시작되었다.
② 개성 공단 건설 사업이 시작되었다.
③ 최초로 남·북 이산가족이 상봉하였다.
④ 경의선 철로 복원 사업이 착공되었다.

출제영역 남북 대화

(가)는 1991년 8월에 채택한 남북 기본 합의서이고, (나)는 남측의 연합 제안과 북측의 낮은 단계의 연방제안의 공통성을 인정한 6·15 공동 선언(2000)이므로, (가), (나) 선언문이 발표된 시기 사이에 있었던 사실로 옳은 것은 ①번 선지이다. 1998년 출범한 김대중 정부는 햇별 정책이라는 이름으로 적극적인 대북 포용 정책을 펼쳤으며, 1998년 11월에 현대 금강호가 첫 출항을 하면서 금강산(해로) 관광 사업이 시작되었다.

오답풀이

② 6·15 남북 공동 성명이 발표된 이후인 2003년 6월부터 개성 공단 건설 사업이 시작되었다.
③ 전두환 정부 시기인 1985년에 최초로 남·북 이산가족이 상봉하였다.
④ 6·15 남북 공동 성명에서 경의선 복원이 합의되었고, 2000년 9월 경의선 철로 복원 사업이 착공되었다.

답 ①

MEMO

라영환 한국사

STEP 1

단순암기형 8

제도사 (고대/고려/조선)

단순암기형으로, 무조건 알고 가야하는 필수 문제만 모았습니다!

43 고대의 통치제도

001 2025년 지방직

다음 외교문서를 작성한 나라에 대한 설명으로 옳지 <u>않은</u> 것은?

> 무예가 알립니다. "고(구)려의 옛 터전을 회복하고, 부여의 유속(遺俗)을 가지게 되었습니다."

① 당의 등주를 공격하였다.
② 행정구역을 5경 15부 62주로 나누었다.
③ 집사부 장관인 시중이 왕명을 받들어 행정을 총괄하였다.
④ '인안' 등의 연호를 사용하고 국왕을 '황상'이라고 부르기도 하였다.

출제영역 발해

제시문은 발해의 무왕(대무예)이 727년에 일본 왕에게 보낸 국서이다.
③ 집사부 장관인 시중이 왕명을 받아서 행정을 총괄한 국가는 신라이다. 집사부는 신라의 최고 행정기구로서 원래는 중앙 행정기구 13부 중 하나로, 왕의 명령을 전달하고 국가 기밀을 담당하였다. 집사부 장관을 중시 또는 시중(경덕왕 때 바뀜)이라 불렀다.

오답풀이

① 무왕의 동생인 대문예가 흑수말갈을 공격하는 것에 반대하여 당나라로 망명하였는데, 이에 무왕은 732년 장문휴를 보내 중국 산둥반도의 국제 무역항인 등주를 공격하였다.
② 발해(선왕)는 행정 구역을 5경 15부 62주로 나누었다. 이 때를 발해의 전성기라고 하며 당으로부터 해동성국으로 불렸다.
④ 발해는 인안(무왕), 대흥·보력(문왕), 건흥(선왕) 등의 독자적 연호를 사용했고, 문왕은 불교적 이상군주인 전륜성왕을 자처하고 황상, 황후 등의 용어를 사용하였다.

답 ③

002 2022년 서울시 3차

〈보기〉에서 통일 신라에서 실시한 통치 제도를 모두 고른 것은?

〈보기〉

ㄱ. 3성 6부 체제	ㄴ. 5도 양계
ㄷ. 9서당 10정	ㄹ. 상수리 제도

① ㄱ, ㄴ ② ㄱ, ㄷ ③ ㄴ, ㄷ ④ ㄷ, ㄹ

출제영역 통일신라의 통치제도

ㄷ. 9서당 10정은 통일신라의 군사제도였다. 9서당은 중앙군으로 민족융합책의 성격을 띠었으며, 10정은 9주에 1정씩 배치하고, 한산주에만 2정을 배치하였다.
ㄹ. 상수리제도는 통일신라 시기의 지방견제책으로 지방 호족의 자제를 수도에 유학하게 하고 이들을 일종의 인질로 잡아두던 제도를 말한다. 고려시기 기인제도로 계승되었다.

오답풀이

ㄱ. 당의 3성 6부제를 들여온 것은 발해이다.
ㄴ. 5도 양계는 고려의 지방제도이다.

답 ④

003 2017년 지방직

다음 (가)에서 이루어진 합의제도를 시행한 국가의 통치체제로 옳은 것은?

> 호암사에는 (가) (이)라는 바위가 있다. 나라에서 장차 재상을 뽑을 때 후보 3, 4명의 이름을 써서 상자에 넣고 봉해 바위에 두었다가 얼마 후에 가지고 와서 열어 보고 그 이름 위에 도장이 찍혀 있는 사람을 재상으로 삼았다. - 『삼국유사』 -

ㄱ. 중앙정치는 대대로를 비롯하여 10여 등급의 관리들이 나누어 맡았다.
ㄴ. 중앙관청을 22개로 확대하고 수도는 5부, 지방은 5방으로 정비하였다.
ㄷ. 16품의 관등제를 시행하고, 품계에 따라 옷의 색을 구별하여 입도록 하였다.
ㄹ. 지방 행정 조직을 9주 5소경 체제로 정비하였다.
ㅁ. 중앙에 3성 6부를 두고, 성당성을 관장하는 내내상이 국정을 총괄하도록 하였다.

① ㄱ, ㄴ ② ㄴ, ㄷ ③ ㄷ, ㄹ ④ ㄹ, ㅁ

출제영역 백제의 통치 체제

위의 자료는 백제의 최고 회의 기구인 정사암 회의를 설명한 것이므로, (가)에 들어갈 국가는 백제이다. 백제는 중앙 관청을 22개로 확대하고 수도에 5부, 지방을 5방으로 정비하였으며, 고이왕대에 16품의 관등제를 실시하며 품계에 따라 옷의 색을 구별하여 입도록 하였다.

오답풀이

ㄱ. 대대로는 고구려의 최고 재상이다. 고구려의 수상은 대대로(국상)→막리지→대막리지 순으로 이름이 변화하였다.
ㄹ. 9주 5소경은 신라가 삼국을 통일한 후 전국의 행정구역을 재편한 체제이다.
ㅁ. 발해에 대한 설명이다. 발해에서는 중앙에 정당성·선조성·중대성의 3부와 충·인·의·지·예·신의 6부를 두고 대내상이 국정을 총괄하였다.

답 ②

004 2021년 경찰직 1차

㉠, ㉡의 국가에서 실시한 제도로 옳게 짝지은 것은?

> 신이 숙위원(宿衛院)의 보고를 보았더니, 왕자 대봉예가 글을 올려 (㉠)를 (㉡)보다 윗자리에 앉게 해 달라고 주청하였던 사실을 알게 되었습니다.

	㉠	㉡
①	3성 6부	사심관 제도
②	5경 15부 62주	상수리 제도
③	9주 5소경	빈공과
④	9서당 10정	주자감

출제영역 남북국 시대의 사회

자료는 897년 당에 간 발해의 대봉예가 통일 신라의 사신보다 윗자리에 앉을 것을 청하였다가 거절당한 사건(쟁장사건)으로, ㉠은 발해, ㉡은 통일 신라에 해당한다. 발해는 5경 15부 62주의 지방 행정 조직을 갖추고 있었으며, 신라는 지방 세력을 견제하기 위해 이들을 일정 기간 서울(경주)에 와서 거주하게 하는 상수리 제도를 실시하였다.

오답풀이

① 발해는 3성 6부의 중앙 관제를 갖추고 있었으나 사심관 제도는 고려에서 실시한 제도이다.
③ 9주 5소경은 통일 신라의 지방 행정 조직이며, 빈공과는 당에서 외국인 유학생들을 대상으로 실시한 시험이다.
④ 9서당과 10정은 통일 신라의 군사 조직이며, 주자감은 발해의 교육기관이다.

답 ②

005

2018년 교육행정직

다음 국가의 지방제도에 대한 설명으로 옳은 것은?

- 곳곳에 촌리(村里)가 있는데 모두 말갈 부락이다. 그 백성은 말갈족이 많고 토인(土人)은 적다. 모두 토인을 촌장으로 삼는다.
- 거란도, 영주도, 조공도, 신라도, 일본도가 있어서 주변 세력과 외교 교섭 또는 교역을 벌이는 간선 교통로로 이용된다.

① 22개의 담로에 왕족을 파견하였다.
② 경-부-주의 체계를 갖추어 다스렸다.
③ 5도에 안찰사를, 양계에 병마사를 파견하였다.
④ 수도의 치우침을 보완하기 위해 5소경을 두었다.

출제영역 발해의 지방제도

발해주민의 구성원 중 다수를 차지한건 말갈인이었다 말갈인 대부분은 발해의 지배를 받았지만 말단의 촌락은 토착말갈족이 다스렸다. 발해는 거란도·영주도·조공 도 ·신라도 일본도 등의 교역로가 있었다 . 발해의 지방제도는 5경 15부 62주로 조직되었다. 전략적 요충지에는 고구 려의 5부제를 모방한 5경을 두었고, 15부(도독)를 지방 행정의 중심지에 두었다.

오답풀이

① 지방의 22담로에 왕족을 파견한건 백제에 대한 설명이다.
③ 고려에 대한 설명이다.
④ 통일신라에 대한 설명이다.

답 ②

006

2015년 지방직

밑줄 친 '북국(北國)'에 대한 설명으로 옳지 않은 것은?

원성왕 6년 3월 <u>북국(北國)</u>에 사신을 보내 빙문(聘問)하였다. …(중략)… 요동 땅에서 일어나 고구려의 북쪽 땅을 병합하고 신라와 서로 경계를 맞대었지만, 교빙한 일이 역사에 전하는 것이 없었다. 이때 와서 일길찬 백어(伯魚)를 보내 교빙하였다.

① 감찰 기관으로 중정대가 있었다.
② 최고 교육 기관으로 태학감을 두었다.
③ 중앙의 정치 조직으로 3성 6부를 두었다.
④ 지방의 행정 조직으로 5경 15부 62주가 있었다.

출제영역 발해의 정치발전

제시문에서 고구려의 북쪽 땅을 병합하고 남으로 신라와 국경을 맞대었다는 내용을 볼 때, 이 나라는 발해임을 파악할 수 있다. ②에서 발해의 최고 교육기관은 주자감이다. 태학감은 신라 경덕왕 시기에 국학을 개칭하여 만든 것이므로 잘못된 설명이다.

오답풀이

① 발해는 중정대를 두어 관리들의 비리를 감찰했다.
③ 발해는 당의 3성 6부를 근간으로 정당성·선조성·중대성의 3성과 충·인·의·지·예·신부의 6부로 중앙관제를 조직하였다.
④ 발해는 선왕 때 5경 15부 62주의 통치조직을 완비하였다.

답 ②

44 고려의 통치제도

007

2021년 지방직

(가)에 들어갈 기구로 옳은 것은?

> 고려 시대 중서문하성과 중추원의 고위 관료들은 도병마사와 (가) 에서 국가의 중요한 일을 논의하였다.
> 도병마사에서는 국방과 군사 문제를 다루었고, (가) 에서는 제도와 격식을 만들었다.

① 삼사 ② 상서성 ③ 어사대 ④ 식목도감

출제영역 고려의 정치제도

고려는 당의 영향을 받아 2성 6부의 중앙 관제를 갖추고 있으면서도, 중서문하성 재신과 중추원 추밀이 참여하는 독자적인 두 개의 회의기관을 만들었다. 하나는 대외적인 국방과 군사문제를 관장하는 도병마사이고, 다른 하나는 대내적인 법제와 격식을 관장하는 식목도감이었다.

오답풀이

① 고려 시대의 삼사는 화폐와 곡식의 출납에 대한 회계를 맡았다.
② 상서성은 6부를 두고 정책을 집행하였다.
③ 어사대는 관리에 대한 비리를 규찰하고 감찰하는 역할과 풍속 교정 업무를 수행하였다.

답 ④

008

2023년 법원직

다음 사실이 있었던 시대에 대한 내용으로 옳은 것을 〈보기〉에서 모두 고른 것은?

> 엄수안은 영월군의 향리로 키가 크고 담력이 있었다. 나라의 법에 향리에게 아들 셋이 있으면 아들 하나는 벼슬하는 것이 허락되어서, 엄수안은 관례에 따라 중방서리로 보임되었다. 원종 때 과거에 급제하여 도병마녹사에 임명 되었다.
>
> 〈보기〉
>
> ㄱ. 주현이 속현보다 적었다.
> ㄴ. 모든 군현에 수령이 파견되었다.
> ㄷ. 중서문하성의 낭사는 어사대와 함께 대간으로 불렸다.
> ㄹ. 전국을 8도로 나누고 그 아래 부·목·군·현을 두었다.

① ㄱ, ㄴ ② ㄴ, ㄹ ③ ㄱ, ㄷ ④ ㄷ, ㄹ

출제영역 고려의 정치제도

원종, 도병마녹사 등의 용어를 통해 고려시대에 대한 설명임을 알 수 있다.
ㄱ. 고려시대에는 지방관이 파견된 주현보다, 파견되지 않은 속현의 수가 더 많았다. 속현의 경우 토착 호족세력인 향리가 지방실무를 담당하며 자치권을 행사하였다.
ㄷ. 고려시대 대간은 간쟁기능을 담당했던 중서문하성의 낭사와 감찰 기능을 담당했던 어사대를 함께 지칭하는 용어로, 이들은 서경·간쟁·봉박권을 행사하는 언론 기구로 기능하였다.

오답풀이

ㄴ. 모든 군현에 수령이 파견된 것은 조선시대이다.
ㄹ. 조선시대에 대한 설명이다.

답 ③

009

2019년 서울시 2차

고려시대 군사제도에 대한 설명으로 가장 옳지 않은 것은?

① 북방의 양계지역에는 주현군을 따로 설치하였다.
② 2군(二軍)인 응양군과 용호군은 왕의 친위부대였다.
③ 6위(六衛) 중의 감문위는 궁성과 성문수비를 맡았다.
④ 직업군인인 경군에게 군인전을 지급하고 그 역을 자손에게 세습시켰다.

출제영역 고려시대의 군사제도

양계지역에 주둔한 군대는 주현군이 아닌 주진군이다. 고려의 군사제도는 크게 2군 6위의 중앙군과 주진군·주현군의 지방군으로 이루어졌는데, 그중 주진군은 국경지방인 양계에 주둔하였고, 주현군은 5도의 일반 군현에 주둔하였다.

오답풀이

② 고려의 중앙군 중 2군은 응양군과 용호군으로 구성되었는데, 이들은 국왕의 친위군으로서 중앙군의 핵심 세력인 상장군(정3품), 대장군(종3품)이 지휘하였다.
③ 고려의 중앙군 중 6 위는 좌우위·신호위·흥위위·금오위·천우위·감문위로 구성되었는데, 감문위는 궁성과 성문 수비를 담당하였으며, 성 내외의 여러 문을 지키는 수문군이었다. 이외에 좌우위, 신호위, 흥위위 3군은 전투부대로 수도방위와 변방의 방비를 담당하였고, 금오위는 경찰업무를 , 천우위는 의장부대 역할을 담당하였다.
④ 경군[중앙군]은 직업 군인으로 편성되었는데, 이들은 군적에 올라 군인전을 지급받고, 그 역은 자손에게 세습되었다.

답 ①

010

2017년 국가직 7급

(가), (나)에 관한 설명으로 옳은 것은?

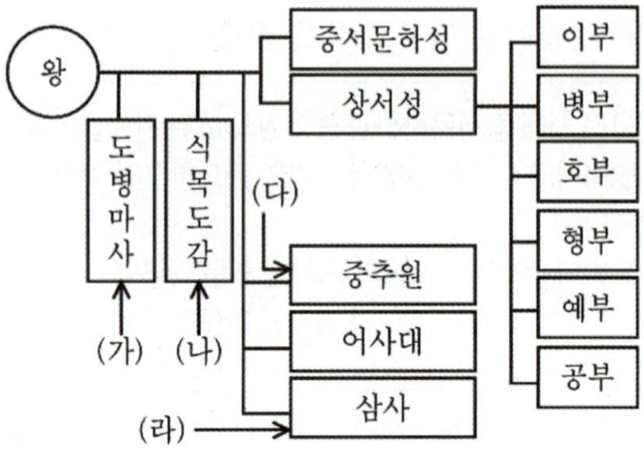

① (가)는 법제, 격식을 다루었으며, (나)는 고려 후기에 도당으로 불렸다.
② (가)와 (나)는 고려의 독자적인 기구이며, 중서문하성의 재신과 (다)의 추신이 합좌하였다.
③ (다)는 왕명출납과 군기의 업무를 맡았고, (라)는 백관을 규찰하고 탄핵하였다.
④ (다)와 (라)는 당제를 모방하여 설치하였고, 주요 사안을 6부와 협의하여 결정하였다.

출제영역 고려의 중앙 정치 제도

고려의 중앙 통치 기구에 대한 설명으로 옳은 것은 ②번 선지이다. 도병마사(가)와 식목도감(나)은 중서문하성의 재신과 중추원(다)의 추밀이 모여 국가의 중대사를 결정하는 합의 기구로, 고려의 독자적인 면모를 보여준다.

오답풀이

① 도병마사(가)는 국방 문제를 다루었으며, 고려 후기 도평의사사(도당)으로 불렸다. 식목도감(나)는 법제와 격식을 다루는 합좌 기구였다.
③ 중추원(다)이 왕명 출납과 군사 기밀을 다룬 것은 옳은 설명이나, 고려의 삼사는 백관을 규찰하는 기구가 아니었다. 고려의 삼사는 화폐와 곡식의 출납, 회계를 담당하였고, 백관을 규찰하는 기구는 어사대였다.
④ 중추원(다)과 삼사(라)는 당이 아니라 송의 관제를 모방하여 설치한 것이다.

답 ②

45 조선의 중앙·지방제도

46 조선의 관리선발·군사제도

011 2025년 국가직

(가)에 해당하는 기구는?

〈보기〉

(가) 은/는 원래 여진족과 왜구의 침입에 대비하기 위해 만든 임시회의 기구였다. 임진왜란을 거치면서 전·현직 정승을 비롯한 주요 관원이 참여하였고, 군사 문제뿐 아니라 외교, 재정, 인사 등 국정 전반을 다루었다. 이로 인해 의정부와 6조의 기능이 축소되었다.

① 비변사 ② 삼군부
③ 상서성 ④ 집사부

출제영역 비변사

제시문의 '(가)'는 조선 시대의 비변사이다. 국방 문제를 논의하기 위해 비변사는 중종 때 3포왜란을 계기로 임시 기구로 설치되었으며, 이후 을묘왜변을 겪으면서 상설 기구화되었고, 양 난을 거치면서 문무 합의기구로서 국정을 총괄하는 기구로 발전하였으며, 흥선대원군 집권 시기에 혁파되었다.

오답풀이

② 삼군부는 조선 전기 군령과 군정을 총괄한 관청이다. 1865년에 부활하여 최고 군사 기관이 되었으나, 1873년흥선 대원군의 하야로 유명무실한 기구로 전락하였다가 1880년 통리기무아문을 설치하면서 공식 폐지되었다.
③ 상서성은 고려의 중앙 통치 체제 중 하나로, 정책 집행 기관이었으며, 상서성의 6부가 각기 국무를 분담하였다.
④ 집사부는 신라의 최고 행정기구로서 원래는 중앙 행정 기구 13부 중 하나로, 왕의 명령을 전달하고 국가 기밀을 담당하였다. 집사부 장관을 중시 또는 시중(경덕왕 때 바뀜)이라 불렀다.

답 ①

012 2021년 지방직

(가)에 들어갈 기구로 옳은 것은?

- 무릇 관직을 받은 자의 고신(임명장)은 5품 이하일 때는 (가) 과/와 사간원의 서경(署經)을 고려하여 발급한다.
- (가) 는/은 시정(時政)을 논하고, 모든 관원을 규찰하며, 풍속을 바르게 하는 등의 일을 맡는다.

-『경국대전』-

① 사헌부 ② 교서관 ③ 승문원 ④ 승정원

출제영역 사헌부

시정을 논하고 관원을 규찰한다는 데서 제시문의 (가)가 사헌부임을 알 수 있다. 조선 시대 사헌부와 사간원을 합쳐 양사(대간)라 부르는 데, 양사는 5품 이하의 관리를 임명할 때 동의하는 서경권을 행사하였다.

오답풀이

② 교서관은 서적의 간행과 관리, 제사나 축하 전문을 보내는 것을 관장하던 기구로, 운각(芸閣)이라는 별칭을 가지고 있었다.
③ 승문원은 조칙과 사대교린 관련 문서를 관장하던 관청이다.
④ 승정원은 국왕의 비서 기관으로 국가 기밀과 왕명 출납을 맡아보았다.

답 ①

013 2023년 계리직

〈보기〉에서 조선시대 교육제도에 대한 설명으로 옳은 것을 모두 고른 것은?

〈보기〉

ㄱ. 성균관은 조선왕조 최고의 교육기관이다.
ㄴ. 기술교육은 잡학이라 불렀는데 해당 관서에서 가르쳤다.
ㄷ. 향교는 훌륭한 유학자들을 제사 지내고, 성리학을 연구하는 사립 교육기관이다.
ㄹ. 국가에서 전국의 모든 군현에 서원을 설치하여 종6품의 교수나 종9품의 훈도를 파견하기도 하였다.

① ㄱ, ㄴ ② ㄷ, ㄹ ③ ㄱ, ㄴ, ㄷ ④ ㄱ, ㄴ, ㄹ

출제영역 조선의 교육제도

ㄱ. 성균관은 조선시기 최고 국립교육기관이었다. 시대별 최고교육기관으로는 통일신라시기 국학, 고려 시기 국자감 등이 있다.
ㄴ. 기술교육은 각 기술을 담당하는 해당 관서에서 관할하였다.

오답풀이

ㄷ. 서원에 대한 설명이다. 서원은 조선시기 지방사립교육기관으로 선현에 대한 제사나 양반자제들의 교육을 담당하였다.
ㄹ. 향교에 대한 설명이다. 조선정부는 지방에 향교를 설치하고 교수나 훈도를 교관으로 파견하였다.

답 ①

014 2017년 국가직

다음 제도를 시행한 목적에 해당하는 것만을 〈보기〉에서 모두 고른 것은?

- 무릇 민호(民戶)는 그 이웃과 더불어 모으되, 가족 숫자의 다과(多寡)와 재산의 빈부에 관계없이 다섯 집마다 한 통(統)을 만들고, 통 안에 한 사람을 골라서 통수(統帥)로 삼아 통 안의 일을 맡게 한다.
- 1리(里) 마다 5통 이상에서 10통까지는 소리(小里)를 삼고, … (중략) … 리(里) 안에서 또 이정(里正)을 임명한다.

- 『비변사등록』 -

〈보기〉

ㄱ. 농민들의 도망과 이탈 방지
ㄴ. 부세와 군역의 안정적인 확보
ㄷ. 재지사족 중심의 향촌 자치 활성화
ㄹ. 향권을 둘러싼 구향과 신향 간의 향전 억제

① ㄱ, ㄴ ② ㄱ, ㄹ ③ ㄴ, ㄷ ④ ㄷ, ㄹ

출제영역 오가작통법과 면리제

제시된 자료는 조선 성종 때(경국대전) 법제화된 5가작통법과 면리제에 대한 내용이다. 5가작통법은 이웃하고 있는 다섯 집을 하나의 통으로 묶고, 여기에 통수를 두어 통내를 관장하게 한 것이다. 오가작통법과 면리제 시행은 국가 차원에서 통내 가호에 연대 책임을 부과하여 농민의 도망과 거주지 이탈, 절도 등을 방지하고, 부세(세금)와 군역의 안정적 확보를 위한 일종의 편호 조직에 해당하는 것이었다.

오답풀이

ㄷ. 조선 시대 향촌 자치를 활성화시키기 위한 것으로는 유향소, 향약, 동약, 서원이나 사우 등이 있다.
ㄹ. 조선 후기 향권을 둘러싼 구향과 신향의 갈등은 신분제 동요로 인한 부농(신향)과 재지사족(구향)간의 갈등에 대한 것으로 오가작통법과는 상관이 없다.

답 ①

015

2022년 국가직 9급

조선 시대의 관청에 대한 설명으로 옳은 것은?

① 사간원 - 교지를 작성하였다.
② 한성부 - 시정기를 편찬하였다.
③ 춘추관 - 외교문서를 작성하였다.
④ 승정원 - 국왕의 명령을 출납하였다.

출제영역 중앙 정치 기구

승정원은 왕명을 출납하는 국왕의 비서 기관으로,대언사(代言司) 등으로 불렸다. 도승지 이하 6승지가 6조를 분담하였고, 정7품의 주서(注書)는 왕과 신하 간에 오고 간 문서와 국왕의 일과를 매일 기록하여 「승정원일기」를 작성하였다.

오답풀이

① 사간원은 국왕에 대한 간쟁과 봉박을 담당하였고, 교지를 작성한건 예문관이다.
② 한성부는 수도인 한성의 행정과 치안을 담당하였고, 관청업무일지 [등록] 를 정리한 시정기를 작성한건 춘추관이다.
③ 춘추관에서는 역사 편찬을 관장하였고, 승문원에서 외교문서 작성을 관장하였다.

답 ④

016

2019년 서울시 7급

〈보기〉와 같은 역할을 담당한 조선시대 정치 기구에 대한 설명으로 가장 옳지 않은 것은?

〈보기〉

- 궁중의 서적과 문서를 관리하고, 국왕의 자문에 응하며, 경연(經筵)을 주관하였다.
- 매일 아침 신하들이 임금에게 정사를 보고하던 상참(常參) 등에 참여하여 국정에 대한 의견을 제출하였다.

① 옥당이라고 불리기도 하였다.
② 사간원·사헌부와 함께 삼사를 구성하였다.
③ 외교 문서와 사초를 작성하였다.
④ 소속 관원은 청요직이라 하여 선망의 대상이었다.

출제영역 홍문관

왕의 자문과 경연을 담당하고 경전과 문서들을 보관하고 관리한 것은 집현전과 집현전의 후신인 홍문관에 해당한다. 홍문관은 사헌부·사간원과 함께 삼사(三司)로 일컬어지고, 언론의 구심체 역할을 하였다. 이 때문에 홍문관은 옥당(玉堂)으로도 불렸고, 그 관원은 청요직으로 일컬어졌다.

오답풀이

③ 승문원이 외교문서 작성을 담당하였고, 예문관의 사관이 임금의 언행을 기록한 사초를 작성하였다.

답 ③

017

2019년 경찰직

조선의 중앙 정치 기구에 대한 설명으로 옳지 않은 것은?

① 사헌부와 사간원, 홍문관은 서경권을 가지고 있었다.
② 한성부는 서울의 행정과 치안, 사법을 담당하였다.
③ 의금부와 승정원은 왕권을 강화하는 데 기여하였다.
④ 예문관은 국왕의 교지 작성을 담당하였다.

출제영역 중앙정치기구

② 한성부는 태조 3년에 창설하였는데 한성부의 장관은 정2품의 판윤(判尹)이었다. 한성부는 수도 행정과 치안을 담당하였을 뿐만 아니라 의금부와 같이 사법업무도 담당하였다.
③ 국왕 직속 기관으로 승정원과 의금부가 설치되어 왕권 강화에 기여하였다. 승정원은 왕명의 출납을 관장하는 국왕의 비서 기관이었고, 의금부는 국왕 직속 특별 사법 기관으로 왕명을 받아 반역죄, 강상죄 등의 중죄를 처결하였다.
④ 예문관은 임금의 교지 작성을 담당하였다.

오답풀이

① 사간원, 사헌부는 서경권을 가지고 있었지만. 대간이 아닌 홍문관의 관원은 서경권을 행사하지 못하였다.

답 ①

018

2018년 법원직

(가), (나)시기의 지방 행정 제도에 대한 설명으로 옳은 것은?

(가) 5도 양계를 중심으로 지방 제도가 마련되었다.
(나) 전국을 8도로 나누고, 그 아래에 부·목·군·현을 설치하였다.

① (가) - 5도에 관찰사가 파견되었다.
② (가) - 모든 군현에 수령이 파견되었다.
③ (나) - 유향소를 설치하여 수령을 보좌하였다.
④ (나) - 향리는 행정·사법·군사권을 행사하는 국왕의 대리인이다.

출제영역 고려와 조선의 지방제도

(가)는 고려의 지방 행정 조직 (나)는 조선의 지방 행정조직을 설명하고 있다.
③ 조선 시대에는 지방민의 자치를 허용하여 지방 유력 양반들이 유향소를 운영하였는데, 자율적으로 규약을 만들고 여론을 수렴하면서 백성을 교화하고 수령을 보좌하였다.

오답풀이

① 고려 시대 5도에는 안찰사가 파견되었다.
② 조선시대에 대한 설명이다.
④ 수령에 대한 설명이다.

답 ③

019 2023년 법원직

(가)에 들어갈 내용으로 옳은 것을 〈보기〉에서 모두 고른 것은?

> 평택현감 변징원이 하직하니, 임금이 그를 내전으로 불러 만났다. 임금이 변징원에게 "그대는 이미 수령을 지냈으니, 백성을 다스리는 데 무엇을 먼저 하겠는가?"라고 물었다. 이에 변징원이 "마땅히 칠사(七事)를 먼저 할 것입니다"라고 하였다. 임금이 "칠사라는 것은 무엇인가?"라고 질문하니, 변징원이 대답하기를, (가)
>
> -「성종실록」-
>
> 〈보기〉
>
> ㄱ. 호구를 늘리는 것입니다.
> ㄴ. 농상(農桑)을 성하게 하는 것입니다.
> ㄷ. 역을 고르게 부과하는 것입니다.
> ㄹ. 사송(詞訟)을 간략하게 하는 것입니다.

① ㄱ　　② ㄱ, ㄴ
③ ㄱ, ㄴ, ㄷ　　④ ㄱ, ㄴ, ㄷ, ㄹ

출제영역 수령칠사

제시된 자료는 '수령 칠사(七事)'에 대한 기사이다. 수령은 국왕의 대리인으로 고려 시대보다 권한이 강화되어 지방의 농업 발전, 호구(인구) 확보, 학교 진흥, 부세(세금) 수취, 군대 정비, 소송 처리, 향리 단속 등 일곱 가지 업무를 수행하였는데, 이를 '수령 칠사'라 하였다.

답 ④

020 2018년 서울시 7급

조선시대 과거제도에 대한 설명 중 가장 옳은 것은?

① 소과인 생원과나 진사과에 합격하면 문과에 응시할 수 없었다.
② 생원과나 진사과의 초시에는 지역별 할당 인원을 정했지만, 문과의 경우는 지역 할당 없이 초시, 복시 모두 시험 성적순으로 뽑았다.
③「경국대전」에서는 탐관오리의 자식, 재가한 여자의 아들과 손자, 서얼의 문과 응시를 제한하고 있다.
④ 문과 합격자에게는 합격 증서에 해당하는 백패를 수여했다.

출제영역 조선의 과거제도

③ 천인을 제외하고는 과거에 응시할 수 있는 자격에는 특별한 제한이 없었다. 그러나 문과는 반역 죄인이나 탐관오리의 아들, 재가한 여자의 아들과 손자 그리고 서얼은 응시할 수 없었다.

오답풀이

① 소과 합격자인 생원과 진사는 성균관에 입학하거나 문과에 응시할 수 있었다.
② 생원과나 진사과의 초시 및 문과의 초시는 인구 비례에 따라 지역별로 합격자의 수를 할당하였다.
④ 소과 합격자에게 예조에서 백패를 수여하고, 문과 합격자에게는 이조에서 홍패를 수여했다.

답 ③

021

2023년 지방직 9급

(가), (나)에 들어갈 말을 바르게 연결한 것은?

> 조선시대 과거 제도에는 문과·무과·잡과가 있었는데, 이 가운데 문과를 가장 중시하였다. 「경국대전」에 따르면 문과 시험 업무는 (　가　) 에서 주관하고, 정기 시험인 식년시는 (　나　) 마다 실시하는 것이 원칙이었다.

	(가)	(나)
①	이조	2년
②	이조	3년
③	예조	2년
④	예조	3년

출제영역 조선의 과거 제도

조선시대 과거에는 문과-무과-잡과가 있었다 그리고 문과의 예비시험으로는 생원·진사시가 있었다. 문과와 생원·진사시는 예조에서 주관하였고, 무과는 병조에서 주관하였으며, 잡과는 예조와 해당 관청에서 주관하였다.

답 ④

022

2018년 지방직 7급

지방 군사제도의 변천 과정을 시대 순으로 바르게 나열한 것은?

> ㄱ. 국방 요지인 영·진에 소속되어 복무하는 영진군이 있었다.
> ㄴ. 양반부터 천인에 이르는 신분으로 구성된 속오군이 편성되었다.
> ㄷ. 10정은 각 주마다 1정씩 배치되었는데, 한주(漢州)에는 2정이 설치되었다.
> ㄹ. 5도의 일반 군현에 주둔하는 주현군과 양계 지역의 주 진군으로 구성되었다.

① ㄱ→ㄴ→ㄷ→ㄹ　② ㄱ→ㄷ→ㄹ→ㄴ
③ ㄷ→ㄱ→ㄹ→ㄴ　④ ㄷ→ㄹ→ㄱ→ㄴ

출제영역 지방 군사 제도

지방 군사 제도의 변천 과정을 시대 순으로 나열하면 다음과 같다.

ㄷ. 통일신라의 지방 군사 조직인 10정은 신문왕(681~692) 대에 정비된 것으로 보인다.
ㄹ. 고려의 지방군은 일반 군현에는 주현군이 배치되었고, 양계에는 주진군이 배치되었다.
ㄱ. 조선 전기 각 도의 요충지인 영·진에 소속되어 복무한 군대를 영진군이라 하였다.
ㄴ. 속오군은 조선 후기 속오법에 따라 편성한 지방 군대로, 양반부터 천인에 이르기까지 조직된 양천 혼성군이었다.

답 ④

023

2020년 지방직 7급

다음의 군사제도를 시대 순으로 바르게 나열한 것은?

(가) 중앙군인 5위를 두어 궁궐과 수도를 방어하게 하였다.
(나) 10정을 두었는데, 9주 가운데 8주에 1정씩 배치하고, 국경지대인 한주(漢州)에는 2개의 정을 두었다.
(다) 금위영이 설치되면서 5군영 체제가 갖추어졌다.
(라) 국왕의 친위 부대인 2군, 수도 및 국경 방어를 담당하는 6위로 구성되었다.

① (가) → (라) → (나) → (다)
② (가) → (라) → (다) → (나)
③ (나) → (가) → (다) → (라)
④ (나) → (라) → (가) → (다)

출제영역 군사제도

(나) 통일신라시대 지방군에 대한 설명이다.
(라) 고려 시대 중앙군에 대한 설명이다.
(가) 조선 초기 중앙군에 대한 설명이다.
(다) 조선 후기 숙종때 5군영이 완성되었다.

답 ④

024

2017년 법원직

다음 제도가 실시된 시대의 통치체제에 대한 설명으로 가장 옳은 것은?

6조는 각기 모든 직무를 먼저 의정부에 품의하고, 의정부는 가부를 헤아린 뒤에 왕에게 아뢰어 (왕의) 전지를 받아 6조에 내려 보내어 시행한다. 다만 이조·병조의 제수, 병조의 군사업무, 형조의 사형수를 제외한 판결은 종래와 같이 각 조에서 직접 아뢰어 시행하고 곧바로 의정부에 보고한다.

① 모든 군현에 수령이 파견되었다.
② 국립대학인 주자감이 수도에 설치되었다.
③ 삼사는 화폐와 곡식의 출납에 대한 회계를 담당하였다.
④ 5품 이상 고위 관리의 자손에게는 음서의 특혜가 주어졌다.

출제영역 조선시대의 정치제도

위 제도는 세종 대의 의정부서사제이다. 따라서 조선시대의 통치체제에 대한 설명을 골라야 한다. 조선에서는 고려와 달리 모든 군현에 지방관(수령)을 파견하였으므로 ①이 정답이다. 모든 군현에 관리가 파견되면서 향리가 행정을 담당하던 속현은 조선시기에 완전히 소멸되었다.

오답풀이

② 조선시대에 설치된 국립대학은 주자감이 아니라 성균관이다. 주자감은 발해의 중앙 교육기관이다.
③ 조선시대의 삼사는 사간원·사헌부·홍문관을 뜻하며, 이들은 왕권에 대한 견제 자문, 관리들의 감찰을 담당하였다. 삼사가 화폐와 곡식 출납의 회계를 담당한 것은 고려시대이다.
④ 5품 이상 관리의 자손에게 음서 혜택이 주어진 것은 고려시대이다. 조선시대 음서의 대상은 2품 이상 관리의 자손으로 그 범위가 크게 축소되었으며, 관직에 진출해도 과거에 합격하지 못하면 승진하기가 어려웠다.

답 ①

MEMO

라영환 한국사

STEP 1

단순암기형

9

문화사

(고대/고려/조선/근현대)

단순암기형으로, 무조건 알고 가야하는 필수 문제만 모았습니다!

47 고대의 불교 · 풍수지리설

48 고대의 유교 · 도교

001 2023년 법원직

(가) 인물에 대한 설명으로 가장 옳은 것은?

> 당에서 유학하고 돌아온 (가) 은/는 '모든 존재가 서로 의존하며 조화를 이루고 있다.'라는 사상을 강조하여 통일 직후 신라 사회를 통합하는 데 큰 역할을 하였다.
> 또한 (가) 은/는 부석사를 중심으로 많은 제자를 양성하여 교단을 형성하고 각지에 사찰을 세웠다. 또한, 현세에서 겪는 고난을 구제받고자 하는 관음 신앙을 전파 하였다.

① 무애가를 지어 불교 대중화에 기여하였다.
② 화엄일승법계도를 지어 화엄 사상을 정립하였다.
③ 불교 교단을 통합하기 위해 천태종을 개창하였다.
④ 인도와 중앙아시아를 여행하고 왕오천축국전을 저술하였다.

출제영역 의상

당에 유학, 모든 존재가 조화를 이루고 있다. 부석사 등의 키워드를 통해 의상에 대한 설명임을 알 수 있다. 의상은 화엄사상의 요지를 간결한 시로 축약한 '화엄일승법계도'를 지어 신라의 화엄사상을 정립하였다.

오답풀이

① 원효에 대한 설명이다.
③ 의천에 대한 설명이다.
④ 혜초에 대한 설명이다.

답 ②

002 2021년 지방직

(가) 인물에 대한 설명으로 옳은 것은?

> (가) 가/이 귀산 등에게 말하기를 "세속에도 5계가 있으니, 첫째는 충성으로써 임금을 섬기는 것, 둘째는 효도로써 어버이를 섬기는 것, 셋째는 신의로써 벗을 사귀는 것, 넷째는 싸움에 임하여 물러서지 않는 것, 다섯째는 생명있는 것을 죽이되 가려서 한다는 것이다. 그대들은 이를 실행함에 소홀하지 말라."라고 하였다.
> - 『삼국사기』 -

① 모든 것이 한마음에서 나온다는 일심 사상을 제시하였다.
② 화엄 사상을 연구하여 『화엄일승법계도』를 작성하였다.
③ 왕에게 수나라에 군사를 청하는 글을 지어 바쳤다.
④ 인도를 여행하여 『왕오천축국전』을 썼다.

출제영역 원광

세속오계는 원광대사가 작성한 신라시대 화랑이 지켜야 했던 다섯 가지 계율로, 사군이충·사친이효·교우이신·임전무퇴·살생유택의 다섯 가지 항목을 말한다. 원광은 또 수나라에 군사를 청하기 위해 걸사표를 작성하였는데, 『삼국사기』에 의하면 신라에서는 수나라에 사신을 파견하여 이 걸사표로 군사를 청했고, 이에 수나라 양제가 100만의 대군을 이끌고 고구려를 침략하였다고 한다.

오답풀이

① 원효에 대한 설명이다. 원효는 일심사상을 바탕으로 불교 종파의 대립을 조정하려 하였다.
② 의상에 대한 설명이다. 의상은 『화엄일승법계도』를 저술하여 모든 존재는 상호의존적인 관계에 있으면서 서로 조화를 이루고 있다는 화엄 사상을 정립하였다.
④ 혜초에 대한 설명이다. 혜초는 인도와 중앙아시아(서역) 여러 나라의 성지를 순례하고 풍물을 생생하게 기록한 『왕오천축국전』을 남겼다.

답 ③

003

2019년 지방직

밑줄 친 '그'에 대한 설명으로 옳은 것은?

> 그는 중국 유학을 마치고 귀국한 다음, 국왕에게 황룡사에 9층탑을 세울 것을 건의했다. 그가 9층탑 건립을 건의한 데에는 주변 나라의 침입을 막고자 하는 호국 정신이 담겨 있다.

① 화랑이 지켜야 할 세속오계를 지었다.
② 대국통으로 있으면서 계율을 지키는 일에 힘을 보탰다.
③ 통일 이후의 사회갈등을 통합으로 이끄는 화엄사상을 강조하였다.
④ 일심(一心) 사상을 주장하여 불교 교리의 대립을 극복하고자 하였다.

출제영역 자장

제시된 자료에서 그가 황룡사에 9층탑을 세울 것을 건의하였다는 것을 통하여 밑줄 친 '그'가 신라 시대 승려인 자장임을 알 수 있다. 자장은 선덕 여왕 때 대국통으로 임명되어 승려의 규범을 바로 잡고 계율을 주관하였다. 이후 자장은 계율종을 개창하였다.

오답풀이

① 화랑도의 행동 규범이자 화랑이 지켜야 할 마음가짐인 세속 오계를 지은 인물은 원광이다.
③ 모든 존재는 상호 의존적인 관계에 있으며 서로 조화를 이룬다는 화엄 사상을 정립한 인물은 의상이다. 자장은 삼국통일 이전인 무열왕 대(658년)에 입적했기 때문에 통일 이후의 사회 갈등 통합과는 직접적인 관련이 없다.
④ 모든 것이 한마음에서 나온다는 일심(一心) 사상을 바탕으로 중관파와 유식파의 사상적 대립을 조화시키고자 한 인물은 원효이다.

답 ②

004

2018년 지방직

다음과 같은 불교 사상의 영향을 받아 만들어진 문화재는?

> 이 불교 사상은 개인적 정신 세계를 추구하는 경향이 강하였기 때문에 지방에서 독자적인 세력을 이루어 성주나 장군을 자처하던 자들로부터 큰 호응을 받았다.

① 성덕대왕신종
② 쌍봉사 철감선사탑
③ 경천사지 십층석탑
④ 금동미륵보살 반가사유상

출제영역 선종불교에 대한 이해

참선·수행 등을 중시하고(개인적 정신 세계를 추구하는 경향) 호족으로부터 큰 호응을 받았던 불교 사상은 선종이라 할 수 있고, 이러한 경향은 승려의 사리를 봉안하는 승탑과 탑비를 유행시켰다. ②의 쌍봉사 철감선사탑은 868년 선종승려로 쌍봉사의 주지를 맡고 있던 철감 선사가 입적하자 이를 기리기 위해 건립된 것이다.

오답풀이

① 성덕대왕신종은 경덕왕 때 주조가 시작되어 혜공왕 때 완성된 것으로, 에밀레종이라고도 불리며 우리나라 최대 크기의 종으로 유명하다.
③ 경천사지 십층석탑은 충목왕 시기(1348) 원의 영향을 받아 만들어진 것으로, 조선 세조 때 세워진 원각사지 십층 석탑으로 계승되었다.
④ 한국적 보살상을 성공적으로 완성시킨 6세기 중엽 내지 그 직후의 작품으로 생각되며, 우리나라 최초의 반가사유상이라는 점에서 더욱 주목된다. 이 보살상의 국적을 신라로 보는 것이 통설이지만, 고구려로 보는 견해도 대두되고 있다.

답 ②

005

2023년 계리직

밑줄 친 (　　)의 인물에 대한 설명으로 옳은 것은?

> (____)은/는 이미 계를 어겨 아들 총(聰)을 낳은 후에는 세속의 옷 으로 바꿔 입고 스스로 소성거사라고 하였다. 우연히 광대들이 춤출 때 쓰는 큰 박을 얻었는데, 모양이 괴상하였다. 그 모양을 본떠서 도구를 제작하여, 『화엄경』의 "일체 무애인(無导人)은 한 번에 생사를 벗어난다."라는 구절에 나오는 무애라는 이름을 붙이고, 노래를 지어 세상에 퍼뜨렸다. -『삼국유사』-

① 화엄종의 중심 사찰인 부석사를 창건하였다.
② 세속오계를 제시하고 호국 불교의 전통을 세웠다.
③ 황룡사에 9층 목탑을 세울 것을 왕에게 건의하였다.
④ 종파 간 대립을 극복하기 위해 일심 사상을 제창하였다.

출제영역 원효

설총을 낳은 승려, '소성거사' '무애' 등의 키워드를 통해 원효에 대한 설명을 고르는 문제임을 알 수 있다. 원효는 ④와 같이 일심, 화쟁사상을 제창하며 통일 직후 신라 불교계의 통합을 꾀하였다.

오답풀이

① 의상에 대한 설명이다.
② 원광에 대한 설명이다.
③ 자장에 대한 설명이다.

답 ④

006

2022년 법원직

(가) 종교가 반영된 문화유산의 사례로 가장 적절한 것은?

> 불로장생과 신선이 되기를 추구하는 (가) 은/는 삼국에 전래되어 귀족사회를 중심으로 유행했으며 예술에도 많은 영향을 주었다. 7세기 고구려의 연개소문은 귀족과 연결된 불교 세력을 억누르기 위해 (가) 을/를 장려하는 정책을 펼쳤다.

① 승탑
② 칠지도
③ 금동미륵보살 반가사유상
④ 백제 금동대향로

출제영역 도교 문화유산

(가)는 도교이다. 불로장생, 신선, 연개소문의 불교 억압 및 도교 장려 등을 통하여 도교임을 알 수 있다. 도교가 반영된 문화유산의 사례로 가장 적절한 것은 백제 금동대향로이다. 봉황 뚜껑 장식, 봉래산이 양각된 뚜껑, 연꽃잎으로 장식된 몸통, 용받침의 4개 부분으로 이루어진 백제 금동 대향로는 불교와 도교의 영향을 받은 문화유산이다. 불로장생하는 신선이 용과 봉황과 같은 상상의 동물들과 어우러져 살고 있다는 신선 세계이자 이상향을 닮게 만들었다는 박산향로의 전형으로 본다.

오답풀이

① 승려의 사리나 유골을 봉안한 묘탑으로 선종의 유행과 관련이 있다.
② 명문이 새겨져 있는 일곱 가지 모양의 철제 칼로, 한국 사학계에서는 백제왕이 일왕에게 하사하였다고 보는 것이 일반적이다.
③ 불교와 관련 있는 문화유산이다. 왼발은 내리고, 오른발은 왼쪽 다리 위에 걸치고 손가락을 뺨에 댄 채 명상에 잠긴 이른바 반가사유의 자세를 취하고 있다.

답 ④

007 2023년 지방직

다음 문화재와 이를 통해 알 수 있는 내용의 연결이 옳지 않은 것은?

① 사택지적비 - 백제가 영산강 유역까지 영역을 확장하였다.
② 임신서기석 - 신라에서 청년들이 유교 경전을 공부하였다.
③ 충주 고구려비 - 고구려가 5세기에 남한강 유역까지 진출 하였다.
④ 호우명 그릇 - 5세기 초 고구려와 신라가 밀접한 관계를 맺고 있었다.

출제영역 삼국의 문화유산

사택지적비는 백제 7세기 귀족 사택지적이 노년에 불당을 건립한 내력을 기록한 비석으로, 백제의 영토 확장과는 관련이 없다. 영산강 유역의 마한을 정복하고 호남지역 전역을 차지한 것은 근초고왕 시기로 4세기의 사건이다.

오답풀이

② 임신서기석은 임신년에 두 화랑이 5경을 공부할 것을 맹세한 기록이다.
③ 충주(중원)고구려비는 장수왕 시기 고구려의 한강 장악 사실을 나타내는 유물이다.
④ 호우명 그릇은 신라에 침입한 왜구 격퇴 이후 고구려가 신라에 영향력을 행사했음을 나타내는 유물이다.

답 ①

008 2022년 서울시 1차

〈보기〉에서 (가)의 인명과 그의 저술을 옳게 짝지은 것은?

〈보기〉

진성왕 8년(894) 봄 2월에 (가) 이 시무10여 조를 올리자, 왕이 이를 좋게 여겨 받아들이고 아찬으로 삼았다.

① 김대문 - 『화랑세기』
② 김대문 - 『계원필경』
③ 최치원 - 『제왕연대력』
④ 최치원 - 『한산기』

출제영역 최치원

진성여왕에게 시무 10조를 올리는 내용이므로 (가)는 최치원임을 알 수 있다. 최치원의 대표적인 저작으로는 『제왕연대력』, 『계원필경』, 『토황소격문』 등을 들 수 있다.

오답풀이

①, ②, ④ 김대문은 통일신라 시기 진골출신 유학자로, 대표적인 저작으로는 『화랑세기』, 『한산기』, 『계림잡전』, 『고승전』 등을 들 수 있다.

답 ③

009
2019년 지방직 7급

㉠, ㉡ 승려의 활동으로 옳은 것은?

- 왕이 수(隋)에 군사를 청하는 글 요청하자, ㉠ 은/는 "자기가 살기 위해 남을 멸망시키는 것은 승려가 할 일이 아니나, 제가 대왕의 땅에 살면서 수초(水草)를 먹고 있사오니 명령을 따르겠습니다. "라고 하였다.
- 왕이 왕성을 짓고자 하여 ㉡ 에게 의견을 묻자, "비록 들판의 초가집에 살아도 바른 도를 행하면 복업이 길어질 것이요, 그렇지 않으면 사람을 수고롭게 하여 애써 성(城)을 만들지라도 역시 이익이 없을 것입니다."라고 하였다. -「삼국사기」-

① ㉠ - 왕에게 건의하여 황룡사 9층 탑을 세웠다.
② ㉠ - 화랑이 지켜야 할 세속오계를 만들었다.
③ ㉡ - 저잣거리에서 「무애가」를 부르면서 대중을 교화하였다.
④ ㉡ - 당에 유학하여 유식론을 독자적으로 발전시켰다.

출제영역 원광과 의상

㉠은 원광, ㉡은 의상이다. 원광법사는 청소년들에게 세속 5계를 전해주어 당시의 시대 정신을 깨우쳐 주었다. 신라 진평왕은 고구려와 백제의 거듭되는 침공으로 어려움을 겪게 되자 608년 원광에게 걸사표를 짓게 하여 수 양제에게 군사 원조를 요청하였다. 의상은 문무왕이 경주에 성곽을 쌓으려 할 때 만류한 일화로 유명하다.

오답풀이

① 자장에 대한 설명이다.
③ 원효에 대한 설명이다.
④ 원측에 대한 설명이다.

답 ②

010
2016년 국가직

다음 자료에 나타난 통일신라시대의 신분층과 연관된 설명으로 옳은 것은?

(그들의) 집에는 녹(祿)이 끊이지 않았다. 노동(奴僮)이 3천 명이며, 비슷한 수의 갑병(甲兵)이 있다. 소, 말, 돼지는 바다 가운데 섬에서 기르다가 필요할 때 활로 쏘아 잡아먹는다. 곡식을 남에게 빌려 주어 늘리는데, 기간 안에 갚지 못하면 노비로 삼아 부린다. -『신당서』-

① 관등 승진의 상한은 아찬까지였다.
② 도당 유학생의 대부분을 차지하였다.
③ 돌무지덧널무덤을 묘제로 사용하였다.
④ 식읍·전장 등을 경제적 기반으로 하였다.

출제영역 통일신라시대의 귀족

제시된 자료는 통일신라시대 귀족의 모습을 나타내고 있다. 통일 이후 신라의 최고 귀족층(진골)은 녹읍과 식읍을 통하여 농민을 지배하고 조세와 공물을 거두었으며 노동력을 동원하였다. 이들은 전장(귀족들의 대규모 사유지), 노비, 목장, 섬을 소유하고 비단, 양탄자, 유리그릇, 귀금속 등 고가의 당나라와 아라비아의 수입품을 소비하였으며, 금입택·사절유택 등의 호화 별장을 소유하는 등 사치스러운 생활을 영위했다.

오답풀이

① 6두품에 대한 설명으로, 이들은 골품제로 인해 17관등 중에서 6관등 아찬까지 승진상한선이 정해져 있었다. 진골 귀족은 1관등 이벌찬 까지 오를 수 있었다.
② 6두품에 대한 설명이다. 당과 연합한 초기에는 주로 신라의 왕자들이 당에 유학하였으나(신라말까지 16명의 왕자 파견) 후기에는 도당 유학생의 대부분은 6두품이었다.
③ 돌무지 덧널무덤은 4~6세기 마립간 시기의 대표적인 묘제이다. 통일신라 시기에는 굴식돌방무덤이 주로 조성되었다.

답 ④

49 고대의 고분양식 변화

50 고대의 건축 · 예술

011 2024년 국가직

밑줄 친 '가람'에 대한 설명으로 옳은 것은?

> 우리 왕후께서는 좌평 사택적덕의 따님으로 지극히 오랜 세월에 선인(善因)을 심어 이번 생에 뛰어난 과보를 받아 만민을 어루만져 기르시고 삼보(三寶)의 동량(棟梁)이 되셨기에 능히 가람을 세우시고, 기해년 정월 29일에 사리를 받들어 맞이하셨다. 원하옵나니, 영원토록 공양하고 다함이 없이 이 선(善)의 근원을 배양하여, 대왕 폐하의 수명은 산악과 같이 견고하고 치세는 천지와 함께 영구하며, 위로는 정법을 넓히고 아래로는 창생을 교화하게 하소서.

① 목탑의 양식을 간직한 석탑이 있다.
② 대리석으로 만든 10층 석탑이 있다.
③ 성주산문을 개창한 낭혜 화상의 탑비가 있다.
④ 돌을 벽돌 모양으로 만들어 쌓은 모전석탑이 있다.

출제영역 익산 미륵사지 석탑

주어진 자료는 익산 미륵사지 석탑에 관한 내용이다. 「삼국유사」의 '서동설화'에 따르면 백제 무왕의 비가 신라의 제26대 왕인 진평 왕의 공주인 선화 공주로 되어 있다. 하지만 2009년 1월 익산 미륵사지 석탑 심초에서 백제 무왕의 왕후가 넣은 사리 기에 발견되었는데, 여기에서는 백제 무왕의 왕후가 백제의 귀족 사택적덕의 딸(사택 왕후)로 기록되어 있다. 익산 미륵사지 석탑은 목탑 양식의 석탑이다(국보 제 11호).

오답풀이

② 대리석으로 만든 10층 석탑으로는 원의 영향을 받아 제작된 고려의 개성 경천사지 10층 석탑과 이의 영향을 받은 조선의 서울 원각사지 10층 석탑(1467, 세조 13)이 있다.
③ 성주산문을 개창한 낭혜 화상의 탑비는 9산선문 중 하나인 성주산문을 개창한 낭혜의 공덕을 기리기 위해 만들어진 통일 신라 시대의 탑비이다.
④ 돌을 벽돌 모양으로 만들어 쌓은 모전 석탑은 신라의 경주 분황사 모전 석탑이다.

답 ①

012 2022년 국가직

다음 (가), (나) 승려에 대한 설명으로 옳은 것은?

> (가) 중국 유학에서 돌아와 부석사를 비롯한 여러 사원을 건립하였으며, 문무왕이 경주에 성곽을 쌓으려 할 때 만류한 일화로 유명하다.
> (나) 진골 귀족 출신으로 대국통을 역임하였으며, 선덕여 왕에게 황룡사 9층탑의 건립을 건의하였다.

① (가)는 모든 것이 한마음에서 나온다는 일심사상을 제시하였다.
② (가)는 「화엄일승법계도」를 만들었다.
③ (나)는 『왕오천축국전』이라는 여행기를 남겼다.
④ (나)는 이론과 실천을 같이 강조하는 교관겸수를 제시하였다.

출제영역 의상과 자장

(가)는 의상이다. 의상은 진골 출신으로, 당에서 화엄학을 공부하고 돌아와 신라 화엄종을 개창하였으며, 화엄일승법계도를 만들어 화엄 사상을 성립하였다. 부석사, 낙산사를 비롯한 여러 사찰을 건립하였고, 관음신앙을 보급하는 데도 힘썼다.
(나)는 자장이다. 자장은 통도사를 창건하고 이를 중심으로 계율종을 전파하였으며, 선덕여왕에게 황룡사 9층 목탑 건립을 건의하였다.

오답풀이

① 원효에 대한 설명이다.
③ 혜초에 대한 설명이다.
④ 고려 의천에 대한 설명이다.

답 ②

013

2019년 법원직

다음 그림의 무덤양식과 관련된 설명으로 가장 옳은 것은?

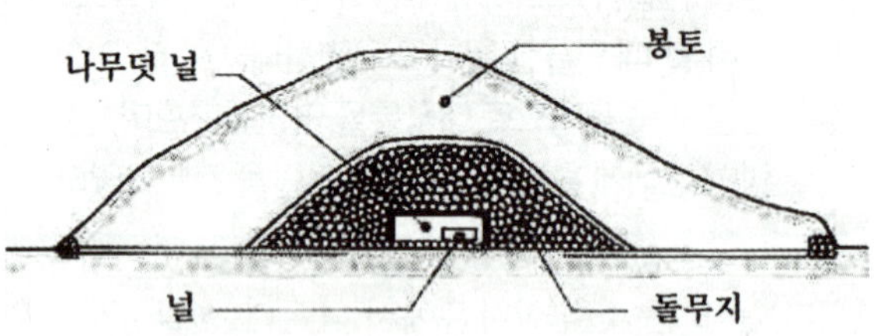

① 중국 남조의 영향을 받았다.
② 고구려의 초기 무덤 형태이다.
③ 천마도가 벽화로 그려져 있다.
④ 도굴이 어려워 많은 양의 부장품이 출토되었다.

출제영역 돌무지 덧널무덤

제시된 무덤 양식은 신라가 삼국을 통일하기 전의 무덤 양식인 돌무지 덧널무덤이다. 돌무지덧널무덤은 신라에서 주로 만든 무덤이다. 이 양식의 무덤은 지상이나 지하에 시신과 껴묻거리를 넣은 나무 덧널을 설치하고 그 위에 냇돌을 쌓은 다음에 흙으로 덮은 구조로 되어 있어 도굴이 어려워 많은 껴묻거리가 남아 있다.

오답풀이

① 중국 남조의 영향을 받은 것은 벽돌무덤 양식인 백제의 무령왕릉이다.
② 고구려의 초기 무덤 형태는 돌무지무덤이다. 광개토대왕릉과 장군총이 대표적이다.
③ 천마도가 출토된 천마총은 돌무지덧널무덤이다. 그러나 천마도는 자작나무 껍질을 겹쳐서 만든 말의 배 가리개인 장니(말을 탈 때 필요한 안장의 부속구)에 천마를 그린 것으로 벽화가 아니다.

답 ④

014

2018년 교행직

다음은 어느 유적의 사진과 내부구조도이다. 이 유적에 대한 설명으로 옳은 것은?

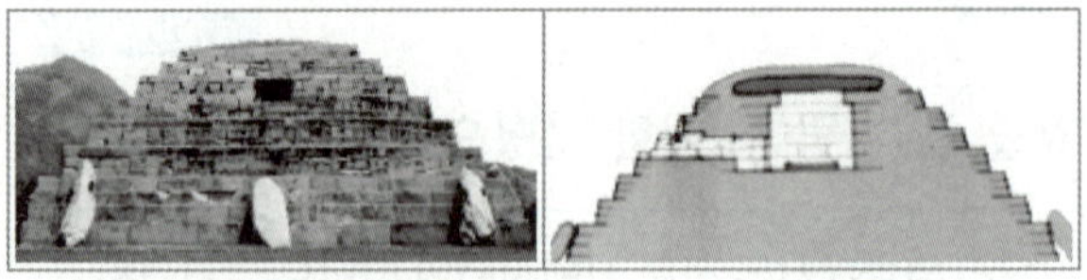

① 널방 벽에서 사신도(四神圖)가 발견되었다.
② 묘지석이 발굴되어 무덤 주인공이 밝혀졌다.
③ 화강암을 다듬어 쌓은 계단식 돌무지무덤이다.
④ 광개토 대왕 제사 때 쓰인 호우명 그릇이 출토되었다.

출제영역 장군총

제시된 유적은 장군총으로 생김새가 계단처럼 돌을 쌓아 올려간 모습이라는 것을 알 수 있고, 고구려나 백제 초기에 유행한 계단식 돌무지 무덤이라는 것을 알 수 있다. 한편 장군총은 매장자가 누구인지 명확하게 나와 있지 않아 논란이 있는데, 대체로 태왕릉은 광개토대왕, 장군총은 장수왕릉이라는 주장이 많은 편이다.

오답풀이

① 장군총과 같은 돌무지무덤(積石冢)은 사신도가 발견되기 어려운 구조이다. 강서대묘 등 굴식 돌방무덤에서 벽화가 발견된다.
② 묘지석이 발굴된 가장 대표적인 무덤은 벽돌무덤 양식인 무령왕릉이 있다.
④ 광개토대왕 명칭이 쓰인 호우명 그릇이 출토된 것은 경북 경주 소재 신라 고분인 호우총에 대한 설명이다.

답 ③

015 2018년 경찰직 2차

다음 왕릉에 대한 설명으로 가장 적절하지 않은 것은?

> 1971년 7월, 송산리 고분군 배수로 공사 도중 무덤 하나가 우연히 발굴되었다. 그 입구를 열자, 무덤 주인을 알리는 지석이 놓여 있었다. 그 내용의 일부는 이러하다. "영동대장군인 사마왕은 62세가 되는 계묘년 5월 임진일인 7일에 돌아가셨다. 을사년 8월 갑신일인 12일에 안장하여 대묘에 모시었다."

① 충남 부여에 있다.
② 금제 관장식이 나왔다.
③ 돌짐승[石獸]이 나왔다.
④ 중국 남조 양식의 벽돌로 축조되었다.

출제영역 백제 무령왕릉

지문의 왕릉은 백제 무령왕릉이다. 충남 공주시 송산리 고분군에 위치한 무령왕릉은 왕과 왕비의 합장릉으로 중국 남조 양식의 영향을 받아 벽돌을 쌓아 만들어졌고, 발굴 당시 출토품으로 금제 관장식·돌짐승·무덤의 주인이 누군지 알려주는 묘지명 등이 나왔다.

오답풀이

②, ③ 무령왕릉에서는 금으로 만든 관장식, 용과 봉황이 장식된 큰 칼, 글씨가 새겨진 팔찌 등 총 4,600여 점의 유물과 함께 무덤을 지키는 돌짐승과 지석(誌石) 등이 발견되었다.
④ 무령왕릉은 중국 양나라 지배계층의 무덤 양식을 모방하여 만든 벽돌무덤이다.

답 ①

016 2019년 지방직

삼국시대 문화에 대한 설명으로 옳지 않은 것은?

① 선덕여왕 때에 첨성대를 세웠다.
② 목탑 양식의 미륵사지석탑이 건립되었다.
③ 가야 출신의 우륵에 의해 가야금이 신라에 전파되었다.
④ 사신도가 그려진 강서대묘는 돌무지무덤으로 축조되었다.

출제영역 삼국의 문화

고구려의 강서 대묘(강서 고분)는 평안남도 강서군에 위치한 고구려의 벽화 고분이다. 강서대묘는 돌무지무덤이 아닌 굴식돌방 무덤이며, 무덤 내부에 사신도와 같은 벽화가 존재한다.

오답풀이

① 선덕 여왕 때 천문 관측 기구인 첨성대가 세워졌다. 첨성대는 현존하는 동양에서 가장 오래된 천문 관측 기구이다.
② 백제 무왕 때 세운 미륵사지 석탑은 국내에 현존하는 가장 오래된 석탑으로, 목탑양식으로 지어졌다.
③ 대가야 출신 우륵은 가야금을 만들고 12악을 지었다. 진흥왕 시기 대가야가 멸망할 즈음 신라로 들어가 이를 전파하였고 신라 음악의 큰 발전을 가져왔다.

답 ④

017

2017년 서울시 7급

다음은 역사적 사실을 순서대로 나열한 것이다. 다음 (가)와 (나)에 들어갈 역사적 사실로 옳지 않은 것은?

백제의 고흥이 『서기』를 편찬하였다.
(가)
신라의 거칠부가 『국사』를 편찬하였다.
(나)
성덕대왕신종이 완성되었다.

① (가) 충주고구려비가 세워졌다.
② (가) 황룡사 9층 목탑이 건축되었다.
③ (나) 이문진이 『신집』 5권을 편찬하였다.
④ (나) 김대성이 석굴암을 지었다.

출제영역 삼국시대 문화

백제의 고흥이 서기를 편찬한 것이 근초고왕 30년(375년), 신라의 거칠부가 국사를 편찬한 것이 진흥왕 6년(545년), 성덕대왕신종이 완성된 것이 혜공왕 7년(771년)이다. 이 사건들 사이 시기에 있었던 사실로 옳지 않은 것은 ②번 선지이다. 황룡사 구층 목탑은 선덕여왕 12년(643년)에 건립되었다. 당에서 유학을 마치고 귀국한 자장의 건의에 따라 건립 되었으며, 몽골의 침입 때 소실되었다.

오답풀이

① 충주고구려비가 세워진 시기에 대해서는 4세기부터 6세기까지 여러 학설이 있으나, 일반적으로 고구려가 남한강 유역을 장악하고 있었던 장수왕 대에 세워진 것으로 추정한다.
③ 신집은 영양왕 11년(600년)에 편찬되었으므로 (나) 시기에 들어갈 사실로 적절하다. 고흥의 서기, 거칠부의 국사, 이문진의 신집 5권 모두 현존하지 않는다.
④ 석굴암은 경덕왕 10년(751년)에 창건되었다. 김대성이 현세의 부모를 위하여 불국사를 세우고 전생의 부모를 위하여 석불사(석굴암)을 세웠다고 전해진다.

답 ②

018

2018년 경찰직 2차

밑줄 친 '공주'의 무덤에 대한 설명으로 가장 적절하지 않은 것은?

> 공주는 우리 대흥보력효감금륜성법대왕(발해 문왕)의 넷째 딸이다. <u>공주</u>는 대흥 56년(792) 여름 6월 9일 임진일에 궁궐 밖에서 사망하니, 나이는 36세였다. 이 해 겨울 11월 28일 기묘일에 염곡의 서쪽 언덕에 매장하였으니 이것은 예의에 맞는 것이다.

① 죽은 자의 가족관계를 기록한 묘지(墓誌)가 있다.
② 벽돌로 축조되어 있다.
③ 늘어서 있는 인물들의 벽화가 있다.
④ 무덤 양식은 굴식 돌방무덤이고, 돌사자상이 나왔다.

출제영역 정효공주묘

화룡현 용두산 고분군에 위치한 발해 문왕의 넷째 딸 정효공주의 묘는 벽돌 무덤으로 당 나라 양식과 천장의 공간이 줄어드는 고구려 양식이 혼합된 무덤이다. 동·서, 북벽에 12명의 인물을 그린 벽화가 남아있다. 이 무덤에서 발견된 묘지(墓誌)에는 정효공주의 가족관계, 문왕의 존호, 등이 기록되어 있다.

오답풀이

④ 정혜공주묘에 대한 설명이다.

답 ④

019
2018년 서울시 7급

〈보기〉는 한국 고대사회 문화의 일본 전파와 관련된 설명이다. 옳은 것끼리 짝지어진 것은?

〈보기〉

ㄱ. 백제의 아직기는 일본에 불교를 전파하였다.
ㄴ. 다카마쓰 무덤에서 발견된 벽화를 통해 가야문화가 일본에 영향을 미쳤음을 알 수 있다.
ㄷ. 신라인들은 배를 만드는 조선술과 제방을 만드는 축제 술을 일본에 전해주었다.
ㄹ. 고구려의 승려 혜자는 쇼토쿠 태자의 스승이 되었다.

① ㄱ, ㄴ ② ㄴ, ㄷ ③ ㄴ, ㄹ ④ ㄷ, ㄹ

출제영역 고대 문화의 일본 전파

한국 고대 문화의 일본 전파와 관련된 설명으로 옳은 것은 ㄷ, ㄹ이다.
ㄷ. 일본은 견신라사를 파견하여 신라로부터 배를 만드는 조선술과 제방을 만드는 축제술 등을 배워갔다.
ㄹ. 고구려의 승려인 혜자는 쇼토쿠 태자의 스승이 되어, 일본 불교 문화 발전에 기여하였다.

오답풀이

ㄱ. 백제의 아직기는 4세기 무렵 일본의 태자에게 한자를 가르쳤다. 성왕 대에 노리사치계가 일본에 불교를 전해주었다.
ㄴ. 일본의 다카마쓰 고분 벽화는 고구려 수산리 고분 벽화의 영향을 받은 것으로 보인다.

답 ④

020
2023년 서울시 9급

다음 (가), (나)에 나타난 신라제도에 대한 설명으로 옳지 않은 것은?

(가) 속성은 김씨로 태종무열왕이 8대조이다. 할아버지인 주천의 골품은 진골이고 … 아버지는 범청으로 골품이 진골에서 한 등급 떨어져 득난(得難)이 되었다. - 성주사낭혜화상백월보광탑비문 -

(나) 최치원은 난랑비(鸞郎碑) 서문에서 우리나라에는 현묘한 도가 있으니 풍류(風流)라 일컫었다. … 실로 이는 삼교(유·불·선)를 포함하고 중생을 교화한다. - 삼국사기 -

① (가) - 개인의 사회활동과 일상생활을 규제하였다.
② (가) - 관등 승진의 상한선이 정해져 있었다.
③ (나) - 진흥왕 때 인재양성을 위한 제도로 정착되었다.
④ (나) - 귀족들이 회의를 통하여 중요한 국사를 결정하였다.

출제영역 신라사회(골품제와 화랑도)

사실 문항 구성을 볼 때 무엇을 묻는지 명확하지는 않지만, (가)를 골품제로, (나)를 화랑도로 이해하고 문항을 풀 수밖에 없다. 이에 대한 설명으로 옳지 않은 것은 ④번 선지이다. 신라에서 국가의 중대사를 결정한 귀족 회의는 화백회의이다. (가)는 낭혜화상비문 중 일부로, 진골에서 족강(族降)되어 득난(得難, 6두품으로 이해하는 것이 통설)이 되었다는 기록으로 골품제를 막연하게 떠올릴 수 있고, (나)는 최치원이 난랑비 서문에서 '풍류도'를 말하고 있고 이를 화랑도와 연관시킨다.

오답풀이

① 골품제는 혼인, 가옥의 규모, 의복의 빛깔 우마차의 장식에 이르기까지 사회생활 전반을 규제하였다.
② 진골을 제외한 나머지 두품들은 관등 승진의 제약을 받았다. 6두품은 제5관등인 대아찬에 오를 수 없었다.
③ 화랑도 조직은 진흥왕 대에 국가적 조직으로 개편되었고, 신라가 삼국통일을 할 수 있었던 원동력 중 하나로 평가받는다.

답 ④

51 고려와 조선의 불교

021 2024년 법원직

밑줄 친 '후(煦)'에 대한 설명으로 가장 옳은 것은?

> 후(煦)는 문종의 넷째 아들로서 송나라 황제와 이름이 같으므로 그것을 피하여 자(字)로 행세하였다. 문종이 여러 아들에게, "누가 승려가 되어 복전(福田)의 이익을 짓겠느냐?"라고 물으니 후(煦)가, "상(上)의 명령대로 하겠다."하고, 출가하여 영통사(靈通寺)에 거처하였다. 그는 송나라에 들어가 법을 구하려 했으나 문종이 허락하지 않았다. 하지만 후(煦)는 송나라로 들어가 황제를 만나 여러절을 다니며 법을 묻겠다고 하였다.

① 교관겸수를 제창하였다.
② 왕오천축국전을 남겼다.
③ 유불 일치설을 주장하였다.
④ 수선사 결사를 조직하였다.

출제영역 대각국사 의천

밑줄 친 '후(煦)'는 의천(1055~1101)이다. 문종의 넷째 아들로 승려가 된 자, 송에 건너가 구법 활동을 한 것 등을 통해 의천임을 알 수 있다. 의천은 조정의 반대를 무릅쓰고 송으로 건너가 이듬해인 선종 3년(1086) 1천여 권의 불교 서적을 가지고 귀국하였으며, 그의 건의에 따라 흥왕사에 교장도감이 설치되었다. 의천에 대한 설명으로 옳은 것은 ①번 선지이다. 의천은 교종에서 강조하는 교리 탐구와 선종에서 강조하는 지관 수행을 동시에 실천해야 한다는 사상인 교관겸수를 제창하였다.

오답풀이

② 혜초(704~787)에 대한 설명이다.
③ 진각국사 혜심(1178~1234)에 대한 설명이다. 혜심은 출가 전에 사마시에 합격하여 국자감의 태학에 입학하였으며, 중국과 한국의 역대 선사들의 어록을 모은 화두집인 『선문염송집』을 편찬하였다.
④ 보조국사 지눌(1158~1210)에 대한 설명이다. 지눌은 「권수정혜결사문」에서 선정과 지혜를 함께 닦을 것을 결의하였다.

답 ①

022 2019년 지방직

다음 ㉠~㉣에 들어갈 인물을 바르게 연결한 것은?

> • (㉠)는/은 『신편제종교장총록』을 편찬하였다.
> • (㉡)는/은 원의 불교인 임제종을 들여와서 전파시켰다.
> • (㉢)는/은 강진에 백련사를 결사하여 법화신앙을 내세웠다.
> • (㉣)는/은 『목우자수심결』을 지어 마음을 닦고자 하였다.

	㉠	㉡	㉢	㉣
①	수기	보우	요세	지눌
②	의천	각훈	요세	수기
③	의천	보우	요세	지눌
④	의천	요세	각훈	수기

출제영역 고려의 불교(승려)

㉠ 『신편제종교장총록』은 고려시대의 승려 의천이 고려·송·요의 대장경 주석서를 모아 만든 주석서의 목록집이다. 의천은 『신편제종교장총록』를 바탕으로 속장경을 간행하였다.
㉡ 보우는 원으로부터 임제종을 도입하고 9산선문의 통합을 시도하는 등 고려 말 불교를 개혁하기 위해 노력하였다.
㉢ 원묘국사 요세는 백성의 신앙적 욕구를 고려하여 강진 만덕사에서 백련사 결사를 제창하였다. 자신의 행동을 진정으로 참회하는 법화 신앙에 중점을 둔 백련사 결사는 지방민의 적극적인 호응을 얻었고, 수선사와 양립하며 고려 후기 불교계를 이끌었다.
㉣ 『목우자수심결』은 고려시대 보조국사 지눌이 선문(禪門)에 입문한 초학자에게 선 수행의 요체가 될 핵심 내용을 저술한 지침서이다.

답 ③

023 2025년 국가직

밑줄 친 '그'에 대한 설명으로 옳은 것은?

> 그는 문종의 넷째 아들인데, 출가하여 승려가 되었다. 송나라로 유학을 가서 화엄학과 천태학을 공부하였다. 이후 천태학을 부흥시켜 천태종을 창립하였다.

① 유·불 일치설을 주장하였다.
② 백련사에서 결사를 조직하였다.
③ 정혜쌍수의 수행법을 제시하였다.
④「신편제종교장총록」을 편찬하였다.

출제영역 의천

제시문의 '그'는 불교 교단을 통합하기 위해 국청사의 주지가 되어 천태종을 개창한 대각국사 의천이다.
④ 의천은 개경 흥왕사에 교장도감을 두어 불교 경전 주석서, 즉 교장인 속장경을 간행하였다. 그리고 의천이 고려와 송, 요, 일본 등에서 불교 자료를 수집하여 편찬한 목록집이「신편제종교장총록」이다.

오답풀이

① 심성의 도야를 강조한 유불 일치설을 주장한 인물은 고려의 진각국사 혜심이다. 지눌의 뒤를 이어 수선사의 교세를 확장하였던 혜심은 유불 일치설을 주장하였다.
② 전남 강진 만덕산에 위치한 백련사에서 신앙 결사체인 백련사 결사를 조직한 인물은 원묘국사 요세이다. 요세는 극락왕생을 기원하는 참회와 염불 수행을 강조하였다.
③ 돈오점수와 정혜쌍수의 수행법을 제시한 인물은 보조국사 지눌이다. 지눌은 명리에 집착하는 당시 불교계의 타락상을 비판하고, 정혜결사를 만들어 승려 본연의 자세로 돌아가 독경과 선 수행, 노동을 강조하였다. 수선사 결사운동은 돈오점수·정혜쌍수를 강조하여 개혁적인 승려들과 지방민들의 적극적인 호응을 얻었다.

답 ④

024 2023년 지방직

밑줄 친 '그'에 대한 설명으로 옳은 것은?

> 그는 화엄종을 중심으로 교종을 통합하고 해동 천태종을 창시하여 선종까지 포섭하려 하였다. 그러나 그의 사후에 교단은 다시 분열되었고, 권력층과 밀착되어 타락하는 양상까지 나타났다.

① 이론적인 교리 공부와 실천적인 수행을 아우를 것을 주장 하였다.
② 참선과 독경은 물론 노동에도 힘을 쓰자고 하면서 결사를 제창하였다.
③ 삼국시대 이래 고승들의 전기를 정리하여『해동고승전』을 편찬하였다.
④ 백련사를 결성하여 극락왕생을 기원하는 참회와 염불 수행을 강조하였다.

출제영역 의천

화엄종을 중심으로 교종을 통합, 해동 천태종 창시 등에서, 제시문의 '그'가 의천임을 알 수 있다. 문종의 넷째 아들인 의천은 국청사에서 교종 중심의 선종 통합을 시도하여 해동 천태종을 창시하였으며, 이론의 연마와 실천을 강조하면서 교관겸수, 내외겸전을 주장하였다.

오답풀이

② 지눌에 대한 설명이다.
③ 각훈에 대한 설명이다.
④ 천태종 계열 승려인 요세에 대한 설명이다.

답 ①

025 2022년 간호직

다음 글을 쓴 인물에 대한 설명으로 옳지 않은 것은?

> 하루는 같이 공부하는 사람 10여 인과 약속하였다. 마땅히 명예와 이익을 버리고 산림에 은둔하여 같은 모임을 맺자. 항상 선을 익히고 지혜를 고르는 데 힘쓰고, 예불하고 경전을 읽으며 힘들여 일하는 것에 이르기까지 각자 맡은 바 임무에 따라 경영한다.
>
> -『권수정혜결사문』-

① 선종 중심으로 교종을 통합하려는 사상 체계를 정립하였다.
② 단박에 깨달음을 얻고 깨달은 후에도 꾸준히 수행해야 한다고 주장하였다.
③ 깨달음을 얻기 위해 참선을 하되 교리 공부를 함께 할 것을 제안하였다.
④ 교단을 통합, 정리하는 것이 불교계의 폐단을 바로 잡는 우선 과제라고 생각하였다.

출제영역 지눌

제시문은 지눌에 대한 설명이다. 지눌은 참선과 교학을 함께 수행할 것을 기약하는 정혜결사를 맺고, 당시 불교계의 혁신과 재건을 위한『권수정혜결사문』이라는 취지문을 선포하였다. ④는 의천에 대한 설명으로, 의천은 교단의 통합과 정리를 불교계 폐단을 바로잡기 위한 우선 과제로 보았다.

오답풀이

①, ②, ③ 지눌의 수선사 결사 운동은 선종 중심의 불교 개혁 운동이었으며, 승려 본연의 자세로 돌아가 예불 독경과 선 수행 및 참선, 노동에 고루 힘쓰자고 주장하였다.

답 ④

026 2017년 서울시

밑줄 친 '그'에 대한 설명으로 옳은 것은?

> 그는『묘종초』를 설법하기 좋아하여 언변과 지혜가 막힘이 없었고, 대중에게 참회를 닦기를 권하였다. …(중략)…대중의 청을 받아 교화시키고 인연을 맺은 지 30년이며, 결사에 들어온 자들이 3백여 명이 되었다.

① 강진의 토호세력의 도움을 받아 백련사를 결성하였다.
② 불교계 폐단을 개혁하기 위해 9산 선문의 통합을 주장하였다.
③ 이론의 연마와 실천을 아울러 강조하는 교관겸수를 제창하였다.
④ 깨달은 후에도 꾸준한 실천이 필요하다는 돈오점수를 중시하였다.

출제영역 요세의 사상

위 지문은 무신집권기 승려인 요세에 대한 설명이다. 요세는 천태종을 중심으로 활동하였으며, 무신집권기에 강진의 토호 세력의 도움을 받아 천태종의 법화 신앙과 정토 신앙에 기초한 신앙 결사체인 백련사(白蓮社) 운동을 전개하였다.

오답풀이

② 불교계 폐단을 개혁하기 위하여 9산 선문의 통합을 주도한 것은 고려 말기의 승려인 보우이다. 보우는 신규 종파인 태고종을 개창하여 9산 선문을 통합하고자 하였으며, 원으로부터 임제종을 도입하여 불교계를 혁신하려고 하였다.
③ 교관겸수를 제창한 것은 교의 입장에서 선을 통합하고자 했던 의천이다. 의천은 국청사를 기반으로 (해동)천태종을 창시하여 교·선의 통합을 시도하였다.
④ 돈오점수를 주장한 것은 지눌이다. 지눌은 수선사(송광사)를 기반으로 선의 입장에서 교를 통합하고자 조계종을 창시하였으며, 불교개혁을 위한 수선사 결사운동을 진행하였다.

답 ①

027 2019년 소방직

밑줄 친 '이것'에 대한 설명으로 옳은 것은?

이것은 고려 최초의 대장경으로 거란의 침입을 받았던 현종 때 부처의 힘을 빌려 이를 물리치려는 염원에서 만들기 시작하였다.

① 몽골의 침입 때 불타 버렸다.
② 현재 합천 해인사에 보관되어 있다.
③ 흥왕사에 교장도감을 설치하여 간행하였다.
④ 대장도감을 설치하여 16년에 걸쳐 판각하였다.

출제영역 초조대장경

제시문의 밑줄 친 '이것'은 초조대장경이다. 초조대장경은 현종 대인 1011년부터 선종 대인 1087년까지 70년에 걸쳐 제작되었으며, 제작 후 대구 부인사에 보관하였는데 몽골의 2차 침입 당시 소실되었다. 현재는 인쇄본 일부만이 전해지고 있다

오답풀이

② 현재 합천 해인사에 보관되어 있는 것은 재조대장경(팔만대장경)이다.
③ 흥왕사에 교장도감을 설치하여 간행한 것은 교장(속장경)이다.
④ (강화도에) 대장도감을 설치하여 16년에 걸쳐 판간한 것은 팔만대장경이다(1236~1251). 진주에도 분사대장도감이 설치되었고, 승려 수기가 총책임자였다.

답 ①

028 2025년 지방직

(가) 인물에 대한 설명으로 옳은 것은?

(가) 은/는 무신집권기 불교의 세속화를 비판하면서 불교 본연의 정신을 확립하자는 결사 운동을 주도하여 수선사를 결성하였다. 그는 깨달음을 얻은 뒤에도 수행을 게을리하지 않아야 한다는 돈오점수를 내세웠다.

① 천태종을 창시하였다.
② 임제종을 도입하였다.
③ 교종의 입장에서 선종을 통합하려 하였다.
④ 정혜쌍수라는 실천 수행 방법을 제시하였다.

출제영역 지눌

제시문은 지눌의 수선사 결사 운동과 지눌의 핵심 사상인 돈오점수에 대한 내용이다.
④ 지눌은 명리에 집착하는 당시 불교계의 다락상을 비핀하고, 정혜결사를 만들어 승려 본연의 자세로 돌아가 독경과 선 수행, 노동을 강조하였다. 수선사 결사운동은 돈오점수·정혜쌍수를 강조하여 개혁적인 승려들과 지방민들의 적극적인 호응을 얻었다.

오답풀이

① 의천은 국청사를 기반으로 해동 천태종을 창시하여 교·선의 통합을 시도하였다.
② 임제종을 도입한 승려는 보우이다. 보우는 원으로부터 임제종을 도입하고 9산 선문의 통합을 시도하는 등 고려말 불교를 개혁하기 위해 노력하였다.
③ 의천은 교종의 입장에서 선종을 통합하려 하였다. 반면 지눌은 지눌은 수선사(송광사)를 기반으로 선종의 입장에서 교종을 통합하고자 조계종을 창시하였다.

답 ④

029
2020년 지방직 7급

(가) ~ (다)와 설명이 옳게 짝지어진 것만 모두 고르면?

(가) 명예와 이익을 버리고 산림에 은둔하여 항상 선정을 익히고 지혜를 고루하기에 힘쓰며, 예불과 독경을 하고 나아가서는 노동에도 힘을 쏟자.
(나) 불교를 행하는 것은 몸을 닦는 근본이며, 유교를 행하는 것은 나라를 다스리는 근원이니 몸을 닦는 것은 내 생을 위한 것이며, 나라를 다스리는 것은 오늘의 할 일입니다.
(다) 나는 옛날 공의 문하에 있었고 공은 지금 우리 수선사에 들어왔으니, 공은 불교의 유생이요, 나는 유교의 불자입니다. …(중략)… 유교와 불교는 다름이 없다고 보아야 하지 않겠습니까?

ㄱ. (가) - 불교의 세속화에 반대하고 불교 본연의 자세를 찾으려 하였다.
ㄴ. (나) - 불교 행사를 장려하는 구실이 되었다.
ㄷ. (다) - 성리학 수용의 사상적 토대를 마련하였다.

① ㄱ, ㄴ ② ㄱ, ㄷ ③ ㄴ, ㄷ ④ ㄱ, ㄴ, ㄷ

출제영역 고려의 승려들

(가)는 지눌의 권수정혜결사문, (나)는 최승로의 시무 28조, (다)는 혜심이 주장한 유불일치설에 대한 내용을 담고 있다. (가)~(다)에 대한 설명으로 옳은 것은 ㄱ, ㄷ이다.
ㄱ. 지눌은 불교의 세속화에 반대하고, 독경과 선 수행, 노동에 힘쓸 것 등을 주장하며 수선사 결사를 제창하였다.
ㄷ. 지눌의 뒤를 이어 수선사의 교세를 확장하였던 혜심은 유불일치설을 주장하였다. 이는 성리학 수용의 사상적 토대가 되었다.

오답풀이

ㄴ. (나)는 유교 정치 이념을 확립하는 근거로 쓰일 만한 내용이며, 최승로는 성종에게 연등회와 팔관회 등 불교 행사를 줄일 것을 건의하였다.

답 ②

030
2019년 서울시 2차

고려시대 불교계의 동향과 관련된 설명으로 가장 옳지 <u>않은</u> 것은?

① 백련결사를 제창한 요세는 참회와 수행에 중점을 두는 등 복잡한 이론보다 종교적 실천을 강조했다.
② 재조대장경은 고려 전기에 만들어졌던 대장경 판목이 거란의 침입으로 불타버렸기 때문에 무신집권기에 다시 만든 것이다.
③ 각훈은 삼국시대 이래 승려들의 전기를 정리하여 해동고승전을 지었다.
④ 지눌은 깨달음과 더불어 실천을 강조하는 돈오점수를 주장했다.

출제영역 고려시대 불교의 이해

고려 고종 때 제작한 재조대장경[팔만대장경, 고려대장경]은 거란이 아니라 몽골 침입 때에 불타버린 초조대장경을 대신하여 다시 제작한 것이다. 초조대장경은 고려 현종 시기 거란의 침입을 불법을 통해 막아내고자 제작되었으나 거란의 침입 때는 소실되지 않았다.

오답풀이

① 요세는 자신의 행동을 진정으로 참회하는 법화신앙에 중점을 둔 백련 결사를 제창하고, 복잡한 이론보다 종교적 실천을 강조하였다.
③ 각훈은 해동고승전을 저술하여 삼국시대 이래 승려들의 전기를 정리하였으나, 현재는 삼국시대 승려 30여 명의 전기만 남아 있다.
④ 지눌은 선과 교학이 근본에 있어 둘이 아니라는 사상 체계인 정혜쌍수를 사상적 바탕으로 철저한 수행을 선도하였으며, 꾸준한 수행으로 깨달음의 확인을 아울러 강조한 돈오점수를 주장하였다.

답 ②

52 고려의 유학·역사서

031 2021년 국가직

밑줄 친 '유학자'에 대한 설명으로 옳은 것은?

> 풍기군수 주세붕은 고려시대 유학자의 고향인 경상도 순흥면 백운동에 회헌사(晦軒祠)를 세우고, 1543년에 교육시설을 더해서 백운동 서원을 건립하였다.

① 해주향약을 보급하였다.
② 원 간섭기에 성리학을 국내로 소개하였다.
③ 『성학십도』를 저술하여 경연에서 강의하였다.
④ 일본의 동정을 담은 『해동제국기』를 저술하였다.

출제영역 고려·조선의 유학자

제시문의 밑줄 친 '유학자'에 해당하는 인물은 안향이다. 주세붕은 안향을 추모하기 위해 백운동 서원을 건립하였다. 안향은 고려 충렬왕 때 성리학을 국내에 소개한 인물이다.

오답풀이

① 이이에 대한 설명이다. 이이는 은퇴하여 해주에 살면서 해주향약을 만들었는데, 이후 영·정조에 이르기까지 각지에서 실시된 향약은 이를 모범으로 삼았다.
③ 『성학십도』를 집필한 인물은 퇴계 이황이다. 이황은 『성학십도』에서 군주 스스로가 성학을 따를 것을 10개의 도식으로 설명하였다.
④ 『해동제국기』는 세종 때 일본에 다녀온 신숙주가 1471년(성종 2) 왕명을 받아 그가 관찰한 일본 류큐의 정치, 사회, 풍속, 지리 등을 종합적으로 정리·기록한 책(견문기)이다.

답 ②

032 2022년 법원직

밑줄 친 '이 책'에 대한 설명으로 가장 옳은 것은?

> 이 책은 보각국사 일연의 저서로 왕력(王歷)·기이(紀異)·흥법(興法)·탑상(塔像)·의해(義解)·신주(神呪)·감통(感通)·피은(避隱)·효선(孝善) 등 9편목으로 구성되어 있다. 여러 고대 국가의 역사, 불교 수용 과정, 탑과 불상, 고승들의 전기, 효도와 선행 이야기 등 불교사와 관련된 일화를 중심으로 서술한 것이 특징이다.

① 기전체 형식으로 서술되었다.
② 현존하는 가장 오래된 역사서이다.
③ 단군의 건국 이야기가 수록되었다.
④ 대의명분을 중시하는 성리학적 사관을 반영하였다.

출제영역 삼국유사

제시된 자료의 일연의 저서, 기이(紀異), 불교사와 관련된 일화를 중심으로 서술 등으로 보아 밑줄 친 '이 책'은 삼국유사임을 알 수 있다. 삼국유사가 편찬되던 고려 후기는 원간섭기 민족의식의 발흥으로 민족 공통 조상인 단군에 대한 관심이 높아지던 시기로, 이 시기 편찬된 삼국유사, 제왕운기 등은 모두 한민족의 역사를 단군조선 시기부터 저술하고 있다.

오답풀이

①, ② 삼국사기에 대한 설명이다.
④ 대의명분을 중시하는 성리학적 사관을 반영한 것은 공민왕 시기 이제현이 저술한 「사략」이다.

답 ③

033
2019년 국가직

다음 내용이 실린 사서에 대한 설명으로 옳은 것은?

> 제왕이 장차 일어날 때는 하늘의 명령과 상서로운 기운을 받아서 반드시 보통 사람과는 다른 점이 있으니, 그런 뒤에야 능히 큰 변화를 타서 제왕의 지위를 얻고 대업을 이루었다. …(중략)… 삼국의 시조들이 모두 신이(神異)한 일로 탄생했음이 어찌 괴이하겠는가. 이것이 책 첫머리에 『기이(紀異)』편이 실린 까닭이며, 그 의도도 여기에 있는 것이다.

① 불교 승려의 전기를 수록한 고승전이다.
② 불교 중심의 고대 민간 설화를 수록하였다.
③ 고조선부터 고려 말까지의 역사를 정리하였다.
④ 유교적 사관에 기초하여 기전체로 서술하였다.

출제영역 삼국유사

제시된 사료는 일연의 『삼국유사』 기이편(紀異篇) 서문이다. 『삼국유사』는 삼국사기에 빠진 내용을 보완한다는 뜻에서 '유사(遺事)'라 이름하였으며, 단군을 우리 민족의 시조로 여겨 단군의 건국 이야기를 수록하였다. 또한 불교사를 중심으로 고대의 민간 설화나 전래 기록을 수득하는 등 우리 고유의 문화와 전통을 중시하는 모습도 보였다.

오답풀이

① 무신정권기 교종 승려인 각훈이 왕명에 따라 편찬한 『해동고승전』(고종 2년, 1215)에 대한 내용이다.
③ 삼국유사는 고조선부터 후삼국까지의 역사를 정리하였다. 고조선부터 고려 말까지의 역사를 정리한 역사서로는 조선 전기 『동국통감』이나, 조선 후기 안정복의 『동사강목』 등이 있다.
④ 김부식의 『삼국사기』에 대한 설명이다. 『삼국사기』는 유교적 합리주의 사관에 입각하여 기전체로 서술되었다.

답 ②

034
2022년 서울시 1차

〈보기〉에서 이름과 활동을 옳게 짝지은 것은?

〈보기〉

ㄱ. 이제현 – 만권당에서 원의 학자들과 교류하였다.
ㄴ. 안향 – 공민왕이 중영한 성균관의 대사성이 되었다.
ㄷ. 이색 – 충렬왕 때 고려에 성리학을 본격적으로 소개하였다.
ㄹ. 정몽주 – 역사서 『사략』을 저술하였다.

① ㄱ ② ㄴ ③ ㄷ ④ ㄹ

출제영역 고려시기 유학자

이제현은 충선왕이 원나라 연경에 설치한 만권당에서 조맹부 등의 원나라 학자들과 교류하였다.

오답풀이

ㄴ. 공민왕이 중영한 성균관의 대사성을 역임한 인물은 이색이다.
ㄷ. 충렬왕 때 고려에 성리학을 처음 소개한 인물은 안향이다.
ㄹ. 『사략』을 저술한 인물은 이제현이다.

답 ①

035

2019년 국가직

단군에 대한 인식을 설명한 것으로 옳지 않은 것은?

① 이승휴의 『제왕운기』에서는 우리 역사를 단군부터 서술하였다.
② 홍만종의 『동국역대총목』은 단군 정통론의 입장에서 기술하였다.
③ 이규보의 『동명왕편』은 단군의 건국 과정을 다루고 있다.
④ 『기미독립선언서』에는 '조선건국 4252년'으로 연도를 표기하였다.

출제영역 단군에 대한 인식

단군이야기가 수록된 우리나라의 문헌으로는 『삼국유사』, 『제왕운기』, 『세종실록지리지』, 『응제시주』, 『동국여지승람』 등이 있다. 이규보의 『동명왕편』은 『동국이상국집』에 실려 있영웅 서사시인데, 서술상의 특징으로는 고구려 계승 의식을 반영하고 고구려의 전통을 노래하고 있다.

오답풀이

① 고려 충렬왕 대 이승휴가 저술한 『제왕운기』(1287)는 상·하 2권 1책으로 구성되어 있는데, 상권은 중국의 역사를 다루고 있고 하권은 단군 조선시대부터의 우리 삼국사 이전인 단군 조선에서부터 한국사를 서술하면서, 우리 역사를 중국사와 대등하게 파악하는 자주성을 나타내었다.
② 홍만종의 『동국역대총목(1705)』은 단군을 정통 국가의 시작으로 하여 기자 - 마한 - 통일 신라로 이어진다고 보아 이익과 안정복의 역사관에 영향을 주었다.
④ 『기미독립선언서』(1919)는 3·1 운동 당시 민족 대표들이 일제 강점하에 있던 조선의 독립을 국내외에 선언한 글로, 맨 마지막에 조선 건국 4252년(1919년)으로 연도를 표기하였다.

답 ③

036

2019년 국가직 7급

㉠에 들어갈 인물에 대한 설명으로 옳은 것은?

> ㉠ 는(은) 원에서 크게 성행하고 있었던 성리학을 국내에 소개하였으며, 중국 강남에 사람을 보내 공자와 제자 들의 초상화 및 문묘에서 사용할 제기와 서적 등을 구해 오게 하였다.

① 최초의 성리학 입문서인 「학자지남도」를 편찬하였다.
② 충선왕이 세운 만권당에서 원의 학자들과 교류하였다.
③ 원의 과거에 급제하고 돌아와 성균관을 중심으로 성리학을 확산시켰다.
④ 이 인물을 배향하기 위해 설립된 서원은 뒤에 조선 최초의 사액서원이 되었다.

출제영역 안향

충렬왕을 따라 원에 갔던 안향이 고려에 성리학을 처음 소개하였나. 중종 때에 풍기 군수 주세붕은 안향을 세사하기 위해 백운동서원을 세웠다. 명종 때에 풍기 군수 이황이 백운동서원에 국왕의 이름으로 편액(扁額) 해달라는 청을 올리자, 명종이 이를 받아들이면서 백운동서원이 소수서원으로 이름을 바꾸게 되었다.

오답풀이

① 정도전에 대한 설명이다.
② 백이정, 이제현에 대한 설명이다.
③ 이색에 대한 설명이다. 공민왕 시기 성균관 대사성으로 임명되어 성리학을 부흥시켰다.

답 ④

037 2017년 기상직 7급

다음 서문이 실린 글에 대한 설명으로 옳은 것은?

> 지난 계축년 4월에 「구삼국사」를 얻어서 그 곳에 있는 「동명왕 본기」를 읽어보니, 그 신기하고 이상한 사적이 세상에서 이야기하고 있는 바를 넘고 있었다. 그러나 역시 처음에는 믿지 못하였으니, 귀신이나 허구로 의심하였기 때문이다. 여러 번 거듭 읽고 음미하여 점차 그 근원을 찾아가니, 그것은 허구가 아니라 신성함이며, 귀(鬼)가 아니라 신(神) 이었다. 하물며 국사(國史)란 있는 사실을 그대로 쓰는 글 이니, 어찌 그 사실을 함부로 전하였겠는가?

① 기전체로 서술되었다.
② 「동국이상국집」에 수록되어 전한다.
③ 신라 계승의식을 반영하였다.
④ 몽골의 지배를 긍정하는 한계를 보였다.

출제영역 동명왕편

제시된 자료는 이규보의 '동명왕편'의 서문이다. '동명왕편'은 이규보의 시문집인 "동국이상국집"에 실려 전한다. 몽골 침략의 위기를 겪은 후 민족 전통을 강조하는 역사 인식이 대두하였다. 이규보는 이의민집권기에 동명왕의 업적을 서사시로 엮은 '동명왕편'을 지었다. '동명왕편' 은 "삼국사기"의 신라 계승 의식을 비판하고 고구려를 계승하였음을 드러내었다.

오답풀이

① '동명왕편'은 서사시로 구성되었다.
③ '동명왕편'에는 고구려 계승의식이 반영되어 있다.
④ '동명왕편'은 몽골 침략이전 무신집권기에 편찬되었다.

답 ②

038 2016년 지방직

밑줄 친 '그'에 대한 설명으로 옳은 것은?

> 묘청의 천도 운동에서 그가 패하고 묘청이 이겼더라면 조선사는 독립적·진취적으로 진전하였을 것이니 이것이 어찌 일천년래 제일 사건이라 하지 아니하랴.

① 성리학적 유교 사관에 입각한 사략을 저술하였다.
② 현존하는 우리나라의 최고(最古) 역사서를 편찬하였다.
③ 우리나라 역사를 단군에서부터 서술한 역사서를 저술하였다.
④ 동명왕의 업적을 칭송한 영웅 서사시인 동명왕편을 저술하였다.

출제영역 김부식

제시문은 신채호의 "조선사연구초"에 실린 '조선역사상 일천년래 제일대사건(朝鮮歷史上一千年來第一大事件)'의 일부이다. 밑줄 친 '그'는 김부식을 의미한다. 신채호는 이 글에서 묘청이 김부식에게 패함으로 써 한국사가 사대주의로 기울고 민족이 쇠하는 근본적 계기가 되었다고 주장하였다. 김부식은 현존하는 우리나라에서 가장 오래된 역사서인 "삼국사기"를 편찬하였다.

오답풀이

① 이제현에 대한 설명으로, 정통 의식과 대의명분을 중시하는 성리학적 사관에 입각하여 『사략』을 편찬하였다.
③ 김부식의 『삼국사기』에서는 단군을 배제한 고구려, 백제, 신라의 역사를 서술하였다. 이 시기 단군부터 서술한 역사서로서는 일연의 『삼국유사』, 이승휴의 『제왕운기』가 있다.
④ 이규보에 대한 설명이다. 이규보의 「동명왕편」은 고구려 건국 영웅인 동명왕을 천제의 손자로 인식하고 동명왕의 업적을 칭송한 일종의 영웅 서사시이다.

답 ②

53 고려의 문학·예술·건축

039 2024년 국가직

밑줄 친 '이 나라'의 문화유산으로 옳지 않은 것은?

> 송나라 사신 서긍은 그의 저술에서 이 나라 자기의 빛깔과 모양에 대해, "도자기의 빛깔이 푸른 것을 사람들은 비색이라고 부른다. 근래에 와서 만드는 솜씨가 교묘하고 빛깔도 더욱 예뻐졌다. 술그릇의 모양은 오이와 같은데, 위에 작은 뚜껑이 있고 연꽃이나 엎드린 오리 모양을 하고 있다. 또, 주발, 접시, 사발, 꽃병 등도 있었다."라고 하였다.

① 안동 봉정사 극락전
② 구례 화엄사 각황전
③ 예산 수덕사 대웅전
④ 영주 부석사 무량수전

출제영역 고려의 문화유산

'이 나라'는 고려를 가리킴을 알 수 있다. 송나라 사신 서긍이 고려를 방문하고 귀국한 후 「고려도경」을 지은 것은 고려 인종 1년인 1123년의 일이다. 책의 본래 명칭은 「선화봉사고려도경」(40 권)이다. 구례 화엄사 각황전은 조선 후기인 18세기 초에 중건된 건축물이다.

오답풀이

① 안동 봉정사 극락전은 고려 시대의 목조 건축물이다(국보 제15호) (13세기 초 내지 중반경으로 추정). 우리나라에 현존하는 가장 오래된 목조 건축물이다. 주심포 양식의 건물로, 맞배지붕을 갖추고 있다.
③ 예산 수덕사 대웅전 역시 고려 시대인 충렬왕 대에 지어진 목조 건축물이다. 정면 3칸, 측면 4칸의 단층 맞배지붕 주심포 양식을 갖추고 있다.
④ 영주 부석사 무량수전도 고려 시대의 목조 건축물이다(13세기 초 추정). 배흘림기둥에 주심포 양식으로 축조되었다(정면 5칸, 측면 3 칸, 단층 팔작지붕, 주심포계 건물). 건물 내부에는 국보 제45호인 소조 (아미타)여래 좌상이 봉안되어 있다. 의상 대사가 왕명을 받들어 창건하였다.

답 ②

040 2022년 국가직

다음 설명에 해당하는 문화유산은?

> 이 건물은 주심포 양식에 맞배지붕 건물로 기둥은 배흘림 양식이다. 1972년 보수 공사 중에 공민왕 때 중창하였다는 상량문이 나와 우리나라에서 가장 오래된 목조 건물로 보고 있다.

① 서울 흥인지문
② 안동 봉정사 극락전
③ 영주 부석사 무량수전
④ 합천 해인사 장경판전

출제영역 안동 봉정사 극락전

제시문이 설명하고 있는 문화유산은 안동 봉정사 극락전이다. 안동 봉정사 극락전은 정면 3칸, 측면 4칸의 주심포계 맞배지붕 건물로 1962년 국보로 지정되었다.

오답풀이

① 한양의 4대문 중 하나로 정동 방향에 있는 것이다.
③ 정면 5칸, 측면 3칸, 단층 팔작지붕 주심포계 건물로 배흘림 기둥이 유명하다.
④ 팔만대장경을 보관하고 있는 건물로 통풍이 뛰어나며, 1962년에 국보로 지정되었고, 1995년에 유네스코 세계문화유산으로 지정되었다.

답 ②

041

2022년 지방직

밑줄 친 '이 시기'에 있었던 사실로 옳은 것은?

> 이 시기의 불교 조각은 지역에 따라 다양하게 제작되었다. 처음에는 하남 하사창동의 철조 석가여래 좌상과 같은 대형 철불이 많이 제작되었다. 또한 덩치가 큰 석불이 유행하였는데, 논산 관촉사 석조 미륵보살 입상이 대표적이다. 이 불상은 큰 규모에 비해 조형미는 다소 떨어지지만, 소박한 지방 문화의 모습을 잘 보여 준다.

① 성골 출신의 국왕이 재위하였다.
② 지방 세력으로 호족이 존재하였다.
③ 풍양 조씨 등 특정 가문이 정권을 장악하였다.
④ 성리학에 투철한 사림 세력이 정국을 주도하였다.

출제영역 고려 초기 사회

대형 철불, 조형미가 떨어지는 논산 관촉사 석조 미륵보살 입상 등을 통하여 '이 시기'를 고려 초기로 한정할 수 있고, 지방 문화의 모습을 잘보여 준다는 점에 착안하여 지방 분권성이 강했던 고려 초기에 해당하는 사실을 고르면 된다. 고려 초기에는 중앙 권력으로 온전히 흡수되지 않는 지방 호족 세력이 건재하였다.

오답풀이

① 태종 무열왕 이전 신라 사회에 대한 설명이다.
③ 조선의 세도 정치 시기에 대한 설명이다.
④ 중종 대에 조광조 일파가 정국을 주도한 것으로 볼 수 있고, 사화가 거의 마무리 된 이후 사림이 집권하고 붕당이 형성되어 가는 시기로 볼 수도 있다.

답 ②

042

2023년 국가직

고려시대 문화유산에 대한 설명으로 옳지 않은 것은?

① 황해도 사리원 성불사 웅진전은 다포 양식의 건물이다.
② 월정사 팔각 9층 석탑은 원의 석탑을 모방하여 제작하였다.
③ 여주 고달사지 승탑은 통일 신라의 팔각원당형 양식을 계승하였다.
④ 『직지심체요절』은 세계기록유산으로 등재된 현존하는 가장 오래된 금속활자본이다.

출제영역 고려의 문화유산

① 다포식(多包式) 건물은 공포가 기둥 위뿐 아니라 기둥 사이에도 짜여져 있는 건물로 웅장한 지붕이나 건물을 화려하게 꾸밀 때에 쓰였다. 황해도 사리원의 성불사 응진전은 고려 시대 다포식 건물로 유명하다. 문제에서는 응진전이 아닌 '웅진전'으로 잘못 표기하여 복수 정답으로 인정되었다.
② 오대산 월정사 팔각 9층 석탑은 고려 전기의 석탑으로 원의 영향이 아니라 송의 영향을 받았으며, 고려 시대의 다각 다층 석탑을 대표한다. 원의 석탑양식을 모방한 것은 고려 후기 경천사지 10층 석탑이다.

오답풀이

③ 고려의 여주 고달사지 승탑은 통일신라 후기 승탑의 전형적인 형태인 팔각원당형을 계승하였다.
④ 고려 말 우왕 때 청주 흥덕사에서 간행한 『직지심체요절』은 현존하는 세계 최고의 금속 활자본으로 공인받고 있으며, 유네스코 세계 기록 유산으로 등록되었다.

답 ①, ②

54 조선 전기 성리학의 발달

55 조선 후기 사상의 분화

043 2024년 법원직

(가) ~ (다) 사건을 일어난 순서대로 옳게 나열한 것은?

> (가) 황사영 백서 사건이 일어났다.
> (나) 이승훈이 최창현·홍낙민 등과 함께 서소문 밖에서 참수 되었다.
> (다) 윤지충과 권상연을 사형에 처하고, 진산군(珍山郡)은 현(縣)으로 강등하라는 명이 내려졌다.

① (가) - (나) - (다) ② (나) - (가) - (다)
③ (다) - (가) - (나) ④ (다) - (나) - (가)

출제영역 천주교 박해 사건들

천주교 박해 사건인 (가)~(다)를 일어난 순서대로 옳게 나열한 것은 ④번 선지이다.

(다) 신해 박해(진산 사건, 정조 15년, 1791): 정조 15년 진산에서 천주교 신자였던 윤지충이 모친상을 당하였을 때 신주를 모시지 않고, 천주교 의식에 따라 모친상을 치렀고, 그의 인척이었던 권상연이 그를 옹호하고 나서다 사형에 처해졌다.

(나) 신유 박해(순조 1년, 1801): 비교적 천주교 문제에 관대하였던 정조가 죽고 1801년 순조가 즉위하자 섭정을 하게 된 정순대비는 사교(邪敎)·서교(西敎)를 엄금하라는 금압령을 내렸고, 그리하여 이승훈, 이가환, 정약용 등이 처형 또는 유배되고, 주문모를 비롯한 교도 약 100여 명이 처형되고 약 400명이 유배되었다. 신유 박해는 지배 세력의 종교 탄압임과 동시에 집권 보수 세력(노론)이 남인을 비롯한 진보적 사상가를 탄압한 권력 다툼이라 볼 수 있다.

(가) 황사영 백서 사건(순조 1년 9월, 1801): 1801년 1월부터 시작된 신유 박해를 피해 충청도 제천의 배론이라는 마을로 피신하여 토굴에 숨어 지내던 황사영은 신유 박해의 경과와 천주교 재건책에 대한 자신의 의견을 비단에다가 적어 북경의 구베아 주교에게 전달하고자 하였다. 이 백서가 관에 압수됨으로써 황사영은 대역죄인이 되어 능지처참을 당하였다.

답 ④

044 2025년 지방직

(가) 인물에 대한 설명으로 옳은 것은?

> (가) 은/는 삼가 두 번 절하고 아뢰옵니다. …(중략)… 성학(聖學)에는 강령이 있고, 심법(心法)에는 지극히 요긴한 것이 있습니다. …(중략)… 이것을 합하여 「성학십도」를 만들어서 각 그림 아래에 또한 외람되게 신의 의견을 덧붙여서 조심스럽게 꾸며 올립니다.

① 한전론을 주장하여 토지 소유를 균등하게 하려고 하였다.
② (가)의 학문은 김장생 등에게 이어져 기호학파가 형성되었다.
③ (가)의 학문은 유성룡 등에게 이어져 영남학파가 형성되었다.
④ 여전제를 주장하여 토지를 마을 단위로 공동소유하게 하였다.

출제영역 이황

제시문은 퇴계 이황의 『성학십도』의 내용이다. 이황은 『성학십도』에서 군주 스스로가 성학을 따를 것을 10개의 도식으로 설명하였다.

③ 이황은 인간 심성의 근원인 '이'를 강조하였고, 이러한 이황의 사상은 김성일, 유성룡 등에게 이어져 영남학파가 형성되었으며, 일본 성리학의 발달에도 영향을 주었다.

오답풀이

① 한전론은 토지 소유의 제한을 둔 토지 개혁론으로 토지 하한제 방식의 한전론은 이익이 주장했으며, 토지 상한제 방식의 토지 개혁론은 박지원이 주장하였다.
② 이이는 주기철학을 집대성하였으며, 이이의 학문은 김장생 등에게 이어져 기호학파를 형성하였다.
④ 토지 개혁론으로 여전제를 주장한 인물은 정약용이다. 정약용은 대략 30호 정도로 말단 행정 조직인 여(閭)를 만들고 토지를 집단화하여 공동 경작하고 노동량에 따라 수확량을 분배하는 일종의 공동 농장제도인 여전제를 이상적 모델로 생각했지만, 나중에는 현실적 개혁안으로 정전제를 주장하였다.

답 ③

045

2019년 지방직

조선후기 서학과 관련한 설명으로 옳지 않은 것은?

① 이승훈이 북경에서 영세를 받았다.
② 윤지충 사건을 계기로 하여 기해박해가 일어났다.
③ 안정복이 천주교를 비판하는 『천학문답』을 저술하였다.
④ 최초의 한국인 신부 김대건이 귀국하여 포교 중 순교하였다.

출제영역 조선후기 천주교 박해

윤지충 사건을 계기로 하여 일어난 것은 기해박해가 아닌 신해박해이다. ②의 기해박해는 헌종 시기 풍양조씨가 집권하면서 안동김씨를 공격하기 위해 일으킨 천주교 박해 사건을 말한다. 기해박해 당시 대왕대비가 척사윤음을 반포하고, 천주교도 색출에 오가작통법을 이용하면서 박해가 전국으로 확산되었다.

오답풀이

① 남인 출신 이승훈은, 북경에서 그라몽(Gramont) 신부에게 세례를 받아 한국인 최초의 영세자가 되었다.
③ 1785년에 안정복은 성리학의 입장에서 천주교를 비판하는 『천학문답』을 저술하였다.
④ 김대건은 상하이로 건너가 우리나라 최초의 신부가 되었다. 그는 1846년 외국인 선교사를 입국시키려다 발각되어 처형되었는데, 이를 병오박해라 한다.

답 ②

046

2017년 지방직

조선 후기의 사상 동향에 대한 설명으로 옳은 것만을 모두 고른 것은?

> ㄱ. 서울 부근의 일부 남인 학자는 천주교를 수용하였다.
> ㄴ. 정조는 기존의 문체에 얽매이지 않는 신문체를 장려하였다.
> ㄷ. 복상 기간에 대한 견해차로 인해 예송(禮訟)이 전개되었다.
> ㄹ. 노론과 남인 간에 인성(人性)·물성(物性) 논쟁이 전개되었다.

① ㄱ, ㄴ　② ㄱ, ㄷ　③ ㄴ, ㄹ　④ ㄷ, ㄹ

출제영역 조선 후기 사상의 분화

ㄱ. 천주교는 17세기 중국 베이징을 방문한 사신들에 의해 소개되었으며, 18세기 후반부터 서울 근교의 남인 계열의 일부 실학자들에 의해 수용되었다.
ㄷ. 조선 현종 때 효종, 효종 비에 대한 자의 대비(인조의 계비)의 복상을 둘러싸고 서인과 남인 사이에 크게 대립하는 예송이 발생하였다.

오답풀이

ㄴ. 정조는 기존의 문체에 얽매이지 않는 신문체를 비판하였다. 특히 박지원 등이 패사소품체(稗史小品體)로 글을 쓰자 문체를 정통고문(正統古文)으로 바로잡고자 하였다.
ㄹ. 인성(人性), 물성(物性)에 관한 논쟁인 호락논쟁은 노론 내부에서 발생한 사상적 논쟁이므로 잘못된 설명이다.

답 ②

047

2017년 서울시 7급

밑줄 친 '이 사람'에 대한 설명으로 옳은 것은?

> 이 사람은 1501년에 출생하여 1572년에 타계한 경상우도를 대표하는 유학자이다. 그의 학문사상 지표는 경(敬)과의(義)이다. 마음이 밝은 것을 경(敬)이라 하고 밖으로 과단성 있는 것을 의(義) 라고 하였다. 이러한 그의 주장은 바로 경으로써 마음을 곧게 하여 수양하는 기본으로 삼고 의로써 외부 생활을 처리하여 나간다는 생활 철학을 표방한 것이었다.

① 문인들이 주로 북인이 되었다.
② 이황과 사단칠정 논쟁을 벌였다.
③ 「동호문답」, 「만언봉사」 등을 저술하였다.
④ 일본의 성리학 발전에 큰 영향을 끼쳤다.

출제영역 조식

'이 사람'은 남명 조식이다. 경상 우도를 대표하는 유학자로, 경(敬)과 의(義)를 중시한 조식은 실천적 성리학 경향을 강조하였다. 조식의 문인들은 주로 북인을 형성하였고, 임진왜란 중 그의 문하에 있던 제자들 다수가 의병장으로 활약하기도 했다.

오답풀이

② 기대승에 대한 설명이다.
③ 이이에 대한 설명이다.
④ 이황에 대한 설명이다.

답 ①

048

2019년 서울지 7급

<보기>의 인물 ㉠에 대한 설명으로 가장 옳은 것은?

> 〈보기〉
>
> 명나라 사신 왕경민이 "항상 기자가 동쪽으로 온 사적에 대해 알 수 없는 것이 한스럽다. 조선에 기록된 것이 있으면 보고 싶다."라고 하니, ㉠ 이(가) 전에 본인이 저술한 「기자실기」를 주었다.

① 백운동서원에 소수서원이라는 편액을 하사받도록 하였다.
② 「성학집요」와 「격몽요결」 등을 집필하였다.
③ 유성룡, 김성일, 장현광 등 주로 영남학자들에게 그의 학설이 계승되었다.
④ 일평생 처사로 지내며 독창적인 유기철학을 수립하였다.

출제영역 이이

㉠은 「기자실기」를 저술한 이이이다. 이이는 「성학집요」를 저술하여 현명한 신하가 왕의 수양을 도와주어야 한다고 주장하면서 신하의 적극적인 역할을 중시하였다. 이이는 이밖에도 처음 글을 배우는 아동들을 위한 입문교재로 「격몽요결」을 지었다.

오답풀이

① 명종 때 이황에 대한 설명이다.
③ 이황에 대한 설명이다.
④ 서경덕에 대한 설명이다.

답 ②

56 조선 후기 실학의 발달

049 2025년 국가직

밑줄 친 '그'에 대한 설명으로 옳은 것은?

> 그는「양반전」을 지어 양반 사회의 허위의식을 고발하였다. 그는 상공업 진흥에도 관심을 기울여 수레와 선박의 이용 등에 대해서도 주목하였다.

① 효종의 북벌 운동을 지지하였다.
②「과농소초」에서 한전제를 주장하였다.
③ 화성 건설을 위해 거중기를 설계하였다.
④ 우리 역사를 체계화한「동사강목」을 저술하였다.

출제영역 연암 박지원

제시문의 '그'는 연암 박지원을 말한다. 박지원은『양반전』에서 양반의 허례와 무능을 풍자하였다. 또 연행사를 수행한 후 귀국하여 지은『열하일기』에서 상공업의 진흥을 강조하면서 수레와 선박의 이용, 화폐 유통의 필요성 등을 주장하였다.
② 박지원은 농업 관계 저술인『과농소초』에서 한전제를 주장하였다.

오답풀이

① 효종의 북벌 운동을 지지한 대표적인 인물은 송시열이다. 효종은 송시열, 송준길, 이완 등을 높이 등용하여 군대를 양성하고 성곽을 수리하는 등 북벌을 준비하였다.
③ 수원 화성 건설을 위해 거중기를 설계한 인물은 정약용이다. 정약용은 정조에게서 하사받은 서양 서적인『기기도설』을 참고하여 거중기 등 건축 기계를 설계·제작하였다. 거중기는 한강에 배다리를 놓는 데도 활용되었다.
④ 우리 역사를 체계화한『동사강목』을 저술한 인물은 안정복이다.『동사강목』은 편년체이자 강목체로 구성한 역사서로, 단군, 기자, 마한, 통일신라, 고려로 이어지는 독자적 삼한정통론(마한정통론)을 내세웠으며, 신라 중심의『삼국사기』를 비판하고 고구려의 강대함을 강조하였다.

답 ②

050 2017년 국가직

다음과 같이 주장한 조선후기 실학자에 대한 설명으로 옳은 것은?

> 천체가 운행하는 것이나 지구가 자전하는 것은 그 세가 동일하니, 분리해서 설명할 필요가 없다. 생각건대 9만리의 둘레를 한 바퀴 도는데 이처럼 빠르며, 저 별들과 지구와의 거리는 겨우 반경(半徑)밖에 되지 않는데도 오히려 몇 천만 억의 별들이 있는지 알 수가 없다. 하물며 은하계 밖에도 또 다른 별들이 있지 않겠는가!

①『우서』에서 상업적 경영을 통해 농업 생산성을 높여야 한다고 주장하였다.
②『반계수록』에서 신분에 따라 토지를 차등 있게 재분배하자고 주장하였다.
③『임하경륜』에서 성인 남자에게 2결의 토지를 나누어 주자고 주장하였다.
④『북학의』에서 소비를 권장하여 생산을 촉진하자고 주장하였다.

출제영역 홍대용

제시된 자료는 18세기 북학파의 실학자 홍대용이 주장한 지전설에 대한 내용이다. 홍대용은『의산문답』에서 지전설을 바탕으로 중국을 중심으로 한 화이론적 세계관을 비판하였으며, 나아가 지구가 우주의 중심이 아니라는 무한우주론을 전개하였다. 또한『임하경륜』에서는 놀고먹는 선비들이 생산 활동에 종사할 것을 역설하고 성인 남자들에게 2결의 토지를 나누어 줄 것과 병농 일치의 군대 조직을 제안하기도 했다.

오답풀이

① 유수원에 대한 설명이다. 유수원은『우서』를 통해 농기구의 개량, 상업적 농업의 장려, 상업의 장려 및 상업 자본의 확대 등을 주장하였다.
② 유형원에 대한 설명이다. 유형원은『반계수록』을 통해 신분에 따른 토지의 차등 재분배인 균전론을 주장하였다.
④ 박제가에 대한 설명이다. 박제가는『북학의』를 통해 재물을 우물물에 비유하며 절약보다는 소비를 권장을 주장하였다.

답 ③

051 2023년 법원직

다음 주장을 펼친 인물에 대한 설명으로 가장 옳은 것은?

> 국가는 마땅히 한 집의 생활에 맞추어 재산을 계산해서 토지 몇 부(負)를 1호의 영업전으로 한다. 땅이 많은 자는 빼앗아 줄이지 않고 미치지 못하는 자도 더 주지 않으며, 돈이 있어 사고자 하는 자는 비록 천백 결이라도 허락하여 주고, 땅이 많아서 팔고자 하는 자는 다만 영업전 몇 부 이외에는 허락하여 준다.

① 한국사의 독자적인 정통론을 체계화하였다.
② '목민심서'와 '경세유표' 등의 저술을 남겼다.
③ 나라를 좀먹는 여섯 가지의 폐단을 지적하였다.
④ 신분에 따라 차등 있게 토지를 분배하는 균전론을 내세웠다.

출제영역 성호 이익

'영업전'이라는 키워드를 통해 제시문이 성호 이익의 한전론에 대한 내용임을 알 수 있다. 이익은 ③과 같이 나라를 좀먹는 여섯 가지 폐단, 즉 6좀을 지적하였는데, 과거, 양반 문벌, 노비, 승려, 사치와 미신, 게으름 등이 그것이다.

오답풀이

① 안정복의 동사강목에 대한 설명이다.
② 목민심서·경세유표 등은 정약용의 저서이다.
④ 신분에 따라 차등있게 토지를 분배하는 균전론은 유형원의 주장이다.

답 ③

052 2018년 기상직

다음과 같은 주장을 제기한 학자에 대한 설명으로 옳은 것은?

> 어찌하여 하늘은 천한 금수(禽獸)에게 후하게 하고 귀하게 해야 할 인간에게는 야박하게 하였는가. 그것은 인간에게는 지혜로운 생각과 교묘한 궁리가 있으므로 기예(技藝)를 익혀서 제 힘으로 살아가게 한 것이다.……온갖 공장의 기예가 정교하면 궁실과 기구를 만들고 성곽과 배, 수레, 가마 따위도 모두 편리하고 튼튼하게 될 것이니, 진실로 그 방법을 다 알아서 힘껏 시행한다면 나라는 부유해지고 군사는 강성해지고 백성도 부유하면서 오래 살 수 있을 것인데 이를 알면서도 고치지 않는구나.

① 지식과 행동의 통일을 주장하였으며, 강화학파를 이끌었다.
② 마을 토지를 공동 경작하고, 노동량에 따라 소득을 분배할 것을 주장하였다.
③ 생산과 소비를 우물물에 비유하였다.
④ 무한우주론, 지구 구형(球形)설, 지전(地轉)설 등을 제시하여 중국 중심의 세계관을 비판하였다.

출제영역 다산 정약용의 사상

제시문은 정약용이 과학 기술의 중요성을 강조한 기예론의 일부이다. 정약용은 토지 제도의 개혁론으로 처음에는 여전론을 내세웠다가 나중에는 현실에 맞게 정전제를 시행할 것을 주장하였다. 초기의 여전론은 한 마을을 단위로 하여 토지를 공동으로 소유하고 경작하여 수확량을 노동량에 따라 분배하는 일종의 공동 농장 제도였다.

오답풀이

① 강화학파는 숙종 말년 강화도에 은퇴해 학문을 닦은 정제두의 양명학적 학풍을 이은 조선후기의 학파이다.
③ 박제가에 대한 설명이다. 박제가는 『북학의』에서 생산과 소비를 우물물에 비유하며, 소비를 통한 생산 활동의 자극을 주장하였다.
④ 홍대용은 성리학의 극복이 부국강병의 근본이라고 강조하였으며, 지전설과 무한우주론을 제시하여 사대부의 중화사상을 비판하였다.

답 ②

053

2017년 지방직

다음 글을 쓴 사람에 대한 설명으로 옳은 것은?

> 오늘날 백성을 다스리는 자는 백성에게서 걷어들이는 데만 급급하고 백성을 부양하는 방법은 알지 못한다. ……'심서(心書)'라고 이름을 붙인 까닭은 무엇인가? 백성을 다스릴 마음은 있지만 몸소 실행할 수 없기에 그렇게 이름을 붙인 것이다.

① 우리나라에서 처음으로 지전설을 주장하였다.
② 『농가집성』을 펴내 이앙법 보급에 공헌하였다.
③ 홍역 관련 의서를 종합해 『마과회통』을 저술하였다.
④ 조선시대의 역사를 서술한 『열조통기』를 편찬하였다.

출제영역 정약용의 저술과 사상

자료는 정약용이 유배 시절에 저술한 『목민심서』의 일부분이다. 정약용은 이외에도 홍역 관련 의서를 종합하여 『마과회통』을 저술한 바 있다.

오답풀이

① 우리나라에서 지전설을 최초로 주장한 것은 김석문이다. 김석문과 함께 지전설을 주장한 인물로는 홍대용이 있다.
② 『농가집성』은 1655년(효종 6)에 공주목사 신속이 저술한 농서로, 이앙법을 비롯한 각종 농법과 함께, 벼의 품종, 구휼법, 원예작물과 특용작물 등에 대한 설명이 담겨 있다.
④ 『열조통기』는 『동사강목』 편찬으로 유명한 역사가 안정복이 저술하였다. 『열조통기』는 조선 태조부터 영조까지의 제왕들의 기사가 담겨 있으며, 관찬사서 성격이 강한 『조선왕조실록』과 구별되는 개인 편찬 사서로서의 의미가 있다.

답 ③

054

2024년 서울시

〈보기〉의 글이 작성된 시기의 학문에 대한 설명으로 가장 옳은 것은?

> 〈보기〉
> 하늘에서 본다면 어찌 안과 밖의 구별이 있겠느냐? 그러니 각각 자기 나라 사람끼리 서로 사랑하고, 자기 임금을 높이며, 자기 나라를 지키고, 자기 풍속을 좋게 여기는 것은 중국이나 오랑캐나 마찬가지다.
> -「의산문답」-

① 정약용은 중국이 세계의 중심이라는 세계관을 거부하고 지구 자전설을 주장했다.
② 박지원은 서양 서적을 참고하여 거중기 등 건축 기계를 제작했다.
③ 홍대용은 청나라에 다녀와 쓴 「열하일기」에서 청 문물을 소개했다.
④ 이긍익은 우리나라 역대 문화를 백과사전식으로 정리하였다.

출제영역 조선후기 학문

『의산문답』에서 무한 우주론과 지전설을 주장한 인물은 담헌 홍대용으로 그는 중국 중심의 세계관을 비판하였다.
④ 이긍익은 우리나라 역대 문화를 『연려실기술』에서 백과사전식으로 정리하였다. 『연려실기술』은 백과사전식으로 구성된 기사 본말체 사서이자 일종의 정치 야사집이다.

오답풀이

① 중국이 세계의 중심이라는 세계관을 거부하고 지구 자전설을 주장한 인물은 정약용이 아니라 홍대용이다.
② 서양 서적인 『기기도설』을 참고하여 거중기 등 건축 기계를 제작한 인물은 박지원이 아니라 정약용이다. 거중기는 수원 화성 축조는 물론 한강에 배다리를 놓는 데도 활용되었다.
③ 청에 다녀와 쓴 『열하일기』에서 청 문물을 소개한 인물은 홍대용이 아니라 박지원이다. 박지원은 연행사를 수행한 후 귀국한 직후 『열하일기』를 저술하였다.

답 ④

055
2017년 지방직 7급

㉠ ~ ㉢에 들어갈 책의 이름이 옳은 것은?

- (㉠) 에서는 "주례"에 나타난 주나라 제도를 모범으로 하여 중앙과 지방의 정치제도를 개혁할 것을 제안했다.
- (㉡) 는 수령들이 백성을 수탈하는 도적으로 변한 현실을 바로잡기 위해 백성을 기르는 목민관으로서 지켜야 할 규범을 제시한 일종의 수신교과서이다.
- (㉢) 는 백성들이 억울한 벌을 받지 않도록 형법을 신중하게 집행하기 위해 지은 책이다.

	㉠	㉡	㉢
①	경세유표	목민심서	흠흠신서
②	목민심서	경세유표	흠흠신서
③	흠흠신서	목민심서	경세유표
④	경세유표	흠흠신서	목민심서

출제영역 정약용

정약용이 저술한 책의 제목과 내용을 옳게 짝지은 것은 ①번 선지이다.

ㄱ. 경세유표(1817): "주례"의 이념을 근거로 당시 조선의 정치, 사회, 경제 제도를 개혁하고 부국강병을 이루는 방안에 대해 서술하였다. 원제명은 '방례초본'이며 미완성작이다.

ㄴ. 목민심서(1818): 수령(목민관)이 지방 통치를 할 때 필요한 도덕적 규율, 행정 지침·방안, 통치 이념을 다룬 책이다.

ㄷ. 흠흠신서(1822): 정약용이 저술한 형법서로, 이 책은 한국법제사상 최초의 율학 연구서이며, 살인사건을 심리하는데 필요한 실무 지침서라 할 수 있다.

답 ①

056
2020년 법원직

다음과 관련된 인물의 주장으로 옳은 것을 〈보기〉에서 모두 고른 것은?

비유컨대, 재물은 대체로 우물과 같은 것이다. 퍼내면 차고, 버려두면 말라 버린다. 그러므로 비단옷을 입지 않아서 나라에 비단을 짜는 사람이 없게 되면 여공이 쇠퇴하고, 찌그러진 그릇을 싫어하지 않고 기교를 숭상하지 않아서 장인이 작업하는 일이 없게 되면 기예가 망하게 된다.

〈보기〉

ㄱ. 수레와 선박의 이용을 확대해야 한다.
ㄴ. 사농공상은 직업적으로 평등해야 한다.
ㄷ. 청에서 행해지는 국제 무역에 참여해야 한다.
ㄹ. 자영농을 중심으로 군사와 교육 제도를 재정비해야 한다.

① ㄱ, ㄴ ② ㄱ, ㄷ ③ ㄴ, ㄷ ④ ㄷ, ㄹ

출제영역 박제가

제시된 자료는 절약보다 소비를 권장해야 한다는 주장으로 박제가에 의해 제기되었다. 박제가는 청에서 보고 들은 것을 정리해 「북학의」를 집필하였다. 그는 청의 문물을 적극적으로 수용하여 청에서 행해지는 국제 무역에 참여해야 한다고 주장하였다. 또한 수레와 선박의 이용 등 상공업 발전을 역설하였다.

오답풀이

ㄴ. 유수원은 「우서」에서 사농공상의 직업 평등과 전문화를 주장하였다.
ㄹ. 유형원, 정약용에 대한 설명이다.

답 ②

057

2019년 서울시 7급

㉠과 ㉡에 들어갈 인물에 대한 설명으로 가장 옳은 것은?

> 조선후기에 과학 및 기술 분야에서 많은 저술 활동이 이루어졌다. [㉠] 은(는) 「과농소초」를 집필하여 농업 기술 발달에 기여하였고, [㉡] 은(는) 「마과회통」을 저술하여 의학 분야 발달에 기여하였다.

① ㉠은(는) 천주교도를 탄압한 신유사옥 때 유배형에 처해졌다.
② ㉡은(는) 여전제 실시를 주장하였다.
③ ㉠은(는) 서얼 출신으로 상공업 육성과 청과의 통상무역 등을 주장하였다.
④ ㉡은(는) 「반계수록」을 집필해 토지재분배의 필요성을 주장하였다.

출제영역 박지원과 정약용

㉠은 박지원, ㉡은 정약용이다. 정약용은 대략 30호 정도로 말단 행정 조직인 여(閭)를 만들고 토지를 집단화하여 공동 경작하고 노동량에 따라 수확량을 분배하는 일종의 공동 농장 제도 여전제를 이상적 모델로 생각했지만, 나중에는 현실적 개혁안으로 정전제를 주장하였다. 한 편, 박지원은 과농소초에서 토지 소유의 상한선을 설정하는 한전론을 주장하였다.

오답풀이

① 정약용에 대한 설명이다.
③ 박제가에 대한 설명이다.
④ 유형원에 대한 설명이다.

답 ②

058

2024년 지방직 9급

다음과 같이 주장한 인물에 대한 설명으로 옳은 것은?

> 이용할 줄 모르니 생산할 줄 모르고, 생산할 줄 모르니 백성은 나날이 궁핍해지는 것이다. 비유하건대, 대체로 재물은 우물과 같다. 퍼내면 가득 차고, 버려두면 말라 버린다. 그러므로 비단을 입지 않아서 나라에 비단 짜는 사람이 없게 되면, 여공이 쇠퇴한다. 쭈그러진 그릇을 싫어하지 않고 기교를 숭상하지 않아서 공장이 숙련되지 못하면 기예가 망하게 된다.

① 청과의 통상과 수레의 이용을 주장하였다.
② 양명학을 연구하여 강화학파를 형성하였다.
③ 토지의 매매를 제한하는 한전론을 주장하였다.
④ 지전설을 주장하여 중국 중심의 세계관을 비판하였다.

출제영역 박제가

제시된 자료는 절약보다 소비를 권장해야 한다는 주장으로 박제가에 의해 제기되었다. 박제가는 청에서 보고 들은 것을 정리해 「북학의」를 집필하였다. 그는 청의 문물을 적극적으로 수용하여 청에서 행해지는 국제 무역에 참여해야 한다고 주장하였다. 또한 수레와 선박의 이용 등 상공업 발전을 역설하였다.

오답풀이

② 정제두가 양명학을 체계적으로 연구하여 강화학파로 발전시켰다.
③ 이익과 박지원이 토지 제도 개혁론으로 한전론을 주장하였다.
④ 김석문이 「역학도해」에서 최초로 지전설을 주장하였고, 홍대용도 「의산문답」에서 지전설을 주장하였다.

답 ①

059

2022년 국가직

(가), (나)에 대한 설명으로 옳은 것은?

(가) 역사서의 저자는 다음과 같은 글을 지어 왕에게 바쳤다. "성상 전하께서 옛 사서를 널리 열람하시고, '지금의 학사 대부는 모두 오경과 제자의 책과 진한(秦漢) 역대의 사서에는 널리 통하여 상세히 말하는 이는 있으나, 도리어 우리나라의 사실에 대하여서는 망연하고 그 시말(始末)을 알지 못하니 심히 통탄할 일이다. 하물며 신라, 고구려, 백제가 나라를 세우고 정립하여 능히 예의로써 중국과 통교한 까닭으로 범엽의 '한서'나 송기의 '당서'에는 모두 열전이 있으나 국내는 상세하고 국외는 소략하게 써서 자세히 실리지 않았다. …(중략)… 일관된 역사를 완성하고 만대에 물려주어 해와 별처럼 빛나게 해야 하겠다.'라고 하셨다."

(나) 역사서에는 다음과 같은 서문이 실려 있다. "부여씨와 고씨가 망한 다음에 김씨의 신라가 남에 있고, 대씨의 발해가 북에 있으니 이것이 남북국이다. 여기에는 마땅히 남북국사가 있어야 할 터인데, 고려가 그것을 편찬하지 않은 것은 잘못이다."

① (가)는 동명왕의 업적을 칭송한 영웅 서사시이다.
② (가)는 불교를 중심으로 고대 설화를 수록하였다.
③ (나)는 만주 지역까지 우리 역사의 범위를 확장하였다.
④ (나)는 고조선부터 고려에 이르는 역사를 체계적으로 정리하였다.

출제영역 역사서

(가)는 김부식의 삼국사기, (나)는 유득공의 발해고이다. 삼국사기는 왕명으로 사실과 주관적 서술을 구분하여 유교적 합리주의 사관에 따라 편찬되었다. 유득공은 발해사를 자국사 인식 체계 내에 포함시켜 역사의 범위를 확장하였다.

오답풀이

① 이규보의 동명왕편에 대한 설명이다.
② 일연의 삼국유사에 대한 설명이다.
④ 서거정의 동국통감에 대한 설명이다.

답 ③

060

2018년 국가직

밑줄 친 '이 지도'에 대한 설명으로 옳지 <u>않은</u> 것은?

> 1402년 제작된 <u>이 지도</u>는 조선 학자들에 의해 제작된 세계지도이다. 권근의 글에 의하면 중국에서 수입한 '성교광피도'와 '혼일강리도'를 기초로 하고, 우리나라와 일본의 지도를 합해서 제작하였다고 한다.

① 유럽과 아프리카 대륙까지 묘사하였다.
② 중국이 세계의 중심이라는 중화사상이 반영되었다.
③ 이 지도의 작성에는 이슬람 지도학의 영향이 있었다.
④ 우리나라에 해당하는 부분은 백리척을 사용하여 과학화에 기여하였다.

출제영역 혼일강리도

권근이 발문을 쓴 1402년(태종 때) 경 제작된 세계 지도는『혼일강리역대국도지도』를 말한다. 혼일강리역대국도지도의 우리나라에 해당하는 부분이 현재의 우리나라의 모습과 흡사한 것은 사실이지만, 혼일강리 역대국도지도는 중국과 우리나라를 실제 크기보다 크게 묘사하였으며, 백리척을 사용한 기록도 없다. 우리나라의 지도에 100리 척을 사용한 최초의 지도는 영조 때 정상기가 제작한 동국지도이다.

오답풀이

①, ② 혼일강리역대국도지도의 중앙에는 중국이 크게 그려져 있어 '중국이 세계의 중심이라는 중화사상이 반영'되어 있음을 알 수 있다. 중국 다음으로 우리나라가 크게 그려져 있다. 아프리카·유럽은 작게 그려져 있고, 아메리카 대륙은 아직 발견되지 않았던 때이므로 반영되어 있지 않다.
③ 이슬람 지도학은 동서 문화 교류에 의해 중국 사회로 전파되었고, 중국에서는 이택민과 같은 학자에 의해 중국식 지도로 편집·제작되었다. 그 결과 만들어진 지도가 혼일강리역대국도지도의 기반이 되었던 '성교광피도'이다.

답 ④

061

2023년 국가직

조선시대 지도와 천문도에 대한 설명으로 옳지 <u>않은</u> 것은?

① 대동여지도는 거리를 알 수 있도록 10리마다 눈금을 표시하였다.
② 혼일강리역대국도지도는 중국에서 들여온 곤여만국전도를 참고하였다.
③ 천상열차분야지도는 하늘을 여러 구역으로 나누고 별자리를 표시한 그림이다.
④ 동국지도는 정상기가 실제 거리 100리를 1척으로 줄인 백리척을 적용하여 제작하였다.

출제영역 조선시대 지도·천문도

서양 선교사가 만든 세계 지도인 곤여만국전도는 1603년 선조 때 북경에 갔던 이광정이 들여왔고, 혼일강리역대국도지도는 조선 초기 태종 때 제작된 세계 지도이다. 따라서 먼저 만들어진 혼일강리역대국도 지도가 나중에 들여온 곤여만국지도를 참고할 수 없다.

오답풀이

① 철종 시기 김정호의 대동여지도는 10리마다 눈금이 표시되었으며, 목판으로 인쇄되었다.
③ 태조 때에는 고구려의 천문도를 바탕으로 하늘을 여러 구역으로 나누고 별자리를 표시한 천상열차분야지도를 돌에 새겼다.
④ 영조 시기 제작된 정상기의 동국지도는 최초로 100리 척을 사용하여 정확하고 과학적인 지도 제작에 공헌하였다.

답 ②

062 2018년 지방직

다음과 같은 특징을 가진 조선 후기 역사서는?

〈보기〉
- 단군으로부터 고려에 이르기까지의 우리 역사를 치밀한 고증에 입각하여 엮은 통사이다.
- 마한을 중시하고 삼국을 무통(無統)으로 보는 입장에서 우리 역사를 체계화하였다.

① 허목의 동사 ② 유계의 여사제강
③ 한치윤의 해동역사 ④ 안정복의 동사강목

출제영역 안정복의 동사강목

안정복은 단군부터 고려 공양왕에 이르기까지의 역사를 <동사강목>으로 엮어내었다(1778). 동사강목은 강목체답게 정통론에 입각하여 서술되었다. 즉 정통국가를 기자조선, 마한, 통일신라, 고려로 보았으며, 마한이 멸망한 뒤의 삼국시대는 정통국가가 없는 시대로 보았나. 또한 고조선의 위만은 왕위를 찬탈한 찬적(簒賊)으로 인식하였으며, 발해는 우리나라 역사에서 제외하여 통갑 방시대로 외기(外紀)에 넣었다.

오답풀이

① 단군에서 삼국까지의 역사를 기전체로 편찬한 '동사'(東事, 1667)는 한국사를 하나의 독립된 천하질서로 상정하였으며, 당시 주류적 흐름인 존화적 문화 의식을 탈피한 점에서 큰 의의가 있다.
② 조선후기 전형적 성리학자였던 유계가 기존 사서에 불만을 느껴 강목체로 간략한 고려의 역사를 저술한 것이 여사제강이다(1667). 우리나라 기년 아래에 중국의 연호를 달아 주체적인 면모를 일부 보이기도 하였다.
③ 한치윤은 500여 종의 중국 및 일본의 자료를 참고하여 해동역사를 편찬하였다(1814).

답 ④

063 2022년 지방직

역사서에 대한 설명으로 옳은 것만을 모두 고르면?

ㄱ. 김부식의 '삼국사기'에는 단군 신화가 수록되어 있다.
ㄴ. 이규보의 '동명왕편'은 고구려 계승 의식을 강조하였다.
ㄷ. 안정복의 '동사강목'은 기사 본말체로 역사를 서술하였다.
ㄹ. 유득공의 '발해고'에는 남북국이라는 용어가 사용되었다.

① ㄱ, ㄴ ② ㄱ, ㄷ ③ ㄴ, ㄹ ④ ㄷ, ㄹ

출제영역 역사서

역사서에 대한 설명으로 옳은 것만을 모두 고른 것은 ㄴ, ㄹ이다.
ㄴ. 동명왕편은 5언 282구의 장편 인물 서사시로, 동명왕 탄생 이전의 계보를 밝힌 서장, 출생에서 건국에 이르는 본장, 후계자인 유리왕의 경력과 작가의 느낌을 붙인 종장으로 구성되어 있다.
ㄹ. 유득공은 발해고에서 남쪽의 신라와 북쪽의 발해가 병립하는 '남북국' 시대를 설정하였다.

오답풀이

ㄱ. 유교적 합리주의에 입각하여 쓰여진 삼국사기에는 단군 신화가 수록되어 있지 않다. 일연의 삼국유사에 단군 신화가 수록되어 있다.
ㄷ. 동사강목은 편년체로 쓰여졌으며, 자치통감강목의 형식을 따라 강과 목으로 나누어 서술되었다.

답 ③

064

2021년 지방직

(가), (나)에 들어갈 이름을 바르게 연결한 것은?

(가) 는/은 『북학의』를 저술하여 청의 선진 기술을 적극적으로 수용할 것과 상공업 육성 등을 역설하였다. 한편, (나) 는/은 중국 및 일본의 방대한 자료를 참고하여 『해동역사』를 편찬함으로써, 한·중·일 간의 문화 교류를 잘 보여주었다.

	(가)	(나)
①	박지원	한치윤
②	박지원	안정복
③	박제가	한치윤
④	박제가	안정복

출제영역 실학과 국학의 발달

(가) 『북학의』는 박제가의 저술로, 그는 이 책에서 청 문물의 적극적 수용, 청과의 통상 강화, 수레와 선박의 이용, 신분제 타파 등을 주장하고, 검약보다는 소비를 권장하였다.
(나) 『해동역사』는 조선후기 실학자 한치윤의 저술로 단군조선으로부터 고려시대까지의 역사를 서술한 책이다.

오답풀이

(가) 박지원은 상공업의 진흥을 강조하면서 수레와 선박의 이용, 화폐유통의 필요성(용전론) 등을 주장하고, 토지소유의 상한선을 설정하는 한전론을 주장하였다.
(나) 안정복은 고조선부터 고려 말까지의 역사를 체계적으로 정리한 『동사강목』을 저술하였다. 『동사강목』에서는 단군, 기자, 마한, 통일신라, 고려로 이어지는 독자적 삼한정통론(마한정통론)을 내세웠으며, 신라 중심의 『삼국사기』를 비판하고 고구려의 강대함을 강조하였다. 역사적 사실을 치밀하게 고증한 동사강목의 저술은 고증사학의 토대를 닦았다고 평가받는다.

답 ③

065

2018년 서울시 1차

조선시대에 편찬된 서적과 관련된 설명으로 옳은 것을 〈보기〉에서 모두 고른 것은?

〈보기〉

ㄱ. 『경국대전』: 조선의 통치 규범과 법을 정리하였다.
ㄴ. 『동문선』: 우리 풍토에 맞는 약재와 치료법을 정리하였다.
ㄷ. 『동의수세보원』: 중국과 일본의 자료를 참고하여 민족사 인식을 확대하였다.
ㄹ. 『금석과안록』: 북한산비가 진흥왕 순수비임을 밝혔다.

① ㄱ, ㄴ ② ㄴ, ㄷ ③ ㄱ, ㄹ ④ ㄴ, ㄹ

출제영역 조선시기 편찬서적

ㄱ. 『경국대전』은 조선의 기본적인 통치 규범을 제시한 조선시대 최고의 법전이다. 『경국대전』은 조선 세조 때부터 편찬되어 조선 성종 때 완성·반포 되었다.
ㄹ. 『금석과안록』은 조선 말기 실학자 김정희가 황초령비와 북한산비의 두 비문을 판독, 고증한 책으로 북한산비가 진흥왕 순수비임을 밝혔다.

오답풀이

ㄴ. 『동문선』은 1478년 성종의 명으로 서거정 등이 중심이 되어 편찬한 우리나라 역대 시문선집이다. 우리 풍토에 맞는 약재와 치료법을 정리한 것은 『향약집성방』이다.
ㄷ. 『동의수세보원』은 이제마가 저술한 사상의학서(인간의 체질을 4분류)이다. 중국과 일본의 자료를 참고하여 민족사 인식을 확대한 것은 한치윤의 『해동역사』이다.

답 ③

066 2019년 서울시 1차

밑줄 친 '이것'에 대한 설명으로 옳지 않은 것은?

이것은 조선시대 법령의 기본이 된 법전이다. 조선건국 초의 법전인 경제육전의 원전과 속전, 그리고 그 뒤의 법령을 종합하여 만든 통치의 기본이 되는 통일 법전이다. (……) 편제와 내용은 경제육전과 같이 6분 방식에 따랐고, 각 전마다 필요한 항목으로 분류하여 균정하였다.

① 성종 때 완성되었다.
② 조준이 편찬을 주도하였다.
③ 이·호·예·병·형·공전으로 나뉘어 정리되었다.
④ 세조 때 만세불변의 법전을 만들기 위해 편찬을 시작하였다.

출제영역 조선시대 법전의 이해

조선의 기본 법전인 경국대전은 조선 세조때 최항·한계희·노사신·강희맹·임원준·서거정 등이 주도하여 편찬 작업을 시작하였고, 조선 성종 때 이르러 완성되었다.

② 조준이 편찬을 주도한 법전은 『경제육전』으로 태조(1397)때 조준이 위화도 회군 이래의 조례를 모아서 편찬한 최초의 공식적인 통일 성문 법전이다. 『경제육전』은 이후 편찬되는 『속육전』, 『육전등록』, 『경국대전』 등에 영향을 주기는 했으나 경국대전 편찬과 직접적인 관련은 없다.

오답풀이

① 경국대전은 세조 때 편찬을 시작하여 성종 때 반포되었다.
③ 경국대전은 이전, 호전, 예전, 병전, 형전, 공전의 6전으로 구성된 조선의 기본 법전으로, 후기까지 법률 체계의 골격을 이루었다.
④ 세조 시기 역대 왕들이 만든 법은 유지되어야 한다는 조종성헌주의에 따라, 만세불변의 법전을 만들기 위해 육전상정소가 설치되면서 편찬 작업이 시작되었다.

답 ②

067 2022년 서울시 1차

〈보기〉의 내용 중 옳은 것을 모두 고른 것은?

〈보기〉

ㄱ. 정상기는 최초로 백 리를 한 자로 축소한 「동국여지도」를 만들어 우리나라의 지도 제작 수준을 한 단계 높였다.
ㄴ. 국어에 대한 연구도 활발하여 신경준의 『고금석림』과 유희의 「언문지」가 나왔다.
ㄷ. 유득공은 『동사강목』을 지어 고조선부터 고려 말까지의 우리 역사를 체계적으로 정리하였다.
ㄹ. 이중환의 『택리지』는 각 지역의 경제생활까지 포함하여 집필되었다.
ㅁ. 허준의 『동의보감』은 우리나라뿐 아니라 중국 및 일본의 의학 발전에 큰 영향을 끼쳤는데, 예방의학에 중점을 둔 것이다.

① ㄱ, ㄴ ② ㄴ, ㅁ ③ ㄷ, ㄹ ④ ㄹ, ㅁ

출제영역 조선 후기 서적 및 지도

〈보기〉의 내용 중 옳은 것은 ㄹ, ㅁ이다.
ㄹ. 이중환이 집필한 택리지는 도별로 자연환경, 인물과 풍속, 지리와 역사, 생업과 경치 등을 종합적으로 다루고 있으며, 특히 복거총론에서 18세기 조선인이 가지고 있던 주거지의 선호 기준을 자세히 설명하고 있다.
ㅁ. 동의보감은 치료보다 병을 예방하거나 건강을 추구하는 양생의 정신을 강조하였고, 기존의 중국과 조선 의학의 핵심을 체계적으로 정리하였다. 출간 직후부터 조선을 대표하는 의서로 자리잡았으며, 18세기 무렵에는 국제적인 책이 되었다.

오답풀이

ㄱ. 정상기가 백리척을 사용한 지도는 동국지도이다.
ㄴ. 고금석림은 이의봉(1733~1801)이 여러 나라의 어휘를 모아 편찬한 사전이라 할 수 있다.
ㄷ. 동사강목을 지은 것은 안정복이다. 유득공은 발해고를 저술하였다.

답 ④

068
2019년 지방직 7급

조선시대 기록문화에 대한 설명으로 옳지 않은 것은?

① 실록청에서 사초·시정기·승정원일기 등을 바탕으로 실록을 편찬하였다.
② 임진왜란 전에 실록은 4부를 만들어 한양의 춘추관과 전주·성주·충주의 사고에 보관하였다.
③ 후대 왕에게 본보기로 제공하고자 국왕의 언행을 실록에서 가려 뽑아 『국조보감』을 편찬하였다.
④ 국왕과 대신이 국정을 논의할 때 예문관 한림이 사관으로 참가하여 시정기를 작성하였다.

출제영역 조선 기록 문화

조선 기록 문화에 대한 설명으로 옳지 않은 것은 ④번 선지이다. 예문관 한림은 전임 사관을 겸하여 국왕과 대신이 국정을 논의할 때 참여하여 (협의의) 사초를 작성하였다. 시정기는 춘추관에서 각 관서들의 업무 기록을 연월일 순으로 편집 정리하여 편찬한 국정 기록물이다. 시정기는 전임사관이 작성한 (협의의) 사초와 각 관청에 소속된 겸임 사관들이 작성한 해당 관서의 업무 기록 등을 종합하여 편찬하였다.

오답풀이

① 국왕이 죽으면 다음 왕의 즉위 초에 춘추관 내에 실록청이 설치되고, 여기에서 사초, 시정기, 승정원일기, 조보 등을 바탕으로 실록을 편찬하였다.
② 조선 전기의 사고(史庫)는 춘추관과 충주, 전주, 성주였고, 임진왜란 때 전주사사고본 외에는 모두 소실되었다. 이후 전주사고본을 바탕으로 다시 4부씩 인쇄하여 춘추관 외에 태백산, 오대산, 정족산, 적상산 등에 실록을 보관하였다.
③ 조선 역대 왕의 업적 가운데 선정만을 모아 편찬한 편년체의 사서로, 세종 대에 처음 구상하였으나 완성되지 못하였고, 세조 3년(1457년)에 수찬청을 두고 신숙주와 권람 등에게 명해 국조보감을 처음으로 완성하였다.

답 ④

069
2022년 계리직

다음에서 (㉠)과 (㉡)에 들어갈 내용을 바르게 짝지은 것은?

> 조선 전기에 (㉠)이/가 저술한 (㉡)은/는 예로부터 사람들이 감상하고 길러온 꽃과 나무 몇십 종에 대한 재배법과 이용법을 설명하고 있으며, 또한 꽃과 나무의 품격과 그 의미, 상징성을 논하고 있다.

	㉠	㉡
①	강희안	『양화소록』
②	양성지	『농잠서』
③	강희맹	『금양잡록』
④	신속	『농가집성』

출제영역 농서

제시문의 설명은 조선 세조 대의 문신 강희안이 꽃과 나무의 재배와 그 이용에 관하여 서술한 농업서인 양화소록에 관한 것이다. 양화(養花)의 의미를 눈치챈다면 쉽게 답을 알아낼 수 있다.

오답풀이

② 양성지는 세조 대에 농잠서를 편찬하였다. 잠(蠶)은 누에를 의미한다.
③ 강희맹이 경기도 금양현에 은거하며 농사를 지으며 얻은 체험을 토대로 작성한 농서이다. 그가 은퇴한 성종 6년(1475년)에서 몰년인 성종 14년(1483년) 사이에 완성된 것으로 보인다.
④ 농가집성은 효종 6년(1655년)에 간행되었다. 농사직설, 금양잡록, 사시찬요초의 세 농서와 부록으로 구황촬요가 덧붙어 있는 합편이며, 시대에 따른 개수와 보충이 있다.

답 ①

070

2018년 기상직

(가)~(라)에 대한 설명으로 옳은 것을 〈보기〉에서 고른 것은?

(가) 고려사　　(나) 농사직설
(다) 국조 오례의　　(라) 향약집성방

〈보기〉

ㄱ. (가) - 편년체의 사서이다.
ㄴ. (나) - 노농(老農)들의 경험을 토대로 하여 서술되었다.
ㄷ. (다) - 성종 때에 편찬된 예서이다.
ㄹ. (라) - 현존하는 우리나라 최고의 의약서이다.

① ㄱ, ㄴ　② ㄴ, ㄷ　③ ㄷ, ㄹ　④ ㄱ, ㄹ

출제영역 조선시기 편찬 서적

(나) 농사직설은 세종 11년(1429)에 편찬된 농서로, 우리나라 풍토에 맞는 농법으로 편찬된 책의 효시이다. 농사직설은 우리 풍토에 맞는 농법을 농민들의 경험을 종합하여 정리하였으며, 시방관의 권농 지침서로 지방관들에게 보급되었다.
(다) 국조오례의는 1474년(성종 5)에 신숙주와 정척 등에 의해 완성되었다. 이 책은 국가의 기본예식인 오례, 즉 길례(吉禮)·가례(嘉禮)·빈례(賓禮)·군례(軍禮)·흉례(凶禮)에 대해 규정한 예전(禮典)이다.

오답풀이

(가) 고려사는 편년체가 아니라 기전체 사서이다. 편년체로 작성된 고려에 대한 역사서는 고려사절요이다.
(라) 향약집성방은 1433년(세종 15)에 간행된 향약에 관한 의약서이다. 현존하는 우리나라 최고(最古)의 의약서는 고려 고종 23년(1236)에 간행된 <향약구급방>이다.

답 ②

071

2017년 서울시

조선 후기에 전개된 국학 연구에 대한 설명으로 옳지 않은 것은?

① 유희는 『언문지』를 지어 우리말의 음운을 연구하였다.
② 이의봉은 『고금석림』을 편찬하여 우리의 어휘를 정리하였다.
③ 한치윤은 『기언』을 지어 토지제도의 개혁을 주장하였다.
④ 이종휘는 『동사』를 지어 고구려사에 대한 관심을 고조시켰다.

출제영역 조선후기의 국학 연구

『기언』은 조선 후기 남인계열 성리학자 허목이 편찬한 책으로, 허목 자신의 시가와 산문을 엮어서 편찬하였다. 한치윤이 저술한 것은 우리 역사에 대해서 고조선 시기부터 고려시대까지를 기전체로 기록한 『해동역사』이다.

오답풀이

① 유희의 『언문지』는 한글을 독창적으로 연구하여 자음과 모음을 분류하고 해설하였다.
② 이의봉의 『고금석림』은 우리말과 중국어, 그리고 일본·흉노·거란·말갈·토번 등 주변 국가 및 종족의 언어를 비교·연구하여 우리 말의 어휘를 정리했다.
④ 이종휘의 『동사』는 고조선~고려까지의 역사를 기전체로 정리한 사서로, 부여·고구려·백제·예맥·옥저 등의 고대사에 주목하여 우리 역사가 중국에 버금가는 위대한 역사임을 강조하였다.

답 ③

072

2018년 서울시 1차

〈보기〉의 백과사전(유서)을 편찬한 순서대로 바르게 나열한 것은?

〈보기〉

ㄱ. 대동운부군옥　　ㄴ. 지봉유설
ㄷ. 성호사설　　ㄹ. 오주연문장전산고

① ㄱ → ㄴ → ㄷ → ㄹ
② ㄴ → ㄷ → ㄹ → ㄱ
③ ㄱ → ㄷ → ㄴ → ㄹ
④ ㄱ → ㄹ → ㄷ → ㄴ

출제영역 조선후기의 백과사전 편찬

제시문은 조선후기에 편찬된 백과사전들을 나열한 것이다. 이를 순서대로 배열하면,

ㄱ. 대동운부군옥은 조선 선조 시기인 1589년, 권문해가 한중 두 나라의 문헌 중 단군시대로부터 편찬 당시까지 우리나라의 지리·역사·인물·문학·식물·동물 등을 총망라하여 운별(韻別)로 분류해 놓은 책이다. 책명에서 '대동'이라는 말은 '동방의 대국'이라는 뜻이고, '운부군옥'은 운별로 배열한 사전이라는 뜻이다.
ㄴ. 지봉유설은 1614년 광해군 시기 실학의 선구자 이수광이 세 차례에 걸친 중국 사행에서 얻은 견문을 저술한 책으로, 조선의 일은 물론 중국·일본·남태평양·유럽의 일까지도 소개하여 한민족의 세계관을 넓히는 데 이바지하였다.
ㄷ. 성호사설은 성호 이익이 평소에 기록해 둔 글과 제자들의 질문에 답한 내용을 영조 시기에 집안 조카들이 정리한 것으로, 주제에 따라 다섯 부분(천지문, 만물문, 인사문, 경사문, 시문문)으로 나누어 우리나라와 중국 문화를 소개하였다.
ㄹ. 오주연문장전산고는 19세기 중엽인 조선 헌종 시기 이규경이 저술한 책으로, 역사, 예술, 생활, 종교, 자연과학 등의 내용을 고증학적인 방법을 통하여 백과사전식으로 저술하였다.

답 ①

073

2022년 법원직

다음 사실을 시기 순으로 바르게 나열한 것은?

(가) 강희맹이 경기 지역의 농사 경험을 토대로 「금양잡록」을 편찬하였다.
(나) 신속이 벼농사 중심의 수전 농법을 소개한 「농가집성」을 편찬하였다.
(다) 이암이 중국 화북 지역의 농사법을 반영한 「농상집요」를 도입하였다.
(라) 정초, 변효문 등이 왕명에 의해 우리나라 풍토에 맞는 농법을 정리한 「농사직설」을 편찬하였다.

① (가) - (다) - (나) - (라)　② (나) - (다) - (라) - (가)
③ (다) - (라) - (가) - (나)　④ (다) - (나) - (나) - (가)

출제영역 농서 편찬

(다) 고려 후기에 이암이 중국 화북 지역의 농사법을 반영한 「농상집요」를 도입하였다.
(라) 「농사직설」은 세종 때 정초, 변효문 등이 왕명에 의해 우리나라 풍토에 맞는 농법을 정리한 농법서이다.
(가) 조선 성종 때 강희맹이 경기 지역의 농사 경험을 토대로 「금양잡록」을 편찬하였다.
(나) 효종때 신속은 벼농사 중심의 수전 농법을 소개한 「농가집성」을 편찬하였다.

답 ③

074 2019 서울시 9급

〈보기〉의 의서(醫書)를 편찬된 순서대로 바르게 나열한 것은?

〈보기〉

ㄱ. 동의보감(東醫寶鑑)
ㄴ. 마과회통(麻科會通)
ㄷ. 의방유취(醫方類聚)
ㄹ. 향약구급방(鄕藥救急方)

① ㄱ-ㄴ-ㄷ-ㄹ ② ㄷ-ㄹ-ㄴ-ㄱ
③ ㄹ-ㄷ-ㄱ-ㄴ ④ ㄹ-ㄷ-ㄴ-ㄱ

출제영역 시대별 주요 의서

ㄹ. 고려 고종 때 편찬된 『향약구급방』은 현재 전해지고 있는 우리나라 최고(最古)의 의학 서적이다.
ㄷ. 세종시기 「의방유취」라는 의학 백과사전을 간행하였다.
ㄱ. 허준은 광해군 때 「동의보감」을 완성하였다.
ㄴ. 정조 때 정약용은 홍역(마진)에 대한 의서를 종합하여 「마과회통」을 편찬하였다.

답 ③

075 2017년 사복직

다음 저서에 대한 설명으로 옳지 않은 것은?

가. 『산림경제』 나. 『색경』
다. 『과농소초』 라. 『농가집성』

① 가: 홍만선의 저술로 농업, 임업, 축산업, 식품가공 등을 망라하였다.
② 나: 박세당의 저술로 과수, 축산, 기후 등에 중점을 두었다.
③ 다: 정약용의 저술로 농업기술과 농업정책에 관하여 논하였다.
④ 라: 신속의 저술로 이앙법을 언급하였다.

출제영역 조선의 농서

『과농소초』는 정약용이 아닌 박지원의 저서로, 영농 방법의 혁신, 상업적 농업의 장려, 농기구의 개량, 관개 시설의 확충 등과 같은 경영과 기술적 측면의 개선을 통해서 농업 생산력을 높이자는 논의를 다루고 있다.

오답풀이

①, ② 『산림경제』는 홍만선, 『색경』은 박세당의 저술로, 채소·과수·원예·양잠·축산 등 상업적 농업 기술을 소개하고 있다.
④ 『농가집성』은 효종 때 신속의 저술로 벼농사 중심의 수전 농법을 소개하였으며, 이앙법의 보급에 공헌하였다.

답 ③

61 조선의 문학·건축

62 조선의 예술

076 2024년 지방직

(가), (나)에 해당하는 건축물을 옳게 짝지은 것은?

(가) 은 고려시대 건축물이며 배흘림기둥과 주심포 양식으로 단아하면서도 세련된 아름다움을 담고 있다.
(나) 은 우리나라에 남아 있는 조선시대 건축물 중 유일한 5층 목탑이다.

	(가)	(나)
①	영주 부석사 무량수전	김제 금산사 미륵전
②	영주 부석사 무량수전	보은 법주사 팔상전
③	합천 해인사 장경판전	김제 금산사 미륵전
④	합천 해인사 장경판전	보은 법주사 팔상전

출제영역 영주 부석사 무량수전과 보은 법주사 팔상전

고려시대 목조 건물로 배흘림 기둥과 주심포 양식인 것, 즉 (가)에는 영주 부석사 무량수전, 안동 봉정사 극락전, 예산 수덕사 대웅전 등이 들어갈 수 있고, 조선 시대 건축물 중 유일하게 남아 있는 5층 목탑, 즉 (나)는 보은 법주사 팔상전이므로 정답은 ②번 선지이다. 한편, 의상이 창건한 것으로 알려진 부석사의 무량수전 내부에는 소조여래좌상(국보)이 봉안되어 있다. 17세기 사원 건축물인 보은 법주사 팔상전은 5층 목탑으로 내부는 3층까지 하나로 통하는 구조로 되어 있으며, 그 내부에는 부처의 생애를 담은 팔상도가 그려져 있다.

오답풀이

①, ③ 김제 금산사 미륵전은 보은 법주사 팔상전, 구례 화엄사 각황전과 함께 조선 후기(17세기)의 대표적인 건축물이다. 다포 양식과 팔작지붕으로 지어졌고, 겉모양만 3층이고 내부는 통층으로 되어 있으며, 법주사 팔상전이 목탑인 것과는 달리 '법당'이다.
③, ④ 합천 해인사 장경판전은 조선 전기(15세기)의 대표적인 건축물로, 유네스코 세계유산에 등재되었다.

답 ②

077 2019년 국가직

(가) 교육기관에 대한 설명으로 옳은 것은?

주세붕이 비로소 (가) 을/를 창건할 적에 세상에서 자못 의심했으나, 그의 뜻은 더욱 독실해져 무리들의 비웃음을 무릅쓰고 비방을 극복하여 전례 없던 장한 일을 이루었습니다. …(중략)… 최충, 우탁, 정몽주, 길재, 김종직, 김굉필 같은 이가 살던 곳에 (가) 을/를 건립하게 될 것입니다.
- 『퇴계집』 -

① 지방의 군현에 있던 유일한 관학이다.
② 선비와 평민의 자제에게 『천자문』 등을 가르쳤다.
③ 성적 우수자는 문과의 초시를 면제해 주었다.
④ 학문 연구와 선현의 제사를 위해 설립된 사설 교육 기관이다.

출제영역 서원

제시된 자료에서 '주세붕이 창건하였다.', '최충, 우탁, 정몽주 등이 살던 곳에 건립하였다.' 등의 내용을 통하여 (가)에 들어갈 수 있는 교육 기관이 서원임을 알 수 있다. 서원은 지방에 설치된 사설 교육 기관으로 양반들은 서원에서 학문 연구를 하였다. 또한 자신의 학문적 전통을 과시하기 위하여 이름난 선비(선현)의 덕행을 추모하였다.

오답풀이

① 지방 군현에 설치된 관학 기관은 향교이다. 향교는 부·목·군·현에 하나씩 설립되었으며, 규모에 따라 중앙에서 교수 혹은 훈도가 파견되었다.
② 선비와 평민의 자제에게 『천자문』과 같은 초보적인 유교 경전을 가르친 교육 기관은 서당이다.
③ 성균관 유생 중에 성적이 우수한 자는 문과(대과)의 초시를 면제해 주었다.

답 ④

078 2018년 지방직

다음 각 문화재에 대한 설명으로 옳지 않은 것은?

① 화엄사 각황전은 다층식 외형을 지녔다.
② 수덕사 대웅전은 주심포 양식의 건물이다.
③ 부석사 무량수전은 배흘림기둥을 갖고 있다.
④ 덕수궁 석조전은 서양 고딕 양식의 건물이다.

출제영역 조선시대 건축물

덕수궁 석조전은 고딕 양식(높은 건물, 뾰족한 첨탑)의 건물이 아니다. 석조전의 기둥 윗부분은 이오니아(Ionian)식, 실내는 로코코(Rococo)풍으로 장식하였으며, 18세기 신고전주의 유럽 궁전건축양식을 따른 것으로 당시 건축된 서양식 건물 가운데 규모가 가장 큰 건물이다.

오답풀이

① 화엄사 각황전은 조선 후기 금산사 미륵전, 법주사 팔상전과 함께 규모가 큰 다층 건물(내부는 하나로 통하는 구조) 중 하나로, 불교의 사회적 지위 향상과 양반 지주층의 경제적 성장을 반영한 것이다.
② 공포(지붕과 기둥 사이의 하중을 분산하고 장식의 기능도 있음)를 기둥 위에만 설치한 것을 주심포(柱心包) 양식이라고 한다. 주심포 건물로는 수덕사 대웅전, 부석사 무량수전 등이 있다.
③ 부석사 무량수전은 주심포 양식의 건물로, 배흘림기둥의 유려함이 유명하다.

답 ④

079 2018년 교행직

다음 교육 기관에 대한 설명으로 옳은 것은?

> 우리 태조께서 즉위하시고 국학(國學)을 동북쪽에 설립하였는데, 그 규모와 제도가 완전하지 않은 것이 없었다. 건물을 지어 스승과 제자가 강학하는 장소로 삼고, 이를 명륜당이라고 하였다. 학관(學官)은 대사성 이하 몇 사람을 두는데, 아침에 북을 울리어 학생을 뜰아래에 도열시키고, 한 번 읍한 다음에 명륜당에 올라 경(經)을 가지고 논쟁하며, 군신, 부자, 장유, 부부, 붕우의 도를 강론하였다.

① 흥선 대원군에 의해 철폐되었다.
② 유학부와 기술학부로 구성되었다.
③ 사학 12도의 융성으로 위축되었다.
④ 공자의 위패를 모신 대성전을 두었다.

출제영역 성균관

위 교육기관은 조선시대의 관학인 성균관(成均館)이다. 성균관은 태조 4년(1395)에 한양도성 동북쪽(서울특별시 종로구 명륜동 일대)에 설립 되었고, 유학 이념을 유생들에게 가르쳤다. 성균관 건물 구조는 스승과 제자가 강학하는 본전인 명륜당(明倫堂), 공자(孔子)의 위패를 모신 대성전(大聖殿), 유생들이 머무르는 기숙사인 동·서재(東·西齋) 등으로 구성된다.

오답풀이

① 흥선대원군에 의해 철폐된 것은 지방의 사립 교육기관인 서원(書院)이다. 서원 철폐 조치에 따라, 전국에 47개소만이 남고 대부분의 서원이 철폐되어 사라졌다.
② 유학부와 기술학부로 구성된 것은 고려시대 관학인 국자감(國子監)이다.
③ 최충을 위시한 사학 12도(私學十二徒)의 융성으로 위축된 것은 고려시대 관학인 국자감이다.

답 ④

080

2018년 서울시 7급

〈보기〉의 ㉮에 대한 설명으로 가장 옳은 것은?

〈보기〉

"(㉮)를 역을 피하는 곳으로 삼거니와, 어쩌다 글을 아는 자가 있어도 도리어 (㉮)에 이름을 두는 것을 부끄럽게 여겨 온갖 방법으로 교묘히 피하므로, 훈도·교수가 되는 자가 초동(樵童)·목수(牧竪)의 나머지를 몰아다가 그 부족한 수를 채워 살아갈 길을 도모하고 있습니다."

- 『중종실록』 -

① 군현의 인구비례로 정원을 배정하였다.
② 천민도 입학이 허가되었다.
③ 국가의 사액을 받으면 면세의 특권이 주어졌다.
④ 성적이 우수한 자는 문과 복시에 바로 응시 할 수 있었다.

출제영역 향교

㉮는 향교이다. 글을 아는 자, 훈도, 교수가 되는 자 등을 통하여 짐작 할 수 있을 것이다. 이에 대한 설명으로 옳은 것은 ①번 선지이다. 교생의 정원은 개국 초기에 부·대도호부·목에 50명, 도호부에 40명, 군에 30명, 현에 15명으로 배당되었으나, 『경국대전』에는 이것이 증액 되어 각각 90명·70명·50명·30명으로 재조정되어 조선 말기까지 유지되었다. 교생의 정원은 법적으로 16세부터 국역의 대상에서 제외되는 기준이 되는 숫자이다. 문과 출신자나 생원, 진사들이 향교 교관이 되는 것을 꺼려 향교 교관이 점차 무자격자, 무능자로 채워지게 되었고, 청금록에 입안이 된 교생들은 군역에서 면제되었기에 면역의 수단으로 향교에 등록하는 경우가 늘어나 향교의 교육 기능은 점차 유명무실해졌다.

오답풀이

② 양반부터 평민에 이르기까지 향교에 입학할 수 있었으나, 천민의 입학은 허가되지 않았다.
③ 서원에 대한 설명이다. 사액서원이 되면, 토지와 노비를 하사받고 면세의 특권이 주어졌다.
④ 성균관 학생 중 성적이 우수한 자는 문과 초시를 면제받고 복시에 바로 응시할 수 있었다.

답 ①

081

2018년 기상직

다음 그림에 대한 설명으로 옳은 것은?

① 일본의 덴리(天理)대학에 소장되어 있다.
② 비슷한 시기의 작품으로 정선의 금강전도와 압구정도가 있다.
③ 우리나라 고유의 정서와 자연을 표현하였다.
④ 문인 화가의 그림으로 시적인 낭만적 정서가 반영되었다.

출제영역 조선전기의 예술(몽유도원도)

제시된 그림은 몽유도원도이다. 안견이 1447년(세종 29)에 그린 산수화로 안견의 독실한 후원자였던 안평대군이 꿈 속에 도원(桃源)을 방문하고 그 내용을 안견에게 설명하여 그리게 한 것이다. 몽유도원도는 현재 일본의 덴리대학(天理大學) 중앙도서관에 소장되어 있다.

오답풀이

② 안견의 『몽유도원도』는 15세기에 그려졌지만, 정선의 『금강전도』와 『압구정도』는 조선후기인 18세기에 그려졌다.
③ 진경산수화에 대한 설명이다. 『몽유도원도』는 안평대군이 꿈에서 본 '도원(桃源)'을 그린 것으로, 여기서 '도원'은 중국 시인 도연명의 『도화원기』 속에 나타난 이상향을 뜻한다.
④ 안견은 도화서에 소속된 화원이었다. 문인 화가로 시적 정서가 흐르는 낭만적인 그림을 많이 그린 인물로는 강희안이 대표적이다.

답 ①

082

2021년 경찰간부

조선전기 문화·예술과 관련된 설명으로 옳은 것은?

① 소박한 멋을 보여주는 청화백자가 제작되었다.
② 안견의 몽유도원도는 현재 일본 천리대학에 소장되어 있다.
③ 안평대군, 김정희 등 뛰어난 서예가들이 많이 나타났다.
④ 강희안의 고사관수도는 우리나라 산천을 사실적으로 묘사하였다.

출제영역 조선 전기 문화예술

조선 전기 문화예술과 관련된 설명으로 옳은 것은 ②번 선지이다. 몽유도원도는 세종 29년(1447년) 안평대군이 꿈에서 본 광경을 안견에게 말하여 그리게 한 것으로, 도연명의 도화원기와도 밀접한 관계가 있다. 현재 일본 덴리(天理) 대학 중앙도서관에 소장되어 있다.

오답풀이

① 대개 각 시대의 대표직인 자기를 고려 진기는 순수 칭자, 고려 후기는 상감 청자, 조선 전기는 순 백자나 분청사기, 조선 후기는 청화백자를 꼽기는 하지만, 복답 논란이 될 수 있는 선지라고 본다. 청화백자가 우리나라에 14세기 말엽에 전래되어 15세기 중엽부터 제작되었기 때문에 조선 전기에 제작되었다는 사실은 옳다고 볼 수도 있을 것이다. 또한 '소박함'은 주관적인 요소가 강하기 때문에 오답을 한정하기에는 무리가 있다고 본다.
③ 추사체로 유명한 김정희(1786년~1856년)는 조선 후기 인물이다.
④ 고사관수도는 중국 북송대 회화의 영향을 받은 문인화로 우리나라 산천을 사실적으로 묘사한 것과는 거리가 멀다.

답 ②

083

2019년 법원직

밑줄 친 '이 시기'에 관한 다음 설명 중 가장 옳지 않은 것은?

청화 백자 까치호랑이문 항아리

> 이 시기에는 형태가 단순하고 꾸밈이 거의 없는 것이 특색인 백자가 유행하였고, 흰 바탕에 푸른 색깔로 그림을 그린 청화 백자도 많이 만들어졌다. 특히, 청화 백자는 문방구, 생활 용품 등의 용도로 많이 제작되었다.

① 판소리, 잡가, 가면극이 유행하였다.
② 위선적인 양반의 생활을 풍자하는 '양반전', '허생전' 등의 한문 소설이 유행하였다.
③ 서얼이나 노비 출신의 문인들이 등장하였고, 황진이와 같은 여류 작가들도 활동하였다.
④ 김제 금산사 미륵전, 보은 법주사 팔상전, 논산 쌍계사 등이 이 시기를 대표하는 불교 건축물이다.

출제영역 조선후기의 문화

'형태가 단순하고 꾸밈이 거의 없는 것이 특색인 백자가 유행', '흰 바탕에 푸른 색깔로 그림을 그린 청화 백자' 등의 내용을 통해 밑줄 친 '이 시기'가 조선 후기임을 알 수 있다. 일반적으로 백자가 만들어지기 시작한 것은 16세기이나, 순백자와 청화 백자가 유행한 것은 임진왜란이 지난 17세기 이후이다. ③에서 서얼이나 노비 출신 문인들의 등장은 18세기 위항문학에 대한 내용으로 조선 후기가 맞으나, 황진이와 같은 여류 작가들이 활동한 것은 16세기로 조선 전기에 해당한다.

오답풀이

① 판소리, 잡가, 가면극이 유행한 것은 조선 후기의 일이다.
② 연암 박지원의 작품인 '양반전', '허생전' 등은 조선 후기 유행한 한문 소설로, 위선적인 양반들의 생활을 풍자하였다.
④ 김제 금산사 미륵전, 보은 법주사 팔상전은 17세기 양반 지주의 성장, 논산 쌍계사는 18세기 부농 상인의 지원을 대표하는 불교 건축물이다.

답 ③

084

2020년 국가직

조선 전기 문화에 대한 설명으로 옳은 것은?

① 『어우야담』을 비롯한 야담·잡기류가 성행하였다.
② 유서(類書)로 불리는 백과사전이 널리 편찬되었다.
③ 『동문선』이 편찬되어 우리 문학의 독자성을 강조하였다.
④ 중인층을 중심으로 시사가 결성되어 문학 활동을 벌였다.

출제영역 조선 전기의 문학

③의 동문선은 15세기 성종 때 서거정, 노사신 등이 왕명으로 편찬하였다. 이 책은 삼국 시대부터 조선 초기까지의 역대 시(詩)·부(賦)·사(辭)·문(文)을 정리한 것으로 자주적 의식을 보여준다.

오답풀이

① 유몽인의 '어우야담' 등을 비롯한 야담·잡기류가 성행한 것은 조선 후기이다.
② 조선후기에 대한 설명이다. 조선 후기에는 실학이 발달하고 문화 인식의 폭이 넓어짐에 따라 백과사전류의 저서가 많이 편찬되었다.
④ 조선후기에 대한 설명이다. 조선 후기 서얼과 중인들은 인왕산, 삼청동, 청계천, 광교 등 일원에 많은 시사를 결성하여 문학 활동을 전개하면서 자신들의 위상을 높여갔다(위항 문학).

답 ③

085

2020년 지방직 7급

다음 도시에 대한 설명으로 옳지 않은 것은?

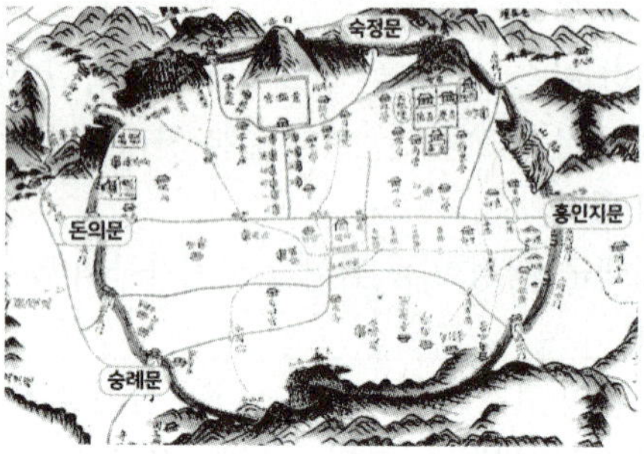

① 고려 문종 때에 남경(南京)으로 승격되었다.
② 종루(鐘樓), 이현, 칠패 등에서 상업 활동이 이루어졌다.
③ 정도전은 궁궐 전각(殿閣)과 도성 성문 등의 이름을 지었다.
④ 성곽은 거중기 등을 이용하여 약 2년 만에 완성되었다.

출제영역 한양 도성

자료의 흥인지문, 숭례문, 돈의문, 숙정문은 한양 도성의 4대문이다. 도성의 4대문은 유교사상인 인·의·예·지 덕목을 담아 정도전에 의해 이름이 지어졌다 고려 문종 때 새로이 한양 명당설이 대두하여 한양을 남경으로 승격시켰다. 숙종은 김위제의 건의에 따라 남경개창도감을 설치하고 한양에 여러 궁궐 건물을 건립하였다. 18세기 이후 농촌에서 이탈한 농민들이 대거 도시로 몰려들어 한양에는 종루(종로), 이현(동대문 시장), 칠패(남대문 시장) 등에 난전이 발달하였다.

오답풀이

④ 거중기를 이용하여 공사기간이 단축된 것은 수원성에 대한 설명이다.

답 ④

086 2023년 법원직

다음 주장이 제기된 시기의 문화적 특징으로 옳은 것을 〈보기〉에서 모두 고른 것은?

폐를 끼치는 것으로는 담배만한 것이 없습니다. 추위를 막지도 못하고 요깃거리도 못 되면서 심는 땅은 반드시 기름져야 하고 흙을 덮고 김매는 수고는 대단히 많이 드니 어찌 낭비가 아니겠습니까? 그리고 장사치들이 왕래하며 팔고 있어 이에 쓰는 돈이 적지 않습니다. 조정에서 전황(錢荒) 에 대해 걱정하고 있는데, 그 근원을 따져 보면 여기에서 비롯된 것이 아니라고는 장담할 수 없습니다. 만약 담배 재배를 철저히 금한다면 곡물을 산출하는 땅이 더욱 늘어나 고 농사에 힘쓰는 백성들이 더욱 많아질 것입니다.

〈보기〉

ㄱ. 문화 인식의 폭이 확대되어 백과사전류의 저서가 편찬 되었다.
ㄴ. 격식에 구애받지 않고 감정을 표현하는 사설시조가 유행하였다.
ㄷ. 주자소가 설치되어 계미자를 비롯한 다양한 활자를 주조하였다.

① ㄱ ② ㄱ, ㄴ ③ ㄴ, ㄷ ④ ㄱ, ㄴ, ㄷ

출제영역 조선 후기 문화계 동향

'담배'와 전황(錢荒)'은 조선후기에 나타난 현상이다. 문화 인식의 폭이 넓어짐에 따라 조선 후기에는 유서(類書)로 불린 백과사전류의 저서가 많이 편찬되었다. 조선 후기에는 형식에 구애받지 않고 서민들의 감정을 솔직하게 표현한 사설시조가 유행하였다.

오답풀이

ㄷ. 조선 전기 태종 때에 대한 설명이다.

답 ②

087 2018년 서울시 1차

〈보기〉에서 조선 전기 건축물을 모두 고른 것은?

〈보기〉

ㄱ. 무위사 극락전
ㄴ. 법주사 팔상전
ㄷ. 금산사 미륵전
ㄹ. 해인사 장경판전

① ㄱ, ㄹ ② ㄴ, ㄹ ③ ㄷ, ㄹ ④ ㄱ, ㄷ

출제영역 조선 전기 건축물

ㄱ. 강진 무위사 극락전(1430)은 세종 대 만들어진 목조 건축물로, 조선 초기의 주심포 양식을 잘 보여주고 있다.
ㄹ. 합천 해인사 장경판전(1488)은 고려 시기 만들어진 팔만대장경을 보관하고 있으며, 세계문화유산으로 등재되어 있다.

오답풀이

ㄴ. 법주사 팔상전(1626)은 조선후기의 건축물이다. 우리나라 유일의 목조 5층탑으로, 벽의 사방에 각 면 2개씩 모두 8개의 변상도(變相圖)가 그려져 있어 팔상전이란 이름이 붙었다.
ㄷ. 금산사 미륵전(1635)은 조선후기의 건축물이다. 겉모양이 3층으로 된 한국의 유일한 법당으로 내부는 통층(通層) 구조로 되어 있다.

답 ①

63 고려와 조선의 과학 기술

64 유네스코 지정 세계문화·세계기록문화 유산

088

2024년 지방직

(가) 문화유산에 대한 설명으로 옳은 것은?

> (가) 은/는 1377년 청주 흥덕사에서 인쇄한 것이다. 독일 구텐베르크가 인쇄한 책보다 70여 년 앞서 간행된 것으로 밝혀졌다. 현재 유네스코 세계 기록 유산으로 등재되어 있다.

① 최윤의 등이 지은 의례서를 인쇄한 것이다.
② 몽골의 침략을 물리치려는 염원을 담고 있다.
③ 현존하는 금속활자본 중에서 가장 오래된 것이다.
④ 우리나라 풍토에 맞는 처방과 약재 등이 기록되어 있다.

출제영역 직지심체요절

(가)는 직지심체요절이다. 쿠텐베르크의 인쇄본보다 70여 년 앞서 간행되었다는 사실과 청주 흥덕사에서 1377년에 간행되었다는 사실 등을 통해서 이를 특정할 수 있을 것이다. 직지심체요절에 대한 설명으로 옳은 것은 ③번 선지이다. 직지심체요절(하권)(상권은 현존하지 않음)은 현존하는 금속활자본 중에서 가장 오래된 것으로, 2001년에 유네스코 세계 기록 유산으로 등재되었다. 정식 서명은 『백운화상초록불조직지심체요절』이다.

오답풀이

① 『상정고금예문』에 대한 설명이다. 이 책은 인종 대에 최윤의 등이 왕명으로 고금의 예를 수집·고증하여 50권으로 엮은 것으로, 고종 21년(1234) 금속활자로 간행된 기록이 있다.
② 팔만대장경판에 대한 설명이다. 팔만대장경은 고종 23년(1236)부터 38년(1251)까지 제작되었는데, 이를 위해 강화에 대장도감 본사를 두고, 진주 관내의 남해현에 분사를 두었다.
④ 광해군 대 완성된 허준의 동의보감에 대한 설명이다.

답 ③

089

2022년 소방직

조선전기 과학·기술에 대한 설명으로 가장 옳지 않은 것은?

① 한양을 기준으로 작성한 역법인 『칠정산』(내편)을 만들었다.
② 물시계인 자격루와 해시계인 양부일구가 제작되었다.
③ 고구려의 천문도를 바탕으로 돌에 새긴 천상열차분야지도가 제작되었다.
④ 배다리가 설계되어 한강을 안전하게 건너도록 하였다.

출제영역 조선 전기 과학기술

조선 전기 과학기술에 대한 설명으로 옳지 않은 것은 ④번 선지이다. 조선 후기 정조가 아버지의 묘소를 수원 화성으로 이장하게 되면서 오가야 하는 뱃길 문제를 해결한 것이 배다리이고, 그 설계를 정약용이 담당하였다.

오답풀이

① 칠정산은 세종 14년(1432년)에 왕명으로 편찬을 시작해 1442년에 완성되고 1444년에 간행된 원의 수시력에 대한 해설서이다. 칠정이란 일, 월과 오성(목, 화, 토, 금, 수)의 5개 행성을 가리킨 것으로, 이 해설서에는 이들 천체의 운행에 관한 자료가 다루어져 있다.
② 자동으로 시보를 알려주는 장치가 되어있는 자격루는 세종 16년(1434년)에 제작되었고, 조선시대의 대표적인 해시계인 앙부일구도 세종 16년(1434년)에 제작되었다.
③ 태조 4년(1395년) 천상열차분야지도가 제작되었다.

답 ④

090

2022년 소방직

다음은 시기별 국경선을 표시한 지도이다. (가)에서 (나)로 변화되어 가는 과정에서 만들어졌던 문화재로 가장 적절한 것은?

① 서양 문물의 수용, 곤여만국전도
② 중국 중심 세계관의 극복, 지전설
③ 한양 기준 역법서의 편찬, 칠정산
④ 외적을 물리치기 위해 만들어진, 팔만대장경

출제영역 여말선초의 정치와 사회

(가)는 초산 ~ 길주 지역으로 고려 공민왕 시기의 국경선이며, (나)는 조선 세종 시기 4군 6진을 개척하면서 확정된 국경선이다. 즉, (가)~(나) 시기는 여말선초이다. 여말선초 시기 문화재로는 세종 시기에 편찬된 한양 기준 역법서인『칠정산』을 들 수 있다.

오답풀이

①『곤여만국전도』는 조선 후기 서양문물을 받아들이면서 제작된 세계지도이다. 조선 선조 대인 1602년 예수회 선교사였던 마테오 리치가 중국에서 제작한 것을, 다음해 북경에 갔던 이광정에 의해 전래되어 조선 인들의 세계관 확대에 영향을 주었다.
② 지전설은 조선 후기 김석문, 홍대용 등이 주장한 학설로, 지구가 태양 주변을 공전한다는 서양의 지동설을 받아들인 것이었다.
④『팔만대장경』은 대몽항쟁 시기 몽골 침입을 격퇴시키고자 간행한 8만여 장의 불경이다. 현재 목제 대장경판은 경남 합천 해인사에 소장되어 있다.

답 ③

091

2022년 소방직

다음 문화유산이 소재한 지역에서 있었던 역사적 사실로 옳은 것은?

① 안승의 보덕국 건국
② 매소성 전투의 전개
③ 진흥왕의 순수비 건립
④ 원종과 애노의 난 발생

출제영역 백제 유적(익산)

익산 미륵사지 석탑과 익산 왕궁리 5층 석탑을 제시하였으므로, 익산 지역에서 있었던 사실을 고르면 된다. 익산 지역에서 있었던 사실로 옳은 것은 ①번 선지다. 안승은 신라로 귀순하여 문무왕에 의해 금마저(익산)에 자리를 잡았고 보덕국 왕으로 봉해졌다.

오답풀이

② 매소성의 위치는 삼국사기 지리지에 나오는 고구려 매성현(현재 경기도 양주)으로 비정하고 있다.
③ 함경남도의 황초령비, 마운령비, 서울의 북한산비, 창녕의 순수비 등은 익산 지역과는 거리가 멀다.
④ 원종과 애노가 난을 일으켰던 사벌주는 현재 경북 상주로 추정된다.

답 ①

092

2020년 지방직 9급

다음 글에서 설명하고 있는 문화유산은?

> 이곳은 원래 성종의 형인 월산대군(月山大君)의 집이 있던 곳으로, 선조가 임진왜란 뒤 임시거처로 사용하면서 정릉동 행궁으로 불리었고, 광해군 때는 경운궁이라 하였다. 아관파천 후 고종이 이곳에 머물렀다. 주요 건물로는 중화전, 함녕전, 석조전 등이 있다.

① 경복궁 ② 경희궁 ③ 창덕궁 ④ 덕수궁

출제영역 덕수궁(경운궁)

아관파천 이후 고종이 환궁한 궁은 덕수궁으로서 광해군 때에는 경운궁으로 불렸다. 덕수궁에는 중명전(을사늑약 체결)과 석조전(미소공동위원회개최) 등 서양식 건축물들이 곧 들어서게 되었다.

오답풀이

① 조선 왕조의 법궁으로 태조때 창건하였다.
② 광해군 때 새로 지어졌다.
③ 태종 때 창덕궁을 창건하였다.

답 ④

093

2025년 지방직

유네스코 세계문화유산으로 등재된 것만을 모두 고르면?

> ㄱ. 경복궁　　ㄴ. 남한산성
> ㄷ. 석촌동 고분군　　ㄹ. 가야 고분군

① ㄱ, ㄷ　　② ㄱ, ㄹ
③ ㄴ, ㄷ　　④ ㄴ, ㄹ

출제영역 유네스코 세계문화유산

유네스코 세계문화유산으로 등재된 것은 ㄴ. 남한산성과 ㄹ. 가야 고분군이다.
ㄴ. 남한산성은 2014년에 유네스코 세계 문화유산으로 등재되었다.
ㄹ. 가야 고분군은 2023년에 유네스코 세계 문화유산으로 등재되었다. 등재된 유적 7곳은 김해 대성동 고분군, 함안 말이산 고분군, 합천 옥전 고분군, 고령 지산동 고분군, 고성 송학동 고분군, 창녕 교동과 송현동 고분군, 남원 유곡리와 두락리 고분군이다.

오답풀이

ㄱ. 경복궁은 아직 유네스코 세계 문화유산에 등재되지 않았다.
ㄷ. 석촌동 고분은 유네스코 세계문화유산에 등재되지 않았다. 백제 유적으로는 2015년에 공주시, 부여군, 익산시에 위치한 백제 역사 유적 지구가 등재되었다.

답 ④

094

2020년 국가직 9급

밑줄 친 '이 지역'에 대한 설명으로 옳은 것은?

> 장수왕은 군사 3만을 거느리고 백제를 침공하여 왕도인 이 지역을 함락시켜, 개로왕을 살해하고 남녀 8천 명을 사로 잡아 갔다.

① 망이, 망소이가 반란을 일으켰다.
② 고려 문종 대에 남경이 설치되었다.
③ 보조국사 지눌이 수선사 결사를 주도하였다.
④ 고려 태조가 북진 정책의 전진 기지로 삼았다.

출제영역 역사 속의 지명(서울)

장수왕에 의해 함락된 '이 지역'은 오늘날의 서울에 해당한다. 고려 문종을 전후한 시기에 새로이 한양 명당설이 대두하여 한양을 남경으로 승격시켰다.

오답풀이

① 충남 공주 명학소에 대한 설명이다.
③ 지눌은 전남 순천에서 수선사 결사를 주도하였다.
④ 평양에 대한 설명이다.

답 ②

095

2025년 국가직

밑줄 친 '이곳'에 대한 설명으로 옳은 것은?

> • 이곳의 고인돌 유적은 유네스코 세계문화유산에 등재되었다.
> • 고려 정부는 이곳으로 천도하여 몽골의 침략에 대항하였다.

① 장보고가 청해진을 설치하였다.
② 정묘호란으로 인조가 피신하였다.
③ 원나라가 탐라총관부를 두었다.
④ 영국군이 러시아를 견제한다는 구실로 주둔하였다.

출제영역 강화도의 역사적 사실

제시문의 '이곳'은 강화도이다. 정묘호란 때 인조가 강화도로 피난한 적이 있으며, 1636년 병자호란 때도 인조는 강화도로 피난하려 했지만, 청군의 진격 속도가 빨라 강화도로 가지 못하고 남한산성으로 피신하였다.

오답풀이

① 해상왕 장보고가 당에서 귀국한 후 청해진을 설치한 곳은 전남 완도이다. 청해진을 통해 장보고는 당과 일본 간의 무역을 독점하였다.
③ 원나라는 제주도에 탐라총관부를 설치하였다. 탐라총관부는 제주도를 장악하며 목재를 징발하고 말의 수요를 충당하기 위해 목마장을 다수 개발하였다.
④ 1885년부터 1887년까지 3년 동안 영국이 불법 주둔한 곳은 거문도이다. 갑신정변 이후 청의 간섭이 심해지자 조선은 청의 영향력에서 벗어나기 위해 러시아를 가까이하였고, 이에 영국은 함대를 이끌고 거문도를 불법 점령함으로써 러시아의 조선 침투를 견제하려 하였다.

답 ②

65 근대 문물의 수용

096 2018년 서울시 2차

근대 교육기관에 대한 설명으로 가장 옳지 않은 것은?

① 배재학당: 선교사 아펜젤러가 서울에 설립한 사립학교이다.
② 동문학: 정부가 설립한 외국어 교육 기관으로 통역관을 양성하였다.
③ 경신학교: 고종의 교육 입국조서에 따라 설립된 관립학교이다.
④ 원산학사: 함경도 덕원 주민들이 기금을 조성하여 설립한 학교이다.

출제영역 근대의 교육기관

경신학교는 1886년 미국 초대 선교사 언더우드에 의하여 설립된 중등 과정의 사립학교이다. 고종의 교육입국조서에 따라 설립된 관립 학교로는 한성 사범 학교가 대표적이다.

오답풀이

① 배재학당은 미국 개신교 선교사 아펜젤러가 1885년에 세운 사립학교이다.
② 동문학은 통리기무아문에서 외국어 강습을 목적으로 1883년에 세운 관학이다.
④ 원산학사는 함남 덕원(현 북한의 원산시) 주민들이 주도하여 1883년에 설립한 민간 근대 학교이다.

답 ③

097 2017년 사복직

다음 지문이 가리키는 신문과 관련된 내용으로 옳은 것은?

> 그러므로 우리 조정에서도 박문국을 설치하고 관리를 두어 외국의 기사를 폭넓게 번역하고 아울러 국내의 일까지 기재하여 국중에 알리는 동시에 열국에까지 널리 알리기로 하고, 이름을 순보(旬報)라 하며…

① 우리나라 최초의 신문으로 1883년 창간되었으며, 한문체로 발간된 관보의 성격을 띠었다.
② 최초로 국한문을 혼용하였고, 내용에 따라 한글 혹은 한문만을 쓰기도 하며 독자층을 넓혀 나가고자 하였다.
③ 한글판, 영문판을 따로 출간하여 대중 계몽을 통한 근대화를 촉진하고, 외국인에게 조선의 실정을 제대로 홍보하여 조선이 국제사회에서 완전한 근대적 자주독립국가로 자리 매김하는 것을 목표로 하였다.
④ 국한문 혼용체를 사용한 일간지로 주로 유학자층의 계몽에 앞장섰다.

출제영역 한성순보

제시된 자료는 박영효의 주장으로 고종에게 신문 발행을 건의하는 내용이다. 고종은 이를 수용하여 박문국을 설치하고 <한성순보>를 창간 하였다. 1883년에 창간된 <한성순보>는 우리나라의 최초의 근대적 신문으로, 국민과 관리들에게 국내외 정세를 알려 개화의 필요성을 역설하는 관보적 성격을 띠었다.

오답풀이

② <한성주보>에 대한 설명이다. <한성주보>는 최초로 국한문을 혼용하였고, 경우에 따라 한글 혹은 한문만을 쓴 기사를 넣어 독자층을 넓혀 나가고자 하였다.
③ <독립신문>에 대한 설명이다.
④ <황성신문>에 대한 설명이다.

답 ①

098

2018년 지방직 7급

우리나라 근대 교육에 대한 설명으로 옳은 것만을 모두 고르면?

ㄱ. 함경도 덕원 주민들의 건의로 근대식 학교인 원산학사가 설립되었다.
ㄴ. 선교사들이 들어와서 세운 기독교 계통의 학교에는 배재학당과 이화학당 등이 있었다.
ㄷ. 정부는 외국어 교육 기관으로 동문학을 설립하였다.
ㄹ. 교육입국조서가 반포되었고, 사범 학교와 외국어 학교의 관제가 제정되었다.

① ㄱ
② ㄱ, ㄴ
③ ㄱ, ㄴ, ㄷ
④ ㄱ, ㄴ, ㄷ, ㄹ

출제영역 근대 교육 기관

ㄱ. 1883년 원산학사는 덕원 주민들이 기금을 모금하고 덕원 부사 정현석이 설립을 지원하여 만든 사립학교로, 근대 학문과 한문·무예 등 전통 학문을 함께 가르쳤다.
ㄴ. 1880년대에 선교사들이 들어와서 기독교 계통의 학교인 배재학당과 이화학당 등을 설립하였다.
ㄷ. 1883년 정부는 외국어 교육 기관으로 동문학을 설립하였다.
ㄹ. 1895년 교육입국조서가 반포된 이후, 교원 양성을 위해 한성 사범학교가 설립되었으며 각 지역에 소학교, 외국어 학교 등 관립학교가 세워졌다.

답 ④

099

2017년 법원직

다음 각 시기의 사회모습에 대한 설명으로 가장 옳은 것은?

1876	1882	1894	1897	1905
	(가)	(나)	(다)	(라)
강화도조약	임오군란	갑오개혁	대한제국	을사늑약

① (가) - 박문국을 설치하여 한성순보를 발간하였다.
② (나) - 최초의 근대식 병원인 광혜원이 설립되었다.
③ (다) - 함경도 덕원주민들이 원산학사를 세웠다.
④ (라) - 영국이 불법적으로 거문도를 점령하였다.

출제영역 근대 문물의 수용

1884년 조선정부는 알렌의 건의로 1885년 근대식 병원을 설립하였는데 이것이 광혜원이다 광혜원은 같은해 제중원으로 명칭을 변경하였다.

오답풀이

① 한성순보는 임오군란 직후 1883년 조선 정부 주도로 발간된 최초의 근대 신문이다. 1884년 갑신정변이후 폐간되었다.
③ 원산학사는 1883년에 설립된 근대식 사립학교이다.
④ 1885년 영국은 러시아를 견제할 목적으로 거문도를 불법 점령하였다.

답 ②

66 민족문화수호운동의 전개

100 2024년 국가직

다음에서 설명하는 단체는?

- '가갸날'을 제정하였다.
- 기관지인 『한글』을 창간하였다.

① 국문연구소 ② 조선광문회
③ 대한자강회 ④ 조선어연구회

출제영역 조선어 연구회

위의 자료에 '가갸날을 제정하였다'는 내용이 나와 있다. '가갸날'은 한글날을 뜻하는 순우리말이자 '한글날'의 처음 이름으로 조선어 연구회가 1926년 11 월에 훈민정음 반포 480주년을 맞은 기념식에서 정하였다. 이후 1928년 한글날로 이름을 바꾸었다. 아래의 자료에는 '기관지인 「한글」을 창간하였다는 내용이 나와 있다. 이 역시 조선어 연구회가 1927년 2월부터 한글의 보급과 선전을 위하여 간행한 것이 다. 이를 통해 주어진 자료에서 설명하는 단체는 조선어 연구회를 가리킴을 알 수 있다(1921.12). 1931 년 11월 조선어 학회로 명칭을 변경하였다.

오답풀이

① 국문 연구소는 대한 제국 정부의 학부 내에 설치 된 한글 연구 기관이다(1907.7).
② 조선 광문회는 1910년 서울에서 설립된 한국 고전 간행 기관이다(1910.10). 최남선이 창설하고 박은식이 관계하였는데, 신민회의 학술 간행 단체이기도 하였다.
③ 대한 자강회는 1906년 서울에서 조직된 사회 운동 단체[애국 계몽 단체]이다(1906.4). 대한 자강회 월보를 간행하였으며 전국 각지에 지회를 설치하였다. 1907 년 8월 고종 황제의 강제 퇴위 반대 운동 을 전개하다 보안법에 의해 강제 해산되었다.

답 ④

101 2017년 국가직

밑줄 친 '나'에 대한 설명으로 옳은 것은?

나의 조선경제사의 기도(企圖)는 사회의 경제적 구성을 기축으로 대체로 다음과 같은 제 문제를 취급하려 하였다.
제1. 원시 씨족 공산체의 태양(態樣)
제2. 삼국의 정립 시대의 노예 경제
제3. 삼국 시대 말기 경부터 최근세에 이르기까지의 아시아적 봉건 사회의 특질
제4. 아시아적 봉건국가의 붕괴 과정과 자본주의 맹아 형태
제5. 외래 자본주의 발전의 일정과 국제적 관계
제6. 이데올로기 발전의 총 과정

① 순수 학문을 표방하면서 식민주의 사학에 학문적으로 대항하려 하였다.
② 실학에서 자주적인 근대 사상과 우리 학문의 주체성을 찾으려 하였다.
③ 일제 식민사학의 정체성론을 극복하는 근거를 제공하였다.
④ 우리 고대사를 중국 민족에 필적하는 강건한 민족의 역사로 서술했다.

출제영역 일제 강점기 국학 연구(백남운)

제시된 자료는 백남운의 '조선사회경제사'에 대한 설명이다. 백남운은 한국사의 발전을 세계사적 보편성에 입각해서 설명했으며, 식민사학의 정체성론에 대해 반박하였다.

오답풀이

① 실증사학에 대한 설명이다. 실증사학에서는 개별적인 사실을 객관적으로 밝히는 데 관심을 기울였다.
② 1934년 있었던 조선학 운동에 대한 내용이다. 정인보, 안재홍, 문일평 등은 1934년 정약용 서거 99주기를 맞아 '여유당전서'를 간행하면서 실학에서 자주적 근대 사상과 우리 학문의 주체성을 찾으려 했다.
④ 신채호는 고대사 연구에 초점을 맞춰서 우리 민족의 고유한 문화 전통과 정신을 강조해 민족 독립의 정신적 기반을 마련하고자 했다.

답 ③

102
2017년 지방직

다음 자료를 쓴 역사가의 활동으로 옳은 것은?

> 역사란 무엇이뇨, 인류 사회의 아와 비아의 투쟁이 시간부터 발전하며 공간부터 확대하는 심적 활동 상태의 기록이니, 세계사라 하면 세계 인류의 그리되어 온 상태의 기록이며, 조선사라 하면 조선 민족의 그리되어 온 상태의 기록이니라.

① 『여유당전서』를 발간하여 조선후기 실학자들을 재평가하였다.
② 을지문덕, 최영, 이순신 등 애국명장의 전기를 써서 애국심을 고취하였다.
③ 『조선사회경제사』를 저술하여 세계사적 보편성 속에서 한국사를 해석하였다.
④ '5천 년간 조선의 얼'이라는 글을 동아일보에 연재하여 민족정신을 고취하였다.

출제영역 신채호의 활동

위의 자료는 『조선상고사』의 서문 구절이다. 신채호는 구한말에는 을지문덕, 최영, 이순신 등의 애국명장의 전기를 써서 애국심을 고취하였으며, 『조선상고사』·『조선사연구초』 등을 집필하며 일제강점기 민족주의 사학 연구를 주도하였다.

오답풀이

① 『여유당전서』는 1934년 안재홍, 정인보, 문일평 등이 조선학운동(1934)의 일환으로 간행한 조선후기 실학자 정약용의 전집이다. 조선학운동은 실학연구를 통해 우리 민족의 전통 사상과 문화 속에서 민족의 고유한 특색을 찾아내고 문화적으로 민족의 주체성을 유지하려는 민족 운동이었다.
③ 『조선사회경제사』는 백남운의 저서로, 사회경제사학의 대표 서적이다.
④ '5천 년간 조선의 얼'을 동아일보에 연재한 것은 정인보로, 1935년 1월부터 연재하였다.

답 ②

103
2023년 지방직

다음 주장을 한 인물에 대한 설명으로 옳은 것은?

> 우리 조선의 역사적 발전의 전 과정은 가령 지리적 조건, 인종학적 골상, 문화 형태의 외형적 특징 등 다소의 차이는 인정되더라도, 다른 문화 민족의 역사적 발전 법칙과 구별되어야 하는 독자적인 것이 아니다. 세계사적인 일원론적 역사 법칙에 의해 다른 민족과 거의 같은 궤도로 발전 과정을 거쳐왔다.

① 민족정신으로서 조선 국혼을 강조하였다.
② 민족주의 사학을 계승하여 조선의 얼을 강조하였다.
③ 마르크스 유물 사관을 바탕으로 한국사를 연구하였다.
④ 진단 학회를 조직하여 문헌 고증을 중시하는 실증주의 사학을 정립하였다.

출제영역 민족문화 수호운동

'민족의 역사적 발전 법칙', '세계사적인 일원론적 역사 법칙' 등의 내용을 통해 제시문이 백남운의 「조선 사회경제사」(1933)의 내용임을 알 수 있다. 백남운은 마르크스의 유물론을 바탕으로 세계사적인 보편적 역사발전 법칙에 따라 조선의 역사도 비슷한 양상으로 전개되었다는 주장을 전개하면서 일본의 식민사관인 정체성 이론을 반박하였다.

오답풀이

① 박은식에 대한 설명이다.
② 정인보에 대한 설명이다.
④ 실증주의 사학을 강조한 이병도, 손진태 등에 대한 설명이다.

답 ③

104

2021년 경찰직 2차

다음 글을 쓴 인물에 대한 설명으로 옳은 것은?

> 우리 민족은 맨손으로 분기하고 붉은 피로써 독립을 구하여 세계 혁명사에 있어 한 신기원을 이룩했다. …… 갑진(甲辰)의정서 6조와 을사늑약 체결 이래 독립운동이 하루라도 그친 적이 없었으니, 독립을 위해 순사(殉死)한 우리의 의병이 수십만이요, 독립을 위해 순사한 우리의 열사가 천백이며, 우리의 지사단(志士團) 중 아직 죽지 않고 국내외로 바삐 뛰어다녀, 독립을 부르짖으면서 국혼(國魂)을 불러일으키는 자 또한 수없이 많다.

① 조선학 운동을 주도하였다.
② '연합성 신민주주의'를 제창하였다.
③ 『을지문덕전』, 『최도통전』 등을 저술하였다.
④ 친일적 대동학회에 대항하여 대동교를 창시하였다.

출제영역 박은식의 사상

제시문은 국혼을 강조한 민족주의 사학자 박은식의 저서 『한국독립운동지혈사』의 일부이다. 박은식은 장지연 등과 1909년 대동교를 창설하여, 당시 친일 유교 단체인 대동학회에 저항하여 민족정신을 기초로 유교를 조직화하는 민족적 종교 운동을 전개하였다.

오답풀이

① 1934년 조선학 운동은 실학에서 자주적인 근대사상과 우리 학문의 주체성을 찾으려는 것으로, 주로 안재홍, 정인보, 문일평 등에 의해 주도되었다.
② 백남운에 대한 설명이다. 백남운은 『조선 민족의 진로』라는 글에서 무산 계급과 유산 계급이 연합하여 사회 해방을 이룬다는 '연합성 신민주주의'를 제창하였다.
③ 신채호에 대한 설명이다. 신채호는 『최도통전(최영)』, 『이순신전』, 『이태리 건국 삼걸전』, 『을지문덕전』 등 장군들과 외국 위인들의 전기를 저술하여 민족의식을 고취하였다.

답 ④

105

2018년 국가직 7급

다음 글의 저자에 대한 설명으로 옳은 것은?

> 국가의 역사는 민족의 소장성쇠(消長盛衰)의 상태를 서술 할지라. 민족을 빼면 역사가 없으며 역사를 빼어 버리면 민족의 그 국가에 대한 관념이 크지 않을지니, 오호라 역사가의 책임이 그 역시 무거울진저 …(중략)… 만일 그렇지 않으면 이는 무정신의 역사이다. 무정신의 역사는 무정신의 민족을 낳으며, 무정신의 국가를 만들 것이니 어찌 두렵지 아니하리오.

① 이순신, 을지문덕 등 위인의 전기를 써 민족의식을 고취하였다.
② 한국의 독립운동 과정을 서술한 「한국독립운동지혈사」를 저술 하였다.
③ '5천년간 조선의 얼'이라는 글을 신문에 연재하여 민족정신을 고취하였다.
④ '조선심'을 강조하며 정약용 연구를 중심으로 한 조선학 운동을 전개하였다.

출제영역 신채호

제시문은 신채호가 「대한매일신보」에 연재한 「독사신론」의 일부를 발췌한 것이다. 그는 이 글에서 만주와 부여족을 중심에 두고 우리 고대사를 서술하여 민족을 역사 전개의 주체로 해석하는 근대 민족주의 역사학의 초석을 이루었다. 신채호에 대한 설명으로 옳은 것은 ①번 선지이다. 신채호는 국권 침탈 이전 시기에 < 이순신전 >, <을지문덕전>, <이태리 건국 삼걸전> 등 외적의 침략에 맞서 싸웠던 영웅들의 전기를 저술하였다.

오답풀이

② 박은식에 대한 설명이다.
③ 양명학자 정인보에 대한 설명이다.
④ 호암 문일평에 대한 설명이다.

답 ①

106

2019년 지방직 7급

밑줄 친 '그'에 대한 설명으로 옳은 것은?

> 일제의 침략이 거세지자 그는 국외로 망명했다. 그는 의열 단장 김원봉의 요청을 받아 '조선혁명선언'을 작성하였다. 이 선언에는 외교 운동에 주력하자는 주장에 반대하고 더욱 적극적인 독립운동을 추진하자는 내용이 담겨 있다.

① 민족주의 역사학을 지향한 「독사신론」을 저술하였다.

② 철저한 문헌 고증을 지향하며 진단학회를 조직하였다.

③ 동학을 천도교로 개편하고 친일적 인물들을 교단에서 내쫓았다.

④ 보편적 역사 발전 법칙에 따라 역사를 기술한 「조선사회경제사」를 집필하였다.

출제영역 신채호

제시문은 신채호의 조선혁명선언중 일부를 발췌한 것이다. 애국계몽 운동기에 신채호는 「을지문덕」, 「이순신전」, 「동국거걸최도통전」과 「이태리건국삼걸전」을 펴내고, . 「독사신론」(1908)을 발표하였다.

오답풀이

② 이병도, 손진태에 대한 설명이다.
③ 동학의 제3대 교주인 손병희에 대한 설명이다.
④ 백남운에 대한 설명이다.

답 ①

107

2022년 간호직 8급

다음 글을 쓴 인물에 대한 설명으로 옳은 것은?

> 유교의 3대 문제는 무엇인가.
> 첫째, 유교파의 정신이 오로지 제왕의 편에 있고 인민 사회에 보급할 정신이 부족한 것이다.
> …(중략)…
> 셋째, 우리 대한의 유가에서는 쉽고 정 확한 가르침[양명학]을 구하지 않고 지루하고 산만한 공부[주자학]만을 전적으로 숭상하는 것이다.
> -「서북학회월보」-

① 단군 신앙을 발전시켜 대종교를 창시하였다.

② 민족의 혼을 강조하며 「한국통사」를 저술하였다.

③ 「조선사연구초」와 「조선상고사」 등을 저술하였다.

④ 「조선 불교 유신론」을 지어 불교의 쇄신과 근대 개혁 운동을 추진하였다.

출제영역 박은식

제시문은 <서북학회월보>(1909. 3.)에 게재된 박은식의 유교구신론의 일부를 발췌한 것이다. 이 논문에서 그는 유교계의 3가지 큰 문제점을 지적하고 유교를 개혁 발전시켜야 한다고 주장하였다. 박은식에 대한 설명으로 옳은 것은 ②번 선지이다. 박은식의 대표 저서로는 일본의 한국 침략 과정을 서술한 「한국통사」(1915), 한국 독립운동의 과정을 서술한 「한국독립운동지혈사」(1920) 등이 있다. 박은식은 「한국통사」 서문에서 나라는 형(形), 역사는 신(神)이라 여겨 역사를 민족정신인 국혼의 전개 과정으로 파악하였다.

오답풀이

① 나철에 대한 설명이다.
③ 신채호에 대한 설명이다.
④ 한용운에 대한 설명이다.

답 ②

108 2022년 서울시 기술직

다음 글을 저술한 인물에 대한 설명으로 가장 옳지 않은 것은?

옛 사람이 이르기를, 나라는 없어질 수 있으나 역사는 없어질 수 없다고 하였으니, 그것은 나라는 형체이고 역사는 정신이기 때문이다. 이제 한국의 형체는 허물어졌으나, 정신만이라도 오로지 남아 있을 수 없는 것인가.

① 유교구신론을 써서 유교의 개혁을 주장하였다.
② 식민 사학 중 정체성론의 근거를 무너뜨리는 데에 기여하였다.
③ 대한민국 임시 정부의 2대 대통령을 역임하였다.
④「한국독립운동지혈사」를 저술하였다.

출제영역 박은식

자료는 박은식의 한국통사 서문의 일부 내용이다. 박은식은 민족정신을 '혼(魂)'으로 파악하고 '혼'이 담겨 있는 민족사의 중요성을 강조하였다. . 박은식은「유교 구신론」을 지었다. 박은식은 이 글을 통해 진취적이고 실천적인 유교 정신을 되살리려 하였다. 1912년에 상하이로 망명한 뒤에는 일본의 한국 침략 과정을 서술한「한국 통사」와 독립운동의 과정을 서술한「한국독립운동지혈사」를 저술하여 일제의 불법적인 침탈을 규탄하였다. 상하이로 건너간 박은식은 1925년에 이승만이 탄핵된 뒤 임시정부의 대통령으로 추대되었다. 박은식은 취임 직후 개헌에 착수하여 국무령 중심의 내각책임제를 채택하였다.

오답풀이

② 백남운에 대한 설명이다.

답 ②

라영환 한국사

STEP 1

단순암기형

10

사회 경제사

(고대/고려/조선/근현대)

단순암기형으로, 무조건 알고 가야하는 필수 문제만 모았습니다!

67 고대의 사회모습

001

2017년 국가직

㉠과 ㉡ 두 인물의 공통된 신분상의 특징으로 옳은 것은?

> ㉠ 은/는 신문왕에게 화왕계를 통하여 조언하였다.
> ㉡ 은/는 진성여왕에게 시무책 10여 조를 올렸다.

① 관등 승진에서 중위제(重位制)를 적용받았다.
② 중앙 관부의 최고 책임자를 독점하였다.
③ 자색(紫色)의 공복을 착용하였다.
④ 왕이 될 수 있는 신분이었다.

출제영역 6두품

신문왕에게 화왕계라는 글을 올린 인물은 원효의 아들인 설총, 진성여왕에게 시무10조를 건의한 인물은 최치원으로 모두 신라 6두품 출신이다. 이들 신분은 골품제에 의해 관등 진출의 상한이 6등급 아찬으로 제한되어 집사부 시중이나 중앙 관부의 장관자리에 올라 갈 수 없었기 때문에 신분 상승에 대한 불만이 많았다. 중위제란 6두품 이하 계층에게 제한된 관등 범위 안에서나마 승진을 허용한 일종의 특진 제도이므로 ①이 정답이다.

오답풀이

② 6두품은 6관등(아찬)까지 승진할 수 있었으며, 상대등·중시·각부의 ~령(집사부령, 병부령) 등 중앙 장관은 될 수 없었다.
③ 6두품은 비색, 청색, 황색 공복을 입을 수 있었으나 자색 공복은 진골귀족만 착용하였다.
④ 왕이 될 수 있는 신분은 성골(내물왕~진덕여왕)과 진골(무열왕~경순왕)이었다.

답 ①

002

2017년 지방직

밑줄 친 인물들이 속한 신분층에 대한 설명으로 옳은 것은?

> • 진덕여왕 2년, 김춘추가 돌아오는 길에 고구려의 순라병을 만났는데, 종자인 온군해가 대신 피살되었고 그는 무사히 신라로 귀국했다.
> • 마침 알천의 물이 불어 김주원이 왕궁으로 건너오지 못하니, 상대등 김경신이 왕위에 올랐다.
>
> - 『삼국사기』 -

① 관등과 상관없이 특정 색깔의 관복을 입었다.
② 골품제의 모순을 비판하며 과거제 도입을 주장하였다.
③ 죄를 지으면 본관지로 귀향시키는 형벌이 적용되었다.
④ 중앙 관부와 지방행정 조직의 장관직에 오를 수 있었다.

출제영역 진골계급의 생활모습

제시된 자료에서 밑줄 친 '김춘추', '김주원', '김경신'은 모두 신라의 진골 출신 인물이다. 신라의 진골은 최고 관등인 이벌찬에 이르는 모든 관직에 진출할 수 있었고, 각 부의 장관인 영(令)을 독점할 수 있었다.

오답풀이

① 신라는 골품에 따라 특정 색깔의 관복을 입지 않고 관등에 따라 관복의 색깔을 달리 하였다. 1~5관등은 자색, 6~9관등은 비색, 10~11관등은 청색, 12~17관등은 황색 관복을 입었다.
② 6두품에 대한 설명이다. 6두품 유학자 중 다수는 도당 유학생이었고, 이들은 신라의 폐쇄적인 사회를 비판하고 유교적 정치 이념을 제시하였다. 6두품 유학자 중에 대표적 인물로는 진성여왕에게 시무 10조를 올린 최치원이 있다.
③ 중앙 관리가 죄를 지으면 본관지로 보내는 '귀향'은 고려 시대에만 존재한 형벌이다. 조선의 경우 고향이 아닌 유배지로 보내는 유형('귀양'형)을 실시했다.

답 ④

003

2019년 서울시 9급

㉠에 관한 설명으로 옳은 것은?

신라에서는 사람을 등용하는 데에 (㉠) 을(를) 따진다. [때문에] 진실로 그 족속이 아니면, 비록 큰 재주와 뛰어난 공이 있더라도 넘을 수가 없다. 나는 원컨대, 서쪽 중국으로 가서 세상에서 보기 드문 지략을 떨쳐서 특별한 공을 세 워 스스로 영광스러운 관직에 올라 고관대작의 옷을 갖추어 입고 칼을 차고서 천자의 곁에 출입하면 만족하겠다.

① 통일신라기에 성립하였다.
② 국학이 설립되면서 폐지되었다.
③ 진골은 대아찬 이상의 고위 관등만 받을 수 있었다.
④ 혈통에 따른 신분제로서 승진의 상한선을 결정했다.

출제영역 골품제도

출신 성분을 따져 사람을 등용한 ㉠은 골품제를 가리킨다. 골품제는 관등 승진의 상한선은 물론 사회생활 전반에 걸쳐 제약을 가하였다. 골품제는 법흥왕 때 정비되어 골품에 따라 관등의 범위가 한정되었다. 진골만이 승진에 제한이 없었고, 6두품은 제6관등인 아찬(阿飡)까지로 승진이 제한되었다. 이러한 관등 승진의 상한선에 따른 불만을 무마하기 위해 중위제를 두기도 하였다.

오답풀이

① 골품제는 중앙 집권 체제를 확립하는 과정에서 성립하였다.
② 골품제는 신라가 멸망할 때까지 유지되었다.
③ 진골은 모든 관등에 등용될 수 있었다.

답 ④

68 고려의 사회모습

004

2021년 국가직

고려시대 향리에 대한 설명으로 옳은 것만을 모두 고르면?

ㄱ. 부호장 이하의 향리는 사심관의 감독을 받았다.
ㄴ. 상층 향리는 과거로 중앙 관직에 진출할 수 있었다.
ㄷ. 일부 향리의 자제들은 기인으로 선발되어 개경으로 보내졌다.
ㄹ. 속현의 행정 실무는 향리가 담당하였다.

① ㄱ
② ㄱ, ㄴ
③ ㄴ, ㄷ, ㄹ
④ ㄱ, ㄴ, ㄷ, ㄹ

출제영역 고려의 향리

고려시대 향리는 신라 하대의 호족에 뿌리를 두고 있으며, 호장·부호장 등 상층의 향리와 지방관을 보좌하는 하층의 향리로 이원적으로 운용되고 있었다. 고려시대에는 지방관이 파견되지 않는 속현과 향·부곡·소에서 향리가 실질적인 지방관의 역할을 하기도 하였기 때문에 조선시대에 비해 향리의 위상이 높았다. 제시문의 ㄱ, ㄴ, ㄷ, ㄹ은 모두 올바른 설명이다.

오답풀이

ㄱ. 사심관 제도는 중앙의 고관들로 하여금 자기 출신지의 사심관으로 임명하여 지방을 통제하도록 한 제도로 사심관은 부호장 이하의 향리를 임명할 수 있었으며, 향리 감독, 풍속 교정 등의 임무 뿐만 아니라 그 지방의 치안에 대한 연대 책임을 지도록 하였다.
ㄴ. 고려 시대 상층 향리는 과거를 통해 중앙 관직에 진출할 수 있었다.
ㄷ. 기인 제도는 지방 호족(향리)의 자제를 인질로 삼아 수도(개경)에 두고 출신지의 일에 대한 고문 역할을 하게 한 제도이다.
ㄹ. 향리는 지방의 토착 세력이자 속현과 특수 행정 구역의 실질적 운영을 담당하는 세력으로 영향력을 행사하였다.

답 ④

005

2020년 국가직

(가)에 들어갈 기관으로 옳은 것은?

> 5월에 조서를 내리기를 "개경 내의 사람들이 역질에 걸렸으니 마땅히 (가) 을/를 설치하여 이들을 치료하고, 또한 시신과 유골은 거두어 묻어서 비바람에 드러나지 않게 할 것이며, 신하를 보내어 동북도와 서남도의 굶주린 백성을 진휼하라."라고 하였다.
>
> - 『고려사』 -

① 의창 ② 제위보
③ 혜민국 ④ 구제도감

출제영역 구제도감

제시된 자료는 고려 예종 때 구제도감을 설치해 병자를 치료한 것과 관련된 내용이다. 구제도감은 가뭄과 홍수 등 자연재해나 전염병 등이 발생했을 때, 병자의 치료와 빈민의 구제를 목적으로 임시로 설치한 기관이다.

오답풀이

① 의창은 빈민 구제 기관으로, 평시에 곡물을 비축하였다가 흉년이 들면 무상으로 미곡 등을 나누어 주었던 빈민 구제 기관이다.
② 광종 때 설치된 제위보는 기금을 조성하여 그 이자로 빈민을 구제하기 위해 만들어진 기관으로 조선 시대 제생원으로 계승되었다.
③ 혜민국은 백성들의 의료를 담당하여 시약(施藥)을 행하던 곳으로 예종 때 설치하였다.

답 ④

006

2017년 사복직

다음 〈보기〉의 ( )에 들어갈 낱말을 바르게 나열한 것은?

> 〈보기〉
>
> 고려의 지배층과 피지배층 사이에는 중류층이 자리 잡고 있었다. 중앙 관청의 말단 서리인 (㉠), 궁중 실무 관리인 (㉡), 직업 군인으로 하급 장교인 (㉢) 등이 있었다.

	㉠	㉡	㉢
①	잡류	역리	군반
②	남반	군반	역리
③	잡류	남반	군반
④	남반	군반	잡류

출제영역 고려의 중인층

고려시대에는 중앙 관서의 아랫자리에서 행정 실무에 종사한 서리를 잡류라 부르며, 궁중의 당직이나 국왕의 호종, 간단한 왕명 전달 등의 실무를 맡은 관리는 남반, 중앙의 직업 군인을 군반이라 불렀다.

오답풀이

역리는 지방의 역(驛)을 관리하였으며, 군사 정보 및 왕명을 전달하거나 사신의 영송과 접대를 주요 업무로 하였다.

답 ③

007

2022년 소방직

㉮ ~ ㉱에 대한 설명으로 옳지 않은 것은?

<고려의 다양한 사회적 지위>

- 지역별 구분
  - 주현의 주민
  - ㉮ 속현의 주민
  - ㉯ 향·소·부곡의 주민
- 직업별 구분
  - ㉰ 정호(서리·향리·하급 장교 등)
  - ㉱ 백정(일반 농민)
  - 수공업자·상인 등

① ㉰는 국가로부터 토지를 지급받았다.
② ㉮와 ㉯에는 수령이 파견되지 않았다.
③ ㉱는 ㉰와 달리 직역을 수행하지 않았다.
④ ㉯의 주민은 과거를 통해 하급 관료가 될 수 있었다.

출제영역

고려의 신분

㉮~㉱에 대한 설명으로 옳지 않은 것은 ④번 선지이다.
향·부곡·소의 주민은 일반 군현민에 비하여 세금 부담이 컸으며, 거주 이전의 제한이 있었다. 또한 과거 응시와 국자감에 입학하는 것이 금지되었다.
향·부곡은 신라에서부터 기록이 보이며, 소는 고려 시대 처음 등장한 것으로 보이며, 조선시대에 들어 이러한 특수행정구역은 소멸하게 된다.

오답풀이

① 정호는 직역에 따라 국가로부터 토지를 지급받았다.
② 속현과 특수 행정구역에는 지방관이 파견되지 않아, 향리가 그 지역을 실질적으로 지배하였다.
③ 일정한 직역이 없는 자를 백정(白丁)이라 하였고, 농민들이 이에 해당하였다.

답 ④

008

2021년 소방직

(가)에 들어갈 기관은?

고려는 백성의 생활을 안정시키기 위한 여러 정책을 추진하였다. 가난한 백성을 진료하고, 의탁할 곳이 없는 백성들을 돌보기 위해 개경에 (가)을 설치하였다.

① 의창 ② 흑창 ③ 상평창 ④ 동서 대비원

출제영역

고려의 사회제도

고려는 동·서 대비원을 설치해 환자를 치료하고 어려운 사람들에게 식량을 나누어 주었다. 개경의 동쪽과 서쪽에 각각 하나씩 있어 동서대비원이라 하였으며, 서경에도 분사(分司) 1원이 있었다.

오답풀이

①, ② 고려는 국초(태조)에 빈민 구제를 위해 흑창을 설치하였고, 이후 흑창은 성종 때 의창으로 개편되었다.
③ 개경, 서경, 12목에 설치되었던 상평창은 물가 조절 기관으로, 곡식 등의 가격이 내렸을 때 사들였다가 값이 오르면 싸게 내다 팔아 백성들의 생활을 안정시키는 데 도움을 주었다.

답 ④

009

2025년 법원직

다음 (가), (나)와 같은 행정 구역에 대한 설명으로 가장 옳은 것은?

> • 명종 6년 망이의 고향인 (가) 을/를 충순현으로 승격시켜 그들을 달래었다.
> • 고종 42년 충주의 (나) 이/가 몽골군을 막는 데 공을 세워 현으로 승격시켰다.

① 군사적인 특수 지역에 설치되었다.
② 일반 군현에 비해 세금 부담이 컸다.
③ 원주, 청주 등 다섯 곳에 설치되었다.
④ 지역 순찰을 위해 안찰사가 파견되었다.

출제영역 특수행정구역

(가)는 명학소를 말하고, (나)는 다인철소를 말한다.
② 고려 시대 특수 행정 구역의 하나인 소에 거주하던 주민들은 일반 군현민에 비해 더 많은 세금을 부담하고 거주지 이전에 제한을 받았다.

오답풀이

① 고려 양계는 북방 민족의 위협에 대비하기 위해 설치된 군사 행정 구역으로 병마사가 파견되어 행정과 군사 업무를 처리하였다. 양계 아래에는 국방상 요충지를 중심으로 진이 설치되었다.
③ 통일 신라는 군사·행정의 요충지에는 5소경을 두어 수도 금성이 동남쪽에 치우친 점을 보완하고 각 지방의 균형있는 발전을 꾀하였다. 5소경은 원주, 청주, 충주, 김해, 남원에 각각 설치되었다.
④ 고려 시대에는 안찰사가 일반 행정 구역이었던 5도에 파견되어 도내 지역을 순찰하였다.

답 ②

010

2017년 경찰직 1차

고려시대 사회 모습에 대한 설명으로 가장 적절하지 않은 것은?

① 개경, 서경 및 각 12목에는 상평창을 두어 물가의 안정을 꾀하였다.
② 향도는 고려 후기에 이르러 자신들의 이익을 위하여 조직되는 향도에서 점차 신앙적인 향도로 변모되었다.
③ 기금을 마련한 뒤 이자로 빈민을 구제하는 제위보가 설치 되었다.
④ 귀양형을 받은 사람이 부모상을 당하였을 때에는 유형지에 도 착하기 전에 7일간의 휴가를 주어 부모상을 치를 수 있도록 하였다.

출제영역 고려의 사회 모습

①, ③ 고려 시대에는 의창을 설치하여 흉년에 빈민을 구제하였고, 개경·서경 및 12목에 상평창을 두어 물가를 안정시켰다. 그리고 개경에 동·서 대비원을 설치하여 환자 진료 및 빈민 구휼을 담당하게 했으며, 광종 때 설치된 제위 보는 기금에서 발생하는 이자를 빈민 구제에 사용하였다.
④ 고려 시대에 귀양형을 받은 사람이 부모상을 당하였을 때에는 부모상을 치를 수 있도록 유형지에 도착하기 전에 7일간의 휴가를 주었다.

오답풀이

② 불교 신앙조직이었던 향도는 고려 후기에 이르러서는 자신들의 이익을 위해 조직되는 향도로 변모되어 상호부조 적인 기능을 수행하였다.

답 ②

011

2017년 지방직 7급

고려 사회에 대한 설명으로 옳은 것만을 모두 고른 것은?

ㄱ. 여성은 재혼이 가능하였다.
ㄴ. 여성은 호주가 될 수 없었다.
ㄷ. 부모의 재산은 아들과 딸의 구분 없이 고르게 상속되었다.
ㄹ. 결혼할 때 여성이 데려온 노비에 대한 소유권은 남편에게 귀속되었다.

① ㄱ, ㄴ ② ㄱ, ㄷ ③ ㄴ, ㄹ ④ ㄷ, ㄹ

출제영역 고려의 사회생활

고려시대에는 가족내에서 여성의 지위가 존중되고 자녀 사이에 차별을 두지 않았다. 여성의 재혼이 자유롭게 이루어졌고, 그 소생 자식의 사회적 진출에도 차별을 두지 않았다. 호적은 남녀 차별없이 태어난 순으로 기재하여 여성이 호주가 되는 경우도 있었고, 부모의 재산은 남녀나 출생 순서에 관계없이 자녀에게 골고루 분배되었다.

오답풀이

ㄴ. 고려 시대에는 여성도 호주가 될 수 있었다.
ㄹ. 결혼할 때 여성이 데려온 노비에 대한 소유권은 여성에게 귀속되었다.

답 ②

69 조선의 신분제도

70 조선의 향촌사회

012

2015년 국가직

조선 전기(15 ~ 16세기) 사림의 향촌을 주도하기 위한 동향으로 옳지 않은 것은?

① 도덕과 의례의 기본 서적인 『소학』을 보급하였다.
② 향사례(鄕射禮), 향음주례(鄕飮酒禮)의 실시를 주장하였다.
③ 향회를 통해서 자신들의 결속을 다지고, 향촌을 교화하였다.
④ 촌락 단위의 동약을 실시하고, 문중 중심으로 서원과 사우를 많이 세웠다.

출제영역 조선 전기의 사회

조선 후기에는 경제의 변동과 신분제의 동요 속에서, 향촌 사회 내부 양반들의 권위가 약해지게 되었다. 양반은 군현을 단위로 농민을 지배하기 어렵게 되자, 촌락 단위의 동약을 실시하거나 족적 결합을 강화함으로써 사기들의 지위를 지켜 나가고자 하였다. 이에 따라 전국에 많은 동족 마을이 만들어지고, 문중을 중심으로 서원, 사우가 많이 세워졌다.

오답풀이

①『소학』은 유교사회의 도덕규범 중 기본적이고 필수적인 내용을 가려 뽑은 책으로, 유학교육의 입문서와 같은 구실을 하였다. 유교 윤리관을 가르칠 목적으로 사학(四學), 향교, 서원, 서당 대부분의 교육기관에서 는 이를 필수 교과로 다루었다.
② 향사례와 향음주례는 중국 주(周) 나라에서 어질고 재능 있는 사람을 왕에게 천거할 때 활을 쏘고, 연회를 베푼 의식에서 비롯되었다. 성종 초에 중앙에 진출한 김종직과 그 문인들은 향촌 질서의 확립을 위한 구체적인 방도로서 향사례와 향음주례의 시행을 건의하였다.
③ 향촌 사회의 사림은 자신들의 명단인 향안을 작성하고, 정기적으로 향회를 개최하여 자신들의 결속을 다지는 동시에 지방민을 통제하였다.

답 ④

013 2017년 지방직

우리나라 족보에 대한 설명으로 옳지 않은 것은?

① 조선후기에 부유한 농민들은 족보를 사거나 위조하기도 하였다.
② 조선초기의 족보는 친손과 외손을 구별하지 않고 모두 수록하였다.
③ 현존하는 가장 오래된 족보는 성종 7년에 간행된 『문화류씨가정보』이다.
④ 조선시대에는 족보가 배우자를 구하거나 붕당을 구별하는데 중요한 자료로 활용되기도 하였다.

출제영역 조선의 족보

족보는 가문의 내력을 정리한 것으로, 조선시대에는 혼인이나 붕당 구별에서 매우 중요한 역할을 하였다. 현존하는 족보 중에서 가장 오래된 것은 성종 7년(1476)에 간행된 『안동권씨 성화보』이다. 『문화류씨가정보』는 명종 20년(1565)년에 간행되었다.

오답풀이

① 조선후기 중농~부농 이상 계층의 경우, 양반으로의 신분상승을 위해 유명 가문의 족보를 구매하거나 위조하는 경우가 많았다.
② 조선초기 족보는 고려시대의 영향을 받아서 친손과 외손, 부녀자 등을 구분하지 않고 모두 수록하였다. 조선후기에는 가부장적 질서가 강해져서 친가를 중심으로 수록되었다.
④ 조선시대에는 족보가 혼인이나 붕당 구별에서 매우 중요한 역할을 하였다.

답 ③

014 2021년 소방직

(가)에 들어갈 말로 옳지 않은 것은?

> 변징원에게 임금이 "그대는 이미 흡곡현령(歙谷縣令)을 지냈으니 백성을 다스리는 데 무엇을 먼저 하겠는가?"라 고 물었다. 그는 "마땅히 칠사(七事)를 먼저 할 것입니다."라고 하였다. 임금이 말하기를 "이른바 칠사라는 것은 무엇인가?"라고 하니 변징원이 "칠사란 (가) 이 바로 그것입니다."라고 답하였다.
>
> - 『성종실록』 -

① 호구를 늘게 하는 것
② 학교 교육을 장려하는 것
③ 수령의 비리를 감찰하는 것
④ 공정하게 세금을 징수하는 것

출제영역 조선의 관직제도(수령)

수령 7사(守令七事)란 조선 시대 지방관에 관한 인사 제도의 하나로 수령의 근무 평가 기준이 되는 7가지 임무를 말한다. ③의 수령 비리 감찰은 수령의 역할로는 적합하지 않다. 수령의 비리를 감찰하는 것은 수령의 지휘·감독을 맡은 관찰사의 역할이었다.

오답풀이

①, ②, ④ 『경국대전』 이전(吏典) 고과조에 따르면 수령 7사는 ㉠ 농사와 양잠의 흥성[농상성(農桑盛)], ㉡ 호구의 증가[호구증(戶口增)], ㉢ 학교 교육의 진흥[학교흥(學校興)], ㉣ 군정의 바른 처리[군정수(軍政修)], ㉤ 부역의 균등한 부과[부역균(賦役均)], ㉥ 송사의 간명한 처리[사송간(詞訟簡)], ㉦ 간사하고 교활한 풍속을 없애는 일[간활식(奸猾息)]의 7가지 책무를 말한다.

답 ③

015 2022년 법원직

밑줄 친 '이 기구'에 대한 설명으로 가장 옳지 않은 것은?

> • 앞서 이 기구의 사람들이 향중(鄕中)에서 권위를 남용하여 불의한 짓을 행하니, 그 폐단이 많았습니다. 그래서 선왕께서 폐지하였던 것입니다. 간사한 아전을 견제하고 풍속을 바로잡는 것은 수령이 해야 할 일인데, 만약 모두 이 기구에 위임한다면 수령은 할 일이 없지 않겠습니까?
> • 전하께서 다시 이 기구를 세우고 좌수와 별감을 두도록 하였는데, 나이가 많고 덕망이 높은 자를 추대하여 좌수로 일컫고, 그 다음으로 별감이라 하여 한 고을을 규찰하고 관리하게 하였다. -『율곡전서』-

① 경제소를 통해 중앙의 통제를 받았다.
② 향촌 사회의 풍속을 교화하는 데 기여하였다.
③ 수령을 보좌하고 향리를 감찰하는 역할을 하였다.
④ 전통적 공동조직에 유교 윤리를 가미하여 만들었다.

출제영역 유향소

밑줄 친 '이 기구'는 유향소이다. 아전을 견제하고 풍속을 바로 잡는 것을 위임, 좌수, 별감 등을 통하여 유향소임을 알 수 있을 것이다. 유향소는 악질 향리를 규찰하고 향촌의 풍속을 바로 잡기 위해 조직한 자치기구였다. 조선의 수령은 임기가 짧고, 자기 출신 지역으로 부임할 수 없었기에, 그 고을의 사정에 밝은 향리 계층의 협조가 반드시 필요하여 유향소가 설치되었으며, 지방 사족들은 유향소에 참여하여 향촌의 주도권을 잡고자 하였다. ④번 선지는 향약에 대한 설명이다.

오답풀이

① 중앙의 경재소를 통하여 지방의 유향소를 통제하였다. 정부의 고관으로 하여금 자기 출신 지역의 경재소를 관장하게 하여, 그 지역의 유향소 품관을 임명, 감독하게 하였다.
②, ③ 유향소의 가장 큰 역할이 악질 향리를 견제하고 향촌의 풍속을 교화하는 것이라 할 수 있다.

답 ④

016 2017년 기상직 9급

다음 직업을 가진 사람들에 대한 설명으로 옳은 것을 〈보기〉에서 고른 것은?

> 수군, 조례, 나장, 일수, 봉수군, 역졸, 조졸
>
> 〈보기〉
>
> ㄱ. 사람들이 기피하는 천한 역을 담당하였다.
> ㄴ. 법제상 양인에 속해 있었다.
> ㄷ. 매매·상속·증여의 대상이 되는 비자유민이었다.
> ㄹ. 수령의 행정 실무를 보좌하는 역할을 담당하였다.

① ㄱ, ㄴ ② ㄱ, ㄷ ③ ㄴ, ㄷ ④ ㄴ, ㄹ

출제영역 신량역천

신량역천은 양인 중에서 천역을 담당하는 계층이었다. 칠반천역으로 불린 수군, 조례(관청의 잡역 담당), 나장(형사업무와 죄인의 압송), 일수(지방관아의 잡역), 봉수군(봉수업무), 역졸(역의 업무), 조졸(조운업무)을 말한다.

오답풀이

ㄷ. 노비에 대한 설명이다.
ㄹ. 향리에 대한 설명이다.

답 ①

017

2018년 서울시 7급

<보기>의 (갑)은 조선시대 신분층에 대한 설명이다. (갑)에 대한 내용으로 가장 옳지 않은 것은?

> 〈보기〉
> 무릇 (갑)의 매매는 관청에 신고해야 하며 사사로이 몰래 사고 팔았을 때는 관청에서 (갑)과 그 대가로 받은 물건을 모두 몰수한다. 나이 16세 이상 50세 이하는 값이 저화 4천장이고, 15세 이하 50세 이상은 3천장이다.
> -「경국대전」-

① 재산으로 취급되어 매매나 상속의 대상이 되었다.
② 부모 모두가 (갑)일 경우에만 그 자녀도 (갑) 신분이 되었다.
③ 주인과 떨어져 독립된 생활을 하며 신공(身貢)을 바치기도 했다.
④ 국가에 소속된 경우 관청의 잡무 처리와 물품 제작에 참여했다.

출제영역 조선의 노비

제시된 (갑)은 노비이다. 노비는 주인에게 예속된 재산으로 간주되어 매매, 증여, 상속의 대상이 되었다. 개인에 예속된 사노비는 솔거노비와 외거노비로 구분되었고, 국가에 소속된 공노비는 선상(選上)노비와 납공(納貢)노비로 구분된다. 솔거노비는 주인과 함께 살며 허드렛일을 하였고, 외거노비는 독립된 가호와 가계를 유지하면서 매년 신공을 바쳐야 했다.

오답풀이

② 일천즉천 제도가 일반적으로 시행되어 부모 중 한쪽이 노비일 경우 그 자녀도 노비가 되었다.

답 ②

018

2025년 법원직

다음 조선 시대 (가), (나) 교육 기관에 대한 설명으로 가장 옳은 것은?

> • (가) 에는 양인 이상의 신분이면 누구나 입학할 수 있었으며, 생원·진사시를 준비하는 교육을 받았다. 동학, 서학, 남학, 중학이 있었다.
> • (나) 은/는 성현에 대한 제사와 유생의 교육, 주민의 교화를 위해 부·목·군·현에 하나씩 설치되었다. 이에 대한 관리를 수령 7사에 포함시켜 수령의 평가 기준으로 삼았다.

① (가)는 한성에 설치되었다.
② (가)는 풍기 군수 주세붕에 의해 처음 세워졌다.
③ (나)는 흥선 대원군 때 전국에 47개소만 남기고 폐지되었다.
④ (나)에 입학하기 위해서는 생원 또는 진사의 지위를 지녀야 했다.

출제영역 4부 학당과 향교

(가)는 4부학당이며, (나)는 향교에 대한 설명이다. 4부 학당은 동학, 서학, 남학, 중학으로 나뉘었으며, 각각의 학당에서는 유학을 중심으로 교육이 진행되었다. 향교는 각 지방(부·목·군·현)에 하나씩 설치된 관립 중등 교육기관으로, 성균관과 마찬가지로 유학 교육을 중심으로 운영되었으며, 중앙에서 교수와 훈도가 파견되었다.
① 4부 학당은 한양에 설치된 관립 중등 교육기관으로, 서울에 거주하는 학생들을 위한 교육 기관이었다.

오답풀이

② 중종 37년(1542년) 풍기 군수 주세붕은 고려 말 성리학을 전래한 안향을 제사 지내기 위해 백운동 서원을 만들었다. 이후 백운동 서원은 명종 시기인 1550년 이황이 풍기 군수로 재직 당시 이황의 건의로 사액 서원이 되었다.
③ 흥선 대원군은 전국의 서원을 47개소만 남기고 철폐하였는데, 당시 서원은 지방 양반들의 세력 기반이 되어 각종 면세와 면역의 특권을 누렸고, 지역 농민을 가혹하게 수탈하여 원성을 샀기 때문이었다.
④ 성균관에 대한 설명이다. 성균관은 1395년 설립되었고, 유학 이념을 유생들에게 가르쳤다.

답 ①

019 (2017년 기상직 9급)

다음 자료에 대한 설명으로 옳은 것을 〈보기〉에서 고른 것은?

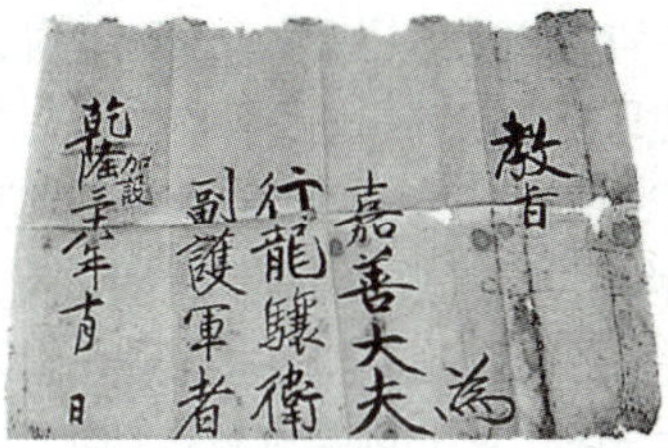

〈보기〉

ㄱ. 양반 수의 증가를 야기하였다.
ㄴ. 세금 징수의 근거 자료로 활용되었다.
ㄷ. 부계 중심의 가족 제도를 뒷받침하였다.
ㄹ. 국가 재정을 보충하기 위해 발행되었다.

① ㄱ, ㄴ ② ㄴ, ㄷ ③ ㄷ, ㄹ ④ ㄱ, ㄹ

출제영역 공명첩

자료는 백지 임명장인 공명첩이다. 관직을 임명하는 교지에 대상자의 이름이 빈칸으로 남겨진 것을 통해 이를 알 수 있다. 공명첩은 임진왜란 중에 처음 나타났는데, 조선 후기 정부가 재정부족을 메우기 위해 발행하였다.

오답풀이

ㄴ. 호적과 양안에 대한 설명이다.
ㄷ. 조선 후기에 작성된 족보에 대한 설명이다.

답 ④

020 (2020년 국가직)

다음 사실이 있었던 시기의 향촌사회에 대한 설명으로 옳지 않은 것은?

황해도 봉산 사람 이극천이 향전(鄕戰) 때문에 투서하여 그와 알력이 있는 사람들을 무고하였는데, 내용이 감히 말할 수 없는 문제에 저촉되었다.

① 향전의 전개 속에서 수령의 권한이 강화되었다.
② 신향층은 수령과 그를 보좌하는 향리층과 결탁하였다.
③ 수령은 경재소와 유향소를 연결하여 지방통치를 강화하였다.
④ 재지사족은 동계와 동약을 통해 향촌사회에 대한 영향력을 유지하려 하였다.

출제영역 조선 후기의 향촌 사회

제시된 자료는 조선 후기의 향전과 관련된 내용이다. 향전은 새로 양반 세력으로 편승된 부농층이 지방 향약의 주도권을 차지하기 위해 기존 양반층과 벌인 향권 생탈선이었다. ③의 경재소가 운영된 것은 조선 전기의 일이다. 조선 전기, 중앙 정부는 경재소와 유향소를 연결하여 지방 통치를 원활하게 하고자 하였다.

오답풀이

① 조선 후기, 향전의 발생으로 수령과 향리의 권한이 강해지는 결과를 가져왔다.
② 조선 후기, 경제력을 갖춘 부농층(신향층)은 수령과 그를 보좌하는 향리 세력과 결탁하여 향안(鄕案)에 이름을 올렸다.
④ 조선 후기, 재지사족은 군현 단위로 농민을 지배하기 어렵게 되자 촌락 단위의 동약과 동계를 실시하였다.

답 ③

021
2022년 지방직

밑줄 친 ‘이들’에 해당하는 것은?

> 이들의 과거 응시와 벼슬을 제한한 것은 우리나라의 옛법이 아니다. 그런데 『경국대전』을 편찬한 뒤부터 이들을 금고(禁錮)하였으니, 아직 백 년이 채 되지 않았다. 또한 다른 나라에 이러한 법이 있다는 말은 듣지 못했다. 경대부(卿大夫)의 자식인데 오직 어머니가 첩이라는 이유만으로 대대로 이들의 벼슬길을 막아, 비록 훌륭한 재주와 쓸만한 자질이 있어도 이를 발휘할 수 없게 하였으니, 참으로 안타깝다.

① 향리 ② 노비 ③ 서얼 ④ 백정

출제영역 서얼

밑줄 친 ‘이들’은 서얼이다. 서얼 금고에 대한 것과 어머니가 첩이라는 이유로 벼슬길이 막혔다는 표현 등을 통해 서얼임을 알 수 있다. 서얼에 대한 차별 완화로 기억할만한 것이 정조 시기의 정유절목(1777년)과 규장각 검서관 기용, 철종 시기의 신해허통(1851년, 청요직 진출 허용)등이 있다.

오답풀이

① 고려·조선 시대에 지방 행정실무를 담당하였던 이서층을 말하며, 고려와 비교해 볼 때 조선의 향리는 점차 지위가 격하되었다.
② 전근대사회에서 신분제는 크게 귀족·양인·천민으로 구분되는데, 노비는 천민층으로 매매, 상속, 증여의 대상이 되었다.
④ 백정은 고려시대에 가장 광범위하게 존재한 농민층을 의미하였는데, 조선 시대에 들어 도살업·유기제조업·육류판매업 등에 종사하던 이들을 지칭하게 되었다.

답 ③

022
2020년 국가직

(가), (나) 신분층에 대한 설명으로 옳지 않은 것은?

> 오래도록 막혀 있으면 반드시 터놓아야 하고, 원한은 쌓이면 반드시 풀어야 하는것이 하늘의 이치다. (가) 와/과 (나) 에게 벼슬길이 막히게 된 것은 우리나라의 편벽된 일로 이제 몇백 년이 되었다. (가) 은/는 다행히 조정의 큰 성덕을 입어 문관은 승문원, 무관은 선전관에 임명되고 있다. 그런데도 우리들 (나) 은/는 홀로 이 은혜를 함께 입지 못하니 어찌 탄식조차 없겠는가?

① (가)의 신분 상승 운동은 (나)에게 자극을 주었다.
② (가)는 수차례에 걸친 집단 상소를 통해 관직 진출의 제한을 없애 줄 것을 요구하였다.
③ (나)에 해당하는 인물로는 정조 때 규장각 검서관으로 등용된 유득공, 박제가, 이덕무 등이 있다.
④ (나)는 주로 기술직에 종사하며 축적한 재산과 탄탄한 실무경력을 바탕으로 신분 상승을 추구하였다.

출제영역 서얼, 중인

제시된 자료는 중인의 통청 운동과 관련된 내용이다. 따라서 (가)는 서얼, (나)는 중인을 일컫는다. ③에서 정조 때 규장각 검서관으로 등용된 유득공, 박제가, 이덕무 등은 모두 서얼 출신이다.

오답풀이

① 서얼의 통청 운동에 자극을 받아 중인들도 1850년대에 대대적인 연합 상소 운동(소청 운동)을 벌였다.
② 서얼은 여러 차례의 집단 상소 운동을 벌여 청요직으로 진출하는 것을 허용해 달라고 요구하였다.
④ 중인들은 주로 기술직에 종사하며 축적한 재산과 탄탄한 실무 경력을 바탕으로 신분 상승을 추구하였다.

답 ③

023

2020년 법원직

다음 상소가 작성되었던 시기에 볼 수 있었던 모습으로 가장 옳은 것은?

> 작위의 높고 낮음은 조정에서만 써야 할 것이고 적자와 서자의 구별은 한 집안에서만 통용되어야 할 것입니다. …… 공사천 신분이었다가 면천된 이들은 벼슬을 받기도 하고 아전이었다가 관직을 받은 이들은 높은 자리에 오르기도 하는데 저희들은 한번 낮아진 신분이 대대로 후손에게 이어져 영구히 서족이 되어 훌륭한 임금이 다스리는 세상임에도 그저 버려진 사람들이 되어 있습니다.

① 외래문화 수용에 선구적 역할을 한 역관
② 포구에서 상품 매매를 중개하며 성장한 덕대
③ 왕의 명령으로 혼일강리역대국도지도를 제작하는 관리
④ 대규모 통청 운동으로 중앙 관직 진출이 허락된 기술직 중인

출제영역 서얼

제시된 사료는 정조 시기 서얼들이 제기한 청요직 통청을 바라는 상소문으로, 상소문이 올려졌던 조선 후기의 사회 모습을 찾아야 한다. 서얼들은 철종 대 신해허통(1851) 조치로 법적으로 차별이 철폐되었고, 이는 기술직 중인들의 신분상승운동에 자극을 주기도 했다. 중인들의 신분상승운동은 비록 실패했으나 조선후기 중인들의 성장은 새로운 사회 수립에 이바지하였는데, 특히 중국을 왕래하면서 경제력을 갖추게 된 역관들이 서학을 비롯한 외래문화를 수용하는 데 선구적 역할을 하여 개화사상의 성립에 영향을 끼치기도 했다.

오답풀이

② 조선 후기 포구가 발달하고, 덕대가 성장한 것은 맞으나 개념이 잘못 연결되었다. 포구에서 상품 매매를 중개하며 성장한 것은 객주·여각이며, 덕대는 조선 후기 광산 경영에 종사한 광산업 전문가를 말한다.
③ 『혼일강리역대국도지도』는 태종의 명에 따라 이회, 이무 등이 1402년에 제작하였다.
④ 서얼 허통에 자극을 받은 기술직 중인들은 철종 대 대규모 통청 운동을 벌였으나 실패하였다.

답 ①

024

2018년 법원직

다음 사회현상에 대한 설명으로 옳지 않은 것은?

> 영덕의 오래된 가문은 모두 남인이며, 이른바 신향(新鄕)은 모두 서리와 품관의 자손으로 자칭 서인이라고 하는 자들이다. 근래 신향이 향교를 주관하면서 구향(舊鄕)과 마찰을 빚었다. - 승정원 일기 -

① 부농층은 수령과 결탁하여 향안에 이름을 올렸다.
② 수령과 결탁한 부농층은 향촌사회를 완전히 장악하였다.
③ 향전은 수령과 향리의 권한이 강해지는 결과를 가져왔다.
④ 세도정치 아래에서 농민수탈이 극심해지는 배경이 되었다.

출제영역 향촌 질서의 변화(향전)

제시된 자료는 조선 후기 향전에 대한기록이다. 조선 후기 부농층이 새롭게 성장하면서 수령과 결탁하여 향안에 이름을 올리고 향회를 장악하고자 하였다.새로운 세력인 신향은 기존의 재지사족인 구향과 향촌의 운영을 둘러싸고 대립을 하게 되었는데, 이를 향전이라고 한다. 향촌 사회에서 양반의 힘이 약해지고 수령과 향리 등 관권이 강화됨에 따라 향회는 지방 양반의 이익을 대변하던 자치 기구에서 수령의 부세 자문 기구로 성격이 변하였다. 수령과 향리 등 관권의 강화는 세도정치 아래에서 농민수탈이 극심해지는 배경이 되었다.

오답풀이

② 조선 후기에 부농층이 성장하기는 하였지만 향촌사회를 완전히 장악하는데는 실패하였다.

답 ②

025

2015년 국가직

밑줄 친 '우리'에 해당하는 계층의 활동으로 옳은 것은?

> 아! 우리는 본시 모두 사대부였는데 혹은 의(醫)에 들어가고 혹은 역(譯)에 들어가 7, 8대 또는 10여 대를 대대로 전하니 …(중략)… 문장과 덕(德)은 비록 사대부에 비길 수 없으나, 명공(名公) 거실(巨室) 외에 우리보다 나은 자는 없다.

① 집단으로 상소하여 청요직(淸要職) 허통(許通)을 요구하였다.
② 형평사를 창립하고, 평등한 대우를 요구하는 형평 운동을 펼쳤다.
③ 관권과 결탁하고 향회를 장악하여, 향촌 사회에서 영향력을 키우려 하였다.
④ 유향소를 복립하여 향리를 감찰하고 향촌 사회의 풍속을 바로잡으려 하였다.

출제영역 조선후기의 사회(중인)

역(譯, 통역), 의(醫, 의료인)에 종사했다는 구절에서 '우리'가 '기술직 중인'임을 알 수 있다. 조선후기 중인들은 서얼의 신분 상승에 자극을 받아 대규모의 소청 운동을 일으켰으나 성공하지는 못하였다. 이들은 중국을 왕래하면서 무역 활동에도 참여하여 경제력을 갖춘 역관들이 서학을 비롯한 외래문화를 수용하여 개화사상의 성립에 큰 영향을 주었다.

오답풀이

② 도축업에 종사하던 백정들에 대한 설명이며, 형평사를 설립한 것 역시 일제강점 시기이다. 백정들은 신분 차별과 멸시를 타파하기 위해 1923년 경남 진주에서 조선 형평사를 조직하여 형평 운동을 전개하였다.
③ 조선 후기 부농층에 대한 설명이다. 경제력을 갖춘 부농층은 수령을 중심으로 한 관권과 결탁하여 향안에 이름을 올리는가 하면, 향회를 장악하여 향촌 사회에서 영향력을 키우려 하였다.
④ 사림에 대한 설명이다. 유향소는 조선 시대 지방 군현의 수령을 보좌하던 자문기관으로 조선 초기에 설치와 폐지를 반복하다가 성종 집권기부터 꾸준히 유지되었다.

답 ①

71 고대의 수취 · 토지 제도

72 고대의 농업 · 수공업 · 상업 · 대외교류

026

2019년 국가직

(가) 시기의 경제 상황에 대한 설명으로 옳은 것은?

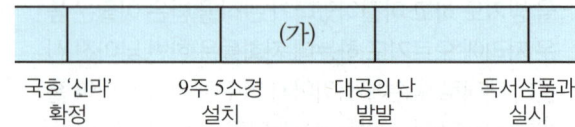

		(가)		
	국호 '신라' 확정	9주 5소경 설치	대공의 난 발발	독서삼품과 실시

① 백성에게 정전을 처음으로 지급하였다.
② 시장을 감독하는 관청인 동시전을 신설하였다.
③ 백성의 구휼을 위하여 진대법을 제정하였다.
④ 청주(菁州)의 거로현을 국학생의 녹읍으로 삼았다.

출제영역 신라 중대의 경제 상황

제시된 자료에서 국호 '신라' 확정은 지증왕(500~514), 9주 5소경 설치는 신문왕(681~692), 귀족들 대부분이 참가하여 전국적으로 일어난 반란인 대공의 난은 혜공왕(765~780), 독서삼품과 실시는 원성왕(785~798) 때의 일이다. 신라 성덕왕(702~737)은 722년에 강화된 국가의 토지 지배력을 바탕으로 농민들에게 처음으로 정전을 지급하였다.

오답풀이

② 신라 지증왕(500~514)은 508년에 시장을 감독하는 관청으로 동시전을 설치하였다.
③ 고구려 고국천왕(179~197)은 194년에 재상 을파소의 건의에 따라 춘대추납을 원칙으로 하는 빈민 구휼 제도인 진대법을 실시하였다.
④ 신라 소성왕(799~800)은 청주 거노현(지금의 거제로 추정)을 국학생의 녹읍으로 주었다.

답 ①

027

2017년 지방직

'신라촌락(민정)문서'를 통해서 알 수 있는 내용으로 옳지 않은 것은?

① 인구를 중시하여 소아의 수까지 파악했다.
② 내시령과 같은 관료에게 토지가 지급되었다.
③ 촌락의 경제력을 파악할 때 유실수의 상황을 반영했다.
④ 촌락을 통제하기 위해서 지방관으로 촌주가 파견되었다.

출제영역 신라 민정문서

민정문서는 1933년 일본 도다이사 쇼쇼인에서 발견된 서원경과 그 부근의 4개 촌락에 대한 행정조사자료로, 촌주가 3년마다 작성하였다. 통일 신라의 지방 행정 체계에서는 말단 단위로 촌이 존재했는데, 촌에는 지방관을 파견하지 않고 토착 세력을 촌주로 삼았다.

오답풀이

① 민정문서에는 1~9세의 어린 아이를 남자는 '소자' 여자는 '소녀'로 구분하여 소아의 수까지 상세히 기록하고 있다.
② 민정문서에 기록된 토지의 종류는 내시령답, 연수유답, 촌주위답, 관모전답 등이 있다. 이 중 내시령답은 내시령과 같은 관료에게 지급된 토지이다.
③ 민정문서에는 촌락의 경제력을 파악하기 위해 뽕나무, 잣나무, 호두나무 등의 유실수도 기록하였다.

답 ④

028

2018년 서울시 2차

<보기>의 통일 신라시대의 경제제도를 시간순으로 바르게 나열한 것은?

<보기>

ㄱ. 중앙과 지방의 여러 관리에게 매달 주던 녹봉을 없애고 다시 녹읍을 주었다.
ㄴ. 중앙과 지방 관리들의 녹읍을 폐지하고 해마다 조(租)를 차등 있게 주었으며 이를 일정한 법으로 삼았다.
ㄷ. 처음으로 백성들에게 정전(丁田)을 지급하였다.
ㄹ. 교서를 내려 문무 관료들에게 토지를 차등 있게 주었다.

① ㄴ - ㄱ - ㄹ - ㄷ　② ㄴ - ㄹ - ㄱ - ㄷ
③ ㄹ - ㄷ - ㄴ - ㄱ　④ ㄹ - ㄴ - ㄷ - ㄱ

출제영역 통일 신라 토지제도의 변천

통일신라의 토지제도 변천과정을 나타낸 것이다. 이를 순서대로 나열하면,
ㄹ. 관료전 지급은 신문왕 때인 687년이다.
ㄴ. 녹읍의 폐지는 신문왕 때인 689년이다. 관료전을 먼저 지급하여 관료들의 경제기반을 보장해준 뒤, 녹읍 폐지가 이루어질 수 있었다는 사실에 주의해야 한다.
ㄷ. 정전(丁田)의 지급은 성덕왕 때인 722년이다.
ㄱ. 녹봉을 없애고 녹읍을 다시 지급한 것은 경덕왕 때인 757년이다.

답 ④

029

2024년 지역인재

다음 내용의 문서를 작성한 국가에 대한 설명으로 옳은 것은?

> 호수는 모두 11호이다. …(중략)… 이 중 3년 전부터 살아온 사람과 지난 3년 사이에 태어난 사람을 합하면 145명이다. …(중략)… 말은 모두 25마리 …(중략)… 소는 모두 22마리 …(중략)… 뽕나무는 모두 1,004그루인데 지난 3년 사이에 더 심은 것이 90그루이고, 이전부터 있던 것이 914그루이다.

① 낙랑, 대방군을 축출하였다.
② 골품제라는 신분 제도가 있었다.
③ 전성기에 당으로부터 해동성국이라 불렸다.
④ 수도를 5부로, 지방을 5방으로 편성하였다.

출제영역 신라 촌락문서

제시문은 통일신라의 조세 수취자료인 신라 촌락문서이다. 1933년 일본 도다이사 쇼쇼인에서 발견된 서원경과 그 부근의 4개 촌락에 대한 행정조사 자료로, 촌주가 3년마다 작성하였다.

② 골품제는 신라가 중앙 집권 체제를 확립하는 과정에서 성립하였다. 골품제는 법흥왕 때 정비되어 골품에 따라 관등의 범위가 한정되었으며 사회생활 전반에 걸쳐 제약을 가하였다. 골품제는 신라가 멸망할 때까지 유지되었다.

오답풀이

① 고구려 미천왕은 313년에 낙랑군을 축출하여 중국 세력을 한반도에서 완전히 쫓아냈다. 낙랑군이 한반도에서 축출됨에 따라 고구려와 백제는 접경하였다.
③ 발해 선왕은 영토를 넓히고 지방제도를 완비하여 국가적 전성기를 맞이하였다. 중국에서는 발해를 바다 동쪽의 융성한 나라라는 뜻에서 해동성국이라 불렀다.
④ 백제는 성왕 때 5부 5방의 지방제도를 정비하고 22부의 중앙 관서를 설치했다.

답 ②

030

2018년 지방직 7급

다음 자료에 해당하는 국가에 대한 설명으로 옳지 않은 것은?

> 재상가는 녹(祿)이 끊이지 않았다. 노동(奴僮)이 3,000명이고, 비슷한 수의 갑옷과 무기, 소, 말, 돼지가 있었다. 바다 가운데 섬에서 길러 필요할 때에 활로 쏘아서 잡아 먹었다. 곡식을 꾸어서 갚지 못하면 노비로 삼았다.

① 천문박사와 누각박사를 두었다.
② 인구는 남녀 각각 연령에 따라 6등급으로 구분하였다.
③ 수도에 서시(西市)와 남시(南市)가 새로이 설치되었다.
④ 지방에서 수취한 조세를 수도로 이송하는 조운 체계가 확립되었다.

출제영역 통일신라의 경제와 문화

제시된 자료는 신라 하대 귀족들에 대한 설명이다.
① 통일신라 성덕왕때 천문관측과 시간측정을 위해 천문박사와 누각박사를 두었다.
② 신라 민정문서의 기록에 의 하면 인구(人口)는 연령과 성별에 따라 6등급으로 구 분 하였으며, 호구(戶口)는 인정(人丁)의 다과에 따라 9 등급으로 나누었다.
③ 통일 후 신라는 경주의 인구가 증가하고 상품 생산이 늘어나 동시만으로 상품 수요를 감당할 수 없게 되어 효소왕 때 서시와 남시를 설치하였다.

오답풀이

④ 조운 제도는 고려시대부터 확립되었다.

답 ④

031 2011년 국가직 7급

통일신라의 경제에 대한 설명으로 옳지 않은 것은?

① 경주 인구의 증가로 상품 생산이 늘어 동시, 서시, 남시 등의 시장이 설치되었다.

② 역(役)은 군역과 요역으로 이루어졌으며, 대체로 16~60세의 남자에게 부과되었다.

③ 무역의 확대로 중국 산둥반도와 양쯔강 하류에 신라방, 신라소, 신라관, 신라원 등이 설치되었다.

④ 귀족은 녹읍과 식읍을 통해 그 지역 농민을 지배하면서, 조세와 공물을 거두었으나, 노동력의 동원은 불가능하였다.

출제영역 통일신라 경제

통일신라의 경제에 대한 설명으로 옳지 않은 것은 ④번 선지이다. 녹읍과 식읍은 고을(邑) 단위로 그 지역의 조세와 공물 수취뿐만 아니라 노동력을 징발할 수 있는 권한을 준 것으로 이해하는 것이 통설이다. 반면 관료전이나 전시과 제도에서는 조세 수취권만을 부여한 것으로 본다. 녹읍과 식읍의 차이는 식읍은 주로 공을 세운 대가로 지급되는 일회적인 것으로, 녹읍은 복무에 대한 대가로 지급받는 일반적인 것으로 이해한다.

오답풀이

① 신라 소지왕 대에 처음 시장이 개설되었으며, 지증왕 대에 동시전이 설치되었으며, 효소왕 대에 서시와 남시가 증설되었다.
② 신라의 정남은 16~60세의 남자로 이해하는 것이 일반적이다.
③ 8세기 중엽 이후 신라와 당의 관계가 원활해지고 양국 간의 인적, 물적 교류가 활발해짐에 따라 많은 신라인들이 당에 건너가 거주하였다. 이러한 집단 자치 구역을 신라방이라 하고, 자치적 행정기구를 신라소, 신라 사신의 유숙소를 신라관, 신라 사람들이 세운 절을 신라원이라 하였다.

답 ④

73 고려의 토지 · 수취제도

74 고려의 농업 · 수공업 · 상업 · 무역

032 2024년 국가직

고려의 경제 상황에 대한 설명으로 옳은 것은?

① 진대법이라는 구휼 제도를 시행하였다.

② 건원중보가 발행되었으나 널리 이용되지 못하였다.

③ 광산 경영 방식에서 덕대제가 유행하기 시작하였다.

④ 전통적 농업 기술을 정리한 「농사직설」이 편찬되었다.

출제영역 고려의 경제 상황

고려의 경제 상황에 대한 옳은 설명을 묻고 있다. 금속 화폐인 건원중보가 주조된 것은 고려 성종 15년인 996년의 일이다(최초의 철전). 액면가 표시가 없었는데, 종전까지 화폐 대용으로 사용된 포(布), 토산물과 함께 사용되었으니 디점(茶店)이나 주점 (酒店), 식미점(食味店) 등에서만 사용되는 등 널리 유통되지는 못하였다.

오답풀이

① 진대법(賑貸法)이라는 구휼 제도를 시행한 것은 고구려 고국천왕 16년인 194년의 일이다((일종의 빈 민 구제책).
③ 광산 경영방식에서 덕대제가 유행하기 시작한 것은 조선 후기의 일이다. 덕대(德大)는 일종의 광산전문 경영자로 광주(鑛主)와 계약을 맺고 덕대자신의 채산으로 광업을 경영하였다.
④ 전통적 농업 기술을 정리한 「농사직설」이 편찬된 것은 조선 세종 11년인 1429년의 일이다. 정초, 변효문 등이 (왕명을 받아) 우리 풍토에 맞는 농법을 종합하여 편찬한 농업 서적이며, 관찬(官撰)으로 간행되었다.

답 ②

033 2022년 국가직

밑줄 친 '이 나라'의 경제 상황에 대한 설명으로 옳지 않은 것은?

> 이 나라에는 관리에게 정해진 면적의 토지에서 조세를 거둘 수 있는 권리를 나누어주는 전시과라는 제도가 있었다. 농민은 소를 이용해 깊이갈이를 하기도 했으며, 시비법의 발달로 휴경지가 점차 줄어들었다. 밭농사는 2년 3작의 윤작법이 점차 보급되었다. 이 나라의 말기에는 직파법 대신 이앙법이 남부 지방 일부에 보급될 정도로 논농사에 변화가 나타났다. 또한 이암에 의해 중국 농서인 『농상집요』도 소개되었다.

① 재정을 운영하는 관청으로 삼사를 두었다.
② 공물 부과 기준이 가호에서 토지로 바뀌었다.
③ 생산량의 10분의 1에 해당하는 조세를 거두었다.
④ '소'라는 행정구역의 주민이 국가에서 필요로 하는 물품을 생산하였다.

출제영역 고려의 경제 상황

밑줄 친 '이 나라'는 고려이다. '밭농사의 2년 3작, 남부 일부 지역 이앙법 보급' 등으로 시기를 특정하기가 좀 애매한 부분이 있기는 하지만, 이암이 '농상집요'를 소개하였다는 점에서 고려로 특정할 수 있다. 고려의 경제 상황에 대한 설명으로 옳지 않은 것은 ②번 선지이다. 공물 부과 기준을 가호에서 토지로 바꾼 것은 조선의 대동법이다.

오답풀이

① 조선의 3사와 달리, 고려의 삼사는 재정과 회계를 맡았다.
③ 고려는 생산량의 10분의 1을 조세로 거두었다.
④ '소'의 주민은 수공업품 생산을 강제 받았다.

답 ②

034 2025년 법원직

(가) ~ (라)는 다음의 토지 제도를 처음 시행한 왕이다. (가) ~ (라) 왕에 대한 설명으로 가장 옳지 않은 것은?

< 고려 토지 제도의 변천 >

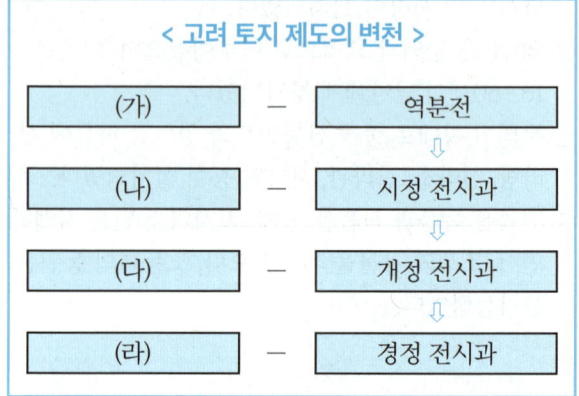

왕	토지 제도
(가)	역분전
(나)	시정 전시과
(다)	개정 전시과
(라)	경정 전시과

① (가)는 훈요 10조를 남겼다.
② (나)는 사색공복제도를 제정하였다.
③ (다)는 강조의 정변으로 폐위되었다.
④ (라)는 이자연의 딸을 왕비로 맞았다.

출제영역 고려 국왕의 업적

제시문은 고려 토지제도의 변천을 설명하고 있다. 역분전은 태조 대에, 시정 전시과는 경종 대에, 개정 전시과는 목종 대에, 경정 전시과는 문종 대에 각각 지급되었다.
② 고려 광종은 960년에는 자·단·비·녹색으로 구분, 관리의 공복을 제정하여 관료의 위계질서를 확립하였다. 시정전시과에서는 이 사색 공복을 기준으로 하여 관품을 반영하였다.

오답풀이

① 훈요 10조는 태조가 후대 왕들에게 지킬 것을 당부하며 남긴 가르침이다. 불교 숭상, 중국 문화의 선택적 수용과 거란 배척, 서경 중시, 연등회와 팔관회 중시 등의 내용이 담겨 있다.
③ 강조의 정변이란 목종의 어머니이던 천추태후와 김치양이 불륜 관계를 맺고 대량원군(현종)을 제거 후 자신들이 낳은 자식을 왕위에 올리려는 것을 강조에게 진압당한 사건이다. 강조는 정변 이후 목종을 폐위하여 살해하고 현종을 옹립하였다.
④ 이자연은 고려전기 문신으로서 자신의 딸 세 명을 모두 문종과 혼인시켜 왕의 장인이 되었다.

답 ②

035

2017년 국가직

다음에서 설명하고 있는 화폐가 사용된 시기의 경제 상황으로 옳은 것은?

> 초기에는 은 1근으로 우리나라 지형을 본떠 만들었는데 그 가치는 포목 100필에 해당하는 고액이었다. 주로 외국과의 교역에 사용되었으며 후에 은의 조달이 힘들어지고 동을 혼합한 위조가 성행하자, 크기를 축소한 소은병을 만들었다.

① 청해진이 설치되어 무역권을 장악하였다.
② 동시전이 설치되어 시장을 감독하였다.
③ 책, 차 등을 파는 관영상점을 두었다.
④ 이앙법이 전국적으로 보급되었다.

출제영역 고려의 경제 활동

제시된 자료는 고려 숙종시기 제작된 '은병'에 대한 설명으로 민간에서는 '활구'라고 불리었다. 이후 원간섭기에는 은병의 크기를 축소한 소은병이 있었다. 숙종은 의천의 건의로 주전도감을 설치하여 은병과 삼한 통보, 해동통보, 해동중보 등의 동전을 만들어 유통시키려 하였으나 귀족들의 반발과 자급자족의 경제 활동으로 농민들은 화폐의 필요성을 거의 느끼지 못하였다. 이 시기(고려 전기) 고려는 개경, 서경, 동경 등 대도시에 책을 파는 서적점, 술을 파는 주점(酒店), 차를 파는 다점(茶店) 등 관영상점을 두었다.

오답풀이

① 청해진은 신라 하대 흥덕왕 때 장보고의 건의로 완도에 설치하였다.
② 동시전은 신라 지증왕 때 설치된 시장 감독관청이다.
④ 이앙법의 전국적인 확대는 조선 후기에 이루어졌다.

답 ③

036

2016년 국가직

전시과 제도의 변천 과정을 나타낸 것이다. (가) 제도에 대한 〈보기〉의 설명으로 옳은 것만을 모두 고른 것은?

시정전시과 (경종 1년, 976)	⇨	개정전시과 (목종 1년, 998)	⇨	(가) (문종 30년, 1076)

〈보기〉

ㄱ. 4색 공복을 기준으로 등급을 나누었다.
ㄴ. 산직(散職)이 전시의 지급 대상에서 배제되었다.
ㄷ. 등급별 전시의 지급 액수가 전보다 감소하였다.
ㄹ. 무반과 일반 군인에 대한 대우가 전반적으로 향상되었다.

① ㄱ, ㄴ ② ㄷ, ㄹ ③ ㄱ, ㄴ, ㄷ ④ ㄴ, ㄷ, ㄹ

출제영역 고려의 전시과 제도

제시된 자료의 (가) 제도는 문종 대의 경정 전시과이다. 경정 전시과에 대한 설명으로 옳은 것은 ㄴ, ㄷ, ㄹ이므로 ④가 정답이다.

ㄴ. 문종 시기에는 귀족이나 관료들의 토지 독점과 세습이 심화되면서, 관리에게 지급할 수조지가 부족해지게 되자, 공음전(5품 이상)과 한인전·구분전(6품 이하)을 제외하고, 현직 관리에게만 수조권을 지급하는 경정 전시과를 마련하였다.
ㄷ. 경정 전시과는 개정 전시과에 비해 토지 분급량이 더욱 축소되면서 제15과 이하로는 시지가 지급되지 않았다.
ㄹ. 경정 전시과는 무신에게 지급된 과등이 크게 향상되어 무신에 대한 차별 대우가 어느 정도 완화되었는데, 이는 거란과의 항쟁 과정에서 무신에 대한 인식이 달라졌거나, 이들이 담당한 직역이 고역(苦役)이라는 점을 감안해 준 결과로 파악된다.

오답풀이

ㄱ. 4색 공복을 기준으로 등급을 나누어 분급한 것은 경종 대의 시정 전시과이다. 광종 때 시행한 관복제도를 고려하여 토지를 지급하였다.

답 ④

037 2017년 지방직

고려시대 토지 종목 중 ㉠에 해당하는 것은?

원종 12년 2월에 도병마사가 아뢰기를, "근래 병란이 일어남으로 인해 창고가 비어서 백관의 녹봉을 지급하지 못하여 사인(士人)을 권면할 수 없었습니다. 청컨대 경기 8현을 품등에 따라 (㉠)으로 지급하소서."라고 하였다. -『고려사』-

① 공음전 ② 구분전 ③ 녹과전 ④ 사패전

출제영역 고려의 토지 제도

병란 등으로 인해 백관의 녹봉을 지급하지 못하게 되어 경기 8현의 토지를 지급했다는 내용을 통해 ㉠에 들어갈 토지가 원종 시기의 녹과전임을 알 수 있다. 고려는 무신 집권기와 대몽 항쟁기를 거치면서 권세가들의 토지 점탈로 전시과 체제가 붕괴되어 관리들에게 토지를 지급 할 수 없게 되었는데, 이에 원종은 관리의 생계를 위하여 일시적으로 경기 8현의 토지를 녹과전으로 지급하였다.

오답풀이

① 공음전은 고려 문종 시기 경정 전시과 시행 이전에 지급한 토지로, 5품 이상의 관료에게 주어졌으며 세습이 가능하였다.
② 구분전은 고려 시대 군인의 유가족이나 하급 관리에게 지급한 토지이다.
④ 사패전은 고려 후기 몽골 침략 이후 황폐해진 농경지를 복구하고 유민들을 정착시키기 위해 황무지를 백성이나 관리에게 분급한 것이다. 그러나 원간섭기 권문세족들과 공신들에게 무분별하게 주어지면서 권세가들이 농장을 확대하는 원인이 되기도 하였다.

답 ③

038 2019년 법원직

(가) 제도와 관련된 설명으로 가장 적절한 것은?

고려의 토지제도는 대체로 당(唐)의 제도를 모방하였다. 경작하는 토지의 수를 헤아리고 그 비옥함과 척박함을 나누어, 문무의 백관으로부터 부병(府兵)과 한인(閑人)에 이르기까지 과(科)에 따라 받지 않은 자가 없었으며, 또한 과에 따라 땔나무를 베어낼 땅도 지급하였으니, 이를 일컬어 (가) 라고 하였다. -「고려사」-

① 광종 때 처음으로 만들어졌다.
② 양반전은 원칙적으로 세습이 허용되었다.
③ 목종 때에는 인품을 기준으로 토지를 지급하였다.
④ 문종 때에는 지급 대상을 현직 관리로 제한하였다.

출제영역 전시과 제도

(가)는 관직 복무의 대가로 토지와 시지를 지급한 전시과 제도이다. 경종 때 관직의 높고 낮음과 함께 인품을 반영한.시정 전시과를 시행 하였다. 목종 때 개정 전시 과에서는 인품 요소를 배제하고 오로지 관품만을 기준으로 18과로 나누어 차등 지급하였다. 문종 때 시행된 경정 전시과는 현직 관료에게만 과전을 배분하고 퇴직시 반납하도록 하였으며 산관은 지급대상에서 배제하였다.

오답풀이

① 경종 때 전시과가 처음 만들어졌다.
② 관직 복무와 직역에 대한 대가로 지급되었던 양반전, 즉 과전은 관직에서 물러날 때에는 토지를 국가에 반납하는 것이 원칙이었다.
③ 목종 대의 개정 전시과에서는 인품의 요소가 배제되고 오로지 관품만을 기준으로 지급하였다.

답 ④

039 2020년 국가직 7급

우리나라 토지제도에 대한 설명으로 옳지 않은 것은?

① 태조 왕건은 역분전을 지급하였다.
② 신문왕은 관료전을 지급하고 녹읍을 폐지하였다.
③ 세조는 현직 관리에게만 과전을 지급하는 직전제를 시행하였다.
④ 목종은 인품과 공복을 기준으로 토지를 지급하는 시정 전시과를 시행하였다.

출제영역 역대 토지 제도

우리나라 토지 제도에 대한 설명으로 옳지 않은 것은 ④번 선지이다. 목종이 아니라 경종이 인품과 공복을 기준으로 하는 시정 전시과를 시행하였다. 목종이 시행한 개정 전시과는 인품을 고려하지 않고 관품에 따라 토지를 분급하였다.

오답풀이

① 태조 왕건은 후삼국 통일 과정에서 공이 있는 사람에게 역분전을 지급하였다. 역분전은 관직의 높고 낮음에 상관없이 공로와 충성도 및 인품에 따라 수조권을 분배하였다. 역분전은 논공행상의 성격이 강하고, 세습이 가능한 영업전(永業田)의 성격을 띤다.
② 신문왕 7년(687) 관료전을 지급하고, 신문왕 9년(689) 녹읍을 폐지하였다. 녹읍이 그 지역의 노동력도 수취할 수 있었던 것과 달리 관료전은 조세를 수취할 수 있는 권리만 준 것으로 귀족의 경제적 기반이 축소되는 결과를 가져왔다.
③ 과전법 체제에서 과전은 원칙상 세습을 허용하지 않았으나, 수신전·휼양전 등의 명목으로 세습되는 토지가 증가하여 수조권을 분급할 토지가 부족하게 되었다. 이에 세조는 현직 관료에게만 수조권을 지급하는 직전제를 시행하였다.

답 ④

040 2022년 법원직

밑줄 친 '왕'의 재위 시기에 있었던 사실로 옳은 것을 〈보기〉에서 모두 고른 것은?

> 주전도감에서 왕에게 아뢰기를 "나라의 백성이 돈을 사용하는 것의 유리함을 이해하고 그것을 편리하다고 생각하게 되었으니 이 사실을 종묘에 고하십시오." 라고 하였다. 이 해에 또 은병도 만들어 화폐로 사용하였는데, 그 제도는 은 한 근으로 만들되 우리나라의 지형을 따서 만들었고, 민간에서는 활구라고 불렀다.
>
> 〈보기〉
>
> ㄱ. 해동통보가 발행되었다.
> ㄴ. 의천이 화폐 주조를 건의하였다.
> ㄷ. 원의 화폐인 지원보초가 유통되었다.
> ㄹ. 저화라고 불린 지폐가 제작되어 사용되었다

① ㄱ, ㄴ　② ㄱ, ㄷ　③ ㄴ, ㄹ　④ ㄷ, ㄹ

출제영역 숙종(주전도감)

숙종은 의천의 건의에 따라 주전도감을 설치하고 삼한통보, 해동통보, 등의 동전과 은으로 우리나라 지형을 본떠 만든 활구를 통용시켰다. 고려 성종 때 우리나라 최초의 철전인 건원중보를 만들어 유통시켰으나 널리 이용되지는 못하였다.

오답풀이

ㄷ. 원 간섭기에 대한 설명이다.
ㄹ. 고려 말 공양왕 때 저화가 처음 제작되었다.

답 ①

041

2018년 서울시 2차

고려시대의 경제생활에 대한 설명으로 옳은 것을 〈보기〉에서 모두 고른 것은?

〈보기〉

ㄱ. 성종은 건원중보를 만들어 전국적으로 사용하게 하려 했으나 성공하지 못하였다.
ㄴ. 고려후기 관청수공업이 쇠퇴하면서 민간수공업이 발달하였다.
ㄷ. 예성강 어귀의 벽란도는 고려의 국제 무역항이었다.
ㄹ. 원간섭기에는 원의 지폐인 보초가 들어와 유통되기도 하였다.

① ㄱ, ㄴ, ㄷ　② ㄱ, ㄷ, ㄹ
③ ㄴ, ㄷ, ㄹ　④ ㄱ, ㄴ, ㄷ, ㄹ

출제영역 고려의 경제생활

위는 고려시대 경제활동과 관련된 지문들이다. 건원중보의 유통, 국제 무역항 벽란도, 고려 후기 민간수공업 발달, 원 간섭기 보초 유통 모두 고려시대 경제활동과 일치하는 설명이다. 따라서, 옳은 것을 모두 고른 ④번이 정답이다.

ㄱ. 성종 대 철전 발행을 시작으로 숙종 대에 삼한통보, 해동통보 발행 등에 이르기까지 고려시대에 화폐(동전) 유통은 성공한 적이 없었다. 이는 유통경제의 미성숙 및 동전 재료 부족 등으로 인한 것으로 파악되며, 실제로 화폐가 널리 유통되기 시작한 것은 조선후기에 이르러서이다.
ㄴ. 고려 전기에는 관청수공업과 소(所) 수공업이 중심이 되었으나, 후기에는 민간 수공업과 사원 수공업이 발달하였다.
ㄷ. 예성강 하구의 벽란도에는 송, 요, 대식국의 상인들이 유입되었으며, 이 때 '고려(Corea 또는 Korea, Corée)'라는 명칭이 세계에 알려졌다고 한다.
ㄹ. 원 간섭기에는 원의 지폐인 보초(중통보초, 지원보초)가 들어와 유통되기도 하였다.

답 ④

75 조선의 토지제도, 고려~조선의 화폐 변천

76 조선의 수취제도

042

2024년 지방직

(가) ~ (라)를 시기 순으로 바르게 나열한 것은?

(가) 지주에게 결작이라 하여 토지 1결당 미곡 2두씩을 부담 시켰다.
(나) 전세를 풍흉에 관계없이 토지 1결당 미곡 4 ~ 6두로 고정시켰다.
(다) 조세는 토지 1결당 수확량 300두의 10분의 1 수취를 원칙으로 삼았다.
(라) 조세를 토지 비옥도와 풍흉의 정도에 따라 1결당 최고 20두에서 최하 4두로 하였다.

① (다) → (라) → (가) → (나)
② (다) → (라) → (나) → (가)
③ (라) → (다) → (가) → (나)
④ (라) → (다) → (나) → (가)

출제영역 조선 시대의 수취 제도

조선 시대의 수취 제도 (가)~(라)를 시기 순으로 바르게 나열한 것은 ②번 선지이다.

(다) 과전법 제정 시(공양왕 3년, 1391) 수취 원칙: 토지 1결당 수확량을 300두로 보고, 그 10분의 1에 해당하는 30두를 수취하는 원칙을 세웠다.
(라) 공법(전분 6등·연분 9등법, 세종 26년, 1444): 세종은 토지의 비옥도에 따라 토지를 6등급으로 나누고, 그 해의 풍흉에 따라 9등급으로 나누어 토지 1결당 최고 20두에서 최하 4두로 전세를 수취하였다.
(나) 영정법(인조 13년, 1635): 정식 명칭은 영정과율법이다. 공법 체제의 운영이 번잡하여 15세기 말부터 사실상 최저 세율인 4~6두를 징수하는 것이 관례가 되었고, 인조 13년에 이를 법제화한 것이다.
(가) 결작 신설(영조 27년, 1751): 균역법을 시행하면서 재정상의 부족분을 보충하기 위하여 토지 1결당 2두씩을 결작이라는 이름으로 수취하였다.

답 ②

043

2017년 지방직

밑줄 친 제도에 대한 설명으로 옳은 것은?

> 국왕이 말했다. "나는 일찍부터 이 제도를 시행해 여러 해의 평균을 파악하고 답험(踏驗)의 폐단을 영원히 없애려고 한다. 신하들부터 백성까지 두루 물어보니 반대하는 사람은 적고 찬성하는 사람이 많으므로 백성의 뜻도 알 수 있다."

① 토지의 비옥도에 따라 조세를 차등 징수하였다.
② 풍흉에 상관없이 1결 당 4~6두를 조세로 징수하였다.
③ 토지 소유자에게 1결 당 미곡 12두를 조세로 징수하였다.
④ 토지 소유자에게 수확량의 10분의 1을 조세로 징수하였다.

출제영역 조신 초기 공법의 도입)

위 지문에서 소개하는 '이 제도'는 세종 시기에 도입된 공법이다. 세종은 전주의 답험 손실 폐단을 시정하고자 풍흉을 고려하여 연분 9등제를 만들고, 이와 더불어 비옥도를 고려하여 전분 6등제를 마련하였다.

오답풀이

② 조선 후기에 도입된 영정법과 관련한 설명이다. 16세기부터 전세는 풍흉에 관계없이 최저 세율에 따라 쌀 4~6두를 고정적으로 징수하는 관례가 형성되었는데, 영정법은 이러한 관례를 법제화한 것이다.
③ 양란 이후에 도입된 대동법에 대한 설명으로, 기존의 특산품 공납을 토지 1결 당 대동미 12두 징수로 바꾸었다.
④ 공법에서는 1/10이 아니라 1/20의 조세를 부과하였다.

답 ①

044

2018년 법원직

(가) 세금 제도에 관한 설명으로 옳은 것은?

> 우의정 김육이 아뢰다. "… (중략) … (가) 는/은 역을 고르게 하여 백성을 편안케 하니 실로 시대를 구할 수 있는 좋은 계책입니다. … (중략) … 다만 교활한 아전은 명목이 간단함을 싫어하고 모리배들은 방납하기 어려움을 원망하여 반드시 헛소문을 퍼뜨려 어지럽게 할 것입니다. 삼남에는 부호가 많은데 이 법의 시행을 부호들이 좋아하지 않으나 국가에서 법령을 시행할 때에는 마땅히 소민들이 원하는 대로 해야 합니다."

① 풍흉에 관계없이 1결당 쌀 4~6두씩을 내게 하였다.
② (가)의 실시로 공인이라는 특허 상인이 등장하게 되었다.
③ (가) 시행 이후에는 현물 납부가 완전히 사라지게 되었다.
④ (가)의 시행으로 줄어든 재정을 보충하고자 선무군관포가 신설되었다.

출제영역 대동법의 시행

(가)는 광해군 시기에 경기도에 시범 시행된 대동법이다. 대동법은 기존의 공납의 폐해를 혁파하고자 특산품을 토지세로 전환하여 쌀·면포·화폐로 부과하였고, 이렇게 납부된 세금으로 특산품 조달상인인 공인에게 특산품을 사들였다.

오답풀이

① 풍흉에 관계없이 1결 당 4~6두를 부과한 것은 인조 13년(1635)에 제정된 영정법이다. 이는 연분9등법에 따른 1결 당 4~6두를 부과한 관행을 법제로 공식화한 것이다.
③ 대동법 이후에도 별공, 진상 등의 명목으로 여전히 특산품의 현물 납부가 지속되었다.
④ 선무군관포 시행은 대동법이 아니라 균역법의 시행으로부터 비롯되었다. 균역법의 시행으로 군포 수입이 줄어들게 되면서 그 세수를 메꾸고자 부유한 양인들로 새로 구성된 군관에게 포를 거두기 시작한 것이 선무군관포의 유래이다.

답 ②

045

2019년 서울시 2차

〈보기〉와 같은 폐단을 해결하기 위해 실시한 제도에 대한 설명으로 가장 옳지 않은 것은?

〈보기〉

각 고을에서 공물을 상납하려 할 때 각 관청의 사주인들이 여러 가지로 농간을 부려 좋은 것도 불합격 처리를 하기 때문에 바칠 수가 없게 되었습니다. 이리하여 사주인은 자기가 갖고 있는 물품으로 관청에 대신 내고 그 고을 농민들에게는 자기가 낸 물건 값을 턱없이 높게 쳐서 열배의 이득을 취하니, 이것은 백성의 피와 땀을 짜내는 것입니다. - 선조실록 -

① 광해군 시기에 실시하였다.
② 토지 결수를 기준으로 1결당 쌀 12두를 납부하게 하였다.
③ 왕실과 관청에서 필요한 수요품을 구해 납품하는 덕대가 등장하였다.
④ 물품 구매와 상품 수요가 증가하면서 상품 화폐 경제가 한층 발전하였다.

출제영역 대동법의 이해

자료는 방납의 폐단을 보여주는 사료로, 방납의 폐단을 시정하기 위해 실시한 제도는 대동법이다. 대동법이 실시되면서 공인이라는 어용상인이 나타났는데, 이들은 공납 청부업자로 관청에서 공가를 미리 받아 필요한 물품을 사서 납부하였다. ③의 덕대는 조선 후기 광산 경영 전문가를 말하며 대동법과는 관련이 없다.

오답풀이

① 대동법은 경기도에서 처음 시행(1608, 광해군)되었다.
② 대동법의 시행으로 농민은 대체로 토지 1결당 미곡 12두만 납부하면 되었기 때문에 공물 부담은 없어지거나 어느 정도 경감되었다.
④ 대동법의 실시로 공인이 시장에서 많은 물품을 구매하였으므로, 상품 수요가 증가하였다. 농민도 대동세를 내기 위하여 토산물을 시장에 내다 팔아 쌀, 베, 돈을 마련하였으며, 이와 같이 물품의 수요와 공급이 증가하면서 상품 화폐 경제가 한층 발전하게 되었다.

답 ③

046

2023년 국가직

(가)에 대한 설명으로 옳지 않은 것은?

임진왜란 이후에 우의정 유성룡도 역시 미곡을 거두는 것이 편리하다고 주장하였으나, 일이 성취되지 못하였다. 1608년에 이르러 좌의정 이원익의 건의로 (가) 을/를 비로소 시행하여, 민결(民結)에서 미곡을 거두어 서울로 옮기게 하였다. - 『만기요람』 -

① 장시의 확대에 기여하였다.
② 지주에게 결작을 부과하였다.
③ 공납의 폐단을 막기 위해 실시하였다.
④ 공인에게 비용을 지급하고 필요 물품을 조달하였다.

출제영역 대동법

1608년에 좌의정 이원익의 건의로 비로소 시행되었다는 점을 통해 (가)가 대동법임을 알 수 있다. 대동법은 집집마다 부과하여 토산물을 징수하던 공물 납부 방식을 토지의 결수에 따라 쌀, 삼베나 무명, 동전 등으로 납부하게 하는 제도로, 1608년 광해군 때 경기도에 처음 실시된 후 점차 확대되어 1708년 숙종 때 잉류 지역인 함경도와 평안도, 제주도를 제외한 전국에서 시행되었다. ②의 결작은 영조 때 실시된 균역법에서 부족한 수세액을 보충하기 위한 재정보완책으로 실시된 제도이다.

오답풀이

①, ③, ④ 공납의 폐단을 막기 위해 대동법이 실시되면서 공인이라는 어용 상인이 나타났다. 이들은 관청에서 공가를 미리 받아 필요한 물품을 사서 납부하였다. 공인이 시장에서 많은 물품을 구매하였으므로 상품 수요가 증가하였다. 농민도 대동세를 내기 위하여 토산물을 시장에 내다팔아 쌀, 베, 돈을 마련하였다. 이와 같이 물품의 수요와 공급이 증가하면서 장시 등이 활성화되고 상품 화폐 경제가 한층 발전하였다.

답 ②

047 2019년 서울시 9급

조선 태종 대의 주요 정책에 대한 설명으로 가장 옳은 것은?

① 사섬서를 두어 지폐인 저화를 발행하였다.
② 상평통보를 발행하여 화폐경제를 촉진하였다.
③ 지계를 발급하여 토지소유권을 공고히 하였다.
④ 연분 9등법과 전분 6등법을 시행하여 조세제도를 개편하였다.

출제영역 태종의 경제정책

태종때 사섬서를 설치하고, 저화를 발행하여 통용시켰다. 그러나 전국적으로 저화가 사용되지 않고 쌀과 삼베만 거래 수단으로 기능하여, 지방과 서울에서도 포전의 사용을 허용하였다.

오답풀이

② 조선 후기 숙종 시기에 대한 설명이다.
③ 대한제국 시기에 대한 설명이다.
④ 세종 시기에 대한 설명이다.

답 ①

048 2020년 국가직 7급

다음 정책을 시행한 시기를 시대순으로 바르게 나열한 것은?

(가) 경기도에 처음으로 대동법을 시행하였다.
(나) 종래 상민에게만 거두었던 군포를 양반에게도 징수하였다.
(다) 풍년과 흉년에 관계없이 전세를 고정시키는 영정법을 시행하였다.
(라) 신해통공으로 육의전을 제외한 시전의 금난전권을 폐지하였다.

① (가) → (다) → (라) → (나)
② (가) → (라) → (다) → (다)
③ (다) → (가) → (라) → (나)
④ (다) → (라) → (나) → (가)

출제영역 조선의 경제 정책

조선의 경제 정책을 시대순으로 옳게 나열한 것은 ①번 신지이다.

(가) 대동법 처음 시행(1608): 광해군 즉위년에 이원익의 건의에 따라 경기도에 처음으로 대동법(선혜법)이 시행되었다.
(다) 영정법 시행: 인조 13년(1635)에 영정법(영정과율법)이 처음 시행 되었다. 풍흉에 관계없이 전세를 4~6두로 고정시킨 것이다.
(라) 신해통공(1791): 정조 15년(1791)에 육의전을 제외한 시전의 금난전권을 폐지하였다.
(나) 호포제 실시(1871): 고종 8년(1871) 종래의 군포를 호포라 개칭하고 양반들에게도 군포를 징수하였다.

답 ①

049

2019년 법원직

밑줄 친 ㉠의 폐단을 시정하고자 실시한 제도와 관련된 설명으로 가장 옳은 것은?

> 정인홍이 아뢰기를 "민생이 곤궁한 것은 공상할 물건은 얼마 되지도 않는데 [㉠] 으로 모리하는 무리에게 들어가는 양이 거의 3분의 2가 넘고, 게다가 수령이 욕심을 부리고 아전이 애를 먹여서 그 형세가 마치 삼분 오열로 할거하듯 하니 민생이 어찌 곤궁하지 않겠습니까."
>
> \- 선조실록 -

① 공납의 호세화가 촉진되었다.
② 상품 화폐 경제의 발달에 영향을 주었다.
③ 영조 대에 토지 1결당 쌀 4두를 징수하였다.
④ 농민들의 군포부담이 2필에서 1필로 줄어들었다.

출제영역 대동법

부족한 국가 재정을 보완하고 농민의 부담을 경감시키기 위한 방편으로 대동법이 실시되었다. 대동법에 따라 농민들은 대체로 토지 1결당 미곡 12두(처음에는 16두)를 납부하였다. 이 때문에 토지가 과세 기준이 되어 공납의 전세화가 촉진되었다. 대동법 실시 이후 정부에서 필요로 하는 물품을 전문적으로 조달하는 공인이 등장하였다. 공인들이 시장에서 많은 물품을 구매하였으므로 상품수요가 증가하였고 이로인해 상품 화폐 경제가 한층 발전하였다.

오답풀이

① 대동법에 따라 토지가 과세 기준이 되어 공납의 전세화가 촉진되었다.
③ 인조 때 토지 1결당 쌀 4두를 징수하였다(영정법).
④ 영조 때 균역법이 시행되면서 농민들의 군포부담이 1필로 줄어들었다.

답 ②

77 조선의 농업 · 수공업 · 광업

78 조선의 상업 · 무역

050

2020년 지방직 7급

조선 후기의 시대 상황으로 옳지 않은 것은?

① 벼농사에서 이앙법이 널리 보급되면서 노동력이 절감되고 수확량이 늘어났다.
② 담배, 인삼, 채소 등 상품작물을 재배하는 상업적 농업이 발달하였다.
③ 고구마 종자는 청(淸)에 파견된 연행사가 가져왔다.
④ 밭에서의 재배 방식으로 견종법(畎種法)이 보급되었다.

출제영역 조선 후기 농업 변화

① 조선 후기의 농민들은 제초 노동력을 절약하면서도 더 많은 수확을 올릴 수 있는 모내기법을 확대하였다.
② 조선 후기에 농민들은 시장에 팔기 위한 담배, 인삼, 채소 등 상품 작물을 재배하는 상업적 농업이 발달하였다. 특히, 쌀의 상품 화가 활발하였다.
④ 조선 후기에 밭농사에서는 깊이 판 밭고랑에 곡식을 심는 견종법이 보급되었다.

오답풀이

③ 고구마는 통신사로 갔던 조엄이 일본에서 가져왔으며 감자는 청에서 종자를 가져왔다.

답 ③

051

2024년 지역인재

다음 자료가 작성된 시기에 대한 설명으로 적절하지 않은 것은?

> 밭에 심는 것은 9곡뿐이 아니다. 모시, 오이, 배추, 도라지 등의 농사를 잘 경작하면 조그만 밭이라도 얻는 이익이 헤아릴 수 없이 크다. 한성 내의 읍과 도회지의 파밭, 마늘밭, 배추밭, 오이밭에서는 10무(畝)의 땅으로 많은 돈을 번다. 서쪽 지방의 담배밭, 북쪽 지방의 삼밭, 한산의 모시밭, 전주의 생강밭, 강진의 고추밭, 황주의 지황밭은 모두 논 상상등(上上等) 이익의 10배에 달한다.
>
> -「경세유표」-

① 근친혼과 동성혼이 성행하였다.
② 민간인에게 광산 채굴을 허용하고 세금을 부과하였다.
③ 일부 농민이 농법 개량, 광작 등을 통해 부농으로 성장하였다.
④ 일부 상민이 공명첩, 납속책 등을 통해 양반이 되려 하였다.

출제영역 조선후기 역사적 사실

상품작물과 정약용의 저서인 경세유표를 보고 조선 후기임을 알 수 있다.
① 근친혼과 동성혼이 성행하던 시기는 고려 시대였다. 고려에서는 왕실의 동성혼 내지 근친혼이 매우 성행하였으며, 이와 같은 풍속은 왕실 이하에도 널리 퍼져 있었다.

오답풀이

② 조선 후기 민영 광산을 허용해 주는 대신 세금을 징수한 설점수세제가 시행되었고, 광산 경영 방식에서 덕대제가 등장하였다.
③ 시비법과 이앙법이 발달하여 절감된 노동력을 바탕으로 경작지의 규모를 확대하는 광작이 가능해졌던 것은 조선 후기에 이르러서였다. 이러한 광작에 참여한 일부 농민들은 부농층으로 성장하였다.
④ 공명첩은 군공을 세운 사람 또는 납속을 한 사람에게 주어졌으며, 양인은 공명첩을 통해 관직 임명장을 주거나 국역을 면하게 해 주었으며, 천인은 면천을 시켜주었다. 한편, 납속책은 부족한 재정 보충 및 빈민구제를 목적으로 돈이나 곡물을 납부한 사람에게 특혜를 준 정책이었다.

답 ①

052

2021년 법원직

자료에 해당하는 시기의 경제 상황에 대한 설명으로 가장 옳은 것은?

> "내 조금 시험해 볼 일이 있어 그대에게 만 금(萬金)을 빌리러 왔소." 하였다. 변씨는 "그러시오."하고 곧 만금을 내주었다. …… 대추, 밤, 감, 배, 석류, 귤, 유자 등의 과실을 모두 두 배 값으로 사서 저장하였다. 허생이 과실을 몽땅 사들이자 온 나라가 잔치나 제사를 치르지 못하게 되었다. 그런지 얼마 아니 되어서 두 배 값을 받은 장사꾼들이 도리어 열 배의 값을 치렀다.

① 지대 납부 방식이 타조법으로 바뀌었다.
② 상품 작물 재배가 늘면서 쌀에 대한 수요가 줄었다.
③ 상인 자본이 장인에게 돈을 대는 선대제가 성행하였다.
④ 정부에서 덕대를 직접 고용해 광산 개발을 주도하였다.

출제영역 조선후기의 경제

제시문은 조선 후기 경제 상황을 묘사한 박지원의 『허생전』 중 일부이다. 조선 후기에는 관영 수공업이 쇠퇴하고 민영 수공업이 발달하였으며, 상인이 수공업자에게 원료와 자금을 미리 주고 물품을 대량으로 생산하게 하는 선대제 수공업이 유행하였다.

오답풀이

① 조선 후기의 지대 납부 방식은 일정 비율로 지대를 납부하는 타조법에서 일정 액수를 납부하는 도조법으로 변화되어 갔다(하지만 여전히 일반적인 지대 납부 방식은 타조법이었다).
② 쌀은 조선 후기에 주곡으로 자리잡아 그 수요가 크게 늘어나 장시에서 가장 많이 거래되었다. 이로 인해 쌀 생산이 늘어나면서 밭을 논으로 바꾸는 현상이 증가하였다.
④ 조선 후기의 광산 경영은 경영 전문가인 덕대(德大)가 대개 상인 물주에게 자본을 조달받아 채굴업자와 채굴 노동자, 제련 노동자 등을 고용하여 광물을 채굴·제련하는 것이 일반적이었다.

답 ③

053

2019년 지방직 7급

조선후기 사회경제적 변동에 대한 설명으로 옳은 것만을 모두 고르면?

ㄱ. 박지원의 『과농소초』와 서호수의 『해동농서』 등을 비롯한 여러 농서가 편찬되었다.
ㄴ. 담배·채소·약재 등을 상품작물로 재배하여 수익을 올리는 부농이 나타났다.
ㄷ. 청으로부터 유황·구리 등을 수입하여 일본에 수출하였다.
ㄹ. 지대납부 방식이 도조법에서 타조법으로 전환되었다.

① ㄱ, ㄴ ② ㄱ, ㄷ ③ ㄴ, ㄹ ④ ㄷ, ㄹ

출제영역 조선 후기 사회경제적 변동

조선 후기 사회경제적 변동에 대한 설명으로 옳은 것은 ㄱ, ㄴ이다.
ㄱ. 정조 22년(1798년) 전국에 농정을 권하고 농서를 구하는 윤음을 내렸고, 당시 면천 군수였던 박지원이 이듬해에 과농소초를 지어 올렸다. 18세기 후반 서호수는 해동농서를 지어 우리나라 전통의 농학 위에서 중국의 농업 기술까지 수용하여 농학의 체계화를 시도하였다. 그의 아들인 서유구는 임원경제지를 지었다.
ㄴ. 조선 후기에 상품작물과 광작을 통하여 수익을 올리는 부농이 나타났다.

오답풀이

ㄷ. 조선은 일본으로부터 유황, 구리 등을 수입하였고, 대체로 일본에게 쌀, 인삼 등을 수출하였다.
ㄹ. 조선 후기에 정액 지대인 도조법이 시행되는 지역이 늘어났다.

답 ①

054

2021년 경찰간부

다음 보기의 (가)와 관련된 설명으로 옳지 않은 것은?

(가) 을(를) 하면 파종하는 것에 비해 힘이 5분의 4가 적게 든다. 그러므로 일할 사람이 많으면 한없이 경작할 수 있고, 땅이 없는 자는 빌려서 농사지을 수도 없다.

① 못자리에서 일정기간 모를 키우다 논에 옮겨 심는 것이다.
② 규칙적으로 모를 옮겨심기 때문에 잡초 제거에 유리하였다.
③ 조선 초기부터 정부에서 적극적으로 권장하여 조선 후기들어 전국적으로 확산되었다.
④ 모를 옮겨심기 전까지 쉬고 있는 논에 보리를 심어 벼 보리의 이모작이 가능하여 수확량이 늘어났다.

출제영역 모내기법

(가)는 농민들의 노동력을 줄여 준 모내기법(이앙법)이다. 이앙법은 못자리에서 일정기간 모를 키우다 논에 옮겨 심는 것이다. 모를 옮겨심기 전까지 쉬고 있는 논에 보리를 심어 벼 보리의 이모작이 가능하여 수확량이 늘어났다. 농민들은 제초 노동력을 절약하면서도 더 많은 수확을 올릴 수 있는 모내기법을 확대하였다. 가뭄 피해 때문에 정부에서는 모내기법을 억제했지만, 농민들은 금지령에도 불구하고 수리 시설을 확충하면서 모내기법을 계속 확산시켜 갔다.

오답풀이

③ 조선 전기에 정부는 가뭄 피해 때문에 모내기법을 억제하였다.

답 ③

055

2017년 지방직 7급

조선 후기의 시대 상황으로 옳지 않은 것은?

① 광작을 통해 부농이 될 수 있었다.
② 광산 경영 방식에서 덕대제가 유행하기 시작하였다.
③ "금양잡록", "농서집요" 등의 농서가 간행되었다.
④ 상품 화폐 경제가 발달하여 독립 수공업자들이 나타났다.

출제영역 조선 후기 경제 상황

조선 후기 경제 상황으로 옳지 않은 것은 ③번 선지이다. 사계절의 농사와 농작물에 관한 책인 「금양잡록」은 강희맹이 성종 재위 시기에 저술하였다. 강희맹은 관직에서 물러나 경기도 금양현에 은거하여 손수 농사를 지으며 그곳 늙은 농부들과의 대화와 자신의 체험을 바탕으로 이 책을 지었다. 「농서집요」는 중종 때 편찬된 농서로, 16세기 전반의 한국 농법의 실상을 알려주는 중요한 자료이다.

오답풀이

① 조선 후기 논농사에서 이앙법(모내기법)의 확산에 따라 김매기에 소요되는 노동력이 절감되어 광작이 가능해졌고, 소유지나 소작지의 경작 규모를 늘려 부농이 되는 경우도 있었다.
② 조선 후기 민영 광산을 허용해주는 대신 세금을 징수한 설점수세제가 시행되었고(효종 때 은광, 숙종 때 금광, 영조 때 동광에 적용), 광산 경영 방식에서 덕대제(물주가 자본을 대고, 전문 경영인 역할을 하는 덕대가 혈주와 노동자를 고용)가 등장하였다.
④ 조선 후기 수공업자 가운데 독자적으로 제품을 생산하고 이를 직접 판매하는 독립 수공업자들이 나타났다. 한편 거대 상인 자본이 수공업을 지배하는 구조인 선대제가 나타나기도 하였다.

답 ③

056

2018년 교육행정직

다음 상황이 전개되던 시기에 볼 수 있는 모습으로 옳은 것은?

사행이 책문을 출입할 때 의주 상인과 개성 상인 등이 은(銀), 삼(蔘)을 몰래 가지고 인부나 마필 속에 섞여 들어 물종을 팔아 이익을 꾀하였다. 되돌아올 때는 걸음을 일부러 늦추어 사신을 먼저 책문으로 나가게 하여 거리낄 것이 없게 한 뒤에 저희 마음대로 매매하고 돌아오는데 이것을 책 문후시라고 한다. -「만기요람」-

① 직전법 실시에 반발하는 관리
② 주자소에서 계미자를 주조하는 장인
③ 전민변정도감 설치 소식에 기뻐하는 노비
④ 공가를 받아 물품을 구입해 관청에 납부하는 공인

출제영역 조선 후기 경제 상황

책문 후시에서 만상과 송상이 사무역을 전개했다는 사실을 통해 조선 후기임을 알 수 있다. 대동법 실시 이후 관청에서 공가를 미리 받아 필요한 물품을 사서 납부하는 공인이 등장하였다.

오답풀이

① 조선 전기 세조 때 실시되었다.
② 태종 시기에 대한 설명이다.
③ 고려 공민왕 시기에 대한 설명이다.

답 ④

057

2017년 서울시

조선 후기 경제 변화에 대한 설명으로 옳지 않은 것은?

① 소라 불리는 특수지역에서 수공업이 이루어졌다.
② 도고라 불리는 독점적 도매상인이 활동하였다.
③ 인삼·담배 등의 상품작물이 널리 재배되었다.
④ 금광·은광을 몰래 개발하는 잠채가 번창하였다.

출제영역 조선 후기의 경제

소(所)는 고려시대의 특수 행정구역으로, 소 거주민은 신분상으로는 양인(良人)에 해당했으나 일반 백정 농민에 비해 차별을 받았다. 소 거주민은 수공업에 종사하여 조정에 진상하는 역할을 맡았다.

오답풀이

② 조선 후기에는 상인계층을 중심으로 상업이윤을 극대화하고자 특정 상품을 사재기하여 가격 상승과 매매 조작을 노리던 도고(都庫)가 성행하였다.
③ 조선 후기에는 상업 이윤을 남기기 위한 특용작물인 인삼·담배 등의 재배가 전국적으로 성행하였다.
④ 조선후기 상품경제의 발전으로 금·은의 수요가 증가하자, 민간에서는 금광·은광을 비합법적으로 개발하는 형태인 잠채(潛採)가 성행하였다.

답 ①

79 열강의 경제침탈과 경제적 구국운동

058

2019년 국가직

(가), (나) 시기에 있었던 사실로 옳은 것은?

	(가)	(나)	

을미사변 발발 / 을사늑약 강제 체결 / 13도 창의군 서울진공작전 전개

① (가) - 시전상인을 중심으로 황국중앙총상회가 조직되었다.
② (가) - 신민회는 일제가 날조한 105인 사건으로 와해되었다.
③ (나) - 함경도 관찰사 조병식이 곡물 수출을 막는 방곡령을 내렸다.
④ (나) - 일제의 황무지 개간권 요구를 반대하기 위해 보안회가 창설되었다.

출제영역 구한 말의 시대상황

제시된 자료에서 을미사변은 1895년, 을사늑약 강제 체결은 1905년, 13도 창의군 서울 진공 작전은1908년에 전개되었다. 외국 상인들의 한성 진출로 피해를 입은 한성의 시전 상인들이 황국 중앙 총상회를 조직한 것은 1898년의 일로, 이들은 외국 상인들의 불법적인 상업 활동을 엄단할 것을 요구하며 상권 수호 운동을 전개하였다.

오답풀이

② 비밀 결사인 신민회는 1911년 일제가 날조한 105인 사건으로 와해 되었다.
③ 쌀이 대량으로 일본에 유출되면서 조선에서는 쌀이 부족하게 되어 쌀값이 폭등하였다. 1889년 함경도 관찰사 조병식은 조·일 통상 장정(1883)에 따라 1개월 전에 외교 담당 관청에 통보 후 방곡령을 실시하였는데, 일본은 통보를 늦게 받았다는 구실로 조선 정부에 압력을 가해 방곡령을 철회시켰고, 오히려 막대한 배상금까지 받아 냈다.
④ 1904년 일제의 황무지 개간권 요구에 반대하며 유생, 전직 관리 등을 중심으로 보안회가 설립되었다. 이들은 반대 집회를 열어 연일 성토하고 선언문을 발표하여 일제의 요구를 막아내었으나, 일본 측의 압력으로 해산되었다.

답 ①

059

2022년 소방직

다음 자료에 해당하는 정책에 대한 설명으로 옳지 않은 것은?

> 제1조. 구 백동화 교환에 관한 사무는 금고로 처리하게 하여 탁지부 대신이 이를 감독한다.
> 제2조. 교환을 위해 제출한 구 백동화는 모두 화폐 감정인이 감정하도록 한다. 화폐 감정인은 탁지부 대신이 임명한다.
> 제3조. 구 백동화의 품질, 무게, 무늬, 형체가 정식 화폐 기준을 충족할 경우, 1개당 금 2전 5리로 새로운 화폐와 교환한다. (중략) 단, 형태나 품질이 조악한 백동화는 매수하지 않는다.

① 한국 상업 자본에 큰 타격을 주었다.
② 재정 고문 메가타의 주도로 시행되었다.
③ 전환국에서 새로운 화폐를 발행하게 되었다.
④ 일본 제일은행이 한국의 중앙은행 시위를 확보하게 되었다.

출제영역 화폐 정리 사업

백동화 교환을 통하여 화폐 정리 사업임을 알 수 있을 것이다. 러일 전쟁에서 일본이 우세를 점한 상황인 1904년 8월에 제1차 한일협약을 체결하였고, 이에 따라 9월 메가타가 재정 고문으로 부임하였다. 메가타는 화폐 제도 문란의 가장 큰 원인을 전환국에서 악화인 백동화를 남발하는 데 있다고 보고 1904년 11월에 먼저 전환국을 폐지하였다. 백동화를 갑, 을, 병, 세 종류로 구분하여 차등적으로 신 화폐로 교환하여 조선인 자본이 축소되는 결과를 가지고 왔으며, 일본 다이이치 은행(제일 은행)이 한국의 국고금과 법화 발행을 담당하는 중앙은행의 지위를 확보하게 되었다.

오답풀이

① 신 화폐로 교환할 때, 갑종은 액면가 그대로, 을종은 40%로 교환해주었으며, 병종은 교환해주지 않았다.
② 제1차 한일 협약의 결과 재정 고문으로 파견된 메가타가 이 사업을 주도하였다.
④ 일본 제일은행(다이이치 은행)이 한국에서 중앙 은행의 지위를 확보하게 되었다.

답 ③

060

2020년 경찰간부

다음의 경제적 구국 운동에 대한 설명으로 가장 적절하지 않은 것은?

> 남자는 담배를 끊고 부녀자들은 비녀 가락지 등을 팔아서 민족 언론 기관에 다양한 액수의 돈을 보내며 호응하였다. 이는 정부가 일본으로부터 빌린 차관 1,300만 원이라는 액수를 상환하여 경제적 독립을 이룩하기 위한 것이었다.

① 조만식이 중심이 되어 대구에서 운동을 시작하였다.
② 대한매일신보 등의 적극적 홍보에 힘입어 전국으로 확산되었다.
③ 이 운동 기록물이 유네스코 세계 기록 유산으로 등재되었다.
④ 일제는 양기탁을 횡령 혐의로 구속하여 이 운동을 방해하였다.

출제영역 국채 보상 운동

제시문은 국채 보상 운동을 드러내고 있다. 이 운동에 대한 설명으로 적절하지 않은 것은 ①번 선지이다. 국채 보상 운동은 서상돈, 김광제 등이 주도한 운동이다. 조만식이 평양에서 주도한 운동은 물산 장려 운동이다.

오답풀이

② 대한매일신보, 만세보 등이 국채 보상 운동을 적극 홍보하였다.
③ 2017년에 국채 보상 운동 기록물이 유네스코 세계 기록 유산으로 등재되었다.
④ 통감부는 양기탁을 횡령 혐의로 구속하여 이 운동을 방해하였다.

답 ①

061

2025년 지방직

다음 조약에 대한 설명으로 옳은 것은?

> 제 9관 수입 또는 수출되는 각 화물이 해관을 통과할 때는 응당 본 조약에 첨부된 세칙에 따라 관세를 납부해야 한다.
> 제37관 조선국에서 가뭄과 홍수, 전쟁 등으로 인하여 국내에 양식이 결핍할 것을 우려하여 일시 쌀 수출을 금지하려고 할 때에는 1개월 전에 지방관이 일본 영사관에게 통지하여 미리 그 기간을 항구에 있는 일본 상인들에게 전달하여 일률적으로 준수하는 데 편리하게 한다.

① 갑신정변의 영향으로 체결되었다.
② 최혜국 대우에 관한 내용을 담고 있다.
③ 일본 경비병의 공사관 주둔을 명시하였다.
④ 부산 외 2곳에 개항장이 설치되는 결과를 가져왔다.

출제영역 조·일 통상장정

제시문은 1883년에 체결된 조·일 통상장정이다.
② 1883년 조선과 일본의 통상 관계를 규정한 조약이다. 이 조약에는 방곡령, 관세 부과, 최혜국 대우 등의 조항이 포함되었다.

오답풀이

① 갑신정변의 영향으로 체결된 조약은 한성 조약과 톈진 조약 등이다. 일본은 공사관이 불타고 일본인 사상자가 발생한 책임을 물어 조선과 한성 조약을 맺고 배상금과 공사관 신축비를 받아 냈다. 이어서 일본은 청과 톈진 조약을 체결하여 조선에서 양국의 군대를 철수하되 앞으로 조선에 군대를 보낼 때는 상대국에 미리 알릴 것을 규정하였다.
③ 일본 경비병의 공사관 주둔이 허용된 것은 1882년 임오군란의 결과 체결한 제물포 조약에 의해서이다.
④ 부산 외 2곳에 개항장이 설치된 계기가 된 조약은 1976년 2월 조·일수호조규(강화도 조약)이다. 강화도 조약은 조선이 외국과 맺은 최초의 근대적 조약이자 일본에 유리한 불평등 조약이었다.

답 ②

062

2018년 교행직

(가) ~ (라) 시기의 경제상황으로 옳은 것은?

1876년		1883년		1894년		1904년		1910년
	(가)		(나)		(다)		(라)	
강화도 조약 체결		조·일 통상 장정 체결		청·일 전쟁 발발		러·일 전쟁 발발		국권 피탈

① (가) - 보안회가 일본의 황무지 개간권 요구를 철회시켰다.
② (나) - 황국 중앙 총상회가 상권 수호 운동을 전개하였다.
③ (다) - 동양 척식 주식회사가 대규모 농장을 경영하였다.
④ (라) - 경제 자립을 위한 국채 보상 운동이 전개되었다.

출제영역 개항기의 경제상황

제1차 한일협약(1904) 이후 재정고문으로 부임한 메가타는 1906년까지 네 차례에 걸쳐 1,150만원의 차관을 도입하였다. 기왕의 것과 합해 약 1,300만원의 차관 채무를 지게 되자 1907년에 국민의 성금으로(금연, 금주 운동, 가락지 빼기 등) 국채를 보상하자는 운동이 일어났다. 각종 계몽단체와 대한매일신보 등의 언론기관이 참여하였으나, 식민지 조선인들에게 거대한 국가채무를 성금으로 갚는다는 것은 어려운 일이었고, 통감부의 탄압으로 결국 운동은 좌절되었다.

오답풀이

① 러·일전쟁 이후 일제가 황무지 개간권을 요구하자, 보안회는 이를 저지하기 위해 1904년 7월에 설립되었다. (가)가 아니라 (라)에 해당된다.
② 황국중앙총상회는 1898년 10월 독립협회와 함께 외국상인의 침투를 저지하는 상권수호운동을 전개하였다. 그러나 12월에 독립협회와 함께 정부에 의해 탄압, 해산 당하였다. (나)가 아니라 (다)에 해당된다.
③ 동양척식주식회사는 1908년 12월에 설립되었으므로, (다)가 아니라 (라)에 해당된다.

답 ④

063

2023년 국가직

(가), (나) 조약 사이의 시기에 있었던 사실로 옳은 것은?

> (가) 제10관 일본국 인민이 조선국 지정의 각 항구에 머무는 동안에 죄를 범한 것이 조선국 인민에 관계되는 사건일 때에는 일본국 관원이 재판한다.
>
> (나) 제4관 중국 상인이 조선의 양화진 및 한성에 영업소를 개설할 경우를 제외하고, 각종 화물을 내륙으로 운반하여 상점을 차리고 파는 것을 허가하지 않는다.
> 단, 내륙행상이 필요한 경우 지방관의 허가서를 받아야 한다.

① 개항장에서는 일본 화폐가 통용되었다.
② 러시아가 압록강 유역의 산림 채벌권을 획득하였다.
③ 황국 중앙 총상회가 조직되어 상권 수호 운동을 전개하였다.
④ 함경도의 방곡령에 불복하여 일본 상인이 손해 배상을 요구하였다.

출제영역 강화도 조약~조청상민수륙무역장정 사이의 사건

(가)는 1876년 2월에 체결된 강화도 조약의 치외법권(영사재판권)에 대한 내용, (나)는 1882년 8월에 체결된 조청상민 수륙 무역 장정의 내용이다. 이 장정에 따라 청 상인은 한성과 양화진에서 규정에 따라 점포를 개설할 수 있었고, 허가만 받으면 내륙에서의 활동도 가능하였다. ①의 개항장 일본화폐 사용은 1876년 7월에 체결된 조·일 수호 조규 부록의 내용이므로 강화도 조약~조청상민수륙무역장정 사이의 사건으로 적절하다.

오답풀이

② 1896년의 사건이다.
③ 1898년의 사건이다.
④ 1889년의 사건이다.

답 ①

064

2019년 국가직 7급

다음의 정부 조치에 대한 설명으로 옳은 것만을 〈보기〉에서 모두 고르면?

> 상태가 매우 좋은 갑종 백동화는 개당 2전 5리의 가격으로 새 돈으로 바꾸어 주고, 상태가 좋지 않은 을종 백동화는 개당 1전의 가격으로 정부에서 사들이며, 팔기를 원치 않는 자에 대해서는 정부가 절단하여 돌려준다. 다만 모양과 질이 조잡하여 화폐로 인정하기 어려운 병종 백동화는 사들이지 않는다.
>
> -「탁지부령」-
>
> 〈보기〉
>
> ㄱ. 한·일 신협약을 계기로 추진되었다.
> ㄴ. 은화를 발행하여 본위화로 삼고자 하였다.
> ㄷ. 제일 은행권을 교환용 화폐로 사용하였다.
> ㄹ. 필요한 자금을 대느라 거액의 국채가 발생하였다.

① ㄱ, ㄴ ② ㄱ, ㄹ ③ ㄴ, ㄷ ④ ㄷ, ㄹ

출제영역 화폐 정리 사업

제시문은 제1차 한일 협약(1904)에 따라 재정 고문으로 부임해 온 메가타가 주도한 화폐 정리 사업의 시행령이다. 이에 대한 설명으로 옳은 것은 ㄷ, ㄹ이다.
ㄷ. 메가타는 당시 사용되던 구화폐(백동화 등)를 일본 제일은행권으로 교환하는 화폐 정리 사업을 실시하였다.
ㄹ. 화폐 정리 사업 추진 과정에서 필요한 자금은 일본으로부터 차관을 도입하여 충당하였다. 사업 추진 과정에서 조선 상인들의 자본이 축소되었으며, 한성은행, 대한천일은행 등 민족 금융기관들도 큰 타격을 받았다.

오답풀이

ㄱ. 1907년에 체결된 한·일 신협약은 화폐 정리 사업이 시작된 시기(1904년 11월 전환국 폐지)보다 이후 시기에 있었던 일이다.
ㄴ. 메가타의 화폐 정리 사업에서 금본위제를 추구하였다. 은화를 본위 화폐로 하고 동화를 보조 화폐로 한 것은 제1차 갑오개혁 시기 공포된 신식 화폐 발행 장정(1894. 7.)에 의해서이다.

답 ④

065

2023년 지방직 9급

다음과 같은 취지로 전개된 운동에 대한 설명으로 옳은 것은?

> 지금 우리들은 정신을 새로이 하고 충의를 떨칠 때이니, 국채 1, 300만 원은 우리 대한제국의 존망에 직결된 것입니다. 이것을 갚으면 나라가 보존되고 이것을 갚지 못하면 나라가 망할 것은 필연적인 사실이나, 지금 국고에서는 도저히 갚을 능력이 없으며, 만일 나라에서 갚지 못한다면 그때는 이미 삼천리 강토는 내 나라 내 민족의 소유가 못 될 것입니다. -「대한매일신보」-

① 조선 형평사를 조직하였다.
② 조선 물산 장려회를 조직하였다.
③ 신사 참배 거부 운동을 전개하였다.
④ 1907년 대구에서 시작되어 전국으로 확산되었다.

출제영역 국채 보상 운동

국채 1,300만원, 대한 제국의 존망, 대한 매일 신보 출처 등을 통하여 제시문에서 말하고 있는 운동은 국채 보상 운동임을 알 수 있다. 이에 대한 설명으로 옳은 것은 ④번 선지이다. 국채 보상 운동은 1907년 대구에서 서상돈·김광제 등의 제의로 시작되었고, 대한 매일 신보 등의 지원을 받아 전국으로 확산되었으며, 서울에서 국채 보상 기성회가 설립된 것을 비롯하여 전국 각지에 국채 보상 운동 단체가 설립되었다. 통감부는 대한 매일 신보의 양기탁을 보상금 횡령이라는 누명을 씌워 구속하는 등 이를 탄압하였다.

오답풀이

① 형평 운동에 대한 설명이다. 1923년 조직된 조선 형평사는 백정에 대한 신분 차별 철폐 운동을 전개하였다.
② 1920년대 초에 있었던 물산 장려 운동에 대한 설명이다.
③ 1930년대 후반부터 1945년 광복이 되기까지 주로 기독교인이 중심이 되어 신사 참배 거부 운동을 전개하였다.

답 ④

80 경제 발전과 사회의 변화

066

2020년 국가직

다음은 우리나라 경제성장 과정을 시간순으로 나열한 것이다. (가)에 들어갈 내용으로 옳은 것은?

> 수출액 100억 달러를 돌파하다.
> ⇩
> 제 2차 석유파동으로 경제가 침체에 빠지다.
> ⇩
> (가)
> ⇩
> 경제 협력 개발 기구에 가입하다.

① 제3차 경제개발 5개년 계획이 실시되다.
② 저금리, 저유가, 저달러의 3저 호황을 경험하다.
③ 베트남 파병을 시작하고 『브라운 각서』를 체결하다.
④ 일본과 대일 청구권 문제에 합의하고 한일 기본 조약을 체결하다.

출제영역 1980년대 경제

100억 달러 수출 달성한 것은 1977년의 일이고, 2차 석유파동은 1979년, 경제 협력 개발 기구에 가입한 것은 1996년의 일이다. 따라서 1979년부터 1996년까지의 경제 상황으로 적절한 것을 고르는 문제이다. ②의 저금리·저유가·저달러의 3저 호황이 일어난 것은 1986년부터 1988년까지의 일이므로 (가) 시기에 적절한 내용이다.

오답풀이

① 3차 경제개발 5개년 계획이 실시는 1972년부터 1976년까지의 사실이다.
③ 1960년대에 일어난 사건이다. 베트남 파병의 시작은 1964년, 브라운 각서의 체결은 1966년의 사실이다.
④ 한·일 기본 조약이 체결된 것은 1965년의 일이다.

답 ②

067

2018년 교행직

다음은 어느 전직 공무원의 기록이다. 밑줄 친 ㉠이 운용된 시기의 경제 현상으로 옳은 것은?

> 재무부장관에 정식 취임한 나는 ㉠ 미국의 원조 물자 및 잉여 농산물의 판매 대전(代錢)으로 조성된 대충자금의 사용 방안에 관해 미국 측과의 이견조정에 직면하게 되었다. …(중략)… 원조물자나 잉여 농산물의 판매 대전 중 우리나라가 사용할 수 있는 돈은 반드시 국방비에만 사용할 수 있다는 주장을 내세웠고 또 우리나라는 이를 미국 측 주장대로 감수하여 온 처지에 있었다.
>
> -『재계회고』-

① 농축산물 수입 개방 반대 운동이 전개되었다.
② 제분, 제당 면방직 등 삼백 산업이 발달하였다.
③ 금리, 기름값, 달러 인하로 3저 호황을 누렸다.
④ 정부 주도 하에 건설 노동자들이 중동에 파견되었다.

출제영역 1950년대의 경제상황

'미국의 원조 물자 및 잉여농산물의 판매 대전으로 조성된 대충자금'이라는 표현에서 1950년대 경제 상황임을 쉽게 알 수 있다. 미공법(미국의 농업수출진흥 및 원조법) 480조에 의해 한국은 원조 받은 농산물을 판 대금(대충자금)을 한미 합동 경제위원회의 감독 하에 사용하였다. 대충자금의 대부분은 국방비(미군의 유지비와 무기 구입자금 등)로 사용되어 한국의 국방력이 강화되었다. 미국산 밀과 면화 등이 유입되면서, 이러한 원조 물자를 가공하는 제분, 제당, 면방직 등 삼백산업이 발달하였다.

오답풀이

① 1995년 우루과이 라운드 협상이 발효되면서 농산물 시장 개방에 대한 반대 운동이 전개되었다.
③ 1980년대 전두환 정권 때 3저 호황으로 수출이 증가하였다.
④ 정부 주도 하에 건설 노동자들이 중동에 파견된 것은 1970년대 박정희 정권 때의 일이다. 이 시기 두 차례에 걸친 석유 파동(Oil Shock)로 아랍권 산유국들이 부유해면서 토목공사 붐이 일었고, 박정희 정권은 이에 부응하여 아랍 산유국에 건설노동자를 파견했다.

답 ②

068

2019년 법원직

다음과 같은 기념물이 만들어지던 시기에 추진되었던 정부의 경제정책으로 가장 적절한 것은?

① 중화학 공업을 적극 육성하였다.
② 경제 협력 개발 기구(OECD)에 가입하였다.
③ 미국의 잉여농산물을 가공하는 삼백산업을 육성하였다.
④ 자유 무역 협정(FTA)을 통해 시장 개방을 확대하였다.

출제영역 박정희 정부의 경제정책

제시된 사진의 '100억불 수출' 달성은 박정희 정부 시기인 1977년의 일이다. 박정희 정부는 경공업 중심의 경제 발전이 한계에 부딪히자 1970년대 3, 4차 경제 개발 5개년 계획에서 중화학 공업 중심으로 경제 발전의 방향을 전환하였다. 정부는 1973년 1월에 중화학 공업 육성 선언을 발표하면서, 중화학 공업의 육성을 적극 추진하여 철강, 금속, 조선 공업과 기계·전자·화학 공업을 집중적으로 지원하였다.

오답풀이

② 우리나라가 경제 협력 개발 기구(OECD)에 가입한 것은 김영삼 정부 시기인 1996년 12월의 일이다.
③ 미국의 잉여농산물을 가공하는 삼백 산업(제분·제당·면방직산업)이 육성된 것은 이승만 정부 시기인 1950년대이다.
④ 자유 무역 협정(FTA)을 추진하기 시작한 것은 김대중 정부 시기부터이며, 최초의 FTA인 한-칠레 FTA는 노무현 정부 시기인 2004년 4월 1일부터 발효되었다.

답 ①

069

2019년 소방직

다음 담화문을 발표한 정부 시기에 있었던 사실로 옳은 것은?

> 저는 이 순간 엄숙한 마음으로 헌법 제76조 1항의 규정에 의거하여, 『금융실명 거래 및 비밀 보장에 관한 대통령 긴급명령』을 반포합니다. 아울러 헌법 제47조 3항의 규정에 따라, 대통령의 긴급명령을 심의하기 위한 임시국회 소집을 요청하고자 합니다. …(중략)… 이 시간 이후 모든 금융 거래는 실명으로만 이루어집니다.

① 삼백 산업이 발달하였다.
② 새마을 운동이 전개되었다.
③ 경부 고속 국도(도로)가 개통되었다.
④ 경제 협력 개발 기구(OECD)에 가입하였다.

출제영역 김영삼 정부 시기의 사건

모든 금융 거래를 실명으로만 이루어지도록 한 이 조치는 김영삼 정부 시기(1993.2 ~ 1998.2)의 금융실명제(1993.8)이다. 우리나라가 경제 협력 개발 기구(OECD)에 가입한 것 역시 김영삼 정부 시기인 1996년 12월의 일이다.

오답풀이

① 삼백 산업(제분·제당·면방직)이 발달한 것은 1950년대로, 이승만 정부 시기의 일이다.
② 새마을 운동이 (처음) 전개된 것은 1970년 4월로, 박정희 정부 시기의 일이다.
③ 경부 고속 국도(도로)가 개통된 것은 1970년 7월로, 역시 박정희 정부 시기의 일이다.

답 ④

070

2020년 법원직

다음 법령이 반포되었을 당시의 경제적 상황으로 가장 옳은 것은?

> 제2조 본 법에서 귀속재산이라 함은 … 대한민국 정부에 이양된 일체의 재산을 지칭한다. 단, 농경지는 따로 농지 개혁법에 의하여 처리한다.
> 제3조 귀속 재산은 본 법과 본 법의 규정에 의하여 발하는 명령이 정하는 바에 의하여 국용 또는 공유재산, 국영 또는 공영 기업체로 지정되는 것을 제외하고는 대한민국의 국민 또는 법인에게 매각한다.
> \- 귀속재산 처리법 -

① 삼백 산업이 발달하였다.
② 금융실명제가 실시되었다.
③ 수출 100억 달러를 달성하였다.
④ OECD 회원국으로 가입하였다.

출제영역 귀속재산 처리법

귀속재산처리법(1949. 12.)이 반포되었을 당시의 경제적 상황으로 옳은 것은 ①번 선지이다. 대한민국 정부 수립 이후 1948년 12월에 맺은 한미 조약에 의해 경제 원조가 시작되었으며, 6·25 전쟁 이후에는 유엔 한국재건단(UNKRA)을 통하여 막대한 규모의 원조를 제공받았다. 원조로 들여온 물자는 식료품과 의복 등 생활필수품 및 설탕이나 원면, 밀가루 등 잉여 농산물과 소비재 원료가 대부분이었으며, 1950년대에는 이를 가공하는 삼백 산업(제분, 제당, 면방직)을 중심으로 하는 소비재 산업이 발달하였다.

오답풀이

② 김영삼 정부 시기인 1993년에 대통령 긴급명령으로 금융 실명제가 전면 실시되었다.
③ 박정희 정부 시기인 1977년에 처음으로 수출 100억 달러를 달성하였다.
④ 김영삼 정부 시기인 1996년에 경제 협력 개발 기구(OECD) 회원국이 되었다.

답 ①

071

2021년 국가직 9급

이승만 정부의 경제 정책으로 옳지 않은 것은?

① 한·미 원조 협정을 체결하였다.
② 농지개혁에 따른 지가증권을 발행하였다.
③ 제분, 제당, 면방직 등 삼백 산업을 적극 지원하였다.
④ 제1차 경제개발 5개년 계획을 추진하였다.

출제영역 이승만 정부의 경제정책

이승만 정부의 경제 정책으로 옳지 않은 것은 ④번 선지이다. 장면 정부 시기에 경제개발 5개년 계획이 마련되고, 1962년 박정희 군사 정권이 제1차 경제개발 5개년 계획을 추진하였다.

오답풀이

① 이승만 정부는 미국과 경제 원조 협정을 체결하였다(1948. 12.). 미국 정부는 한국 정부에 재정적, 기술적, 물질적 원조를 제공하기로 약속하였다.
② 제헌국회에서 1949년 6월 농지 개혁법이 제정되고, 1950년 3월 일부 개정되어 5월부터 농지개혁이 시작되었다. 경자유전의 원칙 아래, 1가구당 3정보의 농지를 상한선으로 하여 그 이상의 농지는 국가가 연간 수확량의 150% 가격으로 지가증권을 발급하여 매수하고, 소작농에게는 농지를 배분하는 대신 연간 수확량의 30%를 5년 동안 현물로 상환하게 하였다(유상매수, 유상분배). 농지개혁의 결과 총경지의 40%에 달하는 89만 정보의 땅이 재분배 되었다.
③ 6·25 전쟁 이후 한국의 경제는 주로 미국의 원조에 의존하였다. 미국은 1953년부터 8년 동안 20억 달러 이상의 원조 자금을 제공하였다. 원조로 들여온 물자는 식료품과 의복 등 생활필수품 및 설탕이나 원면, 밀가루 등 잉여 농산물과 소비재 원료가 대부분이었으며, 1950년대에는 이를 가공하는 삼백 산업(제분, 제당, 면방직)을 중심으로 하는 소비재 산업이 발달하였다.

답 ④

072

2017년 지방직 9급

밑줄 친 '시기'에 있었던 사실에 대한 설명으로 옳은 것은?

> 제1차 경제 개발 5개년 계획을 시행할 무렵에 우리나라 정부는 국내에서 산업 개발 자금을 확보하려 하였다. 이에 통화 개혁을 실시했으나 목적을 달성하지 못했고, 결국 외국 차관을 들여왔다. 이러한 배경 속에서 섬유·가발 등의 수출 산업이 육성되었다. 제2차 경제 개발 5개년 계획이 적용된 때에는 화학, 철강 산업에 대한 투자도 이루어졌다. 이 두 차례의 경제 개발 계획이 시행된 <u>시기</u>에 수출 주도 성장 전략이 자리를 잡았다.

① 경부 고속 국도가 건설되었다.
② 금융 실명제가 전격적으로 실시되었다.
③ 경제 협력 개발 기구(OECD)에 가입하였다.
④ 연간 수출 총액이 늘어나 100억 달러를 돌파하였다.

출제영역 제1,2차 경제개발 5개년 계획

밑줄 친 '시기'는 제1·2차 경제개발 5개년 계획이 시행된 1962년부터 1971년 사이 시기에 해당한다. 이 시기에 있었던 사실로 옳은 것은 ①번 선지이다. 이 시기 노동 집약적 산업이 성장하고 수출도 크게 늘어났으며, 정부는 경부 고속 국도를 건설하고(1970년 완공) 포항 종합 제철 공장을 짓기 시작하는 등 사회 간접 자본 확충과 철강, 화학 산업의 육성에도 관심을 두었다.

오답풀이

② 김영삼 정부 시기인 1993년에 대통령 긴급명령으로 금융 실명제가 전면 실시되었다.
③ 김영삼 정부 시기인 1996년에 경제 협력 개발 기구(OECD) 회원국이 되었다.
④ 박정희 정부 시기인 1977년에 처음으로 수출 100억 달러를 달성하였다.

답 ①

073

2017년 경찰직 1차

대한민국의 현대사 사건들을 발생한 순서대로 가장 적절하게 나열한 것은?

㉠ 국제노동기구(ILO) 가입
㉡ 금융실명제 실시
㉢ 경제협력개발기구(OECD) 가입
㉣ 대한민국 제14대 대통령 선거 실시

① ㉠ → ㉡ → ㉢ → ㉣
② ㉣ → ㉠ → ㉡ → ㉢
③ ㉣ → ㉡ → ㉢ → ㉠
④ ㉠ → ㉣ → ㉡ → ㉢

출제영역 현대사의 사건

제시문은 대한민국 현대사의 사건들이다. 이를 순서대로 배열하면,
㉠ 국제노동기구에 가입한 것은 노태우 정부 때인 1991년이다.
㉣ 14대 대통령 선거는 1992년 12월에 실시되었다. 이 선거에서 민주 자유당 후보인 김영삼 후보가 당선되었다.
㉡ 금융실명제를 실시한 것은 김영삼 정부 때인 1993년이다.
㉢ 경제협력개발기구에 가입한 것은 김영삼 정부 때인 1996년이다.

답 ④

074

2022년 경찰간부

다음 사회 상황이 나타나는 시기에 대한 설명으로 가장 적절한 것은?

가. 중화학 공업화 추진
나. 저임금·장시간 노동과 전태일의 분신
다. 농촌 인구의 감소와 새마을 운동의 전개

① 농지 개혁의 추진으로 지주 계급이 소멸하였다.
② 노동 문제 해결을 위한 노사정 위원회가 설치되었다.
③ 외국 자본 도입과 수출 위주의 산업 생산이 이루어졌다.
④ 제1차 경제개발 계획을 추진하여 자립 경제의 기반을 확충하고자 하였다.

출제영역 박정희 정부 시기의 경제

중화학 공업화 추진, 전태일 분신사건 등을 통해 제시된 내용이 1970년대 박정희 정권 때의 사회·경제적 동향임을 알 수 있다. 박정희 정권 때 추진한 경제 정책의 핵심은 수출 증대였다. 이를 위해 외국에서 끌어들인 자본, 기술과 국내의 풍부하고 값싼 노동력을 결합시켜 제품을 생산하고, 이를 해외에 수출하여 경제 성장의 동력을 마련하기 위해 노력하였다.

오답풀이

① 농지 개혁법 실시는 1950년으로 이승만 정부 시기의 사건이다.
② 노사정 위원회 구성은 1998년으로 김대중 정부 시기의 사건이다.
④ 제1차 경제 개발 계획이 박정희 정부 시기인 것은 맞으나, 1차 경제개발계획의 시작은 1962년으로, 60년대 경제개발은 중화학 공업이 아닌 노동집약형 경공업이 중심이었다.

답 ③

075

2017년 기상직

다음 정치 상황이 전개되던 시기의 경제 모습으로 옳은 것은?

① 3저 호황이 나타났다.
② 경제개발 5개년 계획안이 마련되었다.
③ 경부고속국도가 개통되었다.
④ 신한공사가 설립되었다.

출제영역 4·19 혁명 직후의 경제 상황

제시된 사진은 4·19 혁명 직후 전개된 통일 운동의 모습이다. 4·19 혁명 후 사회 각계각층에서는 민주화의 움직임이 거세게 일어났는데, 그러한 움직임 중 통일에 대한 열망이 구체적으로 표출되기 시작하였다. 한편 4·19 혁명 직후에 수립된 장면 정부는 경제 제일주의를 내세워 경제 개발 5개년 계획을 마련하였으나, 1961년 5.16 군사정변으로 실행에 옮기지 못하였다.

오답풀이

① 3저 호황은 저금리, 저유가, 저달러의 혜택으로 우리 경제가 호황을 누린 것으로 1986년부터 시작되었다.
③ 경부고속국도는 1970년에 개통되었다.
④ 광복 직후에 대한 내용으로, 광복 이후 남한 지역에 대한 지배를 담당한 미군정은 동양 척식 주식회사와 일본인이 남기고 간 귀속 재산을 접수하고 관리하기 위해 1946년 신한공사를 설립하였고 1948년에 중앙토지행정처로 개편하였다.

답 ②

MEMO

스텝 2.

응용 사고형

CONTENTS

라영환 한국사

STEP 2

응용사고형

1

선사시대

시험에서 적어도 1, 2문제는 출제되는 응용+사고가 필요한 문제들만 모았습니다!

STEP 2 | 응용사고형 선사시대 I

001
2021년 국가직

신석기시대 유적과 유물을 바르게 연결한 것만을 모두 고르면?

ㄱ. 양양 오산리 유적 — 덧무늬토기
ㄴ. 서울 암사동 유적 — 빗살무늬토기
ㄷ. 공주 석장리 유적 — 미송리식토기
ㄹ. 부산 동삼동 유적 — 아슐리안형 주먹도끼

① ㄱ, ㄴ ② ㄱ, ㄹ ③ ㄴ, ㄷ ④ ㄷ, ㄹ

출제영역 신석기 시대의 유물

ㄱ. 강원 양양 오산리 유적은 신석기 시대의 유적지로, 흙으로 빚어 구운 사람의 얼굴, 덧무늬 토기 등이 출토되었다.
ㄴ. 서울 암사동 유적지는 우리나라의 대표적인 신석기 시대 유적지로, 빗살무늬토기, 간석기, 돌도끼 등이 출토되었다.

오답풀이

ㄷ. 공주 석장리 유적은 대표적인 구석기 시대 유적지이며, 미송리식 토기는 청동기 시대의 대표적 유물이다.
ㄹ. 부산 동삼동 유적은 신석기 시대 유적지이지만, 아슐리안형 주먹 도끼는 구석기 시대의 대표적 유물이다(연천 전곡리에서 발굴).

답 ①

002
2018년 지방직

다음은 각 유물과 그것이 사용되던 시기의 사회 모습에 대한 설명이다. 옳은 것만을 모두 고르면?

ㄱ. 슴베찌르개 - 벼농사를 짓기 시작하였고 나무로 만든 농기구를 사용하였다.
ㄴ. 붉은 간토기 - 거친무늬거울을 사용하여 제사를 지내거나 의식을 거행하였다.
ㄷ. 반달 돌칼 - 농사를 짓기 시작했지만 아직 지배와 피지배 관계는 발생하지 않았다.
ㄹ. 눌러찍기무늬 토기 - 가락바퀴와 뼈바늘을 이용하여 옷이나 그물을 만들어 사용하였다.

① ㄱ, ㄴ ② ㄱ, ㄷ ③ ㄴ, ㄹ ④ ㄷ, ㄹ

출제영역 선사시대의 유물

ㄴ. 붉은 간토기는 민무늬 토기, 미송리식 토기 등과 함께 청동기 시대 토기이다. 청동기 시대에 거친무늬 거울을 사용하여 제사를 지내거나 의식을 거행했으므로 옳은 진술이다.
ㄹ. 눌러찍기무늬(압인문) 토기는 신석기 시대의 토기로, 신석기인들은 가락바퀴로 실을 뽑고, 뼈바늘로 옷을 짓거나 그물을 만들었다.

오답풀이

ㄱ. 슴베찌르개는 후기구석기 유물이다. 따라서 벼농사를 짓기 시작(청동기)했다는 진술은 옳지 않다.
ㄷ. 반달 돌칼은 청동기 시대의 수확용 도구이다. 청동기 시대에는 지배, 피지배 관계가 발생하게 되므로 옳지 않은 진술이다.

답 ③

003

2017년 지방직

한반도 선사시대에 대한 설명으로 옳지 않은 것은?

① 구석기시대 전기에는 주먹도끼와 슴베찌르개 등이 사용되었다.

② 신석기시대 집터는 대부분 움집으로 바닥은 원형이나 모서리가 둥근 사각형이다.

③ 신석기시대 사람들은 조개류를 많이 먹었으며, 때로는 장식으로 이용하기도 하였다.

④ 청동기시대의 전형적인 유물로는 비파형동검·붉은간토기·반달돌칼·홈자귀 등이 있다.

출제영역 선사시대의 전개

구석기시대 전기에는 주먹도끼와 찍개가 주로 사용되었다. 슴베찌르개는 구석기시대 후기에 사용된 유물이다.

오답풀이

② 신석기시대의 거주 형태는 움집이 대부분이었고, 바닥 형태는 원형이나 모서리가 둥근 사각형 형태였으며 주로 바닷가나 강가에 조성되었다.

③ 신석기시대 유적에서는 조개더미(패총)가 자주 발견되며, 조개껍데기를 이용한 장신구류 유물(치레걸이, 가면 등) 역시 자주 발굴된다.

④ 청동기시대의 대표적인 유물로 청동기로는 비파형동검·거친무늬거울 등의 북방 계열 청동기 유물이 다수를 이룬다. 토기로는 붉은간토기·민무늬토기·미송리식토기가 사용되었다. 농기구로는 간석기가 여전히 사용되었고, 반달돌칼·홈자귀·바퀴날 도끼 등이 대표적이다.

답 ①

004

2017년 사복직

다음의 유적지에 대한 설명으로 가장 옳은 것은?

① 사천 늑도 유적에서 반량이라는 글자가 새겨진 청동 화폐가 출토되었다.

② 부산 동삼동 패총에서는 주춧돌을 사용한 지상가옥이 발견되었다.

③ 단양 수양개에서 발견된 아이의 뼈를 흥수아이라 부른다.

④ 울주 반구대에는 사각형 또는 방패 모양의 그림이 주로 새겨져 있다.

출제영역 선사시대 유적지

사천 늑도 유적에서 발견된 반량전은 중국 진(秦)에서 사용한 화폐로, 당시에 중국과의 교류가 활발했음을 보여준다. 반량전 이외에도 경남 창원 다호리에서 출토된 붓 유물은 한반도에서 한자가 사용되었다는 점을 통해 중국과의 교류가 있었음을 짐작케 한다.

오답풀이

② 주춧돌은 청동기 시대 유적에서 발견된다. 부산 동삼동 패총은 신석기 시대의 유적이므로, 주춧돌을 사용한 지상가옥과는 관련이 없다.

③ 흥수아이가 발견된 곳은 단양 수양개 유적이 아니라 청원(청주) 두루봉 동굴 유적이다.

④ 울주 천전리에 대한 설명이다. 울주 반구대에는 사냥의 성공을 기원하기 위한 동물이나 고래의 그림이 있고 고령 장기리에는 기하학적 무늬를 띠는 동심원(태양)이 새겨져 있다.

답 ①

005 2019년 국가직 7급

다음 토기가 사용된 시기의 생활상으로 옳지 않은 것은?

> 이 토기는 그릇의 표면에 점토 띠를 덧붙여 각종 문양 효과를 내었으며, 바닥은 평저 또는 원저로 이루어져 있다. 대표적인 예로 부산 동삼동, 울주 신암리, 양양 오산리 유적 등에서 출토된 것이 있다.

① 움집에서 주거 생활을 하였다.
② 검은 간 토기를 함께 사용하였다.
③ 가락바퀴를 이용해 옷을 만들었다.
④ 농경이 시작되어 조와 기장 등을 경작하였다.

출제영역 신석기 시대 생활상

제시문의 다음 토기는 덧무늬 토기이다. 덧무늬 토기가 그릇 표면에 점토 띠를 덧붙여 각종 무늬를 표현한 신석기 시대 이른 시기의 토기라는 것과 부산 동삼동, 양양 오산리 등지는 신석기 시대 유물이 출토된 지역으로 유명한 점을 통해, 제시문의 내용은 신석기 시대를 설명하고 있음을 알 수 있다. 신석기 시대의 생활상으로 옳지 않은 것은 ②번 선지이다. 검은 간 토기는 민무늬 토기의 한 형식으로 초기 철기 시대의 대표적 토기이다.

오답풀이

① 강가나 해안 지역에 움집을 짓고 정착 생활을 한 것은 신석기 시대에 대한 설명이다.
③ 신석기 시대에는 가락바퀴, 뼈바늘 등을 이용하여 옷을 만들었다.
④ 신석기 시대에는 농경과 목축이 시작되었다. (cf) 벼농사는 청동기 시대에 시작되었다.)

답 ②

006 2017년 국가직 7급

다음 글에 해당하는 국가에 대한 설명으로 〈보기〉에서 옳은 것을 모두 고른 것은?

> 형벌이 엄하여 사람을 죽인 자는 사형에 처하고, 그 집안 사람들을 노비로 삼았다. 도둑질을 하면 12배를 변상하게 하였다. …(중략)… 성책(城柵)의 축조는 모두 둥근 형태로 하는데, 마치 감옥과 같았다. …(중략)… 사람이 죽으면 여름철에는 모두 얼음을 사용하여 장사를 지냈다. …(중략)… 장사를 후하게 지냈으며, 곽(槨)은 사용하였으나 관(棺)은 쓰지 않았다.
>
> - 삼국지 -
>
> 〈보기〉
>
> ㄱ. 여섯 가축의 이름으로 관명을 정하였다.
> ㄴ. 국왕의 장례에는 옥갑(玉匣)을 사용하였다.
> ㄷ. 집집마다 '부경'이라는 작은 창고를 갖고 있었다.
> ㄹ. 온 집안 식구들을 하나의 곽 속에 넣어 매장하였다.

① ㄱ, ㄴ ② ㄱ, ㄹ ③ ㄴ, ㄷ ④ ㄷ, ㄹ

출제영역 여러 나라의 성장(부여)

제시문의 설명에 해당하는 국가는 부여이다. 형벌이 엄한 것, 1책 12법 등을 통하여 추측할 수 있을 것이다. 부여에 대한 설명으로 옳은 것은 ㄱ, ㄴ이다. 부여는 목축을 중시하였으며, 이러한 풍속은 가축의 이름을 딴 관명(마가·우가·구가·저가)으로 확인할 수 있다. 여러 가(加)들이 각기 사출도를 주관하였으며, 왕은 중앙 지역만을 직접 지배하는 연맹왕국 형태로 부여는 발전하였으며, 국왕이 죽으면 많은 사람을 껴묻거리와 함께 순장하는 풍속이 있었다. 이때 국왕의 장례에는 옥갑(玉匣)을 사용하였다.

오답풀이

ㄷ. 고구려에는 집집마다 작은 창고인 부경이 있었다.
ㄹ. 옥저의 가족 공동 무덤(골장제)에 대한 설명이다. 옥저에서는 가족이 죽으면 시체를 가매장하였다가 뼈를 추려 거대한 목곽에 시신을 안치하는 풍습이 있었다.

답 ①

라영환 한국사

STEP 2

응용사고형

2

고대사

시험에서 적어도 1, 2문제는 출제되는 응용+사고가 필요한 문제들만 모았습니다!

STEP 2 | 응용사고형 고대사 II

001
2021년 국가직

다음 시가를 지은 왕의 재위 기간에 있었던 사실은?

> 펄펄 나는 저 꾀꼬리
> 암수 서로 정답구나
> 외로울사 이 내 몸은
> 뉘와 더불어 돌아가랴

① 진대법을 시행하였다.
② 낙랑군을 축출하였다.
③ 졸본에서 국내성으로 천도하였다.
④ 율령을 반포하여 중앙집권체제를 강화하였다.

출제영역 고구려의 정치발전

제시문은 고구려 유리왕이 지은 황조가이다. 고구려는 유리왕 때 졸본성에서 국내성으로 도읍을 옮겼다.

오답풀이

① 고국천왕에 대한 설명이다. 2세기 후반 고국천왕은 을파소를 국상으로 임명하여 농민생활의 안정을 위해 춘대추납 제도인 진대법을 실시하였다.
② 미천왕에 대한 설명이다. 미천왕은 313년 낙랑군을 축출하였다.
④ 소수림왕에 대한 설명이다. 소수림왕은 373년 율령을 반포하고 통치 제도를 정비하였다.

답 ③

002
2018년 지방직 7급

고구려와 중국의 관계를 사건이 발생한 순으로 바르게 나열한 것은?

> ㄱ. 유주자사 관구검이 쳐들어와 환도성을 함락하자 왕의 옥저 쪽으로 도망하였다.
> ㄴ. 고구려가 요동의 서안평을 공격해 차지하고, 낙랑군을 한반도에서 몰아내었다.
> ㄷ. 모용황이 고구려를 침략하여 궁실을 불사르고, 5만여 명의 포로를 붙잡아 갔다.
> ㄹ. 고구려가 후연을 공격하여 요동으로 진출하고, 동북쪽으로는 숙신을 복속시켰다.

① ㄱ → ㄴ → ㄷ → ㄹ
② ㄱ → ㄷ → ㄴ → ㄹ
③ ㄴ → ㄷ → ㄹ → ㄱ
④ ㄴ → ㄹ → ㄷ → ㄱ

출제영역 고구려의 발전 과정

3C 동천왕부터 5C 광개토대왕의 영토확장까지의 설명이다. 바르게 나열한 것은 'ㄱ → ㄴ → ㄷ → ㄹ'이다.
ㄱ. 동천왕(3C)이 서안평을 공격하자 위나라의 관구검이 반격하였고 동천왕은 옥저로 피난을 갔다.
ㄴ. 미천왕(4C)이 다시 서안평을 공격하여 점령하여 낙랑과 대방을 축출하였다.
ㄷ. 고국원왕(4C) 시기에는 전연의 모용황이 침략하여 국내성을 함락하였다.
ㄹ. 광개토대왕은 남쪽으로는 백제를 공격하여 한강 이북을 차지, 북쪽으로는 숙신과 동부여를 복속(북부여 복속 - 문자명왕)시키고 후연을 정벌하였다.

답 ①

003 2025년 법원직

다음 (가) 나라가 남긴 문화유산으로 가장 옳은 것은?

> 고령군은 원래 (가) 이다. 시조 이진아시왕(伊珍阿豉王)부터 도설지왕(道設智王)까지 16대 520년간 유지되었다. 진흥 대왕이 이를 공격해 없애고 그 지역을 군으로 삼았는데, 경덕왕이 고령군으로 개칭하였다.

①

산수문전

②

임신서기석

③

지산동 고분군

④

금동 연가 7년명 여래 입상

출제영역 대가야

제시문은 고령을 중심으로 한 대가야에 관한 내용이다. 전기 가야연맹은 김해의 금관가야가 위치한 낙동강 하구를 중심으로 발전하였으나, 광개토대왕 군대의 공격 이후 연맹의 중심이 고령의 대가야로 이동하였다. 5세기 후반 고령의 대가야는 가야 연맹을 주도하며 세력권을 확대하기도 하였으나, 결국 562년 진흥왕 때 신라에 병합되었다.

③ 2023년 9월 고령 지산동 고분군, 김해 대성동 고분군, 합천 옥전 고분군 등 가야 지역의 고분 유적 7곳을 묶은 가야 고분군이 유네스코 세계 유산으로 등재되었다.

오답풀이

① 백제 산무수늬 벽돌이다. 삼국시대 도교는 신선 사상을 바탕으로 산천 숭배, 민간 신앙 등이 합해져 불로장생과 현세의 복을 추구하였다.

② 임신서기석에는 신라 두 화랑이 임신년에 5경을 공부할 것을 맹세한 내용이 기록이 있으며, 이를 통해 신라에서도 유교 경전을 공부한 사실을 알 수 있다.

④ 금동연가 7년명 여래입상은 고구려 안원왕 시대에 만들어진 금속제 입불상으로서 광배의 뒤에는 47개의 글자가 새겨져 있다. 1963년 출토되었고 현재 국립 중앙박물관에서 소장하고 있다. 연가는 533년에서 539년에 이르는 고구려 안원왕의 연호이다.

답 ③

004

2019년 서울시 1차

〈보기〉의 밑줄 친 '왕' 대에 이루어진 내용을 옳게 고른 것은?

〈보기〉

재위 19년에는 금관국주인 김구해가 비와 세 아들을 데리고 와 항복하자 왕은 예로써 대접하고 상등(上等)의 벼슬을 주었으며, 23년에는 처음으로 연호를 칭하여 건원(建元) 원년이라 하였다.

ㄱ. 국호를 사로국에서 '신라'로, 왕호를 마립간에서 '왕'으로 고쳤다.
ㄴ. 왕은 연호를 고쳐 '개국(開國)'이라 하였으며 국사를 편찬토록 하였다.
ㄷ. 왕호를 '성법흥대왕'이라 쓰기도 하였다.
ㄹ. '신라육부'가 새겨진 울진봉평신라비가 세워졌다.
ㅁ. 연호를 '인평(仁平)'으로 고쳤으며 분황사와 영묘사를 창건하였다.

① ㄱ, ㄴ　② ㄴ, ㄷ　③ ㄷ, ㄹ　④ ㄹ, ㅁ

출제영역 신라 법흥왕의 업적

제시된 자료에서 '금관국주 김구해가 항복', '건원' 연호 등의 내용을 통하여 이 '왕'이 신라 법흥왕임을 알 수 있다. 울주 천전리 비석의 을묘명(乙卯銘) 기록에는 법흥왕을 '성법흥태왕(聖法興太王)'이라고 지칭한 사실이 발견된다. 또한 법흥왕 시기에 세워진 울진 봉평 신라비에는 울진 지역이 신라 영토에 포함되면서 항쟁이 일어나자, 법흥왕을 중심으로 6부 회의를 열어 관련자를 처벌하는 모습이 기록되어 있기도 하다.

오답풀이

ㄱ. 지증왕에 대한 설명이다. 지증왕은 '널리 사방을 망라한다.'는 의미의 신라로 국호를 확정 짓고, 중국식 왕호인 '왕(王)'을 사용하였다.
ㄴ. 개국, 대창, 홍제라는 연호를 사용한 것은 신라 진흥왕이다.
ㅁ. 선덕여왕에 대한 설명이다. 선덕여왕은 인평(仁平)이라는 독자적인 연호를 사용하였으며, 분황사 모전 석탑을 건립하고 영묘사를 창건하였다.

답 ③

005

2019년 서울시 7급

밑줄 친 '왕'에 대한 설명으로 가장 옳은 것은?

영동대장군 백제 사마왕은 나이가 62세 되는 계묘년 5월 임진일인 7일에 돌아가셨다. 을사년 8월 갑신일인 12일에 안장하여 대묘에 올려 뫼시며 기록하기를 이와 같이 한다.

① 북위에 사신을 보내 고구려를 공격해 줄 것을 요청하였다.
② 신라와 결혼 동맹을 맺어 이벌찬 비지의 딸을 왕비로 맞이 하였다.
③ 22부의 중앙 관청을 두고 수도와 지방을 5부와 5방으로 정비하였다.
④ 양나라에 사신을 보내 여러 차례 고구려를 격파했다는 서신을 전했다.

출제영역 무령왕

제시문은 무령왕릉 지석에 새겨진 내용으로, 밑줄 친 사마왕은 무령왕(501~523)을 가리킨다. 무령왕릉 지석은 삼국 시대의 능에서 발견된 유일한 매지권으로서 무덤의 주인공을 직접적으로 알 수 있게 하여 귀중한 자료로 평가된다. 무령왕은 지방의 22담로에 왕족을 파견하여 지방에 대한 통제력을 강화하는 한편, 양나라(남조)에 사신을 보내 외교를 강화하였다. 『양서』에는 백제가 "여러 차례 고구려를 깨뜨려 비로소 [양나라와] 우호를 맺었으며 다시 강한 나라가 되었다."라는 내용이 담긴 표문이 실려 있다. 또한 양나라는 521년 12월에 백제왕 여륭(무령왕)을 사지절도독백제제군사영동대장군(使持節都督百濟諸軍事寧東大將軍)으로 삼았다.

오답풀이

① 개로왕이 북위에 보낸 국서(472년)에 대한 내용이다.
② 동성왕은 재위 15년(493년)에 신라 소지왕에게 혼인을 요청하였고, 이벌찬 비지의 딸이 백제로 시집오게 되었다.
③ 성왕은 중앙 관청을 22부로 정비하였으며, 수도와 지방을 5부와 5방으로 정비하였다.

답 ④

006 2017년 지방직 7급

밑줄 친 '가라(가야)국'에 대한 설명으로 옳은 것은?

> 진흥왕이 이찬 이사부에게 명하여 가라(가야라고도 한다)국을 공격하도록 하였다. 이때 사다함은 나이 15, 6세였음에도 종군하기를 청하였다. 왕이 나이가 아직 어리다하여 허락하지 않았으나, 여러 번 진심으로 청하고 뜻이 확고하였으므로 드디어 귀당 비장으로 삼았다. 그 나라 사람들이 뜻밖에 군사가 쳐들어오는 것을 보고 놀라 막지 못하였으므로 대군이 승세를 타고 마침내 그 나라를 멸망 시켰다. - "삼국사기" -

① 시조는 수로왕이며 구지봉 전설이 있다.
② 나라가 망할 즈음 우륵이 가야금을 가지고 신라로 들어갔다.
③ 낙동강 하류에 도읍하고 해상 교역을 중계하였다.
④ 국주(國主) 김구해가 항복하자 신라왕이 본국을 식읍으로 주었다.

출제영역 대가야

밑줄 친 '가라(가야)국'은 대가야이다. 진흥왕 때 이사부와 사다함 등이 활약하여 정복하였다는 사실을 통해 대가야임을 특정할 수 있을 것이다. 대가야에 대한 설명으로 옳은 것은 ②번 선지이다. 대가야가 망할 즈음 우륵이 가야금을 가지고 신라로 망명하여 진흥왕의 중용을 받았다.

오답풀이

① 시조가 수로왕인 것은 금관가야에 대한 설명이다. 구지봉 전설은 삼국유사에 기록되어 있다.
③ 금관가야는 낙동강 하류(현재 김해)에 도읍하고 해상 무역을 주도하였다.
④ 금관가야의 마지막 왕인 김구해(김유신의 증조부)는 신라 법흥왕에게 항복하였다(532년).

답 ②

007 2020년 국가직 7급

(가) ~ (라) 시기에 있었던 사실로 옳은 것은?

	(가)	(나)	(다)	(라)	
고구려 진대법 시행		백제 불교 공인		신라 율령 반포		고구려 살수대첩		백제 주류성 함락

① (가) - 신라가 대가야를 병합하였다.
② (나) - 고구려가 한반도에서 낙랑군을 축출하였다.
③ (다) - 백제가 사비로 천도하였다.
④ (라) - 신라가 북한산에 순수비를 세웠다.

출제영역 삼국의 발전 과정

삼국의 발전 과정에서 있었던 사실을 묻는 문항으로,
(가) 시기는 진대법 시행(194년, 고국천왕)에서 백제 불교 공인(384년, 침류왕) 사이
(나) 시기는 백제 불교 공인(384년, 침류왕, 마라난타)에서 신라 율령 반포(520년, 법흥왕) 사이
(다) 시기는 신라 율령 반포(520년, 법흥왕)에서 살수대첩(612년, 영양왕) 사이
(라) 시기는 살수대첩(612년, 영양왕)에서 백제 주류성 함락(663년) 사이 시기를 말하므로 정답은 ③번 선지이다. 백제가 사비로 천도한 것은 538년(성왕)의 일이다. 성왕은 사비로 천도하면서 국호를 남부여로 고치는 등 백제 중흥을 꾀하였다.

오답풀이

① 신라의 대가야 병합은 562년(진흥왕)의 일이다.
② 고구려가 한반도에 낙랑군을 축출한 것은 313년(미천왕)의 일이다.
④ 북한산비의 제작 연대는 논란이 있을 수 있으나, 순수비라는 점에서 진흥왕 재위 시기(540~576)로 제작 연대를 한정할 수 있다. 신라는 진흥왕(540~576) 때 한강 유역을 빼앗고 북쪽으로는 함경도 지역까지 진출하였다.

답 ③

008

2020년 국가직

(가) 인물에 대한 설명으로 옳은 것은?

> 김춘추가 당나라에 들어가 군사 20만을 요청해 얻고 돌아와서 (가) 을/를 보며 말하기를, "죽고 사는 것이 하늘의 뜻에 달렸는데, 살아 돌아와 다시 공과 만나게 되니 얼마나 다행한 일입니까?"라고 하였다. 이에 (가) 이/가 대답하기를, "저는 나라의 위엄과 신령함에 의지하여 두 차례 백제와 크게 싸워 20 성을 빼앗고 3만여 명을 죽이거나 사로잡았습니다. 그리고 품석 부부의 유골이 고향으로 되돌아왔으니 천행입니다."라고 하였다. - 『삼국사기』 -

① 황산벌에서 백제군을 물리쳤다.
② 화랑이 지켜야 할 세속오계를 제시하였다.
③ 진덕여왕의 뒤를 이어 신라왕으로 즉위하였다.
④ 당에서 숙위 활동을 하다가 부대총관이 되어 신라로 돌아왔다.

출제영역 김유신의 업적

제시된 자료는 '삼국사기' 김유신 열전의 기록으로, 당나라에서 돌아온 김춘추와 김유신이 재회한 내용이다. 따라서 (가)에 들어갈 인물은 김유신이다. 김유신은 황산벌에서 계백이 이끄는 백제군을 물리쳤는데, 660년 김유신이 지휘한 신라군은 탄현을 넘어 황산벌에서 계백이 이끈 백제의 결사대를 격파한 후에 사비성으로 진출하였다.

오답풀이

② 세속 5계를 만들어 화랑도에게 충효 원리를 보급한 인물은 진평왕 때의 승려 원광에 대한 설명이다.
③ 진덕여왕의 뒤를 이어 왕으로 즉위한 인물은 태종 무열왕(김춘추)에 대한 설명이다.
④ 김춘추의 둘째 아들이자, 문무왕의 동생인 김인문에 대한 설명이다. 김인문은 진덕여왕의 명을 받들어 당에 들어가 숙위(宿衛)한 이래 22년간이나 당나라에 체류하면서 대당 외교에 주력하였다. 그는 660년 당의 부대총관으로 백제 원정에 종군하기도 하였다.

답 ①

009

2022년 지방직

밑줄 친 '그'에 대한 설명으로 옳은 것은?

> 이날 소정방이 부총관 김인문 등과 함께 기벌포에 도착하여 백제 군사와 마주쳤다. …(중략)… 소정방이 신라군이 늦게 왔다는 이유로 군문에서 신라 독군 김문영의 목을 베고자 하니, 그가 군사들 앞에 나아가 "황산 전투를 보지도 않고 늦게 온 것을 이유로 우리를 죄주려 하는구나. 죄도 없이 치욕을 당할 수는 없으니, 결단코 먼저 당나라 군사와 결전을 한 후에 백제를 쳐야겠다."라고 말하였다.

① 살수에서 수의 군대를 물리쳤다.
② 김춘추의 신라 왕위 계승을 지원하였다.
③ 청해진을 설치하고 해상 무역을 전개하였다.
④ 대가야를 정벌하여 낙동강 유역을 확보하였다.

출제영역 김유신의 활동

밑줄 친 '그'는 김유신이다. 황산(황산벌)전투를 치르고, 당의 소정방과 합류하여 백제의 사비성을 포위하러 가는 상황을 통하여 김유신임을 추측할 수 있다. 김유신에 대한 설명으로 옳은 것은 ②번 선지이다. 금관가야의 후손이었던 김유신과 할아버지 대에서 족강(族降)하여 진골이었던 김춘추는 혼인을 통하여 두 가문의 결속을 강화하고 비담, 염종의 난을 진압하는 등 중앙 정계에서 실력을 키웠고, 결국 김춘추가 무열왕으로 즉위하였다.

오답풀이

① 을지문덕에 대한 설명이다. 수의 30만 별동대 중 본국으로 귀환한 자는 2,700명 남짓이었다고 한다.
③ 장보고는 완도에 청해진을 설치하고 해상 무역을 전개하였다.
④ 진흥왕에 대한 설명이다.

답 ②

010

2021년 계리직

신라의 발전 과정에 대한 사실들을 시대 순으로 바르게 나열한 것은?

ㄱ. 고령의 대가야를 병합하여 영토를 확장하였다.
ㄴ. 호국의 염원을 담아 황룡사 9층 목탑을 세웠다.
ㄷ. 행정기관인 병부(兵部)를 설치하여 왕권을 강화하였다.
ㄹ. 주군현(州郡縣)의 제도를 정하고 실직주(悉直州)를 두었다.

① ㄷ-ㄹ-ㄱ-ㄴ　② ㄷ-ㄹ-ㄴ-ㄱ
③ ㄹ-ㄷ-ㄱ-ㄴ　④ ㄹ-ㄷ-ㄴ-ㄱ

출제영역 신라의 정치발전

제시문은 신라의 정치발전 과정을 나열한 것이다. 이를 순서대로 배열하면,
ㄹ. 신라는 지증왕 대에 주·군을 정비하고 현재의 강원도 삼척지역에 실직주(군주로 이사부 파견)를 두었다.
ㄷ. 법흥왕은 상대등과 병부의 설치, 율령 반포, 17관등제 완비, 공복 제정 등을 통하여 통치 질서를 확립하였다.
ㄱ. 고령 지역의 대가야를 정복한 것은 진흥왕 대인 562년의 일이다.
ㄴ. 황룡사 9층 목탑은 643년 선덕여왕 때 자장 율사의 건의로 만들어졌다.

답 ③

011

2017년 법원직

다음 (가), (나)사이의 시기에 있었던 사실로 가장 옳은 것은?

(가) 대업 9년(613년) 양제가 다시 친히 정벌하였다. 이때는 모든 군대에 상황에 맞게 적절히 대응하라고 하였다. 여러 장수가 길을 나누어 성을 공격하니 적의 군세가 날로 위축되었다. - 수서 -
(나) 당태종이 다시 고구려를 정벌하려 했으나, 조정에서 의논하기를 "고구려가 산에 의지하여 성을 만들어 갑자기 함락할 수 없습니다. 지금 소부대를 자주 보내어 그 지방을 피곤하게 하고 쟁기를 놓고 보루에 들어가게 하여 1,000리가 쓸쓸해지면 인심이 저절로 떠나 압록강 이북은 싸우지 않고도 얻을 수 있습니다."하니 이에 따랐다. - 삼국사기 -

① 영양왕이 요서지방을 선제 공격하였다.
② 을지문덕이 살수에서 수나라 군대를 물리쳤다.
③ 광개토대왕이 신라에 쳐들어 온 왜군을 물리쳤다.
④ 당 태종이 이끈 당군의 침략을 안시성에서 물리쳤다.

출제영역 고구려와 수·당과의 전쟁

제시문 (가)는 수 양제의 고구려 재침공(613년), 제시문 (나)는 당 태종의 고구려 원정(647년)을 다루고 있다. (가)에서 '다시 친히 정벌'이라는 표현에서 살수 대첩 이후 사실이라는 것을, (나)에서 '다시 고구려를 정벌'이라는 표현, 고구려 성 함락의 어려움 등을 통하여, 안시성 전투(645년) 이후 사실이라는 것을 미루어 짐작하여야 한다. (가), (나) 사이의 시기에 있었던 사실로 옳은 것은 ④번 선지인 안시성 전투(645년)이다.

답 ④

012

2020년 지방직 7급

다음 상황이 나타나게 된 역사적 배경으로 옳은 것은?

> (진덕 여왕 2년) 당 태종이 김춘추에게 (나에게) 할 말이 있는가 하기에 김춘추가 말하였다. "신의 나라는 바다 모퉁이에 치우쳐 있으면서도 천자의 조정을 섬긴 지 여러 해가 되었습니다. 그런데 백제는 강하고 교활하여 여러번 침략을 해왔는데, 더구나 왕년에는 대대적으로 군사를 거느리고 깊이 쳐들어와 수십 성을 함락했습니다. …(중략)… 만약 폐하께서 당나라 군사를 빌려 주어 흉악한 것을 잘라 없애지 않는다면 우리나라 인민은 모두 포로가 될 것이며, 산 넘고 바다 건너 행하는 조회도 다시는 바랄 수 없을 것입니다."라고 하였다. 태종이 매우 옳다고 여겨서 군사 출동을 허락하였다. -「삼국사기」-

① 백제군이 대야성을 함락하였다.
② 계백이 이끄는 5천 결사대가 저항하였다.
③ 대무예가 당나라의 등주(登州) 지역을 선제공격하였다.
④ 백제 부흥군이 200여 성을 탈취하였다.

출제영역 나당 동맹

제시문은 나당 동맹이 체결(648년)되는 상황을 나타내고 있으며 정답은 ①번 선지이다. 신라 진흥왕이 한강 하류 지역을 장악하고, 성왕이 관산성 부근에서 죽음을 맞이한 뒤 백제와 신라는 적대적 관계에 놓였다. 백제 의자왕은 윤충을 보내 대야성을 비롯한 신라의 40여 성을 빼앗았다(642년). 이에 신라의 김춘추는 고구려에 군사적 원조를 요청하였으나, 실패하였다. 한반도에서 고립된 신라는 다시 김춘추를 당으로 보내 나당 동맹을 체결하였다.

오답풀이

② 황산벌 전투(660년)는 나당 동맹 체결 이후의 사실이다.
③ 발해 무왕은 장문휴로 하여금 당의 등주를 공격하게 하였다(732년).
④ 흑치상지는 백제 멸망(660년) 직후, 임존성을 근거지로 부흥 운동을 전개하여 200여 성을 되찾았다.

답 ①

013

2020년 국가직

(가) ~ (라)에 해당하는 사실로 옳지 않은 것은?

	(가)	(나)	(다)	(라)	

낙랑군 축출 — 광개토 대왕릉비 건립 — 살수대첩 승리 — 안시성 전투 승리 — 고구려 멸망

① (가) - 백제 침류왕이 불교를 받아들였다.
② (나) - 고구려 영양왕이 요서 지방을 선제공격하였다.
③ (다) - 백제가 신라 대야성을 공격하여 함락시켰다.
④ (라) - 신라가 매소성에서 당군을 격파하였다.

출제영역 삼국의 발전 과정

낙랑군 축출은 4세기 초 미천왕 때인 313년, 광개토대왕릉비 건립은 5세기 장수왕 때인 414년, 살수 대첩 승리는 7세기 고구려 영양왕 때인 612년, 안시성 전투 승리는 7세기 고구려 보장왕 때인 645년, 고구려 멸망은 보장왕 때인 668년의 일이다. ④에서 신라가 매소성에 주둔한 당나라 이근행의 20만 대군을 격파한 매소성 전투는 675년의 사건이므로 (라)시대가 아닌 고구려 멸망 이후에 일어난 일이다.

오답풀이

① 백제 침류왕 때의 일로, 침류왕의 재위 기간은 4세기 후반(384년~385년)이다.
② 영양왕이 1만 명의 말갈 병사를 보내 요서 지방을 선제 공격한 것은 6세기 말인 598년의 일이다.
③ 백제 의자왕은 642년 신라의 대야성을 공격하여 도독인 김품석과 그의 부인인 김춘추의 딸을 살해하였다.

답 ④

014 2024년 법원직

(가), (나)에 대한 설명으로 옳은 것만으로 연결된 것은?

- (가) 은/는 본래 고구려의 별종이다. … 무리를 이끌고 동쪽으로 가서 계루부의 옛 땅을 차지하고 동모산에 성을 쌓고 살았다.
- 부여씨가 망하고 고씨가 망하게 되니 김씨가 그 남쪽땅 을 차지하고 대씨가 그 북쪽 땅을 차지하여 (나) 라 하였다. 이것을 남북국이라 한다.

ㄱ. (가)은/는 고구려의 왕족 출신이다.
ㄴ. (가)은/는 당의 산둥반도를 공격하였다.
ㄷ. (나)은/는 거란의 침략으로 멸망하였다.
ㄹ. (나)의 군사제도로 9서당 10정이 있었다.

① ㄱ ② ㄷ ③ ㄱ, ㄷ ④ ㄴ, ㄷ

출제영역 대조영(고왕)과 발해

(가)는 대조영(고왕, 재위 698~719)이고, (나)는 발해이다. 첫 번째 자료는 『구당서』에서 발해의 역사를 서술한 부분(대조영을 고려 별종으로 보고 있다.)을 발췌한 것이고, 두 번째 자료는 유득공의 『발해고』에서 남쪽의 신라(김씨)와 북쪽의 발해(대씨)를 대비시켜 남북국이라고 표현 부분을 발췌한 것이다. 이에 대해 옳은 것만으로 연결한 것은 ㄷ이다.
ㄷ. 당 멸망 이후 5대 10국 혼란기에 거란이 흥기하였고, 거란이 발해를 멸망시켰다(926).

오답풀이

ㄱ. 대조영은 고구려의 왕족(고씨)이 아니다. 그는 말갈 계통의 고구려 귀족 출신으로 보인다.
ㄴ. 고왕(대조영) 대가 아니라 무왕 14년(732)에 장문휴가 등주(산둥 반도)를 공격하였다.
ㄹ. 통일 신라에 대한 설명이다. 발해의 중앙군은 10위로 편성되었다.

답 ②

015 2025년 법원직

다음 (가) ~ (다) 사건을 일어난 순서대로 바르게 나열한 것은?

(가) 진성 여왕 3년 나라 안의 여러 주·군에서 조세와 공물을 보내지 않아 나라의 창고가 텅 비고 씀씀이가 궁핍하게 되었으므로 왕이 사자를 보내어 독촉하였다. 이 때문에 곳곳에서 도적들이 벌떼처럼 일어났다. 이에 원종과 애노 등이 사벌주(상주)를 근거지로 반란을 일으켰다.
(나) 3월 웅천주 도독 헌창이 그의 아버지 주원이 왕이 되지 못한 것을 이유로 반란을 일으켜 나라 이름을 장안이라 하고 … 여러 군사가 성을 에워싸고 열흘 동안 공격하여 성이 장차 함락되려 하자 헌창은 화를 면할수 없음을 알고 스스로 죽었다.
(다) 이찬 김지정이 난을 일으켜 무리를 모아 궁궐을 에워싸고 침범했다. 여름 4월에 상대등 김양상이 이찬 경신과 함께 군사를 일으켜 김지정 등을 죽였으나, 왕(혜공왕)과 왕비는 반란군에게 살해되었다.

① (가) - (나) - (다) ② (나) - (가) - (다)
③ (다) - (가) - (나) ④ (다) - (나) - (가)

출제영역 신라 하대 역사적 사건

(다) 김지정의 난에 대한 설명이다. 780년(혜공왕 16) 2월에 이찬 김지정이 난을 일으켜 궁궐을 포위하였으나 같은 해 4월 상대등 김양상과 이찬 김경신의 군대에 패배하여 처형되었다. 이 와중에 혜공왕과 왕비가 살해되었으며, 진압을 주도한 김양상이 37대 선덕왕으로 즉위하면서 신라의 중대가 끝나고 하대가 시작된다.
(나) 헌덕왕 14년인 822년 때 일어난 김헌창의 난에 대한 설명이다. 김헌창은 웅천주(웅주) 도독으로서 자신의 아버지 김주원이 신라의 왕이 되지 못한 것에 불만을 품고 난을 일으켰다.
(가) 신라 제51대 왕 진성여왕 때 일어난 원종 애노의 난(889)에 대한 사실이다. 진성여왕 재위 시기 지역의 세금이 중앙으로 수납되지 않아 국고가 고갈되었고, 중앙에서는 지방에 관리를 파견하여 세금을 독촉하였다. 이에 사벌주를 근거로 원종 · 애노 등이 889년에 난을 일으켰다. 이 후 896년에는 수도 서남쪽에서 적고적이 난을 일으키기도 하였다.
시기적으로 (다) - (나) - (가) 순이다.

답 ④

016

2019년 서울시 7급

밑줄 친 인물의 재위 기간에 있었던 사실로 가장 옳은 것은?

> 무예가 대장 장문휴를 파견하여 해적을 거느리고 등주를 치니, 당 현종은 급히 문예를 파견하여 유주의 군사를 동원 시켜 이를 공격하는 한편, 태복경 김사란을 사신으로 신라에 보내어 군사를 독촉하여 발해의 남부를 치게 하였다. 마침 날씨가 매우 추운 데다 눈이 한 길이나 쌓여서 군사들이 태반이나 얼어 죽으니, 공을 거두지 못하고 돌아왔다.

① 당이 발해왕을 발해국왕으로 승격하여 책봉했다.
② 발해가 일본에 사신을 파견하여 국교를 맺었다.
③ 전륜성왕을 자처하고 황상, 황후 등의 용어를 사용하였다.
④ 동경에서 상경으로 천도하고 중흥(中興)이라는 연호를 채택하였다.

출제영역 발해 무왕

밑줄 친 인물인 '무예'는 발해 무왕(719~737)이다. '무예'라는 이름과 장문휴를 파견하여 당의 등주를 치게 한 것 등을 통해 무왕임을 알 수 있다. 무왕에 대한 설명으로 옳은 것은 ②번 선지이다. 무왕은 당 및 신라와의 적대 관계 속에서 돌궐, 일본과의 외교를 강화하였다. 727년에 일본에 사신을 보내 통교하였으며, 이때 보낸 국서에서 고구려를 계승하였음을 밝혔다.

오답풀이

① 발해 문왕(737~793)에 대한 설명이다. 712년 대조영이 당으로부터 발해군왕으로 책봉되었으며, 762년 문왕이 당으로부터 발해국왕으로 봉해졌다.
③ 발해 문왕에 대한 설명이다. 문황은 불교적 이상군주인 전륜성왕(轉輪聖王)을 자처하고 황상, 황후 등의 용어를 사용하였다.
④ 발해 성왕에 대한 설명이다. 성왕은 수도를 동경용원부에서 상경 용천부로 옮기고 중흥(中興)이라는 연호를 채택하였다.

답 ②

017

2019년 서울시 7급

발해의 역사에 대한 설명으로 가장 옳지 않은 것은?

① 발해는 고구려계 유민과 말갈계 유민이 세운 다민족 국가였다.
② 제2대 무왕은 산둥지방의 등주(登州)에 수군을 보내 당을 공격하였다.
③ 제3대 문왕은 확대된 영토를 효율적으로 다스리기 위해 수도를 '중경현덕부'에서 '상경용천부'로, 그리고 '동경용원부'로 옮겼다.
④ 제5대 성왕 대에는 국력이 더욱 강대해져서 '해동성국(海東盛國)'으로 불리기 시작했다.

출제영역 발해

발해에 대한 설명으로 옳지 않은 것은 ④번 선지이다. 발해가 당으로부터 '해동성국'으로 불리기 시작한 것은 제10대 선왕(818~830) 이후 사실이다.

오답풀이

① 발해는 대조영(고왕)이 고구려 유민과 말갈계 유민들을 규합하여 동모산 인근에서 건국하였다(698년, 진국). 발해의 지배층은 고구려계 유민과 일부 말갈의 유력자였으며, 피지배층은 말갈인이 다수를 이루었다.
② 발해 무왕(대무예, 719~737)은 동북방의 여러 세력을 복속하고 북만주 일대를 장악하였다. 흑수부 말갈이 당과 연결을 시도하자 무왕은 장문휴로 하여금 수군을 동원하여 당의 등주를 공격하게 하였다(732년).
③ 발해 문왕 시기에 동모산 지역에서 중경현덕부로 천도하였으며(742), 중경에서 정치적 안정과 문치의 기틀을 확립하고 난 뒤, 다시 상경용천부로 천도하였다(755). 이후 상경에서 다시 동경용원부로 천도 하였다(785).

답 ④

018 2017년 국가직 7급

발해에 대한 설명으로 옳지 않은 것은?

① 국왕을 '황상' 또는 '대왕' 등으로 칭하였다.
② 모피, 우황, 구리, 말 등을 당나라에 수출하였다.
③ 상경(上京)은 당나라 도성을 본떠 조방(條坊)을 나누었다.
④ 중앙의 주요 관서에 각각 복수(複數)의 장관을 임명하였다.

출제영역 발해

발해에 대한 설명으로 옳지 않은 것은 ④번 선지이다. 중앙의 주요 관서에 각각 복수의 장관을 임명한 것은 통일신라이다. 통일신라는 집사부를 비롯한 14부로 중앙 통치기구를 정비하였으며, 중앙의 주요 관서에는 각각 복수의 장관이 임명되었으며, 장관직을 겸임할 수도 있었다. 장관 복수제와 겸임제를 통하여 소수의 진골 귀족이 중앙 관부를 독점하고 합의제로 정치를 운영하였을 것으로 보인다.

오답풀이

① 발해는 국왕을 황상 또는 대왕 등으로 칭하고, 독자적인 연호를 사용(고왕-천통, 무왕-인안, 문왕-대흥, 보력 등)하는 등 황제국을 지향한 측면이 있다.
② 발해는 조공도, 영주도를 비롯한 발해 5도 등을 통하여 당과 교역 하였으며, 모피(담비, 호랑이, 표범 등의 가죽), 우황, 구리, 말 등을 당에 수출하였다. 특히 솔빈부의 말은 발해의 특산물로 유명하였다.
③ 발해의 상경성은 당의 수도 장안성을 본떠 만들었다. 외성과 내성(황성)을 쌓고, 내성의 남문에서 외성에 이르는 주작대로를 건설하고, 이를 중심으로 좌경(左京)과 우경(右京)을 구획하였으며, 도성 내의 구역을 여러 조방(條坊 네모난 구획)으로 나누었다.

답 ④

019 2022년 소방직

밑줄 친 '왕'의 행적으로 옳은 것은?

<u>왕</u>께서 부지런히 힘쓴 지 40여 년에 큰 공이 거의 이루어 졌는데, 하루아침에 집안사람들의 화로 인하여 설 땅을 잃고 투항하였습니다. …(중략)… 충신은 두 임금을 섬기지 않는다고 하였습니다. 만약 자기의 임금을 버리고 반역한 아들을 섬긴다면 무슨 얼굴로 천하의 의로운 선비들을 보겠습니까. 하물며 듣자니 고려의 왕공께서는 마음이 어질고 후하며 근면하고 검소하여 민심을 얻었다고 하니 하늘의 계시인 듯합니다. 반드시 삼한의 주인이 될 것이니 어찌 편지를 보내 우리 왕을 문안, 위로하고 겸하여 왕공에게 겸손하고 정중함을 보여 장래의 복을 도모하지 않겠습니까.

- 삼국사기 -

① 발해를 건국하였다.
② 고려에 귀순하였다.
③ 철원에 수도를 정하였다.
④ '천수'라는 연호를 사용하였다.

출제영역 견훤의 활동

제시된 자료는 견훤의 사위 영규가 부인과 태조 왕건에게 귀부할 것을 의논한 사실을 보여주고 있고, 밑줄 친 '왕'은 견훤이다. 집안사람의 화, 반역한 아들(신검), 고려의 왕공에게 정중함을 보일 것 등을 통해 추측할 수 있을 것이다. 견훤에 대한 설명으로 옳은 것은 ②번 선지이다. 4남 금강에게 왕위를 물려주려다 맏아들 신검에 의해 금산사에 유폐되었던 견훤은 935년 태조 왕건에게 귀순하였다.

오답풀이

① 대조영(고왕)에 대한 설명이다.
③ 궁예가 송악에서 철원으로 도읍을 옮겼다.
④ 태조 왕건에 대한 설명이다.

답 ②

020

2023년 법원직

(가) ~ (라)를 시대순으로 가장 바르게 연결한 것은?

(가) 견훤이 후백제를 건국하였다.
(나) 신문왕이 관료전을 지급하였다.
(다) 광개토 대왕이 왜군을 격퇴하였다.
(라) 선왕 시기에 '해동성국'으로 불렸다.

① (가) - (다) - (나) - (라)
② (나) - (다) - (라) - (가)
③ (다) - (나) - (라) - (가)
④ (라) - (나) - (다) - (가)

출제영역 고대 사실 시기 문제

(다) 광개토 대왕이 왜군을 격퇴하였다(400년). 영락 10년(400년)에 광개토 대왕이 보병과 기병 5만을 보내 신라를 구원하였다.
(나) 신문왕이 관료전을 지급하였다(신문왕 7년, 687년).
(라) 선왕의 재위 시기는 818년 ~ 838년이다. 이 시기 발해는 '해동성국'이라 불렸다.
(가) 견훤이 후백제를 건국하였다(삼국사기 견훤 열전에 따르면 900년에 건국).

답 ③

021

2022년 계리직

후삼국 통일 과정에 있었던 사건의 순서를 옳게 나열한 것은?

ㄱ. 완산주에 도읍을 정하고 후백제를 건국하였다.
ㄴ. 국호를 태봉, 연호를 수덕만세로 정하였다.
ㄷ. 금성이 함락되고 경애왕이 사망하였다.
ㄹ. 왕건이 궁예를 몰아내고 즉위하였다.

① ㄱ → ㄴ → ㄷ → ㄹ
② ㄱ → ㄴ → ㄹ → ㄷ
③ ㄴ → ㄱ → ㄹ → ㄷ
④ ㄴ → ㄱ → ㄷ → ㄹ

출제영역 후삼국 통일 과정

후삼국 통일 과정에 있었던 사건의 순서를 옳게 나열하면 다음과 같다.
ㄱ. 후백제 건국(900년): 견훤은 완산주에 도읍을 정하고 후백제를 건국하였다. 견훤이 완산주(현재 전주)로 들어와 많은 사람들 앞에서 의자왕의 오랜 울분을 씻어 버리겠다고 말하며 백제 계승 의식을 나타냈다.
ㄴ. 태봉 국호 변경(911년): 궁예가 901년에 후고구려를 건국하였고, 904년에 국호를 마진으로 연호를 무태로 정하였고, 911년에 다시 국호를 태봉으로, 연호를 수덕만세로 정하였다.
ㄹ. 왕건 즉위(918년): 왕건이 궁예를 축출하고 고려를 건국한 것은 918년의 일이다.
ㄷ. 경애왕 사망(927년): 견훤은 신라의 왕경을 침입하여 경애왕을 자살하게 만들었다.

답 ②

022

2023년 계리직

밑줄 친 (   )의 인물에 대한 설명으로 옳은 것은?

> 왕의 총애를 받는 이들이 곁에 있으면서 정권을 훔쳐 제마음대로 하니 기강이 문란해졌다. 게다가 기근까지 겹치자 백성이 떠돌아다 니고 도적이 곳곳에서 봉기하였다. 이에 (____)은/는 몰래 왕위를 넘겨다 보는 마음을 갖고, 무리를 불러 모아 왕경의 서남쪽 주현을 돌아다 니며 공격하였다. 이르는 곳마다 메아리처럼 호응하여 한 달 만에 무리가 5,000명에 달하니, 드디어 무진주를 습격하였다. - 『삼국사기』 -

① 완산주를 도읍 삼아 나라를 세우고 왕위에 올랐다.
② 스스로 미륵불이라고 칭하면서 통치를 정당화하였다.
③ 서해안의 해상 세력으로 활동하던 가문에서 태어났다.
④ 국호를 장안, 연호를 경운으로 정하고 반란을 일으켰다.

출제영역 견훤(후백제)

삼국사기 견훤 열전에 실린 기사로, 진성여왕 6년(892년)에 대한 서술이다. 왕경(경주)의 서남쪽, 무진주(오늘날 광주) 등의 지역명을 통하여 견훤임을 추론할 수 있다. 정답은 ①번 선지이다. 견훤은 완산주를 도읍 삼아 나라를 세우고 왕위에 올랐다.

오답풀이

② 궁예에 대한 설명이다.
③ 왕건에 대한 설명이다.
④ 김헌창에 대한 설명이다.

답 ①

MEMO

라영환 한국사

STEP 2

응용사고형

3

고려사

시험에서 적어도 1, 2문제는 출제되는 응용+사고가 필요한 문제들만 모았습니다!

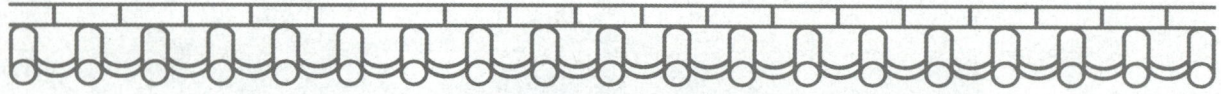

STEP 2 | 응용사고형 고려사 III

001

2019년 서울시 7급

밑줄 친 '내'가 시행한 정책으로 가장 옳지 않은 것은?

> 지난날 신라의 정치가 쇠하여 도적들이 다투어 일어나고 백성들은 난리 통에 그들의 폭골(曝骨)이 들판에 널렸다. 전 임금이 온갖 혼란을 평정하고 국가 기초를 닦았으나 말년에 와서는 무고한 백성들에게 피해를 끼쳤고 국가가 멸망하였다. 내가 그 위기를 이어 새 나라를 창건하였는데 백 성들에게 고된 노동을 시켜 힘들게 하는 것이 어찌 원하던 일이겠는가? 다만 모든 일을 시작하는 때라 일이 부득이하여 그런 것이다. 관리로서 나라의 녹봉을 먹는 너희들은 마땅히 백성들을 자식과 같이 사랑하는 나의 뜻을 충분히 헤아려 자기의 녹읍(祿邑) 백성들을 사랑해야 할 것이다.

① 대외적으로 남중국의 오월, 일본 등과 활발히 교류하며 국교를 맺었다.
② 발해 왕자 대광현이 망명하자 왕계라는 이름을 내려주었다.
③ 「정계」, 「계백료서」 등을 통해 관리가 지켜야 할 규범을 제시하였다.
④ 평양을 서경으로 승격시키고 중시하였다.

출제영역 태조(왕건)

제시문은 태조 왕건이 934년(태조 17년)에 예산진에서 민심을 위로하고, 지배층의 애민 통치를 권장하는 상황을 나타낸다. 후백제와 대치하는 상황 속에서 내린 이 글은 민심을 달래고 호족을 포섭하여 왕건 세력을 늘리는 데 영향을 주었다. 신라 말 상황, '전 임금(궁예)의 폭정', 취민유도(取民有度)의 정신 등을 통하여 밑줄친 '내'는 태조 왕건임을 추측할 수 있다. 태조가 시행한 정책으로 옳지 않은 것은 ①번 선지이다. 남중국의 후당, 오월, 일본 등과 교류한 것은 후백제의 견훤이다.

오답풀이

② 발해가 거란에 멸망(926년)한 뒤 발해 왕자 대광현이 무리 수만명을 이끌고 고려로 귀순하였다(934년). 태조는 이에 대광현을 우대하여 왕계(王繼)라는 이름을 하사하고 그 조상의 제사를 받들 수 있게 하였다.
③ 태조는 관리들에게 신하된 자로서 지켜야 할 의무를 기술한 「정계」, 「계백료서」를 남겼으며, 후대 왕들이 지켜야 할 정책 방향을 담은 '훈요 10조'를 남겼다.
④ 태조는 고구려의 옛 땅을 회복하고자 북진 정책을 적극 추진하였다. 평양을 서경으로 삼아 중시하였고, 북쪽으로 청천강 유역까지 영토를 확장하였다.

답 ①

002 2019년 지방직 7급

밑줄 친 '인물상'에 해당하는 왕의 업적으로 옳은 것은?

> 개성의 현릉 부근에서 발견된 청동제 인물상은 온화한 얼굴에다가 두 손을 맞잡고 있으며, 자비로운 미소를 띠고 있다. 이 상은 황제가 착용한다는 통천관을 쓰고 있어 고려가 황제 국가로 자부하였음을 알 수 있다.

① 유학 교육기관으로 국자감을 설치하였다.
② 거란에 대비하여 30만 광군을 조직하였다.
③ 개경을 황도로, 서경을 서도로 격상하였다.
④ 역분전이라는 토지제도를 처음으로 시행하였다.

출제영역 태조(왕건)

제시문에서 설명하고 있는 왕은 태조 왕건(918~943)이다. 1992년에 개성 현릉(고려 태조의 능) 부근에서 출토된 청동제 인물상(태조 왕건 상)은 광종 2년(951)에 제작된 것으로 보이며, 황제의 관인 통천관(通天冠)을 쓰고 있고 금제 허리띠 장식의 옥대(玉帶)를 하고 있어, 고려가 내부적으로 황제국을 지향했음이 드러나고 있다. 태조 왕건의 업적으로 옳은 것은 ④번 선지이다. 태조는 공신전적 성격을 가진 역분전을 지급하였는데, 역분전은 관직의 높고 낮음에 상관없이 공로와 충성도 및 인품을 따져 토지의 수조권을 지급한 것이었다. 즉, 태조는 논공행상을 통하여 세습이 가능한 토지를 공신들에게 하사하였다.

오답풀이

① 고려 성종 11년(992)에 국자감을 설치하였다.
② 고려 정종 2년(947) 광군사를 설치하고 광군을 조직하였다.
③ 광종은 황제를 칭하고, 광덕, 준풍 등 독자적인 연호를 사용하고, 개성을 황도(皇都), 서경을 서도(西都)로 격상시키는 등 내부적으로 황제 국가를 지향하였다.

답 ④

003 2017년 지방직

다음 사건으로 즉위한 왕의 재위 기간에 있었던 사실로 옳지 않은 것은?

> 목종의 모후(母后)인 천추태후와 김치양이 불륜 관계를 맺고 왕위를 엿보자, 서북면도순검사 강조가 군사를 일으켜 김치양 일파를 제거하고 목종을 폐위시켰다.

① 대장경 조판 사업을 시작하였다.
② 지방관이 없는 속군에 감무를 파견하였다.
③ 부모의 명복을 빌고자 현화사를 창건하였다.
④ 개성부를 경중(京中) 5부와 경기로 구획하였다.

출제영역 고려 현종 때의 상황

제시된 자료는 고려 목종 시기 '강조의 정변'에 대한 내용이다. 강조의 정변이란 목종의 어머니이던 천추태후와 김치양이 불륜 관계를 맺고 유력한 왕위 계승자였던 대량원군(현종, 8대, 1009~1031)을 제거 후 자신들이 낳은 자식을 왕위에 올리려는 것을 당시 서북면 도순검사였던 강조에게 진압당한 사건이다. 강조는 정변 이후 목종을 폐위하여 살해하고 현종을 옹립하였다. ②의 감무 파견은 예종 대의 일이므로 현종 시기의 사건과는 관련이 없다. 예종은 5도에 안찰사를 파견하고, 지방관이 파견되지 않은 속현에는 감무라는 비정규 수령을 파견하였다.

오답풀이

① 고려 현종 때 거란의 2차 침입을 받자 이를 불법의 힘으로 극복하기 위해 『초조대장경』을 조판하기 시작하였다. 『초조대장경』은 이후 1087년 고려 선종 때 완성되었다.
③ 고려 현종은 부모의 명복을 빌기 위해 경기도 개풍군에 현화사를 지었다. 현재 현화사 건물은 현존하지 않지만 당간지주를 비롯하여 북한의 국보급 문화재로 지정된 현화사 칠층석탑은 남아있다.
④ 현종 시기에는 기존의 10도, 3경, 12목(성종)이었던 지방제도를 개편하여 전국을 5도와 양계, 경기로 나누었고 그 안에 지역 요충지인 3경과 4도호부 8목을 두었으며 지역 요충지(3경 4도호부 8목)에는 계수관을 파견하였다.

답 ②

004

2023년 계리직

(가)와 (나) 사이의 시기에 있었던 사실로 옳은 것은?

(가) 처음으로 과거를 설치하고, 한림학사 쌍기에게 명하여 진사 (進士)를 뽑았다. -『고려사』-
(나) 최승로가 상서하기를, "태조께서 통합한 후 외관(外官)을 두려고 하셨지만 대개 초창기였으므로 겨를이 없었습니다. …(중략)… 청컨대 외관을 두소서."라고 하였다. -『고려사』-

① 광군사가 설치되었다.
② 국자감이 설치되었다.
③ 노비안검법이 시행되었다.
④ 처음으로 전시과가 제정되었다.

출제영역 고려 초기 사실

(가)는 광종 9년(958년)에 과거제가 도입되었다는 기록이고, (나)는 성종 원년(982년)에 외관(지방관)을 설치하라고 최승로가 건의하는 내용이다. 정답은 ④번 선지로, 경종 원년(976년)에 시정전시과가 제정되었다.

오답풀이

① 광군사는 정종 2년(947년)에 설치되었다.
② 국자감은 성종 11년(992년)에 설치되었다.
③ 노비안검법은 광종 7년(956년)에 시행되었다.

답 ④

005

2023년 법원직

㉠ 기간에 일어난 사실로 가장 옳은 것은?

임금이 대광 박술희에 말하였다. "짐은 미천한 가문에서 일어나 그릇되게 사람들의 추대를 받아 몸과 마음을 다하여 노력한 지 19년 만에 삼한을 통일하였다. 외람되게 ㉠ 25년 동안 왕위에 있었으니 몸은 이미 늙었으나 후손들이 사사 로운 정에 치우치고 욕심을 함부로 부려 나라의 기강을 어 지럽힐까 크게 걱정된다. 이에 훈요를 지어 후세에 전하니 바라건대 아침저녁으로 살펴 길이 귀감으로 삼기 바란다."

① 공산 전투가 전개되었다.
② 노비안검법이 시행되었다.
③ 수덕만세라는 연호가 등장하였다.
④ 최승로가 시무 28조를 제시하였다.

출제영역 태조 왕건

박술희, 삼한을 통일하고, 훈요를 지어 남긴다는 것 등을 통해 태조 왕건의 유언임을 알 수 있고, 태조 왕건의 재위기간(918년~943년) 동안 있었던 사실로 옳은 것은 ①번 선지, 공산 전투(927년)이다. 왕건은 공산 전투에서 목숨을 잃을 뻔한 위기에 처했다. 이후 고창 전투(930년)에서 견훤에게 승리하여 후백제에 결정적인 타격을 주었다.

오답풀이

② 노비안검법은 광종 7년(956년)에 시행되었다.
③ 궁예는 911년 국호를 마진에서 태봉으로 고치고 연호도 성책에서 수덕만세로 바꾸어 약 4년간 사용하였다. 궁예는 무태(904년~905년), 성책(905년~910년), 수덕만세(911년~913년), 정개(914년~917년) 등의 연호를 사용하였다.
④ 성종 원년(982년) 최승로는 시무 28조를 올렸다.

답 ①

006 2022년 지방직

(가) 인물에 대한 설명으로 옳은 것은?

> 군대를 이끌고 통주성 남쪽으로 나가 진을 친 (가) 은/는 거란군에게 여러 번 승리를 거두었다. 하지만 자만하게 된 그는 결국 패해 거란군의 포로가 되었다. 거란의 임금이 그의 결박을 풀어 주며 "내 신하가 되겠느냐?"라고 물으니, (가) 은/는 "나는 고려 사람인데 어찌 너의 신하가 되겠느냐?"라고 대답하였다. 재차 물었으나 같은 대답이었으며, 칼로 살을 도려내며 물어도 대답은 같았다. 거란은 마침내 그를 처형하였다.

① 묘청의 난을 진압하였다.
② 별무반의 편성을 건의하였다.
③ 목종을 폐위하고 현종을 옹립하였다.
④ 거란과 협상하여 강동 6주 지역을 고려 영토로 확보하였다.

출제영역 강조의 활동

(가) 인물은 강조이다. 강조의 정변을 구실로 거란의 성종(聖宗)이 고려에 침입해 왔다(거란의 2차 침입). 강조는 거란에 맞서 여러 차례 승리를 거두다가 자만하여 패하고 포로가 되었다. 강조에 대한 설명으로 옳은 것은 ③번 선지이다. 강조는 천추태후와 김치양 일파를 제거하기 위하여 정변을 일으켜, 목종을 폐위하고 현종을 옹립하였다.

오답풀이

① 김부식이 진압군의 원수로 출정하여 묘청의 난을 진압하였다.
② 윤관은 숙종에게 건의하여 별무반이라는 새로운 군사 조직을 편성하고(1104), 예종 시기(1107) 여진을 정벌하고 동북 9성을 축조하였다.
④ 서희에 대한 설명이다.

답 ③

007 2021년 지방직

(가)에 대한 설명으로 옳은 것은?

> 건국 초부터 북진 정책을 추진한 고려는 발해를 멸망시킨 (가) 를/을 견제하고 송과 친선 관계를 맺었다. 이에 송과 대립하던 (가) 는/은 고려를 경계하여 여러 차례 고려에 침입하였다.

① 강조의 정변을 구실로 고려를 침략하였다.
② 고려에 동북 9성을 돌려달라고 요구하였다.
③ 다루가치를 배치하여 고려의 내정을 간섭하였다.
④ 쌍성총관부를 두어 철령 이북의 땅을 지배하였다.

출제영역 고려의 대외항쟁

제시문에서 926년 발해의 수도인 홀한성을 함락시키고 발해를 멸망시킨 국가는 거란으로, 이후 거란은 강조의 정변(목종의 모후인 천추태후와 외척 김치양이 불륜을 맺고 왕위를 빼앗으려 하자 1009년 강주가 군사를 일으켜 김치양 일파를 제거하고 목종을 시해한 후 현종을 즉위시킨 사건)을 구실로 1010년 강동 6주를 넘겨줄 것을 요구하면서 40만 대군으로 고려에 침입(2차 침입)하기도 하였다. 2차 침입 당시 거란은 전쟁 초반 개경을 함락시킬 정도로 우세를 점하였으나, 후방에서 양규 등 고려군의 저항으로 보급로가 차단될 위기에 처하자 현종의 입조를 조건으로 강화 후 퇴각하였다.

오답풀이

② 동북 9성 반환을 요구한 것은 여진이다. 윤관이 예종 때 별무반을 이끌고 여진을 정벌해 동북 9성을 축조했다(1107).
③ 다루가치는 몽골이 고려의 내정을 간섭하기 위해 파견한 감찰관이다.
④ 쌍성총관부는 몽골과의 전쟁이 진행되던 1258년(고종 45)에 조휘와 탁청이 고려의 지방관을 죽이고 몽골에 항복하면서 설치되었다.

답 ①

008 2018년 지방직 7급

밑줄 친 '왕'의 업적으로 옳은 것은?

> 왕이 노비를 상세히 조사하여 옳고 그름을 밝히도록 명령하였다. 이 때문에 주인을 배반하는 노비들을 도저히 억누를 수 없었으므로, 주인을 업신여기는 풍속이 크게 유행하였다. 사람들이 다 수치스럽게 여기고 원망하였다. 왕비도 간절히 말렸지만 받아들이지 않았다. -「고려사절요」-

① 구제도감을 설치하였다.
② 문신월과법을 실시하였다.
③ 백관의 공복을 제정하였다.
④ 삼한통보, 해동중보 등을 주조하였다.

출제영역 광종

제시문은 노비안검법 시행 상황을 설명하고 있으므로, 밑줄 친 '왕'은 광종이다. 광종은 노비안검법을 시행하여 호족 세력의 경제적 기반을 약화시키고 국가 재정을 확충하여 왕권의 위상을 높이고자 하였다. 광종에 대한 설명으로 옳은 것은 ③번 선지이다. 광종은 지배층의 위계 질서를 확립하기 위하여 4색 공복(자-단-비-록)을 제정하였으며, 공신과 호족 세력을 숙청하여 왕권을 강화하였고, 광덕, 준풍 등의 독자적인 연호를 사용하였다.

오답풀이

① 예종 4년(1109)에 병자의 치료와 빈민의 구제를 목적으로 구제도감(임시 기구)을 설치하였다.
② 성종 14년(995)에 문신월과법이 처음 제정되어 문신들에게 매월 시부를 지어 바치게 하였다.
④ 숙종은 의천의 건의에 따라 주전도감을 설치하고 삼한통보, 해동중보 등을 주조하여 화폐를 유통시키고자 하였다.

답 ③

009 2018년 지방직

밑줄 친 '이 곳'에서 일어난 일로 옳은 것은?

> 고려 정종 때 이 곳으로 천도 계획을 세웠으나 실현되지 못했고, 문종 때 이 곳 주위에 서경기 4도를 두었다.

① 이곳에서 현존 세계 최고의 직지심체요절이 간행되었다.
② 지눌이 이곳을 중심으로 수선사 결사 운동을 전개하였다.
③ 조위총이 정중부 등의 타도를 위해 이곳에서 반란을 일으켰다.
④ 강조가 군사를 이끌고 이곳으로 들어와 김치양 일파를 제거하였다.

출제영역 서경 지역사

위 지문과 관련 있는 지명은 서경(西京), 오늘날의 평양이다. 정종은 서경의 왕식렴 세력과 결탁하여 서경으로 천도를 추진하였으나, 결국 실패하였다. 서경에서 일어난 일로 옳은 것은 조위총의 난이다. 서경 유수 조위총은 이의방, 정중부 등의 무신 정권에 반발하여 난을 일으켰다.

오답풀이

① 직지심체요절이 간행된 곳은 청주 흥덕사이다.
② 지눌이 수선사 운동을 전개한 곳은 순천 송광산(현재, 조계산)이다.
④ 고려 목종 대에 천추태후와 그녀의 정부인 김치양이 전횡을 일삼자, 강조는 군사를 이끌고 개경으로 들어와 김치양 일파를 제거한 후 목종을 폐하고 현종을 즉위시켰는데(강조의 난), 이러한 사건은 이후 거란 2차 침입의 구실이 되었다.

답 ③

010 2023년 계리직

다음 정책을 시행한 왕에 대한 설명으로 옳은 것은?

> 주전도감(鑄錢都監)에서 아뢰기를, "나라 사람들이 비로소 동전 화폐 사용의 이로움을 알아 편리하게 되었으니 바라건대 종묘에 고하소서."라고 하였다. 이 해에 또한 은병(銀甁)을 사용하여 화폐로 삼았는데, 그 제도는 은 1근으로 만들되 우리나라 지형을 본뜬 것으로 속칭 활구(闊口)라고 하였다. -『고려사』-

① 남경을 건설하였다.
② 감무를 파견하였다.
③ 양현고를 설치하였다.
④ 정계와 계백료서를 지었다.

출제영역 숙종

제시문은 숙종 6년(1101년)의 기록이다. 주전도감, 동전 사용, 은병 등을 통해서 추론할 수 있을 것이다. 숙종은 송에 다녀온 의천의 건의를 받아 화폐 발행 및 유통에 힘을 쏟았다. 숙종에 대한 설명으로 옳은 것은 ①번 선지이다. 문종 대에 설치된 남경이 잠시 폐지되었다가 숙종 6년(1101년)에 남경개창도감이 설치되고, 숙종 9년(1104년) 남경의 궁궐이 완성되었다.

오답풀이

② 감무는 예종 1년(1106년) 파견되기 시작하였다.
③ 양현고는 예종 14년(1119년) 관학 진흥을 위해 설치되었다.
④ 정계와 계백료서는 태조 왕건이 남겼다.

답 ①

011 2017년 국가직

다음에 나타난 사상에 대한 설명으로 옳지 <u>않은</u> 것은?

> 신(臣)들이 서경의 임원역 지세를 관찰하니, 이곳이 곧 음양가들이 말하는 매우 좋은 터입니다. 만약 궁궐을 지어서 거처하면 천하를 병합할 수 있고, 금나라가 폐백을 가지고 와 스스로 항복할 것이며, 36국이 모두 신하가 될 것입니다.

① 서경 천도 운동의 배경이 되었다.
② 문종 때 남경 설치의 배경이 되었다.
③ 하늘에 제사 지내는 초제의 사상적 근거가 되었다.
④ 공민왕과 우왕 때 한양 천도 주장의 근거가 되었다.

출제영역 풍수지리설

제시된 자료는 고려 인종 시기 묘청의 서경(평양) 천도 운동이므로, 서경 천도 운동의 기반이 된 풍수지리사상과 관련된 내용을 고르는 문제다. ③의 초제(醮祭)는 고려 시대에 본격적으로 하늘에 제사를 지내는 도교 행사로 풍수지리설과는 관련이 적다. 초제는 대개의 경우 국가와 왕권의 안녕을 위해 행해졌는데, 각 도관에서 행하거나 지방 명산에 제단을 설치하고 지내기도 했다.

오답풀이

① 묘청 등의 서경파 세력은 풍수지리 사상의 서경(평양) 길지설을 바탕으로 서경천도운동을 전개하였다.
② 문종 때 남경(한양) 길지설을 바탕으로 남경을 개경, 서경과 함께 3경으로 설치하였다.
④ 풍수지리설은 공민왕과 우왕 시기에도 왕사 보우 등이 남경(한양) 천도를 주장하는 사상적 근거가 되었으나, 실현되지는 못하였다.

답 ③

012

2017년 국가직

밑줄 친 '왕'의 정책으로 옳지 않은 것은?

> 대관(大觀) 경인년에 천자께서 저 먼 변방에서 신묘한 도(道)를 듣고자 함을 돌보시어 신사(信使)를 보내시고 우류(羽流) 2인을 딸려 보내어 교법에 통달한 자를 골라 훈도하게 하였다. 왕은 신앙이 돈독하여 정화(政和) 연간에 비로소 복원관(福源觀)을 세워 도가 높은 참된 도사 10여 인을 받들었다. 그러나 그 도사들은 낮에는 재궁(齋宮)에 있다가 밤에는 집으로 돌아가고는 하였다. 그래서 후에 간관이 지적, 비판하여 다소간 법으로 금하는 조치를 취하게 되었다. 간혹 듣기로는, 왕이 나라를 다스렸을 때는 늘 도가의 도록을 보급하는 데 뜻을 두어 기어코 도교로 호교(胡敎)를 바꿔 버릴 생각을 하고 있었으나 그 뜻을 이루지 못해 무엇인가를 기다라는 것이 있는 듯하였다고 한다.
>
> -『고려도경』-

① 우봉·파평 등의 지역에 감무관을 파견하였다.
② 국학 7재를 설치하여 관학을 진흥하였다.
③ 김위제의 건의로 남경 건설을 추진하였다.
④ 윤관을 원수로 하여 여진 정벌을 단행하였다.

출제영역 고려 예종 시기의 사건

제시된 자료는 예종이 도교를 장려하는 내용에 대해 설명하고 있다.
③에서 김위제의 건의로 남경 건설이 추진된 것은 숙종 때의 일이므로 적절하지 않은 내용이다.

오답풀이

① 감무관이란 백성의 토지이탈을 막고 농업을 권장하기 위해 지방관이 파견되지 못한 속현에 파견되었던 관리들로 예종 때부터 본격적으로 파견되었다.
② 예종은 관학 진흥책으로 전문 강좌인 7재를 국자감에 설치하였다.
④ 예종 때 윤관으로 하여금 여진 정벌을 단행하여 동북9성을 설치하였다.

답 ③

013

2019년 서울시 9급

〈보기〉에 나열된 고려시대의 사건들을 시간순으로 바르게 나열한 것은?

> 〈보기〉
>
> ㄱ. 거란의 소손녕이 수십만 대군을 이끌고 고려를 침입하여, 서희가 외교담판으로 거란군의 철수를 이끌어 냈다.
> ㄴ. 노비의 신분을 조사해 본래 양인인 사람들을 환속시켰다.
> ㄷ. 송나라 사신 서긍이 고려를 방문하고「고려도경」을 지었다.
> ㄹ. 전지(田地)와 시지(柴地)를 실직(實職)이 있는 사람과 없는 사람 모두에게 처음 지급하였다.

① ㄱ → ㄴ → ㄹ → ㄷ
② ㄱ → ㄷ → ㄴ → ㄹ
③ ㄴ → ㄱ → ㄹ → ㄷ
④ ㄴ → ㄹ → ㄱ → ㄷ

출제영역 고려 시대 주요 사건

ㄴ. 광종 7년(956) 노비안검법을 시행하여 호족의 경제적 기반을 약화 시키고 국가 재정을 확충하고자 하였다.
ㄹ. 경종 원년(976) 시정 전시과를 시행하면서 전·현직 관리에게 전지와 시지를 처음으로 지급하였다. 시정 전시과에서는 관품뿐만 아니라 인품을 고려하여 수조권을 지급하였다.
ㄱ. 거란의 제1차 침입(993) 때 서희는 외교적 담판을 통하여 거란군을 퇴각시키고 강동 6주를 확보하였다(송과 단교한다는 조건).
ㄷ. 인종 1년(1123)에 고려에 왔던 송의 사신 서긍이 송으로 귀국한 뒤 고려에서 보고 들은 내용을 정리한「고려도경」을 지었다.

답 ④

014

2019년 서울시 2차

〈보기〉에서 밑줄 친 '그'가 활동하던 시대 상황에 대한 설명으로 가장 옳지 않은 것은?

〈보기〉

그가 북산에서 나무하다가 공, 사노비를 불러 모아 모의하기를, "나라에서 경인, 계사년 이후로 높은 벼슬이 천한 노비에게서 많이 나왔으니, 장수와 재상이 어찌 씨가 따로 있으랴. 때가 오면 누구나 할 수 있는데, 우리들이 어찌 고생만 하면서 채찍 밑에 곤욕을 당해야 하겠는가"라고 하니, 여러 노비들이 모두 그렇게 여겼다. -『고려사』-

① 최충의 9재 학당을 비롯한 사학 12도가 융성하였다.
② 경주 일대에서 고려 왕조를 부정하는 신라 부흥운동이 일어났다.
③ 정혜쌍수와 돈오점수를 주장하는 수선 결사운동이 전개되었다.
④ 소(所)의 거주민은 금, 은, 철 등 광업품이나 수공업 제품을 생산하여 바치기도 하였다.

출제영역

무신집권기 사회의 이해

밑줄 친 그는 최충헌의 사노비 만적으로 자료는 무신집권기인 1198년에 일어난 만적의 난이다. 사학 12도는 무신집권기 이전 고려 중기의 상황을 설명한 것으로, 문종 시기 최충의 문헌공도를 비롯한 사학 12도가 융성하였다. 무신집권기 때는 문벌 귀족 세력의 몰락으로 유학 교육이 대폭 축소되었다.

오답풀이

② 1202년 최충헌 집권기에는 경주에서 이비·패좌가 주동이 되어 신라 부흥을 내걸고 반란을 일으켰다.
③ 무신집권기에 지눌은 명리에 집착하는 당시 불교계의 타락상을 비판하였다. 그는 승려 본연의 자세로 돌아가 독경과 선 수행, 노동에 고루 힘쓰자는 개혁 운동인 수선사 결사를 제창하였다.
④ 고려 시대에 소에 거주하는 사람은 수공업이나 광업품의 생산을 주된 생업으로 하였다. 이들은 금, 은, 철 등 광업품이나 수공업 제품을 생산하여 공물로 바쳤다.

답 ①

015

2018년 서울시 9급

〈보기〉의 빈칸에 공통적으로 해당하는 국가와 관련하여 고려시대에 발생한 일로 가장 옳은 것은?

〈보기〉

모든 관리들을 소집해 [   ] 을/를 상국으로 대우하는 일의 가부를 의논하게 하자 모두 불가하다고 했으나, 이자겸과 척준경만이 찬성하고 나섰다. [   ] 은/는 전성기를 맞아 우리 조정이 그들의 신하임을 칭하도록 하고자 하였다. 여러 의견들이 뒤섞여 어지러운 가운데, 윤언이가 홀로 간쟁하여 말하기를 여진은 본래 우리 조정 사람들의 자손이기 때문에 신하가 되어 차례로 우리 임금께 조공을 바쳐왔고, 국경 근처에 사는 사람들은 모두 우리 조정의 호적에 올라 있는 지 오래 되었습니다. 우리 조정이 어찌 거꾸로 그들의 신하가 될 수 있겠습니까?

① 이 국가의 침입으로 인해 국왕은 나주로 피난하였다.
② 묘청 일파는 이 국가의 정벌을 주장하였다.
③ 이 국가와 함께 강동성에 포위된 거란족을 격파하였다.
④ 이 국가의 침략에 대비하여 광군을 설치하였다.

출제영역

고려의 대외관계

빈칸에 해당하는 국가는 금(여진)이다. 이자겸과 척준경만이 상국으로 대우하는 일에 찬성한 것, 여진이 초기에는 고려에 조공을 한 것 등을 통해 알 수 있다. 금과 관련하여 고려 시대에 발생한 일로 옳은 것은 ②번 선지이다. 묘청 일파는 서경 천도 운동 과정에서 칭제건원(황제를 칭하고 독자적인 연호를 사용할 것)과 금국정벌을 주장하였다.

오답풀이

① 거란의 2차 침입(1010) 때 현종이 나주로 피란하였다.
③ 고려는 몽골군과 함께 강동성에 포위된 거란족을 격파하였다(1218~1219).
④ 정종 2년(947) 거란 침입에 대비해 광군을 설치하였다.

답 ②

016

2017년 기상직 7급

밑줄 친 '이 사람'에 대한 설명으로 옳은 것을 〈보기〉에서 고른 것은?

> 사신(史臣)이 말하기를, '신종은 이 사람이 세웠다. 사람을 살리고 죽이고 왕을 폐하고 세우는 것이 다 그의 손에서 나왔다. (신종은) 한 갓 실권이 없는 왕으로서 신민(臣民)의 위에 군림하였지만, 허수아비와 같았으니, 애석한 일이다.' 라고 하였다. - 고려사 -
>
> 〈보기〉
>
> ㉠ 봉사 10조라는 사회개혁안을 제시하였다.
> ㉡ 강화도로 천도하여 대몽항쟁을 주도하였다.
> ㉢ 좌·우별초에 신의군을 추가하여 삼별초를 완비하였다.
> ㉣ 도방을 부활하여 군사들이 6번으로 나누어 숙위하게 하였다.

① ㉠, ㉡　② ㉡, ㉢　③ ㉢, ㉣　④ ㉠, ㉣

출제영역 최충헌

밑줄 친 '이 사람'은 최충헌이다. 1196년(명종 26년), 이의민을 제거하고 권력을 잡은 최충헌은 명종이 봉사 10조를 이행하지 않고 국고를 낭비한다는 핑계로 명종을 창락궁에 유폐한 뒤, 그의 아우를 신종으로 추대하였다(1197). 이후 신종 7년(1204)에는 신종을 폐하고 태자였던 희종을 옹립하였으며, 희종 7년(1211)에는 희종을 폐위하고 한남공 왕정을 강종으로 즉위시켰다. 최충헌에 대한 설명으로 옳은 것은 ㄱ, ㄹ이다.

㉠. 최충헌은 명종 26년, 이의민을 제거한 뒤, 아우 최충수와 함께 폐정 개혁을 요구하는 봉사 10조를 올려 집권의 명분을 삼으려 하였다.

㉣. 최충헌은 경대승이 처음 설치하였던 도방을 신종 3년(1200)에 부활시켰다.

오답풀이

㉡. 최충헌의 아들인 최우는 1232년 강화도로 천도하여 대몽항쟁을 주도하였다.

㉢. 최우는 야별초에서 분화된 좌·우별초에, 몽골군과 싸우다 포로가 되었다가 탈출한 병사들로 조직된 신의군을 합하여 삼별초를 완비하였다.

답 ④

017

2017년 법원직

다음 지도는 10 ~ 12세기 동아시아의 정세를 나타낸 것이다. 이에 대한 설명으로 가장 옳은 것은?

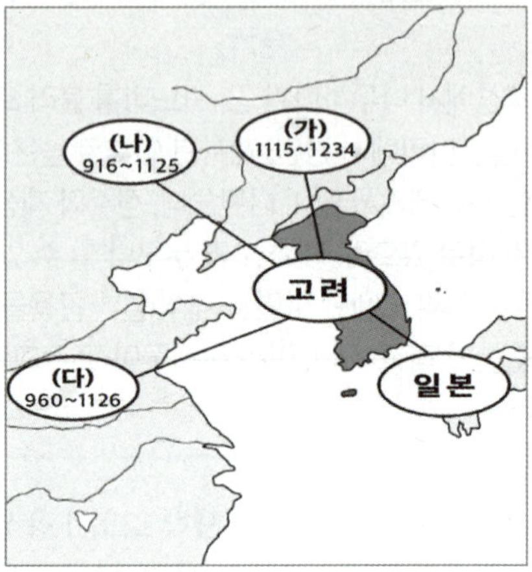

① 윤관은 (가)를 정벌하기 위해 별무반을 편성하였다.
② 최우는 (나)에 대항하여 강화도로 천도하여 항전하였다.
③ 서희는 (다)와 협상하여 강동 6주를 확보하였다.
④ 고려는 (다)의 침략을 물리치는 과정에서 대장경을 제작하였다.

출제영역 고려의 대외관계

제시된 자료의 (가)는 여진족이 세운 금나라, (나)는 거란족이 세운 요나라, (다)는 송나라(북송)이다. 고려 중기 숙종 대 윤관은 여진을 정벌하고자 신기군·신보군·항마군으로 구성된 별무반을 편성하였고, 예종 대에는 여진 정벌을 단행하여 동북 9성을 축조하였다.

오답풀이

② 최우는 거란이 아닌 몽골의 침공에 대항하여 강화도로 천도하였다.
③ 서희가 협상을 통해 강동 6주를 확보한 대상은 북송이 아닌 요나라(거란)이다.
④ 고려는 거란과의 전쟁 중 거란의 침입을 막기 위해 초조대장경을 제작하였고, 이후 몽골 침략으로 초조대장경이 소실되자 재조대장경(팔만대장경)을 제작하였다.

답 ①

018 2022년 계리직

다음의 시(詩)를 지은 작자가 생존했던 시기에 있었던 사실로 옳은 것은?

> 오랑캐들이 아무리 완악하다지만 어떻게 이 물을 뛰어 건너랴. 저들도 건널 수 없음을 알기에 와서 진 치고 시위만 하네. …(중략)… 저들도 마땅히 저절로 물러가리니 나라가 어찌 갑자기 끝나겠는가.
>
> -『동국이상국집』-

① 별무반을 조직하여 여진을 정벌하였다.
② 거란이 보낸 사신을 유배 보냈다.
③ 고려 국왕이 나주로 피난했다.
④ 경찰 업무를 수행하는 야별초를 만들었다.

출제영역 이규보

동국이상국집은 이규보(1168~1241)의 시문집으로, 제시된 자료는 오랑캐(몽골)들이 물을 쉽게 넘어 강화로 오지 못하는 상황을 나타내고 있다. 이규보가 생존했던 시기의 사실로 옳은 것은 ④번 선시이다. 삼별초를 구성하는 핵심 부대인 야별초의 설치 시기는 최우가 집권했던 고종 6년(1219년) 이후 1220년대였을 것으로 추정되고 있다.

오답풀이

① 별무반이 편성된 것은 숙종 시기(1104)이고, 여진을 정벌(1107)하고 동북 9성을 축조한 것은 예종 시기이다.
② 동국이상국집의 저자인 이규보는 요가 멸망(1125)한 이후에 태어났다. 태조 대에 거란이 보낸 사신을 유배 보낸 기록이 있다.
③ 고려 현종때 거란의 2차 침입으로 국왕이 나주로 피난하였다.

답 ④

019 2017년 기상직 7급

(가)에 대한 설명으로 옳은 것은?

> 이의민은 일찍이 붉은 무지개가 두 겨드랑이 사이에서 생기는 꿈을 꾸고는 자못 이를 자부하였고, 또 옛 도참에 왕씨가 다하고 다시 십팔자(十八子)가 있다는 말을 들었는데, '十八子'는 곧 '이(李)'이다. 이로써 마음속에 이룰 수없는 생각을 품고, 탐욕을 줄이고 명사(名士)를 거두어서 헛된 명예를 구하려고 하였다. 자신이 경주 출신이므로 비밀리에 신라를 부흥시킬 뜻을 가지고, (가) 등과 연결하니, 그들도 역시 거만(鉅萬)을 보냈다.
>
> - 고려사 -

① 노비들을 모아 반란을 도모하였다.
② 소(所)민의 신분해방을 목적으로 난을 일으켰다.
③ 정중부와 이의방 등 무신세력에 반발하여 항쟁하였다.
④ 운문과 초전에서 봉기를 일으키고 서로 연합하였다.

출제영역 김사미와 효심의 난

(가)는 김사미와 효심을 가리킨다.『고려사』에는 이의민이 왕이 되기 위해 명종 23년(1193) 운문에서 봉기한 김사미와 초전에서 봉기한 효심 등과 내통하여 신라 부흥 운동을 지원하였다고 기록되어 있다. 이에 대한 설명으로 옳은 것은 ④번 선지이다. 김사미는 운문(청도), 효심은 초전(울산)에서 봉기하여 서로 연합하였다. 이의민이 연결을 도모한 (가) 는 김사미와 효심이다.

오답풀이

① 만적의 난에 대한 설명으로, 최충헌의 사노비 만적은 개경에서 노비 반란을 모의하였다.
② 명학소에서 일어난 망이·망소이의 난에 대한 설명이다.
③ 이의방은 1174년, 정중부는 1179년에 사망하였으므로, 시기상 김사미와 효심의 난에 대한 설명으로 적절하지 않다. 정중부와 이의방 등 무신 세력의 집권에 반발한(반무신란적 성격) 것은 김보당의 난, 조위총의 난, 귀법사 승려의 난 등이 있다.

답 ④

020

2017년 국가직

다음은 원의 세조가 고려에 약속한 내용의 일부이다. 이 약속 이후에 일어난 사실로 옳지 않은 것은?

- 옷과 머리에 쓰는 관은 고려의 풍속을 유지하고 바꿀 필요가 없다.
- 압록강 둔전과 군대는 가을에 철수한다.
- 몽골에 자원해 머문 사람들은 조사하여 모두 돌려보낸다.

① 정동행성을 설치하였다.
② 2차 여몽연합군은 일본 원정에 실패하였다.
③ 쌍성총관부를 설치하였다.
④ 사림원을 설치하였다.

출제영역 원 간섭기의 정치와 사회

위 지문은 원나라의 쿠빌라이 칸이 1259년에 고려에 약속한 세조구제(世祖舊制)의 일부분이다. 이에 따라 원나라는 고려에 대해 풍습을 그대로 유지케 하는 '불개토풍(不改土風)'을 약속하고 높은 수준의 자치권을 보장하였다. 쿠빌라이와의 강화 이후 고려는 원 간섭기(충렬왕~충정왕)에 진입하였으므로, 원 간섭기에 대한 적절한 설명을 골라야 한다. ③의 쌍성총관부 설치는 몽골과의 강화 이전인 1258년의 사건이므로 적절하지 않은 내용이다.

오답풀이

① 정동행성은 충렬왕 8년(1280)에 2차 일본 원정을 명목으로 설치되었다. 2차 일본 원정 실패 이후로도 정동행성은 존속하여 고려에 대한 내정간섭의 한 매개로 작용하기도 하였다.
② 2차 여몽연합군 일본원정(1281)은 1차와 마찬가지로 태풍으로 인한 병력 및 군함 손실, 고려의 미온적 태도 등으로 실패했다. 한편, 두 차례에 거쳐서 태풍 덕에 여몽연합군을 격퇴한 일본의 가마쿠라 막부는 이 태풍을 신의 바람(神風, 카미카제)이라 부르며 칭송한 바 있다.
④ 사림원은 충선왕 원년(1298)에 왕명의 출납과 문서를 작성하고 인사행정을 관장하던 중앙관청이다. 이후 충선왕이 재위 3개월 만에 퇴위 당하고 충렬왕이 복위하면서 폐지되었다.

답 ③

021

2020년 소방직

(가) 부대에 대한 설명으로 옳은 것은?

> 개경으로 환도하면서 날짜를 정하여 기일내에 돌아가게 하였으나 (가) 은/는 다른 마음이 있어 따르지 아니하였다. 그리하여 (가) 은/는 난을 일으키고 나라를 지키려는 자는 모이라고 하였다.

① 근거지를 옮기며 몽골에 저항하였다.
② 처인성에서 적장 살리타를 사살하였다.
③ 신기군, 신보군, 항마군으로 구성되었다.
④ 포수, 사수, 살수 등 삼수병으로 조직되었다.

출제영역 삼별초

개경 환도에 반발하여 나라를 지키려 한다는 표현을 통하여 (가) 부대는 삼별초임을 알 수 있다. 고려 왕실이 몽골과 강화를 맺고 개경 환도를 명하고 삼별초를 해산하려 하자 삼별초는 배중손의 지휘 아래 고려 정부에 반기를 들었다. 삼별초는 승화후 왕온을 왕으로 옹립하고 항몽 정권을 수립하였으며, 강화도에서 진도(용장성), 진도에서 제주도(항파 두리성)로 근거지를 옮겨가며 몽골에 저항하였으나, 결국 여몽 연합군에 의해 진압되었다(1273).

오답풀이

② 고려 조정이 강화 천도를 단행한 후, 몽골이 제2차 침입을 해왔고, 이때 승려 김윤후는 처인성에서 부곡민들과 함께 적장 살리타를 사살 하였다.
③ 고려 숙종 9년(1104), 윤관의 건의로 신기군, 신보군, 항마군으로 구성된 별무반이 편성되었다.
④ 임진왜란 중에 포수, 사수, 살수 등 삼수병으로 조직된 훈련도감이 설치되었다.

답 ①

022

2017년 지방직 7급

몽골 침입 시기에 발생한 사건 중 옳은 것만을 모두 고른 것은?

ㄱ. 망이·망소이, 만적 등이 봉기하였다.
ㄴ. 강화도 천도에 대해 삼별초가 반대하였다.
ㄷ. 황룡사 구층목탑과 초조대장경이 불에 탔다.
ㄹ. 김윤후와 처인 부곡민들이 몽골 장수 살리타 군대를 물리쳤다.
ㅁ. 부처의 힘으로 몽골군을 물리치기 위해 팔만대장경을 조판하였다.

① ㄱ, ㄴ ② ㄱ, ㅁ ③ ㄴ, ㄷ, ㄹ ④ ㄷ, ㄹ, ㅁ

출제영역 대몽 항쟁 시기

몽골 침입 시기(1231~1259)에 발생한 사건 중 옳은 것만을 모두 고른 것은 ㄷ, ㄹ, ㅁ이다.

ㄷ. 몽골의 제2차 침입 시기 대구 부인사에 보관 중이던 초조대장경이 소실되었고, 3차 침입 시기 경주 황룡사 구층 목탑이 소실되었다.
ㄹ. 몽골의 제2차 침입 시기, 처인성에서 승려 김윤후가 처인 부곡민들과 함께 적장 살리타를 사살하고 몽골 군대를 물리쳤다.
ㅁ. 1237년부터 1248년 사이에 팔만대장경(재조대장경) 조판 사업이 이루어졌다. 당시 지배층은 초조대장경이 소실된 상태에서 민심을 통합하고 부처의 힘으로 국난을 극복하기 위한 목적으로 대장경을 조판 하였다.

오답풀이

ㄱ. 공주 명학소에서 일어난 망이·망소이의 난(1176)은 정중부 집권 시기에, 개경에서 일어난 만적의 난(1198)은 최충헌 집권 시기에 일어났다.
ㄴ. 강화 천도를 단행한 것은 집권자 최우의 의중이 반영된 결과로, 삼별초가 이에 반대하였다는 것이 사실이 아니다. 삼별초는 고려 왕실이 몽골과 강화를 맺은 후, 개경 환도에 반대하여 대몽 항쟁을 이어 나갔다.

답 ④

023

2024년 법원직

(가) ~ (다) 사건이 일어난 순서대로 바르게 나열된 것은?

(가) 이미 우리 고향을 현으로 승격하고 또 수령을 두어 어루만지고 위로하더니, 돌이켜 다시 군대를 일으켜 토벌하러 와서 우리 어머니와 아내를 옥에 가두었으니 그 뜻은 어디에 있는가?
(나) 의천이 불전과 경서 1,000권을 바치고, 또 흥왕사에 교장도감을 둘 수 있기를 아뢰었다. 요와 송에서 책을 사들여 4,000권에 이를 정도로 많았는데 죄다 간행하였으며, 천태종을 처음 열어 국청사에 두었다.
(다) 성균관을 다시 정비하고 이색을 판개성부사 겸 성균대 사성으로 삼았다. … 이색이 다시 가르치는 방법을 정하고 매일 명륜당에 앉아서 경전을 나누어 수업 하였는데, 강의를 마치면 함께 논쟁하느라 지루함을 잊을 정도였다.

① (가) - (나) - (다) ② (나) - (가) - (다)
③ (나) - (다) - (가) ④ (다) - (나) - (가)

출제영역 고려 시대 주요 사건들

고려 시대에 있었던 주요 사건들을 일어난 순서대로 바르게 나열한 것은 ②번 선지이다.

(나) 의천(1055~1101)의 활동: 송에 다녀온 의천의 건의로 선종 3년(1086) 흥왕사에 교장도감이 설치되었으며, 숙종 2년(1097) 의천이 국청사 제1대 주지가 되어 천태교학을 강의하였다. 의천은 문종의 넷째 아들로, 고려 전기의 대표적인 승려이다.
(가) 망이·망소이의 난(1176~1177): 명종 6년(1176, 정중부 집권 시기), 명학소에서 망이·망소이 등이 봉기하여 공주를 함락하였다. 고려 조정이 보낸 토벌대 3,000여 명이 이들에게 패하자, 이들을 회유하기 위해 명학소를 충순현으로 승격시키고 현령과 현위를 파견하였으나, 망이·망소이 등이 이에 응하지 않고 재차 봉기하자 충순현을 다시 명학소로 강등시키고 군대를 보내 토벌하였다(1177. 7).
(다) 성균관 중영(공민왕 16년, 1367): 공민왕은 성균관을 정비하고 이색을 대사성으로 삼아 유학 교육을 진흥하였다.

답 ②

024

2020년 법원직

다음과 같은 상황이 나타난 시기에 볼 수 있는 모습으로 가장 옳은 것은?

> 옹주는 지극히 예뻐하던 딸이 공녀로 가게 되자 근심하고 번민하다가 병이 생겼다. 결국 지난 9월에 세상을 떠나니 나이가 55세였다. 우리나라의 자녀들이 서쪽 원나라로 끌려가기를 거른 해가 없다. 비록 왕실의 친족과 같이 귀한 집안이라도 숨기지 못하였으며 어미와 자식이 한번 이별하면 만날 기약이 없다.
>
> - 수령옹주 묘지명 -

① 몽골군을 물리치는 김윤후와 처인부곡민
② 농민의 토지를 빼앗아 농장을 확대하는 권문세족
③ 왕명을 받아 「삼국사기」를 편찬하는 김부식
④ 별무반과 함께 여진 정벌에 나서는 윤관

출제영역 원 간섭기의 모습

수령옹주, 원으로 끌려가는 자녀 등을 통하여 제시문의 상황은 원 간섭기의 모습을 나타내고 있음을 알 수 있다. 원은 결혼도감을 설치하여 고려의 처녀들을 공녀로 뽑아갔고, 그들의 지위는 일반적으로 열악하였기에, 고려에서는 공녀 징발을 피하기 위해 조혼의 풍속이 생겨나기도 하였으며, 박유는 처첩제를 두자고 상소를 올리기도 하였다. 원 간섭기에 볼 수 있는 모습으로 가장 적절한 것은 ②번 선지이다. 원 간섭기에 새로운 지배층으로 성장한 권문세족은 도평의사사를 장악하고, 정계의 요직을 차지하는 등 정치적으로 권세를 누렸으며, 경제적으로 농장을 확대하고 몰락한 농민을 노비처럼 부리며 부를 축적하였다.

오답풀이

① 몽골군의 제2차 침입 때 김윤후가 처인 부곡민과 함께 살리타를 사살하였다.
③ 고려 인종 23년(1145), 김부식이 왕명으로 「삼국사기」를 편찬하였다.
④ 고려 중기 숙종 대 윤관의 건의로 별무반이 편성되었고, 예종 대 윤관은 여진을 정벌하고 동북 9성을 쌓았다.

답 ②

025

2018년 지방직 7급

고려후기 개혁정치에 대한 설명이다. ㉠과 ㉡에 들어갈 내용으로 옳은 것은?

> 충선왕의 관제 개혁으로 (㉠)은 시정(施政)에 대한 국왕의 고문 기능 겸 전주(銓注)와 왕명출납을 관장하는 권력 기구로 부상하여 개혁의 중심 기관이 되었다. 충목왕은 (㉡)이라는 임시기구를 설치하여 부원세력을 척결하 면서 권세가들이 불법으로 차지한 토지와 노비를 조사하여 본 주인에게 돌려주었다.

	㉠	㉡
①	사림원	교정도감
②	편민조례추변도감	정치도감
③	사림원	정치도감
④	교정도감	편민조례추변도감

출제영역 원 간섭기 개혁 기구

원 간섭기에 여러 왕들은 각기 자신의 권위를 뒷받침하고 개혁을 추진하기 위한 기구를 설치하였는데, 왕대별로 이를 정리해둘 필요가 있다. 정답은 ③번 선지이다.
충렬왕: 필도치(필자적) / 홍자번의 편민 18사
충선왕: 사림원 설치, 충렬왕 측근 세력 제거 및 관제 개편, 강제로 노비가 된 자 환속 추진
충숙왕: 찰리변위도감 설치
충혜왕: 편민조례추변도감 설치
충목왕: 정치도감 설치
충선왕은 사림원을 설치하여 충렬왕의 측근 세력을 제거하고 관제를 바꾸었으며, 강제로 노비가 된 사람을 양민으로 환원시키는 개혁을 추진하였다. 충목왕 때에는 이제현, 박충좌 등이 주도하여 정치도감을 설치하고, 지방 관의 탐학과 정동행성 관리의 작폐, 일반 백성들의 피역(避役), 환관과 권세가들의 토지의 탈점과 겸병 등을 조사하여 응징·시정하는 개혁을 추진 하였다.

오답풀이

교정도감은 최충헌이 설치한 최고 권력 기구이다.

답 ③

026

2019년 국가직 7급

고려 후기 권문세족에 대한 설명으로 옳지 않은 것은?

① 음서는 이들의 지위를 유지할 수 있는 중요한 제도적 장치였다.
② 재지지주로서 녹과전과 녹봉을 유력한 경제적 기반으로 삼았다.
③ 첨의부 등의 고위 관직을 독점하면서 도당의 구성원으로서 권력을 장악하였다.
④ 왕실 또는 자기들 상호 간에 중첩되는 혼인을 맺어 긴밀한 유대관계를 가지고 있었다.

출제영역 권문세족

원 간섭기에 새로운 지배층으로 성장한 권문세족은 도평의사사를 장악하고, 정계의 요직을 차지하는 등 정치적으로 권세를 누렸으며, 경제적으로 농장을 확대하고 몰락한 농민을 노비처럼 부리며 부를 축적하였다. 또한 이들은 기본적으로 부원 세력이었으며, 음서의 혜택을 누렸고, 혼인을 통하여 가문의 권세를 높이고자 하였다. 권문세족에 대한 설명으로 옳지 않은 것은 ②번 선지이다. 권문세족은 재지지주라기보다는 개경에 거주하면서 전국 각지에 토지를 소유한 부재지주적 성격이 강하였다.

오답풀이

① 권문세족은 음서를 활용하여 정계에 진출하였다.
③ 권문세족은 중요 관직을 독점하고, 도평의사사(도당)의 구성원으로서 권력을 장악하였다.
④ 혼인을 통하여 가문의 권위를 높이고자 했던 권문세족은 왕실 및 그들 상호 간에 중첩되는 혼인을 맺었으며, 일부는 충선왕 대에 왕실과 혼인할 수 있는 재상지종(宰相之宗)이 되었다.

답 ②

027

2019년 지방직 7급

밑줄 친 '왕'의 재위 기간에 있었던 일로 옳은 것은?

> 왕이 복주에 이르렀다. 정세운은 성품이 충성스럽고 청렴하였는데, 왕의 파천(播遷) 이래 밤낮으로 근심하고 분하게 여겨서 홍건적을 물리치고 개경을 회복하는 것을 자신의 임무로 여겼다. …(중략)… 마침내 정세운을 총병관으로 임명하였다. -「고려사절요」-

① 「향약구급방」이 편찬되었다.
② 정치도감이 설치되었다.
③ 「직지심체요절」이 금속활자로 인쇄되었다.
④ 이제현에 의해 「사략」이 편찬되었다.

출제영역 공민왕

홍건적의 제2차 침입(1361)으로 복주(안동)까지 피란한 것, 정세운 등을 볼 때, 밑줄 친 '왕'은 공민왕임을 특정할 수 있다. 홍건적은 공민왕대에 두 차례에 걸쳐 침입(1359, 1361)해 왔는데, 이로 인하여 공민왕의 개혁 정치도 위기를 맞았다. 공민왕의 재위 기간에 있었던 일로 옳은 것은 ④번 선지이다. 공민왕 6년(1357) 이제현은 고려 태조에서 숙종 대까지의 역대 임금의 치적을 정리한 『사략』을 저술하였다. 『사략』은 일부 내용만 전해지고 있으며, 정통 의식과 대의명분을 강조한 성리학적 역사관이 반영된 사서로 평가받고 있다.

오답풀이

① 고려 고종 23년(1236) (팔만대장경을 만들던) 대장도감에서 「향약구급방」이 간행되었다.
② 충목왕 3년(1347) 개혁 추진 기구로 정치도감을 설치하였다.
③ 우왕 3년(1377) 청주 흥덕사에서 「직지심체요절」이 금속활자로 간행되었다.

답 ④

MEMO

라영환 한국사

STEP 2

응용사고형

4

조선사

시험에서 적어도 1, 2문제는 출제되는 응용+사고가 필요한 문제들만 모았습니다!

STEP 2 | 응용사고형 조선사 IV

001
2019년 지방직

밑줄 친 '그'에 대한 설명으로 옳지 않은 것은?

> 그와 남은이 임금을 뵈옵고 요동을 공격하기를 요청하였고, 그리하여 급하게 『진도(陣圖)』를 익히게 하였다. 이보다 먼저 좌정승 조준이 휴가를 받아 집에 있을 때, 그와 남은이 조준을 방문하여, "요동을 공격하는 일은 지금 이미 결정되었으니 공(公)은 다시 말하지 마십시오."라고 말하였다.

① 만권당에서 원의 학자들과 교류하였다.
② 맹자의 역성혁명론을 조선건국에 적용하였다.
③ 한양 도성의 성문과 궁궐 등의 이름을 지었다.
④ 『경제문감』을 저술하여 재상 중심의 정치를 주장하였다.

출제영역 정도전의 정치 사상

제시된 자료에서 남은과 함께 요동 공격하기를 요청하고 『진도』를 익히도록 하였다는 것을 통하여 밑줄 친 그가 정도전임을 알 수 있다. ① 원나라에 설치한 만권당에서 원나라 학자들과 교류하였던 인물은 정도전이 아닌 고려 충선왕 시기의 이제현이다.

오답풀이

② 민의에 의한 천명의 변경, 즉 '혁명'에 의해서 군주가 교체되고 왕조의 성(姓)씨가 바뀌는 것을 역성혁명이라 하는데 정도전은 이를 조선 건국에 적용하였다.
③ 정도전은 한양 도성을 설계하면서 경복궁 근정전을 비롯한 궁궐과 성문의 이름을 지었다.
④ 『경제문감』은 정도전이 조선 정치 조직과 행정안을 제시한 책으로, 이를 통해 훌륭한 재상을 선택하고 재상에게 정치의 실권을 부여하여 만민을 다스리자고 주장하였다.

답 ①

002
2022년 법원직

(가) 인물에 대한 설명으로 가장 옳은 것은?

> • 황보인, 김종서 등이 역모를 품고 몰래 안평대군과 연결하고, 환관들과 은밀히 내통하여 날짜를 정하여 반란을 꾀하고자 하였다. 이에 (가) 와/과 정인지, 한확, 박종우, 한명회 등이 그 기미를 밝혀 그들을 제거하였다.
> • (가) 이/가 명하기를, "집현전을 없애고, 경연을 정지하며, 거기에 소장하였던 서책은 모두 예문관에서 관장하게 하라."라고 하였다.

① 전민변정도감을 설치하였다.
② 석보상절을 한글로 번역하여 편찬하였다.
③ 불교 종파를 선·교 양종으로 병합하였다.
④ 정여립 모반 사건을 계기로 기축옥사를 일으켰다.

출제영역 세조의 활동

(가) 인물은 세조(수양대군)이다. 김종서, 안평대군을 제거하고 한명회 등이 이를 보조하였다는 점, 집현전을 폐지한 것 등을 통해 세조임을 알 수 있다. 세조에 대한 설명으로 옳은 것은 ②번 선지이다. 석보상절은 세종의 명으로 수양대군이 석가모니 일대기와 설법을 담아 편찬한 책이다(1447년 편찬). 세조는 원각사 내에 간경도감을 설치하여 불교 경전을 번역하고 간행하기도 하였으며, 원각사지 10층 석탑을 건립하였다.

오답풀이

① 전민변정도감은 고려 원종, 충렬왕, 공민왕, 우왕 대에 설치된 적이 있다.
③ 세종은 불교 교단을 선교 양종으로 병합하여 36개 사원만 인정하였다.
④ 기축옥사는 1589년(선조 22년)에 일어난 사건으로 정여립을 비롯한 동인의 인물들이 모반의 혐의로 박해를 받았다.

답 ②

003 2022년 법원직

밑줄 친 '그'의 대한 설명으로 옳은 것을 〈보기〉에서 모두 고른 것은?

> 참찬문하부사 하륜 등이 청하였다. "정몽주의 난에 만일 그가 없었다면, 큰일이 거의 이루어지지 못하였을 것이고, 정도전의 난에 만일 그가 없었다면, 또한 어찌 오늘이 있었겠습니까? …… 청하건대, 그를 세워 세자를 삼으소서." 임금이 말하기를, "경 등의 말이 옳다."하고, 드디어 도승지에게 명하여 도당에 전지하였다. "…… 나의 동복(同腹) 아우인 그는 개국하는 초에 큰 공로가 있었고, 또 우리 형제 4, 5인이 성명(性命)을 보전한 것이 모두 그의 공이었다. 이제 명하여 세자를 삼고, 또 내외의 여러 군사를 도독하게 한다."
>
> 〈보기〉
>
> ㄱ. 영정법을 도입하였다.
> ㄴ. 호패법을 시행하였다.
> ㄷ. 경국대전을 편찬하였다.
> ㄹ. 6조 직계제를 실시하였다

① ㄱ, ㄴ ② ㄱ, ㄷ ③ ㄴ, ㄹ ④ ㄷ, ㄹ

출제영역 태종의 정책

밑줄 친 '그'는 태종 이방원이다. 정몽주를 제거하여 개국의 공이 크고, 정도전을 제거하여 동복 형제들을 보전한 공이 큰 이방원을 정종이 세자로 삼고 있는 자료이다. 또한 하륜은 태종의 최측근 신하로 기억해 두면 좋다. 태종에 대한 설명으로 옳은 것은 ㄴ, ㄹ이다. 태종은 양전과 호패법을 시행하여 부세 징수의 효율을 꾀하였으며, 6조 직계제를 통하여 재상권을 약화시키고 왕권을 강화하였다.

오답풀이

ㄱ. 인조 13년(1635년)에 풍흉에 관계없이 전세를 징수하는 영정법이 도입되었다.
ㄷ. 경국대전의 편찬 시작은 세조(형전, 호전)이고 경국대전의 완성은 성종 시기이다.

답 ③

004 2018년 교행직

(가) 인물의 업적으로 옳은 것은?

> 왕세자를 세우는 것은 나라의 근본을 정하는 일이다. (가) 은/는 문무의 자질을 겸비하고 뛰어난 덕을 갖추었으며 상왕께서 개국(開國)하던 때에 대의를 주장하였다. 또한 형인 과인을 호위하여 큰 공을 세웠으므로 이에 (가) 을/를 왕세자로 삼는다.

① 사간원을 독립시켜 대신을 견제하였다.
② 사림을 등용하여 훈구의 독주를 막았다.
③ 경국대전을 편찬하여 통치 체제를 정비하였다.
④ 이조 전랑의 3사 관리 추천 관행을 폐지하였다.

출제영역 조선 태종의 업적

'상왕께서 개국하던 때'라는 표현과, '형인 과인을 호위하여'라는 표현에서 상왕은 태조(이성계)임을 과인은 정종임을 쉽게 알 수 있고, 결국 (가)는 태종(이방원)을 가리키고 태종에 관한 업적을 고르는 문항이다.
태종은 국왕 중심 통치 체제를 확립하기 위해서 6조 직계제를 시행하였으며, 사간원을 독립시켜 대신들을 견제하게 하였다.

오답풀이

② 사림을 등용하여 훈구파를 견제한 것은 성종이다.
③ 경국대전의 편찬 시작은 세조(형전과 호전)이며, 경국대전을 완성하고 6전체제를 완성한 것은 성종이다.
④ 이조 전랑의 후임자 천거권(자대권)과 3사의 관리의 선발권(통청권)의 관행을 폐지한 것은 영조이다. 다만, 이조 전랑의 후임자 천거권(자대권)이 완전히 폐지된 것은 정조 시기이다.

답 ①

005 2017년 지방직 7급

세종 재위 기간에 있었던 사실만을 모두 고른 것은?

ㄱ. 왜구의 소굴인 쓰시마 섬을 정벌하였다.
ㄴ. 삼포에 대한 조선 정부의 통제가 강화되자, 삼포왜란이 일어났다.
ㄷ. 김종서를 함경도 관찰사로 임명하여 두만강 유역에 6진을 개척하였다.
ㄹ. 압록강 방면에 여진족의 침입이 잦아지자, 최윤덕을 파견하여 그들을 토벌하였다.
ㅁ. 쓰시마 도주(島主)와 계해약조를 맺어 연간 50척의 세견선을 파견할 수 있게 하였다.

① ㄱ, ㄴ
② ㄱ, ㄷ, ㄹ
③ ㄱ, ㄷ, ㄹ, ㅁ
④ ㄴ, ㄷ, ㄹ. ㅁ

출제영역 세종 시기 주요사건

세종 재위 기간에 있었던 사실은 ㄱ, ㄷ, ㄹ, ㅁ이다.
ㄱ. 세종 1년(1419)에 이종무로 하여금 왜구의 소굴인 쓰시마섬(대마도)을 정벌하게 하였다. 이때 태종이 상왕으로서 쓰시마섬 정벌을 관장하였다.
ㄷ, ㄹ. 세종 대에 여진을 정벌하고 4군과 6진을 개척하여 압록강과 두만강에 이르는 영토를 확보하였다. 최윤덕이 압록강 유역의 4군을, 김종서가 두만강 유역의 6진을 개척하였다.
ㅁ. 세종 25년(1443) 쓰시마 도주(島主)와 계해약조를 체결하여, 세견선 50척, 세사미두 200석의 제한된 범위 내에서 교역을 허락하였다.

오답풀이

ㄴ. 중종 때 삼포에 대한 외교적인 혜택을 중단하고 엄격한 법규를 적용하자, 1510년 부산포 ·내이포·염포 등 삼포에서 거주하고 있던 왜인들이 난을 일으켰다(삼포왜란).

답 ③

006 2018년 국가직 7급

조선초기 국왕의 업적에 대한 설명으로 옳지 <u>않은</u> 것은?

① 태조는 한양으로 천도하고 한성부로 이름을 바꾸었다.
② 태종은 창덕궁과 창경궁을 새로 건설하였다.
③ 세종은 사가독서제를 실시하여 학문 활동을 장려하였다.
④ 세조는 간경도감을 설치하여 불경을 번역하고 간행하였다.

출제영역 조선 초기 국왕의 업적

조선 초기 국왕의 업적에 대한 설명으로 옳지 않은 것은 ②번 선지이다. 태종은 한양으로 재천도하는 과정에서 창덕궁을 건립하였으며, 이로써 양궐 체제를 성립시켰다. 법궁 경복궁의 이궁으로 창덕궁을 건립하였으나, 임금들이 창덕궁에 머무는 것을 선호하였고, 임진왜란 때 경복궁이 불타면서 법궁의 기능을 수행하였다. 창경궁은 태종이 아니라 성종이 건설한 것이다. 성종은 세조·덕종·예종의 왕후의 거처를 위해 수강궁 터에 창경궁을 지었다.

오답풀이

① 1394년 10월 태조 이성계는 개경에서 한양으로 천도하고 1395년 한양부를 한성부로 이름을 바꾸었다.
③ 세종 8년(1420), 사가독서제가 처음 실시되었는데, 이는 집현전의 젊은 문신들에게 휴가를 주어 독서에 전념할 수 있도록 한 것이었다.
④ 세조는 간경도감을 설치하여 「월인석보」를 언해하여 간행하고, 원각사를 창건하는 등 불교를 진흥하였다.

답 ②

007 (2019년 법원직)

자료의 '○○왕'의 재위시기에 있었던 일로 가장 옳은 것은?

> 사신은 논한다. ……저들 도적이 생겨나는 것은 도적질하기를 좋아해서가 아니다. 굶주림과 추위에 몹시 시달리다가 부득이 하루라도 더 먹고살기 위해 도적이 되는 자가 많기 때문이다. 그렇다면 백성을 도적으로 만든 자가 과연 누구인가? 권세가의 집은 공공연히 벼슬을 사려는 자들로 시장을 이루고 무뢰배들이 백성을 약탈한다. 백성이 어찌 도적이 되지 않겠는가.
>
> - "○○실록" -

① 위훈삭제를 감행한 사림세력들이 제거되었다.
② 대비의 복상 문제로 두 차례 예송이 전개되었다.
③ 외척 간의 세력 다툼으로 을사사화가 발생하였다.
④ 정여립 모반 사건을 계기로 동인은 남인과 북인으로 나뉘었다.

출제영역 명종 시기의 정치상황

제시된 자료의 도적은 임꺽정이며, 권세가는 명종 때 외척인 소윤에 대한 설명이다. 제시문에서 소윤을 찾기 어려웠다 하더라도 도적에서 홍길동-연산군, 임꺽정-명종, 장길산-숙종 시기를 찾고, 권세가라는 단어를 통해 특정 가문이 세력을 형성한 명종 때의 소윤이나 조선후기 세도정치 가문을 찾아서 시기를 맞추어보는 식으로 정답에 접근해야 한다.

오답풀이

① 위훈삭제를 감행한 사림 세력들이 제거된 것은 기묘사화 때의 일이다(1519, 중종 14).
② 대비의 복상 문제로 두 차례 예송이 전개된 것은 현종 때의 일이다(1659-기해예송/1674-갑인예송). 참고로 여기서 말하는 대비는 인조의 계비인 자의대비이다.
④ 정여립 모반 사건이 일어난 것은 선조 22년인 1589년의 일이다. 또한 2년 뒤에 발생하는 세자 책봉 문제인 '세자 건저 사건'에서 정철을 비롯한 서인에 대한 처벌 수위를 둘러싸고도 남인과 북인으로 갈려 대립하였다(1591, 선조24).

답 ③

008 (2019년 지방직 7급)

다음의 사건을 시대순으로 바르게 나열한 것은?

> (가) 이종무가 대마도를 토벌하였다.
> (나) 김윤후가 용인에서 살리타를 사살하였다.
> (다) 김헌창이 공주를 근거로 반란을 일으켰다.
> (라) 이시애가 길주에서 군사를 일으켰다.

① (나) → (가) → (다) → (라)
② (나) → (다) → (라) → (가)
③ (다) → (나) → (가) → (라)
④ (다) → (나) → (라) → (가)

출제영역 시대별 주요 사건

제시된 사건을 시대순으로 나열하면 다음과 같다.
(다) 김헌창이 공주를 근거로 반란을 일으켰다(헌덕왕 14년, 822).
(나) 김윤후가 용인에서 살리타를 사살하였다(몽골의 제2차 침입 시기, 1232).
(가) 이종무가 대마도를 토벌하였다(세종 1년, 1419).
(라) 이시애가 길주에서 군사를 일으켰다(세소13년, 1467). 함길도에서 이시애는 세조의 집권 정책에 반발하여 난을 일으켰으며, 이시애의 난은 유향소가 폐지되는 데 영향을 미쳤다.

답 ③

009

2019년 기상직

(가) ~ (다) 자료에 나타난 사건을 발생 순서대로 옳게 나열한 것은?

> (가) 임금께서 전지(傳旨)를 내리기를, "…… 지금 그 제자 김일손이 찬수한 사초 내에 부도(不道)한말로 선왕조의 일을 터무니없이 기록하고, 또 그 스승 김종직의 『조의제문』을 실었다."
> (나) 기축년 10월 2일 황해감사 한준의 비밀장계가 들어왔다. …… 그 내용은, 수찬을 지낸 전주에 사는 정여립이 모반하여 괴수가 되었는데, 그 일당인 안악에 사는 조구가 밀고한 것이었다.
> (다) 윤임은 화심(禍心)을 품고 오래도록 흉계를 쌓아왔다. 처음에는 동궁(東宮)이 외롭다는 말을 주창하여 사림들 사이에 의심을 일으켰고, 중간에는 정유삼흉(丁酉三兇)의 무리와 결탁하여 국모를 해치려고 꾀하였고, …… 이에 윤임·유관·유인숙 세 사람에게는 사사(賜死)만 명한다.

① (가) - (나) - (다)　② (가) - (다) - (나)
③ (나) - (가) - (다)　④ (다) - (나) - (가)

출제영역 조선 중기의 정치

제시문은 15 ~ 16세기 사화와 붕당의 형성과정을 나열한 것이다. 이를 순서대로 배열하면,
(가) '김종직의 제자 김일손이 김종직의 제문을 실었다.'는 내용으로 보아 1498년 연산군 때 일어난 무오사화와 관련된 내용임을 알 수 있다.
(다) 명종 때의 을사사화(1545)와 관련된 사료이다. 을사사화는 명종 즉위 후 대윤과 소윤 등 외척 간 세력다툼에 의해 대윤 일파가 축출된 사건으로, 이후 문정왕후를 비방하는 벽서가 게재된 양재역 벽서 사건을 계기로 대윤 세력이 추가로 숙청되면서 관련된 사림들이 큰 화를 입었다.
(나) 선조 대인 1589년에 일어난 정여립 모반사건과 관련된 내용이다.

답 ②

010

2018년 지방직 7급

다음과 관련된 사건에 대한 설명으로 옳은 것은?

> '조룡(祖龍)이 어금니와 뿔을 휘두른다'고 한 것은 세조를 가리켜 시황제에 비긴 것이요, '회왕을 찾아내어 민망(民望)에 따랐다'고 한 것은 노산군을 가리켜 의제(義帝)에 비긴 것이고, '그 인의를 볼 수 있다'고 한 것은 노산을 가리킨 것이니 의제의 마음에 비추어 말한 것이다.

① 폐비 윤씨 사건에 관련된 자들과 사림세력이 제거되었다.
② 훈구세력은 조광조 일파를 모함하여 죽이거나 유배 보냈다.
③ 훈구세력이 사관 김일손의 사초 내용을 문제 삼아 사림을 축출하였다.
④ 훈구세력이 폭정을 일삼던 연산군을 몰아내고, 중종을 왕으로 세웠다.

출제영역 무오사화

세조, 노산군(단종), 의제에 빗댄 것 등을 통하여 제시문은 김종직의 '조의제문'을 설명하고 있다는 것을 알 수 있다. 조의제문은 김종직이 세조 3년(1457년)에 자다가 꿈에 의제(초 회왕)를 만났는데 여기서 깨달은 바가 있어 조문을 지었다고 하며, 단종을 죽인 세조를 의제를 죽인 항우에 빗대어 세조를 은근히 비난한 것으로 보고 있다. 이 글은 김종직의 제자 김일손이 사관으로 있을 때 사초에 기록해 '김종직이 조의제문을 지어 충분을 은연중 나타냈다.'고 하였다. 이 글이 발단이 되어 연산군 4년(1498년)에 무오사화가 일어났다.

오답풀이

① 연산군 10년(1504년)에 있었던 갑자사화에 대한 설명이다.
② 중종 14년(1519년)에 있었던 기묘사화에 대한 설명이다.
④ 중종반정(1506년)에 대한 설명이다.

답 ③

011

2017년 국가직 7급

㉠인물에 대한 설명으로 옳지 않은 것은?

> ㉠ 은/는 초야의 미천한 선비로 세조대에 과거에 급제하였다. 성종대에 발탁되어 경연에 두어 오랫동안 시종의 자리에 있었다. 병으로 물러나게 되자 성종은 소재지 관리를 통해 특별히 미곡을 내려 주었다. 지금 그의 제자 김일손이 사초에 부도덕한 말로써 선왕의 일을 거짓으로 기록하고 스승인 ㉠ 의 조의제문을 실었다

① 고려 말 정몽주, 길재의 학풍을 이었다.
② 외가인 밀양에 서원이 세워져 봉사되었다.
③ 김굉필, 조광조가 그의 도학을 계승하였다.
④ "여씨향약"을 도입하여 언문으로 간행하였다.

출제영역 김종직

㉠은 김종직이다. 조의제문, 그의 제자 김일손 등을 통하여 김종직임을 알 수 있다. 김종직에 대한 설명으로 옳지 않은 것은 ④번 선지이다. 조광조는 향촌 자치를 실현하기 위하여 여씨 향약 도입을 주장하였고, 중종 13년(1518년) 경상도 관찰사로 있던 김안국이 그곳의 인심 및 풍속을 교화하기 위하여 여씨향약을 언해하여 간행하였다.

오답풀이

①, ③ 김종직은 정몽주, 길재의 학풍을 이었으며, 문장과 경술에 뛰어나 이른바 영남학파의 종조가 되었으며, 그의 문하생으로는 정여창, 김굉필, 김일손, 남효온 등이 있었다. 제시문의 설명처럼 이들은 초야에 묻혀 있다가 성종 대에 중앙 정계에 언관직으로 많이 진출하였고, 훈구와의 갈등 속에서 사화를 겪는다.
② 김종직은 경남 밀양 출신이며 본관은 선산이었고, 그가 제향된 서원으로 밀양의 예림서원, 구미의 금오서원, 함양의 백연서원, 금산의 경렴서원 등이 있다.

답 ④

012

2021년 국가직

(가)인물에 대한 설명으로 옳은 것은?

> (가) 이/가 올립니다. "지방의 경우에는 관찰사와 수령, 서울의 경우에는 홍문관과 육경(六卿), 그리고 대간(臺諫)들이 모두 능력 있는 사람을 천거하게 하십시오. 그 후 대궐에 모아 놓고 친히 여러 정책과 관련된 대책 시험을 치르게 한다면 인물을 많이 얻을 수 있을 것입니다. 이는 역대 선왕께서 하지 않으셨던 일이요, 한나라의 현량과와 방정과의 뜻을 이은 것입니다. 덕행은 여러 사람이 천거하는 바이므로 반드시 헛되거나 그릇되는 일이 없을 것입니다."

① 기묘사화로 탄압받았다.
② 조의제문을 사초에 실었다.
③ 문정왕후의 수렴청정을 지지하였다.
④ 연산군의 생모 윤씨를 폐비하는 데 동조하였다.

출제영역 조광조의 개혁정치

현량과 실시를 건의한 것을 통해 (가)에 해당하는 인물이 조광조임을 알 수 있다. ①의 기묘사화는 중종 대(1519) 조광조 일파의 급진적 개혁에 위협을 느낀 훈구 세력의 반발로 인해 일어난 것으로, 이로 인해 남곤 · 홍경주 등의 훈구파에 의해 조광조 등의 신진 사류들이 숙청되었다.

오답풀이

② 『조의제문』을 사초에 실은 것은 김종직의 제자인 김일손이다. 김종직이 쓴 『조의제문』은 중국 초나라 황제가 항우에게 죽임을 당한 비유를 들어 단종을 애도한 글로, 이 글은 은연중에 세조의 왕위 찬탈을 비판하였는데, 김일손이 이를 사초에 실어 무오사화(1498, 연산군 4)의 원인을 제공하게 되었다.
③ 문정왕후의 수렴청정은 조광조 사후인 명종 대의 상황으로 조광조와는 관련이 없다.
④ 연산군의 생모 윤씨의 폐비 사건과 관련된 것은 연산군 때 일어난 갑자사화(1504)로, 중종 때 중앙정계에 진출한 조광조와는 관련이 없다.

답 ①

013

2013년 법원직

다음 사건과 관련 있는 내용으로 가장 옳은 것은?

> 왕이 어머니 윤씨가 왕비자리에서 쫓겨나고 죽은 것이 성종의 후궁인 엄씨와 정씨의 참소 때문이라 여기고, 밤에 그들을 궁정에 결박해 놓고 손으로 함부로 치고 짓밟았다. -「조선왕조실록」-

① 수양대군이 단종을 내쫓고 왕위에 올랐다.
② 조광조를 비롯한 많은 사림이 피해를 입었다.
③ 연산군이 훈구파들을 제거하고 권력을 강화하였다.
④ 이조 전랑의 임명 문제를 둘러싸고 사림간 대립이 일어났다.

출제영역 갑자사화

제시문은 연산군 대에 일어난 갑자사화(1504)의 계기가 된 사건을 다루고 있다. 폐비 윤씨, 성종의 후궁 등을 통하여 추측할 수 있다. 폐비 윤씨 사건과 관련 있는 내용으로 옳은 것은 ③번 선지이다. 연산군의 어머니인 윤씨는 투기가 심하다는 이유로 폐비되었다가 사약을 받고 죽임을 당하였는데, 연산군은 즉위 후 자신의 모후를 폐비시키고 사사하는 데 반대하지 않았던 신료들을 탄압하였다. 이때, 사림 세력뿐만 아니라 훈구 세력 모두 막대한 피해를 입었다.

오답풀이

① 계유정난(1453)으로 김종서, 황보인 등을 제거하고 권력을 잡았던 수양대군은 단종을 겁박하여 왕위를 자신에게 선위하게 하여 왕위에 올랐다(1455).
② 중종 14년(1519)에 일어난 기묘사화에 대한 설명이다.
④ 선조 때 동인과 서인이 나뉘는 과정에 대한 설명이다. 척신 정치의 잔재 청산 및 이조 전랑의 임명 문제로 동인(김효원, 신진 사림)과 서인(심의겸, 기성 사림)이 대립하였다.

답 ③

014

2019년 국가직 7급

다음과 같은 명령을 내린 국왕의 재위 기간에 있었던 일로 옳은 것은?

> 국가에 반역한 큰 도적인 임꺽정 등이 이제 모두 잡혀 내 마음이 매우 기쁘다. 토포사 남치근, 군관 곽순수 홍언성 및 전 사복(司僕) 윤임에게 각각 한 자급씩을 더해 주고, 종사관 한홍제와 박호원에게는 각각 말을 내려 주라.

① 불교의 선교 양종을 부활하고 선과를 다시 설치하였다.
② 현직 관료에게만 과전을 지급하는 직전제를 도입하였다.
③ 현량과 시행을 통해서 유교의 이상 정치를 실현하려고 하였다.
④ 기축옥사(己丑獄事)를 계기로 동인이 남인과 북인으로 갈리었다.

출제영역 명종(임꺽정)

제시문과 같은 명령을 내린 국왕은 명종이다. 임꺽정, 윤임 등을 통하여 추측할 수 있다. 명종(1545~1567) 재위 기간에 있었던 일로 옳은 것은 ①번 선지이다. 명종은 어린 나이에 즉위하였기에 문정왕후가 수렴청정하였는데, 문정왕후는 불교를 숭상하고 보우를 중용하였으며 승과를 부활시켰다. 또한 이 시기에는 대윤(윤임)과 소윤(윤원형)의 갈등 속에서 을사사화가 일어났으며, 외척 윤원형이 권세를 잡아 부정 축재를 자행하고 각종 비리를 저질렀다. 이러한 혼란 속에서 백정 출신 임꺽정이 황해도와 경기도 일대에서 의적 활동을 벌였다.

오답풀이

② 직전법을 도입한 것은 세조 대의 일이다.
③ 중종은 조광조 등의 건의로 현량과를 시행하였다.
④ 선조 때 일어난 기축옥사(1589)는 정여립이 모반을 꾀한다는 고변서에서 촉발되어 다수의 동인이 처벌된 사건이다.

답 ①

015

2017년 기상직 7급

다음 글에 대한 설명으로 옳지 않은 것은?

> 16세기 중엽의 마지막 사화를 끝으로 결국 사림이 재등장하여 정권을 장악하게 되었으니, 이것이 선조(宣祖) 시대의 개막이다. 선조 대의 사림정권은 성리학 시대를 활짝 열었다. 이로 인해 성리학적 사회질서가 자리잡았다.

① 소학이 널리 보급되었다.
② 지방에서는 향약이 널리 시행되었다.
③ 가족 및 친족제도가 남자 중심, 장자 중심으로 점차 개편 되었다.
④ 사림들은 「국조오례의」에 따라 제사 의식을 바꾸고 보급과 실천에 힘썼다.

출제영역 성리학적 사회 질서

제시문은 선조 대에 사림이 집권하고 성리학적 사회 질서가 자리잡게 되었다는 내용을 담고 있다. 이에 대한 설명으로 옳지 않은 것은 ④번 선지이다. 국조오례의는 성종 5년(1474)에 신숙주 등에 의해 편찬된 예서로, 국가의 기본 예식인 길례, 가례, 빈례, 군례, 흉례에 대해 규정한 것으로, 사림들이 제사 의식을 바꾸고 보급과 실천에 힘쓴 것이랑은 거리가 멀다. 사림들이 향촌에 성리학적 질서를 확산시키기 위해 강조한 것은 「주자가례」이다.

오답풀이

① 사림은 향촌에 성리학적 질서를 확산시키기 위해 소학을 보급하였다.
② 사림은 향촌 지배력을 강화하기 위해 향약을 시행하였다. 이황의 예안 향약이나 이이의 해주 향약 등이 시행되었다.
③ 성리학적 질서가 강화되면서, 남과 여, 적자와 서자의 구별이 뚜렷해지고 가족 및 친족 제도가 남자, 특히 적장자 중심으로 개편되었다.

답 ④

016

2023년 지방직 9급

밑줄 친 '곽재우'에 대한 설명으로 옳지 않은 것은?

> 여러 도에서 의병이 일어났다. …(중략)… 도내의 거족(巨族)으로 명망 있는 사람과 유생 등이 조정의 명을 받들어 의(義)를 부르짖고 일어나니 소문을 들은 자들은 격동하여 원근에서 이에 응모하였다. …(중략)… 호남의 고경명·김천일, 영남의 <u>곽재우</u>·정인홍, 호서의 조헌이 가장 먼저 일어났다. -「선조수정실록」-

① 홍의장군이라 칭하였다.
② 의령을 거점으로 봉기하였다.
③ 행주산성에서 일본군을 크게 무찔렀다.
④ 익숙한 지리를 활용한 기습 작전으로 일본군에 타격을 주었다.

출제영역 의병장(곽재우)

곽재우에 대한 설명으로 옳지 않은 것은 ③번 선지이다. 행주산성에서 일본군을 크게 무찌른 것은 권율 장군이다. 제시문에 영남에서 활동하였다는 내용이 있으므로 지리적 개념을 활용하여도 해결할 수 있는 문항이다.

오답풀이

① 조식의 문하였던 곽재우는 붉은 옷을 입고, 스스로 '천강홍의장군-하늘에서 내려온 홍의장군'이라 하여 적군과 아군의 장졸에게 위엄을 보였다.
② 임진왜란 당시 진주성 전투, 화왕산성 전투 등에 참전한 의병장인 곽재우는 의령을 거점으로 봉기였다.
④ 의병은 정규군에 비하여 소규모 부대일 수밖에 없는 한계를 지니고 있기는 하나, 자기 고장에 대한 지리적 정보를 활용한 전술과 기습 작전으로 일본군에게 타격을 주었다.

답 ③

017 2017년 기상직

다음 사건 이후 전개된 사실로 옳은 것은?

> 명의 사신이 배에 오르자 우리 사신 일행도 배에 올랐다. 이에 앞서 사카이(界)에 도착했을 때, 우리나라에서 잡혀 온 사람들이 앞을 다투어 찾아왔다. … 왜장들도 말하기를 화친이 이루어지면 사신과 함께 포로들을 돌려보내겠다고 하더니 … 이때에 이르러 화친이 성사되지 못해 다시 죽이려 한다는 말을 듣게 되자 목 놓아 우는 포로들이 얼마인지 알 수 없었다.
>
> - 일본왕환일기 -

① 조선은 일본과 기유약조를 체결하여 제포만 개항하고 세견선 25척, 세사미두 100석의 제한된 교역을 허용하였다.
② 조선은 기민구제와 정병양성을 목적으로 훈련도감을 설치하였다.
③ 조선을 도우러 온 명군이 충청도 직산에서 왜군과 맞붙어 승리하였다.
④ 이순신이 사천해전에서 거북선을 처음 사용하였다.

출제영역 임진왜란과 정유재란

제시된 자료는 임진왜란(1592 ~ 1598) 시기 명과 일본의 휴전 협상이 실패로 돌아간 상황을 나타낸 것으로 정유재란 시기의 사건을 고르는 문제이다. 1597년 휴전 회담이 결렬되자 일본은 조선을 재차 침공(정유재란)하였는데, 정유재란 중 일본 육군은 전라도를 점령하고 충청도 직산까지 진격하여 명군과 전투를 치렀으나, 이순신이 명량해전에서 일본 수군을 대파시키자 보급선이 끊길 것을 우려하여 직산을 끝으로 더는 진격하지 못했다.

오답풀이

① 기유약조는 임진왜란 끝난 후인 1609년에 체결되었다. 그리고 '제포만 개항하고 세견선 25척, 세사미두 100석'의 규정은 1512년의 임신약조의 내용이다.
② 훈련도감은 1593년 휴전회담 중에 설치 되었다. 직업 군인으로 구성되었으며, 포수·살수·사수의 삼수병으로 구분되었다.
④ 사천해전은 1592년에 벌어진 전투로, 이순신이 지휘한 수군이 왜선을 크게 무찔렀다. 이 전투 때 거북선이 처음으로 실전에 투입되었다.

답 ③

018 2019년 지방직

다음 자료에 나타난 상황과 관련 있는 사건은?

> 경성에는 종묘, 사직, 궁궐과 나머지 관청들이 또한 하나도 남아 있는 것이 없으며, 사대부의 집과 민가들도 종루 이북은 모두 불탔고 이남만 다소 남은 것이 있으며, 백골이 수북이 쌓여서 비록 치우고자 해도 다 치울수 없다. 경성의 수많은 백성들이 도륙을 당했고 남은 이들도 겨우 목숨만 붙어 있다. 굶어 죽은 시체가 길에 가득하고 진제장(賑濟場)에 나아가 얻어먹는 자가 수천명이며 매일 죽는 자가 60 ~ 70명 이상이다.
>
> - 성혼, 『우계집』에서 -

① 병자호란 ② 임진왜란
③ 삼포왜란 ④ 이괄의 난

출제영역 임진왜란 당시 사회모습

제시된 자료 『우계집』을 저술한 성혼은 16세기 중후반에 활동한 조선시대 문신으로 임진왜란 때의 모습을 자신의 문집 『우계집』에 담았다. 제시문은 임진왜란 당시의 모습을 묘사한 글로, 경성(한양)의 피해 모습을 통해 이를 확인할 수 있다. 임진왜란 당시 경복궁을 비롯한 궁궐과 관청들이 불탔으며 많은 수의 인명 피해가 있었다.

오답풀이

①, ④ 『우계집』은 광해군 대에 편찬된 성혼의 문집이기 때문에 광해군 이후 발생한 병자호란, 이괄의 난 등은 정답이 될 수 없다.
③ 삼포왜란은 1510년(중종 5) 부산포·내이포·염포 등삼포(三浦)에서 거주하고 있던 왜인들이 대마도의 지원을 받아 일으킨 난으로, 한양과는 관련이 없다.

답 ②

019 2022년 법원직

자료를 통해 알 수 있는 전쟁의 영향으로 가장 옳은 것은?

> 건주(建州)의 여진족이 왜적을 무찌르는 데 2만 명의 병력을 지원하겠다고 하자, 명군 장수 형군문이 허락하려 하였다. 그러나 명 사신 양포정은 만약 이를 허락한다면 명과 조선의 병력, 조선의 산천 형세를 여진족이 알게 될 수 있다고 하여 거절하였다.

① 4군 6진이 개척되었다.
② 일본의 도자기 문화가 발달하였다.
③ 부산포, 제포, 염포에 왜관이 설치되었다.
④ 황룡사 9층 목탑 등 문화재가 소실되었다.

출제영역 임진왜란

자료를 통해 알 수 있는 전쟁은 임진왜란이다. 일본군의 북상이 생각보다 더 깊숙해서 남만주 지역의 여진족 또한 이 전쟁에 참여하려 한 사실을 나타낸 자료이다. 이의 영향으로 옳은 것은 ②번 선지이다. 전쟁 포로로 끌려간 조선의 도공(예를 들어, 도조 이삼평)을 통하여 일본의 도자기 문화가 발달하였다. 건주여진은 명이 남만주 지역의 여진 세력을 불러서 달래기 위해 설치한 건주위(建州衛)의 여진을 말하며, 누르하치가 이들을 통합하고 만주를 통일한 뒤 후금을 건국하였다(1616년, 광해군 8년).

오답풀이

① 임진왜란 이전인 세종 때 있었던 사실이다.
③ 세종 대에 3포 개항을 하면서 왜관을 설치하였다.
④ 몽골의 침입 때 황룡사 9층 목탑 등이 소실되었다.

답 ②

020 2018년 지방직

밑줄 친 '대의(大義)'를 이루기 위해 효종이 한 일로 옳은 것은?

> 병자년 일이 완연히 어제와 같은데, 날은 저물고 갈 길은 멀다고 하셨던 성조의 하교를 생각하니 나도 모르게 눈물이 솟는구나. 사람들은 그것을 점점 당연한 일처럼 잊어가고 있고 대의(大義)에 대한 관심도 점점 희미해져 북녘 오랑캐를 가죽과 비단으로 섬겼던 일을 부끄럽게 생각지 않고 있으니 그것을 생각한다면 그 아니 가슴 아픈 일인가. -『조선왕조실록』-

① 남한산성을 복구하고 어영청을 확대하였다.
② 훈련별대를 정초군과 통합하여 금위영을 발족시켰다.
③ 명과 후금 사이에서 실리를 추구하는 중립외교 정책을 펼쳤다.
④ 호위청, 총융청, 수어청 등의 부대를 창설하여 국방력을 강화하였다.

출제영역 조선 효종의 업적

'병자년(병자호란), 북녘 오랑캐' 등을 통해 북벌과 관계된 것이라는 것은 쉽게 알 수 있다. 효종은 송시열, 이완 등과 함께 남한산성을 복구하고 어영청을 확대하여 북벌을 기도하였으나, 실제로 이루어지지는 못하였다.

오답풀이

② 중앙에 금위영을 발족시킨 것은 숙종이다.
③ 명-후금 사이에 중립외교를 전개한 것은 광해군 시기이다.
④ 인조 대에는 이괄의 난, 정묘/병자호란을 거치는 과정에서 호위청(궁성 경호), 어영청(도성방어, 북벌준비), 총융청(북한산성 수비), 수어청(남한산성 수비) 등의 부대가 창설되어 국방력이 강화되었다.

답 ①

021

2017년 국가직

다음 상소 이후에 나타난 사실로 옳지 않은 것은?

> 윤집(尹集)이 상소하기를 "화의가 나라를 망친 것은 어제 오늘의 일이 아니고 옛날부터 그러하였으나 오늘날처럼 심한 적은 없었습니다. 명나라는 우리나라에 있어서 부모의 나라이고 노적은 우리나라에 있어서 부모의 원수입니다. ……지난 날 성명께서 크게 분발하시어 의리에 의거하여 화의를 물리치고 중외에 포고하고 명나라에 알리시니, 온 동토(東土) 수천 리가 모두 크게 기뻐하며 서로 고하기를 '우리가 오랑캐가 됨을 면하였다'고 하였습니다." -『인조실록』-

① 소현세자는 청에서 서양의 문물에 관심을 가지고, 천문관련 서적 등을 가져왔다.
② 조선은 청과 굴욕적인 형제의 맹약을 맺었다.
③ 조선은 복수설치(復讐雪恥)를 과제로 삼았다.
④ 숭정처사(崇禎處士), 대명거사(大明居士)를 자처하며 출사를 거부하는 인물이 있었다.

출제영역

병자호란

위 글은 병자호란 직전의 주전론을 주장한 윤집의 상소이다. 윤집은 오달제·홍익한 등과 함께 삼학사(三學士)에 속하였고, 김상헌과 더불어 정묘호란~병자호란 시기에 친명배금(親明拜金)과 주전론을 강력히 주장하였다. ②에서 조선이 청과 형제의 맹약을 맺은 것은 정묘호란 직후이다. 병자호란 때에는 군신의 예를 맺고 인조가 삼배구고두례(三拜九叩頭禮)를 행하는 '삼전도의 굴욕'이 발생했다.

오답풀이

① 병자호란 직후 청나라에 인질로 끌려간 소현세자는 청에서 서양 문물에 깊은 관심을 보였고, 천문학과 서학 관련 서적을 가져와서 북학론을 제기하였다. 그러나 이로 인하여 북벌론을 천명한 인조와의 관계가 악화되었고, 귀국 후 얼마 지나지 않아 인조 23년(1645)에 병사하였다.
③ 병자호란 직후 조선에서는 청나라에 당한 수모를 갚아야 한다는 복수설치(復讐雪恥) 여론이 강해졌고, 이에 따라 인조 후기~효종 대에 북벌론이 공식 노선으로 채택되었다.
④ 병자호란 직후 유림들 사이에는 명나라에 대한 의리를 강조하는 사회 풍조가 확산되었다. 명의 마지막 황제인 숭정제를 기린다는 의미에서 숭정처사(崇禎處士), 혹은 대명제국을 기억하다는 의미로 대명거사(大明居士)를 자처하여 관직에 나서지 않는 것이 유행이 되었다. 대표적인 인물로는 숭정처사를 자칭했던 김시온을 들 수 있다.

답 ②

022 2017년 사복직

밑줄 친 내용과 관련된 사실로 가장 옳지 않은 것은?

> 전일 ㉠ 세자가 심양에 있을 때 집을 지어 고운 빨간 빛의 흙을 발라서 단장하고, 또 ㉡ 포로로 잡혀간 조선 사람들을 모집하여 둔전을 경작해서 곡식을 쌓아 두고는 그것으로 진기한 물품과 무역을 하느라 ㉢ 관소의 문이 마치 시장 같았으므로, ㉣ 임금이 그 사실을 듣고 불평스럽게 여겼다.

① ㉠ 세자 - 북경에서 아담 샬과 만나 교류하였다.
② ㉡ 포로 - 귀국한 여성 중에는 가족들의 천대와 멸시를 받는 이도 있었다.
③ ㉢ 관소 - 심양관은 외교적 기능을 담당하기도 하였다.
④ ㉣ 임금 - 전쟁의 치욕을 벗기 위해 북벌론을 적극 추진하였다.

출제영역 인조와 소현세자

주어진 자료에서 '세자가 심양에 있을 때', '포로로 잡혀간 조선 사람'을 등의 내용을 통하여 병자호란 (1636) 이후의 상황이라는 것을 알 수 있다. 따라서 ㉠은 소현세자, ㉡은 조선 백성, ㉢은 세자가 머문 처소인 심양관, ㉣은 인조이다. ④에서 북벌론이 적극 추진된 것은 인조 다음 왕인 효종 때부터이므로 시기상 잘못된 내용이다.

오답풀이

① 병자호란으로 청에 인질로 잡혀 온 소현 세자는 베이징에서 외국인 신부인 아담 샬을 만나 서양 문물을 적극 수용하였다.
② 병자호란 때 청에 잡혀갔던 포로들 중 조선으로 돌아온 여성들은 정절을 지키지 못한 여자로 낙인찍혀 모욕을 당하거나 문중으로부터 쫓겨나는 등 큰 사회 문제가 되었다.
③ 심양관은 청의 심양에 인질로 잡혀 갔던 소현세자와 봉림대군 등이 거주하였던 관소다. 소현세자와 봉림대군은 인질 신분이었지만 이곳에서 조선과 청의 연락을 담당하였고 조선의 입장을 대변하고 청의 부당한 간섭을 무마하는 등 외교업무도 수행하였다.

답 ④

023 2018년 교행직

(가), (나) 붕당에 대한 설명으로 옳은 것은?

〈각 왕 즉위 초 비변사 당상 이상 역임자의 붕당별 구성〉

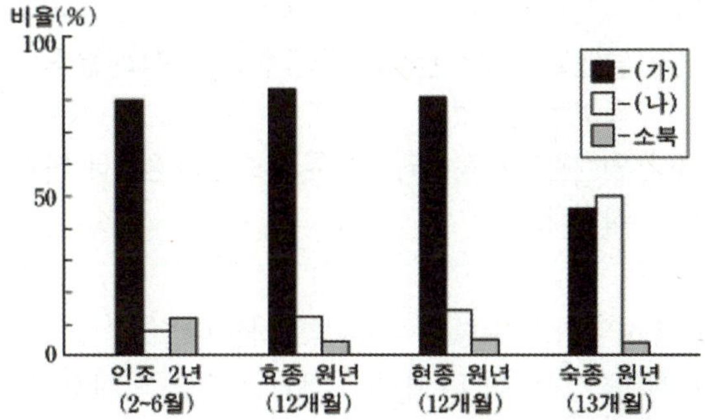

- 국사편찬위원회, 『한국사』 -

① (가) - 갑인예송에서 왕실의 예는 사대부와 다르다고 주장하였다.
② (가) - 이이와 성혼의 학문을 계승한 사림이 대부분을 차지하였다.
③ (나) - 환국을 거치면서 노론과 소론으로 분화되었다.
④ (나) - 희빈 장씨 소생의 왕자를 세자로 책봉하는 것에 반대하였다.

출제영역 서인과 남인

인조반정을 주도했던 세력이 서인 세력이었으므로 인조 초반 집권 세력이었던 (가)가 서인, 남인이 갑인예송 이후 정권을 장악하였으므로 숙종 시기 집권 세력이었던 (나)가 남인임을 추론할 수 있다. 서인은 이이와 성혼의 학문을 계승하였다고 할 수 있으며, 남인은 이황, 북인은 조식의 학문을 계승하였다고 할 수 있다.

오답풀이

① 두 차례 예송에서, '왕실의 예와 사대부의 예가 다르다.'는 입장은 남인이 취한 것이다.
③ 환국을 거치면서 노론과 소론으로 분화된 것은 서인이다.
④ 희빈 장씨 소생의 왕자(훗날 경종)를 세자로 책봉하는 것에 반대한 것은 서인이다.

답 ②

024 2020년 지방직

(가)와 (나) 사이의 시기에 있었던 일로 옳은 것은?

> (가) 남인들이 대거 관직에서 쫓겨나고 허적과 윤휴 등이 처형되었다.
> (나) 인현왕후가 복위되고 노론과 소론이 정계에 복귀하였다.

① 송시열과 김수항 등이 처형당하였다.
② 서인과 남인이 두 차례에 걸쳐 예송을 전개하였다.
③ 서인 정치에 한계를 느낀 정여립이 모반을 일으켰다.
④ 청의 요구에 따라 조총부대를 영고탑으로 파견하였다.

출제영역 환국

(가)는 경신환국(1680), (나)는 갑술환국(1694)을 설명하고 있으므로, 기사환국에 대한 내용인 ①이 정답이다. 기사환국은 송시열이 숙종의 원자 책봉을 비판하면서 벌어진 사건으로, 이로 인해 숙종의 분노를 사게 된 송시열이 사약을 받고, 서인 세력들이 몰락하게 되었다.

오답풀이

② 현종 대의 일이다. 현종 이전까지 정국은 서인이 우세한 가운데 남인이 연합하여 공존하였으나, 효종의 왕위 계승과 관련하여 두 차례의 예송이 일어나면서 서인과 남인의 대립이 극심해지게 되었다.
③ 선조 대의 일이다. 정여립(1546 ~ 1589)은 원래 율곡 이이의 제자로서 명망 있는 서인의 학자였으나, 동인으로 전향 후 낙향하여 대동계(大同契)라는 모임을 조직하게 된다. 대동계가 확대되자 정여립이 역모를 꾀한다는 고변이 있었고, 관련자 1천여 명의 인사들이 처벌되면서 정여립은 스스로 목숨을 끊게 되었다(정여립 모반 사건, 1589).
④ 효종 대의 나선 정벌에 대한 내용이다. 효종 시기 청과 러시아 사이에 국경 분쟁이 일어나자, 조선은 청의 요청으로 조총 부대를 흑룡강 일대로 파견하여 남하하는 러시아군을 정벌하였다.

답 ①

025 2018년 국가직

다음과 같이 주장한 인물에 대한 설명으로 옳은 것은?

> 달은 하나이나 냇물의 갈래는 만 개가 된다. … (중략) … 나는 그 냇물이 세상 사람들이라는 것을 안다. 빛을 받아 비추어서 드러나는 것은 사람들의 상이다. 달이라는 것은 태극이요, 태극은 나이다.

① 『해동농서』를 편찬하도록 하였다.
② 갑인예송에서 왕권을 강조하며 기년복을 주장하였다.
③ 이순신에게 현충이라는 시호를 내리고 강감찬 사당을 건립하였다.
④ 민간의 광산개발 참여를 허용하는 설점수세제를 처음 실시하였다.

출제영역 조선 정조의 업적

제시된 사료는 정조가 저술한 '만천명월주인옹자서'이다. 이 글에서 정조는 하나의 밝은 달이 땅 위의 모든 강물을 비치는데, 모든 강물은 백성에 비유하고, 강물을 비추는 달은 자신이라고 하였다. ①의 『해동농서』는 서호수가 정조의 명에 따라 조선의 풍토에 적합한 농법을 찾기 위해 저술한 농서이므로 적절한 설명이다.

오답풀이

② 2차 예송인 갑인예송(1674)에서 왕권의 특수성을 강조하며 자의대비의 기년복(1년복)을 주장한 것은 남인 세력으로, 2차 예송에서는 현종이 남인의 편을 들어주었다.
③ 숙종에 대한 설명이다. 숙종은 의주에 강감찬 사당을 건립하였고 충청도 아산에 세워진 이순신 사당에 '현충'이란 호를 내려 백성들의 애국심을 불러일으키고자 하였다.
④ 효종 대의 설명이다. 조선 후기에 청과의 무역이 활발해지는 과정에서 은의 수요가 증대되면서 은광 개발이 활기를 띠게 되자 민간에 광산 채굴을 허용한 설점수세제를 실시하였다.

답 ①

026 2018년 서울시 7급

<보기>의 조치를 시행한 국왕에 대한 설명으로 가장 옳은 것은?

〈보기〉

- 노산대군의 시호를 올리고 …(중략)… 묘호를 단종이라 하였다.
- 임금이 친히 명나라 신종 황제를 제사하였다.
- 충무공 이순신의 사우(祠宇)에 '현충'이라는 호를 내렸다.

① 왕권강화를 위해 수시로 환국을 단행하였다.
② 수원에 새로운 성곽도시인 화성을 건설하였다.
③ 명의 요청을 수용하여 중국에 원병을 파견하였다.
④ 백성들의 군역부담 완화를 위해 균역법을 시행하였다.

출제영역 조선 숙종

조선 숙종은 노산대군의 시호를 올리고 묘호를 단종이라 하였고, 명나라 신종 황제를 제사하기 위해 창덕궁에 대보단을 설치하였으며, 이순신의 사우(祠宇)에 '현충'이라는 호를 내렸다.

오답풀이

② 수원에 새로운 성곽도시인 화성을 건설한 왕은 정조이다.
③ 광해군이 명의 요청을 수용하여 강홍립이 거느리는 원군을 파견하였다.
④ 영조 때 균역법을 시행하여 백성들의 군포를 1필로 줄여 주었다.

답 ①

027 2020년 경찰직 2차

다음 ㉠~㉢의 인물들이 행한 일로 가장 적절한 것은?

"아! ㉠ 은/는 ㉡ 의 아들이다. ㉢ 께서 종통(宗統)의 중요함을 위하여 나에게 효장세자(孝章世子)를 이어받도록 명하신 것이다. 아! 전일에 ㉢ 께 올린 글에서 '근본을 둘로 하지 않는 것(不貳本)'에 관한 나의 뜻을 볼 수 있을 것이다. … 이미 이런 분부를 내리고 나서 괴귀(怪鬼)와 같은 나쁜 무리들이 이를 빙자하여 추숭(追崇)하자는 의논을 한다면 ㉢ 께서 유언하신 분부가 있으니, 마땅히 해당 형률로 논죄하고 ㉢ 의 영령(英靈)께도 고하겠다.

① ㉠은/는 금난전권을 폐지하였다.
② ㉡은/는 『동국문헌비고』와 『속대전』 등을 편찬하였다.
③ ㉢은/는 수원 화성을 건설하였다.
④ ㉠와/과 ㉡은/는 탕평책을 실시하였다.

출제영역 영조와 정조의 업적

자료의 ㉠은 정조, ㉡은 사도세자, ㉢은 영조이다. 정조는 1762년 사도세자가 죽임을 당하자 요절한 영조의 맏아들 효장세자의 후사(後嗣)가 되어 왕통을 이었다. 정조는 당시 좌의정이었던 채제공의 건의로 육의전을 제외한 시전 상인의 금난전권을 폐지(신해통공, 1791)하여 자유로운 상업 행위를 진작시켰다.

오답풀이

② 『동국문헌비고』와 『속대전』의 편찬은 영조 대의 사실이다.
③ 수원 화성의 건설은 영조가 아닌 정조 대의 사실이다.
④ 붕당의 폐해를 시정하기 위해 탕평책을 실시한 것은 영조와 정조이다. 정조는 준론탕평책을, 영조는 완론탕평책을 실시하였다.

답 ①

028
2016년 기상직 7급

밑줄 친 '이 책'을 편찬하기 시작한 (가) 왕의 업적으로 옳은 것은?

> '이 책'은 1760년 1월부터 1910년 8월까지 151년간의 국정에 관한 제반 사항들이 기록되어 있는 일기로, 필사본이며, 총 2,329책이다. (가) 왕이 세손 시절에 쓴 개인일기에서 비롯되어 왕의 재가를 받은 공식적인 국정일기로 전환되었다.

① 화폐유통을 위해 최초로 상평통보를 주조하였다.
② 중·하급 관리의 재교육을 위한 초계문신제를 시행하였다.
③ 청과 북방경계선을 확정지어 백두산 아래 정계비를 세웠다.
④ 백성들의 군역부담을 완화하기 위해 균역법을 처음 시행하였다.

출제영역 조선 정조

정조는 세손 시절에 '존현각일기'를 써서 자신의 언행과 학문을 기록하였고 왕이 된 후 '일성록'으로 명칭을 바꾸었다. 또한 정조는 신진 인물이나 중·하급 관리 중에서 유능한 인사를 재교육하기 위해 초계문신제도를 실시하기도 하였다.

오답풀이

① 최초로 상평통보를 주조한 왕은 조선 인조이다.
③ 조선 숙종 때 백두산정계비를 세웠다.
④ 균역법은 조선 영조 때 처음 실시되었다.

답 ②

029
2023년 법원직

밑줄 친 '신'이 속한 붕당에 대한 설명으로 가장 옳은 것은?

> 소현 세자가 일찍 세상을 뜨고 효종이 인조의 제2 장자로서 종묘를 이었으니, 대왕대비께서 효종을 위하여 3년의 상복을 입어야 할 것은 예제로 보아 의심할 것이 없는데, 지금 그 기간을 줄여 1년으로 했습니다. 대체로 3년의 상복은 장자를 위하여 입는데 그가 할아버지, 아버지의 정통을 이을 사람이기 때문입니다. 지금 효종으로 말하면 대왕 대비에게는 이미 적자이고, 또 왕위에 올라 존엄한 몸인데, 그의 복제에서는 3년 상복을 입을 수 없는 자와 동등하게 되었으니, 어디에 근거를 둔 것인지 신(臣)은 모르겠습니다.

① 노론과 소론으로 분열되었다.
② 기사환국을 통해 재집권하였다.
③ 인목대비의 폐위를 주장하였다.
④ 성혼의 학파를 중심으로 형성되었다.

출제영역 예송(남인)

제시문에서 밑줄친 '신(臣)'이 대왕대비(자의대비)가 효종이 죽은 것에 대해 3년의 상복을 입어야 한다고 주장하고 있기에, '신'은 남인에 속한다고 볼 수 있다. 남인(허목, 윤휴, 윤선도 등)은 효종이 차남이기는 하나 왕위를 계승했으므로 적장자의 예법대로 상복을 입어야 하며, 왕실의 예법과 일반 사서의 예법이 다르다(왕실의 특수성 인정)는 입장을 취하였다. ② 기사환국(숙종 15년, 1689)은 후궁 소의 장씨 소생을 원자로 정호하는 문제를 계기로 서인이 축출되고 남인이 정권을 장악한 사건을 말한다.

오답풀이

① 서인에 대한 설명이다. 경신환국(1680) 이후 남인의 처벌에 대한 대립으로 노론과 소론으로 분리되었다.
③ 북인에 대한 설명이다. 광해군 대 북인들이 인목대비의 폐위를 주장하였다.
④ 소론에 대한 설명이다. 소론이 성혼의 학파를 중심으로 형성되었다.

답 ②

030

2018년 지방직 7급

밑줄 친 '왕'의 업적으로 옳은 것만을 〈보기〉에서 모두 고르면?

왕은 계지술사(繼志述事)를 내걸고 전통문화를 계승하면서 중국과 서양의 과학 기술을 받아들여 국가 경영을 혁신하였다. 또한 재정 수입을 늘리고 상공업을 진흥하기 위해 육의전을 제외한 시전의 금난전권을 폐지하여 자유상업을 진작하고, 전국 각지의 광산 개발을 장려하였다.

〈보기〉

ㄱ. 무위영을 설치하였다.
ㄴ. 「동문휘고」를 편찬하였다.
ㄷ. 수성윤음(守城綸音)을 반포하였다.
ㄹ. 한구자(韓構字)와 정리자(整理字)를 주조하였다.

① ㄱ, ㄷ ② ㄱ, ㄹ ③ ㄴ, ㄷ ④ ㄴ, ㄹ

출제영역 정조

육의전을 제외한 시전의 금난전권을 폐지하고(신해통공), 계지술사(중용 19장에 나오는 말로, 선인의 뜻을 잘 계승하여 선인의 사업을 발전 시키는 것)를 내세운 국왕은 정조이다. 정조의 업적으로 옳은 것은 ㄴ, ㄹ이다.

ㄴ. 정조 12년(1788), 조선 후기 대청 및 대일 관계의 교섭 문서를 집대성한 동문휘고가 편찬되었다. 이밖에도 정조는 통치 규범을 재정리한 「대전통편」, 호조의 기능을 정리한 「탁지지」, 예서를 집대성한 「춘관통고」, 역대의 형사법과 재판제도를 정리한 「추관지」 등을 편찬하였다.
ㄹ. 정조는 한구자(1782), 정리자(1795) 등을 주조하여 규장각에 비치하여 서적 간행에 이용하도록 하였다.

오답풀이

ㄱ. 1881년 5군영이 2영으로 개편되었는데, 무위영과 장어영이 그것이다.
ㄷ. 수성윤음이란 영조가 재위 27년(1751)에, 도성 수비에 대하여 내린 명령을 가리킨다.

답 ④

031

2019년 국가직 7급

다음 시나리오에 등장하는 밑줄 친 ㉠과 빈 칸 ㉡에 대한 설명으로 옳은 것은?

즉위한 지 얼마 안 되어 아직 상복 차림인 [㉠] 국왕, 대신과 여러 관원을 부르다.
국왕 : 우리나라의 역대 임금님들이 지은 글은 제대로 봉안할 곳이 없었다. 그리하여 창덕궁 후원에 [㉡]을(를) 세우고 임금님들의 글을 봉안하게 하였다. 따라서 이를 담당하는 관원이 있어야 할 것 같은데, 경들은 어떻게 생각하는가?
신하들 : 이 일은 문치의 교화를 진작시킬 것입니다.

① ㉠ - 신경준에게 명하여 「동국여지도」를 편찬하도록 하였다.
② ㉠ - 내수사와 궁방 및 각급 관청에 속한 관노비의 장적을 소각하도록 하였다.
③ ㉡ - 백성의 억울함을 왕에게 알릴 수 있는 창구 역할을 하였다.
④ ㉡ - 조정 관료 중에서 재능 있는 문신들을 선발하여 이곳에서 재교육하였다.

출제영역 정조와 규장각

창덕궁 후원에 역대 임금들의 글을 봉안하기 위해 세운 ㉡은 규장각이고, 그 규장각을 설치한 ㉠은 정조이다. 정조와 규장각에 대한 설명으로 옳은 것은 ④번 선지이다. 정조는 37세 이하의 참상·참하의 당하관 중 재능 있는 문신들을 의정부에서 가려 뽑아 규장각에 위탁 교육을 시켰는데, 이것이 초계문신제이다. 규장각은 본래 역대 왕의 글과 책을 수집, 보관하는 장서 기구였으나 점차 학술 및 정책 연구 기관으로 변모하였다.

오답풀이

① 영조에 대한 설명이다.
② 순조 1년(1801) 내수사 등에 속한 관노비 6만 6천여 명을 해방하였다.
③ 신문고에 대한 설명이다. 신문고는 태종 대에 처음 설치되었다가, 치폐를 거듭하다 영조 대에 부활하였다.

답 ④

032

2021년 계리직

밑줄 친 '반란'에 대한 설명으로 옳은 것을 〈보기〉에서 모두 고른 것은?

> 반란을 일으킨 적도들은 평안도 가산읍 북쪽 다복동에서 무리를 모아 봉기하여 가산과 선천, 곽산 등 청천강 북쪽의 주요 고을들을 점령하고 기세를 떨쳤다.
>
> -『서정록(西征錄)』-
>
> 〈보기〉
>
> ㄱ. 평안도 지역에 대한 차별에 저항하였다.
> ㄴ. 반정 후의 논공행상에 대한 불만이 원인이었다.
> ㄷ. 지역의 무반 출신과 광산노동자들이 적극 가담하였다.
> ㄹ. 의주와 안주를 연이어 점령하여 조정에 큰 위협이 되었다.

① ㄱ, ㄴ ② ㄱ, ㄷ ③ ㄴ, ㄷ ④ ㄴ, ㄹ

출제영역 홍경래의 난

제시문의 밑줄 친 '반란'은 1811년 순조 때 일어난 홍경래의 난이다. 가산에서 봉기가 일어났다는 내용을 통해 이를 알 수 있다. 홍경래는 가산에서 처음 난을 일으켜 한때 청천강 이북지역을 거의 장악했으나 5개월 만에 평정되었다. 홍경래의 난은 당시의 서북 지역에 대한 차별과 삼정의 문란을 배경으로 일어났으며, 영세 농민, 중소 상인, 광산 노동자, 서북지방 대상인, 향임층, 무사 등 각계각층이 합세하였다.

오답풀이

ㄴ. 이괄의 난에 대한 설명이다. 이괄은 인조반정 때의 공신이었으나 적절한 대우를 받지 못한 것에 불만을 품고 반란을 일으켰다(1624, 인조 2). 이괄은 한양을 점령하는 등 기세를 올렸으나 곧 관군에 패해 도망가던 중 부하 장수의 배신으로 죽고 말았다.

ㄹ. 홍경래는 청천강 이북의 여러 지역을 점령했으나 의주와 안주 공략에 실패하면서 정주성으로 들어가 농성하게 되었다.

답 ②

라영환 한국사

STEP 2

응용사고형

5

근대사

시험에서 적어도 1, 2문제는 출제되는 응용+사고가 필요한 문제들만 모았습니다!

STEP 2 | 응용사고형 근대사 V

001

2022년 국가직

밑줄 친 '그'에 대한 설명으로 옳은 것은?

> 고종이 즉위한 직후에 실권을 장악한 그는 러시아를 견제하기 위해 천주교 선교사를 통해 프랑스와 교섭하려 했다. 하지만 천주교를 금지해야 한다는 유생의 주장이 높아지자 다수의 천주교도와 선교사를 잡아들여 처형한 병인박해를 일으켰다. 이후 고종의 친정이 시작됨에 따라 물러난 그는 임오군란이 일어났을 때 잠시 권력을 장악했지만, 청군의 개입으로 곧 물러났다.

① 미국에 보빙사라는 사절단을 파견하였다.
② 전국 여러 곳에 척화비를 세우도록 했다.
③ 국경을 획정하고자 백두산정계비를 세웠다.
④ 통리기무아문을 설치하고 그 아래에 12사를 두었다.

출제영역 흥선대원군의 활동

밑줄 친 '그'는 흥선대원군이다. 흥선대원군은 통상 수교 거부 정책을 펼쳤고, 병인양요와 신미양요를 거친 후에 종로를 비롯한 전국 각지에 척화비를 세우도록 하였다. 그 밖에 대내 정책으로 비변사를 폐지, 호포법 실시, 사창제 실시, 서원 정리 및 만동묘 철폐, 대전회통 편찬, 경복궁 중건과 그로 인한 당백전, 원납전 징수 등을 기억할 만하다.

오답풀이

① 보빙사는 조미 수호 통상 조약 체결(1882년)로 주한 공사가 부임해 온 이후 그 답례로 미국에 파견되었다 (1883년).
③ 숙종 대에 있었던 사실이다.
④ 고종이 친정한 후, 개화 정책을 추진하기 위해 통리기무아문을 설치하였다.

답 ②

002

2022년 국가직

밑줄 친 '조약' 에 대한 설명으로 옳지 않은 것은?

> 1905년 8월 4일 오후 3시, 우리가 앉아있는 곳은 새거모어 힐의 대기실. 루스벨트의 저택이다. 새거모어 힐은 루스벨트의 여름용 대통령 관저로 3층짜리 저택이다. … (중략) … 대통령과 마주하자 나는 말했다. "감사합니다. 각하. 저는 대한제국 황제의 친필 밀서를 품고 지난 2월에 헤이 장관을 만난 사람입니다. 그 밀서에서 우리 황제는 1882년에 맺은 조약의 거중조정 조항에 따른 귀국의 지원을 간곡히 부탁했습니다."

① 영사재판권이 인정되었다.
② 임오군란을 계기로 체결되었다.
③ 최혜국 대우 조항이 포함되었다.
④ 『조선책략』의 영향을 받았다.

출제영역 조미 수호통상조약

밑줄 친 조약은 1882년 4월에 체결된 조미 수호 통상 조약이다. 1882년에 맺은 조약이라는 것과 거중 조정 조항을 통해 이를 알 수 있다. 임오군란은 1882년 6월에 일어났고, 조·미 수호 통상 조약은 1882년 4월에 체결되었으므로 ②가 잘못된 설명이다. 임오군란을 계기로 체결된 조약은 제물포 조약, 조·청 상민 수륙 무역 장정 등이 있다.

오답풀이

①, ③ 조·미 수호 통상 조약에는 치외법권(영사재판권), 관세부과, 거중조정, 최혜국 대우 등이 규정되었다.
④ 1880년 2차 수신사로 파견된 김홍집은 일본에서 청나라 외교관 황준헌의 『조선책략』을 가져와 조·미 수호 통상 조약 체결에 영향을 주었다.

답 ②

003 2020년 지방직

(가) 시기에 있었던 일로 옳은 것은?

강화도조약을 체결하였다.

⇩

(가)

⇩

청에 영선사를 파견하였다.

① 군국기무처를 두고 여러 건의 개혁안을 처리하였다.

② 개화 정책을 추진할 기구로 통리기무아문을 설치하였다.

③ 국정 개혁의 기본 방향을 담은 홍범 14조를 공포하였다.

④ 구본신참의 개혁 원칙을 정하고 대한국국제를 선포하였다.

출제영역 통리기무아문

강화도조약(1876), 영선사 파견(1881~1882) 사이의 사실로 옳은 것은 '통리기무아문'의 설치(1880)이다. 개항(강화도 조약) 이후 조선 정부가 개화 정책을 추진하였다는 사실과, 통리기무아문이 개화 정책을 총괄하는 기구였다는 내용을 통해 정답을 추론할 수 있다.

오답풀이

① 군국기무처는 갑오개혁(1차, 1894) 때의 기구이다.
③ 홍범 14조는 갑오개혁(2차, 1894) 때 공포하였다.
④ 대한국국제를 선포한 것은 1899년이다. 대한제국을 국내외에 선포 한 뒤 약 2년 후의 일이다.

답 ②

004 2020년 법원직

(가)에 대한 다음 설명 중 가장 옳은 것은?

조선 땅은 실로 아시아의 요충을 차지하고 있어 열강들이 서로 차지하려고 할 것이다. 조선이 위태로우면 중국도 위급해진다. (가) 이/가 영토를 넓히고자 한다면 반드시 조선이 첫 번째 대상이 될 것이다.…… 그렇다면 오늘날 조선이 세워야 할 책략으로 (가) 을/를 막는 것보다 더 급한 일이 없다. (가) 을/를 막는 책략은 무엇인가? 중국과 친하고, 일본과 맺고, 미국과 이어짐으로서 자강을 도모할 뿐이다.

① (가)는 남해의 전략적 요충지인 거문도를 불법 점령하였다.

② (가)는 자국인 신부의 처형을 구실로 강화도를 침략하였다.

③ (가)의 공사관으로 을미사변 이후 신변의 위협을 느낀 고종이 피신하였다.

④ (가)와 조선은 서양 국가 중에 최초로 조약을 체결하였다.

출제영역 조선책략

중국과 친하고, 일본과 맺고, 미국과 연결한다는 데서 제시문이 조선책략에 대한 내용임을 알 수 있다. 조선책략에서는 이를 통해 러시아를 견제해야 한다고 하였으므로 제시문의 (가)는 러시아이다. 을미사변 이후 신변의 위협을 느낀 고종은 러시아의 공사관으로 피신(아관파천, 1896.2)하였으므로 ③이 정답이다.

오답풀이

① 거문도를 불법 점령한 국가는 영국이다. 갑신정변 이후 청의 간섭이 심해지자 조선은 청의 영향력에서 벗어나기 위해 러시아를 가까이 하였고, 이에 영국은 함대를 이끌고 거문도를 불법 점령함으로써 러시아의 조선 침투를 견제하려 하였다.
② 프랑스 선교사를 처형한 병인박해(1866)를 빌미로 강화도를 침략(병인양요)한 것은 프랑스이다.
④ 조선이 최초로 조약을 체결한 서양국가는 미국이다. 조선은 청의 중개로 1882년 4월 서양 국가와 최초로 조·미 수호 통상 조약을 체결하였다.

답 ③

005

2017년 국가직 7급

다음 ㉠에 대한 설명으로 옳은 것은?

> 미국은 제너럴 셔먼호 사건을 구실로 통상을 요구해 왔다. 이어 군함을 이끌고 강화도를 침략하였다. 조선군의 결사 항전과 정부의 통상 거부로 미군은 결국 퇴각했다. 그러나 개항 이후 조선 정부도 수교의 필요성을 인식하고 전권대관 신헌 등을 통해 미국과 [㉠] 을(를) 체결하였다.

① 조선과 영국의 통상 조약 체결 이후 맺어졌다.
② 양곡의 무제한 유출, 무관세, 무항세 조항이 포함되었다.
③ 러시아를 견제하기 위한 일본의 적극적인 알선과 중재로 체결되었다.
④ 다른 나라의 압박을 받으면 거중 조정한다는 내용의 조항이 들어 있었다.

출제영역 조·미수호통상조약

빈 칸인 ㉠에 들어갈 내용은 조·미수호통상조약으로, 이에 대한 설명으로 옳은 것은 ④번이다. 1880년 일본에 수신사로 파견된 김홍집이 일본에 주재하던 청의 대사 황준헌에게 받아온 조선책략의 내용(친중국·결일본·연미국)에 근거하여 1882년 청의 알선으로 체결된 조·미수호통상조약은, 치외법권과 최혜국 대우같은 불평등한 내용도 담겨 있으나, 수출입에 대한 협정 관세 및 조약의 체결국이 제3국과 분쟁을 겪게 될 경우 다른 조약 체결국이 중재를 할 수 있는 거중조정 조항도 포함되었다.

오답풀이

① 조·영수호통상조약은 조·미수호통상조약의 체결 이후인 1883년에 체결되었다.
② 3무 규칙으로도 알려진 양곡의 무제한 유출, 무관세, 무항세 조항이 포함된 조약은 1876년에 체결된 조·일 무역규칙이다.
③ 러시아를 견제하기 위한 청의 알선으로 조·미수호통상조약이 체결되었다.

답 ④

006

2024년 법원직

(가) ~ (다) 국가에 대한 설명으로 가장 옳은 것은?

> 조선은 김기수와 김홍집을 수신사로 [(가)] 에 파견하였다. [(나)] 에는 김윤식을 영선사로 삼아 무기제조 기술 등을 배우는 유학생을 보냈다. 또한 조선은 민영익 등을 보빙사로 [(다)] 에 파견하였다.

① (가) - 흥선 대원군을 자국으로 납치하였다.
② (나) - 조선과 강화도 조약을 맺었다.
③ (다) - 거문도를 불법 점령하였다.
④ (가)와 (나) - 톈진 조약을 체결하였다.

출제영역 근대 외국 사절단 파견

주어진 자료의 (가)는 일본, (나)는 청, (다)는 미국이다. 조선은 강화도 조약(1876)과 임오군란(1882) 직후 일본에 수신사를 파견하였다. 그리고 1881년에는 청에 영선사를 파견하였으며, 1882년 조미 수호 통상 조약 체결 이후 미국이 푸트 공사를 조선에 파견하자, 미국에 대한 기대가 컸던 고종이 그에 대한 답례로 1883년에 보빙사를 미국에 파견하였다.

④ 갑신정변의 영향으로 1885년 청과 일본은 톈진 조약을 체결하였다. 주요 내용은 청과 일본 양국 군대가 동시 철수하고, 동시 파병한다는 것이었다. 이후 1894년 동학 농민운동 시 조선 정부가 청에게 원군을 요청했을 때 일본이 출병하는 명분으로 작용하였다.

오답풀이

① 흥선 대원군을 납치한 국가는 청이다. 1882년 구식 군인에 대한 차별 대우가 발단이 되어 일어난 임오군란이 일어나자, 청은 봉기의 책임을 물어 흥선 대원군을 납치한 후 청의 톈진에 억류하였다. 이후 흥선대원군은 1885년 8월이 되어서야 귀국하였다.
② 조선과 강화도 조약을 맺은 국가는 청이 아니라 일본이다. 운요호 사건이 있은 지 석 달 뒤 일본은 강화도에 나타나 개항을 강요하였다. 결국 조선 정부는 일본의 군사적 압력에 굴복하여 1876년 2월 강화도 조약(조·일 수호 조규)을 체결하였다.
③ 1885년 거문도를 불법 점령한 국가는 미국이 아니라 영국이다.

답 ④

007 2020년 국가직 7급

다음 주장을 펼친 인물에 대한 설명으로 옳은 것은?

> 일단 강화를 맺고 나면 저 적들의 욕심은 물화를 교역하는 데 있습니다. 저들의 물화는 모두 지나치게 사치하고 기이한 노리개이고 손으로 만든 것이어서 그 양이 무궁합니다. …(중략)… 저들은 비록 왜인이라고 하나 실은 양적입니다. 강화가 한번 이루어지면 사학의 서적과 천주의 초상화가 교역하는 속에서 들어올 것입니다.

① 「조선책략」을 입수하여 국내에 소개하였다.
② 임병찬과 함께 독립의군부를 조직하려고 하였다.
③ 서원철폐 조치 등에 반대하면서 흥선대원군을 탄핵하였다.
④ 일제의 침략상을 고발한 「한국독립운동지혈사」를 저술하였다.

출제영역 최익현

자료의 주장을 펼친 인물은 최익현으로, 최익현에 대한 설명으로 옳은 것은 ③번이다. 최익현은 1868년 흥선대원군의 무리한 경복궁 중건을 비판하고, 1873년에는 대원군이 만동묘를 비롯한 서원의 철폐를 대거 단행하자 시정을 건의하는 계유상소를 통해 대원군의 집권이 무너지고 고종의 친정을 시작하는 계기를 만들기도 하였다. 이후인 1876년 강화도 조약의 체결을 추진하던 정부를 향해 '왜양일체론'을 앞세워 개항에 반대하는 지문의 내용을 포함하는 기부복궐척화의소(5불가소)를 상소하였다. 1905년에는 을사늑약에 항거하여 항일 투쟁을 호소하고 제자인 임병찬과 함께 의병에 참여하기도 하였다.

오답풀이

① 조선책략을 입수하여 국내에 소개한 사람은 2차 수신사로 파견된 김홍집이다.
② 최익현은 1907년 사망하였으며, 독립의군부는 임병찬에 의해 1912년에 전라도에서 조직된 독립운동단체이다.
④ 1920년 상해 유신사에서 간행된 한국독립운동지혈사는 박은식이 저술하였다.

답 ③

008 2020년 경찰간부

동학농민운동에 관한 설명으로 가장 옳은 것은?

① 동학 농민군의 제1차 봉기 시 동학교단의 남접과 북접이 합세 하였다.
② 동학 농민군은 한성조약을 빙자하여 조선에 파견된 일본군에게 우금치 전투에서 패하였다.
③ 조선정부는 농민들의 요구에 따라 삼정이정청을 설치하였다.
④ 전주화약 후 전라도를 중심으로 집강소가 설치되어 폐정 개혁이 추진되었다.

출제영역 동학 농민 운동

동학 농민 운동에 관한 설명으로 가장 옳은 것은 ④번이다. 1차 동학 농민 운동을 승리로 이끈 동학농민군은 1894년 5월 7일 전주성에서 관군과 전주화약을 맺고 폐정 개혁안을 제시하였다. 이 개혁안의 내용에 따라 전라도를 중심으로 53개 지역에 농민 자치 기구인 집강소가 설치되고 중앙 정부에는 교정청이 설치되어 폐정 개혁이 추진되었다.

오답풀이

① 남접과 북접이 합세한 동학 농민 운동은 2차이다.
② 동학 농민 운동 과정에서 조선 정부의 요청을 받은 청군이 아산만에 상륙하자, 일본은 1885년에 청과 체결한 톈진 조약의 내용에 근거하여 조선에 군대를 파견하였다.
③ 삼정이정청은 삼정의 문란을 바로잡고자 철종대인 1862년에 설치한 관서이며, 동학 농민군의 요구에 따라 조선 정부에서 설치한 관서는 교정청이다.

답 ④

009 2017년 서울시 9급

(가)의 사건에 대한 설명으로 옳은 것은?

> 심문자: 작년 3개월간 무슨 사연으로 고부 등지에서 민중을 크게 모았는가?
> 답변자: 고부 군수의 수탈이 심하여 민심이 억울하고 통한스러워 의거를 하였다.
> 심문자: 흩어져 돌아간 후에는 무슨 일로 봉기하였는가?
> 답변자: 안핵사 이용태가 의거 참가자 대다수를 동학도로 몰아 체포하여 살육하였기 때문이다.
> 심문자: (가) 이후 다시 봉기를 일으킨 이유는 무엇인가?
> 답변자: 일본이 군대를 거느리고 경복궁을 침범하였기 때문이다.

① 일본군이 풍도의 청군을 공격하면서 성립하였다.
② 법규교정소를 설치한다는 내용이 들어 있었다.
③ 집강소 및 폐정개혁에 관한 규정이 포함되었다.
④ 제물포 조약을 근거로 실행한 것이다.

출제영역 동학 농민 운동

지문에서 제시하고 있는 (가) 사건은 1차 동학 농민 운동으로, 사건에 대한 설명으로 옳은 정답은 ③번이다. 1894년 4월 시작된 1차 동학 농민 운동은 5월 농민군의 승리로 관군과 농민군이 1894년 5월 7일 전주 화약을 체결하였다. 화약을 체결할 당시 농민군은 탐관오리의 처벌 및 토지의 평균 분작 등을 건의하는 폐정개혁안을 제시하였으며, 관민의 협력과 화합을 위해 농민의 자치를 논의할 수 있는 집강소를 전라도의 각 지역에 53개소를 설치하게 되었다.

오답풀이

① 일본군이 풍도의 청군을 공격하면서 시작된 사건은 청·일 전쟁이다.
② 법규교정소는 1899년(광무 3년) 대한제국의 법규 개정을 위해 설치된 기관으로, 법규교정소에서 마련한 대한국국제 가 1899년 8월 17일 반포되었다.
④ 제물포 조약은 1882년 임오군란으로 빚어진 조선·일본 간의 양국 간의 문제를 처리하기 위해 맺어진 조약으로, 주요 내용은 피해 보상과 더불어 일본 공사관에 군대의 주둔을 허용한다는 내용을 포함하고 있다.

답 ③

010 2017년 국가직 7급

밑줄 친 '이 내각'의 재정 개혁안으로 옳은 것은?

> 이 내각의 개혁 정책은 초정부적 비상 기구인 군국기무처를 중심으로 추진되었다. 당시 군국기무처에는 박정양, 유길준 등의 개화 인사들이 참여하여 개혁 정책을 결정하였다.

① 모든 재정은 호조에서 통할하도록 한다.
② 국가 재정을 탁지아문의 관할로 일원화시키도록 한다.
③ 궁내부 산하의 내장원에서 광산, 홍삼 사업 등의 재정을 관할하도록 한다.
④ 국가 재정은 탁지부에서 전관하고, 예산과 결산을 국민에게 공표하도록 한다.

출제영역 제1차 갑오개혁

자료에 제시된 이 내각은 제1차 갑오개혁 당시의 김홍집 내각으로, 김홍집 내각이 추진한 재정 개혁안으로 옳은 정답은 ②번이다. 김홍집 내각은 교정청을 폐지하고 군국기무처를 설치하면서 제1차 갑오개혁을 추진하였으며, 제1차 갑오개혁에서의 재정 분야의 개혁 내용으로는 조세의 금납화, 재정의 탁지아문으로의 일원화, 왕실과 정부의 재정 분리, 도량형의 개정과 통일, 신식화폐장정의 의결을 통한 은본위제 채택 등이 있다.

오답풀이

① 모든 재정은 호조에서 통할토록 추진한 개혁은 1884년에 일어난 갑신정변이다.
③ 궁내부 산하의 내장원에서 삼정(蔘政), 광산 업무, 종목(種牧)까지 관장하게 한 개혁은 광무개혁이다.
④ 국가 재정을 탁지부에서 전관하고 예산과 결산을 국민에게 공표하도록 하는 내용은 1898년 10월 관민공동회에서 건의된 헌의 6조에 포함되었다.

답 ②

011

2022년 지방직

(가) 시기에 있었던 사실로 옳은 것은?

을미사변
⇩
(가)
⇩
러·일전쟁

① 독립문이 건립되었다.
② 통감부가 설치되었다.
③ 동양 척식 주식회사가 설립되었다.
④ 임진왜란 때 소실된 경복궁이 중건되었다.

출제영역 1900년 전후 시기

을미사변(1895)과 러일진쟁(1904~1905) 사이 시기에 있었던 사실로 옳은 것은 ①번 선지이다. 독립문은 1897년 11월에 건립되었다. 독립문의 건립 연도를 바로 떠올리기는 어려우나, 독립협회의 활동이 대한제국 수립을 전후한 시기에 있었다는 것을 생각하면 답을 쉽게 고를 수 있을 것이다. '청일전쟁(시모노세키 조약) - 삼국간섭 - 을미사변 - 아관파천 - 대한제국 수립'으로 이어지는 일련의 흐름은 반드시 기억해 둬야 한다.

오답풀이

② 러·일전쟁을 종결하는 포츠머스조약 체결 이후에 을사늑약이 체결되고, 이에 따라 1906년에 통감부가 설치되었다.
③ 동양 척식 주식회사가 설립된 것은 1908년으로, 국권 피탈직전이었다는 사실을 기억해 두면 좋다.
④ 경복궁 중건은 흥선대원군이 집권하던 시기인 1863~1873년 사이에 있었던 일이다.

답 ①

012

2020년 지방직

다음과 같은 주제로 토론회를 개최한 단체에 대한 설명으로 옳은 것은?

일자	주제
1897. 8.29.	조선에 급선무는 인민의 교육
1897. 9. 5	도로 수정하는 것이 위생에 제일 방책
⋮	⋮
1897.12.26.	인민의 귀로 듣고 눈으로 보는 것을 개명케 하려면 우리나라 신문지며 다른 나라 신문지들을 널리 반포하는 것이 제일 긴요함

① 헌정연구회의 활동을 계승하여 월보를 간행하고 지회를 설치하였다.
② 국민 계몽을 위해 회보를 발간하고 만민공동회 등 대규모 집회를 열었다.
③ 보부상 중심의 단체로 황권 강화를 통한 부국강병을 행동 지침으로 삼았다.
④ 일본이 황무지 개간을 구실로 토지를 약탈하려 하자 대중적 반대 운동을 벌였다.

출제영역 독립협회의 활동

1897년의 연대와, 수차례의 토론회, '인민의 교육', '위생', '신문' 등을 통해 독립 협회임을 추측할 수 있다. 독립 협회는 강연회와 만민 공동회의 개최, 『독립신문』과 잡지의 발간 등을 통하여 근대적 지식과 국권·민권 사상을 고취시켜 민중을 계몽하였다.

오답풀이

① 대한 자강회(1906)에 대한 설명이다. 헌정연구회(1905)가 을사늑약 이후 통감부에 의해 해산되자 윤효정, 장지연 등은 대한자강회(1906)를 설립하여 전국에 25개 지회를 두고 실력양성운동을 전개하였다.
③ 황국협회(1898)에 대한 설명이다. 황국협회는 정부의 어용단체 역할을 하였으며, 독립협회와 갈등을 일으켜 독립협회를 해산시키는 데 앞장섰다.
④ 보안회(1904)에 대한 설명이다. 보안회를 설립한 원세성, 송수만 등은 가두 행진을 하며 반대운동을 벌여 일제의 황무지 개간권 요구를 철회시켰다.

답 ②

013

2023년 법원직

(가), (나) 시기 사이에 있었던 사실만을 <보기>에서 모두 고른 것은?

(가) 수신사 김홍집이 가져와 유포한 황준헌의 사사로운 책자를 보노라면, …… 러시아·미국·일본은 같은 오랑캐입니다. ……
(나) 이미 국모의 원수를 생각하며 이를 갈았는데, … 이에 감히 먼저 의병을 일으키고서 마침내 이 뜻을 세상에 포 고하노라. ……

<보기>

ㄱ. 관민 공동회가 개최되었다.
ㄴ. 교육 입국 조서가 반포되었다.
ㄷ. 영국이 거문도를 불법 점령하였다.
ㄹ. 나철이 대종교를 창시하였다.

① ㄱ, ㄴ ② ㄱ, ㄹ ③ ㄴ, ㄷ ④ ㄷ, ㄹ

출제영역 개화기 사실

(가)는 1881년 영남 유림 이만손 등 1만 여명이 올린 만인소이고, (나)는 유인석의 격고팔도열읍(음력 1895년 12월 24일)의 내용을 일부 발췌한 것이다. 조선책략의 유포, 국모의 원수(을미사변) 등을 통하여 연대를 추측할 수 있을 것이다. (가)와 (나) 시기 사이에 있었던 사실은 ㄴ, ㄷ이다.

ㄴ. 교육 입국 조서 반포(1895년 2월)는 제2차 갑오개혁 시기의 사실이 므로 을미사변 이전으로 판단할 수 있을 것이다.
ㄷ. 영국은 러시아의 조선 진출을 견제하기 위해 1885년 3월 1일부터 1887년 2월 5일까지 거문도를 불법 점령하였다.

오답풀이

ㄱ. 관민공동회는 1898년 10월 28일부터 11월 3일까지 독립협회가 서울 종로에서 관민을 모아 개혁을 논의하기 위해 열린 집회로 헌의 6조가 채택되었다.
ㄹ. 대종교는 1909년에 창시되었다.

답 ③

014

2018년 서울시 1차

<보기>의 그에 대한 설명으로 가장 옳지 <u>않은</u> 것은?

<보기>

그는 평안도 양덕 사람으로 … (중략) … 체격이 장대하고 지기가 왕성하였는데, 비록 글은 배우지 못하였으나 천성적인 의협심이 있어, 남을 돕는 일을 급무로 삼은 연유로 사람들이 많이 따랐다. 1907년 겨울에 차도선, 송상봉, 허근 등 여러 사람들과 의병을 일으켜 (중략) 전투를 벌였다.

① 산포수들을 모아 의병을 구성하였다.
② 주요 활동지는 함경도 삼수, 갑산 등지였다.
③ 1920년 청산리 전투에서 일본군을 격파하였다.
④ 13도창의군을 결성하고 서울진공작전을 개시하였다.

출제영역 홍범도

글을 배우지 못하였다는 내용에서 제시된 자료의 '그'가 평민 출신인 홍범도임을 유추할 수 있다. ④의 13도 창의군은 이인영, 허위 등 양반 유생 의병장을 중심으로 조직되었으며, 천민 출신의 용장인 신돌석이 배제되거나, 홍범도·김수민 등 평민 출신 의병장이 연합전선에 참가하지 못하는 등의 한계를 보였다.

오답풀이

① 홍범도는 송상봉, 허근 등과 함께 산포대(山砲隊)를 조직한 뒤 포수들의 총포를 회수하러 온 일본군과 유격전을 벌여 격파하였다.
② 홍범도는 갑산·삼수·혜산·풍산 등지에서 일본군을 상대로 유격전을 벌였다.
③ 홍범도는 1920년 봉오동에서 일본군을 상대로 승리했으며, 같은 해 10월 청산리전투에서도 제1연대장으로 참가, 제2연대장 김좌진, 제3연 대장 최진동 등과 함께 일본군을 크게 격파하였다.

답 ④

015 2020년 국가직 7급

자료에 나타난 정부의 정책에 대한 설명으로 옳지 않은 것은?

> 종래의 양전처럼 농지의 비척(肥瘠)이나 가옥의 규모를 조사하는 것에만 그치지 않고, 전국 토지 일체에 대한 조사를 목표로 지질과 산림·천택, 수풀과 해변, 도로에 이르기까지 광범위하게 조사하였다. 나아가 전국 토지의 정확한 규모와 소재를 파악하는 한편 소유권을 확인해 주기 위해 지계(地契)를 발행하는 사업을 함께 전개하였다.

① 양지아문에서 양전 사업을 착수하였다.
② 조사한 토지의 지적도와 토지대장을 작성하였다.
③ 지계아문에서 지계 발급 사무를 맡았다.
④ 러·일전쟁 발발 직후 일본의 간섭으로 중단되었다.

출제영역 대한제국의 양전지계사업

자료는 대한제국의 양전지계사업에 대한 기록으로, 대한제국의 정책에 대한 설명으로 옳지 않은 것은 ②번이다. 조사한 토지의 지적도와 토지 대장을 작성한 것은 조선총독부에서 주관하여 1910년부터 1918년까지 실시한 토지조사사업의 내용이다.

오답풀이

① 양지아문은 1898년에 설치된 관서로 대한제국에서 조세 수입을 늘리고 근대적 토지소유권을 확립하기 위해 미국인 측량 기사를 초빙하여 양전사업을 실시하였다.
③ 양지아문에서 실시한 양전 사업을 통해 토지의 소유 관계를 파악한 대한제국 정부는 이를 명시하는 지계의 발행을 전담하는 지계아문을 1901년 11월 설치하였다. 이듬해 양지아문이 지계아문에 통합되면서 지계아문이 양전 사업과 지계 발급을 병행하였다.
④ 1904년 러·일 전쟁이 발발하자 서울로 진격하여 대한제국을 협박한 일본이 체결한 한일의정서로 인하여 한반도의 막대한 토지가 일본군의 군용지로 사용되는 등의 내정 간섭으로 양전지계사업이 중단되었다.

답 ②

016 2017년 국가직 7급

대한제국의 지계발급 사업에 대한 설명으로 옳지 않은 것은?

① 지계아문에서 토지측량과 지계발급을 담당하였다.
② 개항장에서 외국인의 토지 소유를 인정하지 않았다.
③ 모든 산림, 토지, 전답, 가옥을 발급 대상에 포함하였다.
④ 러·일 전쟁으로 중단되어 전국적으로 확대되지 못하였다.

출제영역 대한제국의 지계 발급

대한제국의 지계발급 사업에 대한 설명으로 옳지 않은 것은 ②번이다. 대한제국은 개항장이 아닌 곳에 있는 외국인의 토지 소유를 인정하지 않았다.
① 양전 사업을 위해 1898년 설치된 양지아문이 지계 발급을 위해 1901년 설치한 양지아문에 1902년 흡수통합되면서, 1902년부터는 지계아문이 토지 측량과 지계 발급을 함께 담당하였다.
③ 처음에는 양전 사업이 농지로만 제한되었으나, 이후에는 산림·토지·전답·가사로까지 조사의 대상이 확대되었다.
④ 1904년 러·일 전쟁이 발발하자 서울로 진격하여 대한제국을 협박한 일본이 체결한 한일의정서로 인하여 한반도의 막대한 토지가 일본군의 군용지로 사용되는 등의 내정 간섭으로 양전지계사업이 중단되었다.

오답풀이

② 대한제국은 외국인의 토지소유를 개항장 안으로 제한하였다.

답 ②

017 2017년 기상직

다음 조약에 대한 설명으로 옳지 않은 것은?

> 제1조, 일본국 정부는 재동경 외무성을 경유하여 금후 한국의 외국에 대한 관계 및 사무를 감리·지휘하며, 일본국의 외교 대표자 및 영사는 외국에 재류하는 한국의 신민(臣民) 및 이익을 보호한다.
>
> 제2조, 일본국 정부는 한국과 타국 사이에 현존하는 조약의 실행을 완수할 임무가 있으며, 한국 정부는 금후 일본국 정부의 중개를 거치지 않고는 국제적 성질을 가진 어떤 조약이나 약속도 하지 않기로 상약한다.

① 고종이 도장을 찍거나 서명을 하지 않았다.
② 대한매일신보는 이 조약이 무효임을 선언하는 고종의 친서를 게재하였다.
③ 조약문에 통감부가 관리하는 행정용 어새를 찍었다.
④ 일제에 의해 강제로 체결된 조약이다.

출제영역 을사늑약

제시된 자료에서 외교권 제한과 관련된 내용이 있음으로 미루어 1905년 11월에 체결된 을사늑약임을 알 수 있다. ③에서 통감부가 관리하던 행정용 어새를 날인해 반포한 것은 한·일 병합 조약이다. 통감부는 1906년에 설치되었기 때문에 1905년에 체결된 을사늑약에는 등장할 수 없다.

오답풀이

①, ④ 통상적으로 조약이 성립되기 위해서는 위임, 조인, 비준의 3단계를 거쳐야 하는데, 을사늑약은 이 중 하나도 제대로 된 절차를 밟지 않았다. 고종이 외부 대신 박제순에게 조약 체결권을 위임하지 않았고, 일제가 군대를 앞세워 외무대신의 직인을 강제로 찍게 했으며, 고종이 조약안에 대한 서명 날인하지 않았다. 이와 같은 이유에 의해 당시 언론도 조약이라는 명칭 대신 '늑약(강제로 체결된 조약)'이라고 표현하였다.
② 고종은 을사늑약의 불법성을 알리고자 대한매일신보에 친서를 발표해 이 조약에 서명하지 않았음을 선언하였다.

답 ③

018 2022년 지방직

밑줄 친 '나'에 대한 설명으로 옳은 것만을 모두 고르면?

> 오늘날 사람은 모두 법에 의하여 생활하고 있는데 실제로 사람을 죽인 자가 벌을 받지 않고 생존할 도리는 없는 것이다. … (중략) … <u>나</u>는 한국의 의병이며 지금 적군의 포로가 되어 와 있으므로 마땅히 만국공법에 의해 처단되어야 할 것으로 생각한다.
>
> 〈보기〉
>
> ㄱ. 일본에서 순국하였다.
> ㄴ. 한인 애국단 소속이었다.
> ㄷ. 『동양평화론』을 집필하였다.
> ㄹ. 연해주에서 의병 투쟁을 전개하였다.

① ㄱ, ㄴ ② ㄱ, ㄹ ③ ㄴ, ㄷ ④ ㄷ, ㄹ

출제영역 안중근

밑줄 친 '나'는 안중근이다. 하얼빈역에서 이토 히로부미를 저격한 후, 안중근은 뤼순 감옥에 수감되었는데, 재판 과정에서 개인의 자격으로 이토를 저격한 것이 아니라 대한 제국 의병 부대의 참모중장으로서 저격한 것이니 만국공법에 따라 포로로 대접할 것을 요구하였다. 안중근에 대한 설명으로 옳은 것은 ㄷ, ㄹ이다.

ㄷ. 옥중에서 동양평화론을 집필하였는데, 완성하지는 못하였다.
ㄹ. 안중근은 1907년 연해주로 건너가 의병 투쟁을 전개하였다. 전재덕 휘하에서 대한의군참모중장 겸 특파독립대장 및 아령지구 사령관의 자격으로 국내 진공 작전을 벌이기도 하였다.

오답풀이

ㄱ. 안중근은 뤼순 감옥에서 순국하였다.
ㄴ. 윤봉길, 이봉창 등에 대한 설명이다.

답 ④

019 2023년 법원직

㉠ 이후에 일어난 사건으로 가장 옳은 것은?

대한제국 대황제는 대프랑스 대통령에게 글을 보냅니다. 일본은 우리나라에 ㉠ 불의한 일을 자행하였습니다. 다음은 그에 대한 증거입니다. 첫째, 우리 정무대신이 조인하였다고 운운하는 것은 정당하지 않으며 위협을 받아 강제로 이루어진 것입니다. 둘째, 저는 조인을 허가한 적이 없습니다. 셋째, 정부회의 운운하나 국법에 의거하지 않고 회의를 한 것이며 일본인들이 강제로 가둔 채 회의한 것입니다. 상황이 그런즉 이른바 조약이 성립되었다고 일컫는 것은 공법을 위배한 것이므로 의당 무효입니다. 당당한 독립국이 이러한 일로 국체가 손상당하였으므로 원컨대 대통령께서는 즉시 공사관을 이전처럼 우리나라에 다시 설치해 주시기를 바랍니다.

① 포츠머스 조약이 체결되었다.
② 이사청에 관리가 파견되었다.
③ 러시아가 용암포를 점령하고 조차를 요구하였다.
④ 제1차 한·일협약(한일 외국인 고문 용빙에 관한 협정서)이 조인되었다.

출제영역 을사늑약(제2차 한일협약)

ㄱ은 을사늑약(제2차 한일협약)이다. 조약 체결의 위법성을 설명하고, 공사관을 이전처럼 다시 설치해주기를 바란다는 부분에 외교권을 박탈한 을사늑약과 관계된 내용임을 알 수 있다. 을사늑약(1905년 11월) 이후에 일어난 사건으로 옳은 것은 ②번 선지이다. 이사청은 을사늑약 체결 이후인 1905년 12월에 통감부의 지방 기관으로 설치된 기구이다.

오답풀이

① 일본은 포츠머스 강화 조약(1905년 9월)을 체결하여 한반도에서 러시아의 영향력을 배제한 후, 을사늑약을 체결하여 대한제국의 외교권을 박탈하고, 대한제국을 보호국화하였다.
③ 1903년 러시아가 용암포를 점령하고 조차를 요구하였다.
④ 제1차 한일협약은 1904년 8월에 체결되었다. 이후 메가타가 재정 고문으로, 스티븐슨이 외교 고문으로 활동하게 되었다.

답 ②

020 2021년 경찰직 2차

밑줄 친 '조약'에 대한 설명으로 옳은 것은?

한국 황제는 외관상으로는 아직까지 통치권을 보유하고 있는 것으로 보이며, 한국 대신들은 당분간은 일본인에 의해 대체되지 않고 있습니다. 조약이 공포되고 난 며칠 후, 이로 인하여 한국 민중의 동요가 그렇게 극심하게 증대되지 않았음이 확인된 후에야 그때까지 비밀에 붙여졌던 추가 협약 사실이 공포되었는데, 그 내용은 한국 황제가 자신의 군대를 해산한다는 것이었습니다. - 오스트리아 헝가리 제국 외교 보고서 -

① 재정 및 외교 고문 용빙이 규정되었다.
② 헤이그 특사 사건을 계기로 체결되었다.
③ 베베르-고무라 각서 체결에 영향을 끼쳤다.
④ 대한 제국 황제의 서명 날인이 없이 조인되었다.

출제영역 한·일 신협약

대한제국의 군대 해산 내용을 통해 제시문의 밑줄 친 '조약'이 1907년 체결된 한·일 신협약(정미 7조약)임을 알 수 있다. 고종은 을사늑약의 불법성을 국제 사회에 알리기 위해 네덜란드 헤이그에서 열리는 제2회 만국 평화 회의에 이위종, 이상설, 이준을 특사로 파견하였는데, 이에 일본은 헤이그 특사 파견을 빌미로 고종을 강제 퇴위시키고, 순종을 즉위시킨 후 한·일 신협약 체결을 강요하였다.

오답풀이

① 1904년 1차 한·일 협약에 대한 내용이다. 러·일 전쟁의 전세가 일본에 유리하게 전개되자 일본은 한국의 내정에 간섭하기 위해 재정 고문과 외교 고문을 파견하였다.
③ 베베르-고무라 각서는 아관파천(1896) 이후 일본이 수세에 몰리자 러시아와 세력균형을 위해 협상한 것이었다.
④ 대한 제국 황제의 서명 날인이 없이 조인된 것은 을사늑약(1905. 11, 제2차 한·일 협약)이다. 을사늑약 비준서에는 고종 황제의 서명이 빠져 있었으며 고종과 순종은 조약의 무효를 선언하였다.

답 ②

021

2017년 지방직 7급

㉠에 대한 설명으로 옳지 않은 것은?

> **칙령 제41호**
>
> 제1조 울릉도를 울도라 개칭하여 강원도에 부속하고, 도감을 군수로 개정하여 관제 중에 편입하고, 군의 등급은 5등으로 한다.
>
> 제2조 군청 위치는 태하동으로 정하고, 구역은 울릉전도(鬱陵全島)와 죽도, ㉠ 을/를 관할한다.

① "세종실록지리지"에는 강원도 울진현 소속으로 구분하고, 우산으로 표기하였다.

② 숙종 때 안용복은 일본에 건너가 울릉도와 더불어 조선의 영토임을 확인받았고, 당시 일본에서는 '송도(松島)'로 기록하였다.

③ 일본 정부는 1870년대에 조선의 영토임을 인정했으면서도, 1905년 국제법상 무주지(無主地)라는 명목으로 일본 영토에 편입시켰다.

④ 1952년 UN군 사령부와 협의하에 이승만 정부는 '인접 해양의 주권에 관한 대통령 선언'을 발표하여 한국의 영토로 확인하였고, 당시 일본은 이를 묵인하였다.

출제영역 독도

지문의 ㉠은 독도이다.
㉠독도에 대한 설명으로 옳지 않은 것은 ④번이다. 1952년 1월 18일 UN군 사령부와 협의하에 이승만 정부가 발표한 '인접 해양의 주권에 관한 대통령 선언'은 일명 평화선(Peace Line)으로 불리우는 대한민국과 주변 국가 간의 수역 구분과 자원 및 주권 보호를 위한 경계선으로, 국제 관계상 합법적인 조치였으며 이 경계선이 독도를 대한민국의 영토로 포함하고 있다는 점에서 의미가 있다. 이를 일본이 즉각 반대하면서 어로 및 해양 영토 문제로 13년간의 분쟁이 발생하였으며, 대한민국은 평화선을 지키지 않은 일본 어선 328척을 나포, 일본 어부 3,929명을 억류하는 등의 마찰도 발생하였다.

오답풀이

① 1454년 간행된 세종실록지리지에는 독도가 우산도, 울릉도가 무릉도로 기록되어 있으며 "두 섬은 거리가 멀지 않아 날씨가 맑으면 서로 바라볼 수 있다."는 기록을 통해 두 섬을 별개로 인식하고 있으며, 울릉도와 가까이 있는 관음도와 죽도가 날씨와 상관없이 보이는 점을 미루어 보아 우산도는 독도를 가리킨다고 볼 수 있다.

② 숙종대 안용복은 1693년과 1696년 두 차례에 걸쳐 일본에 건너가 본인을 울릉우산양도감세관이라 자칭하며 일본 어민이 무단으로 독도 해역에 월경한 사실에 대해 사과를 받아내었으며, 이를 계기로 1698년(숙종 24년) 조선 정부는 막부로부터 조선의 울릉도와 독도의 영유권과 어업권을 공식적으로 인정받았다.

③ 일본은 1877년 메이지 정부의 최고 행정기관이었던 태정관 문서를 통해 독도가 일본과 상관이 없다는 지령을 내렸으나, 러·일 전쟁 도중이었던 1905년 2월 '시마네현 고시 제40호'를 통해 일방적으로 독도를 다케시마라 이름 짓고 시마네현에 편입시켰다.

답 ④

022

2022년 해양간부

다음 〈보기〉의 내용과 관련된 단체에 대한 설명으로 가장 옳지 않은 것은?

〈보기〉

- 국민에게 민족의식과 독립사상 고취
- 동지를 발견하고 단합하여 국민운동 역량 축적
- 상공업 기관 건설로 국민의 부력(富力) 증진
- 교육 기관 설립으로 청소년 교육 진흥

① 평양에 대성학교, 정주의 오산학교 외에 양실 학교 등 많은 학교를 설립하였다.
② 평양에 자기(磁器) 제조 주식회사를 설립하였고, 이 외에도 협성동사, 상무동사와 같은 상회사, 소방직공장, 소연초공장 등을 세워 경제적 실력 양성에 힘썼다.
③ 서간도 지역의 삼원보에 한인 집단 거주 지역과 독립운동기지를 개척하고 신흥무관학교를 설립하였다.
④ 통감부가 설치된 직후에 정치 집회가 금지되면서 해산당했다.

출제영역 신민회

상공업 기관 건설, 교육기관 설립 등의 내용을 통해 태극서관·자기회사 등 회사를 설립하고, 대성학교·오산학교 등 교육을 진흥한 신민회에 대한 설명임을 알 수 있다. 신민회는 1911년 105인 사건으로 해산되었기 때문에 통감부가 아닌 총독부의 탄압으로 해산되었다.

오답풀이

①, ② 신민회는 대성·오산 학교 외에도 양산학교, 양실학교 등을 설립하여 교육에 주력하였으며, 자기회사, 태극서관 등을 설립, 민족의 경제적 자립을 위해 노력하였다.
③ 이동녕, 이회영 등 국외 신민회 인사들은 서간도에 삼원보를 중심으로 독립운동기지인 신한민촌을 건설하였다. 또한 독립군 양성 기관인 신흥 강습소(1911)가 창설되었고, 이후 신흥 무관학교로 발전하였다.

답 ④

023

2019년 서울시 7급

(가)와 (나)조약 체결 사이에 일어난 사건으로 가장 옳지 않은 것은?

(가) 한국 정부는 시정 개선에 관하여 통감의 지도를 받을 것.
(나) 한국 황제 폐하는 한국 전부에 관한 모든 통치권을 완전 또는 영구히 일본 황제에게 양여한다.

① 「사립학교령」이 공포되었다.
② 안중근이 이토 히로부미를 저격했다.
③ 재정고문 메가타가 화폐정리에 나섰다.
④ 한국 군대를 해산하는 조칙이 발표되었다.

출제영역 국권의 침탈

지문의 (가)는 1907년 7월 24일에 체결된 한·일 신협약, (나)는 1910년 8월 29일에 체결된 한·일 병합 조약으로, (가)와 (나) 조약 체결 사이에 일어난 사건으로 가장 옳지 않은 것은 ③번이다. 재정고문 메가타가 화폐정리에 나선 화폐정리사업은 1905년 실시되었다.

오답풀이

① 사립학교령은 1908년 8월 26일자로 반포된 법령으로, 일제가 식민지 교육체제를 구축하기 위해 제정하여 민족교육을 실시하던 사립학교가 위축되었다.
② 안중근이 이토 히로부미를 하얼빈역에서 사살한 사건은 1909년 10월 26일 발생하였다.
④ 대한제국의 군대를 해산하는 조칙은 1907년 8월 1일 반포되었다. 이에 해산당한 군인들은 정미의병으로 참여하여 앞선 을미·을사의병에 비해 의병의 전투력이 크게 향상되는 모습을 보였다.

답 ③

024

2018년 서울시 7급

다음 글이 발표된 사건과 가장 가까운 시기에 전개된 민족 운동은?

> 아, 우리나라 우리 민족의 치욕이 이 지경에 이르렀구나. 생존경쟁이 심한 이 세상에 우리 민족의 운명이 장차 어찌 될 것인가. 살기를 원하는 사람은 반드시 죽고, 죽기를 맹세하는 사람은 살아 나갈 수 있으니 이는 여러분이 잘 알 것이다.

① 지금 의의 깃발을 치켜들고 보국안민을 생사의 맹세로 삼았다.
② 군인이 나라를 지키지 못하고 만 번 죽어도 아깝지 않다.
③ 오늘 병사를 일으키려는 것은 국모의 원수를 갚으려는 것이다.
④ 충남 정산에서 전 참판 민종식이 의병을 일으켰다.

출제영역 을사의병

자료는 을사늑약의 체결에 항거하여 순국 자결한 민영환이 남긴 유서로, 이 글이 발표된 사건과 가장 가까운 시기에 일어난 민족운동은 ④번 을사의병이다. 을사의병 중에 제일 규모가 크고 가장 치열한 항전을 벌인 의병진은 민종식·안병찬 등이 주축이 된 홍주 의병이었다. 영남 일대에서는 평민 출신의 항일 의병장으로 활약한 신돌석 의병진이 두드러진 전적을 올렸다.

오답풀이

① '보국안민(輔國安民)', '제폭구민(除暴救民)' 등의 기치를 앞장세운 민족 운동은 1894년에 일어난 동학 농민 운동이다.
② 1907년 8월 1일 대한제국 군대 해산에 항거하면서 시위대 1연대 1대대장이었던 박승환이 '군인이 나라를 지키지 못하고 신하로서 충성을 다하지 못하니, 만 번 죽어도 아깝지 않다.'라는 유서를 남기고 권총으로 순국 자결하였다.
③ 국모의 원수를 갚으려는 의병은 을미사변과 단발령을 계기로 1895년 일어난 을미의병이다.

답 ④

025

2017년 지방직 9급

(가), (나)시기에 있었던 사실에 대한 설명으로 옳은 것은?

	(가)	(나)	

러·일 전쟁 발발 — 고종 강제 퇴위 — 대동단결선언 발표

① (가) - 독립협회가 개최한 관민공동회에서 헌의 6조가 결의되었다.
② (가) - 독도를 울릉군 관할로 한다는 내용의 대한제국 칙령 제41호가 공포되었다.
③ (나) - 일제가 '105인 사건'을 일으켜 윤치호 등을 체포하였다.
④ (나) - 일본인 메가타가 재정 고문으로 부임하여 화폐 정리 사업을 시작하였다.

출제영역 국권 피탈 전후의 사실

연표의 러·일 전쟁은 1904년 2월에 발발하였으며, 고종 황제의 강제 퇴위는 1907년 7월, 신규식·박은식 등이 국민주권론을 주장하며 임시 정부의 필요성을 제시한 최초의 선언인 대동단결선언은 1917년 7월에 발표되었다. 따라서 (가), (나) 시기에 있었던 사실로 옳은 것은 ③번, 1911년에 일제가 신민회의 주요 인사를 포함하여 민족운동을 탄압하기 위해 조작한 '105인 사건'이다. 이 사건으로 인하여 당시 최대의 항일 민족운동 단체였던 신민회는 주요 간부들이 체포됨에 따라 해체를 맞이하게 되었다.

오답풀이

① 1898년 10월 독립협회가 주관하여 정부의 주요 각료와 시민이 함께 참여한 관민공동회에서 헌의 6조를 결의하여 고종에게 제출하였다.
② 독도를 울릉도의 부속 도서로 관할한다는 내용을 담은 대한제국 칙령 제41호는 1900년 10월 25일에 반포되었다.
④ 1904년 제1차 한·일 협약으로 대한제국의 재정고문으로 파견된 메가타가 이듬해인 1905년 화폐 정리 사업을 시작하였다.

답 ③

026

2020년 지방직 7급

(가)재위 기간에 있었던 사실이 아닌 것은?

> (가) 황제가 영원히 가시던 길에 엎드려 크게 통곡하던 우리는 …(중략)… 우리 민족의 새로운 기백과 책동이 발발하기를 간절히 기대하는 바이다.
>
> -「동아일보」1926년 6월 12일 -

① 일본은 동양척식주식회사를 설립하였다.
② 일본이 간도를 청에 귀속하는 협약을 체결하였다.
③ 유생 의병장 중심으로 13도 창의군을 결성하였다.
④ 대한제국의 외교권을 박탈하고 통감부를 설치하였다.

출제영역 순종 황제의 재위

(가)는 순종 황제로, 순종 황제의 재위 기간에 있었던 사실이 아닌 것은 ④번이다. 순종 황제는 1907년 7월 일제에 의한 고종 황제의 강제 퇴위로 대한 제국의 황제가 되었으며, 1910년 8월 29일 한·일 병합 조약이 발효되면서 퇴위당하였다. ④번 대한제국의 외교권을 박탈하고 통감부를 설치하는 내용을 담은 조약은 1905년 11월 체결한 을사늑약(한·일 협상 조약, 제2차 한·일 협약)이다.

오답풀이

① 동양척식주식회사는 일제가 조선과 대만의 토지와 자원을 수탈하고 경제권 이득 착취를 위해 설립한 국책회사로 1908년에 설립되었다.
② 일본이 간도를 청의 영토로 인정하는 대가로 남만주의 철도 부설권을 얻는 간도 협약은 1909년 9월에 체결되었다.
③ 이인영을 총대장, 허위를 군사장으로 하는 13도 창의군은 1907년 정미의병이 발생했을 때 조직된 의병진으로 서울 진공 작전을 계획하였다.

답 ④

MEMO

라영환 한국사

STEP 2

응용사고형

6

독립운동사

시험에서 적어도 1, 2문제는 출제되는 응용+사고가 필요한 문제들만 모았습니다!

STEP 2 | 응용사고형 독립운동사 Ⅳ

001 2019년 서울시 7급

〈보기〉의 사건 이후 한반도의 상황에 대한 설명으로 가장 옳지 않은 것은?

〈보기〉

일본은 일진회를 사주하여 「합방청원서」를 제출하도록 하였다. 그리고 1910년 초 일본은 러시아와 영국, 프랑스로 부터 한국 병합에 대한 승인을 받아 국제적인 여건을 충족시킨 뒤 한국 병합 조약을 강제로 체결하였다. (1910. 8. 22.)

① 일본은 자국의 '헌법'과 '법률'을 적용하여 한국에 무단 통치를 실시하였다.
② 일본은 한국을 일본의 새로운 영토의 일부로 병합하고, 국가명이 아닌 지역명 '조선'으로 호칭했다.
③ 육해군 대장 중에서 임명된 조선총독은 일본 천황에 직속되어 한반도에 대한 입법,사법· 행정권을 장악하고 있었다.
④ 헌병 경찰은 구류, 태형, 3개월 이하의 징역 등에 해당하는 한국인의 범죄에 대해 법 절차나 재판 없이 즉결 처분할 수 있는 권한이 있었다.

출제영역 한·일 강제 병합

<보기>의 사건 이후의 한반도의 상황으로 가장 옳지 않은 것은 ①번이다. 일본은 조선의 법률적 지위를 일본 헌법의 적용 범위 외에 두어 일본 천황의 직속인 조선 총독의 '명령'으로 통치하는 지역으로 보았다. 실제로 1910년대 일본은 자국 헌법의 적용 범위 외에 해당하는 조선 지역에 대한 별도 적용이 이루어진 회사령과 조선태형령, 토지조사령 등을 공포하여 시행하였다.

오답풀이

② 한·일 강제 병합에 따라 일본은 일부러 '대한제국'이라는 국호를 폐지하고 '조선'으로 개칭하였는데, 이 때의 의도는 '조선'이 국명이 아닌 일본의 일개 지명이라는 의미로 쓰였다.
③ 조선 총독은 육해군 대장 중에서 임명되었으며, 천황에게 직접 명령을 받는 특별한 지위를 지니고 식민지의 최고 권력자로서 입법·사법·행정·군통수권 등의 전 분야에 걸친 방대한 권한을 지녔다.
④ 헌병 경찰은 '범죄 즉결례(제령 10호, 1910년 12월)'와 '경찰범 처벌 규칙(총독부령 제40호, 1912년 3월)'에 근거하여 정식 재판을 거치지 않고도 구류·태형 또는 과료에 해당하는 죄, 3개월 이하의 징역, 또는 백원 이하의 벌금 혹은 과료의 형에 처해야 하는 도박범과 상해죄, 행정 법규 위반자를 보통 재판소의 절차를 거치지 않고 즉결할 수 있었다.

답 ①

002

2018년 국가직

(가) 기구가 존속한 시기의 사람들이 볼 수 있었던 사실로 적절한 것은?

> 지주는 조선 총독이 정하는 기간 내에 (가) 혹은 그것의 출장소 직원에게 신고해야 한다. 만약 제출을 태만히 하거나 신고서를 제출하지 않을 시에는 당국에서 해당 토지에 대해 소유권의 유무 등을 조사하다가 소유자를 알지 못하는 경우에 지주가 없는 것으로 간주하여 국유지로 편입할 수 있다.

① 조선청년연합회에 출입하는 일본인 고문
② 신문에 연재 중인 소설 무정을 읽는 학생
③ 연초 전매 제도에 따라 조합에 수매되는 담배
④ 의열단에 가입하는 신흥 무관 학교 출신 청년

출제영역 일제강점기 토지조사사업

(가)에 들어갈 기구는 '임시토지조사국'이다. 토지조사사업은 1918년 이완용의 토지조사 종료식 축사를 끝으로 막을 내렸으므로, '임시토지조사국'의 존속 시기는 '1910년~1918년'으로 볼 수 있다. ②에서 이광수가 소설 '무정'을 발표한 시기는 1917년이므로, 임시토지조사국 존속 시기와 일치한다.

오답풀이

① 조선 청년 연합회는 3·1 운동을 계기로 각 지역에 설립된 청년회의 역량을 결집하여 민족 운동의 동력으로 활용하기 위한 것으로 1920년에 조직되었다.
③ 조선총독부는 1921년 7월에는 '연초전매제'를 실시하여 연초 재배업·제조업·판매업의 모든 부문을 통제함으로써 조선의 경작 농민·제조업자·판매업자를 몰락시켰고, 소비자에게 비싼 전매 연초를 소비하게 함으로써 수탈을 행하여 조선총독부의 재정 세입을 늘려 나갔다.
④ 의열단과 신흥무관학교는 모두 1919년에 창설되었으므로, 1918년 이후의 사건이다.

답 ②

003

2021년 계리직

다음 설명에 해당하는 시기로 옳은 것은?

> 조선총독부는 『조선농지령』을 제정하여 지주의 소작료 수탈을 어느 정도 통제하고 소작인의 소작료감면 청구권을 법제화했다. 이는 소작인의 소작권을 안정시켜 농촌사회의 불안을 완화하려는 것이었으나, 실제 운영과정에서는 지주의 권익을 옹호하고 마름의 횡포를 통제하지 않았다.

국권 피탈		3·1 운동		신간회 해산		조선어학회 사건		8·15 해방
	①		②		③		④	

출제영역 일제의 경제침탈

제시문의 조선 농지령은 일제가 소작 문제를 일시적으로 안정시키려는 무마책으로 1934년 공포되었다. 따라서 신간회 해산(1931년)과 조선어학회(1942년) 사이인 ③ 시기가 정답이다.

오답풀이

국권 피탈(한·일 병합 조약 체결)은 1910년, 3·1운동은 1919년, 신간회 해산은 1931년, 조선어학회 사건은 1942년, 8·15 해방은 1945년의 사건이다.

답 ③

004 2021년 법원직

(가)에 들어갈 법령이 제정된 이후의 사실로 가장 옳은 것은?

(가)

제4조 제국 신민을 징용하여 총동원 업무에 종사하게 할 수 있다. 단 병역법의 적용을 방해하지 않는다.
제7조 노동 쟁의의 예방 혹은 해결에 관하여 필요한 명령을 내리거나 작업소의 폐쇄, 작업 혹은 노무의 중지 등 노동 쟁의에 관한 행위의 제한 혹은 금지를 행할 수 있다.
제8조 물자의 생산·수리·배급·양도 기타의 처분, 사용·소비·소지 및 이동에 관하여 필요한 명령을 내릴 수 있다.

① 중국 본토에서 중일 전쟁이 발발하였다.
② 백남운이 조선사회경제사를 저술하였다.
③ 조선사상범예방구금령이 제정·공포되었다.
④ 양세봉의 조선 혁명군이 영릉가 전투에서 승리하였다.

출제영역 국가총동원령

제시문은 1938년 4월에 제정된 국가 총동원법의 일부이다. ③의 조선사상범 예방 구금령은 국가 총동원법 제정 이후인 1941년에 제정되었으므로 (가) 법령 이후의 사실에 해당한다.

오답풀이

① 중·일 전쟁은 1937년 7월에 발발했다.
②『조선사회경제사』는 백남운의 저서로, 1933년 출간되었다.
④ 영릉가 전투는 1932년 조선 혁명군과 중국 의용군이 연합하여 일본군에 승리를 거둔 전투이다.

답 ③

005 2023년 서울시

(가) 시기에 볼 수 있었던 모습으로 옳지 <u>않은</u> 것은?

	(가)	
	만주사변 발생 → 태평양전쟁 발발	

① 소학교에 등교하는 조선인 학생
② 황국 신민 서사를 암송하는 청년
③『제국신문』 기사를 작성하는 기자
④ 쌍성보에서 항전하는 한국독립당 군인

출제영역 1930년대 모습

만주사변(1931년 9월 18일)과 태평양 전쟁 발발(1941년 12월 8일, 일본이 진주만을 기습) 사이에 볼 수 있는 모습으로 옳지 않은 것은 ③번 선지이다. 제국신문은 1898년 8월 10일에 창간되어 1910년 8월 2일에 폐간되었다. 제국신문은 한글만 사용하여 일반 민중과 부녀자 계층이 쉽게 접근할 수 있는 특징이 있었다. 만주사변은 일본 관동군이 류타오거우에서 스스로 만철 선로를 폭파하고 이를 중국 측 소행이라고 트집 잡아 만주를 침략한 사변이다.

오답풀이

① 소학교는 1895년에 설치된 근대적 초등 교육기관이다. 1906년 보통학교로 개편되었다가 1938년 다시 소학교로 명칭이 바뀌었다가 1941년 국민학교로 개칭되었다.
② 일제는 황국신민서사를 제정하여 1937년 10월부터 한국인에게 암기하여 제창하도록 강제하였다.
④ 1932년 쌍성보에서 지청천이 이끄는 한국독립군과 중국군이 연합하여 일본군과 전투를 벌였다.

답 ③

006

2020년 국가직

다음 법령이 실시된 기간에 있었던 사실로 옳은 것은?

> 제1조 국체를 변혁 또는 사유재산제를 부인할 목적으로 결사를 조직하거나 그 정을 알고 이에 가입하는 자는 10년 이하의 징역 또는 금고에 처함
> 제2조 전조의 제1항의 목적으로 그 목적한 사항의 실행에 관하여 협의한 자는 7년 이하의 징역 또는 금고에 처함

① 조선 태형령이 공포되었다.
② 경성 제국 대학이 설립되었다.
③ 물산 장려 운동이 시작되었다.
④ 학도 지원병 제도가 실시되었다.

출제영역 치안유지법

제시된 자료는 천황제나 사유재산제를 부정하는 운동을 단속하기 위해 제정된 치안유지법의 내용으로, 치안유지법은 1925년부터 1945년 까지 적용되있다. ④의 학도병 제도는 태평양 전쟁(1941년) 이후 장기화된 전쟁으로 일제가 수세에 몰리게 되자, 병력 문제를 해결하기 위해 학생들을 전쟁에 동원하였던 제도로, 1943년부터 실시되었으므로 치안유지법이 적용되던 1925년 ~ 1945년 사이의 사건에 해당한다.

오답풀이

① 조선 태형령이 공포된 것은 1912년의 일이다.
② 경성 제국 대학이 설립된 것은 1924년의 일이다. 1920년대 민립대학설립운동은 일제가 경성제국대학을 설립하여 이를 무마하면서 실패로 돌아갔다.
③ 1920년에 평양에서 조만식을 중심으로 조선 물산 장려회를 조직하면서 물산 장려 운동이 시작되었다.

답 ④

007

2018년 기상직 9급

다음과 같은 식민통치가 실시된 시기에 일어난 일로 옳지 않은 것은?

> 총독은 문무관 어느 쪽이라도 임용될 수 있는 길을 열고, 나아가 헌병에 의한 경찰 제도를 바꿔 경찰에 의한 경찰 제도를 채택할 것이다. 그리고 복제를 개정하여 일반관리, 교원이 제복을 입고 칼을 차던 것을 폐지하고, ……

① 백산상회가 설립되었다.
② 2차 조선교육령이 공포되었다.
③ 암태도 소작쟁의가 일어났다.
④ 조선소년연합회가 결성되었다.

출제영역 문화통치

자료는 1919년 9월 신임 조선총독으로 부임한 사이토 마코토가 3·1 운동 이후의 조선에 '문명적 정치', 이른바 '문화통치'를 실시하겠다고 발표한 유고로서, 이 시기에 일어난 일로 옳지 않은 것은 ①번이다. 백산상회는 대한민국 임시 정부의 수립 후에는 국내외에서 수합된 자금을 임시 정부에 전달하는 자금 공급책 역할을 도맡기도 했다.

오답풀이

② 2차 조선교육령은 1922년 공포되었으며, 형식상으로는 보통학교와 고등보통학교의 수업연한을 일본 본국과 동일하게 각각 6년·5년으로 연장하고, 조선어를 필수 과목으로 지정하였다.
③ 암태도 소작쟁의는 1923년 12월 4일 암태도소작인회의 결성과 함께 소작료를 4할로 인하할 것을 요구하여 일어난 농민운동으로, 암태도 소작인회를 중심으로 1년 여에 걸친 투쟁 끝에 소작료를 4할로 낮출 수 있었다.
④ 조선소년연합회는 1927년 서울에서 조직된 소년운동 단체로서 '어린이날'을 5월 첫째 일요일로 정하고, 과학과 건전한 문학을 다루는 소년 잡지를 후원하기를 약속하는 등의 활동을 펼쳤다.

답 ①

008

2018년 서울시 9급

<보기>는 일제가 제정한 법령의 일부이다. 이 법령에 의해 처벌된 사건이 아닌 것은?

〈보기〉

국체를 변혁하는 것을 목적으로 결사를 조직하는 자 또는 결사의 임원, 그의 지도자로서의 임무에 종사하는 자는 사형, 무기 또는 5년 이상의 징역 또는 금고에 처한다. (중략) 사유재산제도를 부인하는 것을 목적으로 결사를 조직하는 자, 결사에 가입하는 자, 또는 목적수행을 위한 행위를 돕는 자는 10년 이하의 징역 또는 금고에 처한다.

① 김상옥의 종로경찰서 폭탄투척 사건
② 조선공산당 사건
③ 수양동우회 사건
④ 조선어학회 사건

출제영역 치안유지법

<보기>에서 제시하고 있는 일제가 제정한 법령은 1925년 5월에 국내에 적용한 치안유지법으로서, 이 법령에 의해 처벌된 사건이 아닌 것은 ①번 김상옥의 종로경찰서 폭탄투척 사건이다. 김상옥의 종로경찰서 폭탄투척은 1923년 1월 12일에 발생한 사건으로 치안유지법이 제정되기 이전에 발생하였다.

오답풀이

② 조선공산당 사건은 1925년부터 1928년까지 4차례에 걸쳐 일제가 치안유지법을 적용하여 조선공산당을 탄압하기 위해 검거·해체시킨 사건이다.
③ 수양동우회는 1926년 안창호가 서울에서 조직한 흥사단 계열의 개량주의적 민족운동단체로서 1937년 기독교계 회원이 전개한 민족운동에 연루되어 일제가 치안유지법을 적용하여 주요 인사들을 검거하였다.
④ 조선어학회 사건은 1942년 조선어학회 회원 및 관련 인물들을 민족 의식을 고양시켰다는 죄목으로 치안유지법을 적용하여 검거하여 재판에 회부한 사건이다.

답 ①

009

2019년 서울시 1차

<보기> 자료의 민족 운동가들이 추진한 독립 운동에 대한 서술로 가장 옳은 것은?

〈보기〉

8월 초에 여러 형제분이 모여서 같이 만주로 갈 준비를 하였다. 비밀리에 땅과 집을 파는데, 여러 집을 한꺼번에 처분하니 얼마나 어려우리요. 그때만 해도 여러 형제분 집은 예전 대갓집이 그렇듯이 종살이를 하는 사람이 수없이 많았고 …… 우리 집 어른(이회영)은 옛날 범절을 따지지 않고 위아래 구분 없이 뜻만 같으면 악수하여 동지로 대접하였다. …… 1만여 석의 재산과 가옥을 모두 팔고 경술년(1910) 12월 30일에 큰집, 작은집이 함께 압록강을 건너 떠났다.

① 신흥강습소를 만들어 민족 교육과 독립군 양성을 추진하였다.
② 대한광복군정부, 대한국민의회 등의 독립운동 기지를 설립하였다.
③ 간민회를 기반으로 서전서숙과 명동학교 등 학교를 세워 민족 교육을 실시하였다.
④ 나라를 되찾은 후 고종을 복위시키려는 목표를 세우고 전국적인 의병 봉기를 준비하였다.

출제영역 남만주(서간도) 지역의 독립운동

이시영, 이회영 형제 가문은 신민회 계열의 인사로 서간도 삼원보에 신흥강습소를 만들어 민족 교육과 독립군 양성에 매진하였다. 신흥강습소는 1919년 신흥무관학교로 발전하였다.

오답풀이

② 대한광복군정부(1914)와 대한국민의회(1919)는 모두 연해주에서 만들어진 독립운동단체로 이회영 형제의 독립운동과는 관련이 없다.
③ 서전서숙은 1906년 북간도에서 이상설이 만들었으며, 간민회 역시 1913년 북간도에서 조직되었다.
④ 고종 복위를 목표로 의병봉기를 계획한 조직은 임병찬이 설립하려 했던 독립의군부(1912)에 해당한다.

답 ①

010

2025년 법원직

다음 밑줄 친 '사건'과 관련된 내용으로 가장 옳은 것은?

> 사건의 발단은 조선의 사실상 마지막 황제인 고종의 인산일을 이틀 앞둔 날에 시작되었다. 그러나 소요의 기미가 있는데, 설사 독립운동과 같은 사건이 한국에서 일어나더라도 이에 대해 일체의 보도를 하지 말라는 경찰청장의 통고문을 접수한 것은 이보다 앞선 1월 28일의 일이었다. 2월 14일에도 한국인의 독립 선언문 보도 금지 명령이 내려졌다. 2월 19일 『재팬 클로니클』지는 보도 금지된 사실과 선언문을 배포한 사람들이 비밀 재판을 받고 1년간의 징역을 선고받은 사실을 담은 기사를 크게 보도하였다.

① 신간회가 진상 조사단을 파견하였다.
② 광주에서 시작되어 전국으로 확대되었다.
③ 민족 유일당 운동을 추진하는 계기가 되었다.
④ 대한민국 임시 정부가 수립되는 계기가 되었다.

출제영역 3·1운동

마지막 황제인 고종의 인산일이라는 표현을 통해 제시문의 사건은 3·1 운동임을 알 수 있다.

④ 독립운동가들은 3·1 운동을 계기로 민족 운동을 조직적으로 지도할 구심점의 필요성을 인식하였다. 이에 중국 상하이에 대한민국 임시 정부가 수립되었다.

오답풀이

① 신간회가 진상 조사단을 파견한 운동은 광주 학생 항일 운동이다. 신간회는 1929년 11월 광주 학생 항일 운동이 일어나자 광주에 조사단을 파견하고 사건의 진상 보고를 위한 민중 대회를 열어 이를 전국적인 항일 운동으로 확산시키려고 하였으나, 실패하였다.

② 1929년 광주 학생 항일 운동에 대한 설명이다. 나주역에서 일어난 일본 학생과 한국 학생 간의 충돌은 광주 시내 한일 학생 간의 충돌로 번졌다. 경찰이 일본 학생에게 유리하게 사건을 처리하자, 일제의 학생 탄압 반대, 한국인 본위의 교육 실시, 집회·결사·출판의 자유 보장 등을 주장하며 전국으로 확대되었다.

③ 6·10 만세운동을 준비하는 과정에서 사회주의 계열과 천도교 등 민족주의 계열이 연대하였던 경험은 민족 협동 전선을 구축해야 한다는 공감대가 형성되는데 영향을 주었으며 민족유일당 운동을 추진하는 계기가 되었다.

답 ④

011

2023년 법원직

다음 법령에 따라 추진된 사업이 실시되었던 시기의 모습으로 가장 옳은 것은?

> 1. 토지의 조사 및 측량은 이 영에 의한다.
>
> … (중략) …
>
> 4. 토지의 소유자는 조선 총독이 정하는 기간 내에 그 주소,성명·명칭 및 소유지의 소재, 지목, 자번호,사방의 경계표, 등급, 지적, 결수를 임시 토지 조사 국장에게 신고하여야 한다. 다만, 국유지는 보관 관청에서 임시 토지 조사 국장에게 통지하여야 한다.
>
> ……

① 국민부가 조선 혁명당을 결성하는 모습
② 러시아에 대한 광복군 정부가 조직되는 모습
③ '신여성', '삼천리' 등의 잡지가 발행되는 모습
④ 연해주의 한국인이 중앙 아시아로 강제 이주 되는 모습

출제영역 토지 조사 사업

제시된 법령은 1912년에 제정된 토지조사령이다. 일제는 1910년 3월 토지조사국을 설치하였고 국권피탈과 함께 그 사무를 총독부로 이관하여 총독부 안의 임시토지조사국에서 토지 조사 사업을 전담하였다. 이후 1912년 조선부동산등기령, 조선민사령, 토지조사령 등을 공포하며 1918년까지 대규모로 사업을 시행하였다. 이 시기의 모습으로 가장 옳은 것은 ②번 선지이다. 러시아 블라디보스토크에서 1914년 대한광복군 정부가 수립되었다.

오답풀이

① 조선혁명당은 1929년 9월에 설립되었다.
③ 신여성은 1923년 9월, 삼천리는 1929년 6월에 창간되었다.
④ 소련의 한인 강제 이주는 1937년의 사실이다.

답 ②

012

2019년 소방직

밑줄 친 '그'에 대한 설명으로 옳은 것은?

> 그는 을사늑약이 체결되자 조약의 무효를 주장하는 상소를 올렸다. 1906년에는 이동녕 등과 함께 간도 용정촌에서 서전서숙을 설립하여 항일 민족정신을 높이기 위해 온 힘을 다하였다. 1907년 이준, 이위종 등과 함께 고종의 특사로 헤이그 만국 평화 회의에 참석하려다가 일본의 방해로 좌절되었다. 이 사건으로 국내에서는 궐석 재판이 진행되어 사형이 선고되었다.

① 물산 장려 운동에 적극 참여하였다.
② 조선 건국 준비 위원회를 조직하였다.
③ 연해주에서 대한 광복군 정부 수립을 주도하였다.
④ 국민 대표 회의에서 새로운 정부 수립을 주장하였다.

출제영역 보재 이상설의 활동

을사늑약 무효 상소, 서전서숙을 설립, 이준·이위종과 함께 헤이그특사로 파견되었다는 내용을 통해 제시문의 밑줄 친 '그'에 해당하는 인물이 이상설임을 파악할 수 있다. ③의 대한 광복군 정부는 1914년 러시아 블라디보스토크에 세워졌던 망명 정부로, 이상설이 정통령, 이동휘가 부통령에 각각 선출되었다.

오답풀이

① 물산 장려 운동은 1920년대에 전개된 실력 양성 운동이다. 이상설은 1917년 니콜리스크(현재 러시아 우수리스크)에서 병으로 죽었기 때문에 1920년대의 실력 양성 운동과는 직접적인 관련이 없다.
② 조선 건국 준비 위원회 조직을 주도한 것은 여운형(중도 좌파)과 안재홍(중도 우파)이다.
④ 국민 대표 회의는 대한민국 임시정부의 독립 운동 방향을 논의하기 위해 1923년 상하이에서 개최된 회의로, 이상설과는 직접적인 관련이 없다. 당시 새로운 정부 수립을 주장(창조파)한 대표적 인물은 신채호, 박용만 등이다.

답 ③

013

2019년 기상직

다음 자료가 발표된 시기를 연표에서 옳게 고른 것은?

> 궐기하라 독립군! 독립군은 일제히 천지를 휩쓸라! 한 번 죽음은 인간의 면할 수 없는 바이니 개, 돼지와 같은 일생을 누가 구차히 도모하겠는가? …… 황천(皇天)의 명령을 받들고 일체의 못된 굴레에서 해탈하는 건국임을 확신하여 육탄 혈전으로 독립을 완성하라.

	(가)	(나)	(다)	(라)	
대종교 창시	대한광복군 정부 수립	한인애국단 조직	한국광복군 창설	건국 동맹 조직	

① (가)　② (나)　③ (다)　④ (라)

출제영역 무오 독립선언(대한 독립선언)

육탄혈전으로 독립을 완성하라는 표현 등으로 보아 무오독립선언(대한 독립 선언)에 대한 내용임을 알 수 있다. 무오독립 선언은 1919년 2월 만주 길림에서 독립 운동가 39인(신채호, 박은식 등)이 전쟁(육탄혈전)을 통해 독립을 쟁취할 것을 주장한 선언으로 3·1운동의 전초가 되었다. 대한광복군 정부의 수립은 1914년, 한인애국단 조직은 1931년 의 사건이므로, 무오독립선언이 발표된 시기로는 (나)가 적절하다.

오답풀이

대종교 창시는 1909년, 한국광복군 창설은 1940년, 건국 동맹 조직은 1944년의 사건이다.

답 ②

014 2023년 국가직

다음과 같은 선포문을 발표하면서 성립한 정부의 정책으로 옳지 않은 것은?

> 제1조 대한민국은 민주공화제로 함 …(중략) …민국 원년 3월 1일 우리 대한민족이 독립을 선언한 뒤 …(중략) … 이제 본 정부가 전 국민의 위임을 받아 조직 되었으니 전 국민과 더불어 전심(專心)으로 힘을 모아 국토 광복의 대사명을 이룰 것을 선서한다.

① 독립 공채를 발행하였다.
② 기관지로 『독립신문』을 발간하였다.
③ 비밀 행정 조직인 연통부를 설치하였다.
④ 재정 확보를 위하여 전환국을 설립하였다.

출제영역 대한민국 임시 정부

제시문은 1919년 4월 11일 발표한 대한민국 임시 헌장의 일부를 발췌한 것이다. 대한민국 임시 정부의 정책으로 옳지 않은 것은 ④번 선지이다. 전환국은 고종 20년(1883년)에 설치되었던 상설 조폐기관이다.

오답풀이

① 임정은 독립 공채를 발행하였다.
② 임정은 기관지인 독립을 창간하였고, 사장 겸 주필은 이광수가 맡았다. 1919년 10월 16일자 제21호까지 발행한 후 독립신문으로 제호가 바뀌면서 1926년까지 198호가 발행되었다. 독립신문은 임정의 기관지를 표방하였으나 편집과 운영에서는 간섭이나 통제를 받지 않았다.
③ 임정은 국내 지방 행정 조직이자 국내 연락기관인 연통부를 각 도,시, 군 등에 설치할 것을 골자로 한 연통제를 실시하였다.

답 ④

015 2023년 서울시

대한민국 임시정부가 〈보기〉의 체제 개편을 하기 이전에 한 활동으로 가장 옳은 것은?

> 〈보기〉
> 대한민국 임시정부는 헌법을 개정하여 집단지도체제인 국무위원제를 채택했다. 즉, 5~11인의 국무위원 가운데 한 사람을 주석으로 선출하되, 주석은 대통령이나 국무령과 같이 특별한 권한을 갖지 않고 다만 회의를 주재하는 권한만 갖게 했다.

① 이승만을 탄핵하고 박은식을 임시 대통령으로 추대했다.
② 조소앙의 삼균주의에 기초한 건국 강령을 반포하였다.
③ 의열 투쟁을 전개하고자 한인애국단을 조직하였다.
④ 한국 국민당을 조직하여 정당정치를 운영하였다.

출제영역 대한민국 임시 정부

제시문은 대한민국 임시 정부가 3차 개헌(1927년)으로 국무위원 중심의 집단 지도 체제를 갖췄을 때를 설명하고 있다. 따라서 3차 개헌 이전에 한 활동으로 옳은 것은 ①번 선지이다. 1925년 이승만이 탄핵되고, 박은식이 제2대 임시 대통령으로 선출되었다. 박은식은 개헌을 단행해 국무령 중심 지도 체제로 개편하였다(2차 개헌, 1925년). 4차 개헌(1940년)으로 임정은 주석 지도 체제로 개편되었고, 5차 개헌(1944년)으로 주석, 부주석 지도 체제로 개편되었다.

오답풀이

② 대한민국 임시 정부는 1941년에 삼균주의에 기초한 건국 강령을 반포하였다.
③ 한인 애국단은 1931년에 조직되었다.
④ 한국국민당은 1935년 11월, 조선민족혁명당에 대항하여 창당되었다.

답 ①

016

2017년 국가직 9급

다음 발의로 개최된 ㉠에 대한 설명으로 옳은 것은?

> 베이징 방면의 인사는 분열을 통탄하며 통일을 촉진하는 단체를 출현시키고 상하이 일대의 인사는 이를 고려하여 개혁을 제창하고 있다. …(중략)… 근본적 대해결로써 통일 적 재조를 꾀하여 독립운동의 신국면을 타개하려고 함에는 다만 민의뿐이므로 이에 [㉠] 의 소집을 제창한다.

① 창조파와 개조파 등의 주장이 대립되었다.
② 한국국민당을 통한 정당정치 실시가 결정되었다.
③ 삼균주의를 바탕으로 한 건국강령이 채택되었다.
④ 파리강화회의에 김규식을 파견하는 것이 논의되었다.

출제영역 국민대표회의

지문의 ㉠에 들어갈 회의는 국민대표회의로, 이에 대한 설명으로 옳은 것은 ①번이다. 국민대표회의에 참여한 독립운동가들은 기존의 임시 정부를 해체하고 새로운 정부를 수립하자는 창조파(신채호 등)와 임시 정부의 조직만을 바꾸자는 개조파(안창호 등), 그리고 임시 정부를 그대로 두자는 현상유지파(이동녕, 김구 등)로 분열되었다. 결국 입장이 끝내 좁혀지지 않아 국민대표회의는 결렬되었고, 이후 많은 민족 운동가들이 임시 정부를 이탈하여 임시 정부의 독립 운동 활동이 침체 상태에 빠지기도 하였다.

오답풀이

② 1935년 임시 정부의 김구 등이 항저우에서 한국국민당을 창당하여 임시 정부 내의 정당 정치를 실시하였다.
③ 1941년 임시 정부가 충칭에 자리잡은 이후 조소앙의 삼균주의를 바탕으로 한 건국강령을 채택하였다.
④ 1918년 상하이에서 조직된 신한청년당은 여운형, 장덕수, 김철 등을 중심으로 창립된 청년독립운동 단체로서 1919년 파리 강화 회의에 한국대표로 김규식을 파견하여 외교독립노선을 주도하였다.

답 ①

017

2017년 지방직 7급

대한민국임시정부에 대한 설명으로 옳은 것만을 모두 고른 것은?

> ㄱ. 1919년 파리강화회의에 대표를 파견하는 등 외교활동을 전개하였다.
> ㄴ. 민주주의에 입각한 정치형태를 갖추었으나, 국내와는 연결된 적이 없었다.
> ㄷ. 블라디보스토크와 상해, 한성(서울) 등 세 곳의 임시정부가 협력하여 구성하였다.
> ㄹ. 기관지로 '독립신문'을 간행하여 주로 독립 운동에 관한 사실을 보도하였다.

① ㄱ, ㄴ　　② ㄱ, ㄷ, ㄹ
③ ㄴ, ㄷ, ㄹ　　④ ㄱ, ㄴ, ㄷ, ㄹ

출제영역 대한민국 임시 정부

대한민국 임시 정부에 대한 설명으로 옳은 것은 ②번이다.
ㄱ. 대한민국 임시 정부는 1919년 파리강화회의에 신한청년당의 대표로 파견된 김규식을 임시 정부의 외무총장 및 파리강화회의의 전권 대사로 임명하여 세계 열강에 한국의 독립과 일본의 만행을 알리는 외교 활동을 전개하였다.
ㄷ. 1919년 3·1 운동을 계기로 국내외의 독립 운동을 결집·조직화하기 위한 독립 운동가들의 노력으로 같은 해 3월 연해주에서 손병희를 대통령으로 하는 대한국민의회가 조직되었고, 4월에는 서울에서 13도 대표회의를 통해 한성정부가 설립되었다. 상하이에서는 4월 11일 신한청년당을 중심으로 임시 의정원이 구성되고 대한민국 임시 헌장을 발표하였다. 이후 임시 정부의 통합을 논의한 독립 운동가들은 대한민국 임시 정부를 결성하였다.
ㄹ. 임시 정부는 기관지로 '독립 신문'을 간행하여 국내외의 독립 운동 소식을 미주, 만주, 러시아, 한반도 등으로 보냈다.

오답풀이

ㄴ. 임시정부는 국내와의 연락을 위해 연통제와 교통국을 설치하였다.

답 ②

018

2018년 지방직 7급

다음 인물의 활동으로 옳은 것은?

1878 평남 강서군 출생
1898 독립협회 활동
1899 점진학교 설립
1907 신민회 조직
1923 국민대표회의 참여
1938 투옥 끝에 사망

① 흥사단을 조직하였다.
② 한인애국단을 창단하였다.
③ 헤이그 특사로 파견되었다.
④ 대한매일신보에 독사신론을 연재하였다.

출제영역 안창호

자료에서 제시하고 있는 인물은 도산 안창호로 정답은 ①번이나. 흥사단은 1913년 5월 안창호 등 조선 8도의 대표 25명이 발기한 단체로 미국 샌프란시스코에서 조직되었으며, 일제강점기에 실력 양성 운동에 의한 항일 운동 단체로 출발하였다. 1937년 동우회 사건으로 해산되었다가 광복 이후 1963년 7월에 부활하여 청소년 수련을 위한 아카데미 운동을 전개하는 등 시민운동과 민주화 운동에 크게 이바지하였다.

오답풀이

② 한인애국단은 1931년 김구가 상하이에서 대한민국 임시 정부의 소속 조직으로 창설한 단체로서, 이봉창과 윤봉길의 의거를 계획하고 실행하였으며, 한인애국단의 의거로 중국 국민당 정부가 임시 정부의 독립 운동을 지원하게 되었다.
③ 헤이그 특사는 1907년 고종이 네덜란드 헤이그에서 개최된 제2회 만국평화회의에 파견된 특사로서 이준·이상설·이위종이 파견되었다.
④ 신채호가 저술한 '독사신론'은 1908년 대한매일신보에 연재된 역사서로서, 민족주의 사관에 입각해 서술한 최초의 한국 고대사 역사서이다. '독사신론'은 단군에서부터 발해에 이르기까지의 역사를 서술하였으며, 한국의 고대사를 반도 중심으로 보았던 종래의 역사 인식체계에서 벗어나 만주 중심과 단군 부여족을 중심으로 서술하였다.

답 ①

019

2019년 법원직

〈보기〉활동과 관련하여 학생들이 설정한 탐구 주제와 선정한 인물이 가장 잘못 연결된 것은?

〈보기〉
• 탐구 목표 : 인물을 통해 우리나라의 역사를 이해한다.
• 탐구 절차 : 탐구 주제 설정 → 대상 인물 선정 → 관련 자료 수집 → 보고서 작성·발표

	탐구 주제	인물
①	종로 경찰서에 폭탄을 투척하다!	김익상
②	하얼빈에서 순국한 여성 독립운동가!	남자현
③	조선 의용대, 중국 국민당과 연합하다!	김원봉
④	통일정부 수립을 위해 좌우합작운동을 펼치다!	여운형

출제영역 일제강점기의 독립 운동

<보기>의 활동과 관련하여 탐구 주제와 인물이 가장 잘못 연결된 것은 ①번이다. 김익상은 1921년 조선 총독부에 폭탄을 투척하였고, 1923년 종로 경찰서에 폭탄을 투척한 독립운동가는 김상옥이다.

오답풀이

② 남자현은 1932년 일제의 괴뢰국인 만주국에 대한 진상 조사를 위해 하얼빈을 방문한 국제연맹의 리튼 조사단에 '한국독립원(韓國獨立願)'이라는 혈서를 작성하여 보내 한국의 독립을 호소하였다.
③ 1938년 김원봉은 한커우에서 중국 국민당의 지원을 받아 중국 관내 최초의 한국인 무장부대인 조선의용대를 조직하였다.
④ 1946년 제1차 미·소 공동 위원회가 결렬되자 이승만은 정읍 발언을 통해 남한만이라도 먼저 임시정부를 수립하자고 제의하였다. 이에 반대한 중도 좌파의 여운형과 중도 우파의 김규식 등이 미·소 공동위원회의 재개와 임시 민주 정부 수립을 위한 좌우 합작 운동을 전개하였다.

답 ①

020

2020년 국가직 7급

밑줄 친 '그해'에 발생한 사건으로 옳은 것은?

> 그해에는 이미 나의 앞에는 한 발자국 내어 디딜 땅조차 없었다. 그 때문에 사회로 나선 나의 첫 발길은 오대산으로 더 깊이 들어가는 것이었다. …(중략)… 전해에는 「동아」, 「조선」 두 신문의 폐간을 보았고, 그해에는 다시 「문장」 폐간호를 절간에서 받아 보게 되었다.
> - 조지훈, 「화동 시절의 추억」 -

① 조선에 치안유지법이 시행되었다.
② 한국독립당이 건국강령을 발표하였다.
③ 조선민족전선연맹이 조선의용대를 조직하였다.
④ 총독부가 국민정신총동원조선연맹을 설치하였다.

출제영역 그해(1941년)

밑줄 친 '그해'는 "전해에는 동아, 조선 두 신문의 폐간을 보았고"라는 문맥을 미루어 보았을 때 두 신문이 폐간된 1940년 다음 해를 의미함으로 1941년이다. 1941년에 발생한 사건으로 옳은 것은 ②번으로, 이 해에 대한민국 임시 정부의 여당인 한국독립당이 조소앙의 삼균주의를 기본으로 민주 공화국 건설, 생산기관·토지의 국유화, 토지 개혁 실시 등의 내용을 담은 대한민국 건국 강령을 반포하였다. 한편〈문장〉은 1939년 2월에 창간되어 1941년 4월 통권 25호로 폐간된 민족 문학의 계승과 발전을 위해 창간하 문예 잡지로서 친일적인 색채가 거의 없는 순수 문학을 지향하였다.

오답풀이

① 치안유지법이 조선에 시행된 년도는 1925년이다.
③ 조선민족전선연맹이 조선의용대를 조직한 년도는 1938년이다.
④ 총독부가 국민정신총동원조선연맹을 설치한 년도는 1938년이다.

답 ②

021

2020년 국가직

(가)에 대한 설명으로 옳은 것은?

> 문화통치의 일환으로 한글 신문의 발행이 허용되었다. 이에 따라 (가) 이/가 창간되었다. (가) 은/는 자치운동을 모색하던 이광수의 민족적 경륜을 실어 비판 받기도 하였으나, '일장기 말소사건'으로 일제로부터 정간 처분을 받기도 하였다.

① 한글 보급 운동에 앞장서 『한글원본』을 만들었다.
② 브나로드 운동이라는 농촌 계몽 운동을 전개하였다.
③ 『개벽』, 『신여성』, 『어린이』 등의 잡지를 발행하였다.
④ 신간회가 결성되자 신간회 본부와 같은 역할을 하게 되었다.

출제영역 동아일보

제시된 자료의 '민족적 경륜'을 수록, '일장기 말소사건' 등을 통해 일제 강점기의 동아일보에 대한 설명임을 알 수 있다. ②의 브나로드 운동은 1391년부터 동아일보의 주도하에 전개된 문맹 퇴치 운동이다.

오답풀이

① 조선일보가 주도한 문자 보급 운동에 대한 설명이다. 조선일보는 '한글 원본' 등을 교재로 하여 문자 보급 운동을 전개했다.
③ 천도교는 개벽, 신여성, 어린이, 학생 등의 잡지를 간행하여 민중의 자각과 근대 문물의 보급에 기여하였다.
④ 조선일보에 대한 설명이다. 조선일보는 신간회가 결성되자 신간회의 본부와 같은 역할을 맡았다. 신간회 회장에는 사장 이상재가 추대 되었고 주필 안재홍 등이 신간회의 주도 인물들이었다.

답 ②

022

2023년 계리직

밑줄 친 (　　) 운동에 대한 설명으로 옳은 것은?

다음은 대한제국 황제의 장례일에 일어난 (____) 운동 당시 등장한 격문들의 내용이다.
- 대한 독립 만세!
- 일체 납세를 거부하자.
- 언론·출판·집회의 자유를!
- 교육 용어는 조선어로!
- 우리의 철천의 원수는 자본·제국주의 일본이다.

① 임시정부 수립 운동을 촉발하였다.
② 신간회가 현장에 진상조사단을 파견하였다.
③ 관세 철폐에 직면하여 자구책으로 시작하였다.
④ 사회주의자들과 민족주의자들이 함께 준비하였다.

출제영역 6·10 만세 운동

제시문은 6·10 만세 운동 당시의 격문 중 일부를 담고 있다. 6·10 만세 운동은 일제의 식민지 수탈 정책과 식민지 교육에 대한 반발이 깔려 있었고, 사회주의 계열과 민족주의 계열이 학생 단체와 힘을 합쳐 준비하였다는 점을 기억하면 격문의 내용이 잘 이해가 될 것이다. 황제(순종)의 장례일이라는 추가적인 힌트까지 있다. 정답은 ④번 선지이다.

오답풀이

① 고종의 장례일을 기화로 일어난 3·1 운동에 대한 설명이다.
② 광주 학생 항일 운동에 대한 설명이다.
③ 물산 장려 운동에 대한 설명이다.

답 ④

023

2020년 국가직 7급

<보기>는 일제강점기 당시 흥행에 성공하였던 영화의 줄거리이다. 이 영화가 상영되던 시기의 문화예술계에 대한 설명으로 가장 옳은 것은?

〈보기〉

영진은 전문학교를 다닐 때 독립만세를 부르다가 왜경에게 고문을 당해 정신이상이 된 청년이었다. 한편 마을의 악덕 지주 천가의 머슴이며, 왜경의 앞잡이인 오기호는 빚 독촉 을 하며 영진의 아버지를 괴롭혔다. (중략) 오기호는 마을 축제의 어수선한 틈을 타 영희를 겁탈하려 하고 이를 지켜 보던 영진은 갑자기 환상에 빠져 낫을 휘둘러 오기호를 죽인다. 영진은 살인혐의로 일본 순경에게 끌려가고, 주제곡이 흐른다.

① 역사학: 민족주의 역사가들 사이에서 이른바 조선학 운동이 시작되었다.
② 문 학: 민중생활에 관심을 기울인 신경향파 문학이 대두하여 식민통치에 대한 저항문학으로 발전했다.
③ 음 악: 일본 주류 대중음악의 영향을 받은 트로트 양식이 정립되었다.
④ 영 화: 일제는 조선영화령을 공포하여 영화를 전시체제의 옹호와 선전의 수단으로 사용하였다.

출제영역 나운규의 아리랑

<보기>의 영화는 나운규 감독의 아리랑으로 1926년 단성사에서 개봉하였다. 가장 옳은 것은 ②번으로, 1920년대 중엽에 사회적 실천을 강조하는 과정에서 민중 생활에 관심을 기울인 신경향파 문학(KAPF, 카프)이 대두되어 식민 통치에 대한 저항 문학으로 발전하였다.

오답풀이

① 조선학 운동은 1934년 정인보·안재홍 등이 일제의 식민 사관 및 식민 지배 이데올로기를 극복하기 위해 전개한 운동이다.
③ 트로트는 1930년대 중반에 정착된 대중가요 양식이다.
④ 조선영화령은 1940년 1월 조선 총독부가 공포한 조선영화법으로 영화 종사자들을 굴복시키는 강제 악법이었다.

답 ②

024

2024년 지방직

다음 창립 취지문을 발표한 단체에 대한 설명으로 옳은 것은?

> 우리 사회에서도 여성운동이 제기된 것은 또한 이미 오래 되었다. 그러나 회고하여 보면 여성운동은 거의 분산되어 있었다. 그것에는 통일된 조직이 없었고 통일된 목표와 정신도 없었다. …(중략)… 우리가 실제로 우리 자체를 위해, 우리 사회를 위해 분투하려면 우선 조선 자매 전체의 역량을 공고히 단결하여 운동을 전반적으로 전개하지 않으면 아니 된다.

① 호주제 폐지 운동을 전개하였다.
② 여학교 설립을 주장하는 여권통문을 발표하였다.
③ 어린이날을 제정하고 잡지 어린이를 창간하였다.
④ 봉건적 인습 타파, 여성 노동자의 임금 차별 철폐 등을 주장했다.

출제영역 근우회

창립 취지문에서 여성 운동의 통일 및 단결을 밝힌 단체는 근우회이다. 근우회에 대한 설명으로 옳은 것은 ④번 선지이다. 근우회는 전국에 70여 개의 지회를 두고, 여성 문제와 관련된 토론회와 강연회를 개최하였으며, 문맹 퇴치와 야학 운동에도 힘을 쏟았다.

오답풀이

① 호주제 폐지 운동이 본격적으로 전개된 것은 김대중 정부 시기인 1999년 5월 '호주제폐지운동본부'가 발족하면서부터이다. 그 결과 노무현 정부 시기에 호주제 폐지 관련 법률이 공포되었다.
② 서울 북촌 양반 여성들이 주축이 되어 여권통문을 발표하였다(1898. 9. 1.). 그 직후 이들이 모여 찬양회를 조직하고 여학교 설립 운동 등을 추진하였다.
③ 천도교 소년회에 대한 설명이다. 1921년 5월 조직된 천도교 소년회는 1923년 3월 잡지 어린이를 창간하였으며, 1923년 5월 1일을 어린이 날로 제정하였다.

답 ④

025

2019년 경찰직 2차

다음 사건 직후에 벌어진 사실로 가장 적절한 것은?

> 6월 7일 상오 7시 북간도에 주둔한 아군 7백은 북로사령부 소재인 왕청현 ○○○을 향하여 행군하다가 뜻하지 않게 같은 곳을 향하는 적군 3백을 발견하였다. 아군을 지휘하던 ○○○, ○○○ 두 장군은 즉시 적을 공격하였다. 급사격으로 적 1백 20여 명의 사상자를 내게 하고 도주하는 적을 즉시 추격하여 현재 전투 중에 있다.

① 일제가 중국 마적을 매수하여 훈춘의 민가, 일본 영사관을 습격하고, 이를 핑계로 일본 군대를 두만강 이북으로 출병시켰다.
② 중국 의용군과 연합하여 영릉가 전투, 흥경성 전투에서 일본군에 크게 승리하였다.
③ 백운평 전투를 시작으로 일본군과 6일 동안 10여 회에 걸친 전투를 벌여 크게 승리하였다.
④ 중국 호로군과 한·중 연합군을 편성하여 쌍성보·사도하자·경박호·동경성·대전자령 전투 등 여러 전투에서 일본군을 상대로 큰 승리를 거두었다.

출제영역 일제강점기 무장독립 투쟁

제시된 자료에서 '6월', '도주하는 적을 추격' 등의 내용을 통하여 자료에서 설명하는 전투가 1920년 6월에 있었던 봉오동 전투임을 알 수 있다. 봉오동 전투 직후 일본은 훈춘 사건(일제가 만주의 마적단을 매수해서 훈춘 일본 영사관을 습격하게 한 뒤에 이를 계기로 만주의 한국인을 학살한 사건)을 일으켜 독립군 토벌을 위해 대규모 병력을 만주 지역으로 파병하였다.

오답풀이

② 조선 혁명군과 중국 의용군이 연합하여 영릉가·흥경성 전투에서 승리를 한 것은 1930년대 초반이다.
③ 백운평 전투를 시작으로 약 6일간 일본군과 전투를 벌인 것은 1920년 가을에 있었던 청산리 대첩에 대한 설명이다. 시기상으로 훈춘 사건(①) 뒤에 일어났다.
④ 대한 독립군과 중국 호로군이 연합하여 쌍성보·대전자령·사도하자·동경성 전투 등에서 승리한 것은 1930년대 초반이다.

답 ①

026 2017년 소방직

다음 중 (가)와 (나) 사이에 일어난 사실을 바르게 고른 것은?

> (가) 총독부와 만주 군벌사이에 독립군 탄압 협정인 미쓰야 협정이 체결되었다.
> (나) 조선혁명군과 중국 의용군은 한중 연합전선을 형성하여 영릉가·흥경성 전투에서 일본군과 격전을 벌여 대승을 거두었다.

① 일본군은 훈춘사건을 일으키며 만주지역으로 대대적인 군사 진출을 하였다.
② 김지섭은 동경 궁성에 폭탄을 투척하였다.
③ 김좌진이 이끄는 북로군정서군을 중심으로 청산리에서 대승을 거두었다.
④ '한국 독립 유일당 북경 촉성회'를 창립했다.

출제영역 독립군 활동 시기

제시된 자료 중 (가)는 1925년 6월 체결된 미쓰야 협정이며, (나)는 1931년 만주사변 이후 조선혁명군과 중국 의용군의 한중 연합작전으로 영릉가 전투(32), 흥경성 전투(33)가 대표적이다. ④의 한국독립 유일당 북경 촉성회 창립은 1926년 10월의 일이므로 (가)와 (나) 사이의 사건에 해당한다. 1926년 7월 안창호는 단합된 통일노선을 결성해야 한다고 역설하면서 '한국독립 유일당 북경 촉성회'를 창립했다.

오답풀이

①, ③ 1920년 10월, 일제는 독립군 토벌의 명분을 만들기 위해 중국 마적단을 매수하여 일본 영사관을 불태우게 하였다. 일제는 마적단의 정체를 중국인과 한국인의 무력 단체로 조작하여 발표(훈춘 조작사건)하고, 이들로부터 일본 영사관 거류민을 보호한다는 구실을 내세워 만주 출병의 명분을 만들었다. 이러한 상황에서 김좌진의 북로군정서 등 독립군 부대들은 화룡현 청산리에 집결하여, 추격해 온 일본군 1,200여명을 사살하는 큰 전과를 올렸다.
② 의열단 단원 김지섭의 일본 궁성 폭탄 투하 사건은 1924년의 일로, 이중교(二重橋)라는 다리 근처에서 폭탄을 던져서 '이중교 의거'라고도 불린다.

답 ④

027 2025년 법원직

다음 (가) 부대에 대한 설명으로 가장 옳은 것은?

> 1931년 12월 (가) 의 지휘부는 길림성 자위군 총지휘관과 만나 연합 전선을 결성할 것을 합의하고, 이듬해 카오펑린 부대와 합작하여 쌍성보를 공격하였다. 연합군은 이 전투에서 많은 물자를 노획하는 성과를 거두었으나 중국인 부대 내부에서 반란이 일어나 후퇴하였다. 전열을 재정비한 연합군은 쌍성보를 다시 공격하여 일본군을 섬멸하였다.

① 지청천의 지휘 아래 활동하였다.
② 흥경성 전투에서 승리를 거두었다.
③ 동북 항일 연군 내 한인들이 결성하였다.
④ 중국 화북에서 조선 의용군으로 개편되었다.

출제영역 한국독립군

제시문은 한국독립군에 대한 내용이다. 혁신의회 산하의 한국 독립군은 중국 호로군과 연합하여 쌍성보 전투(1932), 동경성 전투(1933), 대전 자령 전투(1933) 등에서 승리를 거두었으나, 중국군과의 갈등으로 활동 유지가 힘들어지면서 1933년 해체되었다.
① 한국 독립당 산하 부대인 한국 독립군은 지청천을 총사령관으로 하였다.

오답풀이

② 흥경성 전투에서 승리를 거둔 부대는 조선 혁명군이다.
③ 동북항일연군은 중국 공산당이 동북 방면에서 운영하던 다민족 부대로, 조선인 대대의 대대장은 김일성이었다. 1937년 동북 항일 연군 소속의 조선인 항일 유격대 대원들이 함경남도 보천보를 습격하였다.
④ 1942년 5월 충칭에서 조선 의용대 본대가 대한민국 임시 정부의 광복군 제1지대로 편입된 후, 조선 의용대 화북지대는 조선의용군으로 개편되었다.

답 ①

028
2020년 국가직 7급

밑줄 친 '선생'의 활동으로 옳은 것은?

그 길로 함께 안공근의 집에 가서 선서식을 하고 폭탄 두개와 300원을 주면서 "선생은 마지막 가시는 길이니 이 돈을 아끼지 말고 동경(東京) 가시기까지 다 쓰시오. 동경에 도착하여 전보를 치면 다시 돈을 보내드리리다."라고 말했다. 그리고 기념사진을 찍기 위해 사진관으로 갔는데, 사진을 찍을 때 내 얼굴에 자연 슬픈 기색이 있었던지 그가 나를 위로하면서 "저는 영원한 쾌락을 누리고자 이 길을 떠나는 것이니 서로 기쁜 얼굴로 사진을 찍으십시다."라고 하였다. 나 역시 미소를 띠고 사진을 찍었다.

① 홍커우 공원에서 폭탄을 던졌다.
② 만주에서 의열단을 결성하였다.
③ 하얼빈에서 이토 히로부미를 사살하였다.
④ 상하이에서 한인애국단에 참가하였다.

출제영역 이봉창

지문의 밑줄 친 '선생'은 이봉창 의사이다. 이봉창 의사는 1931년 김구가 조직한 한인애국단에 가입하여 활동하였으며, 상하이에서 수류탄과 거사 자금을 확보한 이봉창이 일본으로 건너가 1932년 1월 8일 도쿄에서 관병식을 끝내고 경시청 앞을 지나가는 일왕 히로히토를 향해 수류탄을 던지는 의거를 실시하였다.

오답풀이

① 한인애국단 소속의 윤봉길 의사가 1932년 4월 29일 홍커우 공원 의거를 결행하였다.
② 김원봉, 윤세주 등이 1919년 11월 만주에서 의열단을 결성하였다.
③ 안중근이 1909년 10월 26일에 하얼빈에서 이토 히로부미를 사살하였다.

답 ④

029
2018년 지방직 9급

㉠ 조직에 대한 설명으로 옳은 것은?

1922년 3월, 중국 상하이에서 ㉠ 이/가 일본 육군대장 타나카 기이치(田中義一)를 암살하고자 한 사건이 발생했다. 이때 체포된 독립운동가들은 일본 경찰에 인도되어 심 문을 받게 되었는데, 그 심문 과정에서 ㉠ 에 속한 김익상이 1921년 9월 조선총독부 건물에 폭탄을 던진 의거의 당사자라는 사실이 밝혀졌다.

① 공화주의를 주창하는 내용의 대동단결선언을 작성해 발표하였다.
② 이 조직에 속한 이봉창이 일왕이 탄 마차 행렬에 폭탄을 던졌다.
③ 일부 구성원을 황푸군관학교에 보내 군사 훈련을 받도록 하였다.
④ 새로 부임하는 사이토 조선 총독에게 폭탄을 투척하는 의거를 일으켰다.

출제영역 의열단

지문에 제시된 단체 ㉠은 의열단으로, 이 조직에 대한 설명으로 옳은 것은 ③번이다. 지문은 의열단원인 김익상·이종암·오성륜이 1922년 3월 일본의 육군 대장 다나카 기이치를 암살하고자 했던 황포단 의거에 대한 기사로, 1926년 이후 의열단은 개인에 의한 폭력 투쟁의 한계를 인식하고 무장 투쟁 노선으로 전환하여 의열단원 일부가 중국의 황푸 군관 학교에 입교하여 군사훈련을 받았다.

오답풀이

① 공화주의를 주창한 대동단결선언은 1917년 상하이에서 신규식·박은식·신채호·조소앙 등이 발표하였다.
② 1931년 김구에 의해 조직된 한인애국단의 이봉창 의사가 1932년 1월 8일 일왕이 탄 마차 행렬에 폭탄을 던지는 의거를 일으켰다.
④ 강우규 의사는 1919년 러시아 블라디보스토크에서 조직된 독립 운동 단체인 노인단(노인동맹)에 가입하여 활동하였으며, 강우규는 1919년 9월 2일 남대문 앞에서 마차에 오르던 사이토를 향해 폭탄을 던져 3명을 즉사시키고 34명을 부상시켰다.

답 ③

030 2024년 서울시

〈보기〉의 강령을 발표한 독립운동 세력에 대한 설명으로 가장 옳지 않은 것은?

〈보기〉

본 당은 혁명적 수단으로써 원수이며 적인 일본의 침탈 세력을 박멸하여 5천년 독립 자주해 온 국토와 주권을 회복하고 정치, 경제, 교육의 평등에 기초를 둔 진정한 민주공화국을 건설하여 국민 전체의 생활 평등을 확보하고 나아가 세계 인류의 평등과 행복을 촉진한다.

① 의열단을 중심으로 조선혁명당, 한국독립당 등이 참여하여 만들었다.
② 민족주의 계열과 사회주의 계열이 만든 중국 관내 최대 규모의 통일전선 정당이었다.
③ 민주공화국 수립, 토지 국유화 등을 내걸고 항일 운동을 전개하였다.
④ 김구 등 임시정부를 고수하려는 세력이 탈당하면서 통일전선 정당으로서의 성격이 약해졌다.

출제영역 민족혁명당

제시문의 강령을 발표한 독립운동 세력은 1935년 결성된 (조선) 민족 혁명당이다.
④ 김구 등 임시 정부를 고수하려는 세력은 탈당한 것이 아니라 아예 처음부터 참가하지 않았다. 하지만 민족 혁명당이 김원봉이 이끄는 의열단계가 당권을 장악하자 이에 불만을 느낀 조소앙의 한국 독립당계가 1935년 이탈하였고, 1937년 지청천계도 이탈하여 4월 조선 혁명당을 재결성함으로써 통일 전선 정당으로서의 성격이 약해졌다.

오답풀이

① 민족 혁명당은 의열단을 중심으로 조선 혁명당, 한국 독립당, 신한 독립당, 대한 독립당의 5당 대표 14명이 모여 결성된 민족 연합 전선의 성격을 띤 독립운동 단체이다.
② 민족 혁명당은 참가한 5개 단체들에서 알 수 있듯이 민족주의 계열과 사회주의 계열이 만든 당시 중국 관내 최대 규모의 통일 전선 정당이었다.
③ 민족 혁명당은 당의, 당강에서 밝혔듯이 민주 공화국 수립, 토지 국유화, 대규모 생산 기관의 국유화, 민주적 권리의 보장 등을 내걸고 항일 운동을 전개하였다.

답 ④

031 2017년 서울시 7급

다음은 일제 강점기 독립운동 단체에 대한 설명이다. (가) ~ (다)에 각각 들어갈 가장 알맞은 단어를 순서대로 바르게 나열한 것은?

1920년대 자유시 참변 이후 만주 독립군의 활동은 3부를 중심으로 전개되었다. 3부 중 대체로 (가)는 북만주 지역 조선인 사회의 자치를 담당하였다. 1920년대 말 3부는 통합 운동을 벌인 결과 남북 만주에서 양대 세력으로 재 편되었는데, 남만주에서는 (나)가 수립되고, 정당의 성격을 띤 조선혁명당과 군사 성격을 띤 조선혁명군이 결성되었다. 일제가 만주를 점령한 다음 중국 내의 독립운동 단체들 사이에서는 통합 운동이 제기되었다. 1937년 중일 전쟁이 일어나자 민족혁명당은 통합에 찬성하는 단체들과 연합하여 (다)을 결성하였다.

	(가)	(나)	(다)
①	신민부	국민부	조선민족전선연맹
②	신민부	혁신의회	조선독립동맹
③	정의부	국민부	조선민족전선연맹
④	정의부	혁신의회	조선독립동맹

출제영역 1920~30년대의 무장 독립 운동

1920~1921년 발생한 간도 참변과 자유시 참변으로 만주 일대의 독립 운동은 한때 어려움을 겪었으나, 1920년대 중반 이후 다시 만주로 돌아온 독립 운동가들은 3부를 중심으로 독립 운동의 역량을 다시 결집시키기 위해 노력하였다. 그 결과 임시 정부 직속의 육군주만 참의부(남만주 지역, 1923년)와 지청천 등이 중심이 된 정의부(지린성·봉천성 일대, 1924년), (가)마지막으로 김좌진 등이 중심이 된 신민부(북만주 일대, 1925년)가 결성되었다. 1920년대 중반부터 국내외의 민족 유일당 운동 전개의 영향으로 3부도 통합 운동이 전개되어 1929년 북만주에서는 혁신의회가, (나)남만주에서는 국민부가 수립되었다. 한편 중국 난징에서도 여러 독립 운동 단체들의 연합을 통한 독립 운동이 활발하게 전개되었는데, 1937년 조선민족혁명당을 중심으로 4개 단체가 결성한 (다)조선민족전선연맹이 대표적이다. 조선민족전선연맹은 산하에 중국 국민당 정부의 지원을 받아 조선의용대(1938년)를 조직하였다.

답 ①

032

2022년 지역인재

(가) 군사 조직에 대한 설명으로 옳은 것은?

> 일본군과 치열한 접전을 벌이고 있던 영국군은 일본어를 구사할 수 있는 인원이 필요하였고, 이를 (가) 측에 요청하였다. (가) 에서는 영어와 일본어를 구사할 수 있는 공작대원 9명을 선발, 1943년 8월 인도 캘커타로 파견하였다. 이를 계기로 (가) 은/는 영국군과 함께 인도 미얀마 전선에서 활동하게 되었다.

① 황토현 전투에서 승리하였다.
② 청산리 전투에서 대승리를 거두었다.
③ 쌍성보에서 중국군과 연합 작전을 펼쳤다.
④ 미국 전략 정보국(OSS)과 국내 진공 작전을 계획하였다.

출제영역 한국광복군

(가)는 한국광복군이다. 영국군의 요청으로 인도 미얀마 전선에서 활동하였다는 사실을 통해 알 수 있다. 한국광복군은 1940년 지청천을 총사령으로 하여 창설되었으며, 조선 의용대 일부도 여기에 합류하였다. 한국광복군은 영국군 요청에 따라 인도 미얀마 전선에 파견되어, 일본군 포로 신문, 전단 살포와 같은 선전 활동 등을 담당하였고, 미국 전략 첩보국(OSS)의 특수 훈련을 마친 요원을 중심으로 국내 정진군을 편성하여 국내 진공을 계획하였으나, 일본이 항복함으로써 실행하지 못하였다.

오답풀이

① 동학농민군에 대한 설명이다.
② 김좌진의 북로 군정서를 비롯한 여러 독립군 부대에 대한 설명이다.
③ 지청천의 한국 독립군에 대한 설명이다.

답 ④

033

2019년 법원직

다음과 같은 건국 강령을 발표한 세력의 활동으로 가장 옳은 것은?

> 삼균제도를 골자로 한 헌법을 실시하여 정치와 경제와 교육의 민주적 시설로 실제상 균형을 도모하며 전국의 토지와 대생산기관의 국유가 완성되고 전국의 학령 아동 전체가 고급교육의 면비수학(무상교육)이 완성되고 보통선거가 구속 없이 완전히 실시되어 …… 자치조직과 행정조직과 민중단체와 민중조직이 완비되어 삼균제도가 배합 실시되고 경향 각층의 극빈 계급에게 물질과 정신상 생활정도와 문화 수준이 제고 보장되는 과정을 건국의 제2기라 함.

① 함경남도 보천보의 일제 통치 기구를 공격하였다.
② 미국 전략 정보처(OSS)와 협력하여 국내 진공 작전을 계획하였다.
③ 화북 지방에서 조선의용군을 결성하여 일제에 저항하였다.
④ 중일 전쟁이 발발하자 조선 민족 전선 연맹을 결성하였다.

출제영역 대한민국 임시 정부의 건국강령(1941)

지문에 제시된 건국강령은 대한민국 임시 정부가 채택한 대한민국 건국 강령으로, 임시 정부와 관련된 활동으로 가장 옳은 것은 ②번이다. 대한민국 임시 정부는 1940년 9월 17일 한국광복군을 창설하였으며, 한국광복군은 미국 OSS(미 육군 전략처)와 협약을 맺고 1945년 국내 정진군을 조직하여 국내 침투를 추진하였으나 일제의 패망으로 실행되지는 못하였다.

오답풀이

① 1937년 동북 항일 연군 소속의 조선인 항일 유격대 대원들이 함경남도 보천보를 습격하였다.
③ 조선의용군은 1942년 조선의용대 화북지대를 개편하여 결성한 조선독립동맹 소속 군대로서 화북 지방에서 항일 투쟁을 전개하였다.
④ 조선민족전선연맹은 1937년 중국 난징에서 조직된 항일민족연합전선단체로 4개 단체가 참가해 결성한 민족주의 좌파계열의 항일민족연합전선이다.

답 ②

034

2019년 지방직 7급

㉠정당에 대한 설명으로 옳은 것은?

> 한국국민당과 조선혁명당, 한국독립당은 몇 차례에 걸친 논의를 통해 통합하기로 결정하였다. 이들은 1940년에 자신들의 조직을 해체하고 힘을 합쳐 [㉠] 을/를 조직하였다. 강화된 조직력을 바탕으로 [㉠] 은/는 독립운동 을 활발하게 펼쳐 나갈 수 있게 되었다.

① 조선의용대 화북지대를 흡수하여 조선의용군을 조직하였다.
② 무력 투쟁을 준비하기 위해 만주에 신흥무관학교를 창설하였다.
③ 대한민국 임시정부를 주도적으로 이끌어 나가는 역할을 하였다.
④ 쌍성보와 대전자령 전투에서 일본군을 물리쳤다.

출제영역 한국독립당(1940)

㉠에 들어갈 정당은 1940년 결성된 한국독립당으로, 정당에 대한 설명으로 옳은 것은 ③번이다. 한국독립당은 한국국민당(김구)·조선혁명당(지청천)·한국독립당(조소앙)의 3당을 통합하여 조직한 정당으로서, 대한민국 임시정부의 집권당 역할과 더불어 한국독립당의 당군이 한국광복군의 전신 역할을 하였다.

오답풀이

① 1942년 화북조선청년연합회를 개편하여 결성된 조선독립동맹이 조선의용대 화북 지대를 흡수하여 조선의용군을 조직하였다.
② 이회영·이동녕 등이 조직한 신민회가 1911년 6월 10일 만주의 삼원보에 설립한 신흥강습소를 기원으로, 1919년 5월 3일 신흥무관학교가 정식 개교하였다.
④ 1930년 혁신의회의 당군으로 조직된 한국독립군은 1931년 9월 만주사변이 일어나 만주국이 수립되자 중국의 호로군과 한·중 연합군을 결성하여 쌍성보·대전자령 등지에서 일본군을 물리쳤다.

답 ③

035

2018년 서울시 7급

조소앙이 주장한 삼균주의에 대한 설명으로 가장 옳지 않은 것은?

① 중국 사상가 쑨원(孫文)의 삼민주의에서 영향을 받았다.
② 정치, 경제, 교육 분야에서의 균등을 주장하였다.
③ 토지 및 대기업의 국유화에 반대하였다.
④ 식민정책과 침략전쟁을 반대하였다.

출제영역 조소앙의 삼균주의

조소앙이 주장한 삼균주의에 대한 설명을 가장 옳지 않은 것은 ③번이다. 조소앙의 삼균주의는 개인과 개인, 민족과 민족, 국가와 국가 간의 완전 균등을 주장하면서 이를 실현하기 위해 정치적·경제적·교육적 균등을 내세웠다. 이 과정에서 경제 분야의 균등을 위하여 토지 및 대기업의 국유화를 주장하기도 했다.

오답풀이

① 삼균주의는 쑨원의 삼민주의에 영향을 받은 것으로 보이는데, 삼민주의는 민족주의·민권주의·민생주의를 뜻하는 것으로 민족·정치·사회적 자유와 평등을 주장하는 이론이었다.
② 삼균주의에서 '개인과 개인 간의 균등'을 위해 보통선거제·국유제·국비의무학제를 실행해 각각 정치·경제·교육의 균등을 이루고자 하였다.
④ 삼균주의에서 '국가와 국가 간의 균등'을 통해 식민 정책과 자본제국주의를 부정하고, 침략 전쟁 행위를 금지하여 모든 국가들이 서로 간섭하지 않고 침탈행위를 하지 말아야 한다고 주장하였다.

답 ③

036

2019년 국가직 7급

㉠에 대한 설명으로 옳은 것은?

민국 23년에 채택한 ㉠ 에는 언론과 종교의 자유를 보장하며, 무상 교육을 시행하겠다는 내용이 담겨 있다. (중략)… 현재 우리의 급무는 연합군과 같이 일본을 패배시키고 다른 추축국을 물리치는 데에 있다. 우리는 독립과 우리가 원하는 정부, 국가를 원한다. 이를 위해 ㉠ 의 정신을 바탕으로 독립된 나라를 건설해 나가야 한다. -「신한민보」-

① 보통선거 실시를 주장하였다.
② 조선 건국 동맹에서 발표하였다.
③ 파괴와 폭동 등에 의한 민중의 직접 혁명을 강조하였다.
④ 남북 제정당 사회단체 대표자 회의의 소집을 요구하였다.

출제영역 대한민국 건국강령(1941)

㉠은 대한민국 건국 강령으로, 이에 대한 설명으로 옳은 것은 ①번이다. 건국강령은 조소앙이 제창한 삼균주의를 이론적인 틀로 삼아 보통 선거를 통한 민주 공화국의 수립, 생산 기관·토지의 국유화 및 토지 개혁 실시, 국비 의무교육의 보장 등의 내용을 담고 있다.

오답풀이

② 1944년 8월 서울에서 여운형 등을 중심으로 조직된 항일 결사 단체인 조선건국동맹은 일제가 패망한 이후의 해방 정국을 준비하기 위해 '각인각파의 대동단결로 일제를 몰아내고 한민족의 자유와 독립을 회복할 것, 대일 연합 전선을 형성하여 일체의 반동 세력을 박멸할 것, 민주주의적 원칙에 의거하여 노동 대중의 해방을 중요시 할 것' 등의 세 가지 강령을 내세웠다.
③ 1923년 1월 신채호에 의해 작성된 의열단의 독립 운동 이념과 방략을 이론화한 조선혁명선언에서 파괴와 폭동 등에 의한 민중의 직접 혁명을 강조하였다.
④ 1948년 2월에 김구, 김규식 등이 남북 제정당 사회단체 대표자 회의(남북 협상)를 요구하였다.

답 ①

037

2021년 법원직

지도의 (가) ~ (라) 중 다음 성명서가 발표된 장소로 옳은 것은?

1. 한국의 전체 인민은 현재 이미 반침략전선에 참가해오고 있으며, 이제 하나의 전투 단위로서 추축국에 선전한다.
2. 1910년 한일 '병합'과 일체의 불평등조약은 무효이며, 아울러 반침략 국가가 한국에서 합리적으로 얻은 기득권익이 존중될 것임을 거듭 선포한다.
3. 한국, 중국과 서태평양에서 왜구를 완전히 몰아내기 위하여 최후의 승리를 거둘 때까지 혈전한다.

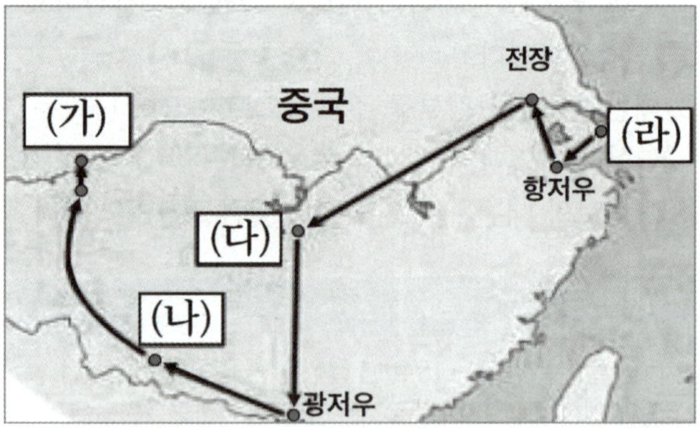

① (가) ② (나) ③ (다) ④ (라)

출제영역 대한민국 임시정부

제시문은 임시 정부가 충칭 시기 발표한 대일 선전 포고문의 내용이다. 1941년 12월 8일 일본이 진주만을 공격하면서 태평양 전쟁이 일어나자, 임시 정부는 즉각 대일 선전 포고를 하였으며, 그 후 독일에 대해서도 선전 포고하였다. 지도에서 충칭은 (가) 지역이므로 ①이 정답이다.

오답풀이

(나) 1938년 임시 정부의 수도였던 류저우 지역이다.
(다) 1937년 임시 정부의 수도였던 창사 지역이다.
(라) 1919년부터 1932년까지 임시 정부의 수도였던 상하이 지역이다.

답 ①

038

2019년 지방직

다음과 같은 강령을 발표한 조직의 활동으로 옳은 것은?

> 건국 시기의 헌법상 경제체계는 국민 각개의 균등생활 확보 및 민족 전체의 발전 그리고 국가를 건립 보위함과 연환(連環)관계를 가진다. 그러므로 다음에 나오는 기본 원칙에 따라서 경제 정책을 집행하고자 한다.
> 가. 규모가 큰 생산기관의 공구와 수단 …(중략)… 은행·전신·교통 등과 대규모 농·공·행·상 기업 및 성시(城市) 공업 구역의 주요한 공용 방산(房産)은 국유로 한다.
> 나. 적이 침략하여 점령 혹은 시설한 일체 사유자본과 부역자의 일체 소유자본 및 부동산은 몰수하여 국유로 한다.

① 이승만을 대통령, 이시영을 부통령으로 선출하였다.
② 자유시 참변을 겪고 러시아 적군에 무장해제를 당하였다.
③ 좌우합작위원회를 구성하고 좌우합작7원칙을 발표하였다.
④ 미군전략정보국(OSS) 지원 아래 국내 진공작전을 준비하였다.

출제영역 대한민국 임시정부의 이해

제시문은 대한민국 임시정부가 발표한 건국강령의 일부이다. 삼균주의를 바탕으로 한 내용과 '대생산기관의 국유화' 등을 통해 이를 알 수 있다. 대한민국 임시 정부는 중국에 주둔하고 있던 미국 전략 정보국(OSS)의 협조를 받아 국내 정진군을 편성하고, 국내 진공 작전을 준비하였다. 그러나 작전을 수행하기 직전에 일본이 항복하면서 계획을 실현하지 못하였다.

오답풀이

① 이승만을 대통령, 이시영을 부통령으로 선출한 것은 광복 이후 대한민국 정부와 관련된 내용이다.
② 자유시 참변을 겪은 것은 밀산부 한흥동에서 조직되어 소련령으로 이동한 대한독립군단이다.
③ 좌우합작위원회(46.7~47.7)는 여운형(중도 좌파), 김규직(중도 우파) 등의 중도세력을 중심으로 조직되어 좌우합작 7원칙(46.10)을 발표하였다.

답 ④

039

2020년 국가직

다음 자료가 발표된 이후의 사실에 해당하지 <u>않는</u> 것은?

> 우리는 3천만 한국 인민과 정부를 대표하여 삼가 중·영·미·소·캐나다 기타 제국의 대일 선전이 일본을 격패케 하고 동아를 재건하는 가장 유효한 수단이 됨을 축하하여 이에 특히 다음과 같이 성명한다.
> 1. 한국 전 인민은 현재 이미 반침략 전선에 참가하였으니 한 개의 전투 단위로서 추축국에 선전한다.

① 한국광복군은 김원봉이 이끌던 조선의용대의 병력을 통합하였다.
② 영국군의 요청에 따라 인도, 미얀마 전선에 한국광복군이 파견되었다.
③ 조선독립동맹은 조선의용대 화북지대를 기반으로 조선의용군을 조직하였다.
④ 대한민국 임시 정부는 김구를 주석으로 하는 단일 지도 체제를 만들고 『대한민국 건국 강령』을 제정하였다.

출제영역 1940년대 정치 상황

제시된 자료는 1941년 12월에 발표된 대일 선전 포고문이다. ④의 『대한민국건국강령』은 1940년 임시 정부가 충칭에 정착하면서 제4차 개헌을 통해 국무위원제를 주석제로 바꾸어 김구를 주석으로 하는 단일 지도 체제를 만들고 난 후 1941년 11월 발표한 것으로, 제시문의 대일선전포고문이 발표되었던 1941년 12월 이전의 사건에 해당한다.

오답풀이

① 김원봉이 이끄는 조선 민족 혁명당이 임시 정부에 합류하고 조선의용대 일부가 한국 광복군에 편입된 것은 1942년의 일이다.
② 임시정부가 영국군의 요청으로 미얀마·인도 전선에 광복군을 파견하여 영국군과 함께 대일 투쟁을 전개하였던 것은 1943년의 일이다.
③ 조선 독립 동맹이 조선 의용대 화북 지대를 개편하여 조선 의용군을 창설한 것은 1942년의 일이다.

답 ④

MEMO

라영환 한국사

STEP 2

응용사고형

7

현대사

시험에서 적어도 1, 2문제는 출제되는 응용+사고가 필요한 문제들만 모았습니다!

STEP 2 | 응용사고형 현대사 Ⅶ

001
2023년 계리직

다음 5개 항을 주장한 인물에 대한 설명으로 옳은 것은?

> 1항 전국적으로 정치범과 경제범을 즉시 석방할 것.
> 2항 3개월간의 식량을 확보해 줄 것.
> 3항 치안 유지와 건국 운동을 위한 정치 운동에 대하여 절대로 간섭하지 말 것.
> 4항 학생과 청년을 조직·훈련하는 데 대하여 간섭하지 말 것.
> 5항 노동자와 농민을 건국 사업에 동원하는 데 대하여 절대로 간섭하지 말 것.

① 좌우합작을 주도하다가 암살당하였다.
② 만민공생의 신민주주의를 표방하였다.
③ 한민당을 창당하고 훈정론을 주장하였다.
④ 그의 정치 노선은 '8월 테제'에 집약되어 있다.

출제영역 여운형

제시문의 5개 항을 요구하여 일제로부터 승인받은 인물은 몽양 여운형이다. 8.15 광복 이후 일제는 일본인의 안전한 귀환을 보장받기를 원했고 여운형에게 행정권을 이양할 것을 약속하였다. 여운형은 이에 건국준비위원회를 조직하여 새로운 정부 구성을 시도하였다. 여운형에 대한 설명으로 옳은 것은 ①번 선지이다. 김규식 등과 함께 좌우 합작 운동을 주도하다가 여운형은 1947년에 암살당하였다.

오답풀이

② 안재홍은 신민족주의와 신민주주의라는 이론을 정립하였다.
③ 송진우에 대한 설명이다. 송진우는 조선인의 정치의식이 낮으니까 미군이 2년 정도 머물러야 한다는 훈정기가 필요하다고 주장하였다.
④ 박헌영에 대한 설명이다.

답 ①

002
2020년 국가직 7급

(가) 인물에 대한 설명으로 옳지 않은 것은?

> 아침 8시, (가) 은/는 조선총독부 엔도 정무총감을 만나 다섯 가지 요구 사항을 제시하였다.
> 첫째, 전국에 구속되어 있는 정치·경제범을 즉시 석방하라.
> 둘째, 3개월 간의 식량을 확보하여 달라.
> 셋째, 치안 유지와 건설 사업에 아무 간섭하지 말라.
> 넷째, 학생 훈련과 청년 조직에 대해 간섭하지 말라.
> 다섯째, 전국 사업장에 있는 노동자를 우리들의 건설 사업 에 협력시키며 아무 괴로움을 주지 말라.
> - 「매일신보」 -

① 건국동맹을 결성하여 일제의 패망과 광복에 대비하였다.
② 김규식과 함께 좌·우합작위원회를 조직하여 활동하였다.
③ 민족역량의 총집결을 강령으로 하는 조선인민당을 결성하였다.
④ 평양에서 개최된 전조선제정당사회단체연석회의에 참석하였다.

출제영역 여운형

(가)는 조선건국동맹의 여운형으로, 이에 대한 설명으로 옳지 않은 것은 ④번이다. 여운형은 1947년 7월에 암살당하였으며, 평양에서 개최된 전조선제정당사회단체연석회의(남북협상)는 1948년에 개최되었다. 이 회의에는 남한측 대표인 김구와 김규식, 북한측 대표인 김일성과 김두봉이 참석하였다.

오답풀이

① 여운형은 일제의 패망에 대비하여 1944년 8월 서울에서 조선건국 동맹을 조직하였다. 건국동맹은 중앙과 전국 10개 도에 체계적인 조직을 갖추고 대중적인 지지기반의 확보를 위해 농민동맹 등의 보조단체를 설립하였으며, 광복 직후 건국동맹을 모체로 조선건국준비위원회를 설립하였다.

② 1946년 6월 1차 미·소 공동 위원회의 결렬 이후 이승만의 정읍 발언으로 남한만의 단독 정부 수립 주장이 확산되자, 여운형과 김규식 등이 1946년 7월 25일 미·소 공동 위원회의 재개와 임시 민주정부 수립을 위한 좌우합작위원회를 조직하고, 같은 해인 10월 7일 좌우합작 7원칙을 발표하였다.

③ 1945년 11월 조선건국위원회에서 나온 여운형은 조선건국동맹을 주축으로 군소정파를 규합하고 진보적 민주주의를 표방하여 조선인민당을 결성하였다.

답 ④

003 2019년 국가직 7급

다음 선언문을 발표한 단체에 대한 설명으로 옳은 것은?

본 위원회는 우리 민족을 진정한 민주주의적 정권으로 재조직하기 위한 새 국가건설의 준비기관인 동시에 모든 진보적 민주주의적 세력을 집결하기 위하여 각층 각계에 완전히 개방된 통일기관이요, 결코 혼잡된 협동기관은 아니다.

① 각지에 치안대를 설치하였다.
② 반민족 행위 처벌법에 근거하여 설치되었다.
③ 임정 지지를 주장하면서 한국 민주당에 참가하였다.
④ 친일청산 등을 명시한 좌우 합작 7원칙을 결정하였다.

출제영역 건국준비위원회

제시된 선언문은 조선건국준비위원회의 강령으로, 이 단체에 대한 설명으로 옳은 것은 ①번이다. 조선건국준비위원회는 북한 지역을 포함하여 전국에 145개 지부를 설치하고 치안대를 조직하여 국내 질서를 유지하였다.

오답풀이

② 1948년 9월 7일 제헌의회에서 통과시킨 반민족 행위 처벌법에 근거하여 1948년 10월 22일 설치된 조직이 반민족행위특별조사위원회이다.

③ 조선건국준비위원회에 김성수와 송진우 등의 우익 인사들은 참여하지 않았다. 김성수와 송진우 등은 조선 건국 준비 위원회 조직에 반대하며 한국 민주당을 창당하였다.

④ 여운형과 김규식이 남한만의 단독 정부 수립을 막기 위해 1946년 조직한 좌우합작위원회에서 좌우합작 7원칙이 발표되었다.

답 ①

004 2025년 지방직

밑줄 친 '내'에 대한 설명으로 옳은 것만을 모두 고르면?

내가 원하는 우리 민족의 사업은 결코 세계를 무력으로 정복하거나 경제력으로 지배하려는 것이 아니다. 오직 사랑의 문화, 평화의 문화로 우리 스스로 잘 살고 인류 전체가 의좋게 즐겁게 살도록 하는 일을 하자는 것이다. 어느 민족도 일찍이 그러한 일을 한 이가 없었으니 그것은 공상이라고 하지 말라.

ㄱ. 대한민국 임시정부 주석을 지냈다.
ㄴ. 상하이에서 한인 애국단을 조직하였다.
ㄷ. 조선 의용대를 창설하여 항일 무장 투쟁을 전개하였다.
ㄹ. 조선 혁명군을 지휘하여 영릉가 전투를 승리로 이끌었다.

① ㄱ, ㄴ ② ㄱ, ㄷ ③ ㄴ, ㄹ ④ ㄷ, ㄹ

출제영역 김구

제시문은 김구의 『백범일지』에 수록된 '나의 소원'이다.
ㄱ. 대한민국 임시정부는 1944년 제5차 개헌을 통해 주석·부주석제를 채택하고 주석으로 김구, 부주석으로 김규식을 선출하였다.
ㄴ. 대한민국 임시정부 국무령이던 김구는 1931년 한인 애국단을 조직하여 독립 운동의 새 활로를 열었다. 1932년 한인 애국단의 이봉창은 도쿄에서 일왕의 마차를 향해 폭탄을 던졌으나 암살에는 실패하였고, 윤봉길은 상하이 훙커우 공원에서 일왕의 생일과 승전을 축하하는 기념식 행사에서 폭탄을 던져 다수의 일본군 장성과 고관을 처단하였다.

오답풀이

ㄷ. 김원봉은 1935년 조선민족혁명당을 조직하고 1938년 김원봉은 한커우에서 중국 국민당의 지원을 받아 중국 관내 최초의 한국인 무장부대인 조선의용대를 조직하였으며, 일본군에 대한 심리전이나 후방 공작 활동 등을 전개하여 많은 성과를 올렸다.
ㄹ. 조선 혁명군을 지휘하여 영릉가 전투(1932)와 흥경성 전투(1933)를 승리로 이끈 인물은 양세봉이다.

답 ①

005 2018년 서울시 7급

〈보기〉의 역사적 사건들을 시간순으로 옳게 배열한 것은?

〈보기〉

ㄱ. 모스크바에서 세 나라의 외상들이 회의하였다.
ㄴ. 제주도 파병과 정부에 반대하는 군인들이 반란을 일으켰다.
ㄷ. 경교장에서 백범 김구가 육군 소위 안두희에게 암살 당하였다.
ㄹ. 좌우의 정치세력이 힘을 합치려는 운동을 전개하였다.
ㅁ. 평양에서 남북의 정치, 사회단체 지도자들이 모였다.

① ㄱ-ㄴ-ㄷ-ㄹ-ㅁ ② ㄱ-ㄷ-ㄹ-ㅁ-ㄴ
③ ㄱ-ㄹ-ㅁ-ㄴ-ㄷ ④ ㄱ-ㅁ-ㄴ-ㄷ-ㄹ

출제영역 대한민국의 수립

ㄱ. 모스크바 3상 회의가 개최된 것은 1945년 12월로 미국·영국·소련의 외무장관들이 한반도의 문제를 논의하였으며, 이 회의에서 미·소 공동 위원회의 설치와 민족의 독립 달성을 위한 신탁통치가 논의되었다.
ㄹ. 1946년 6월 3일 전북 정읍에서 남한만의 단독 정부 수립을 주장하는 이승만에 반대하여 같은 해 7월 여운형·김규식 등이 주도한 좌우 합작운동이 시작되었다.
ㅁ. 1948년 4월 평양에서 전조선정당사회단체대표자연석회의(남북협상)가 개최되어 남북의 정치, 사회단체 지도자들이 모였다.
ㄴ. 1948년 10월 여수·순천에 주둔 중이었던 국방경비대 14연대의 일부 군인들이 제주도로 출동하라는 명령을 거부하고 반란을 일으켰다. 이 사건의 배경으로는 광복 이후 군·경간의 갈등과 더불어 단독선거 시행을 둘러싼 우익과 좌익의 충돌 과정에서 단독 정부 수립이 확정된 이후 남로당의 투쟁이 급진·폭력화로 되어가는 과정에서 발생하였다.
ㄷ. 1949년 6월 경교장에서 백범 김구가 육군 소위 안두희에게 암살당하였다.
따라서 일어난 사건의 순서대로 옳게 배열한 것은 ③번 ㄱ-ㄹ-ㅁ-ㄴ-ㄷ이다.

답 ③

006 2020년 국가직 7급

(가), (나)사건 사이에 있었던 사실로 옳은 것은?

> (가) UN 한국위원단이 총선거 감시와 협의를 할 수 있었던 그 지역에서 효과적으로 통제 및 사법권을 보유한 합법정부가 수립되었으며, …(중략)… 한국위원단은 지난번 한국 인민의 자유로 표현된 의사에 기초하여 장차의 대의정부 발전에 유용한 감시와 협의를 수행할 것이다.
> (나) 안전보장이사회는 …(중략)… 북한군의 대한민국에 대한 무력공격이 평화 파괴를 조성한다고 단정하였다. 이 지역에서 그 무력공격을 격퇴하고 국제적 평화와 안전을 회복시키기 위하여 필요한 원조를 대한민국에 제공하도록 국제연합 제회원국에게 권고하였다.

① 제헌헌법이 공포되었다.
② 남조선과도입법의원이 구성되었다.
③ 귀속재산 처리를 위한 귀속재산처리법이 제정되었다.
④ 일본인 토지의 분배를 위해 중앙토지행정처가 발족되었다.

출제영역 UN총회와 UN안보리 결정

(가)는 1948년 12월 12일 제3차 UN 총회에서 대한민국을 한국의 유일한 합법 정부로 승인하는 결의안 제195호가 최종적으로 통과되는 내용을 담고 있다. (나)는 1950년 6월 26일 UN 안전보장이사회에서 북한을 침략세력으로 규정하고 유엔군 파견을 결정한 글이다. 귀속재산 처리를 위한 귀속재산처리법은 1949년 12월 제헌 의회에서 제정되었다.

오답풀이

① 제헌 의회에 의한 제헌 헌법이 공포된 것은 1947년 7월 17일로, 이날을 기념하여 제헌절을 국경일로 지정하였다.
② 남조선과도입법의원은 1946년 12월 미군정이 정권을 인도하기 위해 설립하였던 과도적 성격을 띤 입법 기관이자 한국근대사상 최초의 대의정치기관으로 김규식을 초대 의장으로 선출하였다.
④ 중앙토지행정처는 1946년 3월에 개설된 신한공사의 뒤를 잇는 기구로 1948년 3월 22일 발족되었다.

답 ③

007 2019년 지방직

다음 법령과 관련한 설명으로 옳은 것은?

> 제5조 정부는 다음에 의하여 농지를 취득한다.
> 1. 다음의 농지는 정부에 귀속한다.
> (가) 법령 및 조약에 의하여 몰수 또는 국유로 된 토지
> (나) 소유권의 명의가 분명하지 않은 농지

① 농지 이외 임야도 포함되었다.
② 신한공사가 보유하던 토지를 분배하였다.
③ 중앙토지행정처가 분배 업무를 주무하였다.
④ 분배받은 농민은 평년 생산량의 30%를 5년간 상환하였다.

출제영역 대한민국 정부 수립 후 농지개혁법

제시된 자료는 대한민국 정부 수립 이후인 1949년에 제정되어 1950년 부터 시행된 농지 개혁법이다. 농시 개혁법에서는 소작농에게 3정보를 상한으로 농지를 분배하고, 매년 평균 생산량의 30%씩 5년 동안 현물로 상환하게 하였다.

오답풀이

① 농지 개혁법에 적용되는 토지는 농지만 해당되었고, 임야는 해당되지 않았다.
② 신한공사는 일제의 귀속 재산을 관리한 회사로, 농지 개혁은 신한공사가 해체된 이후 실시되었기 때문에 신한공사가 보유한 토지와는 관련이 없다.
③ 농지개혁은 농림부 산하 농지국에서 담당하였다. 중앙토지행정처는 신한공사가 해체된 이후 신한공사가 담당한 업무가 이관된 곳으로 대한민국 정부 수립 직후 해체되었기 때문에 농지개혁과는 관련이 없다.

답 ④

008 2023년 경찰간부

다음의 내용과 관련된 설명으로 가장 적절한 것은?

> 2. 다음의 농지는 본 법의 규정에 의하여 정부가 매수한다.
> (가) 농가 아닌 자의 농지
> (나) 자경하지 않는 자의 농지
> (다) 본법 규정의 한도를 초과하는 부분의 농지

① 이에 영향을 받아 북한에서 토지 개혁법령이 제정되었다.
② 농지의 분배는 1가구당 총 경영면적 3정보를 초과하지 못하였다.
③ 미군정기에 제정 공포되었으며, 신한공사를 통해 유상으로 분배하였다.
④ 분배받은 농지는 상환이 완료되어도 매매, 증여, 기타 소유권의 처분이 금지되었다.

출제영역 농지 개혁

제시문은 농지개혁법(1949. 6. 21.)의 일부를 발췌한 것이다. 대한민국 정부가 추진한 농지 개혁에 대한 설명으로 가장 적절한 것은 ②번 선지이다. 대한민국의 농지 개혁은 유상 매입, 유상 분배를 원칙으로 하였으며, 농지만을 대상으로 하였고, 최대 면적 3정보를 기준으로 하였다. 1년 평균 생산량의 150%를 5년간 균등 상환하는 것으로 농지를 분배받을 수 있었다.

오답풀이

① 북조선 임시인민위원회에서 토지 개혁을 먼저 실시하였다(1946년 3월, 무상 몰수 및 무상 분배, 5정보 기준).
③ 1946년 3월에 설립되었던 신한공사는 미군정 법령에 의거 일제의 귀속 재산을 소유 및 관리하다 1948년 3월 22일 그 재산 일체를 중앙토지행정처에 넘기고 해산하였다.
④ 분배받은 농지는 상환이 완료되기 전까지 매매, 증여, 기타 소유권의 처분이 금지되었다.

답 ②

009 2018년 지방직 7급

다음 자료에서 밑줄 친 '위원회'에 대한 설명으로 옳지 <u>않은</u> 것은?

> 대통령은 우리 <u>위원회</u>의 활동이 삼권분립 원칙에 위배된다고 주장하고 있으며, 내무장관은 피의자인 노덕술을 요직에 등용하였다. … (중략) … 당국자가 노덕술을 보호하고, 우리 위원회에 그의 석방을 요구한 이유가 무엇인가? 우리는 친일 경관이 아니라 애국심을 지닌 경관이 등용되기를 바란다.

① 경찰이 이 위원회의 사무실을 습격하였다.
② 부산 정치 파동으로 인해 해산되었다.
③ 박흥식, 이광수, 최린, 최남선 등의 친일파를 체포하였다.
④ 제헌 헌법의 특별 규정에 의해 제정된 법률에 따라 구성되었다.

출제영역 반민특위

대통령이 삼권분립 원칙에 위배된다고 주장, 노덕술, 친일 경관 등을 통하여 이 위원회는 반민족행위특별조사위원회임을 알 수 있다. 이에 대한 설명으로 옳지 않은 것은 ②번 선지이다. 반민특위의 활동에 부정적이었던 국회의원들이 반민법을 개정하여 공소시효를 1년여 앞당겨, 1949년 8월로 단축하였다. 부산 정치 파동은 1952년 5월 25일 계엄령 선포부터 같은 해 7월 7일의 제1차 개정헌법 공포에 이르기까지 전시 임시 수도였던 부산에서 일어난 일련의 정치적 소요 사건을 말한다. 반민특위랑은 무관하다.

오답풀이

① 1949년 6월 6일 내무부 차관 장경근의 주도 하에 경찰은 반민특위 사무실을 습격하고 특경대 대원을 체포하고 무장해제를 시켰다.
③ 반민특위는 박흥식, 이광수, 최린, 최남선 등 전국적으로 널리 알려진 친일파를 잇달아 체포하였다.
④ 제헌국회는 친일파를 처벌할 특별법을 제정할 수 있다는 조항을 제헌 헌법에 따로 두었고, 이에 따라 제헌국회는 반민족 행위 처벌법을 제정하였다. 이 법에 따라 반민특위가 설치되었다.

답 ②

010 2018년 기상직

(가) 시기에 있었던 내용으로 옳은 것을 〈보기〉에서 고른 것은?

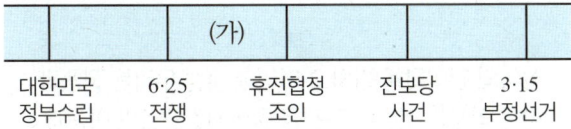

대한민국 정부수립	6·25 전쟁	휴전협정 조인	진보당 사건	3·15 부정선거
	(가)			

〈보기〉

ㄱ. 평화선 선언
ㄴ. 반민족 행위 처벌법 제정
ㄷ. 우리말 '큰사전' 완간
ㄹ. 국민 방위군 사건

① ㄱ, ㄴ ② ㄴ, ㄷ ③ ㄷ, ㄹ ④ ㄱ, ㄹ

출제영역 6·25 전쟁

제시된 연표의 6·25 진쟁이 일어난 것은 1950년 6월 25일이고 휴전 협정이 조인된 것은 1953년 7월 27일이다. 따라서 연표의 (가)에는 1950년 6월부터 1953년 7월 사이의 사건이 들어가야 한다.

1952년 1월 이승만이 평화선 선언(인접 해양에 대한 주권 선언)을 통해 독도를 한국의 영토로 확인하였다.

ㄹ의 국민 방위군 사건은 1951년 1·4 후퇴 당시 국민 방위군 고위 장교들이 방위군의 예산을 부정 착복한 사건을 말한다.

오답풀이

ㄴ. 반민족 행위 처벌법은 제헌 국회에서 1948년 9월 22일에 제정·공포되었다. 반민법은 제정 이후 반민족 행위 특별 조사 위원회(반민특위)가 구성되어 일부 친일파를 체포하였으나, 친일파 청산은 사실상 실패로 끝났다.

ㄷ. 최초로 『우리말 큰사전』의 편찬이 시도된 것은 1931년 조선어 학회에서의 일이나, 일제의 방해로 실패로 끝났다. 조선어 학회는 광복 이후 한글 학회(1949)로 개편되었고, 한글 학회에서는 1957년에 『우리말 큰 사전』을 완간하였다

답 ④

011 2025년 지방직

다음 조약이 체결되고 난 이후에 일어난 일은?

> 제2조 당사국 중 어느 한 나라의 정치적 독립 또는 안전이 외부로부터의 무력 공격에 의하여 위협을 받고 있다고 어느 당사국이든지 인정할 때에는 언제든지 당사국은 서로 협의한다.
> 제4조 상호적 합의에 의하여 미합중국의 육군, 해군, 공군을 대한민국의 영토 내와 그 부근에 배치하는 권리를 대한민국은 이를 허가하고 미합중국은 이를 수락한다.

① 판문점에서 정전협정이 체결되었다.
② 베트남에 한국군 전투 부대가 파견되었다.
③ 이승만 대통령이 반공 포로를 석방하였다.
④ 유엔군 총사령관 맥아더가 인천 상륙 작전을 감행하였다.

출제영역 한·미 상호 방위조약

제시문은 1953년 7월 6·25전쟁 정전협정 이후에 체결된 한·미 상호방위 조약이다. 한미 상호방위 조약은 한국 방위를 위하여 외국과 맺은 군사 동맹으로서, 최초이며 유일한 동맹 조약이다.

② 베트남에 한국군 전투 부대가 파견된 시기는 베트남 전쟁(1964~1973) 때이다. 베트남 전쟁 당시 초기에는 비전투 부대를 파견하였으나 1965년부터는 전투 부대를 파견하였다.

오답풀이

① 판문점에서 정전 협정이 체결된 때는 1953년 7월 27일로 한·미 상호방위 조약 체결(1953. 10.) 이전이다.
③ 이승만이 반공 포로를 석방한 시기는 1953년 6월로서 한·미 상호방위 조약 체결(1953. 10.) 이전이다.
④ 유엔군 총사령관 맥아더는 1950년 9월 인천 상륙 작전을 감행하였으며, 이는 한·미 상호 방위 조약 이전이다.

답 ②

012

2017년 국가직7급

(가)시기에 있었던 사실로 옳은 것은?

1950.6.6	1950.9.	1951.1.	1951.6.	1953.7.
6·25 전쟁 발발	서울 수복 (가)	1·4 후퇴	휴전회담 시작	정전협정 체결

① 대규모 해상 작전인 흥남 철수가 이루어졌다.
② 이승만 정부가 반공 포로의 석방을 단행하였다.
③ 맥아더 장군이 유엔군 총사령관직에서 해임되었다.
④ 미국은 극동 방위선에서 한국을 제외한다고 선언하였다.

출제영역 6·25 전쟁

연표는 1950년에 발발한 6.25 전쟁을 보여주고 있으며, (가) 시기에 있었던 사실로 옳은 것은 ①번 흥남 철수이다. 흥남 철수는 중국군의 참전으로 인해 육상으로의 퇴로 막힌 동부전선의 미군 10군단과 대한민국 육군 1군단 병력, 그리고 피난민 10만여 명이 1950년 12월 15일부터 12월 26일까지 흥남 항구를 통해 철수한 작전이다.

오답풀이

② 휴전에 반대한 이승만 정부가 미국을 압박하여 휴전협정 전 안전보장 약속을 받아내기 위해 1953년 6월 18일 대한민국 각지에 수용되어 있던 반공 성향의 포로를 석방하였다.
③ 맥아더 장군은 중국군의 전쟁 개입에 대항하기 위해 6·25 전쟁의 확전을 주장하다가 1951년 4월 11일 유엔군 총사령관직에서 해임되었다.
④ 1950년 1월 12일 미국의 국무장관 딘 애치슨이 미국의 극동방위선에서 한국을 제외한다는 내용의 애치슨 선언을 발표하였다.

답 ①

013

2019년 서울시 9급

〈보기〉선언문의 발표 후에 있었던 사건으로 가장 적합하지 않은 것은?

〈보기〉

상아의 진리탑을 박차고 거리에 나선 우리는 질풍과 같은 역사의 조류에 자신을 참여시킴으로써 이성과 진리, 그리고 자유의 대학정신을 현실의 참담한 박토에 뿌리려 하는 바이다. …<중략>… 무릇 모든 민주주의 정치사는 자유의 투쟁사다. 그것은 또한 여하한 형태의 전제로 민중 앞에 군림하 든 '종이로 만든 호랑이'같이 헤슬픈 것임을 교시한다. …<중략>… 근대적 민주주의의 근간은 자유다. …<하략>…

- 서울대학교 문리과대학 학생 일동 -

① 이승만 대통령이 하야하였다.
② 장면 정권이 수립되었다.
③ 민족자주통일중앙협의회가 조직되었다.
④ 조봉암이 진보당을 결성하였다.

출제영역 4·19 혁명

지문의 자료는 4·19 혁명 당시 서울대학교 문리과대학 학생 일동이 발표한 선언문으로, 이 선언문의 발표 이후에 있었던 사건으로 가장 적합하지 않은 것은 ④번이다. 조봉암은 1956년 5월 15일에 치뤄진 제3대 대통령 선거에서의 선전을 바탕으로 1956년 11월 진보당을 결성하였다.

오답풀이

① 대학생과 시민들의 시위로 시작된 4·19 혁명은 4월 25일 대학 교수들이 이승만 대통령의 퇴진과 재선거를 요구하는 시국 선언으로 이어지면서 이승만이 하야 성명을 발표하고 대통령직에서 물러났다.
② 이승만 정권의 붕괴 이후 허정 과도 정부는 1960년 6월 15일 내각 책임제와 양원제를 골자로 하는 제3차 개헌을 통과시키면서 장면 정권을 출범시켰다.
③ 장면 내각 시기에는 혁신계 정당들은 1960년 9월 3일 민족자주통일중앙협의회를 조직하여 남북 정치 협상을 주장하기도 하였다.

답 ④

014

2019년 서울시 7급

〈보기〉의 부정선거가 계기가 되어 촉발된 민주화운동에 대한 설명으로 가장 옳은 것은?

〈보기〉

민주당 후보인 조병옥이 선거 10일을 앞두고 급사하여 단일후보가 되었음에도 자유당의 충성파들은 약 40%의 사전투표를 하는 등 온갖 부정선거를 자행하였다. 이에 부통령 이기붕의 표가 100%에 육박하는 결과가 나오자 이를 79%로 하향조정하기도 하였다.

① 야당 정치인과 종교인 등이 민주회복국민회의를 결성하여 지향하였다.
② 경무대를 향하여 돌진하던 시위대에 경찰이 총격을 가하였다.
③ 부산과 마산을 중심으로 부마항쟁으로 불리는 대규모 저항운동이 일어났다.
④ 서울의 봄이라고 불리는 대규모 학생시위가 벌어졌다.

출제영역 4·19 혁명

제시문의 조병옥, 이기붕, 자유당, 부정선거를 통해 3·15 부정선거에 대한 설명임을 알 수 있다. 3·15 부정선거는 이승만이 부통령에 이기붕을 당선시키기 위한 목적으로 계획되었고 김주열의 시신이 발결되면서 마산을 시작으로 전국적인 시위로 이어졌다. 이때 이승만 정부는 시위대를 향해 총격을 가하며 진압하였고 이승만 하야 요구와 교수들의 시국 선언으로 이어져 결국 4월 26일 하야하게 되었다.

오답풀이

① 민주회복국민회의는 1974년 유신체제에 저항하기 위해 결성된 조직이다.
③ 부마항쟁은 1979년 10월 박정희 시기의 일이다.
④ 1979년 10·26사태 이후 신군부 정권의 장악에 반대하며 1980년 '유신폐지', '신군부 퇴진', '김대중 석방'을 외치는 서울의 봄이 일어났다.

답 ②

015

2023년 국가직

밑줄 친 '나'가 집권하여 추진한 사실로 옳은 것은?

<u>나</u>는 우리 국민이 선천적으로 타고난 재질을 최대한으로 활용하여 다각적인 생산 활동을 더욱 활발하게 하고, … (중략) … 공산품 수출을 진흥시키는 데 가일층 노력할 것을 요망합니다. 끝으로 <u>나</u>는 오늘 제1회 수출의 날 기념식에 즈음하여 …(중략) … 이 뜻깊은 날이 자립경제를 앞당기는 또 하나의 계기가 될 것을 기원합니다.

① 대통령 직선제 개헌을 추진하였다.
② 3 ·1 민주 구국 선언을 발표하였다.
③ 반민족 행위 특별 조사 위원회를 구성하였다.
④ 베트남 파병에 필요한 조건을 명시한 브라운 각서를 체결하였다.

출제영역 박정희

밑줄 친 '나'는 박정희이다. '제1회 수출의 날'을 통해 짐작할 수 있을 것이다. 1964년 11월 30일 연간 수출 누계가 1억 달러에 이르자 당일을 '수출의 날'로 정하고 대통령 참석하에 기념식을 가졌다. 1990년부터는 '수출의 날'을 '무역의 날'로 고쳤고, 2011년 12월 5일 세계에서 9번째로 무역 규모 1조 달러를 달성한 것을 기념하여 2012년부터는 '무역의 날'을 12월 5일로 변경하였다. 박정희가 집권하여 추진한 사실로 옳은 것은 ④번 선지이다. 1966년 브라운 각서를 체결하여 베트남 파병 증대에 따라 한국군의 현대화와 경제 지원을 약속 받았다.

오답풀이

① 직선제 개헌은 1952년 이승만 정부의 1차개헌과 6월 항쟁의 결과 1987년의 6차 개헌에 해당한다.
② 1976년 3월 1일 재야 정치인(윤보선, 김대중 등)들과 가톨릭 신부, 개신교 목사, 대학 교수 등이 민주구국선언문을 발표하였다.
③ 제헌 국회에서 추진한 사실이다.

답 ④

016 2023년 법원직

다음 헌법이 적용된 시기에 일어난 사실로 가장 옳은 것은?

> 제38조
> ① 대통령은 통일에 관한 중요정책을 결정하거나 변경함에 있어서, 국론통일을 위하여 필요하다고 인정할 때에는 통일 주체 국민 회의의 심의에 붙일 수 있다.
> ② 제1항의 경우에 통일 주체 국민 회의에서 재적 대의원과반수의 찬성을 얻은 통일정책은 국민의 총의로 본다.
> 제40조
> 통일 주체 국민 회의는 국회의원 정수의 3분의 1에 해당하는 수의 국회의원을 선거한다.

① 광주 대단지 사건이 일어났다.
② 7·4 남북 공동 성명이 발표되었다.
③ 국가 보위 비상 대책 위원회가 조직되었다.
④ 전태일이 근로기준법 준수를 요구하며 분신하였다.

출제영역 유신 헌법

통일 주체 국민 회의를 통하여 유신 헌법임을 쉽게 알 수 있다. 유신 헌법이 적용된 시기는 1972년 12월 27일부터 1980년 10월 27일까지이다. 이 시기에 일어난 사실로 옳은 것은 ③번 선지이다. 신군부가 광주 민주화 운동을 진압하고 1980년 5월 31일 정치권력을 사유화하기 위한 대통령의 보좌하기 위해 설치한 임시 행정기구이다(1980년 10월 29일 폐지).

오답풀이

① 광주 대단지 사건은 1971년 8월 10일 광주(현재 경기도 성남시) 대단지 주민 5만여 명이 정부의 무계획적인 도시 정책과 졸속 행정에 반발하여 투쟁한 사건이다.
② 1972년 7월 4일 7·4 남북 공동 성명이 발표되었다.
④ 전태일은 1970년 11월 13일에 분신하였다.

답 ③

017 2020년 지방직

밑줄 친 '새 헌법'에 대한 설명으로 옳은 것은?

> 정부에서는 6월 15일 국회에서 통과된 개헌안을 이송받자 이날 긴급 국무회의를 소집하고 정식으로 이를 공포하였다. 이로써 개정된 <u>새 헌법</u>은 16일 0시를 기해 효력을 발생케 되었다. <u>새 헌법</u>이 공포됨으로써 16일부터는 실질적인 내각책임체제의 정부를 갖게 되었으며 허정 수석국무위원은 자동으로 국무총리가 된다.
> - 『경향신문』 1960. 6. 16. -

① 임시수도 부산에서 개정되었다.
② '사사오입'의 논리로 통과되었다.
③ 통일주체국민회의 설치를 규정한 조항이 있다.
④ 민의원과 참의원으로 구성된 국회 조항이 있다.

출제영역 제 3차 헌법개정

'1960년 6월 15일', '내각 책임제', '허정' 등을 통해 제3차 헌법 개정 결과로 만들어진 제4차 헌법임을 알 수 있다. 내각 책임제를 규정한 이 헌법에서는 국회를 양원제(민의원과 참의원으로 구성)로 규정하였다.

오답풀이

① 소위 발췌개헌(1952)이라 불리는 1차 헌법 개정을 말한다. 1차 개헌안은 대통령 직선제 개헌으로, 정부 안과 국회 안을 절충해서 통과시켰다고 하여 발췌 개헌이라고도 부른다.
② 2차 헌법 개정(1954)을 말하며, 초대 대통령에 한하여 중임 제한을 두지 않는다는 규정을 두었다.
③ 7차 개헌에 해당하는 유신헌법(1972)의 내용이다.

답 ④

018

2018년 서울시 9급

1965년 6월 22일 체결된 한일기본조약에 대한 설명으로 가장 옳은 것은?

> 제2조 1910년 8월 22일 및 그 이전에 대한제국과 일본 제국 간에 체결된 모든 조약 및 협정이 이미 무효임을 확인한다.
> 제3조 대한민국 정부가 국제연합 총회의 결의 제195(II)호에 명시된 바와 같이 한반도에 있어서의 유일한 합법정부임을 확인한다.

① 위안부 문제가 주요한 의제로 논의되었다.
② 조약에 반대하여 학생들이 6·10 민주 항쟁을 일으켰다.
③ 조약 협의를 위해 중앙정보부장 이후락이 특사로 파견되었다.
④ 재일 교포의 법적 지위 및 대우에 관한 협정도 함께 체결되었다.

출제영역 한일기본조약

한일기본조약에 대한 설명으로 가장 옳은 정답은 ④번이다. 한일기본조약이 체결된 1965년 6월 22일에 재일교포 법적지위협정도 함께 체결되어 재일한국인의 영주권 문제, 강제 퇴거 문제, 본국으로의 귀환 때의 재산 처리 문제 등에 대한 규정을 정리하였다.

오답풀이

① 한일기본조약에는 일본의 침략 사실 인정과 가해 사실에 대한 사과가 포함되지 않았으며, 위안부 문제가 주요 의제로 논의되지 않는 등의 많은 문제점을 남겨두었다.
② 6·10 민주 항쟁은 1987년 전두환 정부의 군부 독재 종식과 민주헌법의 개정을 주장하면서 일어난 민주화 운동이다. 한일기본조약의 체결에 반대하여 학생들이 일으킨 시위는 6·3 항쟁(1964년)이다.
③ 한일기본조약의 체결에 앞서 특사로 파견된 당시의 중앙정보부장 김종필은 1962년 일본의 외무장관 오히라를 만나 청구권 문제를 매듭짓는 이른바 '김종필-오히라 메모'를 작성하였다. 이후락은 중앙정보 부장이었던 1972년 5월대북특사로 임명되어 북한을 방북하였다.

답 ④

019

2018년 서울시 7급

<보기>의 사건을 시간 순으로 바르게 나열한 것은?

> <보기>
> ㄱ. 제13대 대통령 선거
> ㄴ. 4·13 호헌 조치 발표
> ㄷ. 박종철 고문 치사 사건
> ㄹ. 민주헌법 쟁취 국민운동 본부의 결성

① ㄴ - ㄱ - ㄷ - ㄹ　② ㄴ - ㄷ - ㄱ - ㄹ
③ ㄷ - ㄴ - ㄹ - ㄱ　④ ㄷ - ㄹ - ㄴ - ㄱ

출제영역 6월 민주 항쟁

ㄱ. 6월 민주 항쟁의 결과 정부는 국민들의 민주화와 직선제 개헌 요구를 받아들여 당시 대통령 후보였던 노태우 민주정의당 대표위원이 6·29 민주 선언을 발표하였다. 이후 1987년 10월 12일 제9차 개헌을 통해 국민의 기본권을 강화하고 대통령 직선제를 도입하였으며, 이 헌법에 의거하여 1987년 12월 16일 제13대 대통령 선거가 치러졌다.
ㄴ. 1987년 4월 13일 전두환은 모든 직선제 개헌 논의를 중단하고 기존의 간선제 헌법을 유지하겠다는 4·13 호헌 조치를 발표하였다.
ㄷ. 1987년 1월 14일 서울대 학생 박종철 열사가 경찰의 고문으로 사망하였다. 경찰 등의 공안 당국은 조직적으로 이 사건의 축소은폐를 시도하였으나, 1987년 5월 18일 천주교정의구현사제단의 폭로로 진상이 드러났다.
ㄹ. 1987년 5월 27일 민통련과 당시 야당인 통일민주당, 그리고 사회 운동 세력과 종교계, 학생운동 조직 등이 합심하여 민주화 운동을 하나의 흐름으로 결집시키고자 민주헌법쟁취 국민운동본부를 출범시켰다.
따라서 6월 민주 항쟁과 관련된 사건을 일어난 시간 순서대로 정리해보면 ③번 ㄷ-ㄴ-ㄹ-ㄱ이다.

답 ③

020
2017년 지방직(하)

다음 사실들을 시기 순으로 바르게 나열한 것은?

ㄱ. 남북이 유엔에 동시 가입하였다.
ㄴ. 분단 후 처음으로 금강산 관광 사업이 실현되었다.
ㄷ. '남북 사이의 화해와 불가침 및 교류·협력에 관한 합의서' 가 체결되었다.
ㄹ. 북한 핵시설 동결과 경수로 발전소 건설 지원 등을 명시한 '북·미 제네바 기본 합의서'가 채택되었다.

① ㄱ → ㄴ → ㄷ → ㄹ
② ㄱ → ㄷ → ㄹ → ㄴ
③ ㄷ → ㄱ → ㄹ → ㄴ
④ ㄷ → ㄹ → ㄱ → ㄴ

출제영역 남북한의 통일 정책

ㄱ의 남북유엔동시가입은 1991년 9월, ㄴ의 금강산 관광 사업은 1998년, ㄷ의 '남북 사이의 화해와 불가침 및 교류·협력에 관한 합의서' 체결은 1991년 12월, ㄹ의 '북·미 제네바 기본 합의서' 체결은 1994년 10월의 사건이므로 ②의 ㄱ → ㄷ → ㄹ → ㄴ이 정답이다.

오답풀이

ㄱ. 1991년 9월 17일에 열린 제46차 UN총회에서 대한민국과 조선 민주주의 인민 공화국은 각각 독립된 국가 자격으로 UN 회원국이 되었다.
ㄷ. 1991년 12월 13일 남북한은 상호 화해와 불가침을 선언하고 교류와 협력을 추진하였으며, 남북한의 관계를 '잠정적 특수 관계'로 설정한 "남북 기본 합의서"를 체결하였다.
ㄹ. '북·미 제네바 기본 합의서'는 북한 핵문제 해결을 위해 북한과 미국 간에 합의한 기본 문서로, 1994년 10월 제네바에서 체결되었다.
ㄴ. 김대중 정부 때 남북 교류와 협력 사업이 점차 확대되었고, 그 결과 1998년부터 금강산 해로 관광이 시작되었다.

답 ②

021
2019년 국가직 7급

다음은 '남북사이의 화해와 불가침 및 교류·협력에 관한 합의서'의 일부이다. ㉠, ㉡에 해당하는 것을 바르게 연결한 것은?

남과 북은 분단된 조국의 평화적 통일을 염원하는 온 겨레의 뜻에 따라, [㉠] 에서 천명된 [㉡] 을 재확인하고, 정치 군사적 대결 상태를 해소하여 민족적 화해를 이룩하고, 무력에 의한 침략과 충돌을 막고 긴장 완화와 평화를 보장하며, …(중략)… 다음과 같이 합의하였다.

	㉠	㉡
①	7·7 선언	남북 공동번영 원칙
②	6·15 남북 공동 선언	대북 화해협력 정책
③	7·4 남북 공동 성명	조국 통일 3대 원칙
④	한민족 공동체 통일 방안	3단계 통일 구상

출제영역 남북 기본 합의서

㉠, ㉡은 각각 7·4 남북 공동 성명과 조국 통일 3대 원칙으로, 바른 정답은 ③번이다.
지문은 1991년 12월 13일 남한의 정원식 국무총리와 북한의 연형묵 정무원 총리가 서명한 '남북 사이의 화해와 불가침 및 교류 협력에 관한 합의서'(이하 남북기본합의서)의 서문의 일부이다. 서문에서는 1972년 7월 4일 대한민국과 북한이 국토 분단 이후 최초로 통일과 관련하여 합의한 공동 성명인 7·4 남북 공동 성명에서 합의한 조국 통일 3대 원칙(자주, 평화, 민족적 대단결)을 재확인하였으며, 남북한이 평화통일을 성취하기 위해 공동의 노력을 기울일 것과 남북관계가 통일 지향의 잠정적 특수관계라는 점을 규정하였다. 이하 남북기본합의서는 남북화해(제1장), 남북불가침(제2장), 남북교류협력(제3장), 수정 및 발표(제4장)의 4장 25개조로 구성되었다.

답 ③

022

2018년 경찰간부

다음의 북한이 일으킨 사건을 시간 순서대로 옳게 나열한 것은?

가. 서해 연평해전 사건
나. 울진·삼척 무장공비 침투 사건
다. 판문점 도끼만행 사건
라. 아웅산 폭탄 테러 사건

① 나 → 다 → 라 → 가
② 다 → 나 → 가 → 라
③ 다 → 나 → 라 → 가
④ 나 → 라 → 다 → 가

출제영역 북한의 남한 도발 사건

나. 1968년 11월 북한은 무장 부대를 동해안을 따라 울진·삼척 지역에 침투시켜 남한 사회의 혼란을 계획하였다.

다. 1976년 8월 18일 판문점 인근 공동경비구역 내에서 북한군 30여 명이 시야를 가리는 미루나무 가지치기 작업을 감독하던 미군 장교 2명을 도끼로 살해하고 주한 미군과 대한민국 국군에게 피해를 입혔다.

라. 1983년 10월 9일 미얀마의 아웅산 묘소 참배를 계획했던 전두환 대통령을 암살하기 위한 북한 공작원의 폭탄테러 사건이 일어났다. 당시 대한민국은 서석준 부총리 및 이범석 외무부장관, 김동휘 상공부 장관을 비롯한 17명이 사망하였다.

가. 서해 연평해전 사건은 1999년과 2002년 두 차례에 걸쳐 북한이 연평도 인근의 북방한계선(NLL)을 넘어 무력도발을 꾀하여 남북 해군 간에 발생한 해전을 말한다.

따라서 사건을 일어난 순서대로 옳게 나열한 것은 ①번 나-다-라-가이다.

답 ①

MEMO

라영환 한국사

STEP 2

응용사고형

8

제도사

(고대/고려/조선)

시험에서 적어도 1, 2문제는 출제되는 응용+사고가 필요한 문제들만 모았습니다!

STEP 2 | 응용사고형 고대/고려/조선 제도사 Ⅷ

001

2019년 서울시 7급

〈보기〉에 해당하는 국가의 정치제도에 대한 설명으로 가장 옳지 않은 것은?

〈보기〉

임금은 스스로 황상을 표방하고 독자적인 연호를 가지고 있었으며, 5경 15부 62주의 행정체제를 갖추고 있었고, 율령에 해당하는 정령에 따라 정치를 운영하였다.

① 감찰기관으로는 중정대, 재정기관으로는 사장시가 있었다.
② 6부의 이름은 충·인·의·예·지·신 등 유교의 덕목을 따서 만들었다.
③ 부에는 도독, 주에는 자사, 현에는 현승을 두었다.
④ 정령을 제정하고 정책을 집행하는 기관을 중대성이라 불렀다.

출제영역 발해의 정치제도

<보기>에 해당하는 국가는 발해이다. 황상 표방, 독자적 연호, 5경 15부 62주 지방 행정 제도 등을 통하여 알 수 있다. 발해에 대한 설명으로 옳지 않은 것은 ④번 선지이다. 발해에서 정책을 집행하는 기관은 정당성(당의 상서성에 해당)이라고 불렸으며, 정당성의 대내상이 국정을 총괄하였다. 중대성(당의 중서성에 해당)은 국왕의 명령을 하달하는 일을 관장한 기구였다.

오답풀이

① 발해는 감찰 기관으로 중정대, 재물의 보관과 무역 업무를 담당하는 기구로 사장시를 두었다.
② 발해는 당의 3성 6부 제도를 수용하였으나, 유교식 덕목의 명칭을 사용하거나 이원적으로 운영하는 것 등에서 독자적인 면모를 보였다.
③ 발해는 5경 15부 62주의 지방 행정 제도를 마련하였다. 지방 행정의 중심지에 15부를 설치하고 도독을 두었으며, 부 아래에는 주를 설치하고 자사를 두었으며, 그 아래의 현에는 현승을 두었다.

답 ④

002

2018년 지방직

고려 전기의 문산계와 무산계에 대한 설명으로 옳지 않은 것은?

① 중앙 문반에게 문산계를 부여하였다.
② 성종 때에 문산계를 정식으로 채택하였다.
③ 중앙 무반에게 무산계를 제수하였다.
④ 탐라의 지배층과 여진 추장에게 무산계를 주었다.

출제영역 고려시대의 관직 제도

고려시대 관직제도는 크게 문산계와 무산계로 나뉜다. 문산계는 중앙 관리에게 적용하던 관직제도로, 중국으로부터 도입해 정식으로 채택 한 것은 성종 14년(995)의 일이다. 무산계는 원칙적으로 무반에게 적용해야 했으나, 고려시대에는 무반에게 무산계가 적용되지 않았다. 무반은 문반과 마찬가지로 모두 문산계를 받았고, 무산계의 수여대상은 향리·노병사·탐라 왕족·여진 추장·공장·악인 등 매우 다양한 계층이었다.

오답풀이

① 문산계에 따라 중앙 문반은 관직이 나누어졌다.
② 문산계의 공식 도입은 성종 14년(995)의 일이다.
④ 무산계는 탐라의 지배층과 여진 추장, 향리 등 다양한 계층에게 적용되었다.

답 ③

003

2019년 지방직 7급

고려시대 음서에 대한 설명으로 옳은 것만을 모두 고르면?

ㄱ. 문종 때 처음 실시되었다.
ㄴ. 음서로 등용된 사람들은 고위 관직에 오르지 못했다.
ㄷ. 사위나 외손자에게도 적용되었다.
ㄹ. 공신의 자손, 조종 묘예, 문무 5품 이상 관인의 자손 등이 대상이었다.

① ㄱ, ㄴ ② ㄱ, ㄷ ③ ㄴ, ㄹ ④ ㄷ, ㄹ

출제영역 고려의 음서제

고려 시대 음서에 대한 설명으로 옳은 것은 ㄷ, ㄹ이다.
ㄷ. 고려 시대 음서의 혜택은 부계 친족뿐만 아니라 모계 친족(외가)과 사위에게도 주어졌다. 그 혜택 범위는 시기적으로 변동이 있으나, 아들, 조카, 사위, 친손자 및 외손자, 양자에게까지 이르렀다.
ㄹ. 고려 시대 음서의 대상은 시기적으로 변동이 있으나, 대체로 조종 묘예(왕족의 후예), 공신의 자손, 문무 5품 이상 관인의 자손(목종 원년에 문무 5품 이상을 규정) 등이었다.

오답풀이

ㄱ. 공신과 왕족의 후예 등이 음서의 혜택을 받은 것은 건국 초부터 보이며, 5품 이상의 문무 관원의 아들에게 음직을 제수할 것을 규정한 것은 목종 원년(997)이다.
ㄴ. 고려 시대에는 음서 출신자라도 5품 이상의 고위 관직에 오를 수 있었고, 특히 음서로 출사한 자의 50~60%가 재상의 자리에 올랐다.

답 ④

004

2025년 법원직

다음 밑줄 친 '이 기구'와 관련된 내용으로 가장 옳은 것은?

요즈음 큰 일이건 작은 일이건 이 기구에서 모두 다룹니다. 의정부는 한갓 이름뿐이고 6조는 할 일을 모두 빼앗기고 말았습니다. 이름은 변방 방비를 위해서라고 하면서 과거나 왕비와 후궁 간택까지도 모두 여기서 처리합니다.

① 3사 관리의 추천권을 가지고 있었다.
② 사헌부, 홍문관과 함께 3사로 불렸다.
③ 3포 왜란 이후 임시 기구로 설치되었다.
④ 서얼 출신 학자들이 검서관에 등용되었다.

출제영역 비변사

제시문은 비변사에 관한 내용이다.
③ 비변사는 중종 때 삼포왜란(1510)을 계기로 여진족과 왜구에 대비하기 위하여 병조 예하의 임시 기구로 설치되었다. 을묘왜변을 기치면서 상설기구가 된 비변사는 임진왜란 이후 군사·행정·외교 등을 총괄하는 국가 최고 기구로 발전하였으며, 조선 후기 국정 총괄기구로 기능하면서 군사 문제 이외의 국정 전반을 다루게 되었다.

오답풀이

① 이조전랑은 삼사(사헌부, 사간원, 홍문관)의 관리들을 추천할 수 있는 통청권, 자신의 후임자를 추천할 수 있는 자대권을 보유하고 있었다.
② 사간원은 사헌부, 홍문관과 함께 3사로 불렸다. 3사 중 하나인 사간원은 대간·간관으로 구성되어 간쟁·봉박 등 을 담당하며 왕권을 견제하는 역할을 담당하였다.
④ 유득공, 박제가, 이덕무 등은 모두 서얼 출신으로 정조 때 규장각 검서관으로 등용되었다. 규장각을 설치한 왕은 정조이다. 규장각은 본래 역대 왕의 글과 책을 수집, 보관하는 장서 기구였으나 점차 학술 및 정책 연구 기관으로 변모하였다.

답 ③

005

2018년 법원직

다음 군사 조직에 대한 설명으로 가장 옳은 것은?

> 국왕의 행차가 서울로 돌아왔으나, …… 이때에 임금께서 도감을 설치하여 군사를 훈련시키라고 명하시고 나를 그 책임자로 삼으시므로, …… 얼마 안 되어 수천 명을 얻어 조총 쏘는 법과 창, 칼 쓰는 기술을 가르치게 하였다. 또 당번을 정하여 궁중을 숙직하게 하고, 국왕의 행차가 있을 때 이들로써 호위하게 하니 민심이 점차 안정되었다. - 서애집 -

① 갑사와 정군으로 구성되었다.
② 포수, 사수, 살수로 조직되었다.
③ 제승방략 체제에 맞는 군사 조직이었다.
④ 신분 구분 없이 노비에서 양반까지 편성되었다.

출제영역 조선 후기 군제 개혁(훈련도감)

위 지문의 군사 조직은 임진왜란 시기에 중앙에 설치된 훈련도감이다. 훈련도감은 척계광의 기효신서에 의거하여 만들어진 군사조직으로, 전원 직업군인으로 이루어졌으며 살수·포수·사수로 구성되었다.

오답풀이

① 갑사와 정군으로 구성된 것은 조선 전기의 중앙군이었던 5위에 대한 설명이다. 조선 후기의 중앙군은 5 군영(훈련도감·어영청·총융청·수어청·금위영)이다.
③ 훈련도감은 임진왜란 당시 많은 문제를 보인 제승방략 체제를 혁파하여 재편한 5군영-속오군 체제에 맞는 군사조직이었다. 이에 따라 훈련도감은 어영청, 금위영, 수어청, 총융청과 더불어 5군영에 편성되었다.
④ 조선후기에 신분 구분 없이 노비에서 양반까지 편성된 것은 지방군인 속오군이다.

답 ②

006

2018년 서울시 7급

조선 지방 제도에 대한 설명으로 옳은 것을 〈보기〉에서 모두 고른 것은?

〈보기〉

ㄱ. 군현 밑에는 면, 리, 통을 두고 다섯 집을 1통으로 편제하였다.
ㄴ. 수령은 자기 출신 지역에 부임하지 못하며, 각 도에는 관찰사를 파견하여 수령의 업무 성적을 평가하였다.
ㄷ. 향리는 수령의 행정실무를 보좌하였으며, 아전으로 신분이 격하되었다.
ㄹ. 각 군현에 지방민의 자치를 허용하기 위해 경재소를 설치하였다.

① ㄱ ② ㄴ, ㄷ ③ ㄱ, ㄴ, ㄷ ④ ㄱ, ㄴ, ㄹ

출제영역 조선 지방 제도

조선 지방 제도에 대한 설명으로 옳은 것은 ㄱ, ㄴ, ㄷ 이다.

ㄱ. 조선은 전국을 8도로 나누고 그 아래 약 330여 개의 군현을 두었으며, 군현 아래에는 면, 리, 통을 두고 다섯 집을 1통으로 편제하였다.
ㄴ. 조선의 수령(지방관)은 상피제의 적용을 받아 자기 출신 지역에 부임하지 못하였으며, 8도에 파견된 관찰사는 그 아래에 있는 수령의 업무 성적을 평가하였다.
ㄷ. 고려 시대 속현의 향리는 향촌의 실질적 지배자였으나, 점차 지방관(수령) 파견이 늘어나게 되다가 조선 시대에 사실상 모든 군현에 지방관이 파견됨에 따라 향리는 수령의 행정 실무를 보좌하는 존재, 즉 아전으로 격하되었다.

오답풀이

ㄹ. 각 군현에 지방민의 자치를 허용하기 위해 설치한 것은 유향소이고, 서울에 경재소를 두어 유향소와 정부 사이의 연락 및 통제를 용이하게 하였다.

답 ③

007 2019년 서울시 7급

조선시대의 과거제에 대한 설명으로 가장 옳지 않은 것은?

① 문과는 정규 시험인 식년시와 특별 시험인 각종 별시로 구분 되어 있었다.
② 무과의 경우 조선후기에 이르러서는 재정상의 이유 등으로 합격자가 양산되어 '만과(萬科)'로 지칭되기도 하였다.
③ 잡과는 기술관을 뽑는 시험으로, 문·무과와 마찬가지로 초시·복시·전시로 구성되어 있었다.
④ 1894년 갑오개혁 때 폐지되었다.

출제영역 조선의 과거제도

① 조선 시대 과거에는 문관을 뽑는 문과와 무관을 뽑는 무과, 그리고 기술관을 뽑는 잡과가 있었다. 문과는 3년마다 정기적으로 실시하는 식년시와 국가에 큰 경사가 있을 때 수시로 실시하는 증광시, 임금이 성균관에서 문묘를 배알하고 치르는 알성시 등의 부정기 시험이 있었다.
② 고급 무관을 선발하는 무과는 소과를 거치지 않고 초시, 복시, 전시의 절차를 거쳐 28명을 선발하는 것이 원칙이었다. 그러나 국방상에 위급한 상황이 발생하면 긴급히 무사를 충원하는 방법으로 활용되었는데. 한꺼번에 1,000명 이상을 뽑는 무과를 만과(萬科)라고 하였다. 후일 변방이 안정된 뒤에는 만과 출신자들에게 부방(赴防) 의무를 면제해 주는 대신에 군포를 받아 국가 재정에 충당하는 방식으로 변화되었다. 또한 조선 후기에는 군영 설치를 위한 무사 확보의 이유로 자주 시행되어 필요 이상으로 많은 무과 출신자를 양산하였다.
④ 과거제는 제1차 갑오개혁 때 폐지되고, 대신 보통시험과 특별시험을 거쳐 관리를 임용하였다.

오답풀이

③ 잡과는 초시와 복시만 치러 합격자를 선발하였다.

답 ③

008 2017년 국가직 7급

고려와 조선시대 과거제도에 대한 설명으로 옳은 것을 모두 고른 것은?

ㄱ. 고려시대에는 제술업이 명경업보다 중시되어 그 합격자를 중용하였다.
ㄴ. 고려시대 국자감시는 국자감의 학생만을 대상으로 치르는 시험이었다.
ㄷ. 조선시대에 잡과에 합격한 기술관은 해당 관청에서 최고 정3품까지 승진할 수 있었다.
ㄹ. 조선시대의 음서 대상도 고려시대와 동일하여 음서를 통하여 고위 관리까지 진출하였다.

① ㄱ, ㄷ　② ㄱ, ㄹ　③ ㄴ, ㄷ　④ ㄷ, ㄹ

출제영역 고려와 조선의 과거제도

고려시대의 문과는 문학적 재능과 정책 능력을 시험하는 제술업과 유교 경전에 대한 이해 능력을 시험한 명경업이 있었다. 고려시대에는 외교와 행정 실무에 문학적 재능을 가진 사람이 많이 필요했기 때문에 명경업보다 제술업이 중시되었다. 조선시대에 잡과는 3년마다 치러졌고, 초시·복시만 있고 분야별로 정원 이 있었다. 잡과에 합격한 기술관들은 해당 기술 관청에 근무하여 원칙상 최고 3품까지 승진할 수 있었다.

오답풀이

ㄴ. 제술업과 명경업의 경우 향시 합격자인 향공과 국자감 학생, 사학 12도의 학생들이 국자감시에 응시할 수 있었다. 국자감시에 합격 하면 향공진사·국자진사·태학진사 등의 칭호를 얻게 되고 본 시험인 예부시에 응시할 자격이 주어졌다.
ㄹ. 고려시대에는 공신과 종실의 자손, 5품 이상의 고위 관료의 자손에게 음서의 혜택이 주어졌다. 조선시대에는 공신과 2품 이상 고급 관리 등의 자제에게 음서의 혜택이 주어졌고, 제수 받는 관품도 낮아져 문과에 합격 하지 않은 음서 출신은 고관으로 승진하기 어려웠다.

답 ①

009 2022년 계리직

밑줄 친 (　　)기구에 대한 설명으로 옳은 것은?

> 이 제도는 젊고 재능 있는 문신들을 의정부에서 선발하여 (____)에 위탁 교육을 시키고, 40세가 되면 졸업시키는 인재 양성의 장치였다. 교육 과정은 과강(課講)·과제(課製)의 강제(講製)가 주축이었다. 전자는 매달 15일 전과 20일 후에 행해졌고, 후자는 20일 후에 실시되었다. 이 제도는 국왕의 친위 세력을 육성하고자 하는 목적에서 시행되었다고 평가되고 있다.

① 학문 및 정책 연구를 위하여 경복궁 안에 설치되었다.
② 왕명 출납 등 국왕 측근에서 비서실의 기능을 하였다.
③ 정책을 비판하는 삼사의 하나로 국왕의 자문에 응하였다.
④ 창덕궁 후원에 설치되어 수만 권의 서적을 보관하였다.

출제영역 규장각

제시문은 초계문신제를 설명하고 있고, (　　)에 들어갈 기구는 규장각이다. 규장각에 대한 설명으로 옳은 것은 ④번 선지이다. 왕실 도서관 이자 학술 및 정책 연구 기구였던 규장각은 창덕궁 후원에 설치되었으며, 약 8만여 권의 서적을 보관하였다고 한다. 관원으로 제학 2인, 직제학 2인, 직각 1인, 대교 1인, 검서관 4인 등이 있었으며, 검서관에는 서얼이 기용되었다.

오답풀이

① 집현전에 대한 설명이다.
② 승정원에 대한 설명이다.
③ 홍문관에 대한 설명이다.

답 ④

라영환 한국사

STEP 2

응용사고형

9

문화사
(고대/고려/조선/근현대)

시험에서 적어도 1, 2문제는 출제되는 응용+사고가 필요한 문제들만 모았습니다!

STEP 2 | 응용사고형 고대/고려/조선/근현대 문화사 IX

001 2021년 지방직

밑줄 친 '그'에 대한 설명으로 옳은 것은?

> 그가 왕에게 아뢰었다. "삼교는 솥의 발과 같아서 하나라도 없어서는 안 됩니다. 지금 유교와 불교는 모두 흥하는데 도교는 아직 번성하지 않으니, 소위 천하의 도술(道術)을 갖추었다고 할 수 없습니다. 엎드려 청하오니 당에 사신을 보내 도교를 구해 와서 나라 사람들을 가르치게 하소서." - 『삼국사기』 -

① 당나라와 동맹을 체결하였다.
② 천리장성의 축조를 맡아 수행하였다.
③ 수나라의 군대를 살수에서 격퇴하였다.
④ 남진 정책을 추진하여 한성을 점령하였다.

출제영역 연개소문

밑줄 친 '그'에 해당하는 인물은 연개소문이다. 고구려는 643년 보장왕 때 연개소문의 건의로 당 태종으로부터 숙달 등 도사 8인과 도덕경을 수입하였다. 한편 연개소문은 천리장성 공사를 감독하면서 요동의 군사력을 장악한 뒤 정변을 일으켜, 영류왕과 자신을 반대하는 대신들을 죽이고 보장왕을 세우는 동시에 스스로 대막리지가 되었다(642).

오답풀이

① 당에 건너가 나당 동맹을 체결(648)한 인물은 김춘추이다. 김춘추는 진덕 여왕 대 당나라에 사신으로 파견되어 고구려와 백제의 세력을 견제하기 위한 군사원조를 부탁해 지원을 약속받았다.
③ 살수대첩에서 활약한 것은 을지문덕이다. 을지문덕은 영양왕 때 수 양제의 침입을 받자 청천강 유역의 살수에서 이를 크게 물리쳤다(612, 살수 대첩).
④ 남진 정책을 추진하여 백제의 수도 한성을 함락한 것은 고구려 장수왕이다.

답 ②

002 2018년 법원직

(가) ~ (라)를 일어난 순서대로 바르게 나열한 것은?

> (가) 국학을 태학(감)으로 고치고 학문을 장려하였다.
> (나) 원효는 모든 것이 한마음에서 나온다는 일심사상의 이론적 체계를 마련하였다.
> (다) 유교 경전에 대한 이해 수준에 따라 관리를 채용하는 독서삼품과를 실시하였다.
> (라) 최치원은 빈공과에 합격한 뒤에 황소를 격퇴하는 글을 써서 당에서 명문장가로 유명해졌다.

① (가) - (나) - (다) - (라)
② (가) - (다) - (나) - (라)
③ (나) - (가) - (다) - (라)
④ (나) - (가) - (라) - (다)

출제영역 고대의 사상

제시문은 고대의 유교사상에 대한 내용을 나열한 것이다. 이를 순서대로 배열하면,
(나) 원효가 의상과 함께 중국 유학길에 올랐다가 돌아와 일심사상을 정립한 것은 문무왕 때이다.
(가) 국학을 태학감으로 개칭한 것은 경덕왕대의 일이다.
(다) 독서삼품과는 학의 학생들을 독서능력에 따라 상·중·하로 구분 하였으며 이를 관리임용에 참고한 제도로, 원성왕대인 788년에 실시되었다.
(라) 최치원은 신라 말 진성여왕 시기의 인물이다.

답 ③

003

2019년 서울시 2차

삼국의 사회·문화에 관한 설명으로 가장 옳지 않은 것은?

① 고구려는 영양왕 때 이문진이 유기를 간추려 신집 5권을 편찬했다.
② 백제의 승려 원측은 당나라에 가서 유식론(唯識論)을 발전시켰다.
③ 신라의 진흥왕은 두 아들의 이름을 동륜 등으로 짓고 자신은 전륜성왕으로 자처했다.
④ 백제 말기에는 미래에 중생을 구제한다는 미륵신앙이 유행하기도 하였다.

출제영역 삼국 사회·문화

원측은 백제가 아닌 신라의 승려이다. 원측은 7세기 문무왕 때 신라 진골 출신의 승려로, 당나라에 건너가 당나라 최고 고승인 삼장법사 현장의 제자가 되어 유식론을 독자적으로 발전시켜 당나라 불교 발전에 크게 기여하였다.

오답풀이

① 고구려에서는 일찍부터 유기가 편찬되었으며, 영양왕 때 이문진이 이를 간추려 신집 5권을 편찬하였다.(600)
③ 진흥왕은 큰아들의 이름을 동륜, 둘째 아들의 이름을 사륜(훗날의 진지왕)이라 짓고 자신을 전륜성왕(불교의 정법을 퍼뜨린 위대한 정복 군주)이라 자처하였다.
④ 삼국시대 말기에는 미륵신앙이 유행하였다(삼국 모두 미륵보살반가사유상 제작). 백제에서는 6세기 이후부터 미륵신앙이 널리 퍼졌는데, 무왕은 익산에 미륵사를 건립하기도 하였다

답 ②

004

2017년 국가직 7급

백제가 일본에 전파한 문화에 대한 설명으로 옳지 않은 것은?

① 고안무가 유학을 전해 주었다.
② 노리사치계가 불교를 전해 주었다.
③ 혜관이 일본 삼론종의 시조가 되었다.
④ 아직기가 일본 태자에게 한자를 가르쳤다.

출제영역 삼국 문화 전파

삼국 중 일본과 가장 밀접하게 교류했던 백제의 문화 전파에 대한 문항으로, 이에 대한 설명으로 옳지 않은 것은 ③번 선지이다. 혜관은 백제가 아니라 고구려의 승려로, 일본에 삼론종을 전하였다. 그는 젊었을 때 수에서 삼론의 대가 길장의 문하에서 수학하였고, 영류왕 8년(625년) 고구려의 사신과 함께 일본으로 건너가 삼론종을 널리 펴고, 일본 삼론종의 시조가 되었다.

오답풀이

① 고안무는 오경박사로서, 자신보다 먼저 파견되었던 단양이와 교대하기 위하여, 무령왕 16년(516년) 일본으로 건너가 문화 전파에 공헌하였다.
② 백제의 달솔이었던 노리사치계는 성왕 30년(552년), 왕명에 따라 석가모니불의 금상 1구, 경론 약간 권을 일본에 전하였다.
④ 아직기는 아지길사라고도 하는데, 근초고왕에서 아신왕 대 사이에 왕명으로 좋은 말 두 필을 가지고 일본으로 가 왜왕에게 선물하고 말 기르는 일과 승마술을 전하였다. 그 뒤 왜왕은 그가 경서에 조예가 깊은 것을 알고 태자의 스승으로 삼았다.

답 ③

005 2017년 서울시 7급

삼국시기 불교계에 대한 설명으로 가장 옳지 않은 것은?

① 고구려의 보덕은 도교에 밀려 불교가 쇠퇴함을 개탄하였고, 후에 열반종을 제창하였다.
② 백제에서는 계율종이 크게 성행하였는데, 겸익이 대표적인 승려이다.
③ 신라에서는 호국불교가 크게 성행하였으나 밀교는 성행하지 못하였다.
④ 신라의 화랑은 미륵이 인간세계에 내려온다는 미륵하생 신앙과 관련이 있다.

출제영역 삼국 시대의 불교

삼국 시기 불교계에 대한 설명으로 옳지 않은 것은 ③번 선지이다. 삼국의 불교가 왕실 중심으로 도입되었으며, 호국불교적 성격을 크게 띤다는 것은 주지의 사실이고, 신라에서는 또한 샤머니즘과 유착되어 질병 치료, 외적 격퇴 등의 현세 구복적인 성격도 띠는 밀교가 성행하였다. 안홍, 명랑, 혜통 등의 밀교 승려가 활약하였다.

오답풀이

① 보장왕 때 연개소문이 당으로부터 도교를 받아들여 불교 세력을 배척하자, 보덕은 백제로 건너가 경복사를 짓고 열반종을 제창하였다.
② 성왕 때 인도에서 직접 율문을 가지고 귀국하여 이를 번역한 겸익에 의해 백제에서는 계율종이 크게 성행하였으며, 겸익은 일본 계율종 성립에도 영향을 끼쳤다.
④ 신라의 화랑은 도솔천에서 하생(下生)한 미륵으로 여겨졌으며, 화랑도라는 집단 자체가 미륵을 좇는 무리로 일컬어졌다.

답 ③

006 2018년 기상직 9급

다음 밑줄 친 '이 승려'에 대한 설명으로 옳은 것을 〈보기〉에서 고른 것은?

<u>이 승려</u>가 입적한 후 100여 년이 지난 애장왕대(800~809)에 후손 중업과 각간 김언승 등이 중심이 되어 그를 추모하는 비(고선사 서당화상비)를 세웠으며, 1101년 8월 고려 숙종이 화쟁국사(和諍國師)라는 시호(諡號)를 추증(追贈)하였다.

〈보기〉

ㄱ. 아미타 정토신앙을 널리 전도하였다.
ㄴ. 진골 출신으로 화엄종을 개창하여 융성시켰다.
ㄷ. 진평왕의 명으로 수나라에 군사를 청하는 글을 지어 바쳤다.
ㄹ. 대승기신론소, 금강삼매경론 등을 저술하였다.

① ㄱ, ㄴ　② ㄴ, ㄷ　③ ㄷ, ㄹ　④ ㄱ, ㄹ

출제영역 원효

'화쟁국사'라는 결정적인 힌트와, 원효의 어린 시절의 이름이 '서당'이었음과 설중업이 서당화상탑비를 세웠다는 사실을 통하여 밑줄 친 '이 승려'는 원효로 특정할 수 있다. 원효(617~686)에 대한 설명으로 옳은 것은 ㄱ, ㄹ이다.
ㄱ. 원효는 나무아미타불 염불만 외면 극락 왕생할 수 있다는 아미타 신앙을 널리 전파하였다. 이를 위해 무애가를 지어 불렀다고 한다.
ㄹ. 원효는 불교 서적을 폭넓게 이해하고 대승기신론소와 금강삼매경론 등을 저술하였다.

오답풀이

ㄴ. 진골 출신이었던 의상에 대한 설명이다. 의상은 부석사, 낙산사 등을 창건하였다.
ㄷ. 원광에 대한 설명이다. 원광은 진평왕의 명으로 수나라에 군사를 청하는 걸사표를 지어 바쳤고, 화랑이 지켜야 할 계율인 세속 5계를 만들었다.

답 ④

007 2019년 국가직 7급

백제 무령왕릉과 발해 정효공주묘의 공통점으로 옳은 것만 모두 고르면?

ㄱ. 중국 문화의 영향을 받아 만들어진 벽돌무덤이다.
ㄴ. 천장은 각을 줄여 쌓는 평행 고임 구조로 되어 있다.
ㄷ. 무덤방의 네 벽면에 회가 칠해지고 벽화가 그려져 있다.
ㄹ. 무덤에 묻힌 인물에 대해 알려 주는 문자 자료가 발견 되었다.

① ㄱ, ㄴ　② ㄱ, ㄹ　③ ㄴ, ㄷ　④ ㄷ, ㄹ

출제영역 고대 고분 문화

백제 무령왕릉과 정효공주묘의 공통점으로 옳은 것만 모두 고른 것은 ㄱ, ㄹ이다.
ㄱ. 공주(웅진)에 있는 백제 무령왕릉은 중국 남조(양)의 영향을 받아 만들어진 벽돌무덤으로 잘 알려져 있다. 길림성 화룡현 용두산에 있는 정효공주묘는 벽돌로 무덤 벽을 쌓는 당의 양식을 띠고 있으며, 사각형 형태가 평행하게 줄어드는 평행 고임 구조로 되어있다.
ㄹ. 무령왕릉에서 묘지석이 발굴되어 피장자가 무령왕과 무령왕비임을 확인할 수 있었고, 정효공주묘에서도 묘비가 거의 완전한 형태로 발견되어 무덤에 묻힌 인물이 누구인지 확인할 수 있었다.

오답풀이

ㄴ. 정효공주묘에만 해당하는 설명이다. 평행 고임 구조(혹은 모서리를 줄여나간다는 의미에서 붙어진 모줄임 구조)는 고구려의 고분 양식을 계승한 것으로 이해한다.
ㄷ. 무령왕릉에는 네 면에 벽화가 그려져 있지 않다. 정효공주묘에는 벽화가 그려져 있는데, 널길의 동, 서벽과 널방의 동, 서, 북벽에 그려진 12명의 인물도는 처음으로 발해인의 모습을 보여주며, 무사, 시위, 내시, 악사로 뺨이 둥글고 얼굴이 통통하여 당나라 화풍을 반영하고 있다고 한다.

답 ②

008 2017년 국가직 7급

다음 기행문의 ㉠에서 출토한 유물로 적절한 것은?

며칠 전 나는 공주 시내에 있는 유적지를 둘러보았다. 가장 인상에 남는 곳은 송산리 고분군이었다. 그곳에는 [㉠]가(이) 자리 잡고 있었으며, 전시관도 마련되어 있었다. [㉠]는(은) 연도(羨道)와 현실(玄室)을 아치형으로 조성한 벽돌무덤이다. 이 무덤에서 금송(金松)으로 만든 왕과 왕비의 관(棺)을 비롯하여 많은 부장품을 출토하였다. 중국 남조 양나라나 왜와의 교류를 짐작케하는 무덤이다.

① 무덤 안에 있는 여러 옷차림의 토우
② 무덤 안에 놓여 있는 왕과 왕비의 지석
③ 무덤 안의 네 벽면을 장식한 사신도 벽화
④ 무덤 주위를 둘러싼 돌에 새겨진 12지 신상

출제영역 무령왕릉

㉠은 무령왕릉이다. 송산리 고분군, 벽돌무덤, (일본산) 금송으로 만든 관, 양나라 및 왜와의 교류 등을 통하여 무령왕릉으로 특정할 수 있다. 무령왕릉에서 출토된 유물로 적절한 것은 ②번 선지이다. 무령왕릉에서 발견된 왕과 왕비의 지석을 통하여 피장자가 누구인지 명확히 밝힐 수 있으며, 토지신에게 돈을 주고 땅을 사 무덤을 만들었다는 개념 등을 확인할 수 있었다. 이 밖에도 금관 장식과 진묘수 등 여러 부장품이 출토되었다.

오답풀이

① 토우는 신라와 가야의 고분에서 주로 출토되었다.
③ 고구려 강서대묘, 공주의 송산리 6호분, 부여의 능산리 고분 등에서 사신도 벽화를 찾아볼 수 있다.
④ 통일 신라 시대의 고분에서 볼 수 있는 형태이다. 흥덕왕릉, 김유신 장군묘 등은 굴식 돌방 무덤이며, 그 봉토 주위를 둘레돌로 두르고, 둘레돌에 12지신상을 조각하였다.

답 ②

009

2017년 서울시 7급

밑줄 친 이 승려에 대한 설명으로 옳은 것을 〈보기〉에서 모두 고른 것은?

> 이 승려는 고려 초기에 귀법사의 주지를 역임하였고, 남악파와 북악파의 통합을 위해 인유(仁裕)와 함께 큰 사찰의 승려를 찾아가 설득하여 화엄종파의 분쟁을 종식시켰다. 958년에는 시관(試官)이 되어 유능한 승려들을 많이 선발하였다.
>
> 〈보기〉
>
> ㄱ. 『신편제종교장총록』을 편찬하였다.
> ㄴ. 『천태사교의』를 저술하였다.
> ㄷ. 성상융회를 주창하였다.
> ㄹ. 향가를 지음으로써 국문학 사상 큰 업적을 남겼다.

① ㄱ, ㄴ ② ㄴ, ㄷ ③ ㄴ, ㄹ ④ ㄷ, ㄹ

출제영역 균여

밑줄 친 '이 승려'는 광종 대에 크게 활약한 균여(923년~973년)이다. 남악파와 북악파의 통합, 화엄종파의 분쟁 종식, 958년 시관이 되어 승과를 운영한 것 등을 통하여 추측할 수 있다. 균여에 대한 설명으로 옳은 것은 ㄷ, ㄹ 이다.

ㄷ. 균여의 사상의 핵심은 이른바 성상융회(性相融會)로 대변되는데, 이는 '공(空)'을 뜻하는 '성(性)'과 '색(色)'을 뜻하는 '상(相)'을 원만하게 융합하는 것으로서 당시 양립하던 화엄 사상 속에 법상종의 사상을 융합하여 교파 간의 대립을 해소하기 위한 통합사상이었다.
ㄹ. 균여는 《보현십종원왕가(약칭 보현십원가)》라는 11수의 향가를 지어, 노래로 불교의 교리를 알기 쉽게 부르게 함으로써, 대중이 부처에 친근해지도록 하였다.

오답풀이

ㄱ. 신편제종교장총록은 의천이 고려와 송, 요, 일본 등에서 불교 자료를 수집하여 편찬한 목록집이다.
ㄴ. 제관(?~970년)이 천태종의 중심 사상의 요지를 표현하고자 저술하였다.

답 ④

010

2018년 법원직

(가), (나)를 주장한 승려들에 관한 설명으로 옳은 것은?

> (가) 교를 배우는 이는 대개 안의 마음을 버리고 외면에서 구하고, 선을 익히는 이는 인연을 잊고 안의 마음을 밝히기를 좋아하니, 모두 한 쪽에 치우친 것으로 두 극단에 모두 막힌 것이다.
> (나) 지금의 불교계를 보면, 아침저녁으로 하는 일들이 비록 부처의 법에 의지하였다고 하나, 자신을 내세우고 이익을 구하는 데 열중하여 세속의 일에 골몰한다. 도덕을 닦지 않고 옷과 밥만 허비하니, 비록 출가하였다고 하나 무슨 덕이 있겠는가?

① (가) - 천태종의 신앙 결사체인 백련사를 조직하였다.
② (가) - 중국에서 도입한 법안종을 중심으로 선종을 정리하였다.
③ (나) - 선을 중심으로 교학을 포용하고자 하였다.
④ (나) - 유교와 불교의 통합을 시도하며 유불 일치설을 주장하였다.

출제영역 고려의 승려(의천, 지눌)

(가)는 교선 통합, (나)는 불교계의 타락을 비판하는 신앙 결사 운동(수선사)을 말하고 있으므로, (가)는 의천, (나)는 지눌로 추측할 수 있다. 지눌은 정혜쌍수와 돈오점수를 주장하며, 선종을 중심으로 교종을 통합하려 하였다.

오답풀이

① 천태종을 중심으로 백련사 결사운동을 주도한 것은 무신정권기의 승려인 요세이다.
② 법안종을 중국에서 도입하여 이를 중심으로 선종을 정리한 것은 광종이다. 광종은 당시 혜거를 국사에 임명하고 법안종을 정착시키고자 하였다.
④ 유교와 불교의 통합을 시도하며 유불일치론을 전개한 것은 무신정권기 승려인 혜심이다.

답 ③

011 2020년 국가직

밑줄 친 '이 책'에 대한 설명으로 옳은 것은?

신(臣)이 이 책을 편수하여 바치는 것은 … (중략) … 중국은 반고부터 금국에 이르기까지, 동국은 단군으로부터 본조(本朝)에 이르기까지 처음 일어나게 된 근원을 간책에서 다 찾아보아 같고 다른 것을 비교하여 요점을 취하고 읊조림에 따라 장을 이루었습니다.

① 성리학적 유교 사관이 반영되어 대의명분을 강조하였다.
② 국왕, 훈신, 사림이 서로 합의하여 통사체계를 구성하였다.
③ 원 간섭기에 중국과 구별되는 우리 역사의 독자성을 강조하였다.
④ 왕명으로 단군조선에서 고려 말까지의 역사를 노래 형식으로 정리하였다.

출제영역 제왕운기

제시된 내용 중 '중국'의 역사와 '동국(우리 민족)'의 역사를 모두 수록한 것과 '읊조림에 따라'를 통해 서사시임을 확인할 수 있다. 따라서 밑줄 친 "이 책"은 충렬왕 때 이승휴가 편찬한 『제왕운기』임을 알 수 있다. 제왕운기는 원 간섭기에 중국과 구별되는 우리 역사의 독자성을 강조한("요동에는 별천지가 이으니, 중국과는 확연하게 구분되도다") 역사서이다.

오답풀이

① 성리학적 유교 사관이 반영된 대표적 역사서로는 이제현의 『사략』 등이 있다.
② 조선 전기 성종대에 편찬된 『동국통감』에 대한 설명이다.
④ 세종 시기 편찬된 『동국세년가』에 대한 설명이다. 세종은 권제 등에게 명해 단군 조선부터 고려까지의 역사를 노래 형식으로 엮어 『동국세년가』를 편찬하도록 하였다.

답 ③

012 2022년 지방직

다음 내용의 역사서에 대한 설명으로 옳은 것은?

왕께서는 "우리나라 사람들은 유교 경전과 중국 역사에 대해서는 자세히 말하는 사람이 있으나 우리나라의 사실에 이르러서는 잘 알지 못하니 매우 유감이다. 중국 역사서에 우리 삼국의 열전이 있지만 상세하게 실리지 않았다. 또한, 삼국의 고기(古記)는 문체가 거칠고 졸렬하며 빠진 부분이 많으므로, 이런 까닭에 임금의 선과 악, 신하의 충과 사악, 국가의 안위 등에 관한 것을 다 드러내어 그로써 후세에 권계(勸戒)를 보이지 못했다. 마땅히 일관된 역사를 완성하고 만대에 물려주어 해와 별처럼 빛나도록 해야 하겠다."라고 하셨습니다.

① 불교를 중심으로 신화와 설화를 정리하였다.
② 유교적인 합리주의 사관에 따라 기전체로 서술되었다.
③ 단군조선을 우리 역사의 시작으로 본 통사이다.
④ 진흥왕의 명을 받아 거칠부가 편찬하였다.

출제영역 삼국사기

사료는 1145년(인종 23) 김부식이 『삼국사기』를 인종에게 바치면서 올린 글(진삼국사기표)이다. 『삼국사기』는 현존하는 우리나라 최고(最古)의 역사서로서, 고려 초에 쓰여진 『구삼국사』를 기본으로 유교적 합리주의 사관에 기초하여 기전체로 서술하였다.

오답풀이

① 『삼국유사』에 대한 설명이다. 충렬왕 때에 일연이 쓴 『삼국유사』는 불교사를 중심으로 고대의 민간 설화나 전래 기록을 수록하는 등 우리의 고유문화와 전통을 중시하였다.
③ 『동국통감』에 대한 설명이다. 조선 초 성종 때 편찬된 『동국통감』은 서거정 등이 고조선(단군 조선)부터 고려 말까지의 역사를 정리한 편년체 통사로 저술되었다.
④ 신라시대 역사서인 『국사』에 대한 설명이다. 신라에서는 진흥왕 때 거칠부가 『국사』를 편찬하였으나 현재는 전해지지 않고 있다.

답 ②

013

2023년 계리직

밑줄 친 (　　)에 대한 설명으로 옳은 것은?

> 신이 (____) 을/를 삼가 편수하여 두 권으로 나누어 깨끗이 써서 바칩니다. …(중략)… 예로부터 지금까지 황제들이 이어온 역사, 즉 중국은 반고로부터 금까지, 동국은 단군으로부터 우리 본조까지 그 시작한 근원을 책에서 두루 찾아내어, 같고 틀림을 비교하여 그 요긴함을 추려 풍영(諷詠)으로 시를 지으니 서로 계승하고 주고 받으며 일어남이 손바닥을 가리키듯 분명합니다.

① 편년체와 강목체를 결합하여 서술하였다.
② 예맥, 옥저 등을 모두 단군의 후손으로 서술하였다.
③ 불교사를 중심으로 설화와 야사를 많이 서술하였다.
④ 정통론에 입각하여 마한, 신라를 정통국가로 서술하였다.

출제영역 제왕운기

제시문은 이승휴가 충렬왕에게 제왕운기를 지어 바치는 표문이다. 중국 황제의 역사, 동국(우리나라)의 역사를 추려 시를 지었다는 표현에서 제왕운기라는 것을 알 수 있다. 정답은 ②번 선지이다. 제왕운기는 단군조선부터 고려까지의 역사를 다루고 있는데, 예맥, 옥저, 부여 등이 단군을 이었다고 서술하고 있다.

오답풀이

① 본조편년강목 등에 대한 설명이다.(충숙왕) 제시문에서도 제왕운기는 시로 지어졌다는 표현을 볼 때, 이 선지가 틀리다는 것을 짐작할 수 있다.
③ 충렬왕 때 일연이 쓴 삼국유사에 대한 설명이다.
④ 동사강목 등에 대한 설명이다. 정통론에 입각한 서술은 성리학적 질서에 영향을 받은 것이라 볼 수 있는데, 제왕운기가 저술된 시점은 성리학이 주류 질서로 자리하기 이전이다.

답 ②

014

2023년 지방직

다음 글을 쓴 인물에 대한 설명으로 옳은 것은?

> 세상에서 동명왕의 신이(神異)한 일을 많이 말한다. …(중략) … 지난 계축년 4월에 『구삼국사』를 얻어 동명왕 본기 를 보니 그 신기한 사적이 세상에서 얘기하는 것보다 더하였다. 그러나 처음에는 믿지 못하고 귀신이나 환상이라고만 생각하였는데, 두세 번 반복하여 읽어서 점점 그 근원에 들어가니 환상이 아닌 성스러움이며, 귀신이 아닌 신성한 이야기였다.

① 사실의 기록보다 평가를 강조한 강목체 사서를 편찬하였다.
② 단군부터 고려 충렬왕 때까지의 역사를 서사시로 기록하였다.
③ 단군신화와 전설 등 민간에서 전승되는 자료를 광범위하게 수록 하였다.
④ 김부식의 『삼국사기』에 동명왕의 신이한 사적이 생략되어 있다고 평하였다.

출제영역 동명왕편

제시문은 이규보의 동명왕편 서문이다. 동명왕, 신이(神異) 사관 등을 통하여 알 수 있을 것이다. 이규보에 대한 설명으로 옳은 것은 ④번 선지이다. 이 글에서 이규보는 '김부식이 삼국사기를 쓰면서 동명왕의 신이한 사적으로 생략한 것은 국사는 세상을 바로잡는 글이므로 이상한 일은 후세에 보일 것이 아니라고 생각하여 생략한 것인가?' 라고 평한다. 제시문에서도 구삼국사 동명왕 본기에는 신기한 사적이 적혀 있었고, 귀신이 아닌 신성한 이야기라고 서술한 것을 볼 때 정답을 추측할 수 있을 것이다.

오답풀이

① 안정복 등에 대한 설명이다.
② 이승휴(제왕운기)에 대한 설명이다.
③ 일연(삼국유사)에 대한 설명이다.

답 ④

015

2018년 교행직

(가)에 들어갈 내용으로 옳은 것은?

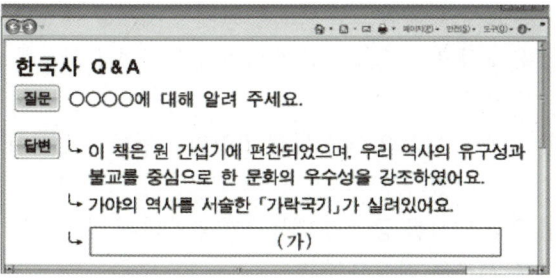

> **한국사 Q&A**
>
> 질문 OOOO에 대해 알려 주세요.
>
> 답변 ↳ 이 책은 원 간섭기에 편찬되었으며, 우리 역사의 유구성과 불교를 중심으로 한 문화의 우수성을 강조하였어요.
>
> ↳ 가야의 역사를 서술한 「가락국기」가 실려있어요.
>
> ↳ (가)

① 신라의 역사를 상고, 중고, 하고로 구분하였어요.

② 기전체 서술방식에 따라 본기, 연표, 지, 열전으로 구성하였어요.

③ 기자 조선 - 마한 - 신라 정통론의 입장에서 강목법에 따라 서술하였어요.

④ 고구려 계승 의식을 바탕으로 동명왕의 업적을 서사시로 표현하였어요.

출제영역 삼국유사

원 간섭기(충렬왕 대)에 편찬되었고, 우리 역사의 유구성(단군 신화 수록)과 불교(저자인 일연이 승려임)를 중심으로 한 문화의 우수성을 강조하였다는 표현에서 『삼국유사(三國遺事)』임을 쉽게 알 수 있다. 『삼국유사』에서는 왕명의 형태에 따라 신라의 역사를 상고(고유 왕명 시대, 혁거세~지증왕), 중고(불교식 왕명 시대, 법흥왕~진덕왕), 하고(중국식 묘호 시대, 무열왕~경순왕)로 크게 삼분하였다.

오답풀이

② 본기(本紀, 천자의 기록)가 있고, 세가(世家, 제후의 기록)가 없는 기전체(紀傳體) 역사서로는, 김부식의 『삼국사기』가 대표적이다. 『삼국유사』는 이야기 중심의 기사본말체로 서술되었다.

③ 기자조선 - 마한 - 신라 정통론의 입장에서 강목법(綱目法)에 따라 역사를 저술한 것은 조선 후기 실학자 안정복이 편찬한 『동사강목』에 대한 설명이다.

④ 고구려 계승 의식을 바탕으로 『구삼국사』 내용을 인용하여 동명성왕(주몽)의 업적을 서사시로 표현한 것은 이규보의 『동명왕편』에 대한 설명이다.

답 ①

016

2017년 국가직 7급

㉠에 대한 설명으로 옳은 것은?

> 평장사 최윤의 등 17명의 신하에게 명하여 고금의 서로 다른 예문을 모아 참작하고 절충하여 50권의 책을 만들고 ㉠ (이)라 이름하였다. - 『동국이상국집』 -

① 교서관에서 갑인자로 인쇄되었다.

② 금속활자로 인쇄한 판본이 남아있다.

③ 최씨 집권기에 활자본 28부를 간행하였다.

④ 현재 프랑스 국립도서관에서 소장하고 있다.

출제영역 상정예문

㉠은 상정예문(고금상정예문 혹은 상정고금예문으로 불리나 정식 명칭은 상정예문이다.)이다. '고금의 서로 다른 예문'에서 힌트를 얻을 수 있을 것이다. 상정예문은 현존하지는 않지만, 1234년에서 1241년 사이에 인쇄된 금속활자본으로 알려져 있다. 고려 인종 때에 최윤의 등 학자들이 왕명에 따라 1147~1162년까지 공포된 법령, 규범들을 수집하여 50권으로 편찬하였다. 몽골의 침입으로 강화도로 천도하였을 때, 최우가 남겨진 상정예문을 활자로 28부를 찍어 여러 관사에 나누어 간직하게 하였다는 기록이 있다(1234년~1241년 사이로 추정).

오답풀이

① 교서관은 조선 시대 경적의 인쇄와 제사 때 쓰이는 향과 축문, 인신 등을 관장하기 위하여 설치되었던 관서이고, 갑인자는 세종 16년(1434년)에 주자소에서 만든 동활자이다.

② 상정예문은 금속활자 인쇄본은 현재 전하지 않는다.

④ 직지심체요절에 대한 설명이다

답 ③

017

2018년 지방직 7급

고려시대 성리학의 수용 과정에 대한 설명으로 옳지 않은 것은?

① 백이정은 직접 원에 가서 성리학을 배워 왔다.
② 김문정은 원에서 공자의 화상과 각종 서적을 구해 왔다.
③ 안향은 정몽주, 권근, 정도전 등을 가르쳐 성리학을 더욱 확산시켰다.
④ 이제현은 만권당에서 원의 학자들과 교류하면서 성리학에 대한 이해를 심화하였다.

출제영역 성리학의 수용

고려 시대 성리학의 수용 과정에 대한 설명으로 옳지 않은 것은 ③번 선지이다. 정몽주, 권근, 정도전 등을 가르쳐 성리학을 더욱 확산시킨 인물로 평가받는 것은 안향이 아니라 목은 이색이다. 이색은 공민왕 17년(1367) 중영된 성균관의 대사성에 임명되어 성균관 교육 부흥을 책임졌던 인물이다. 안향(1243~1306)은 충렬왕 때 원에서 성리학을 도입한 것으로 알려진 문신으로 섬학전 설치를 주도하였으며, 백운동 서원에 배향되어 있다.

오답풀이

① 백이정은 충선왕을 따라 원의 연경(북경)에서 10년간 머무르는 동안, 성리학에 관심을 기울여 연구하였으며, 고려로 귀국할 때 정주의 성리서적과 주자의 가례를 가지고 돌아왔다.
② 김문정은 원에서 선성 10철(宣聖十哲)의 화상과 문묘의 제기와 악기, 육경(六經)과 제자(諸子)의 서적 등을 가지고 돌아왔다.
④ 충선왕이 북경에 만권당을 설립하였다. 이제현은 만권당에서 조맹부 등 원의 저명한 학자들과 교유하였다.

답 ③

018

2019년 국가직 7급

이규보의 역사의식에 대한 설명으로 옳은 것은?

① 불교사를 중심으로 새로운 고대사 체계를 세웠다.
② 유교적 합리주의 사관에 입각하여 기전체 사서를 편찬하였다.
③ 고구려 계승 의식을 통해 고려의 기원을 신성시하고자 하였다.
④ 우리 역사를 중국과 대등하게 파악하며 단군을 민족 시조로 인식하였다.

출제영역 이규보

이규보의 역사의식에 대한 설명으로 옳은 것은 ③번 선지이다. 이규보는 1193년에 고구려 건국의 영웅인 동명왕의 업적을 서사시로 엮은 「동명왕편」을 지었다. 「동명왕편」은 중화 중심의 역사의식에서 탈피해 위대한 고구려를 계승하고 있다는 고려인의 자부심과 우리의 민족적 우월성을 반영하고 있다.

오답풀이

① 일연의 「삼국유사」는 불교사 중심으로 서술돼 있으며, 단군 신화가 처음으로 수록되었다.
② 김부식이 편찬한 「삼국사기」에 대한 설명이다.
④ 이승휴가 지은 「제왕운기」에 대한 설명이다.

답 ③

019 2020년 국가직 7급

(가) 왕대에 볼 수 없었던 조형물은?

> 대리석으로 만든 10층 석탑으로 원래는 경천사에 세워졌다. 이후 원위치에서 불법 반출되어 일본으로 건너갔다가 반환되는 우여곡절을 겪기도 했다. 이 석탑은 표면에 새겨진 명문에 의하여 (가) 왕대에 건립된 것으로 알려져 있다.

① 불국사 다보탑
② 원각사 10층 석탑
③ 법천사 지광국사탑
④ 관촉사 석조미륵보살입상

출제영역 경천사지 10층 석탑

제시문에서는 경천사지 10층 석탑을 설명하고 있고, 경천사지 10층 석탑은 충목왕 대(1337~1348) 건립되었다. 경천사지 10층 석탑은 대리석으로 만들어졌고, 원에서 유행하던 티베트 불교(라마교)의 영향을 받아 화려한 조각이 새겨져 있다. 1907년 일본으로 반출되었던 이 탑은 광복 후 반환되어 경복궁에 있다가, 파손된 부분을 해체 복원하여 국립 중앙 박물관으로 옮겼다. 충목왕 대에 볼 수 없었던 조형물은 ②번 선지이다. 충목왕 대 시기를 특정하여 문제를 해결한다기보다는 세조 대에 건립된 원각사지 10층 석탑이 경천사지 10층 석탑의 영향을 받았다는 사실을 기억한다면 어렵지 않게 정답을 찾을 수 있다.

오답풀이

① 불국사 다보탑은 불국사가 창건될 당시인 8세기 중엽에 설립된 것으로 보인다.
③ 승탑인 법천사지 지광국사탑은 11세기 후반에 건립된 것으로 추정된다.
④ 논산 관촉사 석조미륵보살입상은 968년 경에 조성된 것으로 추정된다.

답 ②

020 2017년 교육행정직

다음 인물에 대한 설명으로 옳은 것은?

> 그는 성리학의 정치 이론서인 대학연의가 간결하지 못한 점을 비판하고, 군주가 성학(聖學)을 이해하는 데 신하의 역할을 중시하는 입장을 담은 책을 저술하였다. 이 책은 통설, 수기, 정가, 위정, 성현도통 등으로 구성되어 있으며, 이후 사상계에 널리 영향을 미쳤다.

① 주자의 중요한 서찰을 뽑아 주자서절요를 편찬하였다.
② 주자의 학설을 절대적 가치로 내세우며 예송 논쟁에 앞장 섰다.
③ 성리학적 사회 질서의 보급을 위해 아동용인 동몽선습을 저술하였다.
④ 수취 제도의 개혁안을 비롯한 개혁 방안을 담은 동호문답을 서술하였다.

출제영역 이이(성학집요)

제시문은 이이가 저술한 성학집요에 대한 설명이다. 성학(聖學)과 신하의 역할을 중시한다는 표현을 통하여 추측할 수 있을 것이다. 율곡 이이에 대한 설명으로 옳은 것은 ④번 선지이다. 현실 개혁에 적극적인 면모를 보였던 율곡 이이는 왕도 정치의 이상을 문답 형식으로 서술하여 선조에게 글을 올렸는데, 이것이 동호문답이다. 동호문답에는 수취제도의 개혁안을 비롯한 여러 개혁 방안이 담겨 있다.

오답풀이

① 퇴계 이황에 대한 설명이다.
② 송시열 등 서인에 대한 설명이다.
③ 중종 때 박세무가 동몽선습을 저술하였다.

답 ④

021

2019년 기상직 7급

(가), (나)와 직접 관련된 인물에 대한 설명으로 옳지 않은 것은?

> (가) 칼과 방울을 의(義)와 경(敬)의 상징으로 차고 다녔다.
> (나) 이언적의 철학사상을 발전시켜 주리철학을 정립하였다.

① (가) - 주리론의 선구자로 기보다 이를 중시하였다.
② (가) - 문하에서 다수의 의병장이 배출되었다.
③ (나) - 일본의 성리학 발전에 기여하였다.
④ (나) - 기대승과 사단칠정 논쟁을 벌였다.

출제영역 조식과 이황

(가)는 남명 조식에 대한 설명이고, (나)는 퇴계 이황에 대한 설명이다. 옳지 않은 것은 ①번 선지이다. 이언적이 주리론의 선구자적 위치에 있고, 이황에 의해 주리론이 집대성되었다는 것이 일반적인 이해이므로, ①번 선지는 옳지 않다. 조식(1501년~1572년)은 출사하지 않고 학문 연구와 제자 양성에 힘쓴 산림처사로, 학문의 실천성을 강조하였다. 경과 의를 강조하였으며, 그의 문하에서 의병장이 많이 배출되었고, 그의 학풍은 북인으로 이어졌다. 노장사상에 상대적으로 개방적이었으며, 서리의 폐단을 비판한 '서리망국론'을 주장하였다. 이황(1501년~1570년)은 이언적의 철학 사상을 발전시켜 주리철학을 정립하였으며, 이의 절대성을 강조하였다. 주자서절요, 성학십도 등을 저술하였으며, 도덕적 행위의 근거로 인간의 심성을 중시하고, 근본적이며, 이상주의적 성격이 강하였으며, 그의 학풍은 영남 남인으로 이어졌다.

오답풀이

② 조식의 문하에서 곽재우 등 다수의 의병장이 배출되었다.
③ 그의 저서 주자서절요가 일본에 전해져 일본 성리학 발전에 기여하였다.
④ 퇴계 이황은 기대승과 사단칠정 논쟁을 벌이며, 성리학에 대한 이해를 심화하였다.

답 ①

022

2022년 지방직

밑줄 친 '저'에 대한 설명으로 옳은 것은?

> 올해 초가을에 비로소 저는 책을 완성하여 그 이름을 『성학집요』라고 하였습니다. 이 책에는 임금이 공부해야 할 내용과 방법, 정치하는 방법, 덕을 쌓아 실천하는 방법과 백성을 새롭게 하는 방법이 실려 있습니다. 또한 작은 것을 미루어 큰 것을 알게 하고 이것을 미루어 저것을 밝혔으니, 천하의 이치가 여기에서 벗어나지 않을 것입니다. 따라서 이것은 저의 글이 아니라 성현의 글이옵니다.

① 예안향약을 만들었다.
② 동호문답을 저술하였다.
③ 백운동서원을 건립하였다.
④ 왕자의 난 때 죽임을 당했다.

출제영역 이이의 활동

밑줄 친 '저'는 율곡 이이다. 율곡은 성학집요, 퇴계는 성학십도를 지었다는 것을 기억해두면 좋다. 이이에 대한 설명으로 옳은 것은 ②번 선지이다. 이이는 왕도정치의 이상을 문답 형식으로 서술하여 선조에게 글을 올렸고, 이것이 동호문답이다. 이이는 상대적으로 기(氣)를 중시하여, 수미법, 10만 양병설을 주장하는 등 현실적, 개혁적 성향을 보였다. 그의 사상은 서인에 영향을 주었으며, 성학집요, 동호문답, 만언봉사, 격몽요결 등의 저술을 남겼다.

오답풀이

① 이황에 대한 설명이다. 이이가 만든 향약은 해주향약, 서원향약 등이 있다.
③ 풍기군수 주세붕이 안향을 배향하기 위해 사묘를 설립한 것에서 백운동 서원이 출발하였고(1542년, 중종 36년), 이황이 풍기군수로 부임하였을 때, 사액을 요청하여 소수서원이 되었다(1550년, 명종 5년).
④ 정도전 등에 대한 설명이다.

답 ②

023

2022년 소방직

〈보기〉의 조선의 천주교 전파 상황을 순서대로 바르게 나열한 것은?

〈보기〉

ㄱ. 이승훈이 북경에서 서양 신부에게 영세를 받고 돌아왔다.
ㄴ. 윤지충이 모친상 때 신주를 불사르고 천주교 의식을 행하였다.
ㄷ. 이수광이 『지봉유설』에서 마테오 리치의 『천주실의』를 소개하였다.
ㄹ. 황사영이 북경에 있는 프랑스인 주교에게 군대를 동원하여 조선에서 신앙과 포교의 자유를 보장받을 수 있도록 청하는 서신을 보내려다 발각되었다.

① ㄱ－ㄴ－ㄹ－ㄷ
② ㄱ－ㄷ－ㄹ－ㄴ
③ ㄷ－ㄱ－ㄴ－ㄹ
④ ㄷ－ㄴ－ㄱ－ㄹ

출제영역 천주교

〈보기〉의 사실을 일어난 순서대로 바르게 나열하면 다음과 같다.
ㄷ. 이수광은 1614년(광해군 6년)에 지봉유설을 완성하였다. 천주실의를 지봉유설에서 다룬 것이 우리나라에 처음 천주교를 소개한 것으로 평가받는다.
ㄱ. 이승훈은 1783년 북경에서 영세를 받고, 1784년 귀국하였다. 이승훈은 1801년 신유박해 때 체포되어 참수되었다.
ㄴ. 윤지충은 신해박해(정조 15년, 1791년)로 사형되었다.
ㄹ. 황사영 백서는 1801년에 제작되었다. 황사영은 신유박해의 전말과 그 대응책을 흰 비단에 적어 중국 북경의 구베아 주교에게 보내고자 하였다.

답 ③

024

2018년 국가직 7급

다음과 같이 주장한 인물에 대한 설명으로 옳은 것은?

> 예로부터 나라의 역사가 중기에 이르면 인심이 반드시 편안만 탐해 나라가 점점 쇠퇴한다. 그때 현명한 임금이 떨치고 일어나 천명을 연속시켜야만 국운이 영원할 수 있다. 우리나라도 200여 년을 지내 지금 중쇠(中衰)에 이미 이르렀으니, 바로 천명을 연속시킬 때이다.

① 경과 의를 근본으로 하는 실천적 성리학풍을 창도하였다.
② 왕이 지켜야 할 왕도정치 규범을 체계화한 「성학십도」를 지었다.
③ 삼강오륜의 윤리를 설명하고 중국과 우리나라의 역사를 적은 「동몽선습」을 지었다.
④ 우리 역사에서 기자의 행적을 주목하고 그 전통을 계승하기 위해 「기자실기」를 지었다.

출제영역 율곡 이이

제시문과 같이 주장한 인물은 율곡 이이이다. '중쇠기', '사회 경장론' 등을 떠올리면 이 글의 맥락을 읽어낼 수 있을 것이다. 율곡은 현실 세계를 구성하는 기를 상대적으로 중시한 주기론의 입장에서 현실 개혁에 적극성을 보였다. 당시 조선 사회를 폐단이 누적된 시기로 경장(更張)이 필요한 시기로 보았으며, 통치 체제의 정비와 수취제도의 개선(대공 수미법) 등 다양한 현실 개혁 방안을 제시하였다. 율곡에 대한 설명으로 옳은 것은 ④번 선지이다. 율곡은 사림이 추구하는 왕도정치가 기자에서 비롯되었다는 평가를 담은 「기자실기」를 저술하였다.

오답풀이

① 경과 의를 강조한 실천적 성리학풍은 조식에 대한 설명이다.
② 「성학십도」를 지은이는 퇴계 이황이다.
③ 아동 교육에 활용한 「동몽선습」을 지은이는 박세무이다.

답 ④

025

2018년 서울시 1차

〈보기〉는 어느 책의 일부를 발췌한 것이다. 이 책을 저술한 사람은?

〈보기〉

하늘이 재능을 균등하게 부여하는데 관리의 자격을 대대로 벼슬하던 집안과 과거 출신으로만 한정하고 있으니 항상 인재가 모자라 애태우는 것은 당연한 일이다. 어느 시대, 어느 나라에서 노비나 서얼이어서 어진 인재를 버려두고, 어머니가 개가 했으므로 재능을 쓰지 않는다는 것은 듣지 못했다.

① 이황 ② 이이 ③ 허균 ④ 유형원

출제영역 허균의 유재론

제시문은 허균의 『유재론』 중 일부이다. 허균은 하늘이 인재를 태어나게 함은 본래 한 시대의 쓰임을 위한 것이므로 인재를 버리는 것은 하늘을 거역하는 것이라고 하였다. 허균은 「유재론」이나 「호민론」 같은 글을 통해 신분의 제한 없이 능력 있는 인재의 적극적인 등용을 주장했으며, 이러한 그의 사상은 『홍길동전』 등에서 잘 드러난다.

오답풀이

①, ② 이황, 이이의 경우 16세기의 정통 성리학자이므로, 노비나 서얼 등에게 관직을 허용하자는 것은 시기상 지나치게 급진적인 내용이다.

④ 유형원은 17세기의 초기 실학자로, 양반문벌과 노비제도를 비판하기는 하여으나, 균전론에서 신분에 따른 토지의 차등지급을 주장하는 등 아직 기존 신분제도의 한계를 극복하지 못하는 모습을 보인다.

답 ③

026

2018년 서울시 7급

〈보기〉와 같은 사상 체계를 지닌 인물에 대한 설명으로 가장 옳지 않은 것은?

〈보기〉

- 이기호발설(理氣互發說)을 내세워 이(理)는 착하고 보편적이지만, 기(氣)는 착한 것과 악한 것이 섞여 있어 비천한 것으로 보았다.
- 4단(四端)은 이에서 발생하고, 7정(七情)은 기에서 발생한다고 보았다.

① 주자의 서찰을 뽑아 「주자서절요」를 편찬하여 일본 주자학 발달에 기여하였다.

② 선배학자 이언적의 철학을 발전시켜 주리설(主理說)을 수립하였다.

③ 유성룡, 김성일, 정구, 장현광 등 영남학자들에게 학설이 계승되었다.

④ 국왕과 선비가 지켜야 할 왕도정치의 규범을 체계화한 「성학 집요」를 지었다.

출제영역 이황

제시문은 이황의 사상 체계를 설명하고 있다. 이황은 이귀기천(理貴氣賤) 사상에 입각하여 이기호발설(理氣互發說)을 전개하여, 이(理)의 자발성·운동성을 강조하였으며, '사단은 이가 발한 것이며 칠정은 기가 발한 것이다(四端理之發, 七情氣之發).'라고 하였다. 이황에 대한 설명으로 옳지 않은 것은 ④번 선지이다. 율곡 이이가 「성학집요」를 지었으며, 이황은 「성학십도」를 지어 국왕이 스스로 인격과 학식 수양을 위해 부단히 노력해야 한다는 점을 강조하였다.

오답풀이

① 이황은 주자의 서찰을 선별해 「주자서절요」를 편찬하였고, 그의 사상은 일본에까지 전해져 일본 성리학 발전에 기여하였다.

② 이황은 이언적의 철학을 발전시켜 주리론을 확립했으며, 주자의 이론에 조선의 현실을 반영시켜 조선 성리학의 체계를 세웠다.

③ 이황의 학문은 유성룡, 김성일, 정구, 장현광 등 영남학자들에게 계승되었으며, 이들은 남인을 형성하였다.

답 ④

027 2021년 계리직

다음 글이 나오는 책을 지은 학자에 대한 설명으로 옳은 것은?

> 수령이라는 직책은 관장하지 않는 것이 없으니, 여러 조목을 열거하여도 오히려 직책을 다하지 못할까 두려운데, 하물며 스스로 실행하기를 기대할 수 있겠는가? 이 책은 첫머리의 부임(赴任)과 맨 끝의 해관(解官) 2편을 제외한 나머지 10편에 들어 있는 것만 해도 60조나 되니, 진실로 어진 수령이 있어 제 직분을 다할 것을 생각한다면 아마도 방법에 어둡지는 않을 것이다.

① 노론의 중심 인물로 대의명분을 중시하였다.
② 조세제도 개혁을 통해 정전제의 이념을 구현하려 하였다.
③ 자영농 육성을 위해 토지를 재분배하자는 균전론을 제기하였다.
④ 본인의 연행 경험을 바탕으로 상공업 진흥과 기술 발전을 제안하였다.

출제영역 정약용의 사상

제시문은 정약용이 저술한 『목민심서』의 일부 내용이다. 『목민심서』는 정약용이 유배 생활을 하던 1818년에 저술하였으며, 목민관, 즉 수령이 지켜야 할 지침(指針)을 밝히면서 관리들의 폭정을 비판한 저서이다. 정약용은 토지 제도 개혁안으로 이상적인 여전론을 내세웠다가 후에 현실적인 정전제를 주장하였다. 정약용의 정전제는 구획이 가능한 곳은 정자(井字)로, 불가능한 곳은 계산상으로 구획한 뒤 노동력의 양과 질에 따라 토지를 차등적으로 분급하는 것이었다.

오답풀이

① 정약용은 남인 가문 출신이다.
③ 균전론을 제시한 인물로는 유형원이 대표적이다. 정약용은 여전론과 정전제를 주장하였다.
④ 연행(청나라를 다녀오는 것) 경험을 바탕으로 상공업 진흥과 기술 발전을 제안한 것은 중상학파 실학자들이다.

답 ②

028 2022년 국가직

다음 주장을 한 실학자가 쓴 책은?

> 토지를 겸병하는 자라고 해서 어찌 진정으로 빈민을 못살게 굴고 나라의 정치를 해치려고 했겠습니까? 근본을 다스리고자 하는 자라면 역시 부호를 심하게 책망할 것이 아니라 관련 법제가 세워지지 않은 것을 걱정해야 할 것입니다.(중략) 진실로 토지의 소유를 제한하는 법령을 세워, "어느 해 어느 달 이후로는 제한된 면적을 초과해 소유한 자는 더는 토지를 점하지 못한다. 이 법령이 시행되기 이전부터 소유한 것에 대해서는 아무리 광대한 면적이라 해도 불문에 부친다. 자손에게 분급해 주는 것은 허락한다. 만약에 사실대로 고하지 않고 숨기거나 법령을 공포한 이후에 제한을 넘어 더 점한 자는 백성이 적발하면 백성에게 주고, 관(官)에서 적발하면 몰수한다."라고 하면, 수십 년이 못 가서 전국의 토지 소유는 균등하게 될 것입니다.

① 반계수록　② 성호사설
③ 열하일기　④ 목민심서

출제영역 박지원

제시문은 박지원의 한전론을 나타내고 있고, 박지원이 쓴 책은 ③번 선지이다. '제한된 면적을 초과해 소유한 자는 더는 토지를 점하지 못한다'라는 부분에서 토지 소유의 상한선을 설정하였던 그의 한전론임을 추측할 수 있다(성호 이익은 토지 소유의 하한선을 설정). 열하일기는 박지원이 청에 다녀온 후에 작성한 견문록이다.

오답풀이

① 유형원이 통치 제도에 관한 개혁안을 중심으로 저술한 책으로 균전론 등이 제시되어 있다.
② 성호 이익이 평소 기록한 글과 제자들의 질문에 답한 것을 집안 조카들이 정리한 것이다.
④ 정약용이 목민관(수령)이 지켜야 할 지침을 밝히면서 관리들의 폭정을 비판한 글이다.

답 ③

029

2019년 국가직 7급

양명학에 대한 설명으로 옳은 것만을 모두 고르면?

ㄱ. 명종 대에 처음 전래되어 이황에 의해 이단으로 비판 받았다.
ㄴ. 수용 초기 양명학자들은 성리학을 배척하여 양립할수 없었다.
ㄷ. 박은식의 유교 구신론과 정인보의 조선학 운동에 큰 영향을 끼쳤다.
ㄹ. 정권에서 소외된 소론과 왕가의 종친 그리고 서얼 출신 인사들 사이에서 가학(家學)으로 이어지면서 퍼졌다.

① ㄱ, ㄴ ② ㄱ, ㄹ ③ ㄴ, ㄷ ④ ㄷ, ㄹ

출제영역 양명학

양명학은 명나라의 왕수인(왕양명)이 주창했던 유학의 한 갈래로 '심즉리', '지행합일', '치양지' 등을 내세워 성리학의 절대화와 형식화를 비판하며 실천성을 강조하였다. 양명학에 대한 설명으로 옳은 것은 ㄷ, ㄹ이다.

ㄷ. 박은식은 『왕양명선생실기』와 『유교구신론』 등을 지어 양명학을 천명하였고, 정인보는 『양명학연론』이라는 저술을 남겼다.
ㄹ. 양명학은 정권에서 소외된 소론 계열과 왕가의 종친 그리고 서얼 출신 인사들 사이에서 가학으로 이어지다가 18세기 초 정제두에 의해 양명학이 체계적으로 연구되고 강화학파(하곡학파)가 형성되었다.

오답풀이

ㄱ. 양명학은 명종 대가 아니라 중종 대 처음 전래되었다. 16세기 전반 중종 대 「전습록」이 전해진 후, 주로 서경덕 학파와 종친들에 의해 양명학은 연구되었다. 그런데 이황이 「전습록변」을 써 양명학의 지행합일설을 정면으로 비판하여 배척하였고, 허균· 이수광 등에 의해 부분적으로 거론되었다.
ㄴ. 수용 초기 양명학자들은 학문적으로 성리학을 기본으로 하고 양명학을 겸행하는 경우가 많았다.

답 ④

030

2018년 서울시 7급

정치적 입장이 노론이었던 학자가 쓴 책의 주요 내용을 바르게 소개한 것은?

① 실옹과 허자의 문답 형식을 빌려 고정관념을 상대적 논법으로 비판했다.
② 부안 우반동에서 농촌 사회의 안정을 위해 공전제와 토지 재분배를 주장했다.
③ 첨성촌에 은거하면서 견문한 내용들을 백과사전식으로 저술했다.
④ 야사 400여 종을 참고해 조선정치사를 객관적 입장에서 기술했다.

출제영역 실학자(노론 계열)

선지를 살펴볼 때, 실학자에 대해 묻는 문항이고, 실학자 중 노론 계열이었던 사람을 판단하는 문항이다. 옳은 것은 ①번 선지이며, 대체로 노론 명문가 출신이 청에 가 새로운 문물을 수용할 기회가 많았다는 점을 착안하면 좋을 것이다. 홍대용은 청에 왕래하면서 얻은 경험을 토대로 「임하경륜」, 「의산문답」 등을 저술하였는데, 특히 「의산문답」에서 실옹과 허자의 문답형식을 통하여 고정관념을 상대적 논법으로 비판하였다. 그리하여 지구 자전설, 인간은 다른 생명체보다 우월하지 않다는 것, 다른 별에도 우주인이 있을 수 있다는 것 등 파격적인 우주관을 드러내었다.

오답풀이

② 남인 계열 실학자인 유형원에 대한 설명이다. 유형원은 전라도 부안군 보안면 우반동에 살면서 「반계수록」을 저술하였다. 이 책에서 유형원은 균전제를 실시하여 신분별로 차등 있게 토지를 재분배하고 조세와 병역도 조정하자고 주장하였다.
③ 남인 계열 실학자인 이익에 대한 설명이다. 이익은 경기도 광주군 첨성촌에 은거하면서 「성호사설」을 비롯한 여러 저술을 남기고, 많은 제자를 길러 성호 학파를 형성하였다. 「성호사설」은 천지, 만물, 인사, 경사, 시문 등 5개 부문으로 나누어 우리나라 및 중국의 문화를 백과사전식으로 저술한 것이다.
④ 소론 계열 실학자인 이긍익에 대한 설명이다. 이긍익은 「연려실기술」을 저술하였다. 이 책은 「일기」 문집 중 신뢰할 만한 기록을 중심으로 야사 400여 종에 달하는 자료를 인용함으로써 객관성을 높이고 실증에 힘썼다.

답 ①

031

2017년 국가직 7급

다음과 같이 주장한 실학자에 대한 설명으로 옳은 것은?

> 재물은 대체로 샘과 같다. 퍼내면 차고, 버려두면 말라버린다. 그러므로 비단옷을 입지 않아서 나라에 비단 짜는 사람이 없게 되면 여공이 쇠퇴하며, 찌그러진 그릇을 싫어하지 않고 기교를 숭상하지 않아서 공장(工匠)이 기술을 익히지 않게 되면 기예가 사라지게 되고, 농사가 황폐해져서 그 법을 잊었으므로, 사민이 모두 곤궁하여 서로 구제할 수 없게 된다.

① “의산문답”에서 중국이 세계의 중심이라는 생각을 비판하였다.
② 서양 선교사를 초빙하여 서양의 과학·기술을 배우자고 제안하였다.
③ 신분별로 차등을 둔 토지 재분배로 자영농을 안정시킬 것을 주장하였다.
④ 중국과 일본에 있는 우리나라 관련 기록을 참조하여 “해동역사”를 저술하였다.

출제영역 박제가

제시문은 박제가가 북학의에서 소비를 강조한 부분을 드러내고 있다. 박제가는 우물의 비유를 통하여 소비를 통하여 기술을 발전시키고 생산을 늘릴 수 있음을 주장하였다. 박제가에 대한 설명으로 옳은 것은 ②번 선지이다. 박제가는 북학의에서 청의 문물을 적극적으로 수용할 것을 주장하였고, 청과의 통상 강화, 수레와 선박의 이용, 신분제 타파 등을 역설하였다.

오답풀이

① 담헌 홍대용에 대한 설명이다.
③ 유형원의 균전제에 대한 설명이다.
④ 한치윤은 단군조선부터 고려시대까지를 서술한 “해동역사”를 편찬하였다.

답 ②

032

2018년 국가직

다음 해외 견문 기록을 시기순으로 바르게 나열한 것은?

> ㄱ. 『표해록』 ㄴ. 『열하일기』
> ㄷ. 『서유견문』 ㄹ. 『해동제국기』

① ㄱ → ㄴ → ㄹ → ㄷ
② ㄱ → ㄹ → ㄷ → ㄴ
③ ㄹ → ㄱ → ㄴ → ㄷ
④ ㄹ → ㄷ → ㄱ → ㄴ

출제영역 조선시기 해외견문록

조선 시기 해외견문록의 시기를 묻는 문제이다. 이를 순서대로 배열하면,

ㄹ. 『해동제국기』는 세종 때 통신사로 다녀온 일본에 다녀온 신숙주는 1471년(성종 2)에 왕명을 받아 저술한 것이다. 『해동제국기』에는 일본의 정치, 외교, 사회, 풍속 등이 종합적으로 서술되어 있다.
ㄱ. 『표해록』은 제주읍 추쇄경차관으로 부임한 최부가 1487년(성종 18)에 부친상으로 고향 나주로 가던 중 태풍을 만나 표류한 이후 중국을 거쳐 다시 조선으로 돌아오는 내용을 기록한 것이다.
ㄴ. 『열하일기』는 조선 후기 중상학파 실학자인 박지원이 정조 때 청나라를 다녀온 이후에 저술한 것이다. 박지원은 『열하일기』를 통하여 청의 문물을 소개하고 상공업의 진흥을 강조하며, 수레와 선박 등을 이용할 것을 주장하였다.
ㄷ. 『서유견문록』(1895)은 조선 후기 유길준이 서양을 다녀온 뒤에 저술한 것으로 우리나라 최초로 국한문을 혼용하여 서술한 것이다. 『서유견문록』은 단순한 유길준의 서양 기행문이 아니라 서양의 ‘근대화’를 보고 조선이 어떻게 근대를 건설할 것인지에 대해 구체적인 방법론을 제시한 것이었다.

답 ③

033

2017년 국가직

밑줄 친 '왕'이 재위하던 시기에 편찬되지 않은 것은?

> 지금 우리 왕께서도 밝은 가르침을 계승하시고 다스리는 도리를 도모하시어 더욱 백성들의 일에 뜻을 두셨다. 여러 지방의 풍토가 같이 않아 심고 가꾸는 방법이 지방에 따라서 차이가 있기 때문에 옛 글의 내용과 모두 같을 수가 없었다. 이에 각 도의 감사들에게 명령하시어, 주·현의 노농(老農)을 방문하여 그 땅에서 몸소 시험한 결과를 자세히 듣게 하시었다. 또 신 정초(鄭招)에게 명하시어 말의 순서를 보충케 하시고, 신 변효문(卞孝文) 등이 검토해 살피고 참고하게 하여, 그 중복된 것은 버리고 절실하고 중요한 것은 취해서 한 편의 책을 만들었다.

① 『향약제생집성방』 ② 『향약집성방』
③ 『향약채취월령』 ④ 『의방유취』

출제영역 조선의 농업기술과 의학 발달

위의 지문은 세종 11년(1429)에 편찬된 『농사직설』의 서문으로, 밑줄 친 왕은 세종이다. 세종 대에는 『농사직설』과 같은 농서뿐만 아니라 『향약집성방』·『향약채취월령』·『의방유취』 등 조선의 실정에 맞는 의학과 약재를 기록한 각종 의서들이 편찬되었다. 『향약제생집성방』은 정종 1년(1399)에 편찬한 의서로 이후 세종 대 『향약집성방』 편찬에 기초사료가 되었다.

오답풀이

② 『향약집성방』은 세종 15년(1433)에 세종의 명을 받아 편찬한 의서이다.
③ 『향약채취월령』은 1431년(세종 13)에 세종의 명을 받아 집현전 학자들이 편찬한 약재의 채취 시기와 용법과 관련한 내용을 담은 의서이다.
④ 『의방유취』는 세종 27년(1445)에 편찬된 관찬 의서로, 국내외의 다양한 한의학 관련 문헌을 집대성하여 총 266권 264책의 방대한 내용을 담고 있다.

답 ①

034

2018년 지방직

다음에서 설명하는 인물의 저술로 옳은 것은?

> • 종래의 조선 농학과 박물학을 집대성하였다.
> • 전국 주요 지역에 국가 시범 농장인 둔전을 설치하여 혁신적 농법과 경영 방법으로 수익을 올려서 국가 재정을 보충할 것을 제안했다.

① 색경 ② 산림경제
③ 과농소초 ④ 임원경제지

출제영역 서유구의 임원경제지

서유구는 1790년(정조 14) 증광 문과에 병과로 급제, 외직으로 군수·관찰사를 거쳤다. 내직으로는 대교(待敎)·부제학·이조판서·우참찬을 거쳐 대제학에 이르렀다. 할아버지와 아버지의 가학을 이어 특히 농학(農學)에 큰 업적을 남겼고, 둔전을 설치할 것을 주장하였으며, 만년에 <임원경제지>를 저술하였다. 임원경제지는 일상생활에서 긴요한 일을 살펴보고 이를 알리고자 하여 홍만선의 <산림경제>를 토대로 한국과 중국의 저서 900여 종을 참고, 인용하여 엮어낸 농업 위주의 백과전서이다.

오답풀이

① 『색경』은 박세당이 지은 농서이다. 채소, 과수, 화초 재배, 목축, 양잠 기술 등을 소개하였다.
② 『산림경제』는 조선 숙종 때 홍만선이 엮은 농서이다. 농업·임업·축산업·잠업을 망라하였을 뿐 아니라, 농촌 생활에 관련되는 주택·건강·의료·취미·흉년대비 등에 이르기까지 논술하고 있다. 따라서 종래의 농서들에서 볼 수 없는 종합적인 농가 경제서라 할 수 있다. 현재의 농업과 임업에도 많이 참고가 될 과학적인 면도 있다.
③ 『과농소초』는 조선 정조 때 박지원이 편찬한 농서이다. 농업 기술과 농업 정책을 아울러 논하고, 그 개혁책으로서 한전법(限田法)을 제시하고 있다.

답 ④

035 2017년 지방직

조선시대 의궤에 대한 설명으로 옳지 않은 것은?

① 가례도감의궤는 임진왜란 이후부터 편찬되기 시작하였다.
② 조선왕조의궤는 유네스코 세계기록유산으로 등재되었다.
③ 정조 때 화성 행차 일정, 참가자 명단, 행차 그림 등을 수록한 의궤가 편찬되었다.
④ 가례도감의궤의 말미에 그려진 반차도에는 당시 왕실 혼례의 행렬 모습이 담겨 있다.

출제영역 조선시대 의궤

의궤란 조선시기 국가·왕실 행사를 정리한 책자를 말한다. 현존하는 가장 오래된 가례도감의궤인 『소현세자가례도감의궤』(1627)는 임진왜란 이후에 제작되었지만, 조선 전기에 가례도감이 설치되고 이를 기록한 『가례도감의궤』가 편찬되었다는 기록이 『조선왕조실록』에 전한다. 참고로 전체 의궤 중 가장 오래된 의궤는 의인왕후 왕릉 소성과정을 기록한 『의인왕후산릉도감의궤』이다.

오답풀이

② 『조선왕조의궤』는 2007년 6월에 유네스코 세계기록유산으로 등재 되었다.
③ 정조 시기에는 화성 행차 일정, 참가자 명단, 행차 그림 등을 수록한 『화성성역의궤』가 편찬되었다.
④ 『가례도감의궤』의 말미에 그려진 반차도(班次圖, 궁중의 각종 행사 장면을 그린 그림)는 혼례식에 참여한 사람들의 지위, 행동과 함께 당시 왕실 혼례의 행렬 모습을 묘사하고 있다.

답 ①

036 2017년 국가직 7급

㉠ ~ ㉣에 대한 설명으로 가장 적절한 것은?

> (㉠)에 소속된 주서는 왕과 신하 간에 오고 간 문서와 국왕의 일과를 매일 기록하여 (㉡)을/를 작성하였다. 왕이 바뀌면 전왕의 통치기록인 사초, 시정기, 조보 등을 합하여 (㉢)을/를 편찬하여 4부를 만들고 한 성에는 (㉣)에 보관하였다.

① ㉠ - 의정의 합좌 기관으로 백관과 서무를 총괄하였다.
② ㉡ - 실록 편찬의 기본 자료였으며, 세계기록유산이다.
③ ㉢ - 임진왜란 이후 전주, 성주, 충주에 지은 사고에 각기 보관하였다.
④ ㉣ - 국왕의 교서를 제찬하고 외교사무를 관장하였다.

출제영역 조선왕조실록 편찬

㉠은 승정원 ㉡은 승정원일기, ㉢은 실록, ㉣은 춘추관이다. 이에 대한 설명으로 가장 적절한 것은 ②번 선지이다. 승정원일기는 제시문의 내용처럼 왕명의 출납을 관장하던 승정원에서 매일매일 취급한 문서와 사건을 기록한 일기이다. 조선 개국 초부터 일기가 있었으나, 임진왜란 때 소실되어 1623년(인조 1년)부터 1894년(고종 31년)까지 270여 년 간의 일기만이 현존하며, 2001년 유네스코 세계 기록유산으로 지정되었다.

오답풀이

① 의정의 합좌 기관으로 백관과 서무를 총괄한 것은 의정부이다.
③ 임진왜란 이전에 춘추관, 전주, 성주, 충주 4군데 사고에서 보관하였다. 임진왜란 때 전주본만 남고 나머지는 소실되었다. 이후 춘추관 외에 태백산, 오대산, 정족산, 적상산 등에 실록을 보관하였다.
④ 국왕의 교서 제찬을 담당한 기구는 예문관, 외교문서 작성을 담당한 기구는 승문원이다.

답 ②

037

2019년 서울시 2차

조선 후기 지도 편찬에 대한 설명으로 가장 옳지 않은 것은?

① 김정호는 『대동여지도』를 편찬하기 이전에 이미 『청구도』 등을 제작하였다.
② 정상기는 백리척을 이용하여 『동국지도』를 제작하였다.
③ 모눈종이를 이용한 정밀한 지도도 제작되었다.
④ 『대동여지도』가 완성되자 나라의 기밀을 누설시킬 우려가 있다고 하여 판목은 압수 소각되었다.

출제영역 조선후기의 지도편찬

대동여지도가 완성되자 나라의 기밀을 누설시킬 우려가 있다고 하여 판목은 압수 소각되었다는 것은 역사적 사실이 아니며, 김정호의 업적을 덮으려는 일제 침략기 조선 총독부가 조작한 내용이다. 이후 판목본이 등장하며 이 설이 날조임이 밝혀졌으며 대동여지도 목판본은 현재 보물 제 1581호로 남아있다.

오답풀이

① 김정호는 순조 대인 1834년에 『청구도』를, 철종 대인 1861년에 『대동여지도』를 제작하였다.
②, ③ 조선 후기에는 정상기의 『동국지도』가 간행되기 전까지 중국의 방안법, 즉 모눈종이에 지도를 그리는 양식이 유행하였다. 이를 통해 지도 제작이 한층 정밀해지긴 하였으나 방안법은 기본적으로 중국처럼 넓은 평지나 사막이 많은 나라에 유리한 방법으로 조선의 경우 산이 많고 길이 구불구불하여 방안법으로 지도를 그리기에 적합하지 않았다. 이러한 불편함을 해소하고자 정상기는 『동국지도』에 백리척을 적용하여 실제에 가까운 방위와 거리 계산이 가능하도록 하였다.

답 ④

038

2017년 기상직 7급

(가)에 대한 설명으로 옳은 것을 〈보기〉에서 고른 것은?

> (가) 은/는 성종 때에 편찬한 관찬사서로서 삼국균적 (三國均敵)을 내세워 삼국을. 대등한 국가로 해석하여 고려 시대의 고구려 계승주의와 신라 계승주의의 갈등을 해소하 였으며, 개국 후 권력 갈등을 일으켜 온 국왕과 훈구, 사림의 합작품으로 평가받고 있다.
>
> 〈보기〉
>
> ㉠ 편년체로 서술되었다.
> ㉡ 단군조선에서 고려 말까지의 역사를 정리하였다.
> ㉢ 「자치통감강목」의 범례를 규범으로 삼아 서술하였다.
> ㉣ 중국 및 일본의 자료를 참고하여 민족사 인식의 폭을 넓혔다.

① ㉠, ㉡　② ㉡, ㉢　③ ㉢, ㉣　④ ㉠, ㉣

출제영역 동국통감

성종 때에 편찬한 관찬사서, 삼국균적 정통 의식 등을 통해 (가)는 서거정 등이 편찬한 동국통감으로 특정할 수 있다. 동국통감은 단군조선 부터 고려말까지의 역사를 정리한 편년체 통사로, 삼국을 대등한 국가로 해석하여 고려 시대의 고구려 계승 주의와 신라 계승 주의의 갈등을 해소하였으며, 단군조선을 한국사의 시작으로 확립했다는 점에서 의의가 있으며, 훈신과 사림, 성종의 공동 합작으로 편찬되어 조선 초기 역사 서술에서의 완성의 의미를 지녔다는 평가를 받는다. 동국통감에 대한 설명으로 옳은 것은 ①번 선지이다.
ㄱ, ㄴ 동국통감은 단군조선부터 고려말까지의 역사를 정리한 편년체 통사이다.

오답풀이

ㄷ. 안정복의 동사강목에 대한 설명이다.
ㄹ. 한치윤은 500여 종의 중국 및 일본 자료를 참고하여 해동역사를 편찬하였다.

답 ①

039

2018년 서울시 7급

〈보기1〉 지도에 대한 설명으로 옳은 것을 〈보기2〉에서 모두 고른 것은?

〈보기1〉

1402년 (태종 2)에 의정부 정승 이무와 김사형이 발의하여 이회가 제작하고, 권근이 발문을 쓴 세계지도이다.

〈보기2〉

ㄱ. 원나라 세계지도를 참고하고, 여기에 한반도와 일본 지도를 첨가하여 만들었다.
ㄴ. 지도의 중심에 중국이 위치하였고, 중국과 한국을 실제보다 크게 그렸다.
ㄷ. 유럽과 아프리카 대륙은 지도에 빠져 있다.
ㄹ. 후대의 모사본 가운데 하나를 일본 류코쿠대학이 소장 하고 있다.
ㅁ. 지도 제작에 참여한 이회는 이보다 앞서 「동국지도」도 만든 바 있다.

① ㄱ, ㄴ, ㄹ ② ㄱ, ㄴ, ㅁ
③ ㄴ, ㄷ, ㄹ ④ ㄴ, ㄹ, ㅁ

출제영역 혼일강리역대국도지도

<보기1>의 지도는 태종 2년(1402), 이회가 제작, 권근의 발문을 쓴 것 등을 통해 혼일강리역대국도지도임을 특정할 수 있다.
ㄱ. 권근의 발문에서, 이 지도는 원나라의 세계지도에 우리나라와 일본을 첨가하여 만든 것임을 알 수 있다.
ㄴ. 중국이 지도의 중심에서 가장 크게 자리 잡고 있으며, 우리나라 또한 일본보다 약 4배 크게 그려져 있다.
ㄹ. 현전하는 동양 최고의 세계지도로 알려진 이 지도의 원본은 남아 있는 것이 없고, 그 모사본 가운데 하나를 일본 류코쿠대학(龍谷大學)이 소장하고 있다.

오답풀이

ㄷ. 이 지도에는 유럽과 아프리카 대륙이 표현되어 있다.
ㅁ. 이회가 이 지도 제작에 앞서 만든 것은 「동국지도」가 아니라 「팔도도」이다. 「동국지도」는 세조 때 정척·양성지 등이 제작하였다.

답 ①

040

2018년 서울시 7급

〈보기〉의 (가), (나)역사서에 대한 설명으로 가장 옳지 않은 것은?

〈보기〉

(가) 구삼국사를 얻어 동명왕본기를 보니 그 신이한 사적이 세상에 전하는 것보다 더하였다. 그러나 처음에는 믿지 못해 귀환(鬼幻)으로만 여겼는데, 세 번 반복하여 읽어서 점점 그 근원에 들어가니, 환(幻)이 아니고 성(聖) 이며 귀(鬼)가 아니고 신(神)이었다. 이것을 기술하지 않으면 후인들이 장차 무엇을 볼 것인가.
(나) 부여씨가 망하고 고씨가 망하자 김씨가 그 남쪽을 영유하였고, 대씨가 그 북쪽을 영유하여 발해라 하였다. 이것이 남북국이라 부르는 것으로, 마땅히 남북국사가 있어야 했음에도 고려가 이를 편찬하지 않은 것은 잘못된 일이다. 무릇 대씨가 누구인가? 바로 고구려 사람이다. 그가 소유한 땅은 누구의 땅인가? 바로 고구려 땅이다.

① (가) - 고구려 계승 의식이 반영되었다.
② (가) - 연대순으로 기록하는 편년체로 서술되었다.
③ (나) - 발해사를 우리 역사로 인식하였다.
④ (나) - 남북국이라는 용어를 처음 사용하였다.

출제영역 동명왕편 및 발해고

(가) 제시문에서 동명왕 본기, 신이 사관 등을 통하여 이규보가 쓴 「동명왕편」 서문임을 알 수 있다. (나) 제시문은 발해고 서문 중 일부이다. ② 이규보의 동명왕편은 서사시 형태로 서술되었다. 연, 월, 일 순으로 기록하는 편년체 역사서의 대표적인 예는 조선왕조실록이다.

오답풀이

① 이규보는 「동명왕편」에서 고려가 고구려를 계승하고 있다는 고려인의 자부심과 민족의식을 드러내었다.
③ 유득공은 한국과 중국, 일본의 사서를 참고하여 「발해고」를 저술하여 발해사를 우리 역사로 인식하고 한반도 중심의 사관을 극복하는 데 기여하였다.
④ 유득공은 신라의 삼국 통일을 완전하지 않은 것으로 보았고, 그 시기를 발해와 신라가 병존하는 남북국 시대로 파악하였다.

답 ②

041

2023년 계리직

다음 내용이 실린 책에 대한 설명으로 옳은 것은?

> 대저 살곳[可居地]을 잡는 데는 지리(地理)가 첫째이고, 생리(生利)가 다음이다. 그 다음은 인심(人心)이며, 다음은 아름다운 산수(山水)가 있어야 한다. 이 네 가지 중 하나라도 모자라면 살기 좋은 땅이 아니다.

① 최초로 100리 척을 이용한 지도를 수록하였다.
② 우리나라 각 지역의 인문 지리적 특성을 제시하였다.
③ 중국의 역사서 등을 참고하여 지리적 관점에서 우리 역사를 체계화하였다.
④ 군현별로 채색 읍지도를 첨부하여 읍의 형편을 일목요연하게 파악할 수 있게 하였다.

출제영역 택리지(이중환)

제시문은 영조 27년(1751) 이중환이 저술한 「택리지」의 일부를 발췌한 것이다. 택리지는 사민총론, 팔도총론, 복거총론(복거총론: 지리, 생리, 인심, 산수) 등으로 구성돼 있는데, 그 중에서 복거총론이 거의 절반의 비중을 차지하며, 여기에는 18세기 한국인이 가지고 있떤 주거지 선호의 기준을 자세히 설명하고 있다. 제시문의 가거지, 지리, 생리, 인심, 산수 등의 표현을 통해 택리지임을 추측할 수 있을 것이다. 택리지에 대한 설명으로 옳은 것은 ②번 선지이다. 이중환은 신임사화를 일으킨 목호룡에게 말을 빌려주었다는 이유로 관직에서 파면되었고, 이후 관직을 단념하고 30년간을 전국을 돌아다니며 인문 지리적(지리·사회·경제 등) 특성을 연구하여, 그 경험을 바탕으로 「택리지」를 저술하였다.

오답풀이

① 영조 대에 정상기가 제작한 「동국지도」에 대한 설명이다.
③ 한백겸의 「동국지리지」는 중국 측 역사서 등을 참고하여 지리적 관점에서 우리 역사를 체계화하였다.
④ 영조 대에 신경준이 편찬한 「동국여지도」에 대한 설명이다.

답 ②

042

2019년 서울시 7급

〈보기〉의 지리서를 편찬된 순서대로 바르게 나열한 것은?

〈보기〉

ㄱ. 「아방강역고」　　ㄴ. 「동국여지승람」
ㄷ. 「신찬팔도지리지」　　ㄹ. 「동국지리지」

① ㄱ - ㄹ - ㄴ - ㄷ　　② ㄴ - ㄷ - ㄹ - ㄱ
③ ㄷ - ㄴ - ㄹ - ㄱ　　④ ㄹ - ㄴ - ㄷ - ㄷ

출제영역 조선 시대의 지리서

제시된 지리서를 편찬된 순서대로 나열하면 다음과 같다.
ㄷ. 「신찬팔도지리지」(세종 14년, 1432): 조선 최초의 관찬지지로 현존하지 않으며, 변계량, 맹사성, 권진 등이 편찬하였다.
ㄴ. 「동국여지승람」(성종 12년, 1477): 성종 때 군현의 연혁, 지세, 인물, 풍속, 산물, 교통 등이 수록되었다.
ㄹ. 「동국지리지」(광해군 7년, 1615): 한백겸이 중국 사서의 열전에 기록된 부족국가에 대한 서술을 인용한 부분, 삼국에 대한 서술, 고려에 대한 서술 등 세 부분으로 나누어 저술하였으며, 이 책은 우리나라 역사지리학의 창시라는 점에서 중요한 가치가 있다.
ㄱ. 「아방강역고」(순조 11년, 1811): 정약용이 유배지인 강진에서 우리나라의 강역을 문헌 중심으로 살피고 그 내용에 대하여 고증한 지리서이다.

답 ③

043

2017년 지방직

조선시대 도성 한양에 대한 설명으로 옳지 않은 것은?

① 경복궁 근정전의 이름은 정도전이 지었다.
② 경복궁의 동쪽에 사직이, 서쪽에 종묘가 각각 배치되었다.
③ 유교사상인 인·의·예·지 덕목을 담아 도성 4대문의 이름을 지었다.
④ 도성 밖 10리 안에는 개인의 무덤을 쓰거나 벌채를 하지 못하도록 규제하였다.

출제영역 조선의 궁궐과 한양 도성

한양 조성 당시, 좌묘우사(左廟右社) 원칙에 따라 경복궁의 왼쪽(동쪽)에는 종묘가 배치되었고, 오른쪽(서쪽)에는 사직단이 배치되었다.

오답풀이

① 경복궁의 건축은 정도전이 주도하였으며, 경복궁 궐내의 모든 건물들의 이름 역시 정도전이 지었다.
③ 인·의·예·지 덕목에 따라 동쪽에 흥인시문, 서쪽에 돈의문, 남쪽에 숭례문, 북쪽에 숙정문을 두었다.
④ 조선시대 한양도성 외곽의 성저십리 안에서는 개인의 무덤을 쓰거나 벌채를 금하였다.

답 ②

044

2022년 계리직

다음의 작품이 제작된 시기의 문학과 예술에 대한 설명으로 옳지 않은 것은?

① 중국의 남종문인화를 우리의 자연에 맞추어 토착화하는 화풍이 발생하였다.
② 「촌담해이」, 「필원잡기」 등 일정한 격식 없이 세상에 떠도는 이야기를 기록한 패설작품이 창작되었다.
③ 서양식 화법이 도입되어 원근법을 사용하거나 인물의 측면을 묘사하는 그림이 등장하였다.
④ 양반 사회를 비판하는 「양반전」, 「허생전」, 「호질」 등의 한문 소설이 지어졌다.

출제영역 조선 후기의 문학과 예술

제시된 자료는 단원 김홍도의 '씨름도'와 '새참'이다. 김홍도는 특히 산수화와 풍속화에서 뛰어난 작품을 남겼다. 김홍도가 활동한 시기인 조선 후기 문학과 예술에 대한 설명으로 옳지 않은 것은 ②번 선지이다. 「촌담해이」는 조선 전기 강희맹(1424~1483)이, 「필원잡기」는 성종 18년(1487) 서거정이 편찬하였다.

오답풀이

① 조선 후기 진경산수화에 대한 설명이다. 정선은 종래의 실경산수화 전통에 중국의 남종과 북종 화법을 고루 수용하여 진경산수화를 그렸다. 인왕제색도와 금강전도가 있다.
③ 18세기 말, 서양화법의 영향을 받아 새로운 화풍이 개발되었다. 강세황의 영통골입구도는 서양화법의 영향을 받아 원근감 있게 표현된 산수화이다.
④ 박지원(1737~1805)은 「양반전」, 「허생전」, 「호질」 등의 한문 소설을 통해 양반의 무능과 허위의식을 풍자하였다.

답 ②

045 2025년 국가직

밑줄 친 '이 지역'에 있는 문화유산은?

> 백제는 5세기 고구려의 공격으로 한강 유역을 상실하면서 수도가 함락되어 이 지역으로 도읍을 옮겼다.

① 몽촌토성 ② 무령왕릉
③ 미륵사지 석탑 ④ 용현리 마애여래삼존상

출제영역 충남 공주의 문화유산

제시문의 '이 지역'은 웅진, 즉 지금의 충남 공주이다. 고구려 장수왕은 475년에 백제의 수도 한성을 점령하고 한강 유역을 차지하였다. 이때 백제 개로왕이 전사하고 수도를 웅진으로 천도하였다.

② 충남 공주시 송산리 고분군에 위치한 무령왕릉은 왕과 왕비의 합장릉으로 중국 남조 양식의 영향을 받아 벽돌을 쌓아 만들어졌고, 발굴 당시 출토품으로 금제 관장식·돌짐승·무덤의 주인이 누구인지 알려주는 묘지명 등이 나왔다.

오답풀이

① 몽촌 토성은 백제 초기인 한성 시대의 도성이자 왕성이었다. 지금의 서울 송파구 방이동에 위치한다.
③ 미륵사지 석탑은 전북 익산에 위치한 백제의 목탑 양식의 석탑이다. 2009년 1월 익산 미륵사지 석탑에서 백제 무왕의 왕후가 넣은 사리기가 발견되었는데, 여기에서는 백제 무왕의 왕후가 백제의 귀족 사택덕적의 딸로 기록되어 있다.
④ 용현리 마애여래 삼존상은 충남 서산에 위치한 백제의 마애불이다. 충남 서산시 운산면의 가야산 절벽에 새겨져 있으며 서산 마애 석불 또는 운산 마애 석불이라고도 부른다. 둥근 얼굴 윤곽에 자비로운 인상을 지녀 '백제의 미소'로 불린다.

답 ②

046 2020년 지방직 7급

다음 지도 속 동그라미로 표시한 지역의 역사 문화를 홍보하기 위한 기획서를 작성하고자 한다. 이 기획서의 제목으로 옳지 않은 것은?

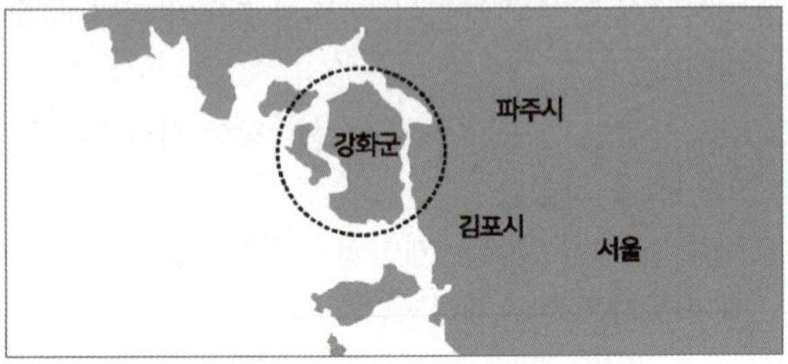

① 지눌, 이곳에서 꿈꾼 고려 불교의 개혁
② 병자호란, 그 쓰라린 패배의 현장
③ 철종, 국왕이 될 줄 몰랐던 시골 소년의 이야기
④ 의궤, 프랑스에서 다시 찾은 조선의 문화재

출제영역 강화군의 역사

강화군의 역사 문화와 관계가 없는 것은 ①번 선지이다. 무신 집권기에 주로 활동하였던 보조국사 지눌(1158~1210)은 명리에 집착하는 당시 불교계의 타락상을 비판하고, 송광사(전남 순천)를 중심으로 선풍을 일으키며 수선사 결사를 제창하였다.

오답풀이

② 병자호란(1636)이 일어나자 세자빈과 봉림대군 등 왕족들은 역대 선왕들의 신주를 모시고 먼저 강화도로 피란하였다. 한편 인조와 소현세자는 강화도로 가는 길이 막혀 남한산성으로 피신하여 청에 대항하였다.
③ 철종의 조부 은언군은 아들의 모반죄로 강화에 유폐되었고 그의 일가는 강화로 가게 되었다. 강화에서 농사를 짓고 살던 철종은 세도 가문의 선택을 받아 제왕학(왕이 되기 위한 교육)을 배우지 못한 상태에서 즉위하게 되었다.
④ 정조 때 강화도에 외규장각을 두었는데, 병인양요(1866) 때 강화도에 침입한 프랑스군에 의해 의궤를 비롯한 외규장각의 도서가 약탈 당하였다. 프랑스군이 약탈해 간 어람용 의궤는 프랑스 국립도서관에 소장되어 있다가 2011년에 임대 형식으로 한국에 반환되었다.

답 ①

047

2023년 법원직

(가)지역에 대한 설명으로 옳은 것을 〈보기〉에서 모두 고른 것은?

몽골의 대군이 경기 지역으로 침입하자 최이가 재추 대신들을 모아 놓고 (가) 천도를 의논하였다. 사람들은 옮기기를 싫어하였으나 최이의 세력이 두려워서 감히 한마디도 발언하는 자가 없었다. 오직 유승단이 "작은 나라가 큰 나라를 섬기는 것은 도리에 맞는 일이니, 예로써 섬기고 믿음으로써 사귀면 그들도 무슨 명목으로 우리를 괴롭히겠는가? 성곽과 종사를 내버리고 섬에 구차히 엎드려 세월을 보내면서 장정들을 적의 칼날에 죽게 만들고, 노약자들을 노예로 잡혀가게 하는 것은 국가를 위한 계책이 아니다. 라고 반대하였다.

〈보기〉

ㄱ. 동녕부가 설치되었다.
ㄴ. 조선왕조실록 사고가 세워졌다.
ㄷ. 망이·망소이의 난이 일어났다.

① ㄱ ② ㄱ, ㄴ ③ ㄴ ④ ㄴ, ㄷ

출제영역 강화도의 역사

(가) 지역은 강화도이다. 제시문에서 몽골의 대군, 최이(최우)가 천도를 논의한 곳 등을 통해서 강화도로 특정할 수 있다. 몽골의 제1차 침입은 1231년 12월 양국 간의 화친으로 종결되었으나 당시 집권자 최우는 강화도로 천도하여(1232년 6월) 장기 항전에 나섰다. 강화도에 대한 설명으로 옳은 것은 ㄴ이다. 조선 초기에는 조선왕조실록을 모두 4부를 만들어 춘추관과 전주, 성주, 충주 사고에 분산하여 보관하였다. 임진왜란 이후에는 춘추관과 오대산, 태백산, 강화 마니산(→강화 정족산), 묘향산(·무주 적상산)에 사고를 새로 만들어 실록을 보관하였다.

오답풀이

ㄱ. 원나라는 자비령 이북의 땅을 차지한 뒤 서경(평양)에 동녕부를 설치하였다.
ㄷ. 공주 명학소에 대한 설명이다.

답 ③

048

2022년 지방인재

밑줄 친 '백제역사유적지구' 유적지에 해당하지 않는 것은?

2015년 유네스코 세계유산에 등재된 백제역사유적지구는 8개 고고학 유적지로 이루어져 있다. 백제역사유적은 중국의 도시계획 원칙, 건축 기술, 예술, 종교를 수용하여 백제화(百濟化)한 증거를 보여주며, 이러한 발전을 통해 이룩한 세련된 백제의 문화를 일본 및 동아시아로 전파한 사실을 증언하고 있다.

① 공주시 공산성 ② 부여군 정림사지
③ 서울시 몽촌토성 ④ 익산시 왕궁리 유적

출제영역 백제역사유적지구

서울은 백제의 첫 번째 수도인 한성으로 풍납토성·몽촌토성 등의 유적지가 남아있으나, 백제역사유적지구에는 포함되지 않는다는 것에 주의해야 한다. 백제역사유적지구에는 2번째 수도였던 공주, 3번째 수도였던 부여와 무왕 시기 천도를 시도했던 익산 지역이 포함된다.

오답풀이

① 공주 유적지구에는 공산성, 송산리 고분군 등의 유적이 남아있다.
② 부여 유적지구에는 부소산성, 능산리 고분군(금동대향로, 창왕명 석조사리감 출토), 정림사지(정림사지 5층 석탑) 등의 유적이 남아있다.
④ 익산 유적지구에는 익산 왕궁리 유적, 미륵사지(미륵사지 석탑) 등의 유적이 남아있다.

답 ③

049 2017년 법원직

다음 자료의 교육 기관에 대한 설명으로 가장 옳은 것은?

> 문·무관, 유생 중에 어리고 총명한 자 40명을 뽑아 입학시키고 벙커와 길모어 등을 교사로 초빙하여 서양 문자를 가르쳤다. 문관으로는 김승규와 신대균 등 여러 명이 있고, 유사로는 이만재와 서상훈 등 여러 명이 있었다. 사색 당파를 골고루 배정하여 당대 명문 집안에서 선발하였다. - 매천야록 -

① 관민이 합심하여 설립하였다.
② 경성 제국 대학으로 계승되었다.
③ 좌원과 우원의 두 반으로 편성되었다.
④ 근대식 사관 양성을 목적으로 하였다.

출제영역 육영공원

위의 교육기관은 1886년에 설립된 관영 근대식 교육기관인 육영공원이다. 육영공원은 영재를 육성하는 공립 학교라는 의미로, 관리 양성을 목표로 설립되어 양반 자제를 대상으로 근대식 교육과 외국어 교육을 실시하였다. 육영공원의 구조는 좌원·우원 두 개의 반으로 편성되어 있었다.

오답풀이

① 관민이 합심하여 만든 근대식 교육기관은 원산학사로, 덕원부사 정현식과 주민들이 합심하여 설립하였다.
② 경성제국대학은 일제강점기인 1924년에 총독부가 민립대학 설립운동을 저지하고자 세운 종합대학으로, 1894년 갑오개혁기에 폐교된 육영공원과는 아무런 관련이 없다.
④ 개화기 말에 근대식 사관 양성을 목적으로 한 학교는 1888년에 미국의 지원을 받아 설치된 연무공원이다.

답 ③

050 2017년 서울시

거문도 사건이 전개된 동안, 당시 사람들이 볼 수 있었던 모습은?

① 당오전을 발행하는 기사
② 『한성순보』를 배포하는 공무원
③ 『서유견문』을 출간한 유길준
④ 일본과의 무관세 무역을 항의하는 동래 부민

출제영역 1885~1887년의 사회

영국이 거문도를 점령한 거문도 사건이 발생한 것은 1885년이고, 이후 1887년까지 거문도를 점거하였다가 반환하였다. 전환국에서의 당오전 발행은 1883~1894년까지의 일로 거문도 사건 동안의 사건이므로 ①이 정답이다.

오답풀이

② 최초의 순한문 신문인『한성순보』는 1883~1884년 동안에 발간되었으므로, 거문도 사건 이전의 일이다.
③ 거문도 사건을 둘러싼 열강의 각축전을 겪은 이후, 유길준은 1895년에『서유견문』을 출간하여 조선 중립화 방안을 제안했다.
④ 일본과의 무관세 무역은 1876년 조일무역규칙에 따라 전개되었다. 이후 1883년 조일통상장정에 따라 일본과의 무역은 관세 무역으로 바뀌었다.

답 ①

051

2017년 교행직

밑줄 친 '그해'에 볼 수 있었던 모습으로 가장 적절한 것은?

> 그는 일본 군대가 대궐에 들어갔다는 말을 듣고, 일본군을 물리치고 그 거류민을 나라 밖으로 몰아낼 마음으로 다시 군사를 일으키고자 하였다. 전주 근처의 삼례역이 땅이 넓고 전라도의 요충지이기에 그해 9월쯤 태인을 출발하여 원평을 지나 삼례역에 이르러 그곳을 기병하는 대도소로 삼았다.

① 전차를 타고 통학하는 학생
② 제중원에서 치료를 받는 환자
③ 독립신문 창간호를 인쇄하는 기사
④ 인천에서 기차를 타고 서울로 가는 상인

출제영역 1894년의 사회 모습

위의 글은 제2차 동학 농민 혁명 직전의 분위기를 묘사한 글로, 2차 동학 농민 혁명이 벌어진 해는 1894년에 해당한다. 1894년에는 갑오개혁이 발표되었으며, 1885년에 광혜원(廣惠院)이란 이름으로 설립된 최초의 근대식 병원인 제중원(濟衆院)이 운영하던 시기이도 하다. 위 지문에서 역(驛)은 철도역이 아닌 전근대에 역참제에 따라 설치된 교통 중심지인 역이므로, 이 점을 유의할 것.

오답풀이

① 한양도성 내에 전차가 가설된 것은 1898년이다.
③ 독립협회의 주도로 『독립신문』 창간호가 발간된 것은 1896년이다.
④ 노량진-제물포 간의 경인선 철도가 개통된 것은 1899년이다.

답 ②

052

2017년 기상직 7급

㉠~㉣에 들어갈 내용으로 옳지 않은 것은?

별기군 창설	㉠	제물포 조약	㉡	조러 수호통상 조약	㉢	조불 수호통상 조약	㉣	박영효 건백서

① ㉠ - 기기창 설치　② ㉡ - 한성순보 창간
③ ㉢ - 광혜원 설립　④ ㉣ - 영국의 거문도 철수

출제영역 근대 문물의 수용

근대 문물의 수용과 관련하여 옳지 않은 것은 ①번이다. 기기창은 청에 파견한 영선사가 귀국한 이후인 1883년 3월에 설치된 근대 무기 제조 시설로, 제물포 조약은 임오군란 직후인 1882년 8월 30일 체결되었다.

오답풀이

② 한성순보는 1883년 설치된 박문국에서 같은 해인 10월 31일에 발간된 순간(旬刊) 신문으로, 1882년 8월 30일에 체결된 제물포 조약과 1884년 7월 7일에 체결된 조·러 수호 통상 조약 사이의 사실이 맞다.
③ 광혜원은 1885년 4월 10일 소선 성부가 세운 최초의 서양식 근대 병원으로 설립 직후 고종은 이 병원은 이름을 제중원으로 개칭하였다. 조·프 수호 조약은 1886년 5월 3일 전권대사 김만식과 프랑스 전권 대사 코고르당이 기명조인하였고, 효력은 다음 해인 1887년 윤 4월 8일에 발생하였다.
④ 임오군란과 갑신정변의 연이은 진압으로 조선에 내정간섭을 심화하는 청을 견제하기 위해 고종은 러시아와 비밀 협약을 추진하였다. 이에 영국은 러시아를 견제하기 위해 1885년 3월 거문도를 불법 점령하고 해군기지를 건설하였다가, 러시아 측에서 조선에서 영토를 확보하지 않을 것을 약속하자 1887년 2월에 철수하였다. 박영효 건백서는 1888년 1월에 작성된 문서로, 갑신정변의 실패로 조선에 국사범으로 규정되어 일본에 피신해 있던 박영효가 작성한 조선의 개혁 구상을 밝힌 글이다. 박영효는 약 1만 3천자의 한문으로 작성한 이 글에서 세계의 형세, 법률, 경제, 위생보건, 군사, 교육, 정치, 민권 등 8개 분야에 걸쳐 시급한 과제를 언급하면서 114개의 구체적인 개혁 방법을 제시하였다.

답 ①

053

2017년 지방직

시대별 교육문화의 변화에 대한 설명으로 옳지 않은 것은?

① 미군정기 : 미국식 민주주의 교육과 6·3·3학제가 도입되었다.
② 1950년대 : 경제적 어려움 속에서도 초등학교 의무교육제가 시행되었다.
③ 1960년대 : 입시과열을 막기 위해 중학교 무시험 추첨제가 도입되었다.
④ 1970년대 : 국가주의 이념을 강조한 국민교육헌장이 제정되었다.

출제영역 한국 현대 교육의 변천

국민교육헌장의 제정은 1968년 12월 5일이다. 이후 군사 정권기에 국민교육헌장은 교육 일선에서 학생들로 하여금 암기를 강요하였고, 국가주의 이념 하의 교육 노선의 기준으로 작용하였다.

오답풀이

① 미군정기에 미국식 민주주의 교육과 6·3·3 학제가 도입되었다.
② 원래는 1949년 제정된 <교육법>에 따라 1950년 6월 1일 부로 초등학교 의무교육이 실시될 예정이었으나 전쟁으로 연기되었다. 1952년 교육법 시행령을 제정하였고 1954년에는 <초등 의무교육 완성 6개년 계획>을 실시하여 본격적으로 초등학교 의무교육제가 시행되었다.
③ 1965년 중학교 입시 과열로 빚어진 무즙 파동의 여파로 중학교 입시에 대한 근본적인 회의 여론이 형성되었고, 1968년도 창칼 파동이 결정타가 되어 중학교 입시는 전면 폐지되어 무시험 추첨제가 도입되었다.

답 ④

054

2017년 국가직

다음 주장을 한 인물에 대한 설명으로 옳은 것은?

> 계급투쟁은 민족의 내부 분열을 초래한 것이며, 민족의 내장은 필연적으로 민족의 약화에 따르는 다른 민족으로부터의 수모를 초래할 것이다. 계급투쟁의 길은 우리가 반드시 취해야 할 필요는 없고, 민족 균등이 실현되는 날 그것은 자연 해소되는 문제다. …(중략)…이 세계적 기운과 민족적 요청에서 민족사관은 출발하는 것이며, 민족사는 그 향로와 방법을 명백하게 과학적으로 지시하여야 할 것이다.
>
> -『조선민족사 개론』-

①『조선상고사』와『조선사연구초』를 저술하였다.
② 대동사상을 수용한 유교 구신론을 주장하였다.
③『진단학보』를 발간한 진단학회의 발기인으로 활동하였다.
④『5천년간 조선의 얼』이라는 글을 동아일보에 연재하였다.

출제영역 손진태

손진태, 안재홍 등이 주도한 신민족주의 사학에 대한 내용으로 1940년 이후 광복에 대비하기 위해 민족 구성원인 사회 계층 간의 대립을 비판하고 민주주의적 방법에 의해 민족 중심으로 단결해야 한다고 하였다. 특히 손진태는 민속학에도 관심을 기울였고 진단 학회에도 참여하였으며, 신민족주의를 통한 민족 단결과 평등·친화·자주독립을 제창하였다. 손진태와 함께한 진단학회(1934)의 발기인으로는 이병도, 이상백 등이 있다.

오답풀이

①『조선상고사』와『조선사연구초』는 신채호의 저서이다.
② 대동 사상을 수용하여 유교 구신론을 주장한 것은 박은식이다.
④『5천년간 조선의 얼』은 정인보가 동아일보에 연재한 글이다.

답 ③

055 2021년 경찰직 1차

밑줄 친 '그'에 대한 설명으로 옳은 것은?

> 그는 신채호의 고대사 연구를 계승 발전시켜 고대 국가의 사회 발전 단계를 해명하는 많은 논문을 발표하여 해방 후『조선상고사감』이라는 단행본을 엮어냈고, 우리나라의 전통 철학을 정리하여『불함철학대전』과『조선철학』을 저술하였다. 또한 '신민족주의와 신민주주의' 라는 독창적인 이론을 제시하고, 이에 의거하여 극좌와 극우를 배격하고 만민공생의 통합된 민족 국가를 건설하려 하였다.

① 한국 민주당 결성을 주도하였다.
② 남조선 과도 입법 의원의 의장이 되었다.
③ 독립 촉성 중앙 협의회의 회장에 추대되었다.
④ 조선 건국 준비 위원회의 결성에 참여하였다.

출제영역 인재홍

『조산성고사감』, '신민족주의와 신민주주'의 등의 내용을 통해 밑줄 친 '그'가 안재홍임을 알 수 있다. 안재홍이 주창한 신민족주의는 해방 직후, 지배계급 본위였던 과거의 민족주의와 차별화된 새로운 민족주의가 필요하다는 문제의식에서, 지주·자본과·농민·노동자를 아우르는 계급 통합적 관점에서 제창된 것이었다. 이는 서양의 자본주의와 다른 초계급적 경제균등을 기본으로 삼는 신민주주의로도 연결된다. 안재홍은 1945년 8월 조선건국준비위원회 결성 시 부위원장으로 활동 하였는데, 조선 건국 준비 위원회는 위원장에 여운형(중도 좌파), 부위원장에 안재홍(중도 우파)이 임명되어 좌우 합작으로 결성되었다.

오답풀이

① 한국 민주당을 창당(1945. 9)한 것은 송진우, 김성수 등 일부 우익 인사들이다.
② 남조선 과도 입법 의원의 의장이 된 인물은 김규식이다.
③ 독립 촉성 중앙 협의회 결성(1945. 10) 시 회장으로 추대된 인물은 이승만이다.

답 ④

056 2023년 계리직

다음은 1910년에 초판이 발행된『국어문법(國語文法)』이다. 이 저서를 쓴 인물에 대한 설명으로 옳은 것은?

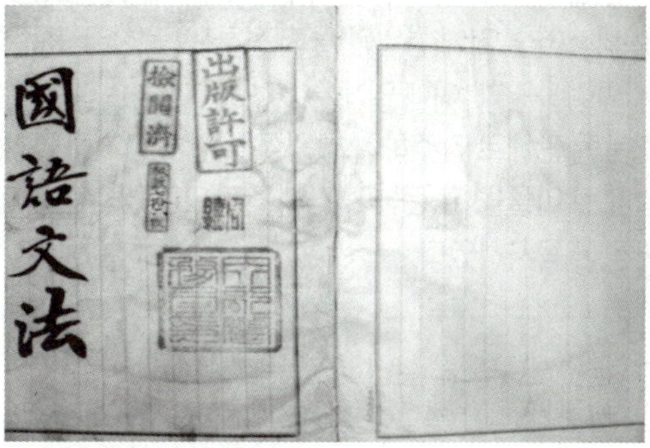

① 가갸날을 제정하였다.
② 국문연구소에서 활동하였다.
③ 조선어학회 사건으로 구속되었다.
④ 한글맞춤법통일안의 원안 작성에 참여하였다.

출제영역 국문 연구(주시경)

제시된 자료의 국어문법은 주시경(1876~1914) 선생이 간행한 것이다. 주시경 선생에 대한 설명으로 옳은 것은 ②번 선지이다. 1907년 7월 학부 내에 국문연구소를 설치하여 문자 체계 및 맞춤법을 연구하였다. 국문연구소에서 주시경, 이능화, 지석영 등이 활동하였다. 주시경 선생이 1910년대 전반에 돌아가셨다는 사실을 기억해 두는 것이 좋다.

오답풀이

① 1921년 조직된 조선어 연구회는 가갸날을 제정하고 잡지 한글을 창간하였다.
③ 일제는 1942년 10월부터 조선어 학회를 독립 운동 단체로 간주하여 조선어 학회원들을 대거 체포하였다.
④ 1931년 조선어 연구회는 조선어 학회로 확대 개편되었고, 조선어 학회는 한글 맞춤법 통일안과 표준어 및 외래어 표기법 통일안을 제정하였다.

답 ②

057

2023년 법원직

(가) 단체에 대한 설명으로 옳은 것을 〈보기〉에서 모두 고른 것은?

최현배, 이극로 등이 중심이 된 (가) 은/는 '표준어 및 외래어 표기법 통일안'을 제정하는 등 한글 표준화에 기여하였다. 이에 일제는 1942년 (가) 을/를 독립운동 단체로 간주하여 회원들을 대거 검거하였다. 일제는 이들을 고 문하여 자백을 강요하였고 이윤재, 한징이 옥사하였다.

〈보기〉

ㄱ. 국문 연구소를 설립하였다.
ㄴ. 한글 맞춤법 통일안을 만들었다.
ㄷ. 『우리말 큰사전』 편찬을 준비하였다.
ㄹ. 『개벽』, 『어린이』 등의 잡지를 발행하였다.

① ㄱ, ㄴ ② ㄱ, ㄷ ③ ㄴ, ㄷ ④ ㄴ, ㄹ

출제영역 국문 연구(조선어 학회)

최현배, 이극로, 한글 표준화에 기여, 1942년 회원들이 대거 검거되었다는 것 등을 통하여 (가) 단체는 조선어 학회임을 알 수 있다. 조선어 학회에 대한 설명으로 옳은 것은 ㄴ, ㄷ이다.

ㄴ. 조선어 학회는 한글 맞춤법 통일안을 제정하였다.
ㄷ. 조선어 학회는 우리말 큰사전 편찬을 준비하였으나, 조선어 학회 사건으로 해산되면서 광복 전에 완성하지 못하였다. 광복 후 서울역 창고에서 발견된 원고를 바탕으로 조선말 큰사전이 편찬되었다.

오답풀이

ㄱ. 국문 연구소는 대한제국의 학부 산하 기구이다.
ㄹ. 개벽, 어린이 등의 잡지는 천도교 계열에서 발간하였다.

답 ③

058

2023년 법원직

㉠을 비판한 사례로 가장 옳은 것은?

근세 조선사에서 유형원·이익·이수광·정약용·서유구·박지원 등 이른바 '현실학파(現實學派)'라고 불러야 할 우수한 학자가 배출되어, 우리의 경제학적 영역에 대한 선물로 남겨준 업적이 결코 적지 않다. …… ㉠ 후쿠다도쿠조(福田德三)는 조선에서 봉건제도의 존재를 전면적으로 부정했다는 점에서 그에 승복할 수 없는 것이다.

① 백남운이 조선사회경제사를 저술하였다.
② 이병도, 손진태 등이 진단학보를 발간하였다.
③ 조선사 편수회 인사들이 청구학회를 결성하였다.
④ 신채호가 대한매일신보에 독사신론을 연재하였다.

출제영역 일제 강점기 사학(백남운)

일제 식민사학에서 정체성론, 타율성론, 당파성론 등을 통하여 우리 역사를 왜곡하였는데, 사회경제사가인 백남운은 정체성론(한국의 역사는 고대 노예제 사회에 머물러 있고, 중세 봉건 사회로 발전하지 못했다.)을 과학적으로 반박하였다. 그는 조선사회경제사, 조선봉건사회경제사 등의 저술을 남겼다.

오답풀이

② 실증주의 사학자로 대표되는 이병도, 손진태 등이 진단학보를 발간하였다.
③ 청구학회는 경성제국대학과 조선총독부가 중심이 되어 활동한 어용 학술단체이다. 총독부의 조선사 편수회 학자들이 모여 식민사관에 입각혀 우리의 역사, 문화를 연구하였다.
④ 독사신론은 신채호가 1908년 대한매일신보에 연재한 것으로, 민족주의 사관에 입각해 서술한 한국 고대사 역사서이다.

답 ①

059

2020년 지방직 7급

다음 신문 창간 이전의 사실로 옳은 것은?

> 박문국을 설치하고 관리를 두어 외국의 기사를 폭넓게 번역하고 아울러 국내의 일까지 기재하여 국중(國中)에 알리는 동시에 열국에까지 널리 알리기로 하고 …(중략)… 견문을 넓히고, 여러 가지 의문점을 풀어주고, 장사의 이익에 도 도움을 주고자 하였으니 …(하략)…
>
> -「순보서(旬報序)」-

① 세계정세를 전하는 「해국도지」가 소개되었다.
② 베트남 역사에 관련한 「월남망국사」가 번역되었다.
③ 식산홍업을 강조한 「대한자강회월보」가 간행되었다.
④ 국내외 정보를 제공한 「독립신문」이 서재필에 의해 발간되었다.

출제영역

한성순보

지문에 등장한 박문국에서 펴낸 신문은 '한성순보'로서, '한성순보'의 창간 이전의 사실로 옳은 것은 ①번이다.
1883년 박문국이 설치되어 열흘(순旬)에 한 번씩 발간하였다 하여 이름붙은 '한성순보'는 우리나라 최초의 신문으로 관보의 성격을 가졌으며, 국내외의 소식을 전하고 세계 각국의 정치·법률·재정·과학·기술 등의 서양의 신문화를 소개하였다.
세계 정세를 전하는 해국도지 는 청의 학자 위원의 저서로 1842년 편찬된 세계 지리서이다. 이 책을 통해 위원은 전통적인 지리 관념을 극복하고 5대주 4대양으로 구성된 근대적 지리관을 중국인들에게 전파하였다. 조선에서는 역관 오경석(1831~1879) 등이 해국도지 를 소개하였으며, 이 책에 따라 조선 조정에서는 수뢰포의 도입과 제작을 논의하고 일본에 수신사로 파견되었던 김기수가 귀국하여 고종에게 복명하는 자리에서 해국도지 와 영환지략 을 인용하여 러시아를 설명하는 등 국제 정세의 안목을 넓히는 장으로 활용되었다.

오답풀이

② 판보이쩌우와 량치차오가 프랑스의 베트남 침략 과정을 대담 형식으로 나눈 서적인 월남망국사 는 1905년 편찬되었으며, 현채가 1906년 국내에 번역본을 발간하였다.
③ 대한자강회는 1906년 3월에 조직된 단체로서 헌정연구회를 계승하여 전국에 30여 개의 지회와 2,000여 명의 회원을 두고 대한자강회월보를 간행하여 교육·언론 활동 및 식산흥업에 주력하였다.
④ 서재필의 독립신문 은 1896년 4월 7일에 발간된 한국 최초의 민간 신문이자 한글, 영문판 신문이다. 한편 같은 이름으로 1919년 대한민국 임시정부가 발행한 독립신문 도 있다.

답 ①

060

2019년 경찰간부

근대 교육과 국어 연구에 관련된 설명 중 옳지 않은 것은?

① 베델은 세계 각국의 산천·풍토 등을 한글로 소개한 「사민필지」를 저술하였다.
② 1896년에 설립된 국문 동식회는 최초의 국문 연구회이다.
③ 국문 연구소는 주시경·지석영을 중심으로 국문의 정리와 국어의 이해 체계 확립을 위해 노력하였다.
④ 제국신문, 대한매일신보 등이 한글로 발간되면서 국어 연구에 도움이 되었다.

출제영역 근대 교육과 국어 연구

근대 교육과 국어 연구에 관한 설명으로 옳지 않은 것은 정답 ①번이다. 사민필지 는 1889년 헐버트가 육영공원의 교사로 재직하던 시기에 집필한 서적으로 세계 각국의 산천·풍토·사회·학술 등을 한글로 간략하게 소개한 세계지리서이다. 베델(어니스트 토머스 베델, 1872~1909년)은 1904년~1909년 대한매일신보 를 양기탁과 함께 창간하여 일제의 침략상을 고발하는 언론 활동을 펼쳤다.

오답풀이

② 국문동식회는 1896년 주시경 등이 국문철자법의 통일을 목적으로 서울 정동 독립신문사 안에 설립한 최초의 국문연구회로, 같은 해인 4월 7일 독립신문 이 서재필에 의해 최초의 상업 신문으로 창간되자, 순한글 신문인 「독립신문」의 국문표기를 합리적으로 통일하기 위해 설립되었다.
③ 국문연구소는 1907년 학부 안에 설치한 한글 연구 기관으로, 공동 연구에 의한 국문의 정리와 국어의 이해 체계 확립을 결산하는 「국문 연구의정안」을 작성하였다.
④ 1898년에 간행된 「제국신문」, 1904년에 간행된 「대한매일신보」 등이 한글로 발간되면서 한글의 보급과 대중화, 국어 연구에 크게 기여 하였다.

답 ①

라영환 한국사

STEP 2

응용사고형

10

사회 경제사

(고대/고려/조선/근현대)

시험에서 적어도 1, 2문제는 출제되는 응용+사고가 필요한 문제들만 모았습니다!

STEP 2 | 응용사고형 고대/고려/조선/근현대 사회 경제사 X

001 2019년 기상직

(가) 교육 기관에 대한 설명으로 옳은 것은?

> 모든 학생은 관등이 대사(大舍) 이하로부터 관등이 없는 자로, 15세에서 30세까지인 사람을 들였다. 재학 연한은 9년이고, 만약 노둔하여 인재가 될 가능성이 없는 자는 그만두게 하였다. 만약 재주와 도량은 이룰 만한데 아직 미숙한 자는 비록 9년을 넘더라도 (가) 에 남아있는 것을 허락하였다. 관등이 대나마(大奈麻)와 나마(奈麻)에 이른 이후에는 (가) 에서 내보낸다.

① 박사와 조교를 두고 유교 경전을 가르쳤다.
② 국자학, 태학, 사문학으로 나누어 교육하였다.
③ 지방에 설치되어 한학과 함께 무술을 가르쳤다.
④ 국왕으로부터 편액과 함께 서적 등을 받기도 하였다.

출제영역 신라의 국학

사료는 신라의 국립 교육기관인 국학에 대한 내용이다. 국학은 신문왕 2년 682년에 설치되었고, 경덕왕 때 태학감으로 고쳤다가 혜공왕 때 다시 국학으로 고쳐 불렀다. 국학에서는 『논어』와 『효경』, 『예기』, 『주역』, 『상서』, 『모시』, 『춘추좌씨전』, 『문선』 등 유교 경전을 주로 교육하였다.

오답풀이

② 국자학, 태학, 사문학으로 나누어 교육한 것은 고려 시대 국자감이다. 국자감에서는 국자학, 태학, 사문학 등의 유학부와 율학, 서학, 산학 등의 기술학부로 나누어 학생들을 가르쳤다.
③ 지방에 설치되어 한학과 무술을 가르친 것은 고구려의 경당이다. 경당은 고구려 장수왕 때 지방에 설치된 것으로 추정되는 사설 교육 기관이었다.
④ 국왕으로부터 편액과 함께 서적 등을 받기도 하였던 것은 조선 시대 지방 사립 교육 기관인 서원이다.

답 ①

002 2017년 지방직

다음 글을 지은 사람들의 공통점으로 옳은 것은?

> (가) 낭혜화상백월보광탑비문(朗慧和尙白月葆光塔碑文)
> (나) 대견훤기고려왕서(代甄萱寄高麗王書)
> (다) 낭원대사오진탑비명(朗圓大師悟眞塔碑銘)

① 골품제를 비판하고 호족 억압을 주장하였다.
② 국립 교육기관인 태학(太學)에서 공부하였다.
③ 신라뿐만 아니라 고려왕조에서도 벼슬하였다.
④ 당나라에 유학하여 빈공과(賓貢科)에 급제하였다.

출제영역 6두품

(가)는 신라 진성여왕 시기 인물인 최치원, (나)는 후백제 견훤의 책사였던 최승우, (다)는 태조 왕건의 책사였던 최언위의 글이다. 세 사람의 공통점으로는 신라 6두품 출신에 당으로 유학하여 빈공과에 급제하였다는 이력을 들 수 있다. 신라시대 6두품 출신 인사들 중 다수가 당나라에 유학하고 빈공과에 급제하여 당나라에서 벼슬을 지냈고, 귀국하여 신라에서 벼슬을 하였다.

오답풀이

① 6두품들은 오히려 지방호족과 적극적으로 결탁하여 신라의 골품제를 비판하였다.
② 태학은 삼국시대 고구려의 국립 교육기관이다. 통일신라의 국립교육기관으로는 국학이 있으며, 국학은 골품과는 상관없이 입학이 가능하여 6두품 세력이 많이 지원하였다.
③ (가),(나),(다) 중 고려왕조에 종사한 사람은 (다)의 최언위 뿐이다.
최치원은 골품제의 한계로 좌절하여 낙향 후 전국을 유람하였으며, 최승우는 후백제 견훤에게 종사했다.

답 ④

003 2018년 기상직

다음 밑줄 친 인물이 속한 사회계층에 대한 설명으로 옳은 것을 〈보기〉에서 고른 것은?

> 당의 사신이 와서 조서를 전했는데, 그 가운데 해독하기 어려운 부분이 있었다. 왕이 그를 불러 물으니, 그가 왕 앞에서 한번 보고는 설명하고 해석하는데 의심스럽거나 막히는 데가 없었다. 왕이 놀랍고도 기뻐 서로 만남이 늦은 것을 한탄하고 그의 성명을 물었다. 그가 대답하여 아뢰었다. "신은 본래 임나가량(任那加良) 사람이며 이름은 우두(牛頭)입니다." 왕이 말했다. "경의 두골을 보니 강수 선생이라고 부를 만하다."
>
> 〈보기〉
>
> ㄱ. 속현에서 농민들의 실질적인 지배세력이었다.
> ㄴ. 학문과 종교분야에서 활발히 활동하였다.
> ㄷ. 신분은 양인이었으나 직역이 천해 사회적 차별이 심하였다.
> ㄹ. 6관등인 아찬까지만 승진할 수 있었다.

① ㄱ, ㄴ　② ㄱ, ㄷ　③ ㄴ, ㄹ　④ ㄷ, ㄹ

출제영역 6두품

강수는 외교 문서 작성에 뛰어난 재능을 보인 인물로 6두품 출신이었다.

ㄴ. 6두품은 신분상의 제약으로 오를 수 있는 관직에 한계가 있었기 때문에(6관등 아찬) 학문이나 종교 분야에서 업적을 남긴 경우가 많았다. 대표적인 인물로는 원효, 강수, 설총, 최치원 등이 있다.

ㄹ. 6두품은 제 6관등인 아찬까지는 올라갈 수 있었으나, 제5관등인 대아찬 이상의 직위에는 취임할 수 없었다.

오답풀이

ㄱ. 고려 시대 향리에 대한 설명이다.

ㄷ. 조선시대 신량역천에 대한 설명으로 수군, 조례, 나장, 일수, 봉수군, 역졸, 조졸 등이 대표적으로 이들을 칠반천역이라 불렀다.

답 ③

004 2016년 국가직

다음 자료에 나타난 통일신라시대의 신분층과 연관된 설명으로 옳은 것은?

> (그들의) 집에는 녹(祿)이 끊이지 않았다. 노동(奴僮)이 3천 명이며, 비슷한 수의 갑병(甲兵)이 있다. 소, 말, 돼지는 바다 가운데 섬에서 기르다가 필요할 때 활로 쏘아 잡아먹는다. 곡식을 남에게 빌려 주어 늘리는데, 기간 안에 갚지 못하면 노비로 삼아 부린다.
>
> - 『신당서』 -

① 관등 승진의 상한은 아찬까지였다.
② 도당 유학생의 대부분을 차지하였다.
③ 돌무지덧널무덤을 묘제로 사용하였다.
④ 식읍·전장 등을 경제적 기반으로 하였다.

출제영역 통일신라시대의 귀족

제시된 자료는 통일신라시대 귀족의 모습을 나타내고 있다. 통일 이후 신라의 최고 귀족층(진골)은 녹읍과 식읍을 통하여 농민을 지배하고 조세와 공물을 거두었으며 노동력을 동원하였다. 이들은 전장(귀족들의 대규모 사유지), 노비, 목장, 섬을 소유하고 비단, 양탄자, 유리그릇, 귀금속 등 고가의 당나라와 아라비아의 수입품을 소비하였으며, 금입택·사절유택 등의 호화 별장을 소유하는 등 사치스러운 생활을 영위했다.

오답풀이

① 6두품에 대한 설명으로, 이들은 골품제로 인해 17관등 중에서 6관등 아찬까지 승진상한선이 정해져 있었다. 진골 귀족은 1관등 이벌찬 까지 오를 수 있었다.

② 6두품에 대한 설명이다. 당과 연합한 초기에는 주로 신라의 왕자들이 당에 유학하였으나(신라말까지 16명의 왕자 파견) 후기에는 도당유 학생의 대부분은 6두품이었다.

③ 돌무지 덧널무덤은 4~6세기 마립간 시기의 대표적인 묘제이다. 통일신라 시기에는 굴식돌방무덤이 주로 조성되었다.

답 ④

005

2019년 서울시 7급

㉠과 같은 신분이 있었던 국가에 대한 설명으로 가장 옳은 것은?

> 대사의 법호는 무염으로 달마대사의 10대 법손이 된다. … 고조부와 증조부는 모두 조정에서는 재상, 나가서는 장수를 지내 집집에 널리 알려졌다. 아버지는 범청으로 [㉠] 득난(得難)이 되었다.

① 갈문왕이라고 불리는 귀족이 있었다.
② 대귀족으로 진씨, 해씨 등 8개 성씨가 있었다.
③ 귀족들이 정사암에 모여 회의를 열고 수상을 선출했다.
④ 최고 귀족인 왕족과 왕비족은 고추가로 불렸다.

출제영역 신라의 골품제도

제시문은 최치원이 지은 '성주사 낭혜화상 백월보광탑비문'의 일부로, '득난'이라는 표현이 있는데, 득난은 일반적으로 6두품의 별칭으로 이해된다. 6두품 신분이 있었던 국가는 신라이며, 신라에 대한 설명으로 옳은 것은 ①번 선지이다. 신라에서는 왕비의 아버지나 왕의 외할아버지, 왕의 아버지이지만 왕이 아니었던 인물, 왕의 동생 등을 갈문왕으로 추봉하였다. 이들은 상고기에 상당한 정치적 실권과 위상을 가지고 국정 운영에서 주도적인 역할을 수행하였으나, 중앙 집권 국가로 발전하는 과정에서 역할과 위상이 축소되었으며, 갈문왕 제도는 무열왕 대에 폐지되었다.

오답풀이

② 백제는 왕족인 부여씨 이외에 초기 왕실의 외척을 이룬 진씨와 해씨, 사비 천도 이후 급성장한 사씨 등과 같은 대표적인 8성의 귀족이 고위 관직과 22담로의 지방 장관을 독점했다.
③ 백제의 귀족들은 정사암 회의에서 국가 중대사를 논의하고 재상을 선출하였다.
④ 고구려는 왕족인 계루부, 전왕족인 소노부(연노부), 왕비족인 절노부의 대가를 고추가라고 불렀다.

답 ①

006

2018년 국가직

다음 (가)에 대한 설명으로 옳지 않은 것은?

> 예전에 성종이 [(가)] 시행에 따르는 잡기가 정도(正道)에 어긋나는데다가 번거롭고 요란스럽다 하여 이를 모두 폐지하였다. … (중략) … 이것은 폐지한 지가 거의 30년이나 되었는데, 이때에 와서 정당문학 최항이 청하여 이를 부활시켰다.

① 국제 교류의 장이었다.
② 정월 보름에 개최되었다.
③ 토속 신에게 제사를 지냈다.
④ 훈요 10조에서 시행할 것을 강조하였다.

출제영역 팔관회

최승로의 건의에 의해 987년(성종 6)에 폐지되었다가 1010년(현종 원년)에 부활되었다는 내용을 통해 팔관회에 대한 설명임을 알 수 있다. 팔관회는 개경에서는 11월 15일에, 그리고 서경에서는 10월 15일에 베풀어졌다. ②의 '정월 보름(1월 15일)에 개최'된 행사는 연등회이다.

오답풀이

① 팔관회는 국제 교류의 장이었다. 팔관회 행사 기간 중에는 향등을 설치하고, 노래와 춤을 벌이며 밤낮으로 즐겼다. 특히 11월의 팔관회는 외국상인들과의 무역의 장이 되기도 하였다.
③ 팔관회는 도교·민간신앙이 복합된 불교 행사로, 토속 신에게도 제사를 지냈다.
④ 팔관회는 신라 진흥왕 때 불교의 팔관재계를 지키기 위해 열렸던 불교법회에서 시작되어, 고려 건국 초기에도 이어지고 있었다. 고려 태조는 훈요 10조(943)에서 연등회와 함께 팔관회 시행을 강조하였다.

답 ②

007

2018년 지방직

고려에서 행한 국가제사에 대한 설명으로 옳지 않은 것은?

① 태조 때에 환구단(圜丘壇)에서 풍년을 기원하는 제사를 올렸다.

② 성종 때에 사직(社稷)을 세워 지신과 오곡 신에게 제사를 지냈다.

③ 숙종 때에 기자(箕子) 사당을 세워 국가에서 제사하였다.

④ 예종 때에 도관(道觀)인 복원궁을 세워 초제를 올렸다.

출제영역 고려의 국가제사

환구단(丘壇)은 천자(天子)가 하늘에 제사를 드리는 제천단을 가리킨다. 우리나라의 제천의례는 삼국시대부터 농업의 풍작을 기원하거나 기우제를 국가적으로 거행하는 데서 시작되었다. 제도화된 환구제는,『고려사』에 따르면 고려 성종 때부터라고 전해진다. 조선 초기에 제천의례는 큰 중요성을 갖지 못하고 억제되다가, 세조 때 왕권강화를 위해 환구제를 부활시켰으나, 세조 10년에 폐지하였다. 이후 고종이 황제로 즉위하여 제천의식을 봉행할 수 있게 되면서부터 다시 설치되었다.

오답풀이

② 고려 성종 10년(991)에 개경 서쪽에 사직단을 세우고 신과 오곡 신에게 제사를 지냈다.
③ 숙종 7년(1102)에 서경에 기자조선의 창업자로 알려진 기자 사당을 세워 국가 주도로 제사를 지냈다.
④ 예종 15년(1120)에 북송으로부터 도교를 도입하여 개경 북쪽에 도관(道觀)인 복원궁을 세웠고, 초제를 올렸다.

답 ①

008

2022년 법원직

밑줄 친 '이들'에 대한 설명으로 가장 옳은 것은?

> 이들의 첫 벼슬은 후단사이며, 두 번째 오르면 병사(兵史)·창사(倉史)가 되고, 세 번째 오르면 주·부·군·현의사(史)가 되며, 네 번째 오르면 부병정(副兵正)·부창정(副倉正)이 되며, 다섯 번째 오르면 부호정(副戶正)이 되고, 여섯 번째 오르면 호정이 되며, 일곱 번째 오르면 병정·창정이 되고, 여덟 번째 오르면 부호장이 되고, 아홉번째 오르면 호장(戶長)이 된다.
>
> -『고려사』-

① 자손이 음서의 혜택을 받았다.

② 속현의 조세와 공물의 징수, 노역 징발 등을 담당하였다.

③ 수군, 조례, 역졸, 조졸 등으로 칠반천역이라고도 불렸다.

④ 수령의 행정 실무를 보좌하는 세습적인 아전으로 활동하였다.

출제영역 고려의 향리

밑줄 친 '이들'은 향리이다. 향리의 지위 중 가장 높은 것이 '호장', 그 다음이 '부호장'이라는 것은 잘 알고 있을 것이다. 향리에 대한 설명으로 옳은 것은 ②번 선지이다. 고려의 지방 행정은 지방관이 파견되지 않은 속현이 상대적으로 많았다. 이에 속현에서는 향리가 실질적인 지배력을 갖고 있었으며, 조세와 공물의 징수, 노역 징발 등을 담당하였다.

오답풀이

① 고려나 조선의 고위 관료에 해당하는 설명이다.
③ 신분은 양인이나 천역을 담당하던 계층인 '신량역천'에 대한 설명이다.
④ 조선의 향리에 대한 설명이다. 고려 말, 조선으로 이어지면서 중앙 정부의 집권성이 강화되었고, 향촌에서 향리의 지위는 격하되었다.

답 ②

009 2018년 기상직

다음의 (　　) 안에 들어갈 사회 조직에 대한 설명으로 옳은 것을 〈보기〉에서 고른 것은?

> 소승이 (　　) 천명과 더불어 크게 발원(發願)하여 침향(沈香)을 땅에 묻고 미륵보살이 하생(下生)되기를 기다려서 용화회(龍華會) 위에 세 번이나 모셔 이 매향 불사(埋香佛事)로 공양을 올려 … 임금님의 만세와 나라의 융성, 그리고 중생의 안녕을 비옵니다.
>
> 〈보기〉
>
> ㄱ. 초제(醮祭)를 통하여 나라의 안녕과 왕실의 번영을 기원하였다.
> ㄴ. 미래불의 도래를 통한 민중의 구원을 바라는 불교 신앙과 관련이 있었다.
> ㄷ. 국가가 농민의 생활을 안정시켜 국가 재정을 확보하기 위해 조직하였다.
> ㄹ. 마을의 노역, 혼례와 상장례, 마을 제사 등을 주관하는 농민 공동조직의 기능을 수행하였다.

① ㄱ, ㄴ　② ㄱ, ㄹ　③ ㄴ, ㄹ　④ ㄷ, ㄹ

출제영역 향도

제시된 자료의 매향 풍습을 통해 향도에 대한 내용을 설명하고 있음을 알 수 있다. ㄴ. 향도는 본래 고려 전기 불교신앙 활동을 목적으로 조직된 신도들의 결사(結社), 특히 미래불인 미륵을 만나 구원받고자 향나무를 묻는 매향 활동을 하던 자치 조직을 일컫지만, ㄹ. 고려후기 역할이 넓어지면서 구성원간의 길흉경조(吉凶慶弔), 재난구제 등의 기능도 담당하였다. 지금까지 확인된 최초의 향도는 신라에서 609년(진평왕 31) 경에 김유신을 중심으로 조직된 화랑도(花郎徒)를 '용화향도(龍華香徒)'라고 지칭한 것이다.

오답풀이

ㄱ. 도교에 대한 설명이다. 고려 시대의 도교는 초제(醮祭)를 통하여 나라의 안녕과 왕실의 번영을 기원하였다.
ㄷ. 향도는 각종 불교 행사에 참여하거나, 내세의 복을 빌기 위하여 지역민들이 자발적으로 만든 조직으로, 국가 재정의 확보와는 관련이 없다.

답 ③

010 2015년 국가직

고려 사회의 모습으로 옳지 않은 것은?

① 천민 출신인 이의민이 무신 정권의 최고 권력자가 되었다.
② 외거 노비가 재산을 늘려, 그 처지가 양인과 유사해질 수 있었다.
③ 지방 향리의 자제가 과거(科擧)를 통해 귀족의 대열에 진입할 수 있었다.
④ 향·부곡·소의 백성도 일반 군현민과 동일한 수준의 조세·공납·역을 부담하였다.

출제영역 고려 사회의 모습

고려 시대의 특수 행정 구역인 향, 부곡, 소에 거주한 주민은 일반 군현민과 달리 더 많은 세금 부담을 지고 있었다. 거주하는 곳도 소속 집단 내로 제한되어 다른 지역으로 이주하는 것이 원칙적으로 금지되었다.

오답풀이

① 무신정권 시기에 고려 전기의 신분 제도가 동요되어 이의민과 같이 하층민에서 권력층이 된 자가 많았다.
② 외거 노비는 말 그대로 밖에서(外)에서 주인과 따로 사는(居) 노비를 말한다. 외거 노비는 주인의 토지뿐만 아니라 다른 사람의 토지도 소작할 수 있어서, 노력에 따라서는 경제적으로 여유를 얻을 수 있었으며, 자신의 토지도 소유할 수 있었다.
③ 고려 광종은 후주에서 귀화한 쌍기의 건의를 받아들여 과거제를 시행하였다. 법제적으로 양인 이상은 과거에 응시할 수 있었으나 제술과와 명경과에는 주로 귀족과 향리의 자제가 응시하였다. 고려 시대에는 지방 향리의 자제 중 상당수가 과거를 통하여 중앙 관료로 진출하였다.

답 ④

011

2019년 지방직 7급

㉠, ㉡의 거주민에 대한 설명으로 옳은 것은?

- 이제 살펴보건대, 신라가 주·군을 설치할 때 그 전정(田丁), 호구(戶口)가 현의 규모가 되지 못하는 곳에는 ㉠, ㉡ 을/를 두어 소재지의 읍에 속하게 하였다. -「신증동국여지승람」-
- 지난 왕조 때 5도와 양계에 있던 역과 진에서 역을 부담 한 사람과 ㉠ 의 사람은 모두 고려 태조 때의 명령을 거역한 사람이므로, 고려는 이들에게 천하고 힘든 일을 맡게 했다. -「태조실록」-

① 향리층의 지배를 받았다.
② 관직의 진출에 제한을 받지 않았다.
③ 백정이라고 불렸으며 조 . 용·조를 면제받았다.
④ 개인의 소유물로 인정되어 매매나 증여, 상속의 대상이 되었다.

출제영역 고려의 특수행정구역

㉠, ㉡은 군현으로 편제할 수 없는 곳에 편제된 향과 부곡이다. 향·부곡의 편제는 정확한 유래를 알 수는 없으나 피정복민이나 반역 죄인의 집단적 거주지 혹은 현으로 편입되기에는 규모가 작은 지역을 향·부곡으로 편제한 것으로 여겨진다. 향·부곡민은 일반 촌락의 농민이 부담하는 기본 세목인 조·용·조 이외에도 추가적인 공물과 역을 부담한 것으로 보이며, 특별한 상황에 따라 향·부곡이 일반 군현으로 승격되기도 하고, 반란이 일어난 일반 군현은 향·부곡 등으로 강등되기도 하였다.

① 향·부곡은 말단 행정 구역의 하나로서 지방관이 파견되지 않았으며, 토착 지배 세력인 향리가 실질적인 지방관의 역할을 담당하였다.

오답풀이

② 향·부곡의 주민은 국학의 입학이 금지되었고, 과거에 응시를 할 수 없어 관직의 진출에 제한이 있었다.
③ 백정은 조선 시대의 도축업 등에 종사한 천민의 일종으로 조·용·조가 면제되었다.
④ 노비는 사유재산으로 인정되어 매매·증여·상속의 대상이 되었으며, 향·부곡의 주민은 일반적인 조세와 역을 담당했다는 사실로 보아 일반 군현민과 동질적인 존재로 이해된다.

답 ①

012

2016년 지방직 7급

고려시대 혼인풍속에 대한 설명으로 옳지 <u>않은</u> 것은?

① 결혼 후 신랑이 신부집에 머무르는 '서류부가혼'의 혼속이 있었다.
② 국왕을 비롯한 종실의 경우 동성근친혼인 족내혼의 관행이 있었다.
③ 원의 영향으로 여러 명의 처와 첩을 두는 '다처병첩'이 법적으로 허용되었다.
④ 공녀 선발을 피하기 위해 어린 신랑을 처가에서 양육해 혼인시키는 '예서제'가 있었다.

출제영역 고려의 혼인 풍속

고려 시대 혼인 풍속에 대한 설명으로 옳지 않은 것은 ③번 선지이다. 충렬왕 때 대부경을 지낸 박유는 당시의 인구 감소와 고려의 처녀들이 공녀로서 원에 보내지는 현실을 고려하여 다처병첩(축첩제)을 주장하였으나 받아들여지지 않았다.

오답풀이

① 고려에서는 남자가 혼인을 하고 낳은 자식이 장성할 때까지 여자의 집에서 거주하는 '서류부가혼(壻留婦家婚)'이 흔하였다. 이는 고구려의 서옥제와 유사한 성격으로 노동력의 중시에도 그 기원을 이야기할 수 있지만, 고려 시대에는 딸에 대한 상속 및 호주로의 등록에 차별이 없었음을 의미하기도 한다.
② 고려에서는 왕실의 동성혼 내지 근친혼이 매우 성행하였으며, 이와 같은 풍속은 왕실 이하에도 널리 퍼져 있었다. 이에 고려에서는 동성 사촌 내지 육촌 간에 수시로 직접·간접의 금혼령을 내렸으며, 충선왕은 1309년 교서를 통해 문무 양반가의 동성금혼과 내외 사촌간의 혼인을 금하기도 하였다.
④ 원 간섭기 원이 공녀를 요구함에 따라 고려에서는 과부처녀추고별감, 결혼도감 등이 설치되어 많은 수의 공녀가 원으로 끌려갔다. 이에 고려 사회에서는 공녀 징발을 피하기 위해 13세 이전에 결혼시키는 조혼의 풍속이 생겨났으며, 어린 신랑을 처가에서 양육해 혼인시키는 예서제(豫壻制)의 풍속이 크게 증가하였다.

답 ③

013

2017년 국가직(하)

다음 족보가 편찬된 시기의 사회상으로 가장 적절한 것은?

> 우리나라는 자고로 종법이 없고 보첩(譜牒)도 없어서 비록 거가대족(巨家大族)이라도 가승(家乘)이 전혀 없어서 겨우 몇 대를 전할 뿐이므로 고조나 증조의 이름도 호(號)도 기억하지 못하는 이가 있다.
>
> - 『안동권씨 성화보』 서문 -

① 남자는 대개 결혼 후에 바로 친가에서 거주하였다.
② 자손이 없으면 무후(無後)라 하고 양자를 널리 맞아들였다.
③ 아들을 먼저 기록하고 딸을 그 다음에 기록하였다.
④ 윤회봉사·외손봉사 등이 행해졌다.

출제영역 조선시대의 족보

위의 지문은 조선 성종 7년(1476)에 간행된 『안동권씨 성화보』의 서문으로, 현존하는 족보 중 가장 오래된 것이다. 종법은 가부장적 친족질서, 보첩(譜牒)이나 가승(家乘)은 족보를 말하는 것으로 성리학적 지배 질서가 아직 자리잡기 전인 조선 전기의 사회모습을 묘사하고 있다. 조선 초기까지는 고려시대의 영향을 받아 아직 남녀 간의 차별을 두지 않았으며, 이와 같은 사회 분위기에서 아들과 딸이 함께 제사를 돌아가며 지내는 윤회봉사(輪回奉祀), 외척 자손이 대신 제사를 지내는 외손봉사(外孫奉祀) 등이 성행하기도 하였다.

오답풀이

① 남자가 결혼 후에 친가에서 거주한 것은 조선 후기 이후에 성리학 이념이 강경해지고 가부장제가 강화된 뒤의 일이다.
② 무후(無後)란 대를 이을 자손이 없다는 의미로, 조선 후기에는 성씨를 물려줄 아들이 없으면 양자를 맞아 대를 잇도록 하였다.
③ 조선 후기에는 성리학 이념 및 가부장제 강화 분위기에 따라 남존여비(男尊女卑) 원칙에 따라 아들이 먼저 족보에 기록되고 딸은 나중에 기록되었다.

답 ④

014

2022년 계리직

조선전기의 노비에 대한 설명으로 옳은 것은?

① 노와 양녀 사이에 태어난 소생을 모의 신분을 따라 양인으로 삼는 '노비종모법'이 시행되었다.
② 중앙 관청에 소속된 공노비 가운데에는 하급 기술 관직에 임용되기도 하였다.
③ 부족한 군역 자원을 확충하기 위해 양인과 함께 노비를 속오군에 편제하였다.
④ 국가에 소속된 공노비의 도망이 속출하자 내·시노비 중 일부를 속량하기도 하였다.

출제영역 조선 전기 노비

조선전기 노비에 대한 설명으로 옳은 것은 ②번 선지이다. 노비는 공교육을 받을 수 없었고 과거에도 응시할 수 없었으나, 공노비의 경우 천인들의 관직인 문무 잡직(유외잡직)에 나아갈 수 있었다. 세종 대에 활약했던 장영실은 동래 관노 출신이었다.

오답풀이

① 조선 후기 신분제가 해이해져 양천교혼이 성행하였는데, 특히 양녀로서 노처가 되는 경우가 많았다. 그리하여 양역 인구의 증가책으로 이런 경우 소생 자녀에게 종모법을 적용하려 하였다. 치폐를 거듭하다 영조 7년(1731년)에 종모법으로 확정되었다.
③ 속오군은 임진왜란 중인 선조 27년(1594년)에 편성된 양천 혼성군이다.
④ 조선 후기에 있었던 사실이다. 순조는 궁궐에 속한 노비인 내노비와, 관청에 속한 시노비를 합쳐 약 66,000여 명의 공노비를 해방하였다(1801).

답 ②

015

2019년 서울시 7급

조선시대 노비 제도 및 노비의 역할에 대한 설명으로 가장 옳은 것은?

① 조선시대 노비의 자식들은 대대로 노비 신분이 세습되었으나, 일정 기간 국역(國役)에 종사하면 양인으로 신분이 상승하는 게 일반적이었다.
② 조선시대 사노비는 주인이 마음대로 매매·양도·상속할수 있었을 뿐 아니라, 주인이 사노비를 함부로 죽이거나 사형(私刑)을 가하는 게 법으로 허용되었다.
③ 사노비는 주인의 집에서 거주하는 솔거노비와 주인과 떨어져 거주하는 외거노비가 있었는데, 그 수는 솔거노비가 절대 다수였다.
④ 외거하는 사노비는 주인으로부터 사경지(私耕地)를 받아 그 수확을 자신이 차지하여 재산을 축적하기도 하였다.

출제영역 조선의 노비 제도

조선 시대의 노비 제도 및 노비의 역할에 대한 설명으로 가장 옳은 것은 ④번이다. 조선 시대에 사노비는 개인에게 예속되어 세전(世傳)되면서 사역되었던 최하층 신분으로 사천(私賤)이라고도 하였다. 사노비는 솔거노비와 외거노비로 구분되었는데, 이 중 외거하는 사노비(외거노비)는 주인의 호적 외에 현거주지에 별도의 호적을 가지고 비교적 온전한 가정 생활을 유지하며, 주인의 작개지를 경작하여 수확을 주인에게 바치고 일부 땅을 사경지로 받아 그 수확을 자신의 재산으로 소유할 수 있었다.

오답풀이

① 노비는 재산으로 취급되었기에 국역에 종사하지 않았으며, 일천즉천(一賤則賤)의 원칙에 따라 신분이 세습되었다.
② 노비에 대한 주인의 사적 형벌은 금지되었다.
③ 전체적으로 조선 시대 사노비의 비율을 보면 솔거 노비보다는 외거 노비가 다수를 차지하였다.

답 ④

016

2020년 경찰간부

다음 ㉮의 조직에 대한 설명으로 가장 옳지 않은 것은?

> 무릇, 뒤에 (㉮)에 가입하기를 원하는 자에게는 반드시 먼저 규약문을 보여 몇 달 동안 시행할 수 있는가를 스스로 헤아려 본 뒤에 가입하기를 청하게 된다. 가입을 청하는 자는 반드시 단자에 참가하기를 원하는 뜻을 자세히 적어서 모임이 있을 때에 진술하고, 사람을 시켜 약정에게 바치면 약정은 여러 사람에게 물어서 좋다고 한 다음에야 글로 답하고, 다음 모임에 참여하게 한다. - 『율곡전서』 -

① 향촌사회의 질서를 유지하고 치안을 담당하는 향촌의 자치기능을 맡았다.
② 지방 유력자가 주민을 위협, 수탈하는 배경을 제공하는 부작용도 있었다.
③ 조광조 등의 노력으로 중종 때 전국적으로 보급되었다.
④ 덕업상권, 과실상규, 예속상교, 환난상휼 등을 주요 강령으로 하였다.

출제영역 향약

제시문은 '해주향약 입약범례'의 내용을 발췌한 것으로 ㉮는 향약이다. 규약문, 약정 등을 통하여 향약임을 알 수 있다. 향약에 대한 설명으로 가장 옳지 않은 것은 ③번 선지이다. 중종 때 조광조 일파가 중국의 여씨향약을 도입하여 향촌 자치 규약을 보급하려고 시도는 하였지만, 전국적으로 보급되지는 못하였다.

오답풀이

① 향약은 향촌 사회의 질서를 유지하고 치안을 담당하는 향촌의 자치 기능을 담당하여 지방 사족들의 향촌 지배력을 강화하였다.
② 향약을 제정하고 운영하는 주체인 지방 사족들이 향약을 통하여 지방민을 위협, 수탈할 위험성이 있었다.
④ 덕업을 서로 권하고, 과실을 서로 교정하며, 예속으로 서로 사귀고, 어려움에 처하면 서로 돕는다는 향약의 4대 덕목을 설명하고 있다.

답 ③

017

2020년 법원직

〈표〉와 같은 변화가 나타나게 된 원인에 대한 탐구 활동으로 옳은 것을 〈보기〉에서 모두 고른 것은?

〈표〉

(단위 : %)

시기	양반 호	상민 호	노비 호	합계
1729년	26.29	59.78	13.93	100
1765년	40.98	57.01	2.01	100
1804년	53.47	45.61	0.92	100
1867년	65.48	33.96	0.56	100

〈보기〉

ㄱ. 납속의 혜택에 대하여 조사해본다.
ㄴ. 공명첩을 구입한 사람들의 신분을 조사해본다.
ㄷ. 선무군관포의 부과 대상에 대하여 조사해본다.
ㄹ. 서원 숫자의 변화를 조사해본다.

① ㄱ, ㄴ ② ㄱ, ㄷ ③ ㄴ, ㄷ ④ ㄴ, ㄹ

출제영역 조선후기의 신분제 동요

제시된 자료는 조선 후기 울산지역의 시기별·신분별 호구 비율표로 양반호의 감소와 상민·노비호의 감소를 통해 신분제의 해체를 보여주고 있다. ㄱ의 납속은 부족한 재정 보충 및 빈민구제를 목적으로 돈이나 곡물을 납부한 사람에게 특혜를 준 정책, ㄴ의 공명첩은 나라의 재정을 보충하기 위하여 부유층으로부터 돈이나 곡식을 받고 팔았던 명예직 임명장을 말한다. 임진왜란 이후 납속, 공명첩, 신분 매입 등이 성행하며 양반의 수는 더욱 늘어나고, 상민과 노비의 수는 갈수록 줄어들게 되었다.

오답풀이

ㄷ. 선무군관포는 균역법 시행으로 부족해진 세원을 보충하기 위해 지방의 부유한 토호들에게 거두던 포로서, 1년에 군포 1필을 납포하면 군관의 자격을 주는 것이었으므로 신분제 변동의 원인과는 관련이 없다.
ㄹ. 조선 후기 문중 중심의 서원(지방 사립 교육 기관)이 증가하는 것은 신분제 변동의 결과이다.

답 ①

018

2017년 국가직 7급

밑줄 친 ㉠, ㉡에 관한 설명으로 적절하지 <u>않은</u> 것은?

- 사대부가 수백 년 동안 관직에서 막혀 있어도 존부(尊富)를 잃지 않는 까닭은 집집마다 각기 한 조상을 떠받 들고 넓은 농지를 점하여 종적이 흩어져 살지 않으므로 그 ㉠ <u>풍습</u>이 견고하게 유지되고 근본이 뽑히지 않았기 때문이다. -『여유당전서』-
- 퇴계 이황이 영남 예안에 역동사(易 東祠)를 창건하고 ㉡ <u>족보</u>를 손수 필사하여 그곳에 보관하였다. … (중략)… 산이 있으면 물이 있는 것이니 백파(百派)가 순류하여 끝내 한곳에 모이는 것인데 이는 종합(宗合)의 뜻이다. -『단양우씨 족보서』-

① ㉠ - 친영이 일반화 되었다.
② ㉠ - 이성불양의 관념으로 양자제도가 확산되었다.
③ ㉡ - 동성마을의 감소를 초래하였다.
④ ㉡ - 적서차별과 가족 간의 위계를 중시하였다.

출제영역 조선후기의 사회

조선후기 신분제의 동요로 인해 양반들은 향촌사회에서 약해진 자신들의 기득권을 유지하기 위해 노력하였다. 군·현단위로 실시하던 향약을 촌락단위의 동약으로 실시하고, 동족마을을 형성하였으며 선현을 제사하고 교육을 담당하던 서원의 기능을 조상제사로 하는 가묘나 사우의 형태로 유지하였다. ③번 선지의 동성마을의 감소는 증가로 바뀌어야 옳은 선지가 된다.

오답풀이

① 고려부터 조선전기에는 처가살이를 하기도 하였으나, 조선후기 부계중심사회로 변하면서 남자집으로 시집을 가는 친영제도(시집살이)가 정착되었다.
② 조선 후기에는 부계혈통 중심의 가부장제가 확립되면서 친생자가 없는 형에게 동생의 아들을 입양시키는 양자제도가 일반화되었다.
④ 조선전기 족보에는 연령순으로 표기하여 친손과 외손의 구별을 하지 않았으나 조선후기에 이르러서는 선남후녀의 순서로 기재하였으며 적서의 구분을 반드시 명시하였다.

답 ③

019

2017년 지방직

조선 후기 평안도에 대한 설명으로 옳지 않은 것은?

① 중국과의 무역량이 증가하면서 의주, 평양, 정주 등지의 상인들이 많은 부를 축적하였다.
② 영·정조 대에 들어서 문과 합격자 중 평안도 출신자의 비중이 높아졌다.
③ 두 차례의 호란 직후 사회가 불안정해져 인구가 급감하였다.
④ 평안도 사람들은 서북인이라 하여 차별을 받았다.

출제영역 조선후기 평안도의 사회모습

두 차례의 호란으로 일시적으로 인구가 감소한 것은 사실이나, 병자호란 이후 사회가 안정되면서, 현종 대까지 조선 전체의 인구가 급증하였다. 조선 인구가 급감한 것은 현종 시기 경신대기근(1670 ~ 1671)에 대한 설명이다.

오답풀이

① 조선 후기에 상품 화폐 경제가 발달하였고, 이와 함께 중국과의 무역이 급증하였다. 이 기운데 평안도는 중국과의 교역 장소로써 경제적으로 성장하였으며, 그 결과 의주, 평양, 정주 등지의 상인들이 많은 부를 축적하였다. 또한 평양에는 유상이라는 사상(私商)이 성장하였다.
② 조선 후기 평안도에서는 중국과의 무역으로 부를 축적한 계층이 늘어나게 되었는데, 이로 인해 과거를 준비할 경제적 여력이 생긴 사람이 많아지게 되자 문과 합격자 중 평안도 출신자의 비율이 높아지게 되었다. 특히 정조, 순조 대에는 서울 다음으로 제일 많은 문과 급제자를 배출할 정도였다고 한다.
④ 평안도 사람들은 조선 시기 동안 서북인이라는 이유로 지역 차별을 받았으며, 이것은 1811년 홍경래의 난의 배경이 되었다.

답 ③

020

2021년 경찰간부

다음 보기의 (가)와 관련된 설명으로 옳지 않은 것은?

> (가) 을(를) 팔아 진휼곡을 마련하도록 하였다. 흉년이 들어 곡식이 귀하므로 쌀 여섯 가마를 바치는 자에게 팔도록 할 것이다. -「숙종실록」-

① 평민이나 천민들이 자동적으로 향안에 이름이 올라가게 되었다.
② 국가재정이 어렵거나 군량이 부족할 때, 또는 구휼을 위해 남발되었다.
③ 조선 시대에 수취자의 이름을 기재하지 않은 백지 임명장이다.
④ 임진왜란 때 처음 나타났는데, 전공을 세운 사람 또는 납속을 한 사람들에게 주어졌다.

출제영역 공명첩

(가)에 들어갈 역사적 용어는 공명첩으로, 지문은 대규모의 자연재해가 발생하자 이를 구휼하기 위한 진휼곡을 마련하기 위해 공명첩을 발급한 사실을 제시하고 있다. 위의 사례처럼 공명첩은 군공을 세운 사람 또는 납속을 한 사람에게 주어졌으며, 양인은 공명첩을 통해 관직 임명장을 주거나 국역을 면하게 해주었으며, 천인은 면천을 시켜주었다. 하지만 모두가 바로 양반 사족이 되는 것은 아니었으며, 따라서 공명첩을 산다고 바로 향안에 이름이 올라가지는 못하였다.

오답풀이

② 공명첩은 조선 후기 국가 재정과 군량이 부족해지면서 발급을 남발하는 모습을 보여준다.
③ 공명첩은 이름(명名)이 비어(공空) 있는 문서(첩帖)이라는 의미이다.
④ 공명첩은 임진왜란 때 곳곳에서 관군이 무너져 전세가 급박해지는 과정에서 군사를 급히 모집하기 위해 이름을 비워두었다가 응모하는 자가 있으면 그때마다 이름을 써서 주었던 데에서 기원한다.

답 ①

021

2019년 지방직

통일신라의 경제상황에 대한 설명으로 옳지 않은 것은?

① 왕경에 서시전과 남시전이 설치되었다.
② 어아주, 조하주 등 고급비단을 생산하여 당나라에 보냈다.
③ 촌락의 토지 결수, 인구 수, 소와 말의 수 등을 파악하였다.
④ 시비법과 이앙법 등의 발달로 농민층에서 광작이 성행하였다.

출제영역 통일신라기 경제상황

시비법과 이앙법이 발달하여 절감된 노동력을 바탕으로 경작지의 규모를 확대하는 광작이 가능해졌던 것은 조선 후기에 이르러서였다. 이러한 광작에 참여한 일부 농민들은 부농층으로 성장하였다.

오답풀이

① 신라는 지증왕 때 설치된 동시만으로는 상품의 수요를 감당할 수 없게 되자, 통일 이후 효소왕 때 서시와 남시를 설치하였고, 이를 감독하기 위한 관청으로 서시전과 남시전을 두었다.
② 신라는 직조수공업의 수준이 매우 높아, 진덕여왕 대에 오언태평송을 비단에 새겨 당으로 보내기도 했으며, 성덕왕과 혜공왕 대에는 조하주·어아주 등의 고급 비단을 당나라에 수출하였다.
③ 통일신라의 민정문서에 따르면 촌락의 토지 결수·인구 수·소와 말의수·뽕나무와 잣나무의 그루 수 등을 파악하여 조세를 부과했음을 알 수 있다.

답 ④

022

2018년 교행직

(가)에 대한 설명으로 옳은 것은?

> • 경덕왕 16년, 내외 관료의 월봉을 없애고 다시 (가) 을/를 내려주었다. -『삼국사기』-
> • 왕건이 예산진(禮山鎭)에 행차하여 이르기를 "지난날 신라의 정치가 쇠퇴하자 도적 무리가 다투어 일어나 백성은 흩어지고 들판에는 해골이 나뒹굴었다. … (중략)… 공경(公卿)이나 장상(將相)은 내가 백성을 자식처럼 사랑하는 마음을 헤아려 너희 (가) 에 소속되어 있는 백성을 불쌍히 여겨야한다." 라고 하였다. -『고려사』-

① 경기(京畿)에 한정하여 지급되었다.
② 토지 비옥도에 따라 6등급으로 구분되었다.
③ 지역을 단위로 설정되어 수취가 허용되었다.
④ 18등급으로 나누어 지급되었으며 전지와 시지로 구성되었다.

출제영역 녹읍에 대한 이해

경덕왕 때 다시 내려주었다는 것에서 (가)가 녹읍이라는 것은 알 수 있다. 신문왕 때 관료전이 지급되고 녹읍이 폐지되었다가 경덕왕 때 녹읍이 다시 부활하였다. 녹읍은 지역 단위로 수취가 허용되었으며, 조를 거둘 수 있는 권리뿐만 아니라, 노동력을 징발하고 특산물을 수취하는 권리까지 지급하였다.

오답풀이

① 경기 지방의 토지를 대상으로 지급한 것은 과전법(1391)이다.
② 토지 비옥도에 따라 6등급으로 토지를 구분한 것은 세종 때 공법(貢法)에 따른 전분 6등법에 대한 설명이다.
④ 관료를 관직과 인품에 따라 18등급으로 나누어 전지와 시지를 지급한 것은 고려 전시과에 대한 설명이다.

답 ③

023

2017년 국가직 7급

다음 자료에 해당하는 국가에 대한 설명으로 옳지 않은 것은?

> 처음에 왕들이 자주 학생들을 보내어 장안의 태학에 가서 고금의 제도를 배우도록 하였는데, 지금에 이르러 해동성국이 되었다. 땅에 5경 15부 62주가 있다.

① 당과 비단, 서적, 공예품을 교역하였다.
② 도서와 문서를 관장하는 문적원을 두었다.
③ 일본에 보낸 국서에서 천손임을 자부하였다.
④ 정효공주묘는 굴식 돌방과 모줄임천장 구조로 축조되었다.

출제영역 발해의 경제와 문화

지문에 등장하는 '해동성국', '5경 15부 62주' 등의 단서가 제시하는 국가는 발해이다. 발해와 관련된 설명으로 옳지 않은 것은 ④번이다. 굴식 돌방과 모줄임천장 구조로 축조된 묘는 정혜공주묘이며, 정효공주묘는 무덤의 벽을 벽돌로 쌓아 올린 당의 양식과 돌로 공간을 줄여나 가면서 천장을 쌓는 고구려의 양식이 결합되어 있다.

오답풀이

① 발해는 문왕대부터 당과의 친선을 통해 산둥 반도에 발해관을 설치하고, 영주도와 조공도 등의 무역로를 통해 비단·서적·공예품 등을 교역하였다.
② 발해의 문적원은 책과 문서 등을 관리하고 비문·묘지·축문·제문 및 외교 문서 등을 작성하는 업무를 담당하였다.
③ 발해는 문왕대인 771년 일본에 보낸 국서에서 자신이 '고려 국왕'이라는 칭호를 사용함으로써 고구려를 계승함을 천명하였으며, 천손임을 자처하면서 발해와 일본의 관계를 '외숙과 조카'라고 칭하여 일본보다 우월한 지위에 있음을 드러내기도 하였다.

답 ④

024

2019년 기상직

다음 자료를 통해 알 수 있는 시기의 경제 상황에 대한 설명으로 옳은 것은?

> "시중 한언공이 상소하기를, '사람을 편안하게 하고 물건으로 이익을 보려고 하면 모름지기 옛 제도에 따라 일관성이 있어야 합니다. 지금 선왕을 계승하여 철전을 사용하게 하고 추포 사용을 금지함으로써 풍속을 소란스럽게 하였으니, 나라의 이익이 되지 못하고 오히려 민의 원망만을 일으킵니다.'라고 하였다. …… 이에 철전을 사용하던 것을 쓰임에 따라 중단하고자 한다. 차와 술, 음식 등 여러 점포에서 교역할 때는 전과 같이 철전을 쓰도록 하고, 이외에 백성 등이 사사로이 서로 교역할 때는 토산물을 임의로 사용하게 하라."

① 십전통보가 주조되어 유통되었다.
② 서적점, 다점 등의 관영 상점이 운영되었다.
③ 중강에서 후시가 열려 사무역이 이루어졌다.
④ 시장을 감독하는 관청으로 동시전이 설치되었다.

출제영역 고려시대의 경제생활

제시된 사료는 고려 목종 때 한언공의 상소문이다. 고려 왕조는 물품화폐대신 금속화폐를 사용하기 위해 많은 노력을 기울였으나 활발하게 유통되지는 못하였다. 따라서 목종 5년에는 다점·주점·식미점에서만 이를 사용하고 일반 백성들의 개인적인 교역에서는 이전대로 포와 쌀을 주로 사용하게 하였다. 고려 시대에는 개경, 서경(평양), 동경(경주) 등 대도시에 서적점, 약점, 주점, 다점 등 관영 상점을 설치하였다.

오답풀이

① 십전통보는 효종 2년(1651)에 영의정 김육이 당시 수입 청전 통용의 문제점을 해결하고 주전 통용을 위해 건의함으로써 만들어졌다. 크기에 따라 대·중·소로 나누어지며 동전 가치는 십전으로 통용되었다.
③ 중강 후시는 조선 후기에 의주에서 중국과의 사무역을 하던 국제 시장을 말한다.
④ 시장 감독을 위한 동시전의 설치는 신라 지증왕 대의 사실이다.

답 ②

025 2019년 서울시 7급

〈보기〉는 고려의 토지제도에 대한 설명이다. (㉠) 과 (㉡)에 들어갈 것으로 가장 옳게 짝지은 것은?

〈보기〉

5품 이상의 고위 관리에게는 (A)를 주어 자손에게 상속하게 하였다. 하급 관료의 자제 중 관직에 오르지 못한 사람에게는 (B)를 주고, 직업 군인에게는 군역의 대가로 (C)를 지급하였다. 직역을 계승할 자손이 없으면 국가에서는 토지를 회수하고 대신 유가족의 생활을 보호하기 위해 (㉠)을 지급하였다. 한편 왕실에는 왕실 경비를 충당하기 위해 (D)를 지급하였다. 중앙과 지방의 관청에는 (㉡)을 지급 하였고, 사원에는 (E)를 지급하였다.

	㉠	㉡
①	구분전	공해전
②	민전	내장전
③	군인전	공해전
④	한인전	내장전

출제영역 고려의 토지 제도

㉠은 구분전, ㉡은 공해전으로 고려의 토지 제도를 소개하고 있다. 구분전은 하급 관료 또는 군인의 유가족에게 생활과 그 지위를 유지하기 위하여 지급하였으며, 공해전은 중앙과 지방 관청의 경비를 조달하기 위해 지급하였다.

오답풀이

A는 5품 이상의 고위 관리들에게 지급한 공음전으로서, 경종대 시작한 훈전(勳田)을 바탕으로 문종대 1049년 양반공음전시법을 정비함으로써 시행된 토지 분급제이다. B는 하급 관료의 자제 중에 관직에 오르지 못한 사람들에게 지급한 한인전, C는 직업 군인에게 지급한 군인전, D는 왕실 경비를 충당하기 위해 지급한 내장전, E는 사원에 지급한 사원전이다.

답 ①

026 2017년 국가직 7급

고려시대의 상공업에 대한 설명으로 옳은 것만을 모두 고른 것은?

ㄱ. 고려 초기 개경, 서경 등에 시전을 두었다.
ㄴ. 주전도감을 설치하여 해동통보를 주조하였다.
ㄷ. 충선왕 때에 각염법을 실시하였다.
ㄹ. 사원과 소(所)에서 수공업 물품이 제작되었다.

① ㄱ, ㄴ ② ㄱ, ㄹ
③ ㄴ, ㄷ, ㄹ ④ ㄱ, ㄴ, ㄷ, ㄹ

출제영역 고려의 상공업

고려 시대의 상공업에 대한 설명으로 옳은 것을 모두 고른 것은 ④번이다.

ㄱ. 고려의 상업은 도시를 중심으로 발달하였으며, 개경을 비롯하여 서경·동경·남경 등의 대도시에도 시전과 서적·약·술·차 등을 판매하는 관영 상점을 설치하였다.
ㄴ. 주전도감은 대각국사 의천이 주전의 필요성을 주장하여 숙종대인 1101년에 설치한 관청으로 해동통보를 비롯하여 삼한중보·동국통보·동국중보·해동중보 등이 만들어졌다.
ㄷ. 각염법은 고려 후기 이후 실시된 소금의 전매법으로, 처음 시작한 시기는 알 수 없으나 충선왕 때부터 실시에 관한 기록이 등장하고 있다. 충선왕은 교서를 통해 특정 세력(사원, 권문세족 등)이 소금을 독점하여 세금이 거둬지지 않는 점을 지적하며, 국가 재정의 확충을 위해 이들이 가지고 있던 염분(鹽盆)을 모두 관에 귀속시키도록 하였다.
ㄹ. 고려 전기에는 관의 주도로 관청 수공업과 소 수공업이 활발하였으나, 무신 집권기를 기점으로 특수 행정구역이 점차 해체되면서 소수공업이 쇠퇴하고 고려 후기에는 이를 대체하여 사원과 민간 수공업이 활발히 이루어졌다.

답 ④

027

2019년 서울시 7급

고려시대의 경제활동에 대한 설명으로 가장 옳지 않은 것은?

① 개경의 우창(右倉) 곡식은 관리의 녹봉으로 지출되었다.
② 양안과 호적 작성은 안정적인 재정 운영을 위해 시행되었다.
③ 상업 활동이 활발해지면서 철전, 은병 등이 주조되었다.
④ 고려 말에는 남부 일부 지방에 모내기법이 보급되었다.

출제영역 고려의 경제 활동

고려 시대의 경제 활동에 대한 설명으로 가장 옳지 않은 것은 ①번이다. 고려 시대 군현에서 거둔 조세는 각지에 설치된 조창을 통해 개경의 좌창과 우창으로 조운되었으며, 좌창의 곡식은 관료들의 녹봉으로 지출되었고 우창의 곡식은 왕실의 미곡과 함께 국용(國用)으로 지출되었다. 우창은 1308년 충선왕이 복위한 이후 국가 중요 재정 관청의 관리와 운영을 공적으로 하려는 의도에서 풍저창(豊儲倉)으로 이름을 바꾸었으며, 조선 건국 이후에도 그 이름이 그대로 유지되었다.

오답풀이

② 고려에서는 상서성에 소속된 호부가 호적과 양안을 작성하여 인구와 토지를 파악하고 관리하였다.
③ 철전은 996년 고려 성종이 발행한 금속화폐로, 사료에서 발행과 유통이 확인되는 우리나라 최초의 화폐이다. 은병은 1101년 고려 숙종이 기존의 칭량 화폐(무게를 재서 가치를 확인하는 화폐)의 역할을 하던 은(銀)을 은병으로 표인하여 유통하기 시작하였다. 고려시대 주조된 금속 화폐 대부분이 유통에 어려움을 겪었으나 은병만이 유일하게 지속적으로 유통되어 고액권의 역할을 수행하였다.
④ 고려에서는 논농사에서 대부분 직파법이 유행하였으나, 고려 말 남부 일부 지방에 모내기법(이앙법)이 보급되었다.

답 ①

028

2020년 법원직

고려 시대 (가) ~ (라)의 토지 제도가 시행된 순서대로 바르게 정리한 것은?

> (가) 관등과 인품을 기준으로 지급하였다.
> (나) 현직 관리만을 대상으로 지급하였다.
> (다) 공신의 공로에 따라 차등 지급하였다.
> (라) 관등에 따라 18등급으로 구분하여 지급하였다.

① (가) → (나) → (다) → (라)
② (나) → (가) → (라) → (다)
③ (다) → (가) → (라) → (나)
④ (라) → (다) → (나) → (가)

출제영역 고려의 토지제도

제시문은 고려의 토지제도 변천과정을 나열한 것이다. 이를 순서대로 배열하면,

(다) 태조 때 고려 개국 공신 등에게 충심도와 인품을 고려하여 지급한 역분전에 대한 내용이다.
(가) 관리의 관등과 인품을 고려하여 전지와 시지를 분급한 경종 대의 시정 전시과에 대한 내용이다.
(라) 인품을 배제하고 관등에 따라 18등급으로 구분하여 전지와 시지를 지급한 목종 대의 개정 전시과에 대한 내용이다.
(나) 산직을 배제하고 현직 관리에게만 전지, 시지를 지급한 문종 대의 경정 전시과에 대한 내용이다.

답 ③

029

2017년 지방직 7급

다음 자료 이후에 나타난 사실로 옳은 것은?

> 대사헌 조준이 글을 올려 아뢰기를 "… 근년에는 (토지를) 겸병하는 일이 더욱 심해져 간사하고 흉악한 무리의 토지가 주(州)에 걸치고 군(郡)을 포괄하며, 산천을 경계로 삼을 정도입니다. 1무(畝)의 주인이 5, 6명이나 되고 1년에 조세를 받는 횟수가 8, 9차에 이릅니다. 위로는 어분전(御分田)부터 종실·공신·조정·문무관의 토지, 외역·진·역·원·관의 토지와 백성들이 여러 대 동안 심은 뽕나무와 지은 집에 이르기까지 모두 빼앗아 차지하니 호소할 곳 없는 불쌍한 백 성들이 사방으로 흩어져 떠돌아다닙니다."

① 전시과를 공포하여 전제개혁을 단행하였다.
② 전제개혁으로 신진사대부들은 심각한 타격을 받았다.
③ 이성계에 반대하는 신하들에게는 토지를 분배하지 않았다.
④ 과전 지급 지역은 경기에 한정되었고, 지급 대상은 전직, 현직 관리였다.

출제영역 과전법

지문은 고려 말 신진사대부 중의 하나인 조준이 문란한 토지 제도를 비판하면서 새로운 토지 개혁을 주장하는 자료이다. 위화도 회군(1388년)으로 권력을 장악한 이성계와 신진사대부는 기존의 토지대장을 불태우고 양전을 새로이 실시하였으며, 권문세족의 토지를 몰수하여 농민들에게 분배하였다. 그리하여 국가 재정 기반을 확보한 신진사대부들이 1391년 경기도에 한정하여 전·현직 관리에게 수조권을 분급한 과전법이 제정되어 신진사대부의 경제적 기반이 되었다.

오답풀이

① 전시과는 고려 경종대인 976년 처음 시작된 제도로서, 이후 998년 개정 전시과, 1076년 경정 전시과로 정비되었다.
② 과전법의 제정으로 심각한 타격을 받은 세력은 권문세족이다.
③ 과전법은 인품이나 충성도에 근거한 기준이 아닌 객관적인 관품이 지급 기준이기에, 이성계에 반대한 신하들이더라도 토지는 분배되었다.

답 ④

030

2016년 법원직

(가), (나)와 관련하여 새로이 시행된 수취제도에 대한 설명으로 가장 옳은 것은?

> (가) 지금 호조에서 한 나라의 살림을 맡아 보면서도 어느 지방의 어떤 물건의 대납인지, 또 대납의 이익이 얼마나 되는지도 살피지 않은 채 모두 부상들에게 허가하여 이 일을 맡기고 있습니다. 세금도 정해진 것보다 지나치게 많이 거두는 경우가 많습니다.
> (나) 마침내 연분9등법을 파하였다. 삼남지방은 각 등급으로 결수를 정해 조안에 기록하였다. 영남은 상지하(上之下)까지만 있게 하고, 호남과 호서지방은 중지중(中之中)까지만 있게 하였다.

① (가) - 담당 기관으로 사창을 설치하였다.
② (가) - 가구에 부과하던 공납을 전세화했다.
③ (나) - 결작으로 부족한 세수를 보충하였다.
④ (나) - 광해군 때 경기도에서 처음 실시되었다.

출제영역 대동법

(가)는 방납의 폐단에 대한 사료이고, (나)는 인조 때의 영정법에 대한 사료이다. 대동법은 집집마다 부과하여 토산물을 징수하던 공물 납부 방식을 토지의 결수에 따라 쌀, 삼베나 무명, 동전 등으로 납부하게 하는 제도로 공납을 전세화한 것이다.

오답풀이

① 대동법을 관할하는 관청으로 선혜청이 설치되었다.
③ 균역법과 관련된 내용이다.
④ 대동법에 관한 설명이다.

답 ②

031

2018년 지방직 7급

다음은 고려·조선시대 토지제도의 폐단을 기술한 것이다. 이를 시정하기 위해 실시한 내용으로 옳은 것은?

> (가) 권문세족의 대토지 소유와 토지 겸병으로 국가 재정이 부족해졌다.
> (나) 수신전, 휼양전, 공신전 세습과 증가로 신진 관료에게 지급할 수조지가 부족해졌다.
> (다) 수조권을 받은 관료가 권한을 남용하여 과다하게 수취하는 일이 빈번하게 발생하였다.
> (라) 거듭되는 흉년과 왜구의 침입 등으로 국가 재정이 악화되어 직전이 유명무실해졌다.

① (가) - 권문세족이 겸병한 토지를 몰수하고, 전국 토지의 수조권을 관료에게 지급하였다.
② (나) - 공신전을 몰수하고 신진 관료에게 수조권 지급을 중지 하였다.
③ (다) - 관료의 직접적인 수조권 행사를 금지하고 관청에서 수조권 행사를 대행하였다.
④ (라) - 관료에게 수조권과 함께 녹봉도 지급하였다.

출제영역

고려·조선의 토지제도

지문의 (가)는 고려 말기 권문 세족의 불법 토지겸병 등의 폐단, (나)는 조선 전기 과전법의 시행 과정에서 생긴 문제점, (다)는 세조대 정비된 직전법으로 인해 발생한 문제점, (라)는 1556년 직전법이 폐지되는 상황을 제시하고 있다.

③ 수조권을 받은 관리들이 권한을 남용하여 과도하게 수취할 뿐만 아니라 위법·탈법으로 대토지를 소유하는 현상이 늘어나자 이를 시정하기 위해 성종대 관수관급제(1470)를 실시하여 관청에서 수조권을 대신 행사하고, 이를 관리들에게 나눠주는 형태로 개정하였다.

오답풀이

① 1391년 실시한 과전법에 대한 설명으로, 권문세족의 토지를 몰수하고 전국이 아닌 경기 지역에 한정하여 수조권을 관료에게 지급하였다.

② 1466년 실시한 직전법에 대한 설명으로, 공신전·수신전·휼양전 등으로 세습이 가능한 토지가 시간이 지나면서 점점 늘어남에 따라 과전으로 충당할 토지가 부족해지자, 현직 관리만을 대상으로 수조권을 분급하는 직전법을 시행하였다.

④ 명종대 직전이 유명무실해짐에 따라 직전법이 폐지되고 관리들은 녹봉만을 지급받게 되었다. 이로 인하여 토지의 수조권은 소멸되었으며 소유권을 기준으로 지주전호제가 일반적으로 자리잡는 계기가 되었다.

답 ③

032 2023년 법원직

다음 사건이 일어난 시기에 볼 수 있는 모습으로 가장 옳은 것은?

> 전제상정소에서 다음과 같이 논의하였다. "우리나라는 지질의 고척(膏塉)이 남쪽과 북쪽이 같지 아니합니다. 하지만 그 전품(田品)의 분등(分等)을 8도를 통한 표준으로 계산하지 않고 있습니다. 다만 1도(道)로써 나누었기 때문에 납세의 경중(輕重)이 다릅니다. 부익부 빈익빈이 심해지니 옳지 못한 일입니다. 여러 도의 전품을 통고(通考)하여 6등 급으로 나눈다면 전품이 바로잡힐 것이며 조세도 고르게 될 것입니다." 임금은 이를 그대로 따랐다.

① 3포 왜란으로 입은 피해를 걱정하는 어부
② 벽란도에서 송나라 선원과 흥정하는 상인
③ 농가집성의 내용을 읽으며 공부하는 농부
④ 불법적인 상행위를 감시하는 경시서 관리

출제영역 조선 전기의 경제 모습(공법)

지문에 등장한 '전제상정소'에서 토지의 전품을 6 등급으로 구분함을 논의하고 있는 상황은 조선 전기 공법이 정비된 세종대의 모습이다. 따라서 지문의 사건이 일어난 시기에 볼 수 있는 모습으로 가장 적절한 것은 ④번이다. 경시서는 고려 문종대 수도인 개경의 시전을 관할하기 위해 설치한 관서로, 조선 전기에도 시전 상인으로부터 세금을 징수하고 도량형과 물가 등을 감독하여 시전 상인들의 상행위를 통제하였다.

오답풀이

① 3포 왜란은 1510년 중종대에 부산포·내이포·염포에 거주하고 있던 왜인들이 일으킨 난이다.
② 고려의 국제 무역항인 벽란도에서 송나라 선원과 흥정하는 상인을 볼 수 있는 시대는 고려 시대이다.
③ 농가집성은 1655년 효종대에 공주 목사인 신속이 기존의 주요 농업 서적을 모아 간행한 서적으로 조선 후기의 모습이다.

답 ④

033 2019년 국가직

밑줄 친 ㉠ ~ ㉣과 관련된 임란 이후 경제에 대한 설명으로 옳지 않은 것은?

> • ㉠ 서울 안팎과 번화한 큰 도시에 파·마늘·배추·오이 밭 따위는 10묘의 땅에서 얻은 수확이 돈 수만을 헤아리게 된다. 서도 지방의 ㉡ 담배 밭, 북도 지방의 삼밭, 한산의 모시밭, 전주의 생강 밭, 강진의 ㉢ 고구마 밭, 황주의 지황 밭에서의 수확은 모두 상상등전(上上等田)의 논에서 나는 수확보다 그 이익이 10배에 이른다.
> • 작은 보습으로 이랑에다 고랑을 내는데, 너비 1척, 깊이 1척이다. 이렇게 한 이랑, 즉 1묘 마다 고랑 3개와 두둑 3개를 만들면, 두둑의 높이와 너비는 고랑의 깊이와 너비와 같아진다. 그 뒤 ㉣고랑에 거름재를 두껍게 펴고, 구멍 뚫린 박에 조를 담고서 파종한다.

① ㉠ - 신해통공을 반포하여 육의전의 금난전권을 폐지하였다.
② ㉡ - 인삼과 더불어 대표적인 상업작물로 재배되었다.
③ ㉢ - 『감저보』, 『감저신보』에서 재배법을 기술하였다.
④ ㉣ - 밭농사에서 농업 생산력의 발전을 가져온 농법이었다.

출제영역 임란 후의 경제

신해통공 반포는 정조 15년(1791)의 일로, 정조는 시전의 독점 판매에 대한 비판 여론이 높아지자 육의전을 제외한 시전의 금난전권을 폐지하였다.

오답풀이

② 조선 후기에 일부 농민들은 담배, 인삼 등 상품 작물을 재배하여 시장에 내다 팔아 농가수입을 올렸다.
③ 고구마는 감저, 남저라고도 불리었는데, 조선 후기 조엄이 일본에서 구해 온 것이 우리나라에 전해진 시초이다. 이에 따라 재배법 연구도 행해져 영조 때 강필리의 『감저보』, 순조 때 김장순의 『감저신보』 등이 저술되었다.
④ 조선 후기 밭농사에서는 견종법이 널리 확대되었다. 농민들은 이랑이 아닌 고랑에 보리와 콩 등을 심었는데, 이는 바람이 불 때나 가물 경우 농작물 보호에 유리하여 수확량이 크게 늘어날 수 있었다.

답 ①

034 2018년 법원직

다음 농법의 결과로 나타난 현상으로 옳지 않은 것은?

> 가물 때도 마르지 않는 무논을 가려 2월 하순에서 3월 상순까지에 갈아야 한다. 그 무논의 10분의 1에 모를 기르고 나머지 9분에는 모를 심을 수 있게 준비한다. 먼저, 모를 기를 자리를 갈아 법대로 잘 다듬고 물을 빼고서 부드러운 버드나무 가지를 꺾어다 두텁게 덮은 다음 밟아 주며, 바닥을 볕에 말린 뒤 물을 댄다. …… 모가 4촌(寸) 이상 자라면 옮겨 심을 수 있다.

① 농민 수입의 증가로 농촌 내 빈부격차가 줄어들었다.
② 농사에 필요한 노동력이 절감되어 광작이 가능해졌다.
③ 벼·보리의 이모작이 가능해져 보리 농사가 성행하였다.
④ 머슴을 고용하여 농토를 직접 경영하는 지주가 생겨났다.

출제영역 이앙법의 보급

위 지문의 농법은 모내기법(이앙법)이다. 모내기법의 도입을 통하여, 농업생산량은 크게 늘어났고 노동력 소모가 절감되어 광작이 가능해졌다. 또한, 벼-보리의 이모작이 가능해졌고 넓은 토지를 바탕으로 머슴을 고용한 형태의 지주경영이 출현하였다. 한편, 모내기법의 보급으로 농촌의 빈부격차는 심화되었다. 따라서 정답은 ①번이다.

오답풀이

② 모내기법은 직파법에 비해 제초 노동력 소모가 절감되어 광작(廣作, 넓은 면적에서의 농사)이 가능해졌다.
③ 모내기법은 벼-보리의 이모작이 가능한 이점을 지녀 삼남지방(충청·호남·영남)을 중심으로 보리농사가 성행했다. 이는 농업생산량을 더욱 증대시켰다.
④ 모내기법의 도입을 통하여, 소작농 대신에 머슴을 고용하여 농토를 직접 경영하는 지주가 생겨났다.

답 ①

035 2021년 국가직

밑줄 친 '이 농법'에 대한 설명으로 옳은 것만을 모두 고르면?

> 대개 이 농법을 귀중하게 여기는 이유는 다음과 같다. 두 땅의 힘으로 하나의 모를 서로 기르는 것이고, … (중략) … 옛 흙을 떠나 새 흙으로 가서 고갱이를 씻어 내어 더러운 것을 제거하는 것이다. 무릇 벼를 심는 논에는 물을 끌어들일 수 있는 하천이나 물을 댈 수 있는 저수지가 꼭 필요하다. 이러한 것이 없다면 볏논이 아니다. - 『임원경제지』 -
>
> 〈보기〉
>
> ㄱ. 세종 때 편찬된 『농사직설』에도 등장한다.
> ㄴ. 고랑에 작물을 심도록 하였다.
> ㄷ. 『경국대전』의 수령칠사 항목에서도 강조되었다.
> ㄹ. 직파법보다 풀 뽑는 노동력을 절약할 수 있었다.

① ㄱ, ㄴ ② ㄱ, ㄹ ③ ㄴ, ㄷ ④ ㄷ, ㄹ

출제영역 조선후기 이앙법의 발달

자료에 해당하는 농법은 서유구의 『임원경제지』에 실려 있는 이앙법(모내기법)에 대한 내용이다. 이앙법은 못자리에서 기른 모를 꺼내어 본논에 옮겨 심는 것이다. 모를 심기 위하여 못자리에 볍씨를 뿌리고, 이 볍씨가 일정 기간 자라서 모가 되면 논에 옮겨 심게 된다.

ㄱ. 세종 때 편찬된 『농사직설』은 우리나라 풍토에 맞는 씨앗의 저장법, 토질의 개량법, 모내기법 등 농민의 실제 경험을 종합하여 편찬하였다.
ㄹ. 모내기법은 직파법보다 풀 뽑는(잡초 제거)하는 일손을 줄일 수 있어 농민들은 이를 통해 경작지의 규모를 확대할 수 있었다(조선 후기 광작의 대두).

오답풀이

ㄴ. 고랑에 작물을 심도록 한 농사법은 견종법이다.
ㄷ. 수령 칠사는 수령이 힘써야 할 7가지 임무에 대한 것으로 농사에 대한 내용은 있으나, 이앙법에 대한 내용은 포함되지 있지 않다.

답 ②

036

2022년 법원직

(가) ~ (라) 제도를 시행된 순서대로 바르게 나열한 것은?

> (가) 그 사람의 성품과 행동의 선악, 공로의 크고 작음을 참작하여 역분전을 차등 있게 주었다.
> (나) 문무의 백관으로부터 부병(府兵)과 한인(閑人)에 이르기까지 과(科)에 따라 받지 않은 자가 없었으며, 또한 과에 따라 땔나무를 베어낼 땅도 지급하였다.
> (다) 경기는 사방의 근본이니 마땅히 과전을 설치하여 사대부를 우대한다. 무릇 경성에 거주하여 왕실을 시위(侍衛)하는 자는 직위의 고하에 따라 과전을 받는다.
> (라) 경상도·전라도·충청도는 상등, 경기도·강원도·황해도 3도는 중등, 함길도·평안도는 하등으로 삼으며 …… 각 도의 등급과 토지 품질의 등급으로써 수세하는 수량을 정한다.

① (가) - (나) - (다) - (라)
② (가) - (나) - (라) - (다)
③ (나) - (가) - (다) - (라)
④ (나) - (다) - (라) - (가)

출제영역 토지제도(수취 제도)의 변천

(가)~(라) 제도를 시행된 순서대로 바르게 나열하면 다음과 같다.

(가) 역분전(940년): 태조 23년(940년)에 실시된 토지 분급 제도로 충성도와 공로를 고려한 것을 볼 때, 공신전과 같은 성격이 있다.
(나) 전시과: 제시문은 고려사 식화지 전제(田制) 서문을 발췌한 것으로, 전시과 제도를 설명하는 것이다. 경종 원년(976년)에 시정 전시과가 실시되었다.
(다) 과전법(1391년): 공양왕 3년(1391년)에 과전법을 실시하여 수조권을 재분급하였다.
(라) 공법 관련 논의(1437년): 세종 19년(1437년) 7월 9일 정유년 기사를 발췌한 것으로 공법을 시행할 방안을 논의하는 과정에서 나온 대화이다.

답 ①

037

2021년 국가직

개항기 무역에 대한 설명으로 옳지 않은 것은?

① 개항장에서 조선인 객주가 중개 활동을 하였다.
② 조·청 무역장정으로 청국에서의 수입액이 일본을 앞질렀다.
③ 일본 상인은 면제품을 팔고, 쇠가죽·쌀·콩 등을 구입하였다.
④ 조·일 통상장정의 개정으로 곡물 수출이 금지되기도 하였다.

출제영역 개항기의 경제

개항기에는 일본과 청 등 각국과 무역조약을 체결하며, 외국 상인들의 상권침탈이 심해졌다. 조청 상민 수륙 무역 장정 체결 이후 청 상인들이 개항장 밖 내륙까지 무역을 하게 됨으로써 청과 일본 상인들의 경쟁이 심화되었으나, 청과 일본으로부터의 수입액을 비교했을 때 청이 일본을 앞지르지는 못했다.

오답풀이

① 개항 초기 일본 상인들은 개항장 10리 이내에서만 활동할 수 있었기 때문에 객주·여각·보부상 등 조선의 중간 상인을 내세워 내륙시장에 상품을 사고팔았다. 이에 따라 국내의 일부 중개 상인은 부를 쌓게 되었다.
③ 개항 초기 일본 상인들은 주로 영국산 면제품(옥양목)을 사들여 와 조선에 팔고 쇠가죽·쌀·콩·금 등을 수입해가는 중계무역으로 막대한 이익을 취하였다.
④ 1883년 개정 조·일 통상 장정에는 방곡령 규정이 명시되어 있다. 이 규정에 따라 1889년 함경도 관찰사 조병식 등 지방관들은 방곡령을 선포하였다. 그러나 일본은 개정 조·일 통상 장정(방곡령 실시 1개월 전 통고)의 규정을 어겼다며, 일본 상인들의 손해에 대한 배상금을 요구하였다.

답 ②

038

2020년 국가직 7급

통감부 지배 시기에 시행된 정책으로 옳지 않은 것은?

① 백동화 및 엽전을 신화폐로 교환하는 화폐정리사업을 개시하였다.

② 내장원이 가졌던 홍삼전매와 역둔토 수입을 국고로 귀속시켰다.

③ 일본 농민의 이주와 토지 수탈을 지원하고자 동양척식주식회사를 설립하였다.

④ 『토지가옥증명규칙』을 제정하여 매매·저당 등의 법적 기초를 마련하였다.

출제영역 개항기의 경제상황

1905년 11월 외교권이 박탈당한 을사늑약으로 인해 1906년 2월 외교 감시기구로 통감부를 만들었다. 이후 1907년 한일신협약(정미7조약)을 계기로 인사권까지 장악하며 1910년 총독부가 만들어지기 전까지 존속되었다. ①번 선지의 인물은 메가타로, 1904년 1차 한일협약 때 온 재정고문이다. 그가 실시한 1905년 화폐정리사업은 백동화를 제일은행권으로 바꾸고, 부등기교환을 하여 상공업·은행을 몰락하게 하였으며 금본위제가 실시되었다.

오답풀이

② 내장원은 대한제국 시기 전국의 광산, 철도, 홍삼 등의 전매를 통해 황실제정을 관리 및 지원하였다. 하지만 통감부는 재정정리를 하며 내장원의 재정 대부분을 탁지부로 이관하여 국고로 귀속시켰다.

③ 동양척식주식회사는 1908년 설립되었고 토지약탈을 본격화하기 위해 만들어졌다.

④ 통감부의 토지가옥증명규칙(1906)을 계기로 국내 어디에서나 외국인의 토지 소유가 가능해졌다.

답 ①

039

2018년 서울시 7급

〈보기〉는 개항 이후 경제 상황이다. 시간 순으로 바르게 나열한 것은?

〈보기〉

ㄱ. 청 상인들이 내지 통상권을 획득하였다.

ㄴ. 일본인 재정 고문이 화폐 정리 사업을 추진하였다.

ㄷ. 대한천일은행이 고종의 적극적인 지원하에 설립되었다.

ㄹ. 일본 상인들이 개항장 중심의 거류지 무역을 시작하였다.

① ㄱ - ㄴ - ㄷ - ㄹ　　② ㄱ - ㄷ - ㄴ - ㄹ

③ ㄹ - ㄱ - ㄷ - ㄴ　　④ ㄹ - ㄱ - ㄴ - ㄷ

출제영역 개항 이후의 경제 상황

개항 이후의 경제 상황에 대한 <보기>의 내용을 시간 순으로 바르게 나열한 것은 ㄹ-ㄱ-ㄷ-ㄴ으로 정답은 ③번이다.

ㄹ. 일본 상인들이 개항장 중심의 거류지 무역을 허가받은 조약은 1876년 체결된 강화도 조약(조·일 수호 조규)이다.

ㄱ. 청 상인이 내지 통상권을 획득한 조약은 1882년에 체결된 조·청상민수륙무역장정으로, 1882년에 발생한 임오군란을 조선 정부의 요청에 따라 원병을 파견한 청이 조선과 장정을 체결하였다. 이 장정에는 조선에 대한 종주권을 명시하였으며, 영사 재판권(치외법권), 청 상인의 내지 통상권 등의 통상 특혜를 담았다.

ㄷ. 대한천일은행은 1899년 1월 현직 관료와 실업가들이 함께 설립한 민족계 은행으로 은행 설립에 필요한 초기 자본금이 부족하자 고종의 특별 허가로 정부로부터 국고금 5만원을 5년 상환 기간으로 대여받기도 하였다.

ㄴ. 1904년 제1차 한·일 협약을 통해 대한제국의 재정고문으로 파견된 일본인 메가타가 이듬해인 1905년부터 대한제국의 화폐를 일본의 화폐에 흡수·통합하기 위한 화폐 정리 사업을 시작하였다.

답 ③

040

2019년 서울시 7급

(가), (나)와 관련한 설명으로 옳지 않은 것은?

> (가) 메가타 다네타로(目賀田 種太郎), 스티븐스(Stevens)
> (나) 경인철도, 경부철도, 경의철도

① (가)는 대한제국 정부에 고용된 관료였으나, 일본의 이익을 위해 활동했다.
② (나)의 3개의 철도 모두 최종적으로 일본이 건설했다.
③ (가)는 '을사늑약' 체결 이후 각각 대한제국의 재정과 외교를 감독했다.
④ (나)의 철도 건설에 토지·노동력을 강제 징발당한 한국인의 분노와 저항이 일어났다.

출제영역 외국인 고문과 철도부설권

(가)는 제1차 한·일 협약 당시에 대한 제국에 파견된 재정 고문과 외교 고문이며, (나)는 일본이 완공한 철도 노선으로 (가), (나)에 관련한 설명으로 옳지 않은 것은 ③번이다. 을사늑약(제2차 한·일 협약)은 1905년 11월 체결되었으며, 메가타와 스티븐스가 고문으로 파견된 시기는 1904년이다.

오답풀이

① 제1차 한·일 협약으로 대한제국의 재정 고문으로 파견된 메가타다네타로는 이듬해인 1905년 화폐 정리 사업을 실시하여 대한제국의 재정 자주권을 빼앗았다. 또한 외교 고문으로 파견된 스티븐스는 을사늑약 체결 당시 열강 각국에 대한제국의 외교권 박탈이 정당함을 주장하였으며, 이후 미국으로 돌아가 일제의 대한제국 침탈을 옹호하는 주장을 이어나가다가 당시 미국인 유학생이었던 장인환·정명운에 의해 처단당하였다.
②, ④ 경인선은 처음에 미국이 철도 부설권을, 경의선은 프랑스가, 경부선은 일본이 획득하였으나 이후 일본이 미국으로부터 경인선 부설권을 매입하고 경의선 역시 러·일 전쟁 도중 부설권을 프랑스로부터 넘겨받으면서 주요 철도 부설권을 모두 획득하고 부설공사를 진행하였으며, 이 과정에서 철도 주변의 주민과 철도 부설 공사에 동원된 노동자들이 각지에서 공사 현장 또는 철도를 습격하거나 열차 운행을 방해하는 등의 저항이 이어졌다.

답 ③

041

2020년 국가직 7급

밑줄 친 '철도'에 대한 설명으로 옳지 않은 것은?

> 그 종점이 되는 초량 등은 혹시 그럴 수도 있으므로 괴이할 것이 없으나 중간 장시나 향촌의 참(站)에는 화물이 풍부하지 않고 탑승객이 많지 않은데 어찌 그 부지로 20만평이나 쓰는가. 이는 일본인의 식민 계략이니, …(중략)… 또한 본 <u>철도</u> 선로가 완성되면 물산 제조와 정치상 사업이 진보하여 얼마간 확장되는 면이 있겠으나 일본의 식민 욕심은 이 때문에 더욱 절실해질 것이다. - 황성신문, 1901년 10월 7일 -

① 군용철도 명목으로 개통되었다.
② 부설을 위하여 한성전기회사가 설립되었다.
③ 부설 과정에서 한국인의 토지와 가옥이 강압적으로 수용 되었다.
④ 일본은 부설에 따른 각종 이권을 획득하고자 군사적 위협을 가하였다.

출제영역 경부선 철도

자료는 경부선 철도에 대한 설명이다. 한성전기회사는 대한제국 황실과 미국인 콜브란이 합작하여 1898년 설립한 회사로서 서대문~청량리 구간의 전차를 개통하였다.

오답풀이

① 자료의 '초량'은 부산에 위치한 지명이다. 개항 이후에는 경부선의 종착역이 부산역에 세워졌으므로 밑줄 친 '철도'는 경부선임을 알 수 있다. 경부선은 한반도의 물자를 일본에 약탈수송하는 것과 더불어 일본의 군수물자를 한반도를 거쳐 만주 이외 지역으로까지 실어 나르려는 군용 목적이 더해짐을 알 수 있다.
③ 일본은 경부선을 비롯하여 경의선, 경인선 등의 철도 부설권을 획득하면서 토지 수용, 노동력 제공, 관세 면제 등의 여러 가지 특권을 얻어내었으며, 선로와 역사 주변의 땅을 철도용지로 설정하여 실제 필요보다 몇 배나 넓은 땅을 값싸게 얻어내는 과정에서 한국인의 토지와 가옥을 강압적으로 수용하였다.
④ 철도 부설로 인한 민족 자본의 약탈을 우려한 의병들이 일제의 침략을 가속화시키는 철도 시설을 공격하자, 이 과정에서 체포된 한국인을 일제는 공개 처형하면서 군사적 위협을 가하였다.

답 ②

042

2019년 서울시 9급

1960년대 정부의 경제 정책에 대한 설명으로 가장 옳은 것은?

① 귀속재산처리법을 공포하였다.
② 한미경제조정협정을 체결하였다.
③ 경제협력개발기구(OECD)에 가입하였다.
④ 제1차 경제개발5개년계획이 실시되었다.

출제영역 1960년대의 경제정책

1960년대 정부의 경제 정책에 대한 설명으로 가장 옳은 것은 ④번이다. 제2공화국의 장면 내각은 이승만 정부에서 추진하였던 경제개발 3개년 계획을 5개년 계획으로 수정하였다. 이후 5·16 군사 정변으로 집권한 군사정부에서 장면 내각이 수립해 놓았던 경제 개발 계획을 바탕으로 1962년 제1차 경제 개발 계획을 실시하였다. 당시 경제 개발 계획 추진을 위한 재원을 마련하기 위해 군사 정부는 1961년 12월 '외자도입 운용 방침'을 제정하고 외국 자본을 적극 유치하였다.

오답풀이

① 귀속재산처리법은 1949년 12월에 제정되었으며, 이를 토대로 1958년까지 귀속재산 중에 공공성이 강한 동산과 부동산, 기업체, 광산, 제련소, 공장 등을 정부가 흡수하고 그 외의 재산들은 민간인에게 불하하였다. 단 귀속 농지는 농지개혁법에 따라 분배하였다.
② 한미경제조정협정은 1952년 5월 24일 대한민국 재무부 장관 백두진과 미국의 특사 C.E.마이어가 부산에서 체결한 대한민국과 미국 간의 경제 조정에 관한 협정으로서, 미국 정부의 경제 원조와 관련한 내용을 담고 있다.
③ 대한민국은 1996년 12월 12일에 29번째 회원국으로 OECD(경제협력개발기구)에 가입하였다.

답 ④

라영환 공무원 한국사 시리즈
단계별로 나눠 푸는 두번 기출

발행일 2025년 7월 25일
발행인 조순자
발행처 인성재단(지식오름)
편저자 라영환
디자인 홍현애

※ 낙장이나 파본은 교환해 드립니다.
※ 이 책의 무단 전제 또는 복제행위는 저작권법 제136조에 의거하여 처벌을 받게 됩니다.

정가 26,000원 **ISBN** 979-11-7491-001-1